探知新视界

魏玛共和国的兴亡

1918—1933

[德国]汉斯·蒙森
著

常呾　崔晋　王辛佳
译

DIE VERSPIELTE
FREIHEIT

Aufstieg
und Untergang
der Weimarer Republik

译林出版社

图书在版编目（CIP）数据

魏玛共和国的兴亡：1918—1933 ／（德）汉斯·蒙森著；常咺，崔晋，王辛佳译. —南京：译林出版社，2023.10
ISBN 978-7-5447-9903-4

Ⅰ.①魏… Ⅱ.①汉… ②常… ③崔… ④王… Ⅲ.①魏玛共和国－历史 Ⅳ.①K516.43

中国国家版本馆 CIP 数据核字（2023）第 176724 号

Die Verspielte Freiheit: Aufstieg und Untergang der Weimarer Republik
by Hans Mommsen
Copyright © by Ullstein Buchverlage GmbH, Berlin.
Published in 2018 by Propyläen Verlag.
First published 1989 by Propyläen Verlag.
Simplified Chinese edition copyright © 2023 by Yilin Press, Ltd
All rights reserved.

著作权合同登记号　图字：10-2018-334 号

魏玛共和国的兴亡：1918-1933 [德国] 汉斯·蒙森／著　常　咺　崔　晋　王辛佳／译

责任编辑　王　蕾　荆文翰
装帧设计　韦　枫
校　　对　戴小娥　王　敏
责任印制　董　虎

原文出版　Propyläen, 2018
出版发行　译林出版社
地　　址　南京市湖南路 1 号 A 楼
邮　　箱　yilin@yilin.com
网　　址　www.yilin.com
市场热线　025-86633278
排　　版　南京展望文化发展有限公司
印　　刷　南京爱德印刷有限公司
开　　本　652 毫米 ×960 毫米 1/16
印　　张　45.25
插　　页　4
版　　次　2023 年 10 月第 1 版
印　　次　2023 年 10 月第 1 次印刷
书　　号　ISBN 978-7-5447-9903-4
定　　价　138.00 元

序

　　魏玛共和国的历史不能仅仅被理解成第三帝国史的前奏。魏玛共和国时期针对社会政治和制度做出的许多决策仍然对我们的当下产生着影响。联邦德国经历经济奇迹时，人们理所当然地在"波恩不是魏玛"的口号下强调德意志第二共和国与其前身魏玛共和国的差异性。然而，在经济增长相对停滞的时期，人们又对魏玛共和国时期的具体问题有了更多的理解。尽管联邦德国时期的经济水平比魏玛时代高出好几倍，但这种理解首先建立在经济危机情况的可比性之上。

　　因此，我们对这段历史的介绍就必然要努力描绘共和国的经济因素和财政问题与政治-议会进程之间密切交织的关系，同时要直观地呈现出不同政策领域的融合，特别是内部和外部政治之间的相互影响。我们知道，为魏玛时代赢得"黄金20年代"美誉的艺术和文化领域相应地只得到了简要的叙述，其原因在于，文化艺术的发展与政治事件并不同步。只在某些关键节点，如恶性通货膨胀阶段，两者才会有重合。

　　与史学家经常选择的一方面将宪法、政党、联盟、地方政治和议会外运动，另一方面将艺术和文化、教育和学校、住房和保健、社会政策和法律制度、家庭政策和性别关系等主题在各自的章节中分开处理的方法不同，我们试着在政治史优先的条件下将上述主题融入叙述。同时，本书的重点在于，在与决定性的经济、行政、社会和意识形态结构的相互作用中描写行动者的政治行为，并尽可能让读者能够理解在多元的先决条件中变得纷繁芜杂的政治过程。

熟悉魏玛共和国历史的人会注意到，本书在许多方面基于独立的解释，并超越了目前研究的现状。此外，我们还要面对在这一领域中不断出现的新的研究成果和著作，无论如何，我们一直努力尝试着叙述魏玛共和国的兴衰史。

如果没有1984/1985年柏林高等研究院的慷慨邀请，这本书就不可能完成，当时的编辑沃尔夫拉姆·米特先生为成文做出了不可或缺的工作。在众多给予了我积极帮助和专业建议的同事当中，我必须感谢以下诸位，他们是托马斯·柴尔德斯教授、拉里·E. 琼斯教授、彼得·克鲁格教授、莱因哈德·吕鲁普教授以及最后但同样重要的贝恩德·魏斯布罗德教授。在众多帮助过我的人中，我想感谢贝尔特-奥列佛·诺尔特先生和阿希姆·布林格先生，他们协助我准备参考文献，同样，我还要感谢波鸿的同事雷娜特·海尔特女士、阿尼姆·诺尔岑先生和迪尔克·波普曼先生，以及我的秘书卡琳·卡莎德女士。最后，我想感谢普罗皮莱恩出版社，它对作者表现出了众所周知的耐心。

汉斯·蒙森

1998年1月15日于波鸿

目　录

第一章
第一次世界大战结束时的德意志帝国

1914年8月1日，德意志帝国向沙皇俄国宣战，战火的硝烟很快席卷整个欧洲，酝酿已久的第一次世界大战爆发。但是在宣战的那一天，几乎没有人预见到，这场战争会以威廉二世的退位和德意志帝国的灭亡收场。被爱国主义激情冲昏头脑的国民肆意地释放着他们对战争的狂热，以至于人们选择性地忽略了同盟国将陷入多线作战泥潭的可能性。来自社会民主党左翼的反战人士在工人运动中突然陷入了孤立无援的境地。国内的政治矛盾在备战的紧张情绪中得到了大幅缓解，帝国宰相贝特曼·霍尔维格得以在军队的激进派中贯彻"城堡和平"政策，而在此之前，自由工会也承诺不会在国防事务上制造任何阻力。德国皇帝威廉二世用他那句著名的"我的眼前不再是什么政党，我所见的只有德国人民"获得了广泛的支持。当时的资产阶级知识分子普遍认为，德意志民族将以团结一致的方式面对不得不展开的防御性战争，这一设想是令人欣慰的，因为这或许意味着民族复兴的开始。[1]

随着战争的进行，认为社会矛盾和政治分歧可以简单搁置的幻想消失了。所谓的"城堡和平"在实际中仅仅意味着帝国议会最初只在少数特殊情况下召开，通常是为了批准待定的战争信贷。此外，人们在补选中放下了党派竞争，各政党在公开场合都尽量保持低调。由此导致的后果就是，各种协会、联盟与自封的民意代表展开了激烈的关于战争目的的讨论。这些讨论无视了当时同盟国有限的军事资源，提出了许多不切实际的愿望。由于禁止公开讨论，即使到了1916年秋天，当人们意识到所期待的"胜利的和平"已经愈行愈远的时候，这些被记录在无数战争目标备忘录中的、带有极端帝国主义色彩的欲望也始终无法被动摇。[2]

对民族团结的热切呼吁并没能掩盖国家内部裂痕很长时间，而为战争打开了方便之路的威廉王朝制度也逐渐无力掩盖其长期存在的统治危机。由于当时的宪法不能确保军事力量处于统一的领导之下，因此军队势力逐渐将原本掌握政治实权的帝国官员们推离了权力中心——无论是在高层决策层面还是在地方执行层面，这也使得威廉王朝的统治危机越发严重。自《每日电讯报》丑闻事件后，威廉二世的"个人统治"名存实亡，帝国权力中心实际上处于真空期，在当时的战争条件下，这样的权力真空无论从哪个角度考虑都是灾难性的。尤其，基本的军事决策依然要由皇帝亲自下达，而皇帝本人却因为被排挤在帝国实权之外而无法获得必要的政治视野。帝国宰相贝特曼·霍尔维格促成了法金汉的倒台，并将最高陆军指挥部移交给保罗·冯·兴登堡和他天赋极高但野心勃勃的第一军需官埃里希·鲁登道夫，这一事实反映了帝国领导层在国内贯彻政治意图的能力严重不足。法金汉在凡尔登的大放血战略失败后，贝特曼·霍尔维格意识到，同盟国已经不可能单方面决定战争的走向了。他认为，只有得到保罗·冯·兴登堡和埃里希·鲁登道夫这两位因坦能堡战役的胜利而名声大噪的指挥官的帮助，他才能为和平协议赢得舆论的支持。与此同时，组建第三最高陆军指挥部也为放弃无限制潜艇战创造了机会。贝特曼清楚地知道，公众所强烈要求的无限制潜艇战将把美国卷入世界大战，继而确立协约国的战争优势地位。

兴登堡和鲁登道夫的任命大大提升了他们在德国的威望，他们通过最高陆军指挥部"代行皇帝职责"，这意味着将君主从政治决策的过程中完全架空。从一开始，兴登堡和鲁登道夫就以专制的方式干预帝国的内政与外交，并建立了一个不断扩张的军事独裁政权。在普鲁士的选举改革和帝国的宪法重组问题上，最高陆军指挥部站在普鲁士保守派一边，他们希望将任何改革都至少推迟到战争结束。最高陆军指挥部提出全面重整军备计划，其主要目的就是通过缩减民用生产部门而实现最大限度地开发劳动力资源。出于策略上的考虑，最高陆军指挥部同意议会通过《爱国助军服务法案》，该法案在与工会进行长期谈判后于1916年12月出台。最初，鲁登道夫希望通过关闭议会以及提升税收来实施他认为必要的措施，但是帝国战争部和陆军部部长威廉·格勒纳则主张与工会达成谅解。

扶持了兴登堡和鲁登道夫上台，却没能走上和平谈判的道路，贝特曼·霍尔维格的如意算盘落了空。他处心积虑于1916年12月12日推出的《同盟国和平协议》的内容过于含糊，无法得到协约国的认真回应。和平协议被拒意味着贝特曼·霍尔维格作为帝国宰相的工作一败涂地，继而排除了实施无限制潜艇战的政治阻力，就连最高陆军指挥部也要求开展无限制潜艇战，因为他们期望战争借此出现决定性的转折点。在最高陆军指挥部独断专行的权力压制下，贝特曼更显得毫无抵抗力。不过他至少通过倡议改革普鲁士选举法使满目疮痍的国内政治阵线再次恢复了活力，实现了他所追求的"对角线政策"。但是他的努力仅仅促成了威廉二世在1917年4月的复活节文告中宣布将于战争结束后改革选举法，没能更进一步。

在议会化问题上，这位帝国宰相始终奉行拖延策略而不做出明确的承诺，这使得帝国议会的资产阶级政党以及社会民主党逐渐意识到：在贝特曼·霍尔维格的领导下，不可能改变帝国领导层虚与委蛇的拖延政策。马蒂亚斯·埃茨贝格尔利用有关奥匈帝国严峻军事形势的内部信息，公开对贝特曼·霍尔维格挑起论战。1917年7月6日，他在帝国议会领导委员会上发言，表达了对和平谈判的基本承诺，也借此为让工人参与到更艰巨的战争中来营造心理基础。[3]在此基础上，帝国成立了跨党派委员会，除中央党、进步人民党和社会民主党外，民族自由党也位列该委员会中。跨党派委员会在帝国灭亡前一直发挥着议会协调工具的作用，负责向帝国政府和最高陆军指挥部表达在帝国议会取得多数派支持的提议。

在跨党派委员会中，多数派始终无法在最后关头达成一致，致使追加战争信贷的批准与无限制议会化的实施之间没有建立起合法的关联。即使在社会民主党内部，对要求议会承担全部共同责任的担忧也很普遍。因此，社会民主党既没有要求在委员会中发挥主导作用，也没有提出担任委员会主席一职，而是在间接影响政府决策和反对派之间占据了一个中间位置，这当然是出于对其左翼主张的考虑，尤其是对与之形成竞争关系的独立社会民主党的考虑，它目的性很明确地将独立社会民主党排除在了跨党派委员会之外。拥有多数席位的党派在通过和平决议时采取的举措也没有被贯彻到最后。它们提出的恢复"城堡和平"和防御性战争的条件并不单纯，决定这一提议的动机是使社会民主党能够批准战争信贷，从而提高帝国内部的自卫备战程度。这个非正式联盟在某些方面预示着后来的魏玛联盟。社会民主党对跨党派委员会的提议也表现出了足够的支持，这在一方面使它免于因拒绝战争贷款而在政治上受到排挤，另一方面也使它得以维系在此期间于政府系统内获得的人事影响力。[4]

多数派政党在跨党派委员会中多少显得敷衍应付、三心二意，它们推行的政策在某些方面甚至达到了与预期的国内自由化相反的效果。对时局的短视，加上对帝国议会多数派的权力的高估，使跨党派委员会决定在公开场合反对贝特曼·霍尔维格，而这位帝国宰相一方面出于对皇室的考虑，另一方面也出于他个人在政治上的理解，并不愿意正式认同和平决议，尽管他在许多方面同意协议内的陈述是符合客观事实的。多数派也不再认可贝特曼·霍尔维格在推动普鲁士选举法改革并最终促成皇帝批准改革这一系列事情上所付出的努力。[5] 在埃茨贝格尔的倡议和施特雷泽曼的大力支持下，议员们让皇室知道，这位帝国宰相再也不能获得多数派的支持了。决定性的一击来自最高陆军指挥部，其强有力的辞职威胁迫使贝特曼·霍尔维格辞去了宰相的职位。

然而多数派政党却没有考虑到，在人事替代方案出现之前，推翻宰相的意义不大。埃茨贝格尔与前帝国宰相伯恩哈德·冯·比洛的亲密关系并不能让他成为合适的继任者，因为无论在外交还是内政方面，他都没有展现出令人信服的能力。因此，最高陆军指挥部在没有征求帝国议会意见的情况下，出人意料地提名了战争供给办公室的副国务秘书格奥尔格·米夏埃利斯。虽然宰相的更换带来了一些部门的人事调整，从而代表了与最高陆军指挥部结盟的保守势力的失败，但米夏埃利斯却是向议会制过渡的公开反对者，而多数派政党在向议会制过渡一事上则显得畏首畏尾。成立包括最主要议员在内的七人咨询委员会，以及让帝国议会的一些成员加入帝国政府，都是值得商榷的权宜之计。

在没有跨党派委员会各方参与的情况下任命米夏埃利斯，对跨党派委员会而言或多或少有些颜面扫地。然而，事实证明，在与支持最高陆军指挥部、渴望实现军事独裁的政治右派抗衡时，跨党派委员会中支持改革的多数派是唯一可靠的政治力量。通过成立德意志祖国党，他们试图为其影响深远的外交和内政目标提供一个民粹主义的基础，日后的法西斯主义的组织和鼓动方法在他们身上初现端倪。

逐渐成形的半议会制使帝国议会的多数派无法在填补领导职位空缺方面发挥其影响力。虽然他们能够有效地对抗帝国宰相米夏埃利斯，并在最高陆军指挥部意识到米夏埃利斯根本无法胜任宰相工作之后促使他辞职，却无法就帝国宰相继任者的选择做出决定。当最后只有中间派政治家、巴伐利亚首相格奥尔格·冯·赫特林愿意接任帝国宰相一职时，长期以来缺少合格领导人的问题再次变得尖锐起来。在新任宰相负责的一系列改革中，只有一小部分取得了成效。尤其是在普鲁士众议院推行选举法法案的改革尝试中，新宰相一败涂地。

在普鲁士全面实行议会化和贯彻执行全面平等的选举权，是否会从根本上巩固帝国的内部稳定？提出这个问题本身可能就是个错误。因为即使是跨党派委员会的各党派也都安于接受半途而废的局面，在任何时候它们都没有认真地下定决心要在国内政治角力中将拒绝战争信贷作为博弈资本来使用。然而，更重要的是，只要战争还没有最终失败，德意志祖国党和德国和平独立委员会对胜利的幻想就不会褪去，最高陆军指挥部的地位就不可动摇，甚至因为贝特曼·霍尔维格的继任者的软弱无能而得到进一步的加强。当最高陆军指挥部能够仅仅因为外交部长里夏德·冯·屈尔曼公开宣布战争不可能再单纯依靠军事手段来赢得胜利而迫使他辞职时，帝国领导层和帝国议会的软弱与退缩便表现得格外明显了。

最高陆军指挥部对最高政治决策的否决权地位没有被打破。与最高陆军指挥部的工作人员只关注国民战争义务的做法不同，普鲁士陆军部为实现社会平衡付出了大量努力，但社会生活的深度军事化进程也并没有因此而发生明显的改变。在缺少相应的令人满意的宪法规定的情况下，军区司令根据1851年普鲁士关于处理戒严状态的法律，在军区行使其行政权力。审查的程度、对集会权的限制以及监视和镇压措施都取决于军队指挥官的自由裁量权。普鲁士战争部做好了与工会合作的准备，而工会则试图解决工厂的冲突。在此期间，以对抗左翼反对派团体为目的的默契合作频频出现。[6]

《爱国助军服务法案》提高了工会的地位，这在其中规定的工人委员会和仲裁委员会中都有所体现。然而，这是以他们必须确保维持为战争所做的一切努力、工厂的有序运行以及避免罢工为代价的。这并没有阻止重工业企业直到1918年秋末始终坚持要求修改《爱国助军服务法案》，因为它们不愿意承认工会为薪资谈判方。[7]工会在很大程度上被要求确保食品供应，而食品供应似乎越来越无法得到保障，正是因为如此，在工人眼里，工会对极度糟糕的食品供应状况负有部分责任。这在1916/1917年冬天已经达到灾难性的地步，而且从1917年夏天开始，广大人民群众已经无法获得最基本的粮食供应，甚至中产阶级也越来越没有能力支付可怕的黑市价格，几乎三分之一的农产品最终流向不受当局控制的渠道。尽管工资有了增长，但工人的收入并没有跟上飞速发展的通货膨胀的步伐，而定价法规又无法有效控制通货膨胀。自1917年以来，由于面包配给和供应不足，工人罢工事件一再发生；与之相应，针对田间农产品以及针对食物的偷窃案件也与日俱增。

多方事实证明，将社会民主党和工会纳入政治体系是成功的尝试。至少在战争打响的最初几年，国内没有发生大规模的罢工运动。但是就连社会民主党和工会也都始料不及的是，1917年4月，在成立不久的德国独立社会民主党以及革命工长组织的倡议下，许多大城市爆发了罢工运动。柏林军火工人罢工的规模之大，只有在自由工会和社会民主党领导层对罢工领导者进行干预之后才能得到控制。[8]陆续爆发的罢工运动证明，社会民主党和工会委员会在很大程度上已经与群众失去了联系。尽管以布尔什维克为榜样的斯巴达克联盟做出了努力，但革命口号在当时的局面下能起的作用微乎其微。反倒是改善粮食状况、在没有吞并的情况下实现和平、进行国内改革（如在各邦和各市实行普遍、平等的选举权）这些实际的要求发挥了作用。工人群众中不堪其苦的迹象越来越多，这在1917年仲夏表现为公海舰队过激的罢工，但此前宣布的宪法改革在实际上并没有发生，帝国政府发现自己越来越没有能力改善已经无以为继的社会状况了。

姗姗来迟的战时经济体系在推行之初只限于原材料的分配，这套体系的发展有利于重工业和与军备生产息息相关的化学工业，并支持经济和资源的集中，但这是以牺牲中小型企业为代价的。事实证明，在早期阶段，潜在劳动力数量的不足成为起决定性作用的瓶颈。在战争过程中，消费品行业的工人被重新分配到重工业部门，这使得工会能够在重工业企业中获得立足点。但这轮人员流动也造成了工会运动成员的大量流失，直到1917年才得以补充到之前的人数规模。笼罩在工业中产阶级、公务员和公共部门工人这些广大群体之上的不满情绪日益增多。为人们带来希望的不是俄国十月革命胜利的消息，而是俄国退出战争的消息，人们对和平的渴望空前强烈。

与此相反，最高陆军指挥部却认为，他们可以利用战胜俄国并使其退出战争的消息来动员所有的力量，迫使其他协约国做出决定。由于缺乏物质资源，最高陆军指挥部转而开展影响深远的宣传活动，并为此设立了自己的新闻机构。这包括在公立学校中引入"爱国主义教育"，通过这种教育来加强服兵役的热情，打击社会主义的政治主张。德意志祖国党的核心任务是建立必要的民粹主义群众基础，因此彻头彻尾地成了战争的宣传工具，表现出了一种议会制之外的运动形式。它的资金主要来自重工业、农民联盟和其他有影响力的政治右派利益集团的捐赠。其组织的基础是各协会和利益集团的集体成员，从德国国家商业合作联盟到基督教工会和宗教工人协会。它拥有120万名成员，是帝国最大的群众组织。泛德联盟在同样的意义上也很活跃，建立了一系列具有民族主义性质的附属组织，其中就包括1918年深秋成立的条顿骑士团。[9]

通过这些组织的鼓动所产生的极端民族主义，在战争形势的严峻性上欺骗了广大民众。继"1914年思想"之后，国内的民族主义越来越多地吸纳了民粹主义和反犹太主义的元素，这些元素被有针对性地用来疏远无产阶级群众和社会民主主义。在最高陆军指挥部的内部，有人设想对波兰国籍的犹太人进行强制遣返[10]，也有过在东部获得更多定居空间的考虑，这些都对后来民族社会主义关于理想化生存空间的设想造成了深远影响。而后来德国工人党的创始人安东·德雷克斯勒原本就是德意志祖国党的成员，倒是显得顺理成章了。以"争取自由与祖国的人民联盟"为代表的资产阶级中间派的反击运动成效甚微，他们能够发出的声音远远小于代表民族主义的右派们。[11]

在促成《布列斯特-立陶夫斯克和约》的一系列谈判中，德意志祖国党的宣传纲领所体现出来的过激与暴力政策受到了重创。根据最高陆军指挥部的预测，新兴的布尔什维克国家会长期处于政治不稳定的局面下，并在未来会有军事力量进入干预。新成立的国家——波罗的海周边国家和乌克兰——则旨在发挥卫星作用。和约并没有阻止帝国在军事上占领远至克里米亚和高加索地区的广大俄国领土，以便通过对这一空间的殖民开发确保帝国的战争经济需要。帝国议会的多数党意识到，《布列斯特-立陶夫斯克和约》和东方的包抄措施与和平决议以及伍德罗·威尔逊总统宣布的"十四点"原则无法共存。跨党派委员会作为一个非正式联盟的弱点还表现在，它无法对和平谈判的进程施加任何影响。对多数派社会民主党人来说，与以庄严的姿态放弃吞并的做法公开决裂是极其不舒服的。如果在帝国议会中拒绝东方条约，就会突然结束他们刚刚与中左翼资产阶级政党结成的联盟，并使该党重新落入可怕的孤立状态。虽然在资产阶级阵营中也有对《布列斯特-立陶夫斯克和约》的批评，但对德国这次被高估的"强力和平"的满意态度却占了上风。尽管有大量的保留意见，多数派社会民主党最终还是在决定是否批准该和约的投票中弃权，而独立社会民主党则十分明确地投了否决票。[12]

俄国的崩溃和布尔什维克的虚弱加强了最高陆军指挥部的幻想，即通过大规模地发挥所有可用的力量就能取得胜利。布尔什维克被迫在谈判中接受德国不断加码的和平条件，并同意了德国随后展开的一系列名为"警察措施"的军事行动。在国内，这导致了两极分化的加剧。吞并主义的热潮再次席卷德国政坛，德意志祖国党的纲领继续为在保守派领导层中仍然占主导地位的不切实际的想法提供支持。与此相反，工业领域的工人们的粮食供给状况进一步恶化，人们对来自东部的粮食进口寄予厚望，而后者却无法准时到达。与此同时，针对工人群体的军事化措施进一步扩大。一月起义后，罢工领导人被逮捕，工人的抗议被有效压制，工人群体中弥漫着一股消极的氛围，一直持续到深秋。

虽然民间政治力量，特别是参与跨党派委员会的党派，对最高陆军指挥部的高压政策表示担忧，但鲁登道夫相信，他可以在西线通过一场决定性的突破性胜利来结束战争。1918年，精心准备的春季攻势和随后的攻击行动取得了战术上的成功，但在战略上并没有对敌人的战线造成决定性的打击。西方协约国在物资和军力方面的优势每天都在增加，鲁登道夫却依然固执地拒绝接受同盟国最多只能进行防御性战争的说法。法国和英国在7月18日和8月8日展开反击，尽管它们错失了良机，没有利用8月8日德军部队的大溃败来实现战略突破，但是战争形势也已经明显转向有利于协约国一方。西线的战争形势正在急剧恶化，然而，最高陆军指挥部却没有向帝国政府汇报这个消息。

直到9月26日，协约国军队展开的攻势多线告捷，与此同时，传来了保加利亚已于一天前投降的消息，在罗马尼亚战线崩溃和奥匈帝国解体迫在眉睫的背景下，最高陆军指挥部才从现有的军事形势中得出了切合实际的结论。[13] 军方开始转向议会化，这对于迄今一直在推进议会化的进程里瞻前顾后的多数派政党而言完全是个意外。鲁登道夫以他不能保证西线的稳定为由，要求立即发布停战提议。其目的很明确。鲁登道夫关心的是如何避免西线军队投降和被俘，从而避免公开意义上的失败，同时将战争失败的责任推给帝国文官领导层。在最初发起战争的那一刻，谎言就成了必然，失败的不是前线，而是发起战争的祖国。因此，关于议会化，鲁登道夫说，那些在一开始做了汤的人现在应该用勺子把汤舀出来。[14]

这一让鲁登道夫日后感到后悔的仓促之举与多数派政党一直以来的努力不谋而合，组建一个包括社会民主党在内的、拥有执行力的政府迫在眉睫。[15]格奥尔格·冯·赫特林显然与这一要求不符，他在面对最高陆军指挥部的高压政策时缺乏自信，受到了广泛谴责。尤其是社会民主党坚持要求赫特林辞职，认为赫特林的能力不足以将跨党派委员会始终坚信的和平谈判付诸实践。多数派政党的方案与它们在1917年7月原则上同意的要求相比略有提升。即使是现在，与政府相抗衡的全面议会化在多数派政党之间仍然存在争议，帝国参议院和帝国政府之间的宪法联系构成了真正的分歧点，尽管它并不会干扰议会程序规则体系的实际运作。

任命巴登亲王马克斯为帝国宰相是由康拉德·豪斯曼发起的，并得到了最高陆军指挥部的同意。巴登王位的继承人似乎是一个让各方势力都可以接受的候选人，因为他来自德国的一个王室家族，而且他的基本态度是自由主义的。很少有人知道他个人的成功在多大程度上取决于他的智囊顾问。此外，马克斯亲王也绝不是议会制的无条件支持者。相反，他一直对"西方民主"持批评态度，并以"德国自由"的模糊说法来反对它。[16]其时，恰逢美国总统威尔逊要求德皇退位，而包括社会民主党在内的所有政党都坚决反对这一要求，并呼吁德国各王室要团结，因此，新任外交国务秘书保罗·冯·欣策也支持巴登亲王的宰相任命。但是，撇开马克斯·冯·巴登的政治观点不看，他是否有足够的政治经验和意志力在军事和政治崩盘的时候负责任地领导国家，也是值得怀疑的。[17]

新任命的宰相正确地认识到，对德国停战请求的外交准备不足将导致不利的后果，他要求最高陆军指挥部适当推迟停战谈判，但未获成功。他也没有成功地说服最高陆军指挥部，没有让其认识到军事形势需要立即启动停战谈判。因此，德国的停战请求在1918年10月3日至4日夜里被送到了威尔逊那里。一般认为，这份停战请求代表了德国对战败的承认，它的出现在德国民众当中引起了极大的震惊。尽管外交形势恶化，但由于新闻报道的美化和审查，也由于最高陆军指挥部和德意志祖国党的宣传活动，国内许多人仍坚定地对德国获胜抱有希望。公众舆论无法获得支持，德国社会陷入了瘫痪和苦闷的泥沼。而这一切都推动了那些主张迅速实现和平的力量。

鲁登道夫曾向政府施加压力，要求立即停战，但他没有意识到，一旦德国主动停战，即使敌人之后提出的条件再无法忍受，德国也没有回到战争状态的退路了。他一厢情愿地坚信，只要把德国军队撤到莱茵河一线之后，就可以重整旗鼓再次投入战争。对东部领土的经济开发是为了必要的资源。在没有可靠依据的情况下，有人散布消息称协约国将在春季以更有利的条件实现和平。收到威尔逊的答复后，最高陆军指挥部意识到其仓促行为的后果，试图用军队在失去祖国的支持后有可能会崩溃的理由来掩盖其责任。然而，这并不妨碍他们拒绝瓦尔特·拉特瑙提出的集体起义方案，因为他们认为实施起义缺乏必要的内部前提条件，只会导致军队受到革命力量的污染。无论是最高陆军指挥部还是其他对此负责的政治力量，都没有预见到要求停战对自己部队的战斗士气会造成巨大影响。

最高陆军指挥部并不是唯一有这些想法的政治势力。早在1918年10月，统治阶层的精英们——这也适用于跨党派委员会中的各党派——也决心不惜一切代价避免战争以和平收场。兴登堡在10月14日给帝国领导层的电报中要求，"在各种公共集会上"向民众传达这样的声音："德国人民只有两条路可走，要么争取光荣体面的和平，要么坚持斗争直到最后。"[18] 这种人为创造的二选一局面成了马克斯·冯·巴登内阁的组建基础。内容适度的和平提议被认为是调动最后一丝可用力量的先决条件。召开全国集会的想法得到了自由工会和右翼社会民主党人的支持。德意志祖国党和工会总委员会的代表之间甚至进行了非正式谈判，但没有取得任何实质性进展，并在资产阶级阵营中加强了建立反对社会民主党的防御阵线的趋势。直到10月26日，总委员会和工会才终于放弃了这种可能性。而在此之前，内阁在征得多数派社会民主党的同意后，准备了一份国防呼吁，以应对与威尔逊谈判失败的局面。

虽然频频有声音认为，位列联合内阁就相当于支持一个潜在的军事独裁政权，但对于社会民主党的领导层来说，参加联合内阁的决定是从一开始就板上钉钉的。他们的立场态度取决于他们对爱国者义务的理解，即力求使祖国不要陷入全面崩溃的局面。由于此前已经背负过在爱国问题上缺乏可靠度的名声，因此他们不想再让社会民主党面对在祖国危难时刻唱反调的指责。在他们最终制定提出的一系列要求里，除了确认和平决议外，还包括修改东方条约，恢复比利时、塞尔维亚和黑山的地位，在联邦各处推行普遍和平等的选举权，以及废除帝国宪法中阻碍全面议会化的条款。可以肯定的是，多数派社会民主党允许就所提要求中的一些问题展开商榷，包括直接提及《布列斯特-立陶夫斯克和约》、废除帝国参议院和帝国议会成员资格不相容的规定。另一方面，他们一致同意从议会中任命政府官员并保留其议员席位，尽管这个解决方案仍有不尽如人意之处。[19]

多数派社会民主党始终对承担全部政治责任犹豫不决。他们的顾虑之一来自自己的兄弟党派独立社会民主党，后者指责其成了德国帝国主义的走狗。而决定性的因素则是，为了避免对一切为战争而做的努力造成伤害，标榜改良主义的社会民主党领导层回避了与资产阶级政治伙伴的冲突。弗里德里希·艾伯特认为，由社会民主党人担任宰相的时机仍不成熟。马克斯·冯·巴登亲王最初认为社会民主党的内阁成员无足轻重、可有可无，但遭到了艾伯特的强烈抗议。但是，由于实际处于内阁中的社会民主党人只有菲利普·谢德曼和工会领袖古斯塔夫·鲍尔，前者是没有职务实权的国务秘书，后者是新成立的帝国劳工局的国务秘书，而且在议会中，社会民主党的代表席位也明显少于传统统治阶级的代表，因此社会民主党对部门决策的影响很有限。10月5日收到政府的声明后，多数派政党同意推迟召开帝国议会。

因此，马克斯·冯·巴登亲王的内阁并没有彻底颠覆帝国原有的半专制宪法结构。[20]它的政治基础是跨党派委员会这个非实体联盟，并将议会和官僚因素混合在一起，宰相尽管仍然对皇帝负责，却是在多数派政党的支持下被任命的。有批判精神的旁观者们很容易获得这样的印象：政府改革的脚步并没有迈得很远，一切措施只是为了消除美国总统威尔逊发出的第三份声明中的反对意见，而德国人民仍然没有获得足够的权力手段使得帝国的军事力量服从于人民的意愿。"普鲁士国王对帝国政策的主导性影响并没有被削弱"，政治决定权仍在那些"迄今为止一直是德国的主人"的势力手中。[21]来自人民的外部压力确实对威廉二世的随行人员造成了一些影响，使后者向左派的改革要求妥协让步。然而，在这件事上起到决定性作用的还是威尔逊努力营造的国内政治条件，否则连这种程度的妥协都将是难以想象的。

10月的最后一个星期，代表人民的政府势力不得不与军方势力进行最终的角力，这也让威尔逊对德国军方议和诚意的怀疑得到了证实。10月24日，美国总统发出了第三份声明，声明的内容让停火后可以恢复军事行动的幻想最终破灭。对此，最高陆军指挥部在没有与帝国领导层进行任何协商的情况下发布了一条即刻生效的军令，呼吁军队继续进行英勇的抵抗斗争，并宣布威尔逊提出的条件是不可接受的。[22]这一次，在德皇以卸任为砝码的胁迫下，马克斯·冯·巴登坚持与鲁登道夫抗争到底，而鲁登道夫的辞职威胁在此期间已经变得不痛不痒了，宰相的说辞是，两位将军的共同干涉威胁到了领导层内部的一致性，严重危及了议和的进程，只有在"双重政府"的局面彻底结束之后，才有可能与威尔逊达成共识。[23] 这次角力并未让问题得到彻底解决。虽然鲁登道夫愤而辞职，但在皇帝的坚持下，兴登堡仍然留任，接替鲁登道夫出任第一军需官的是在此前的战时经济事务中表现抢眼的威廉·格勒纳将军。

随着鲁登道夫的解职，帝国政府最终放弃了通过宣布国防战争来应对不可接受的停战条件的想法。而此时，除了接受美国总统在和谈交涉过程中反复加码的条件，德国没有其他选择。军事上的失败已成定局，因此，坚守的命令在国内军队中也不再有效。一时间，前线的军人不再履行向部队报到的命令抑或公开表达对军队的不满成了常态，类似的事件也发生在野战部队里。人们不愿为了一个注定失败的事业而牺牲自己。与此同时，数以千计在此前饱受非议的工人都收到了召集令。10月27日，《前进报》号召人民认购第九期战争债券。在这个垂死挣扎的帝国中，几乎所有政治势力都被卷进了这股历史的洪流。

此时此刻，广大人民群众的和平意愿已经转化为一场快速激化的抗议运动。[24] 这场运动不需要独立社会民主党、革命工长组织和斯巴达克联盟的引导和鼓动，毕竟这些组织的领导人也才刚刚从监狱中释放出来。迫使战争结束的俄国十月革命成为此时德国工人们纷纷效仿的榜样。与之相对，布尔什维克的目标则完全退居幕后了。多数派社会民主党人希望逐步实现民主化，并且为了防止重蹈"俄国状况"的覆辙而进入内阁，但他们仍然认为这一切可以不触及君主制的存在。在议会化的问题上，多数派社会民主党也在一开始采取了观望态度。直到10月26日，被一拖再拖的宪法改革才在威尔逊发出的第三份声明的压力下在帝国议会获得通过。这次宪法改革让德国从专制帝国变成了一个议会君主制国家。[25] 从这一刻起，帝国宰相需要得到人民代表的信任，并直接对人民和帝国参议院负责。议会成员现在可以成为大臣而不放弃他们的议员席位。关于战争与和平以及军事指挥的决定权不再属于皇帝，而是属于议会制下的帝国政府，军事指挥官现在也要接受帝国政府的政治监督，一直以来不受帝国制约的普鲁士陆军大臣一职被废除了。但是另一方面，通过帝国宪法中的相应条款在各邦引入全面和平等的选举权一事却被搁置了。在强大的压力下，普鲁士参议院才完成了该法案的第一次审读。革命事件的浪潮裹挟着过分保守的普鲁士改革步伐快速前进。

尽管10月28日生效的新宪法条款在很大程度上满足了左派自由主义者和社会民主党人的要求，但仍有一些临时产生的核心问题没有得到解决，其中最重要的是君主的特权问题以及他在没有得到议会多数支持情况下的权利问题。在这个背景下，重回爱德华·达维德提出的"隐性议会主义"并不是没有可能的。[26]直到最后一刻，人们才对军事指挥权的归属进行了根本性的、有利于帝国宰相的整改。但另一方面，政治系统中令人反感的象征仍然存在，其主要的军事承担者没有被取代。这场改革被认为是"自上而下的革命"，却未能消除民众深深的不信任，这种不信任最终转变成了对皇帝退位的诉求，并像野火一样愈烧愈烈。

帝国议会化是在威尔逊的努力下半推半就地实现的，改革的不彻底使得这次议会化在挽救德国内政上的效果不尽如人意。或许，即使从一开始就满足民众以及部分中产阶级的要求，让皇帝立即退位，也无法阻止事态的发展。在广大民众眼中，对战争结果负有最大责任的就是皇帝本人。威廉二世不得不吞下当初允许兴登堡组建平民军团所酿成的苦果。然而，即使现在他也没有做好准备与高度保守的宫廷势力以及他的军事顾问们决裂，这进一步加深了人们对他的不满。德皇离开了斯帕的司令部，脱离了帝国领导层的直接影响，这对马克斯·冯·巴登来说无异于一种侮辱。接受兴登堡的邀请也是值得诟病的，因为皇帝此举实际上提升了军方的政治地位，这让人怀疑他同意宪法改革的诚意。宫廷势力和正统派军官甚至向威廉二世提出了一个荒诞的计划，即率领忠诚的部队进军柏林，一举恢复帝国的统治秩序。

议会化不能挽救土崩瓦解的军权统治，恰恰相反，正是军权统治系统的瓦解促成了议会化。同样，多数派社会民主党和工会试图将群众的抗议运动引向合法渠道，而这些抗议运动的诉求也只能在军权统治崩塌后才能实现。若是德皇能更早退位，这一切或许会来得更快一些。军权统治和霍亨索伦君主制在历史上的纠葛盘根错节，不可能仅仅通过宪法来废除。弗里德里希·艾伯特及其支持者们没能认清这一事实，虽然从心情上可以理解，但这一误判却带来了灾难性的政治后果。只有坚决、坚定地取缔军事政权的政治领导力，才有可能为临时内阁赢得更广泛的支持。实际情况刚好相反，不彻底的改革掩盖了军事破产的事实，而且大大助长了公众建立在"威尔逊和平"之上的虚幻希望。

1918年11月4日，被压抑的革命运动终于爆发了。这一切的导火索是海军司令部的单方面军事行动，配合鲁登道夫发出的陆军命令，海军司令部命令公海舰队向前推进，与英国海军展开"最后的战斗"。[27] 这次军事行动没有向帝国政府及时汇报，海军指挥官们为此辩护的理由是，在之前公海舰队的任务是为无限制潜艇战提供保障，而无限制潜艇战被叫停违背了他们的意愿，因此重新启动公海舰队对他们而言是众望所归。然而，其背后真正的动机却是希望借此将海军从战争失败的阴影中解脱出来。公海舰队司令部的一份主张舰队行动的备忘录里有这样一段记录："即使舰队在这场战役中覆没，荣耀的战斗也一定会在不久的将来催生出一支新的德意志舰队——如果我们的人民没有背叛国家的话。"[28] 批准这一计划的海军司令部并没有试图通过在英吉利海峡的行动来帮助受困的军队，他们所希望的是在面对不光彩的和平时，维护德意志海军的舰队理念。这个军事行动一旦兑现，不仅会导致无数生命的无谓牺牲，而且会严重阻碍停战谈判。

舰队集结在希利希里德，即将进行最后的"死亡战役"的流言在水兵间迅速传播开来。他们拒绝执行出海的命令，甚至在原定行动取消后仍继续反抗。公海舰队司令部的命令含糊不清，最先开始叛变的第三中队被命令返回基尔，这激起了水兵们的反抗，当地驻军和同仇敌忾的工人们也都在第一时间加入了反抗的行列。为与海军司令进行谈判而成立的水手委员会为全面革命起义提供了动力。当帝国领导层派多数派社会民主党代表古斯塔夫·诺斯克和国务秘书康拉德·豪斯曼前往基尔与起义者进行和平谈判时，革命的火花已经从基尔蔓延到了其他海军基地，并很快蔓延到德国几乎所有大型城市。在全国各地，军官被解除武装，政治权力被自发组建的士兵和工人委员会接管。革命之势来得如此迅猛，已经没有迂回的余地了。

不管海军司令部在多大程度上向帝国领导层通报了他们的军事意图，这一行动都只能被理解为一次阻挠谈判的尝试，阻挠众望所归的停战与和平。军方彻底丧失了道德权威，士兵和工人对军事领导层的

1918年11月5日，基尔的革命水兵

不信任既深刻又充分，这使得革命以极快的速度在全国蔓延。没有人敢于阻挡迅速膨胀的革命运动，在经历了巨大的物质匮乏和心理紧张后，被士兵和军官之间的阶级壁垒所激化的社会矛盾在长久的压抑之后终于得到了释放。人们对军事政权的统治无比厌恶，各地官员都把他们的军衔徽章从制服上撕扯了下来。同样，在工作场所也出现了对平等的基本民主的要求。在军队里反对"等级服从"的斗争与在生产领域反对雇主专横统治的斗争遥相呼应。

马克斯·冯·巴登内阁所推行的软弱的改革措施，在工厂里建立工人委员会，取消对组织权的法律限制，以及在10月中旬宣布的对因政治罪被监禁的人实行大赦，这一切都不足以满足觉醒了政治意识的工人阶级。在这一点上，不可能存在工业无产阶级广泛革命运动的问题，尽管多数派社会民主党由于其自相矛盾的政治立场，与独立社会民主党相比显然失去了更多的支持者，但是这一场革命尚不至于演变成更广泛的无产阶级工人革命。工人运动中的革命力量、革命组织、格奥尔格·莱德布尔领导的独立社会民主党左翼以及在11月8日之前只能勉强有所行动的斯巴达克联盟，他们都只有在军方的政治权威无以为继时才能彰显各自的影响力。

当下的局面倒是与最高陆军指挥部处心积虑打造的说辞不谋而合，即战争失败的原因是祖国在军队背后捅了一刀，革命左派发动革命应当受到指责。早在1918年11月底，时任总参谋部少校的路德维希·贝克就说过："在战争最困难的时刻，蓄谋已久的革命——对此我现在坚信不疑——在背后捅了我们一刀。"[29]几周后，《新苏黎世报》用"背后一刀"作为关键词报道了政治右翼阵营中广为流传的谣言和刻意歪曲的事实。[30]从那时起，这个词就成了右派反共和主义宣传中的高光词汇。帝国的崩溃主要是由于权威精英们的无能，他们不仅高估了同盟国的军事和经济实力，而且沉迷于幻想，认为他们可以通过战争维系他们的特权社会地位，阻止社会和政治制度的现代化。

11月初，人民运动在短短几天内就横扫了当时的政权，人民斗争的对象是军事掌权者的傲慢权威，以及放任这种局面形成的不公正的社会制度。这种抗议是朴素的，但并不具备暴力和无度的特征。随着战争的结束，一个新的时代似乎正在来临，它承载着消除阶级制度、消除等级服从制度、消除专断以及消除社会上的不平等的希望。但是，人们很快就发现，这些希望和它们所蕴含的民主潜力，只有借助一个有能力的领导人之手才能打开一片新天地，然而这样的人物并没有出现。

第二章
德国革命

1918年的十月改革有两个目的，一是满足美国总统威尔逊关于组建民主合法政府的要求，二是防止发生革命动荡。[1]多数派政党坚持在帝国议会和帝国参议院议会化的基础上保留霍亨索伦君主制系统。在当时的形势下，只有威廉二世同意退位，将皇权递交给某位皇子或者由摄政委员会代行，改革措施才有可能得到全面贯彻。然而，德皇威廉二世却赶赴斯帕的司令部，使自己脱离了帝国内阁的控制范围，同时在第一军需官威廉·格勒纳以及他的智囊顾问的敦促下，决定亲自率领看似忠诚的野战军重新夺回对德国的控制权。这一系列操作让改革的努力付之东流。

多数派社会民主党在11月7日下达了要求皇帝下台的最后通牒，但是其优柔寡断的作风却先后两次将这一时限推后了24小时，这让帝国领导层仍然抱有一丝幻想，相信可以通过皇帝的退位以及任命一个摄政委员会或继任者来避免刚刚改革过的威廉宪法系统的崩盘。然而，威廉二世坚持以德国皇帝的身份退位，而不是以普鲁士国王的身份，这让他的动机遭到了质疑，而他的让步是否能阻止滚滚的革命浪潮也因此变得不明朗起来。皇帝与军事权力之间的纠缠盘根错节，但崩塌也只在一夜之间。

11月9日上午，君主仍然没有做出最后的决断，而来自斯帕的电报也还未到达，马克斯·冯·巴登亲王毅然宣布威廉二世退位。他希望这能为摄政之路扫清障碍。然而，社会民主党人不能接受摄政的存在，他们在中午的最后通牒中要求获得全部的统治权。弗里德里希·艾伯特援引了这样一个事实：驻扎在柏林的军队已经站在了多数派社会民主党的一边。事实确实如此，奥托·韦尔斯已经成功地获得了军队的支持，以对抗正在发生动乱的革命工长组织。此时此刻，设立摄政王为时已晚。

马克斯·冯·巴登亲王心里非常清楚，他决定请弗里德里希·艾伯特担任帝国宰相一职会造成怎样的影响。他知道，他的这个决定本身就与现行的宪法相违背。但把政权交给多数派社会民主党的领导人，似乎是维系帝国存在的唯一途径。他在向艾伯特移交权力的条件里提出，要尽快召开制宪国民会议。艾伯特同意马克斯亲王的意见，希望尽可能避免政变，并维持十月宪法。他想过组建一个有资产阶级政党参与的联合内阁，但要确保其中的社会民主党人占据多数。菲利普·谢德曼一意孤行地决定抢在卡尔·李卜克内西之前，在帝国大厦的阳台上宣布成立德意志共和国，并承诺会建立一个纯粹的社会主义政府，艾伯特对此表示极度愤慨。[2]

艾伯特没有看清其时的政治形势，固执地认为，关于未来国家建立何种形式的政权，必须通过制宪国民会议做出决定。事实上，考虑到工人阶级中的革命情绪和多数派社会民主党发出的大罢工威胁，谢德曼的行动是正确的。与艾伯特不同，他并不善于坚定地贯彻某个理念，但他对群众的情绪有着更加清晰的认知，同时也清楚地看到，社会民主党如果不想被卷入政治动荡的旋涡，就必须把自己放在抗议运动的首位。通过敦促他们采取主动，他挽救了社会民主党在群众中的支持度，而后者认为，威廉二世是为了结束这场战争所必须逾越的障碍。

即使皇帝能更早退位，这个因为战争结果而威信扫地的国家政权形式或许依然无法避免被彻底颠覆的结局，尽管领导改革的多数派社会民主党在这个问题上始终表现得不够坚决。德意志帝国的命运已经被各邦同步推进的革命进程所左右。尽管巴伐利亚的社会民主党工人运动在整体上是温和的，但也正是在这里，革命局势的变化升级最为迅速。[3]11月7日下午，多数派社会民主党和独立社会民主党在特蕾西亚草坪举行联合集会，要求立即实现和平，以作家身份成名的巴伐利亚独立社会民主党领导人库尔特·艾斯纳利用这个机会临时召开了工人、士兵和农民委员会大会，呼吁国王路德维希三世退位，宣布成立巴伐利亚共和国。

巴伐利亚的工人、士兵和农民委员会大会宣布艾斯纳为临时总理，11月8日，多数派社会民主党领袖埃哈德·奥尔也对独立社会民主党提出的联合建议做出了积极的回应，并与艾斯纳达成了共识。在向慕尼黑人民发出的呼吁中，艾斯纳向他们保证，将尽快召开制宪国民会议，公共秩序将由临时的工人、士兵和农民委员会来保证。艾斯纳于11月15日制定的政府方案带有明显的联邦主义元素，方案中提出要在帝国解体后建立一个德意志多瑙河联邦，但在社会问题上却明显地持谨慎态度。虽然路德维希三世最终免于在正式场合退位，但他还是解除了官员们的效忠誓言。

与维特尔斯巴赫家族一样，其他王室家族也纷纷放弃了王位，毫无抵抗地扫清了通往共和国的道路。在大多数邦，社会民主党和独立社会民主党组成了联合政府，资产阶级左翼政党也在个别邦参与其中。在全国各地，以颠覆政权为目的的起义最先都是由自发成立的工人和士兵委员会引发的，而两个社会主义政党则是迫于群众的积极性而不得不采取行动。在帝国首都，激进的左派有着强大的后盾支持，但这里却没有成为革命运动的前沿阵地。革命工长组织和斯巴达克联盟的支持者们，希望利用群众渴望和平的愿望来实现社会主义专政。但是革命时机还没有完全成熟，因此原计划于11月4日举行的大规模示威被推迟到11月11日，这次示威可以视作推翻帝国政府的标志。11月9日上午的突发事件让革命工长组织和斯巴达克联盟都措手不及，对独立社会民主党而言也是如此，其领导人当时在基尔，却没有能够阻止古斯塔夫·诺斯克成为在此期间成立的基尔工人和士兵委员会的领袖，后者提出的一系列要求基本都得到了满足，其中包括释放囚犯、撤销军事指挥官，以及保证民主改革的进行。

整个11月，革命起义席卷全国，导致各地自发组建了工人和士兵委员会，而这次起义却不是由有组织的工人运动发起的。自10月中旬以来，包括卡尔·李卜克内西在内的左派领袖们得益于多数派政党推行的大赦而被释放出狱，左派的激进宣传也有所增加。在那几周里，作为最先坚决抵制战争信贷并犀利抨击了多数派社会民主党的休战政策的社会民主党议员，李卜克内西被他的支持者们奉为对抗军事独裁的英雄，支持者中不乏无产阶级青年。斯巴达克联盟充其量只有几千名支持者，根基不够牢固，因此无法发挥决定性作用。然而，迅速增长的反布尔什维主义却使得斯巴达克联盟不得不为接下来几个月的革命动乱背负主要责任。

斯巴达克联盟长期处于被压制的状态，甚至连组织内通信都要借助非法途径，与其相比，革命工长组织的影响力要大得多。它们在柏林和不来梅的大型企业里建立了有效的组织网络，尽管它们对李卜克内西的"革命体操"理论及其对群众自发动员力的信念嗤之以鼻，但仍然相信有能力通过号召群体罢工来发动政变。[4]诚然，斯巴达克联盟（其著名领导人卡尔·李卜克内西和罗莎·卢森堡不久前才从监狱中获释）援引了俄国十月革命的模式，并在一系列传单中呼吁将德国转变为社会主义苏维埃共和国。但在可预见的未来，斯巴达克联盟在德国无产阶级群众中树立绝对影响力的可能性非常渺茫。

罗莎·卢森堡所期望的无产阶级专政显然不应该是一种少数人统治多数人的政权形式，从这个角度来说，她其实代表了一种民主的立

库尔特·艾斯纳与工人、士兵和农民委员会

1918年11月致慕尼黑人民呼吁书

艾斯纳1918年11月7日晚的亲笔草稿

慕尼黑，巴伐利亚重要国家档案馆

1918年11月7日，与多数派社会民主党在慕尼黑特蕾西亚草坪上联合组织了一次和平集会后，战前《前进报》编辑、1917年以来的巴伐利亚独立社会民主党非正式领袖库尔特·艾斯纳前往邦议会大厦，向在那里成立的工人、士兵和农民委员会的领导层宣布罢黜维特尔斯巴赫家族；他当选为巴伐利亚共和国临时总理。

打草稿时，作者使用了左侧空白处印有"众议院"暗纹的纸张。

以下转载的是发表的版本，其中某些表述与草稿有出入。除拼写、标点符号或行间距等细微之处外，不同点均在注释中标出。

致慕尼黑人民！

德国人民遭受的可怕命运引发了慕尼黑工人和士兵不可阻挡的运动。11月8日晚，邦议会成立了临时工人、士兵和农民委员会。

巴伐利亚从此成为自由邦。*

应当立即建立一个得到群众信任和支持的人民政府。

将尽快召开制宪国民会议，所有成年男女都有选举权。†

新的时代正在开启！

巴伐利亚希望为德国加入国际联盟做好准备。‡

巴伐利亚民主与社会共和国具有§为德国带来和平的道德力

---

* 巴伐利亚已被宣布为自由邦。

† 将尽快召开制宪国民会议。

‡ 原件无此句。

§ 仅巴伐利亚民主与社会共和国就有……

量，它将使德国免于最坏的情况。目前的动荡是必要的，以便在敌军拥入边境或停战后复员的德国军队造成混乱之前，通过人民自治，使局势在最后一刻得到发展，而不会让太严重的冲击带来混乱。*

工人、士兵和农民委员会将确保最严格的秩序。†骚乱将被无情镇压。人身和财产安全将得到保障。‡

军营中的士兵将通过士兵委员会自我管理并维持纪律。不抵制时代变化要求的军官将不受影响地继续履行其职责。§

我们依赖全体人民创造性的帮助。欢迎每一位为新自由而奋斗的工人！所有官员都将留任。根本性的社会和政治改革将立即实施。

农民为城市的粮食供应提供保障。农村与城市¶之间旧的对立将消失。粮食交换将得到合理组织。

工人们，慕尼黑的市民们！请相信，在这命攸关的时刻，伟大而强大的力量正在做好准备！

每个人都要帮助这一不可避免的转变**能够快速、轻松、和平地实现。

在这个毫无意义的野蛮杀戮的时代††，我们憎恶一切流血事件。每个人的生命都应该是神圣的！‡‡

保持冷静，参与§§新世界的建设！

---

* 剧变是必要的，以便在最后一刻，在敌人突破边境之前，或者在停战之后，复员的德国军队造成混乱时，可以通过人民自治，避免严重的冲击，缩短事态的发展。

† 工人、士兵和农民委员会将维持最严格的秩序。

‡ 原件中还有一句：在［？］发生的个别令人遗憾的事件将不会重演。

§ 原件无此段。

¶ 城市与农村之间。

** 每个人都要帮助这一转变……

†† 在这个毫无意义的野蛮杀戮的世界上……

‡‡ 没有人的生命应当被牺牲。

§§ 保持冷静，帮助……

巴伐利亚的社会主义者的兄弟相争结束了。*在现在所赋予的革命基础上，劳动群众将重新团结起来。†

巴伐利亚共和国万岁！‡和平万岁！全体劳动人民的创造性劳动万岁！

慕尼黑，邦议会

1918年11月8日凌晨§

工人、士兵和农民委员会

第一任主席：库尔特·艾斯纳

---

* ……完成了。

† 在现在所赋予的革命基础上，所有［此前的?］矛盾都会消弭。

‡ 巴伐利亚自由邦万岁。

§ 原件中没有列出时间地点。

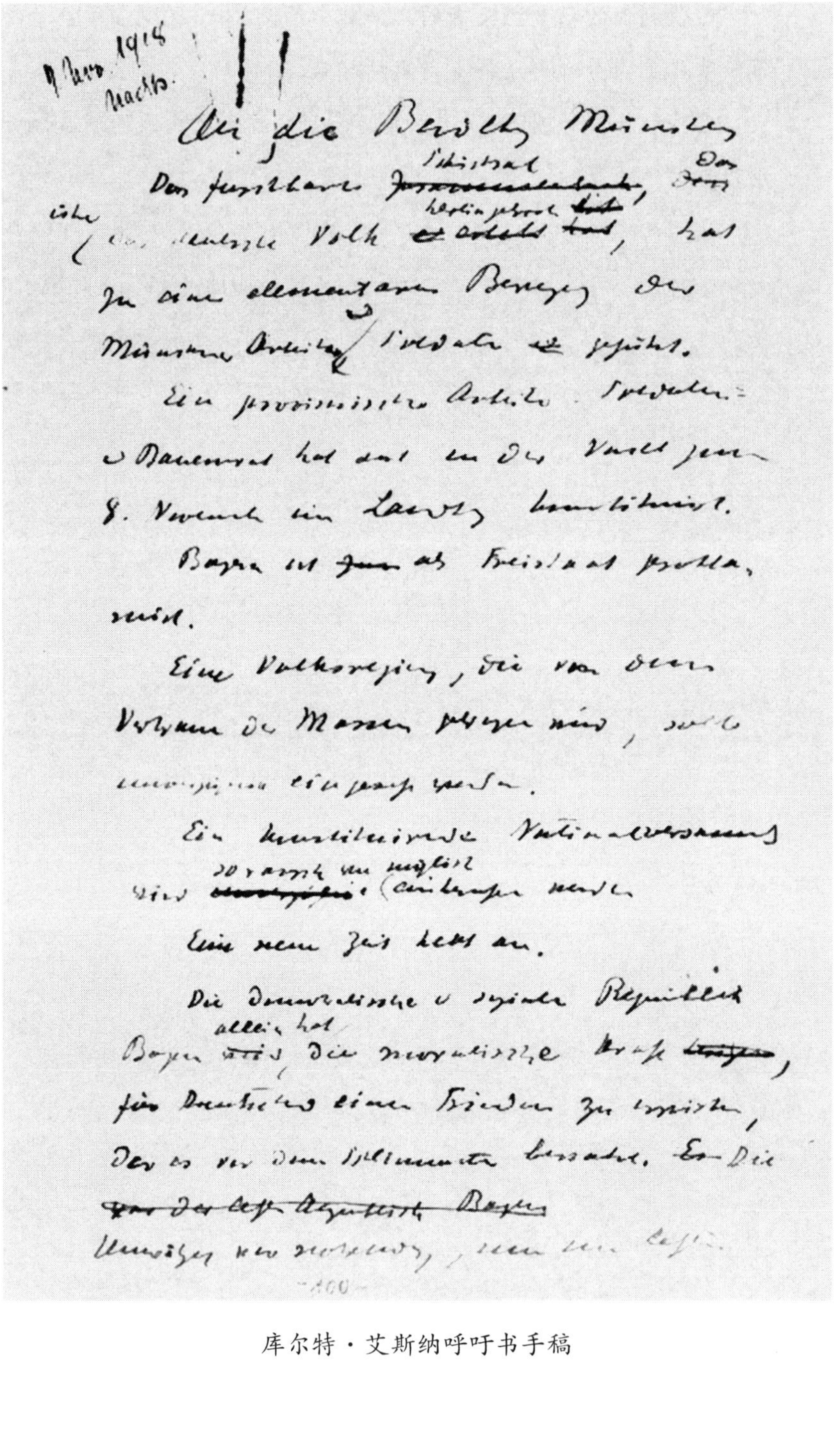

库尔特·艾斯纳呼吁书手稿

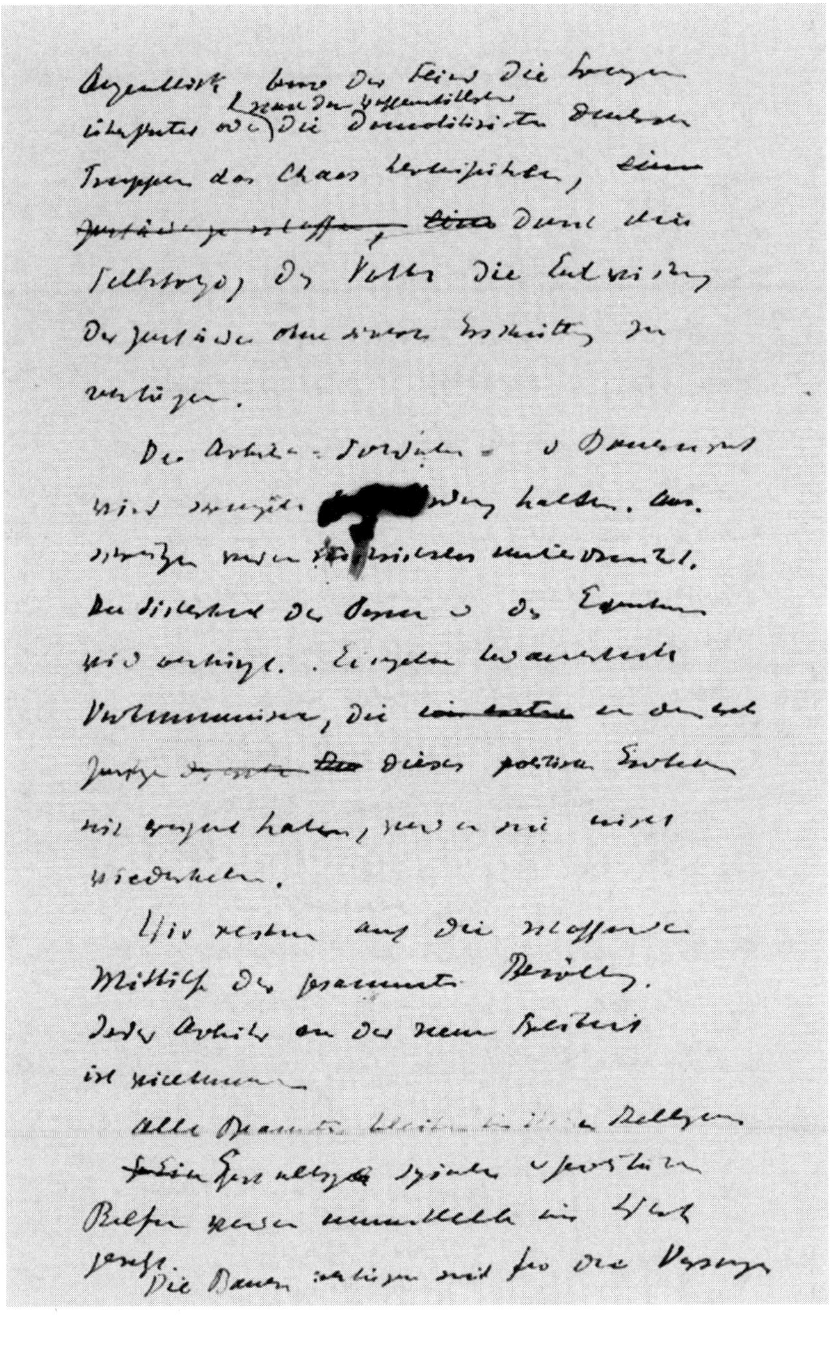

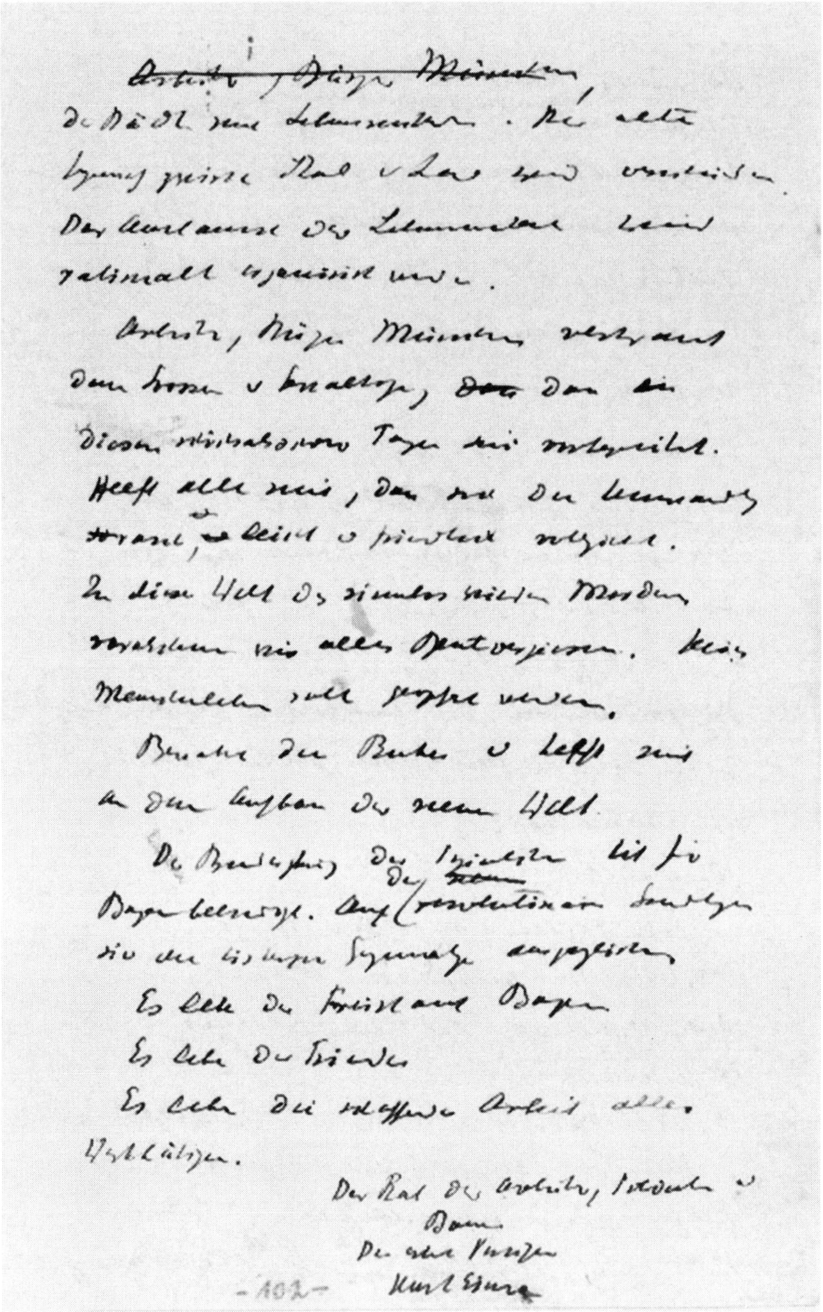

场。[5]尽管在理念上有分歧，但她和卡尔·李卜克内西都把希望寄托在了尚未获得有效组织的无产阶级群体上。个人革命行动的浪潮是为了激发更大规模的群体革命。抱着这样的信念，罗莎·卢森堡在随后几周里对多数派社会民主党的妥协政策进行了严厉的批评。然而，不论是罗莎·卢森堡，还是保罗·列维和列奥·约基希斯这些有远见的思想家，都无法在斯巴达克联盟内部战胜受无政府主义影响的政变派，后者主张采取恐怖行动，奉行李卜克内西不切实际的理想主义。斯巴达克联盟在当时还是独立社会民主党的下属组织，联盟内政变派的激进言辞主导了那段时间的革命理念，同时也把在斯巴达克联盟基础上于年末新成立的德国共产党拖进了暴力冲突的旋涡中心，最终导致了一月战斗的爆发。

独立社会民主党中的大多数人也没有为革命做好充分的准备。[6]独立社会民主党在战争问题上采取了一贯的立场，这使其领导人得到了越来越多的产业工人的信任，却也使他们面临了更多的困难。在战时条件下，由于审查和镇压措施，独立社会民主党只能在有限的范围内扩大自己的政党组织。党派支持者和党内领导层抱着不同的政治理念走到了一起，在之后的发展中也没能最终汇聚到一条统一的政治路线上来。革命工长组织在战争最后几年的罢工斗争中得以壮大发展，它与斯巴达克联盟一起主张树立革命的工团主义目标，而独立社会民主党中温和的一派则希望始终坚持《爱尔福特纲领》，认为德国革命不应该把俄国十月革命视为行动指导榜样，即使后者在当时被认为是进步和正确的。

独立社会民主党人决心为尽快实现和平而斗争，但他们不知道必要的革命行动是什么样子的，也不知道会导致什么政治后果。直到1918年11月初，独立社会民主党领导层尚且认为不可能通过自己的努力迫使形势拐点到来。他们在国内政治上遵循《爱尔福特纲领》的思路，旨在推动全面的民主化，实现产业（至少是大型工业产业）的国有化，以及建立民兵制度。该党致力于议会民主制，但在工人和士兵通过临时委员会展开的一系列运动中看到了一个在革命动荡进程中维护无产阶级利益的良好机会。因此，该党反对多数派社会民主党立即召开制宪会议的意图，并许诺从扩大议会开始对社会宪法进行革命干预，特别是解除军方和大型工业企业的权力，以便在民主选举中为在此基础上建立社会主义共和国赢得多数支持。只有以革命工长组织为代表的左翼认为议会制可以作为代议制宪法的替代方案。但是在革命的第二阶段，即1919年春天之前，议会制在理论层面上还没有得到进一步的完善。

独立社会民主党一向表现得对权力缺乏欲望，这在突然爆发的革命运动背景下倒也未必是件坏事。真正对党派造成不利影响的其实是从社会民主党沿袭而来的问题：与低下的权力欲望不相匹配的坚定的原则性，以及对党内机构和支持者的过度关注。此外，基于社会民主党分裂的经验，独立社会民主党对党内民主原则的解释非常宽泛，以至于迟迟没有与党内极端左翼划清界限，使得无产阶级群众自发地希望与多数派社会民主党合作，这让独立社会民主党在战术层面上处于不利境地。在议会上，独立社会民主党无法回避弗里德里希·艾伯特的拥护策略。尽管独立社会民主党拥有以胡戈·哈泽、鲁道夫·布赖特沙伊德、卡尔·考茨基、爱德华·伯恩斯坦和鲁道夫·希尔费丁为代表的一大批杰出的、有政治能力的人物，其中一些人甚至将在魏玛共和国中起到重要作用，然而，温和的党派特征让他们在暴风雨般的革命形势下无法坚定贯彻自己的立场，无法与里夏德·米勒、埃米尔·巴尔特和恩斯特·多伊米希这些与革命工长组织关系密切的激进分子形成有效制衡。

革命运动的爆发不是来自社会民主党的领导，而是来自士兵和工人委员会，除柏林外，这些委员会在1918年11月7日至9日在全国范围内全面夺取了政权。以沿海城市和海军基地为起点，通过各地工人和士兵委员会发起的革命运动迅速席卷了整个帝国。委员会接管了地方驻军的指挥权和地方行政权。在戒严期间，军事指挥官要负责所处地区的民政管理工作，尤其是要维系与军工相关产业的企业家们的密切合作，因此，掌握了地方军队控制权的委员会在实际上填补了军事统治瓦解后产生的政治真空。企业和军事利益在战时经济中狼狈为奸，导致在革命阶段出现了对一切军事事务的厌恶情绪。

组建士兵委员会的基本动机是为了通过选举产生委员会领导，继而借助后者的努力使普通士兵获得恰当的待遇。其中包括取消在非出勤期间的强制敬礼规定，消除军队内口粮分配的等级差异，撤销被诟病已久的"干部服从"制度，以及禁止象征性地携带武器。以暴力方式解除上级武装的情况频频发生，士兵们竞相撕毁军帽和军衔徽章，内心长期积压的对军官集团的不满终于得以释放。来自士兵的复仇如此激烈，是因为没有任何地方像陆军和海军那样有着如此森严的等级制度。然而，士兵委员会绝不是由激进的政治团体所主导的，他们中的许多成员其实属于中产阶级。[7]

在工人委员会中，激进的左派只在极个别情况下占据多数，但是他们能够对委员会的组成产生有效影响。总的来说，委员会的成立反映了工人阶级希望扭转社会民主运动中的分裂局面的愿望。一般情况下，地方工会领导人在工人委员会中有一席之地，其中也包括基督教工会的职能人员，除非委员会是在某次公共集会中临时自发成立的。与工人委员会类似，以德国南部为中心，农民委员会也相继出现，在农民委员会里，保守派的观点占有优势。最初，有序选举的趋势占了上风。在这些情况下，特别是在建立跨地区委员会时，多数派社会民主党和独立社会民主党之间的竞争发挥了更大的作用。在德国革命的第一阶段，委员会的组成基本上符合工人阶级和士兵中的政治潮流。未能充分利用这种依托委员会的人民运动形式中的民主潜力，似乎是多数派社会民主党领导层最严重的错误之一。[8]

虽然这种依托委员会的人民运动有苏维埃模式为榜样，但在运动中占据主动的并不是布尔什维克的社会革命纲领，尽管斯巴达克联盟努力主张建立布尔什维克模式的苏维埃制度并为此广发传单，但真正主导委员会运动的是联盟在争取和平方面所体现出来的重要作用。在那几周里，和平与民主化的问题是密不可分的。委员会的存在表明，在产业工人群众与多数派社会民主党和自由工会的职能机构之间存在着深深的隔阂。委员会作为无产阶级自我组织的一种形式首次出现在1918年1月的罢工中，这并不是巧合，因为这场罢工运动的领导权无论如何不能落在与政府合作的工会或党派的职能机构手中。

在大多数情况下，委员会只限于行使调控职能，通常不干预行政管理。只有在个别情况下，委员会才利用权限进行人事调整，通常来说，它们会向中央主管部门求助。它们的影响取决于当地的条件，其中最关键的是市政当局的合作态度。撇开柏林执行委员会值得怀疑的官僚化倾向不谈，说委员会制度存在巨大的管理问题，显然是罔顾事实的片面之词。委员会经常处理一些敏感的政治问题，比如粮食供应问题，在持续的封锁面前，粮食供应链很可能崩溃，又比如复员引发的一系列后续社会问题。它们为维护公共秩序做出了重大贡献，而公共秩序是因为群众的骚动和当局的无力才变得混乱的。有些时候，人们对委员会的普鲁士式秩序感冷嘲热讽，恶意放大其活动中因为非组织化而存在的固有问题，却没有充分认识到其中反映出来的有序的民主自我组织的能力。

从一开始，委员会制度就遇到了来自多数派社会民主党和自由工会的领导人的怀疑和拒绝。委员会这种形式与当时主流势力所认知的政治世界不兼容，后者认为这个世界的运作应该建立在集中性和纪律性的基础之上。长期以来，在有组织的劳工运动中，人们因为害怕陷入"俄国状况"而排斥任何形式的自发运动。温和的多数派认为委员会是十月革命的衍生物，是必须尽快消除的无序因素。总的来说，从

11月初开始的工人动员在他们看来是多余的，甚至是有害的，因为这只会阻碍政府的工作，而政府在政变仅仅两天后就宣布革命结束了。

1918年11月9日上午，当弗里德里希·艾伯特应马克斯·冯·巴登亲王的要求来接管政府时，他仍然希望现有的联合内阁将在社会民主党领导下继续运作。亲王建议尽快召开国民会议以遏制革命运动，艾伯特对此表示积极赞同，特别是当他意识到，如果按照帝国议会议长康斯坦丁·费伦巴赫的要求，召集在1912年通过选举产生的帝国议会，那必将遭到公众舆论的激烈抗议。艾伯特认为，代表资产阶级的专项部长必须留在内阁中，只有这样才能确保内阁在达成停战协议的过程中有所作为。种种迹象表明，艾伯特在同一时间向独立社会民主党发出联合协议时就已经知道会面临被拒绝的结果了。在他的设想中，成立临时内阁可以在国民会议召开之前保全国家权力，防止革命进程愈演愈烈。

然而，艾伯特试图让政府权力平缓过渡转型的计划失败了，因为柏林工人阶级的革命动员得到了独立社会民主党左翼和革命工长组织的大力支持，而斯巴达克联盟尚未发挥任何作用。双方都对独立社会民主党领导层施加了巨大压力，要求他们不惜一切代价拒绝与艾伯特联手，然而，双方都没有想过，一个与多数派社会民主党针锋相对的革命左派内阁应该是什么样子的。谢德曼在李卜克内西和革命工长组织的影响下制定了独立社会民主党参加联盟的条件，11月9日晚，多数派社会民主党的主席团拒绝了这些条件。就在当天夜里，在柏林工人委员会的会议上，革命派推动了一项决议，即在11月10日上午在所有工厂和单位举行新的工人和士兵委员会选举，选举产生的代表将于当天下午在布施马戏团集结，选举临时政府。

面对威胁到其刚刚赢得的权力地位的形势变化，多数派社会民主党领导层做出了两种反应。一方面，他们尽其所能，通过与独立社会民主党迅速达成联盟协议，预先影响布施马戏团集会即将做出的决定。这就解释了为什么他们在第一时间接受了独立社会民主党在刚从基尔回来的胡戈·哈泽的影响下制定的相对温和的联盟条件，其中包括规定政治权力应该由工人和士兵委员会掌握，而制宪会议的问题应该"在巩固革命创造的关系之后"再进一步讨论。[9]另一方面，奥托·韦尔斯的积极操作有可能使多数派社会民主党的斡旋人员活跃起来，并对士兵委员会的选举产生影响；如此一来，局势在11月10日上午已经非常明朗，革命工长组织倡议建立一个不包含多数派社会民主党的临时政府，但这个倡议在布施马戏团里没有获得多数人的支持。这个"插曲"证明，在革命形势下，拥有一个"演技精湛"的组织是多么重要，它表明了工人阶级希望多数派社会民主党和独立社会民主党捐弃前嫌，再次合作的愿望。

在士兵委员会代表的支持下，多数派社会民主党代表在布施马戏团的工人和士兵委员会大会上，成功地使在此期间成立的人民代表委员会政府获得了多数支持，并破坏了革命工长组织随后试图通过选举一个完全由激进左派代表组成的执行委员会从而使人民代表委员会受其控制的企图。艾伯特与其党内的同志们共同实施的这一策略堪称一流。事实就是，沉着冷静与组织纪律性战胜了前后不一致的政治态度，内部不团结的独立社会民主党作为早就定好的内阁中的一个小伙伴，从一开始就被排挤到了边缘地带。

人民代表委员会在平等的基础上组成，其成员除了从一开始就承担政府首脑角色的弗里德里希·艾伯特以外，还包括代表多数派社会民主党的菲利普·谢德曼和奥托·兰茨贝格，代表独立社会民主党的其党内领导人胡戈·哈泽，以及威廉·迪特曼和埃米尔·巴尔特。迪特曼被提名取代格奥尔格·莱德布尔，因为后者拒绝与多数派社会民主党合作。在独立社会民主党内部，迪特曼也受到来自左翼的高度尊重，但与哈泽一样，他追求的是一条更加平衡的路线。巴尔特自1918年春天以来一直是革命工长组织的领导人，也是德国金属工人协会的成员，他取代了卡尔·李卜克内西，后者最初曾位列候选人名单，但在斯巴达克联盟的压力下被取消了提名。这意味着独立社会民主党的左翼没有充分参与到政府班子中来，就连巴尔特本人也因既有成见而遭到不公正的待遇，被多数派社会民主党全面地否定和孤立了。从长远来看，准备进行建设性合作的胡戈·哈泽和威廉·迪特曼的情况并没有多大不同。艾伯特极其理性地利用了他职务上的优势；他之所以能够这样做，是因为总理府的工作人员主要是他信任的人物，而在议会里与联盟党议员平起平坐的代表资产阶级的国务秘书，为了达到控制局势的目的，在发生意见分歧时都投票支持多数派社会民主党。更值得诟病的是，独立社会民主党在分配政府工作时被排挤了，很多原本属于其职权范围内的重要事项现在往往直接递交给艾伯特，而独立社会民主党的代表有时甚至连知情权都没有。

多数派社会民主党的领导人成功地在德国组建起一个可以正常运行的政府，并且如愿占据了政府里一把手的席位，规避了在德皇威廉二世退位次日就在与左翼对抗的斗争中垮台的风险。这样做的代价是，人民代表委员会——这是独立社会民主党坚持使用的名称——正式站立在了革命的土壤上，其主导权来自工人和士兵委员会。这加强了艾伯特的决心，即尽可能快地推动国民会议的选举，从而恢复法治的政治环境，尽管这与联盟协议有着不可调和的矛盾，因为后者约定，只有在革命创造的条件得到巩固后才能启动这道程序。

在艾伯特身上，人民代表内阁对合法性的理解表现出了双重标准，正如他在不符合宪法规定的情况下依然接手了国家总理一职。在国家政府掌握实权的依然以代表资产阶级的国务秘书为主，这标志着与之前的联合内阁相比，新政府无论在人员上还是政治属性上都体现了很好的延续性。[10]这使得最高陆军指挥部和文职部门更愿意承认人民代表委员会的政府。各邦内阁也是如此，它们是在议会制的基础上由多数派社会民主党和独立社会民主党的联盟组成的，在少数情况下，资产阶级政党也会参与其中。只有巴伐利亚邦总理库尔特·艾斯纳领导的巴伐利亚内阁与柏林政府在忠诚度问题上发生了冲突。

这样的政权构成方式可以理解为，多数派社会民主党的领导层挫败了柏林工人和士兵委员会执行委员会为掌握人民代表委员会的控制权所做的一切努力——事实上，人民代表委员会中的多数派社会民主党所占的议席本来也是占优的。即使来自乡村的代表们进一步扩充了执行委员会的阵容，它依然被指责为缺乏普遍代表性，而且有实行"独裁"的迹象。多数派社会民主党的领导层甚至对在1918年12月工人和士兵委员会第一次全国大会上选出的德意志共和国中央委员会也做出了同样的指责。[11]从实际的角度出发，哈泽和迪特曼基于某些顾虑而主张，不要把政府的精力浪费在中央委员会内部的派别斗争上，正是这种实用主义的态度使得多数派社会民主党在派别斗争中如鱼得水。此外，执行委员会的左翼显露出组建第二政府的倾向，这也不是什么秘密。艾伯特无法阻止中央委员会的成立，但希望最多赋予其从前的帝国议会主要委员会的职能，而至于执行委员会，则已经被艾伯特定性为"冗余的"了。尽管中央委员会对政府路线的忠诚度毋庸置疑，但艾伯特对起源于革命的中央委员会深恶痛绝，甚至有意阻挠中央委员会将事务正式移交给国民会议。

人民代表委员会中的多数派社会民主党人，坚持不使用委员会的革命授权进行政治变革，甚至无视了独立社会民主党的要求，坚持不使用授权干预人事政策，可以看出人民代表委员会秉持了民主的基本原则。多数派社会民主党认为，人们不应该抢在国民会议做出决定之前有所行动，这也是基于当时对形式民主，而非参与式民主的理解。胡戈·哈泽和鲁道夫·布赖特沙伊德参与了绝大多数内阁做出决定的过程，他们有充分的理由相信，只有改变行政部门内部的专制氛围，才能创造条件在即将到来的选举活动中为社会主义阵营赢得多数支持。与之相反，多数派社会民主党的领导层却进一步强化了革命前就已经存在的行政机构，大幅削减了地方议会组织的权限，并最终系统地扼杀了它们。

不可否认的是，政府面临着大量几乎无解的问题。这些问题涉及复员、保障粮食供应、解决东方问题、停战谈判、重启经济生活和公共财政等方面。面对异常困难的外部环境，艾伯特在处理政府事务时表现出了非凡的谨慎和效率。尽管如此，他在关键问题的处理上却表现得缺乏策略上的灵活性；在某些方面，政府的行为几乎与战争期间多数派社会民主党组织罢工的做法如出一辙，显得过于直接了。它多次驳回了联盟伙伴的倡议，无论是弹劾普鲁士战争部长海因里希·舍赫，或是组建共和国人民军，还是敲定国民会议选举日期。这种固执死板的态度令人费解。多数派社会民主党的人民代表没有表现出丝毫意愿要向独立社会民主党做出任何政治上的让步，使得独立社会民主党的实力无法与那些致力于长期群众运动策略的激进派热心人士相抗衡。假如多数派社会民主党能有所妥协，那么爱德华·伯恩斯坦和卡尔·考茨基的妥协努力就不会白费，独立社会民主党就能在内部与革命工长组织和斯巴达克联盟保持距离，也就不会有1920年独立社会民主党内大量成员加入德国共产党的局面了。

僵化的政策导致独立社会民主党在针对党内左翼的时候，除了开除党籍，再没有其他有效的手段。到了12月16日，在柏林举行的工人和士兵委员会全国大会上，独立社会民主党的温和派系遭遇大败。独立社会民主党的左翼控制了局势，并迫使该党退出共和国中央委员会，虽然这一切要归咎于该党领袖哈泽的能力不足，但其根源却在于多数派社会民主党过于强硬的态度，就在与多数派社会民主党作对的斯巴达克联盟即将退出独立社会民主党的时候，多数派社会民主党不留情面地迫使其联盟伙伴退出了政府。多数派社会民主党没有采取任何措施阻止独立社会民主党的退出，而是立刻提名党内的鲁道夫·维塞尔和古斯塔夫·诺斯克顶替退出的议员进入人民代表委员会。这一影响深远的决策于12月28日生效，它让有组织的工人阶级运动退回了1916年的状态。来自军方的压力促成了艾伯特实施这一政策，同时也让独立社会民主党就此背负上了骂名。

来自军方的问题从一开始就给党派盟友之间的联盟带来了沉重的负担，自威廉·格勒纳11月10日在电话里表示听从新政府的调遣后，弗里德里希·艾伯特与最高陆军指挥部之间就建立起了密切的关系，如果独立社会民主党的人民委员知道二者间的一系列接触，那么联盟无疑会更快地瓦解。[12]以保罗·冯·兴登堡为首、由格勒纳担任第一军需官的最高陆军指挥部，是依照威廉二世的最后口谕保留下来的。从形式上看，最高陆军指挥部的职能是保证根据停战协议撤退的德国军队顺利撤离西部占领区，防止部队在撤离的过程中被俘。

在那个时候，很难预见到和平条约中的裁军条款会带来怎样的后果。在高级官员圈子里，人们普遍的想法是，即使是大幅削减的武装力量也具备足够强大的实力，使德国成为一个有吸引力的军事盟友国。鉴于东部地区尚未解决的边界问题，以及德国部队与俄国部队以及波兰武装分子之间的军事冲突，很可能会在短期内爆发局部战斗，这使得德国军队的继续存在显得十分必要。基于上述事实的种种考虑，再加上深植于心的爱国主义情结，艾伯特决定保留最高陆军指挥部，并幻想着可以与西方国家开展军事合作，共同对抗俄国。

在军方的政治展望里，永远充斥着希望德国能够在一段时间后迎来军事复兴的顽固想法。与之相对，有政治意识的工人阶级理所当然地认为，君主主义职业军队的日子已经不多了。的确，《爱尔福特纲领》中关于全面武装人民的要求，现在看来已经过时了。然而，人们认为，取代普鲁士军队的必须是一支致力于民兵理念的人民军队。这与士兵委员会的态度相吻合，他们决心通过废除军人地位的象征和限制军队的从属地位来推动彻底的民主化。同时，在工人委员会的同意下，许多地方成立了基于社会主义理念的民兵组织和安全部队，为地方秩序和安全提供保障。

总部位于卡塞尔附近威廉丘宫的最高陆军指挥部并不准备把自己限制在狭义的军事职能上，他们认为自己真正的使命是与多数派社会民主党合作，"防止带有恐怖主义色彩的布尔什维主义在德国蔓延"。[13] 在他们眼中，布尔什维主义不仅仅是指共产主义的斯巴达克联盟，而是所有以工人、农民和士兵委员会的形式开展的人民运动。

虽然军方的表现有所收敛，但他们对士兵委员会、工人委员会、执行委员会以及中央委员会的反感是显而易见的。在这一点上，他们与自由工会组织和多数派社会民主党达成了共识。最高陆军指挥部支持政府的意见，并明确指出，必须通过召开国民会议来立即恢复有序的政府环境。

面对本土留守部队和从前线返回的野战军的快速瓦解，格勒纳将军和留任的普鲁士战争部长海因里希·舍赫将军意识到，重新掌控军队指挥权十分必要。尽管他们在野战军中做了大量防止士兵被革命思潮影响的宣传，尽管他们只允许为本土留守部队建立士兵委员会，但还是无法阻止从前线返回的部队与国内革命的士兵团结起来。军队领导层勉强同意暂时容忍士兵委员会的存在，同时尽最大努力把指挥权的限制降到最低。他们还坚持要求在较长时间内只允许由军队内部的人选出任代表。

11月中旬，最高陆军指挥部在斯帕制订了一项计划，即以前线部队返回为借口，用可靠的野战军师封锁首都，解除平民的武装，消灭激进的左翼分子以及支持他们的革命部队。由于普鲁士战争部长拒绝接管这次行动的最高指挥权，因此在库尔特·冯·施莱歇尔少校主导完成了筹备阶段之后，这个风险很高的计划的执行被委托给了勒奎斯将军组建的总指挥部。弗里德里希·艾伯特在前期已经知晓了这次军事行动的技术细节，却没有看到军队的政治意图其实是利用野战军"夺取政权"。军方的参与者希望借此让艾伯特作为临时总统拥有独裁权力，以便召集国会，并建立一个临时国民会议。12月6日，军队单方面对执行委员会采取了一系列行动，并让艾伯特在实质上获得了独裁权，艾伯特对这一行动采取了谨慎的态度，这严重损害了人民代表委员会在柏林工人激进派中的威望。同时，对军事干预的政治抵制也在增强。12月10日，尽管一些部队确实实现了某种意义上的胜利进军，但勒奎斯将军的原定目标根本没有实现，因为大多数部队对柏林士兵委员会表示支持，就地解散了。

这一系列目的不纯的行动让人们对从旧体制留存至今的军官团产生了更多的质疑，使得关于兵役问题的"汉堡要点"在第一次委员会代表大会上获得了多数派社会民主党代表的支持。"汉堡要点"指出，最高陆军指挥部和普鲁士战争部长应位于人民代表委员会的权力之下，士兵委员会对军队指挥权拥有决定性的影响力，并废除了军队中的等级服从制度及其象征。[14]艾伯特也无法阻止这一决定，这引发了最高陆军指挥部的公开反抗，他们以最强烈的措辞向人民代表委员会提出抗议，以兴登堡和格勒纳的辞职为要挟条件，公开表示"汉堡要点"不可接受。人民代表委员会后续颁布的实施条例则在"汉堡要点"的基础上做了较大幅度的妥协，野战军和海军被排除在了这些条例之外。这招来了左派的激烈抵制，甚至在多数派社会民主党主导的共和国中央委员会中也遭到反对，并由此削弱了独立社会民主党议会代表在其党内的地位。

在当时的政治环境下，人民代表委员会是否应该尽力建立一支可靠的、由工人阶级组成的共和派军队来保护政府，针对这个问题展开了激烈讨论。事实上，政府并不缺少组建这样一支军队的途径和手段。圣诞节前夕，政府方面与人民海军师爆发冲突，共和派的部队很快就建立起了优势，在勒奎斯将军的军队介入之后，战斗发展到了灾难性的局面。在这次事件中，以"帝国议会"团为代表的一些共和国部队本可以在政府的坚决支持下完成重要的安全任务，若果真是这样，那么"正规"部队的干预甚至就显得多余了。人民代表委员会颁布了关于组建人民志愿军的法律，尽管在德国南部和一些大城市人们已经获得了组建人民志愿军的有益经验，但它的实施或多或少被有意识地打了折扣。

当然，鉴于普遍存在的和平主义情绪，想要说服社会民主党工人继续服兵役保护共和国确实存在难度。然而，人民代表委员会中的多数派社会民主党人却只是聊胜于无地做了一些象征性的尝试，因为一方面，他们盲目地相信职业军人的优越性，另一方面，他们也有充分的理由担心无产阶级民兵会被激进的左派渗透。此外，组建一支无产阶级保安部队，取代正规军，其前提是愿意与独立社会民主党达成谅解。多数派社会民主党领导层短视地认为，尽管前帝国军官有明显的保守主义和君主主义观念，但招募他们为政府服务是安全的，因为他们对政府的依赖性高，而且在必要时很容易被替换。基于这一思考，警告反革命势力崛起的声音被抛到了九霄云外；罗莎·卢森堡和卡尔·李卜克内西正确地预测了，人民代表委员会的军事政策将等同于恢复德意志帝国的普鲁士军事传统以及公开支持反革命，但他们在独立社会民主党报刊上的尖锐评论和攻击没有得到应有的重视。社会上对左派激进分子存在先入为主的偏见，认为他们是只会将诉求付诸暴力的底层群体，这也进一步强化了政府的观点，即工人群体所表现出来的激进与好战几乎全部来自斯巴达克联盟和流氓无产阶级分子的影响。

与人民海军师的武装冲突，催生了最高陆军指挥部的决定，即今后要依靠"可靠的"，但本质上是反共和国的志愿部队。[15]冲突的起因是人民海军师因为军费没有落实而拒绝履行其职责，海军士兵为了主张自己的要求，劫持了社会民主党市警备司令奥托·韦尔斯作为人质，并且在政府没有及时部署安全部队的情况下，将总理府控制了几个小时，这的确是很荒唐的。与此同时，为解决冲突而进行的谈判也很混乱。这促使艾伯特屈服于格勒纳主张的强硬措施，武力驱逐人民海军师，尽管后者已经明确表示要释放奥托·韦尔斯。在这件事上，独立社会民主党的领导层也不希望因为纵容海军的乱纪行为而受到质疑，在他们看来，这无异于公开叛变。负责指挥军队的勒奎斯将军在进攻城堡和马厩的作战中受挫，即使使用了重型武器并造成了大量死伤，依然没有取得任何战果，被迫撤军。蜂拥而至的人们对军方的表现极为不满。工人群众反对军队介入的情绪极度高涨，在此压力下，独立社会民主党代表在揭露了艾伯特的军事政策存在问题后，被迫于12月28日从人民代表委员会辞职。至此，在第一次委员会大会上做出的严重动摇独立社会民主党地位的决定终于酿成了苦果。

几乎与此同时，独立社会民主党内的多数派与激进左翼之间发生了决裂，后者主张采取恐怖政变策略，以推进工人阶级的激进化。在不来梅左翼激进分子的坚持下，在卡尔·拉狄克的支持下（他是苏俄政府的使者，不顾入境禁令，以非法身份进入柏林），以斯巴达克联盟为基础成立了德国共产党。[16] 党代会毫无保留地支持列宁关于继续进行革命的要求，并呼吁在议会制的基础上建立无产阶级专政。卡尔·李卜克内西违背了罗莎·卢森堡和列奥·约基希斯以及少数更有远见的领导人的意愿，强行通过了该党不参加国民会议选举的决定。德国共产党有别于纯粹的列宁主义干部制度政党，其内部充斥着无政府主义和政变主义分子，仓促的建党，加上过于激进的政策，这些战术上的错误将德国共产党推向了政治孤立。

对抗人民海军师的军事行动引发了强烈的反内阁情绪，极其紧张的内部局势在极左派独立后依然没有得到缓解。此外，德国共产党期望能够通过加强对独立社会民主党的批评，将部分支持独立社会民主党的群众吸引到自己一边。导致对立情绪意外升级的外部原因是柏林警察局长埃米尔·艾希霍恩被解职。在普鲁士的独立社会民主党部长毫无阻力地辞职后，事实上独立社会民主党人已经彻底脱离了政府，而艾希霍恩与革命工长组织关系密切，因此被解职也就显得顺理成章了。多数派社会民主党的报刊对艾希霍恩肆意攻击，把他描绘成一个被俄国用金钱收买了的政变者，极大地助长了内部冲突的情绪化。艾希霍恩被多数派社会民主党的支持者取代，使激进的左派意识到它即将失去在首都最后的权力地位。事实上，为了确保定于1919年1月19日举行的国民会议选举顺利召开，多数派社会民主党早已决心彻底消灭左派，必要时甚至可以以军队介入为代价创造有序的社会条件。

1919年1月19日的国民会议选举海报，由古斯塔夫·阿道夫·范希斯设计（明斯特，威斯特法伦–利珀州立艺术和文化历史博物馆）。海报上的文字为："谁能拯救普鲁士于覆亡？""德国国家人民党！"

卡尔·李卜克内西的革命理想和革命工长组织的政变行动主义碰撞出了火花。反对政府的大规模示威演变成了公开的内战，少数激进分子控制了一些公共建筑以及包括《前进报》在内的一些报刊编辑部。在仓促成立的革命委员会及其内容模糊的决议的支持下，以颠覆政府为目的的起义初露端倪。激进左派领导人无法摆脱革命情绪的牵引，尽管他们丝毫没有为夺取政权做好准备，而且肯定知道这一行动将以血腥的方式结束。

人民代表内阁接受了这一挑战。由独立社会民主党领导层以及中央委员会努力促成的调解，并没有动摇政府通过军事手段维护其权威的决心。古斯塔夫·诺斯克接管了勃兰登堡地区的最高指挥权，他接受了新组建的志愿部队，包括梅尔克将军领导的拒不向政府宣誓的"志愿猎人团"，以及由帕布斯特上尉担任第一总参谋的近卫骑兵步枪师。然而，用重武器强行攻占《前进报》编辑部大楼的行动却是由忠于政府的共和派部队完成的；警卫队在艾希霍恩离任后也在这次行动中表现了对政府的忠诚。与此同时，多数派社会民主党支持者还使用罢工的形式抗议左派激进分子，并以此为政府打掩护。

志愿部队挺进内城和工人区，并于1月13日实行戒严，这导致内部情绪再次升级。志愿部队肆意射杀那些挡在他们面前的持有武器的人，他们的出现和做法让人们相信，反革命的势头愈演愈烈。艾伯特想要避免的内战已经成为现实，而这场内战的攻击目标是革命的工人阶级。

以占领柏林为目标的军事行动引发了对斯巴达克联盟领导人的野蛮追捕，并在对一切反抗行为的暴力镇压中画上了句号。1月15日，罗莎·卢森堡和卡尔·李卜克内西被近卫骑兵步枪师的成员残忍地杀害，从那时起，在"清算斯巴达克联盟"的口号下，德国政治舞台上充斥着狭隘、仇恨和被美化的暴力。[17]《前进报》也曾在1月13日间接呼吁谋杀罗莎·卢森堡和卡尔·李卜克内西。必须承认，左派激进分子也没有停止过暴力行径，但是，志愿部队的军事行动使以往发生的一切都相形见绌。两位著名的德国共产党领导人被谋杀的细节陆续被曝光，弗里德里希·艾伯特对此也深感震惊。政府要求对凶手进行司法诉讼，但军事司法系统最终对谋杀者做出的判决基本可以视为对法治的嘲弄，更不用说真正的幕后黑手其实还逍遥法外了。

发生在1月的这一事件被鲁道夫·希尔费丁描述为"德国革命的马恩河之战"。[18]资产阶级和社会民主党的报刊都试图把责任完全归咎于斯巴达克联盟。不可否认，左派领导层对这次冲突的灾难性升级负有很大的责任，尽管德国共产党在柏林的成员规模其实很小，而且政府也有足够的手段在政治上孤立他们。人民代表委员会以军事手段应对起义的决定是不可避免的。然而，他们所依赖的军队的性质和这些军队所使用的手段，甚至把人民代表委员会的支持者赶到了反对派阵营。在具有社会主义思想的工人阶级眼里，柏林发生的事情，以及

1919年1月，柏林勃兰登堡门上政府军的机枪岗哨

1919年1月25日，一月战斗牺牲者的送葬队伍在前往柏林弗里德里希斯费尔德公墓的途中

随后数月间在德国许多大城市相继发生的事情，使国内环境回到了第一次世界大战时的状况。紧急状态和军事统治似乎会以同样的形式和方法再次出现。工人阶级为和平和社会主义民主而进行的斗争以失败收场。

柏林的一月战斗开启了德国革命的第二个阶段。这个阶段的特点是，大部分劳动人民都意识到，11月9日之后的革命发展没有真正改变权力的现状，对此他们发起了激烈的抗议。这一切与产业工人的日益激进化也有密切关联。这一点在1919年1月19日的国民会议选举中还没有充分反映出来，在这次选举中，多数派社会民主党获得了37.9%的选票，而独立社会民主党只获得了7.6%的选票，因此，工人政党在资产阶级政党中仍然处于少数。1919年春天，尽管独立社会民主党在其对抗政府干预力量的堡垒中遭受重创，而且在1月的事件之后彻底失去了与多数派社会民主党合作的可能，继而完全处于政治孤立状态，但它还是从多数派社会民主党的阵营里赢得了很多支持者。在1920年6月6日的国会选举中，独立社会民主党赢得了18.0%的选票，而多数派社会民主党也仅仅获得了约22%的选票。只获得了约2%选票的德国共产党在当时是一个毫无存在感的边缘党派。

在国民会议的选举上，产业工人群体开始逐渐倾向于独立社会民主党的支持率变化还不明显。之前的邦选举表明，两个社会主义政党不能指望获得绝对多数。此外，投票年龄的降低，尤其是来自女性选民的投票，以及只有83%的低投票率，都对它们不利。这并不是因为德国共产党呼吁抵制选举，而是因为新选民的占比很高。对工人政党来说，来自农业工人群体和部分小农群体的同情心使它们在农业地区取得了小小的突破。多数派社会民主党和独立社会民主党只在极个别情况下在原本的选民大本营之外赢得了新的选票支持。尤其是在独立社会民主党的大本营，也就是在阵营分化特别明显的选区，它们几乎没有取得任何突破。

在资产阶级政党中，最初组成议会党团的中央和巴伐利亚人民党取得了19.7%的选票。德国民主党以18.5%的得票率取得了惊人的好成绩，这一方面是因为德国人民党组建得较晚，只获得了4.4%支持票，另一方面则是因为德国民主党赢得了那些赞成全面民主化但反对消灭资本主义经济制度的选民的好感。早在2月4日，德意志共和国中央委员会就将其权力交给了国民会议。会议上提出的"将工人和士兵委员会纳入未来的国家宪法"的要求引起了左派的反对，为了缓和左派的不满情绪，多数派社会民主党领导层4月在柏林召开了第二次委员会大会。[19]

在多数派社会民主党看来，随着2月6日国民会议的召开，地方上的工人和士兵委员会就没有任何存在的理由了。作为军队的全权代表，古斯塔夫·诺斯克为取消士兵委员会开了绿灯；他们只能在左派的阵营里继续表达自己的立场。而在其他地方，旧的指挥系统重新生效，他们不得不容忍军方的代理人去处理社会事务。与此同时，为组建自由军团和居民护卫队而进行的宣传活动也得到了加强。作为舍赫的继任者，瓦尔特·莱因哈特上校在士兵委员会的问题上对军官团的抵制做出过让步，这些让步从一开始就引得争论不休，现在基本被推翻了。1919年3月6日，关于临时组建国家防卫军的法律正式出台，根据法律条款，在此期间组建的大多数志愿部队都被编入正规军，而少数共和派部队要么被解散，要么被编入保守派的编制。

在和平条约签订之前，鉴于针对波兰以及西方国家所必要的边境保护任务，武装部队正式开始改组。[20]事实上，无论是迁往科尔贝格的最高陆军指挥部，还是宪法通过后在战争部长领导下重组的国家防卫军，都以重塑国家威望为己任，自视为国内政治的权力工具。这包括解除以前的安全部队和民众的武装，解散不守规矩的工人委员会，以及全面击退"斯巴达克主义"。与此相对，在农村，居民护卫队被组建起来，他们一方面是国内政治的斗争力量，另一方面也是正规军的预备队。[21]受过较高教育的群众，特别是没有在帝国时期服役过的高中生和大学生，则以自愿的形式加入这些由地主和工厂主资助的私人军队。在这些条件下达成的德国社会再军事化的程度远远超出一般预期。考虑到这些右翼军队的人员流动性较高，因此不太可能统计出准确的数字，但基本可以认为这支缺乏统一调度的杂牌军的规模已经超过了100万人。在与军事部门的密切合作下，政府组建了机动安全警察部队，以取代原有的市政警察部队，警察的招募工作也受到了来自军方的影响。

不仅在德国共产党和独立社会民主党的领导层，即使在有革命意识的工人群众里，这些事件也被认为是反革命的胜利。这是有道理的，因为在多数派社会民主党的操控下，左翼政党的成员被以各种借口排除在了组建部队的工作之外。早在波罗的海地区的自由军团部队回归之前，这些部队就已经具有明显的反革命性质了。起初，军方计划为多数派社会民主党提供支持，以对抗激进的左派，而多数派社会民主党也确实成了军方的帮手，这一点从《前进报》刊登的招募自由军团志愿者的广告宣传上可见一斑。但是，接连成立的军事机构的反革命态度越来越明显。反布尔什维主义与反社会主义建立起了统一战线。不仅在左派激进分子中，甚至在自由工会成员和多数派社会民主党人中，都对此表现出了强烈的不满，他们开始抵制招募志愿部队的广告，也对在工厂里辞职的自由军团成员发起了严厉的训斥。许多职能部门的官员都有一种回到战时的感觉，唯一的不同就是，现在戒严令是由一个社会主义政府宣布的。

尽管对布尔什维主义的担忧和恐惧广泛存在于资产阶级圈层，以及多数派社会民主党和自由工会的领导层，但是激进的左翼集团始终都无法有效地开展他们针对政府和诺斯克指挥下的部队的行动，这使得布尔什维主义与现实社会之间严重脱节。与此相反，被戏称为"诺斯克男孩"的势力却用武力持续蚕食着各地的反抗基地。随着温和的社会主义者越来越多地退出议会，左翼激进分子在议会中占了上风。这导致了一些怪异的事件发生，例如在1月10日宣布成立的"不来梅独立社会主义共和国"，业余主义和革命浪漫主义在那里产生了令人费解的交集，这进一步加深了资产阶级对任何形式的社会主义政治的厌恶感。[22]

诺斯克下令对激进的左翼少数派采取惩罚性行动，不来梅发生的事件就是针对这一命令的最好诠释。在那里，委员会的统治已经结束，工人委员会已经准备好接受解除武装的要求。但诺斯克出于个人声望的考虑，坚持命令为"解放"不来梅而组建的格斯滕贝格师武力介入，结果导致了与工人的不必要的流血冲突。[23]其他地区也发生了很多类似事件。最初，行动的诉求只是建立秩序和恢复正常的政府权力，后来却演变成了持续数月的内战局面。激进左派势力借助工业地区工人阶级的大规模起义展开自卫行动。1919年1月至4月，先后在鲁尔区、德国中部、上西里西亚以及柏林发生的广泛的罢工运动都没有官方工人政党的参与，其至德国共产党也无法按照自己的意志对罢工行动有所引导。对社会期望的落空先是促成了战争的结束和革命的动荡，如今又激发了一次次的罢工运动。战争结束后，社会上各个群体中都流行着这样一种想法：必须从根本上建立新的社会结构，以取代被认为没有活力的威廉时代社会体系。这种想法在当时营造出了一种高涨的，但是内涵模糊的革命情绪，与看似无望的经济形势形成鲜明对比，这也解释了在革命的几个月里政治动员的程度之高，远远超过了激进左派的鼓动宣传。独立社会民主党让自己化身为大众无产阶级情绪的传声筒，但也成为民众政治幻想的受害者。

德意志共和国中央委员会希望实行全面的社会改组，而人民代表委员会在这方面却表现得犹豫不决。除了保证实行八小时工作制和采取对失业者的补助措施外，资本和劳工之间的关系没有受到任何来自议会的介入。这个时期的工作重点是努力恢复工业生产，并加速从战时经济向和平时期经济过渡，但是由于协约国军队的封锁并没有取消，导致工业所需的原材料供应以及民众所需的食物供应很难得到保障。850万名士兵面临复员，他们必须重新融入社会生产过程中去，总的来说，这项工作的难度在当时被高估了。对退伍军人的优惠待遇导致了对青年工人和妇女的社会政治歧视，他们尤其受到日益严重的失业危机的影响。

工会组织在革命时期表现得有些拖后腿。一直到1918年秋，工会组织通过《爱国助军服务法案》所获得的地位依然没有得到重工业企业的承认，后者的立场是，重工业才是这个国家不容动摇的根本。这种情况在10月初发生了变化，当时德国的战败几乎已成定局，企业开始寻找盟友，以应对在大规模复员的情况下国家对经济生活进行深远控制的局面。在电气工业中央协会总经理汉斯·冯·劳默尔的倡议下，10月30日，胡戈·施廷内斯与德国工会总联合会主席卡尔·莱吉恩达成协议，双方约定建立一个复员办公室，以限制帝国经济办公室的影响。

施廷内斯预计，战争会在不久之后结束，届时经济需求会发生强烈反弹。他认为，为全面经济扩张创造有利条件，需要将企业决策权从国家的监管下解放出来，同时还要与工会达成谅解。基于这个思路，为了创造社会和政治条件，雇主协会与工会中央工作组于11月15日成立。[24] 为了达成与工会组织的合作，即使鲁尔区的重工业企业颇有微词，雇主方仍然做出了一些让步：承认工会拥有薪资谈判权，与反对工会的经济协会脱钩，并仅在国际形势的大背景下承诺实行八小时工作制。作为回报，基督教工会和自由工会同意在所有有关复员的问题上进行友好合作。

《施廷内斯-莱吉恩协议》在很大程度上为企业家们带来了好处，他们在制定价格、促进出口和分配国家补贴等问题上获得了极大的自主决定空间，与之相反，随着中央工作组的影响力被国家经济部大幅削弱，工会组织关于参与经济决策的诉求只在有限程度上得到了实现。当然，重工业企业对工会地位的正式承认是工业劳动关系体系的一个重要突破，而且工会在跨企业的共同决策过程中所扮演的角色也得到了加强。工会组织与企业家阵营达成的协议，让工会在采取行动时多少有些放不开手脚。革命形势的发展并没有对建立工会的谈判造成影响。从工会领导层的角度来看，对中央工作组的顾虑并不是没有道理的，因为中央工作组和企业家们一样，拒绝实验性的经济措施，并且在制定经济法律的问题上与多数派社会民主党领导层形成了默契，希望由国民会议全权处理。

这在国有化问题上尤其如此，尽管基础工业的国有化是有组织的工人运动的重要原始诉求之一。甚至矿工工会的领导人奥托·休也在1918年12月反对曾经提出的煤炭工业国有化的要求，他认为："如果我们现在担负起对工业生产关系构成进行彻底改造的责任，那么社会主义事业就会遭受严重失败。"[25]同一时期，包括煤矿协会代表在内的广大群体都认为，煤炭行业的国有化改革措施是不可避免的。在第一届委员会代表大会上，绝大多数人都赞成立即对已经具备成熟条件的企业，特别是煤炭企业，进行国有化改革。人民代表委员会通过设立一个由联盟党代表和资产阶级专家组成的国有化委员会，拖拖拉拉地处理了这个问题。这个委员会的态度是，国有化是一个长期的过程，第一步应当首先在煤炭工业中开始实施。它还呼吁采取措施，让工人代表"对管理层有必要的了解"。[26]

反对重工业企业国有化的理由主要有两方面：其一，当下的社会经济条件不允许工业生产有任何的中断和停滞；其二，人们担心，私有企业国有化会让协约国军队更容易取得其控制权。事实上，多数派社会民主党的领导层也拒绝实施国有化措施，因为他们担心这些措施有可能导致国内出现与俄国一样的局面，尽管这种担心没有确实的依据。[27]合理的说辞是，当时缺少实施国有化所必需的专家，以及对企业界忠诚度的依赖性过高。然而，如果推动国有化改制，就有可能缓解工厂中令人厌恶的等级压迫关系，促进工人利益的平等化，并在一定程度上给予工人参与经济决策的共同决定权。甚至连复员办公室主任约瑟夫·克特也建议："应该让工人更多地了解我们的经济状况，并深入了解工厂的情况。"[28]

此外，德国工会总联合会对于设置独立的、不受其管辖的工作委员会一直持反对意见；它还尽其所能地使1918年12月根据《施廷内斯-莱吉恩协议》设立的工人委员会始终处于工会的控制之下。在很长一段时间内，中央工作组设立的工人委员会掌握着工作场所的代表权，负责监督双方约定的薪资条件是否得到切实执行。德国工会总联合会大大高估了中央工作组赋予它的影响力。此外，对雇主代表的不信任，或多或少促成了在1920年1月通过的《劳资委员会法》，并在将雇主代表的职能限制在企业内部社会政策一事上起了决定性的作用，阻碍了双方就确保工人参与企业决策的相关事宜达成共识。

鲁尔区的大罢工奏响了覆盖整个工业区的大规模工人罢工运动的前奏曲；1月初，与独立社会民主党的决裂使工人对人民代表委员会就国有化问题提出倡议的希望破灭，罢工就此拉开帷幕。鲁尔区的矿工要求确实改善当地的工作条件并减少轮班时间；鉴于不断加剧的通货膨胀，工资待遇问题也处于风口浪尖之上，但这不是导致这次罢工运动的决定性动机。罢工规模达到顶峰时覆盖了整个煤矿区，几乎使煤炭供应陷入瘫痪。此外，尽管早在11月就达成了鲁尔区采矿业的第一个集体协议，但矿产企业里雇主与工人之间近似主仆的劳动关系仍然没有得到改观，因此这次罢工的另一诉求是期望扭转矿业公司在劳资关系上的观念立场。

1919年1月13日，在鲁尔矿区的工人和士兵委员会召开的埃森会议上，成立了九人委员会，工人政党也以平等的身份参与其中。九人委员会提出了一个全面的国有化概念，让矿工参与煤矿的管理事务，而不涉及所有权问题。随着委员会宣布开始国有化进程，以及煤矿委员的选举，大罢工戛然而止。然而，派往魏玛的代表团被国家劳工部长维塞尔拒之门外，他指出九人委员会的行动是非法的。多数派社会民主党和矿工工会退出了鲁尔区的国有化运动，与此同时，内阁部署了志愿部队向鲁尔区进军。他们所挑起的血腥事件引发了更大规模的罢工，其主要参与者是矿工。

工会代表将大规模的矿工罢工和异常激烈的四月罢工都归咎于德国共产党，却否认了工会成员也积极参与了罢工的事实，也闭口不谈是志愿部队的挑衅和暴行激发了工人阶级的空前团结。矿工们认为，他们的行动与政府的意愿一致，因为他们的诉求获得了政府的回应，后者任命了国有化专员，并张贴了"国有化势不可挡！"的海报，然而与此同时，政府也在积极地为军事干预做着紧锣密鼓的安排。[29]直到双方冲突的最后阶段，共产主义阵营才获得了决定性的优势，而自由工会矿工联合会却失去了近三分之一的成员，这些成员转而加入了激进的工会主义联合会。

德国中部的罢工运动与此类似，区别在于独立社会民主党将这里的罢工升级成了一次跨行业的总罢工。为了争取时间，政府在关于建立公司和地区工人利益代表的问题上做出了妥协。最终，就像在鲁尔区一样，工人的抗议活动遭到暴力镇压。内阁在上西里西亚的做法也如出一辙。在那里，罢工运动的诉求与鲁尔区的工人运动一致，内阁却声称是来自波兰的挑衅者煽动了这次罢工运动，并通过加强紧急状态的方式使其不了了之。同样，在这些地方，许多工人也心灰意冷地退出了自由工会组织。

广大工人群体感到困惑，他们不理解为什么政府要反对他们提出的工作场所自治代表的诉求。这一诉求并没有超越组建雇主和工人平等代表权的劳工院的提议。左右政府态度的决定性因素在于，他们担心劳资委员会被独立社会民主党的左翼和德国共产党转化为建立苏维埃专政的工具。然而，这种担忧只有在温和派团体拒绝合作的情况下才有可能成为现实。同时，自由工会也在反对企业层面上共同做出经济决策的形式，因为他们意识到，这种合作形式动摇了自己在代表经济利益上的垄断地位。因此，尽管马克斯·科恩-罗伊斯在1919年4月的委员会代表大会上提出了授予劳资委员会经济权利并将其与跨企业的共同决策制度挂钩的计划，而且得到了多数派社会民主党的支持，却遭到了德国工会总联合会的抵制，后者阻止了在多数派社会民主党党代会上将此计划提上议程。

自由工会抵制国有化运动，拒绝了鲁道夫·维塞尔和他的同事维夏德·冯·默伦多夫提出的在战争经济模式的基础上建设公共经济的建议，导致其几乎没有对经济实施有效干预，最重要的是重工业企业雇主保持了其一贯的强势地位，甚至比战前有过之而无不及。[30]以国家煤炭委员会和煤炭与钾肥联合企业为代表的公共经济机构呈现出迅速衰退的苗头。在中央工作组的支持下，企业雇主们几乎可以毫无顾虑地制定价格政策。

因此，尽管工会的地位在表面上已经通过中央工作组得到了巩固，但是革命运动并没有在实质上改变经济领域掌控权的归属。事实上，它们此刻已经不得不退而求其次地开始寻求一种补偿性的社会政策。回顾这一年的革命运动，人们甚至发现，在非工业领域所取得的进展更加不尽如人意。出于保障粮食供应的考虑，多数派社会民主党完全放弃了对农业的干预，尤其是在易北河东部地区的土地改革中打了退堂鼓，并满足于地主阶级表面上的合作。公职机构内部的情况大同小异，出于类似的顾虑，对公务员制度的改革也不了了之。导致所有这一切发生的根本原因则在于，革命一方大大高估了议会制所能提供和保障的控制力。

1919年春，在不伦瑞克、马格德堡、曼海姆、哈雷、莱比锡和柏林，以打击粉碎独立社会民主党据点为目的，展开了一系列军事行动，这也基本宣告了多数派社会民主党在政策上的失败。刺刀暴力取代了在政治上团结激进工人、孤立带有恐怖主义倾向的极左派的尝试。声名狼藉的自由军团部队一而再再而三地对无辜者施以暴行，不断通过挑衅让国内冲突升级，广大劳动人民陷入了痛苦和无助。1919年3月在柏林、4月在慕尼黑发生的事件，是当时国内紧张局势的一个缩影。为了应对德国共产党的反击，多数派社会民主党发起了一次总罢工，却没能贯彻领导层在罢工之初所宣称的非暴力原则，罢工群众多次对警察设施展开攻击行为，导致诺斯克做出强硬回应，宣布进入升级的紧急状态，并将这种紧急状态维持了九个月之久。激进的工人群众和自由军团部队之间的武装冲突愈演愈烈，双方的仇恨不断升级，死亡人数超过1200人，而事态却没有得到真正的平息。这一系列事件被称为"柏林血腥周"，无产阶级群众将其视为新兴共和国的阶级属性的证明。[31]

发生在慕尼黑的事件在当时有着特殊的意义，因为在这次事件里，激进的左翼对知识分子的依赖远远超过了其对工人阶级坚实核心的依赖。尽管库尔特·艾斯纳因其令人费解的和平主义外交政策以及在政府事务上的不当处理而声誉大不如前，但其领导的社会主义联合内阁在春天之前还是能够保持相对稳定的状况的。真正使得艾斯纳的地位无以为继的是独立社会民主党在邦选举中的惨败，在这次选举中，独立社会民主党仅仅获得了三个议员席位。受到奥地利的启发，艾斯纳设想将议会制和委员会制度结合起来，以解决激进左派和温和左派之间的冲突，这一设想如果成功，应该有助于构建安定的内部环境，但由于国家政府僵化的消极态度和资产阶级反对派的强硬态度，艾斯纳没有获得将此设想付诸政治实践的机会。[32]

1919 年 2 月 21 日，正当艾斯纳准备辞职时，年轻的阿尔科-瓦利伯爵刺杀了他，而作为回应，艾斯纳的支持者又企图刺杀多数派社会民主党内政部长埃哈德·奥尔，这两起事件使得国内的政治稳定局面土崩瓦解。阿尔科原本想要阻止"二次革命"的发生，却想不到其刺杀行为直接成了革命爆发的导火索。[33]新成立的巴伐利亚议会中央委员会在恩斯特·尼基施的领导下，宣布成立苏维埃共和国。如果社会民主党人约翰内斯·霍夫曼领导的联合内阁有足够的力量和稳定的政治支持以对抗委员会机构和慕尼黑的左翼激进军队，而不是转向班贝格，并为加强埃普自由军团的力量向国家政府请求军事支持，那么慕尼黑的苏维埃政权就不会只是昙花一现了。4 月 7 日，当社会主义政党联盟宣布成立巴伐利亚苏维埃共和国的时候，刚刚在尤金·列维涅领导下重组的德国共产党还有所顾虑。直到驻在慕尼黑的部队试图采取军事行动推翻这个苏维埃政权时，列维涅和马克斯·莱温才终于下定决心承担起政权领导人的职责，尽管他们心里清楚，这个仅限于巴伐利亚地区的苏维埃统治政权不太可能站稳脚跟。但是鉴于匈牙利在 3 月底成功建立了苏维埃共和国，人们把担忧丢在了一边，甚至产生了把布尔什维克革命推进到中欧的幻想。

慕尼黑的苏维埃政权只存在了14天，在此期间，无论在经济还是在财政方面，又或者政府组建的红军在面对压倒性干预力量时乏善可陈的表现，所有这一切都可以用一连串的溃败来形容。这就是为什么恩斯特·托勒，这位在第一次委员会实验中发挥了主导作用的表现主义戏剧家，在4月27日迫使列维涅和莱温辞职，其时此二人已经因其俄国身份而引起了广大民众的反感。5月2日，因为此前一天发生的人质被杀一事而义愤填膺的自由军团长驱直入，他们组建了一个战力远超红色政权的恐怖军团，在两天内杀死了600余人，托勒却只能眼睁睁看着这一切的发生而无能为力。这一事件在德国革命史上留下了不可磨灭的一笔，导致了5000多起针对相关参与人员的法庭诉讼，造就了慕尼黑后来强烈的反革命以及反共和氛围，为此地的极端民族主义复兴提供了异常肥沃的土壤。

随着巴伐利亚苏维埃共和国的瓦解和随后莱比锡政府军对极左派的镇压，德国的革命在1919年5月初宣告结束。面对一个明显带有阶级政治特征的、再度军事化的资产阶级社会，革命力量绝望地发现自己处于孤立无援的境地。因为无论是居民防卫队还是独立的波罗的海自由军团，各种形式的自由军团部队都与工业界和保守党派保持着密切的联系，后者为其提供了必要的资金保障，与此同时，它们与国家国防军之间的关系则确保了武器和装备的供应。另一方面，国家防卫军、雇主协会、国家土地联盟以及其他右翼利益集团之间的合作则意味着，普鲁士政府和卜属行政机构无法在鲁尔地区和易北河东部地区等偏远地区约束反革命的行径。

为了坚决打击一切形式的"布尔什维主义"和社会主义国际主义，瓦尔特·冯·吕特维茨将军领导的国家防卫军第一集团军在1919年春天就已经开始行动，与包括爱德华·施塔特勒的反布尔什维克联盟在内的右翼资产阶级宣传组织建立了密切联系，并支持具有明显反

1919年5月2日，慕尼黑驱逐被俘的苏维埃共和国支持者

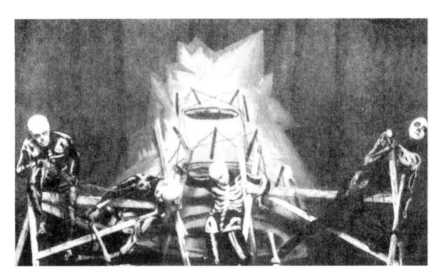

恩斯特·托勒的《变形记》。1919年卡尔-海因茨·马丁在柏林剧院表演的剧照（慕尼黑，德意志剧院博物馆）

社会主义倾向的极端民族主义活动。阿道夫·希特勒就属于这种情况下的获益者，他作为国家防卫军第四集团军司令部的线人与安东·德雷克斯勒的德国工人党建立了联系，并就此开启了他的政治生涯。[34]

1918/1819年德国革命的特殊性还在于它发生的时机，当时德国正处于在停战协议的基础上缔结和平协议的阶段，但在可预见的未来并不能完全排除战争纠葛的延续，除非人们与胡戈·哈泽和库尔特·艾斯纳一样认为和平是优先度最高的，是不惜任何代价都要实现的。这一历史条件决定了，作为战败方的德国军队能够在战后恢复并提升其在国内政治中的权力地位，并以巩固政府权威为目的，作为反革命的工具发挥作用。

由多数派社会民主党和德国工会总联合会构成的政府领导层顺应了这一政策，期望在他们所争取的民主议会制建立之后，再回头去解决发展过程中出现的问题。事实证明这种做法是错误的，因为在这种理念的影响下，多数派社会民主党的领导层与众多支持者之间甚至比第一次世界大战期间更加疏远。国民会议对镇压工人阶级的行为采取了容忍态度，其结果是德国共产党关于建立与议会制相对立的、"纯粹的"委员会制度的提议得到了很多无产阶级力量的支持，而这种制度上的对立在最初是不存在的。议会民主制是在革命内战爆发的边缘出现的，这种制度的确立导致绝大多数工业劳动者在早期就对它产生了顾虑和不满，甚至是敌视。

1919年春天，在柏林、德国中部、鲁尔区和许多大城市发生的罢工运动使多数派社会民主党领导层措手不及，因为他们认为随着国民会议的召开、临时政府的建立和共和国中央委员会的退位，革命已经完成了。他们认为自己就是工人阶级利益的代表，而在罢工运动中，他们眼里看到的净是那些被以"斯巴达克联盟"为代表的激进分子所误导的工人。事实上，这场罢工运动的普遍特征是，人们试图自下而上地迫使三个工人政党团结起来。而这三个政党中却没有一个能够使人们服从于自己的基本政治目标。[35]

罢工者的动机，除了抗议复辟的军事统治外，还有改善他们在工厂的处境。国有化的口号与调整财产秩序的基本思想关系不大，而是与废除工作场所的等级压迫和规则限制以及改善以工资为生的人群的生活条件的意愿有关。这些大多是乌托邦式的空想，正如煤炭工业的罢工者临时要求六小时轮班的例子所显示的那样。在共产主义力量的参与下，慕尼黑和不来梅等地相继发生了政变，人们尝试建立了短期的布尔什维克政权，但既没有与中央政府配合，也没有得到当地群众的支持。

社会民主党的领导层过于执着于其一贯的国家利益至上的传统，以至于没有察觉到在罢工抗议运动中隐藏着推动更多民主力量参与其中的因素。[36]独立社会民主党在1919年12月的纲领中提出了社会主义民主的要求，试图顺应革命趋势，却无力提出任何建设性的政治方向。自1919年1月的起义以来，多数派社会民主党不得不接受在群众中严重丧失支持率的事实，考虑到资产阶级盟友和复辟的军事政权的力量，政治上的两极分化已无法避免，以和平的政治手段解决阶级冲突已不再可能。这意味着议会民主制尚未发展成形就已经面临重大阻碍。

在残酷战争的后续影响下，带有暴力属性的革命动乱的爆发已是必然。德国共产党在政治对抗中以多种方式展开了对使用暴力手段的宣传，尽管转化为实践的情况并不尽如人意。掌握着政权的社会民主党人出于维护专制秩序的思考，也提倡使用武装力量，但参与抗议的工人却坚持使用罢工和示威这些已经"过时的"斗争形式，而且展现出了令人惊讶的纪律性。直到革命运动的晚期，在暴力冲突升级的情况下，无产阶级方面才有意识地开始使用恐怖主义手段。1919年初，失业率全面飙升，工业中心的粮食供应链崩溃，这些都进一步加剧了双方冲突的激烈程度。

除了极少数情况，在革命运动中几乎没有发生带有恐怖主义性质的行动；真正把恐怖主义贯彻在行动中的，反而是在1918年末到1919年初开始的反革命运动，多数派社会民主党的领导层出于过分执着的秩序感而开启了对抗革命的行动，后者却在斗争中逐渐形成了属于自己的独特属性。自由军团培养了现代军人的风格，让使用暴力本身成为军队的目的。恩斯特·冯·萨洛蒙在谈到自由军团时写道："我们既不关心制度和秩序，也不关心口号和纲领。"对男人的性别崇拜和带有情色意味的形象改造与狂妄的民族主义和狂热的反布尔什维主义融合在了一起。[37]在德国革命结束后，在这个可以选择性地对帝国战争失败所带来的政治和社会问题视而不见的文化氛围里，将使用暴力视为民族主义行为并对其大唱赞歌的情况仍然持续存在着。

第三章
革命与和约阴影下的民主努力

　　在1918年11月9日的动乱局势中，弗里德里希·艾伯特试图暂时不对德国未来的国体做出明确的描述。但是，公众舆论对德皇威廉二世的反感使得成立共和国成为大势所趋。菲利普·谢德曼抢在卡尔·李卜克内西之前率先宣布成立共和国。共和国的成立让当时的人开始对军队的瓦解抱有期待，然而这一期望并没有成为现实。君主制的垮台被政治右派视为当前局势下不可改变的事实。尽管德国国家人民党和德国人民党都坚持君主立宪的原则，但它们并没有像已经加入德国国家人民党的前德国保守党和《新普鲁士报》所主张的那样，希望立即实现霍亨索伦家族的复辟。德国国家人民党的"国家宣言"只谈到了"通过立法建立一个新的国家"[1]，但并不排除在将来可能会出现一个多数人要求恢复君主制的局面。此外，承诺支持君主制对资产阶级右派政党而言仍然是一种有效的手段，可以吸引反共和主义选民的加入。

　　在可预见的未来，帝国的复辟几乎是不可能的，其原因一方面在于当时的外交和内政不具备相应的条件，另一方面也在于担心恢复德意志帝国会使刚刚被消灭的小邦分立主义死灰复燃。由于威廉二世直到1918年11月28日才宣布正式退位，而在此之前他提名了两名皇储，因此，这两名有资格的人选中谁会继承帝位始终存在着不确定性。在共和国的后期，尽管君主主义在德国国家人民党内部的讨论里始终占有一席之地，但复辟的想法却是直到民族社会主义夺取政权的前夕才重新出现的。所以在实质上，1918年后，共和制的政府形式已经成为板上钉钉的事实了。

十月改革和威尔逊式的政治路线，让11月9日之后的立宪之路倾向于建立自由主义议会制。多数派社会民主党和独立社会民主党在革命动乱中获得了政治领导权，却没有想到自己所面临的是为国家制定一部新宪法的紧迫局面。自《爱尔福特纲领》以来，社会民主党内就没有针对新宪法的内容展开过实质性的讨论。政治现状使社会民主党向议会制原则做出妥协，为了在国内实现议会制，社会民主党在几乎孤立无援的情况下依然坚持这一主张。社会民主党最根本的宪法诉求似乎已经在十月改革中得到了满足。基于1916年之后所获得的经验，独立社会民主党对议会制始终持保留态度。该党认为委员会制度是对议会代议制宪法的理想补充，却并不清楚如何让这两种制度有机地结合为一个整体。[2]

因此，跨党派委员会多方权衡后所达成的共识左右了民主制宪进程的发展，后来的魏玛执政同盟也正是由跨党派委员会里的党派组成的。社会主义政党在制宪过程中将主导权拱手相让。也正是因为如此，它们与革命的发展脱节了，尽管独立社会民主党始终对能通过在行政领域和社会领域的全面革命干预制定一部社会主义宪法抱有幻想。两党的态度，尤其是多数派社会民主党领导层的态度，背后隐藏的根源在于它们对宪法的理解停留在形式层面，尽管拉萨尔敏锐地洞察到，宪法问题的本质是权力问题，而不仅仅是涉及政治内容的法律框架，但这个观点并没有在社会主义政党里引起共鸣。

早在1918年11月15日，人民代表委员会就任命柏林的公法教授胡戈·普罗伊斯为内政部国务秘书，并委托他拟出一份宪法草案。[3]

普罗伊斯是奥托·冯·基尔克的学生，但他的理念与老师不尽相同，奥托·冯·基尔克提倡合作社的理念，普罗伊斯却更倾向于议会制原则。在他的好友，左翼自由主义者特奥多尔·巴尔特出版的《国家》杂志上，普罗伊斯强烈主张德国宪法的议会化。遵循了1848/1849年的民主精神传承，他早在1915年就已经公开反对普鲁士-德意志的专制统治，呼吁建立一个人民民主国家。他于1917年7月向最高陆军指挥部提交的宪法提案充分证明他已经有了一套完整的理念。这促使倾向于快速务实决策的弗里德里希·艾伯特，在胡戈·普罗伊斯和海德堡的社会学家马克斯·韦伯之间，选择了前者为魏玛共和国宪法做前期工作。[4]

不过，马克斯·韦伯依然参与了国家办公厅的内部协商，出席这次内部协商的基本都是政府各部门的正职官员，仅有两名社会民主党的副职官员列席会议。1919年1月3日提交给人民代表委员会的第一份草案主要是由普罗伊斯撰写的，这份草案体现了他统一主义的立场，他建议放弃现有的邦界划分，代之以16个德意志自由邦。艾伯特原则上批准了草案，但他建议删除关于重新划分国内领土的条款，并增加一个关于基本权利的章节，以消除党内对于守不住"革命成果"的担忧。为了避免重蹈法兰克福圣保罗教堂的覆辙，避免国民会议的审议在原则问题上陷入困境，普罗伊斯并没有加入关于基本权利的章节，以确保制宪可以顺利进行。

艾伯特的策略是，在内阁草案完成之前，避免公开讨论宪法。但这一策略却无法兑现，因为各邦政府都迫切要求参与宪法起草工作，所以国家办公厅不得不首先与11月成立的联邦委员会讨论德国与各邦在未来的关系问题。值得一提的是，艾伯特直到1919年1月25日召开的各邦会议对草案进行修改后，才向中央委员会提交了该草案。同时，他还表示此草案必须直接提交给即将于2月6日召开的国民会议，并以此为理由阻止中央委员会针对草案内容进行深入讨论。因此，尽管中央委员会对草案的内容提出了批评，谢德曼也认为宪法草案是"倒退"的，但并没有让草案退回修改，而是同意在国民会议上再提交一份符合社会主义理念的备选草案，但多数派社会民主党领导层却放弃了这个机会。

胡戈·普罗伊斯不得不接受其草案被严重删改的事实，他在与中央委员会的会议上表示，有必要"尽快组建一个有秩序的政府，以便我们能够进行涉外谈判；这使我们必须尽快接受一份草案，即使是一份糟糕的草案"。[5]这表明，当时普遍希望能够通过一个按宪法组建的政府来展开对外和平谈判。出于同样的原因，艾伯特关心的是如何避免在国民会议中出现根本性的宪法纠纷。这也说明他愿意在很大程度上向各邦的利益做出妥协。鉴于人民代表委员会没有让执行委员会和中央委员会作为中央国家利益的临时代表参与立宪讨论，各邦的利益就能在更大的程度上对宪法内容造成影响了。在客观事实上，这一政策是非常成功的。早在2月21日，一个成熟的草案就已经提交给了国民会议。尽管在宪法委员会迅速推进的工作中出现了针对教育和教会问题的尖锐争议，尽管在1919年6月由于接受和平条约的冲突而出现了延误，但宪法依然在8月14日正式生效。

鉴于国内政治局势异常严峻，宪法框架在议会上通过得非常顺利，这背后最主要的推手是资产阶级政党和多数派社会民主党，它们希望通过宪法尽快让革命过程中造成的法律空缺状态得到解决，同时也希望能借此给数个委员会共存的局面画上句号。另一方面，国民会议的决策范围被大幅度缩小了。在与各邦政府达成的《临时国家权力法案》（该法案于1919年2月10日经魏玛联盟投票通过）中，未来宪法结构中的很多基本要素已经初步成形，譬如国家总统、国会和联邦参议院的职能地位。[6]在此前的谈判中，各邦代表贯彻了自己的诉求，坚决要求国家政府在向国民会议提交文件之前必须事先得到大多数邦政府的同意。为了确保程序的合法性，各党派没有对这些草拟的条例进行实质性的审查，就同意了临时宪法。人民代表委员会关于坚持职业公务员原则的承诺，以及关于国家防卫军临时结构的规定，也对即将出台的宪法造成了影响。

联邦会议的召开意味着，胡戈·普罗伊斯最初提出的让各邦回归自治状态的设想彻底落空，尤其是各邦都通过了相关条款，要求在执行领土重组时必须得到涉事各邦的同意，从而阻碍了统一重组的道路。[7]值得一提的是，宪法委员会的审议成功地限制了各邦的特权，特别是消除了德国南部各邦最初强烈坚持的保留权，在此期间，库尔特·艾斯纳在领导巴伐利亚捍卫保留权的过程中扮演了一个不那么光彩的角色。领土重组工作遭遇重重阻力，最终只实现了图林根诸小邦的合并以及科堡和皮尔蒙特的联邦化。

为了使重新划分的各邦之间在规模上互相平衡，胡戈·普罗伊斯首先想到的是打散普鲁士地区。尽管社会民主党一贯有着支持统一的传统，但普鲁士各部门对此的反对呼声最高，被提拔为普鲁士战争部长的符腾堡上校莱因哈特也是如此。爱德华·达维德对统一方案的可行性表示怀疑，他公开呼吁让普鲁士成为直辖邦，用曲线救国的方式在长远上实现统一。

由此，他预见到了民族社会主义对普鲁士的"国有化"，但这一提议并没有获得多数人的支持。出于外交政策考虑的动机和对抗领土分裂的愿望也发挥了作用。国家内政办公厅所设想的普鲁士的解体，顺应了法国将莱茵兰从德国分离出来的野心，以及建立自治的莱茵-威斯特法伦共和国的分离主义。同样，早在和平条约的内容公开之前，就已经有人试图让上西里西亚独立了，这至少间接地符合了波兰的扩张主义倾向。

与维持普鲁士的独立地位相比，如果无法建立一个打破传统领土划分的、能确实行使联邦职能的联邦制国家，显然性质更加严重。因此，基于1848年的历史经验，只有在这个问题上让步，才有可能避免普鲁士国民会议与全国国民会议同时召开，从而保障制宪进程。最后，为了防止普鲁士人在联邦参议院中占据人数优势，人们决定普鲁士政府只拥有普鲁士选票的一半，而另一半则由地方议会选出。这一临时解决方案到后来却助长了反共和主义势力的发展。

毕竟，与帝国参议院相比，联邦参议院的权利被大幅削减了。德国政府和各邦同时拥有的立法权在国家层面上是有利的，这使政府能够从国家层面上扩大其税收、财政、教育和交通政策方面的管理权限，而且——尽管冲突不断——可以使全国政府不再依赖于各邦的财政主权，而在此前，对各邦财政主权的依赖已经严重影响到德国内政的进一步发展。自1919年底以来，马蒂亚斯·埃茨贝格尔作为国家财政部长，以极大的精力、谨慎和专业知识推动了德国的财政改革，将国家财政建立在先进的所得税制度的基础上，并在相当大的范围内实现了税负的适当分配，这在制定与时代相符的财政宪法的过程中具有里程碑的意义；然而，这一系列措施也让国家、各邦和各市之间的财政平衡问题呈现出新的特征，因为各邦政府现在开始向国家政府提出财政要求了。

组成魏玛联盟的各党派首次以联盟的形式在国家层面发挥决定性作用，在这些党派的支持下，政府的宪法草案得以保留其根本的自由主义特征。考虑到反共和主义势力的增强，这样的宪法草案无疑已经是1919年夏天所能达到的最大程度了。宪法最初考虑到了自由主义的理念，规定议会必须在议员之间的自由讨论中为共同利益寻求方案，而议员在此过程中不受其选民的指示约束。在当时占据主流地位的民主制度理论的思想基石是：各个层面的社会利益都必须在议会的组成中得到尽可能准确的表达。与此相反，认为人民代表的任务主要是建立能够执政的多数派的观点却逐渐消失了。

通过操纵民主意志的形成来破坏宪法秩序的想法，在国民会议议员的眼中是不值一提的，他们特别看到国家总统使用其被赋予的宣布

石勒苏益格-
荷尔斯泰因

吕贝克

梅克伦堡-
什末林

施特雷利茨

波美拉尼亚

边境省

自由城市
但泽

东普鲁士

奥尔登堡

不来梅

汉堡

绍姆堡-
利珀

汉诺威

柏林

德特莫尔德

不伦瑞克

勃兰登堡

威斯特法伦

萨克森

下萨克森

瓦尔戴克

安哈尔特

莱茵兰

魏玛

图林根

萨克森

黑森

上西里西亚

萨尔

卡尔斯鲁厄

斯图加特

巴伐利亚

符腾堡

慕尼黑

巴登

普鲁士

巴伐利亚

德意志诸邦

柏林

城市

勃兰登堡

普鲁士诸省

1918年的德国，普鲁士邦的面积约占全国面积的三分之二进入紧急状态以及履行国家行政权的权力为宪法提供了积极的保障。社会民主党方面要求设立保护宪法的规定，例如将王室成员排除在总统选举权之外，但由于各政党的立场不同，无法在这方面达成共识。只有在对宪法的形式主义理解的基础上，才能弥合左派和右派之间的根本对立。因此，指责魏玛共和国没有形成"战斗性民主"的概念，是对其政治环境基础的错误认知。[8]

国家总统作为国家元首享有代表国家的职能，此外还被赋予了解散国会的权力、任命和罢免国家总理的权力、对德国武装部队的最高指挥权以及通过公民投票直接诉诸人民意愿的权力，选举产生国家总统的全民投票在国家宪法中引入了一个与古典自由主义议会制格格不入的亮点。普罗伊斯的目的是要创造一种力量，防止出现他所担心的"议会专制主义"，严格避免占多数席位的党派把它们的政治主张强加给整个国家的情况发生。[9]在第48条中规定，国家总统有权在"紧迫危险"的情况下发布紧急法令，但国会可以在多数人赞同时解除这一法令。[10]

马克斯·韦伯认为，国家总统是一个拥有公民支持的魅力领袖，假如对此观点表示赞同的德国民主党能坚决贯彻其要求，使得总统不受国家总理或相关部门长官的约束，那么德国国家元首将获得专制的权力地位。[11]而这就是独立社会民主党所抨击的对象，该党要求以瑞士模式为蓝本设计总体方案，以制约总统，避免其获得独裁权力。但社会民主党在会签问题上对普罗伊斯的原始草案投了赞成票，尽管就其本身而言，出于其对直接民主原则的倾向性，其实是通过引入公民投票和民众倡议间接强化了总统的权力。

由于国家总统的地位与立宪君主的地位相似，因此人们开始谈论所谓的"代位君主"。[12]事实上，国家总统的职权尤甚于立宪君主，因为一旦进入紧急状态，总统与总理将共同成为国家仅有的权力中心。在总统内阁阶段出现的反常现象在法律上是基于对第48条规定的特殊权力的过度使用。然而，在1923年的危机中，时任总统弗里德里希·艾伯特就已经兑现了这种特殊权力。当时，尽管国会处于正常运作状态，但许多常规的立法项目都是通过代替法律的命令来落实的。事实证明，总统的特殊权力在政治心理上的弊端更为显著。尽管会签权确保了政治领导责任落在总理身上，但人们心里仍然产生了一种错误的印象，即在发生危机时，这一责任将由总统承担。这正与魏玛共和国宪法学决策者卡尔·施米特的著名论断相符，即"紧急状态下的主人"才是实际的主权者。此外，这一宪法规定也滋生了这样一种观念：在各方无法达成共识的情况下，可以毫无顾忌地诉诸总统的统治特权。[13]

事实上，总统的特权并没有削弱国会和参与国会的政党，而是削弱了全国政府。为总统赋予特权的理念植根于对政党固有的不信任，这些政党被指责为了追求自身利益而扭曲了人民的真实意愿，而通过直接选举产生的总统则代表了人民意愿的真实模样。所谓的共同利益没有被理解为政党角力的结果，而是被定义为国家层面的抽象利益。这就是为什么在宪法中只要提及政党都是负面的措辞，譬如在第21条中规定议员不受政治指示的约束，在第130条中提到政府官员是"为集体，而不是为某个政党服务"的。

因此，魏玛宪法被称为"威权主义思想的产物"，这并非毫无道理。[14]事实上，这部宪法坚持把国家利益至上原则置于首位，并最终否定了国家和社会的统一性。宪法诞生的过程是对上述事实最好的诠释。立宪的过程与国家制定法律的过程类似，由各部门制定法律条款，再由国会进行修订。在这个过程中，政府和各邦的高级官员大量参与宪法委员会的工作，并对宪法内容造成了决定性的影响，却没有人对此表示不满。此外，国民会议通过制定新的宪法，修复了在革命动乱中形成的无法可依的局面，表明了其站在革命选民对立面的立场。各党派都没有在制宪过程中扮演重要角色，甚至连多数派社会民主党都放弃了其在宪法委员会中的主席职位，将其转让给了德国民主党的政治家康拉德·豪斯曼。

唯一真正可以让各党派表达其意志的平台是关于基本权利问题的讨论，在这个问题上，各邦和全国政府的官僚机构倒是显得兴致不高。弗里德里希·瑙曼通过他在民族社会联合会的活动和他关于建立社会性帝国的主张而名扬于狭隘的政党圈之外，他代表德国民主党提出诉求，要求根据工业社会的需求扩充源自古典自由主义的基本权利。宪法中关于"财产义务"的规定也出自他之手。他的倡议导致了各党派争相在宪法中扩充基本权利的内容，以此确立某些政治特权和优越性。对中央党来说，它可以为宗教特权争取到更长远的保障，对公职人员而言，他们也能够从宪法上确保专职公职人员的"既有权利"，对其他许多专业和利益集团来说也是如此。今天的德意志联邦共和国宪法里规定了基本权利的第三人效力，假如同样的规定存在于魏玛宪法中，反而会产生破坏性的后果，因为这与其对单个团体利益的保护是不相容的；普通司法机构有权审查法律是否符合宪法精神，从而为把政治决策约束在司法程序之内扫清了障碍，这已经足够令人震惊了。

如果基本权利的内容超出了现有的公民权利，譬如要求男女"基本"平等，或者要求改善非婚生子女的社会地位，那么这些基本权利条款在魏玛的判例中无一例外地被撤销了。这在对财产自由的倒退性解释中体现得最为明显，这种解释完全无视了宪法中规定的财产的社会义务。在国有化方面，尽管宪法规定了有无偿征用的可能性，但在实际判例中，这一内容却从来没有得到法院的支持。因此，尽管包括工作权在内的基本社会权利被纳入了宪法，但是这些权利在很大程度上是没有约束力的。这在将委员会制度纳入宪法的问题上体现得尤其明显。将委员会制度纳入宪法，源于3月初柏林罢工者从谢德曼政府手中赢得的一项承诺。宪法第165条规定，建立一个国家经济委员会，虽然该委员会只有咨询职能，却拥有立法权。具体到工人层面，这个委员会由工厂和地区工人委员会以及国家工人委员会组成的层级系统构成。在经济政策问题和社会化问题上要征求它的意见，但工会和雇主协会的集体谈判权并不受影响。[15]

社会民主党的主要社会政治家、魏玛劳动法的制定者之一胡戈·辛茨海默，希望通过国家经济委员会的附属议会实现对有关经济和社会宪法事务的自主管理，这将赋予工会公法职能，而工会则必须在计划中的委员会结构框架内履行这一职能。[16]然而，各个工会抵制在公司和跨公司层面的参与，特别是它们仍然认为它们可以通过中央工作组对政府的经济和社会政治决策施加决定性的影响，随着国家经济部和雇主协会之间展开直接合作，这种想法很快就被证明是一厢情愿的幻想。此外，辛茨海默所寻求的解决方案的前提是，企业家和工人在经济委员会中所占的席位相等。1920年成立的临时国家经济委员会更具有专业利益代表的性质，但国民会议仍然拒绝了德国国家人民党提出的与之相符的要求。宪法第165条中规定的其他机构也没有建立起来。至此，为工人委员会在经济政策方面保留一个活动领域的想法没能付诸实践，而这一切仅仅是为了维护利益集团的发言权。

宪法第165条的命运之所以值得关注，是因为这几乎是革命运动在制宪这件事上所取得的唯一成果。[17]布尔什维克运动的最初目标是让行政和军队民主化，这一目标并没有被纳入宪法。同样没有在宪法中得到一席之地的还有工人群体对在经济决策中的平等参与权的诉求。在大规模罢工运动的压力下强行通过的社会化法律，始终只是来自全国政府的单方面承诺，而且在鲁道夫·维塞尔辞去国家经济部长的职务后就变得毫无意义了，尽管在卡普政变后，重新组建的社会化委员会再次把基础工业国有化的问题推上了风口浪尖，但一切努力都随着1920年6月的选举而付之东流。

人民代表委员会和谢德曼内阁几乎没有试图借助革命的力量来推

进社会民主化进程。瓦尔特·拉特瑙认为，新生的宪法是特殊主义元素和自由主义元素相互妥协的产物，完全没有"在新的国家形式中体现社会主义精神"。[18]在1919年7月31日的最后表决中，宪法以262票对75票获得通过，86名多数派社会民主党代表中有一半没有参加投票。会议上没有明确决定是否使用新的国旗配色"黑-红-金"，这表明议会代表们没有做好真正重新开始的思想准备。另一方面，宪法委员会则坚持沿用"黑-白-红"的贸易和战争旗帜配色，其理由是这种配色的能见度更高，并由此引发了在之后的共和国历史中延绵不休的旗帜之争。

出于安全原因，国民会议召开的地点选在了魏玛，因此共和国也以魏玛命名，然而无论是魏玛的理想主义传统，还是从1848/1849年传承下来的自由主义传统，即使对魏玛联盟的政党、对多数派社会民主党、对中央党抑或独立社会民主党而言，也都没有真正的约束力。事实表明，不是宪法结构的缺陷导致了共和国的不安定和最终的覆灭。同样，比例代表制也不是问题的根源，人民代表委员会早在11月底就决定了国民会议选举将采用比例代表制。在后续的几年中，人们多次尝试更改宪法中规定的，并在1920年4月颁布的选举法中做了详细阐释的选举权，希望用多数选举制替代单人选举制。然而，共和国中期阶段仍在不断加剧的政党分裂情况，只能在很小的程度上归因于比例代表制；毕竟规模较小的政党在很多方面都受到了这项制度的阻碍。在候选名单基础上进行投票有利于协会代表获得候选资格，从而增加了利益集团对议会团体的压力。更成问题的是，各党派都同意保留以前的选区划分。此外，比例代表制符合当时的认知，即认为议会是社会多元利益的反映，其任务主要不是组建政府，而是在立法中平衡社会利益。因此，选举法充其量只是一种症状，而不是各党派回避承担整体政治责任的根本原因。[19]

资产阶级势力对君主制的崩溃感到惊讶，除了少数民主团体通过参与议会运动和组建公民委员会对外辐射政治影响力之外，更多的时候它们在政治上是孤立的，它们认识到有必要调整方向，因为选举权的扩大已经表明需要在广大人民群众中找到比以前更有力的支持。为了实现"做人民的政党"这一普遍认可的主张，它们放低了曾经作为精英人士政党的姿态，努力将所有社会团体的代表纳入执行委员会和国民会议的候选人中。女性获得同等的选举权以及投票年龄的降低进一步支持了这一点。在国民会议中，妇女占了8.7%的代表席位，这一纪录直到1987年才被打破；然而，这种发展势头很快就被扭转了。越来越多的、职业的协会秘书和工会秘书上升到领导职位。只有小学学历的职业政治家不断增加，而知识分子的数量则减少了。这表明，自由主义党派和保守党派也开始经历社会转型，开始走向融合政党，这同时也是19世纪90年代以来随着"新中产阶级"的崛起而发生的普遍社会结构调整的表现。

同时，各党派也面临着选民行为的变化。虽然个别政党迄今为止占主导地位的地区据点逐渐变得不那么重要，但由于选举法的变动，它们得以在以前几乎完全没有代表的地区赢得新的选民。社会民主党在大城市失去了选民，而在易北河东部地区则赢得了大量选民的支持。与之相对，保守党在城市地区获得了意想不到的支持率，但在乡村，特别是在大规模农业经济区，却失去了选票。这些变化清楚地反映在了1919年和1920年的投票结果中，说明由于战争造成的社会影响，阶级和地区的选民关系也面临解体重组。

受影响最大的是资产阶级政党，而独立社会民主党却基本没有受到波及，因为在有组织的工人运动过程中，社会主义阵营的选民基数基本保持不变。选举形势的新变化迫使资产阶级政党加大努力，它们通过扩大组织范围以覆盖整个国家的领土来获得可靠的核心选民。同时，这也提高了它们对职业协会和利益协会的依赖程度，这些协会的组织力度在战争期间大大增强。影响力高的协会在政党制度的党派矛盾中起到了中和调解的作用，这已经成为帝国时期的一个显著特征；同时，对其他协会组织的依赖也大大降低了各政党的独立行动能力和党派结盟能力。

在各类协会的综合影响下，资产阶级政党的力量日趋分散，这在1918年11月以后对党派自我定位的调整工作起到了阻碍作用。[20]直到德国民主党成立后，才终于有了一次成功的定位调整案例。在这期间，民族自由党的残余力量在重组后以德国人民党的形象重新登场，而德国各保守党派则抱团组建了德国国家人民党，除此之外，唯一值得一提的变化就是，那些原本支持威廉制度体系的政治家都变得不那么活跃了。国民会议选举日期的提前对于诸多原有机构的代表而言是利好消息，因为候选人名单投票制度让选举的筹备工作变得更加复杂，在此局面下，这些机构的职能就显得不可或缺了。

在马蒂亚斯·埃茨贝格尔的领导下，中央党支持十月改革的政策，但随着十一月事件的发生，党派中相当一部分工人追随者转而投向了左派政党的阵营，中央党面临着再次陷入政治孤立的危险。[21]它是否应该像亚当·施泰格瓦尔特和海因里希·布劳恩斯坚决要求的那样，尝试转型为一个基督教的、民主的人民政党，并借此机会摆脱其教派限制？它是应该与多数派社会民主党并肩作战，进行全面的民主和社会改革，还是在中产阶级选民的支持下，站在反对社会主义发展趋势的阵线上？这些选项都没有被选中；与门兴格拉德巴赫所做的一系列提升党派在社会上和宗教上的开放度的努力相比，中央党仍然保持旧的党派名称和保守的科隆路线。

独立社会民主党的普鲁士文化部长阿道夫·霍夫曼提出的教育和教会政策，进一步激化了中央党内部的紧张局势。这项政策旨在实现政教的完全分离，最终使得学校不再处于宗教机构的监管之下。这一场针对天主教会势力的文化战争过于激进，与普鲁士政府试图取消宗教学校和宗教课堂时所面临的局面一样，最终政府不得不在天主教阵营日益激烈的抵抗中做出让步，并撤销了这一政策的大部分内容。此外，社会主义者认可了父母权利的合理性，这对教派团体造成了意料之外的影响。

中央党也面临着来自联邦主义势力的强大压力。格奥尔格·海姆领导的巴伐利亚人民党的成立，以及1922年议会党团联盟的解散，对魏玛共和国的国内政治发展具有重大影响。同时，莱茵兰的中央党内有一些团体迫切地希望脱离普鲁士，建立莱茵-威斯特法伦共和国。直到1920年，中央党才明确了一方面加强国家统一，另一方面支持普鲁士继续存在的发展基调。这与其说是埃茨贝格尔的成功（事实上，此时的埃茨贝格尔已经因为受到卡尔·黑尔费里希审判的牵连而名誉扫地），不如说是在全国政府与普鲁士政府中的务实合作的产物，因为在普鲁士，1919年3月，魏玛联盟的内阁取代了自1月以来由多数派社会民主党组建的内阁。作为执政党之一，中央党在教育政策上做出了妥协，在党内引起了广泛争议。借助家长权利，中央党成功地确保了教会学校在公立学校系统中保有稳固的位置，尽管非教会学校已经成为当时的主流形式。当德国民主党因《凡尔赛和约》的签署问题而离开国家内阁后，中央党重新获得了议会中的关键地位，而且它也很清楚应该如何充分利用这一地位。然而，中央党的支持者仍然对它加入魏玛联盟一事提出了相当多的批评，考虑到中央党在1月的选举中对社会民主党的大获全胜，这一决定确实让人感到惊讶。[22]

不同利益群体之间的对立，尤其是农民和中产阶级群体与工人群体之间的利益冲突，导致了中央党内部的分化，而卡普政变及其后续影响让中央党内的分裂进一步激化了。有右翼倾向的中央党支持者们开始转而支持德国国家人民党，再加上当时建立特殊联盟的趋势，导致中央党在1920年6月的选举中支持率有所下降。尽管如此，当亚当·施泰格瓦尔特在1920年11月尝试以基督教工会为基础发起大规模的基督教社会人民运动，以推动党内系统的全面改组的时候，中央党依然坚定地使一切都维持了原样。亚当·施泰格瓦尔特在埃森的演讲将共和社会与职业目标联系在一起，间接表达了其反议会制的态度。[23]如果施泰格瓦尔特和布劳恩斯的运动倡议在1918年11月就已经可以付诸实践，那么中央党的政党系统会面临大幅度整改；可是在现实中，他们的倡议只是为魏玛共和国后期的资产阶级集会口号做了铺垫而已。

在重塑资产阶级政党势力这件事上，唯一成功的尝试来自特奥多尔·沃尔夫（《柏林日报》的总编）和阿尔弗雷德·韦伯（马克斯·韦伯的弟弟），他俩于1918年11月15日发表倡议成立德国民主党，其目的是使包括部分工人阶级在内的进步资产阶级的广泛集会运动成为可能。[24]尽管进步人民党和其他左翼自由主义的零散团体都很乐意响应这一倡议，但民族自由党的态度却有分歧。民族自由党在国会中的代表团主席古斯塔夫·施特雷泽曼从一开始就对成立一个带有左倾苗头的新党派持保留态度。另一方面，民族自由党主席罗伯特·弗里德贝格则呼吁建立自由派和民主派资产阶级的统一战线。

施特雷泽曼认为，新组建的政党不应背负威廉民族主义的遗产，并因此公开支持右派的吞并主义战争目标政策，因此在新党成立后就被剥夺了领导职位。但是，即使施特雷泽曼能继续担任党内领导，无论在主观上还是客观上都存在的紧张冲突，也都会让人们觉得建立一个内部统一的自由主义资产阶级政党的胜算不大。当施特雷泽曼被左翼自由主义者的"政变"推上了孤立无援的建党之路时，民族自由党人却顶住了来自德国民主党建党核心团队的压力。[25]特奥多尔·沃尔夫、阿尔弗雷德·韦伯、左翼自由主义和平主义者赫尔穆特·冯·格拉赫和《福斯报》的编辑格奥尔格·伯恩哈德，在建党初期就被排挤出党派或因为不堪其苦而主动退出党派，这一切都表明了党派内部存在问题。在弗里德里希·瑙曼的领导下——他的当选是由党代会无视机构建议一意孤行的结果——德国民主党走上了一条致力于民族融合的路线，在瑙曼于1919年8月去世后，在汉堡市长卡尔·彼得森和埃里希·科赫-韦泽的影响下，这一路线得到了进一步强化。

在1919年1月19日的国民会议选举中，德国民主党获得了18.5%的选票，这个结果出乎意料地好。出现这一结果主要有两方面原因，其一是因为当时普遍认为该党能够有效制约纯粹的社会主义多数派势力，其二则是因为该党似乎能够为打开新的政治格局提供保障。在制宪过程中，德国民主党发挥了重要作用，这主要得益于胡戈·普罗伊斯的影响力。然而，由于其力图把国内的各种观点在党内进行整合，导致其无法在国旗色彩的问题上拥有统一的立场。在内阁中，自由主义经济政策的倡导者与自由工会密切合作，成功阻挠了维塞尔的公共经济计划的实施，但他们与社会改革的决定性政策的支持者之间却没有达成统一意见。左翼的国际和平主义代表和党内大多数人之间的情况大致相同，遵循与德国民主党关系密切的外交部长乌尔里希·冯·布罗克多夫-兰曹伯爵所主张的民族抗议政策路线。

德国民主党没有成功地调和中产阶级和大工业集团之间的利益冲突，这在一定程度上解释了为什么它的支持率在1920年6月的选举中下降到8.4%。鉴于威尔逊的承诺，广大民众一度对向民主制度过渡寄予厚望，最终却变成了深深的失望。随着卡普政变的发生及其后续影响，甚至在德国民主党内部都开始显现出倾向于专制传统的趋势，这使得德国民主党的党纲受到了质疑，因为在党纲中明确提出要建立一个新的"人民共同体"。[26] 就算德国民主党能够在各方利益相互冲突的互作用下建立起相对强势的形象，也无法阻止资产阶级选民流向中间偏右和右翼势力，因为真正导致这一变化的是逐渐显露的战后经济问题。

由于德国人民党组织成形的时间较晚，这个由施特雷泽曼通过整合民族自由党的残余力量而组建起来的新党派在国民会议选举中只赢得了4.4%的选票，但依然成为这个时期资本主义中产阶级的大本营。[27]"新兴的"中产阶级利益集团认为自己的利益在德国民主党内没有得到充分表达，其中包括1918年11月组建的德国公务员协会中的大多数成员，他们不仅在德国民主党内，而且在学术界和自由职业者圈层也都有不小的影响力，借助这样的契机，德国人民党以中产阶级代表的形象应运而生。鉴于大企业在革命阶段所处的相对弱势的被动地位，他们与德国人民党内的中产阶级之间的利益矛盾在一段时间后才显现出来。与以党内各种对立性纲领并存为特征的民主党相比，施特雷泽曼精力充沛、目标明确的领导能够给人以更加统一的印象。在1920年6月的选举中，德国人民党已经能够压制其左翼自由主义的对手，并以14%的选票达到了1912年民族自由党的水平。然而，显而易见的是，尽管德国人民党在1920年6月的选民普遍向右转的趋势中受益匪浅，但是依然没能成功地建立稳定的选民基础和党员基础，也没能阻止自由主义思想对党内中产阶级的渗透。

即使不考虑德国人民党对支持霍亨索伦王朝复辟的正式承诺，该党在1919年7月31日的最后投票中拒绝魏玛共和国宪法的理由也无法令人信服，尤其考虑到该党很快就宣布准备在宪法的框架内进行忠诚的合作。施特雷泽曼的战略是尽快入驻德国政府，但是在战术上，对前民族自由党右翼势力的暧昧态度与这一战略相违背；德国人民党几乎被坐实了破坏共和秩序的恶名。在建立共和一事上，德国国家人民党是坚定的反对派，施特雷泽曼尽管坚持德国人民党的基本自由主义方向，却没有下决心在一开始就与德国国家人民党划清界限。这并不妨碍他在国家防卫军中与保守主义的反对派保持联系，以便使德国人民党摆脱政治孤立，也不妨碍他试图从卡普政变中获得政治利益，尽管他在卡普政变中并没有做出实际的贡献。但是，施特雷泽曼在战术上与反对共和制度的势力相勾结，加深了魏玛联盟中各党派对德国人民党的不信任，并导致他直到1923年才终于在议会中摆脱了政治孤立的困境。

鉴于资产阶级政党中民主元素的欠缺，弗里德里希·瑙曼和德国民主党左翼自由主义发起人所争取的政治自由主义融合的前景并不十分乐观。德国人民党作为一个自由主义核心政党的独立存在，至少成功地阻止了德国国家人民党在魏玛政党体系中成为最强大的资产阶级力量。德国国家人民党始终发挥着德国保守派政党大本营的作用，并且在人事政策方面与德意志祖国党表现出一脉相承的延续性。[28]与自由主义党派相比，德国国家人民党能够建立一个相对稳定的政治支持基础。这一基础的构成主要包括国家土地联盟（东部地主阶级控制之下的最大的农业利益组织），泛德联盟与它建立的名为"德意志民族保护与反抗联盟"的一个民粹主义附属组织，以及德国国家商业合作联盟，它与新保守主义的环形运动和诸多民粹主义团体都保持着广泛的交叉联系，从而在右翼资产阶级协会系统中承担了关键职能。[29]另一方面，工人代表的势力仍然很弱。重工业的代表寥寥无几，而且都倾向于支持德国人民党。早在德国国家人民党成立之初，阿尔弗雷德·胡根贝格作为工业基金的管理者就发挥过决定性的作用。然而，他希望使德国人民党的路线与德国国家人民党的路线尽可能一致，这一政治诉求在施特雷泽曼的抵制下没有实现。[30]一开始，为了吸引自由资产阶级的加入而做的各种宣传只是出于战术性的考虑；实际上，保守的民族主义领导层依然把缰绳牢牢地握在自己手中。

在反对民主共和国的论战中，德国国家人民党不遗余力。它甚至允许激进的民族主义团体对其党派纲领的内容施以决定性的影响，以至于在纲领中出现了打击"犹太人在政府和公共领域的主导地位"的内容。[31]民族主义团体在试图把反犹主义上升为歧视性种族政策的过程中遇到了旧保守派的抵制，尽管这些保守派本身也是反犹主义的支持者，但他们更关心政党的名声和形象。这导致了德国国家人民党在1922年后与民族主义团体分道扬镳，但其与泛德联盟的密切往来依然存在。该党强烈的反社会主义倾向，以及在和平条款公布后的极端修

"用'达达'菜刀切割德国第一个魏玛啤酒肚文化时代。"拼接照片,汉娜·霍赫创作于1919年(柏林,国立普鲁士文化遗产博物馆,国家美术馆)

工人在工厂工地前示威。卡尔·霍尔茨的水粉画，约1920年（慕尼黑，米夏埃尔·哈森克勒费尔画廊）

正主义倾向，使其成为反对共和制的势力的喉舌。德国国家人民党将"背后一切"导致战败的传说转化为反对左翼政党的核心煽动工具。该党公开支持卡普和吕特维茨，后者采纳了该党对宪法的要求，并成为1920年3月政变的实际支持者。

在国民会议的席位选举中，德国国家人民党在党主席奥斯卡·赫格特的领导下，自我标榜为温和派的代表，赢得了10.3%的选票，大幅落后于德国民主党。到了1920年6月，德国国家人民党在《凡尔赛和约》上的反对立场为其将选票数提升到了15%。值得注意的是，德国国家人民党在它的大本营农业领域所获得的选票数有所降低，造成这一现象的部分原因是农业就业人口的数量减少了，但与此同时，德国国家人民党在大城市的选民中获得了可观的新增支持率，从而弥补了这些损失。这表明，反对共和国制度的力量不仅存在于社会残余势力中，而且还有相当一部分来自新兴中产阶级和社会地位提高了的工人群体。

德国革命只是在表面上改变了德国的政党格局。实际上，虽然在部分地区发生了明显的选民态度变化，但这主要是长期社会结构调整造成的结果。以魏玛宪法为起点、带有社会主义色彩的自由议会制政府的建设过程，对于选民而言只是一段无足轻重的插曲而已。因为尽管多数派社会民主党和德国民主党在更早之前的一轮投票中表现不尽如人意，但是在1919年1月19日的选举之前，选民的支持率就已经向它们倾斜了。或许也正是因为如此，独立社会民主党提出的关于将选举推迟到社会转型完成之后的要求被无视了。可以想象，假如选举推迟举行，那应该能有利于政党制度的重建，也能促成议会领导集团之间的正常交流，而这一切在现实中从一开始就被扼杀了。

谢德曼内阁的组成表明，组建中的共和国坚定地强调了跨党派委员会的延续性。半数的内阁成员曾经隶属于马克斯亲王的政府，大多数内阁成员都曾在人民代表委员会中担任过政府职务。弗里德里希·艾伯特当选为总统，这清楚地体现了政治领导集团身份的重要性。无论人们如何评价艾伯特在革命阶段的作用，他都是多数派社会民主党中能够采取决定性行动的最强大的力量，而共和国总理菲利普·谢德曼作为政府首脑的表现则显得不那么抢眼；谢德曼擅长把控群众情绪，这一点不仅仅体现在工人阶级中，他还充分利用了自己的长处，对艾伯特相对僵化的政策起到了重要的修正作用。他的政治贡献更多地体现在调解和调停能力上，而不是在制定政策的意志上。

1919年春，共和国进入关键时期，然而此时的艾伯特却表现出格外的保守与克制，这与他作为人民代表委员会主席所拥有的能量形成了鲜明对比。这或许与他从1918年夏天以来长期处于超负荷状态有关，同时也与他坚持法治主义的基本态度有关，这种态度让他拒绝对即将结束的工人抗议运动给予任何理解。但是在与内阁的存续乃至与德国的存续紧密相关的和平谈判问题上，他又做出了与其职位相符的表现。诸多迹象表明，艾伯特高估了总统职位的政治权力。[32]

对年轻的共和国来说，艾伯特放弃党内领导权无疑是有利的，因为他越来越多地获得了来自保守官场和国家防卫军的支持，而多数派社会民主党则明显与他越行越远。他在执政过程中严格贯彻中立党派立场，同时还对诺斯克和新生的国家防卫军针对激进左翼抗议运动展开的镇压行为给予了无条件的支持，但这一切都没有阻止他很快成为右翼政党猖狂的侮辱性攻击的目标。早在1919年秋末，德国国家人民党和德国人民党就找到兴登堡，要求用民选的方式决定总统的人选，将总统一职的人选拖入了党派之争。这使得联盟党派无法在宪法上保证由议会投票产生总统的人选。

在总统选举之际，弗里德里希·艾伯特对民主宪政国家的理解和诠释令人印象深刻。他在国民会议上说："自由和法律是一对孪生兄弟。自由只有在坚实的国家秩序中才能得以彰显。"[33]这表明，对他来说，巩固共和国政权与重建国家权威在本质上是一致的。1919年6月，在给谢德曼的信中，他回顾了两人共同经历过的"左右为难的两线作战时期"。[34]他对革命时期的这一定性表明，新成立的国家与德意志帝国是一脉相承的，这一点既体现在宪法法律方面，同时也表现在政治结构方面。最显而易见的是，除了少数例外，原帝国政府的领导集团都保留了自己的地位，帝国和国家最高职能部门的人员没有改变，政党制度的基本特征依然存在，而且几乎没有与精英阶层形成任何有效交流。

战争带来的负面经济影响首先反映在煤炭和化肥的缺乏、灾难性的粮食供给状况、不断加剧的通货膨胀和结构性失业上，基于上述客观条件，多数派社会民主党领导认为，对社会结构进行更深入的干预，继而导致发生革命动乱，是完全不负责任的做法。他们无数次向民众发出呼吁，反复强调首先让经济生活回到正轨的必要性。魏玛的资产阶级共和国是在面临双重防御任务的历史条件下出现的：一方面要防止国家解体，另一方面则要防止德国发生所谓的"布尔什维克化"。社会民主党认为在制宪过程中成功地与资产阶级力量达成了共识。鉴于与资产阶级政党达成谅解的必要性，社会民主党放弃了启动彻底的社会主义变革的任务，此外，当时的外交形势也让该党认为，成功实现这一变革的机会不大。

这一切带来的后果是，这个新建立的共和制国家从一开始就缺乏政治上的自信。即使在左派自由主义阵营中，也没有出现像法国的甘必大那样的资产阶级共和派政治家。从这个角度来看，所谓的"理性的共和主义者"绝不仅仅是那些在魏玛宪法的基础上获益的、曾经的君主制支持者。在德国，议会制民主制度的确立与发展如履薄冰，这也不仅仅是由于其诞生于德国战败的历史背景之下。甚至连议会制民主制度的支持者们也对新的国家秩序感到信心不足。除了格奥尔格·伯恩哈德和特奥多尔·沃尔夫等少数左翼自由主义政治评论家之外，几乎没有人无条件地捍卫共和制度。在没有愿景的地方，利益的压力必然会占上风。尽管这在某种程度上是不可避免的，但共和派无所作为的日常仍然使得人们在"停战时期的梦境"中所产生的即将迎来新开端的种种期望全部落空了。[35]

政府无力向那些对战争与灾难负有直接责任的原帝国政治家和军事领导人问责，魏玛共和国的懦弱无能在这件事上展露无遗。虽然艾斯纳、考茨基和伯恩斯坦等左翼社会主义人士不留情面地指出，德国外交和军事领导人应该对世界大战及其后果承担责任，但这被受外交部影响的人民代表委员会驳回了，因为他们担心这会削弱德国在即将到来的和平谈判中的地位。布罗克多夫－兰曹伯爵预见到了协约国对战争罪责的指控，他尽其所能地否认德国在战争爆发上应负的责任，同时还尽量避免与原帝国的代表之间产生疏远感。[36]艾斯纳试图借鉴列宁在俄国的做法，通过推翻德国战前和战时的帝国主义统治来缓和协约国军队的顽固态度，很显然，这个尝试成功的机会不大，但这样做应该会使法国不能坚持其外交政策上的利益最大化要求。

内政上的问题显得更急迫一些。在所谓的"威尔逊保证"的基础之上，布罗克多夫－兰曹和外交部为德国在即将到来的和平谈判中制定了防御策略，并努力通过适当的宣传活动来发起广泛的群众抗议运动。[37]和平谈判多次延期导致协约国军队提出的停战条件不断升级，这已经清楚地表明，希望依靠威尔逊的"十四点"原则来实现可接受的和平已经没有可能性了，尽管如此，德国民众对1919年5月7日协约国军队在凡尔赛交给德国代表团的和平条件仍然毫无思想准备。作为德国停战委员会的负责人，马蒂亚斯·埃茨贝格尔很早就意识到了即将到来的停战条件会非常苛刻，因此他试图与协约国代表之间建立外交接触，并以此来获得对方有限的退让，他催促德国政府尽快决定对这一和平条件做出怎样的回应，而不是让外交部长布罗克多夫－兰曹伯爵与德国和谈代表团的专家自由行事，但他的努力并未取得成效。在埃茨贝格尔的影响下，出现了关于和谈程序问题的争议，并导致了内阁与和谈代表团之间的紧张关系进一步尖锐化，然而这一切却恰恰掩盖了共和国政府没有明确的政治主张的事实。

我们很难明确界定布罗克多夫-兰曹所奉行的外交政治策略在当时的历史条件下是否有意义，以及埃茨贝格尔特立独行的外交行动是否对德国的国家利益造成了损失，尤其考虑到协约国从他的行动中获得了德国政府一定会签署和约的印象。毕竟，在最初的阶段，几乎只有埃茨贝格尔一人坚信在和约上签字是德国唯一的出路。当时，只有独立社会民主党对签署和约表示赞同，因为从全面革命变革的角度看，接受和平条件相对容易，而多数派社会民主党则因其执政地位而不得不在国家的层面上考虑这个问题，反而表现得犹豫不决。点燃一场广泛的全国性抗议运动的想法从一开始就是布罗克多夫-兰曹战略的一部分，他想借助这样的方式与协约国决裂。尽管有相当多的保留意见，德国政府还是向他的政治策略妥协了。这也就解释了为什么谢德曼5月12日在柏林大学举行的国民会议大会上情绪激动地说出了尖锐的言辞，指出即将签署和约的那只手必然要面对枯萎死去的命运。[38]

对于包括埃茨贝格尔在内的看清了现实的人们而言，德国政府向公众意愿谋求出路的做法毫无疑问是一条致命的错误道路。事实证明，民众根本无法组织起积极有效的抗议行动，因为绝大多数人在面对福煦元帅的强硬态度时都没有做好思想准备来应对因拒绝签字而导致的重燃战火的局面。尤其是西部边境地区的居民，他们不可能愿意承担这样的风险。尽管如此，布罗克多夫-兰曹还是抱有这样的幻想：中立国会反对西方大国的军事干预，从而给德国制造一些谈判的空间。

在柏林大会堂公开宣布和平条件"无法接受"，使谢德曼内阁陷入了绝望的境地。[39]因为德国方面并没有争取到国内所期望的谈判延期，而是仅仅获得了两个星期的期限来对和平条件做出书面表态。与布罗克多夫-兰曹的期待相反，在德国向协约国发出了一系列照会后，其于5月29日提交的协商建议当场遭到了协约国的全盘否决，唯一的收获是劳合·乔治在关于上西里西亚的问题上做出了让步，同意要事先进行全民投票以决定是否割让领土。德国政府只有五天的时间来决定是否签署和约；如果逾期不签，协约国便要以武力攻占德国领土。由于德国自身的内阁危机，最后通牒的时间被协约国宽限了48小时。

　　布罗克多夫-兰曹与和平代表团成员强烈要求拒绝和约条款。他们依然沉浸在有可能让协约国产生意见分歧的缥缈希望中。在德国内阁中，对和约的态度并不统一。德国民主党的部长们和一些社会民主党人不愿意为签署和约承担政治责任。同时，在布罗克多夫-兰曹的推波助澜下于5月席卷德国的民众抗议运动浪潮，也逐渐被幻想破灭所带来的听天由命的消极情绪所取代。所有人都心知肚明，鉴于德国国内的政治和军事原因，公开抵抗协约国军队的入侵是不可能的。

1919年5月在柏林卢斯特花园举行的反对和约条件的群众集会

在和平谈判的准备阶段，德国为了能在领土割让事宜上争取到协约国的让步，主动提出可以将德国全境兵力减少到10万人作为谈判条件，这一点遭到了德国军方领导层的强烈抗议。但无论是内阁，还是德国国防部长，都没有理会来自军方的反对意见。在未经政府批准的情况下，军方在军事指挥官中做了一次意见调查，以评估军事抵抗的可能性。结果显然是负面的。根据内部评估，最好的结果是有可能在德国东部建立一个抵抗根据地；但保护西部的领土是无论如何都无法做到的。然而，在6月19日举行的主要军官与政府成员参加的会议上，陆军指挥部负责人瓦尔特·莱因哈特上校认为，应该反对接受和约，并提出可以冒着东部领土暂时脱离国家管辖的风险进行有限的军事抵抗。这遭到了格勒纳的反对，他拒绝采取一切可能导致德国解体和引发内部动乱的军事行动，因为那样一来很可能被"布尔什维主义"乘虚而入。兴登堡于6月23日提交的书面意见也无济于事；尽管他认为军事行动是毫无胜算的，却在文稿的最后做了一个令人费解的反转，他写道："作为一名军人，我必须选择光荣的毁灭，而不是耻辱的和平。"[40]

至此，此前关于军方是否愿意遵守和约的担忧基本不复存在，签署和约的道路上少了一股重要的阻力。尽管如此，德国民主党却决定退出正逐渐成形的签约统一战线。德国民主党提出的同意签约的条件在内阁中未能达成共识，但仍然列入了准备提交给协约国的照会草案中，幸运的是，在德国多数派社会民主党议会党团委员会的坚决反对下，这份照会草案没有发出。事实上，如果真的发出了该照会草案，几乎可以确定会导致谈判破裂，而这恰恰是福煦元帅所期望的。内阁内部始终无法达成一致，这使得国家总理谢德曼心灰意冷，终于在6月19日晚上辞职。在紧迫的预备性谈判中，艾伯特努力尝试组建一个能够有决断力的内阁。然而，面对当时几乎毫无出路的困难局面，赫尔曼·米勒和爱德华·达维德都拒绝接任总理一职，所以总统最终委托工会领袖古斯塔夫·鲍尔组建一个由中央党和多数派社会民主党构成的临时内阁。尽管德国民主党仍然坚持其在此前提出的和约修正意见，尽管中央党内部仍然存在巨大的阻力，但多数派社会民主党和中央党的议会党团还是在有条件地签署和约一事上取得了进展，特别是由于各邦政府也都明确拒绝再次发起武装反抗行动。

虽然尚未得到法国担保人关于协约国是否会同意的承诺，但是临时内阁的财政部长马蒂亚斯·埃茨贝格尔已经想好了一条退路，就是在同意和约中除第227至231条以外的内容的前提下签署和约。引渡德国皇帝与被指控犯有战争罪的军官和官员，以及确定德国对战争爆发的法律责任，这在广大民众和军队里被视为关乎道德荣誉的问题。国家防卫军领导层也准备通过"假日儿童行动"将被指控的军官从协约国军队手中抢回。[41]

公众对这些有关声望的问题的关注过于片面，导致"国家荣誉"的维护被单方面推上了风口浪尖，而对领土割让的范围以及和平条款中的经济赔偿估计不足。埃茨贝格尔并没有被"国家荣誉"蒙蔽双眼，在德国民主党始终坚持反对立场的情况下，他设法说服了党内态度尚不统一的中央党议会党团同意有条件地签署和约。6月22日，在最后通牒即将到期的压力下，国民会议以237票对138票通过了对德国政府签署和约的授权，但没有提及撤销引渡和战争责任条款，因为这些条件在第一时间就被四国委员会否决了。为了避免再次投票，德国人民党建议，对政府签署和约的授权也应适用于无条件签署。对此，反对党派宣称，同意这一建议是出于"爱国的情绪和信念"，但这并没有阻止德国国家人民党随后立即展开的对埃茨贝格尔和社会民主党人的抹黑和诽谤。[42]

对《凡尔赛和约》的条款采取怎样的立场和态度，是魏玛联盟所面临的首个重大考验，然而仅仅一次考验就导致了魏玛联盟的瓦解，国民会议也放弃了它的议会制领导权。德国民主党和德国人民党坚信它们此前所做的战术评估，认为最终会获得多数的支持；它们把投票反对签署和约视为一次良机，可以让资产阶级中坚力量承担起德意志的"民族未来"。在和约允许采取积极的重建政策之前，在议会责任上的退却已经开始了。

甚至在社会民主党内，不满的情绪也愈演愈烈，它不想一次又一次地承担吃力不讨好的责任。但无论如何，社会民主党作为"共和国的执政党"的自我认知还是占了上风。[43]只不过这种情况即将迎来剧变。在1920年6月6日的国会选举后，独立社会民主党再次拒绝了组建联合党团的提议，这导致社会民主党被迫退出政府。据《前进报》报道，社会民主党人在得知从执政党变为反对党的消息后"高兴得跳了起来"。[44]1920年10月，在卡塞尔举办的党代会上，社会民主党明确表示不会再入驻国家政府，除非"无产阶级的利益"需要它这样做。[45]在那之前已经有规定，为了不限制他们在政治策略上的发挥空间，政府官员不允许同时在党内担任领导职务。最初，人们相信，建立民主共和国可以在一定程度上缓解由对和约条件的幻灭所带来的负面影响，但现在，这种负面影响反而开始破坏民主共和国的政治基础了。

和约于1919年6月28日在凡尔赛宫镜厅签署，并于1920年1月10日正式生效，但这一切都没有彻底打破社会上的幻想，人们始终相信有可能以单方面不履行条款的方式破坏和约。战争状态的正式结束并不意味着和平的精神以及和平的意愿占据了上风。德国政府压抑了在第一次世界大战中战败的认知。和平是协约国强加给他们的，这不是他们的和平。一时间，"专制"一词成了社会上的热议话题。

民族主义右派宣称埃茨贝格尔是德国灾难的罪魁祸首，因为是他积极推动了和约的签署，所以应该为停战谈判与签署和约所造成的国内困境负直接责任。对此，埃茨贝格尔以克伦斯基的案例作为回应，后者作为俄国临时政府总理因为拒绝接受无条件的和平而导致了政府的垮台。事实上，尽管外部条件不尽相同，但是俄国的情况与魏玛共和国有相似之处。最大的区别在于，魏玛共和国不是成立于战乱之中，而是诞生在一种潜在的战争状态下的。替代宪法法院为澄清"战争罪责问题"而承担调查工作的议会调查委员会，变成了一个反对共和国的论坛。[46]

为了不给协约国所谓的战争罪责条款第231条提供支撑材料，布罗克多夫–兰曹和他在外交部设立的战争罪责部门，阻止了一切真正意义上的调查澄清工作。左派代表们急于强调原帝国政府对发动和扩大战争负有责任，此时却发现自己被一堵高墙阻挡了所有去路。外交部在停战期间与各个"民族"协会的代表们合作建立的半官方性质的

德国和平代表团团长乌尔里希·冯·布罗克多夫–兰曹伯爵与两位部长赫尔曼·米勒、约翰内斯·贝尔在凡尔赛签署和约之后

宣传机构，现在被用来进行反对第231条条款的宣传斗争。在宣传中被援引最多的是1919年6月19日的协约国军队备忘录，里面的记载让事实更加清晰了。

如此一来，民族主义情绪就被人为地调动起来了，而且这一切并不是出于所谓的"爱国"动机，而是希望通过共同的民族目标来重新整合在政治上四分五裂的资产阶级政党阵线，从而消除社会民主主义的主导地位。保罗·冯·兴登堡于1919年11月18日在议会调查委员会上的证词中表示，德国战败主要是由于来自后方革命的"背后一刀"，此后，这个说法成了民族主义势力对抗社会民主主义阵营的主要武器。兴登堡元帅非但没有澄清导致军事失败和停战的前置事件，反而在德意志民族主义国务秘书卡尔·黑尔费里希的协助下发表了一份精心起草的声明，这份声明使得一段时间以来左派政党大肆渲染的"背后一刀"有了更高的可信度。

在签署和平条约与通过宪法之后，德国国内政治形势的特点是广泛而高涨的极端民族主义情绪。这为民族主义运动的兴起以及以反犹为特征的种族主义和反布尔什维主义情绪的蔓延创造了条件，阿道夫·希特勒正是在这种形势下开启了他的政治生涯的。随着受图勒社控制的安东·德雷克斯勒重新创立德国工人党，民族社会主义德国工人党尽管最初只是众多民族主义导向的小规模组织之一，却为后来法西斯主义政党的出现奠定了基础。[47]几乎依靠埃茨贝格尔一己之力发起的国家财政改革是鲍尔内阁唯一的政治举措，这次改革与国家临时税收政策双管齐下，对有产阶级强制征税，激化了右倾的趋势。卡尔·黑尔费里希在《普鲁士十字报》上对埃茨贝格尔发起攻击，公开对其作为财政部长的诚信度提出质疑，由此开启了一系列针对共和派领导人的抹黑攻击。[48]由于法院的不公正审理，埃茨贝格尔对黑尔费里希提起的诽谤诉讼反而导致原告被判犯有伪证罪和贪污罪，而被告黑尔费里希作为诽谤者只被处以最低限度的罚款。黑尔费里希对"国家的破坏者"埃茨贝格尔发动了一系列诽谤,在法院做出有疑问的判决后,埃茨贝格尔辞去了部长职务,为之后在政治斗争中无节制的诽谤攻击和暴力攻击打开了方便之门。就此,埃茨贝格尔作为德国最值得称道的共和派政治家之一,在经历了从帝国走向共和国的过渡时期后,却因为其始终如一的政治理念,成为反革命恐怖主义的受害者。在经历了五次暗杀都幸免于难之后,埃茨贝格尔于1921年8月26日在由"领事"组织成员实施的一次阴险的刺杀行动中遇难身亡。[49]

民族主义思潮在国内占据了主导地位,但是并不应该把这一切都归咎于右翼政党。在德国民主党的明确授意下成立的德意志协会工作委员会,大量篡改和伪造了第一次世界大战以前的官方档案,甚至连享有很高声望的自由主义历史学家也参与其中;而且早在停战阶段,德国的后勤部门就与反共和主义的右翼组织开始了合作。这些事实使

1921年3月,柏林举行示威游行,要求将上西里西亚保留为帝国的一部分

得人们不能正确认识德意志帝国在第一次世界大战爆发前的所作所为，以及帝国内阁在战争中的态度，在德国从资产阶级共和主义走向民族主义的道路上起到了推波助澜的作用。此外，尽管卡尔·考茨基、爱德华·伯恩斯坦以及其他从一开始就被孤立的左派知识分子曾多次提出警告，但多数派社会民主党还是陷入了修正主义政治至上的情绪中。

协约国接受了劳合·乔治的倡议，放弃了对900名被告的引渡要求，同时，荷兰政府拒绝了引渡请求，导致对威廉二世的审判无法进行，在此之后，尽管德国政府承诺依法审理战争罪，但其做法却极度敷衍，这也成为德国民族主义反抗的特征之一。直到1920年2月底，战争罪的问题仍悬而未决，这为在党派系统之外的极右翼团体以及军官队伍中的反革命势力在政治上的活跃提供了心理契机。自1919年夏天起，被国家防卫军开除的帕布斯特上尉就开始在民族联合会里活动，积极为"民族主义专政"做准备，在右翼势力眼中，为了阻止引渡，这一切都是不可避免的。

在这个过程中出现了不同的应对策略。一些军事指挥官希望等待左派先发动起义，以便获得"使用一切手段进行打击"的由头；而冯·吕特维茨将军则要求立即在全国范围内进入紧急状态，希望利用暴力手段镇压四处涌现的罢工运动，并且在必要的情况下由诺斯克宣布进入"民族主义专政"。[50]依照和约，军队面临削减武装力量的压力，而军队以打击左派和镇压罢工为由兑现了其维护国内秩序的职能。古斯塔夫·诺斯克没有发现国家防卫军与右翼军事协会和宣传组织紧密合作的事实，他极力主张用最严厉的手段镇压闹事者和罢工领导人。同时，他公开反对成立共和国领导联盟，因为后者主张在军官团推进民主化进程，而当军队里具有社会民主主义观点的军官和士兵遭到降级或革职时，他也没有采取任何行动。[51]

即使在宪法通过后，共和国也没有摆脱困境，唯一的区别是，它不再以1851年的普鲁士法律为基础，而是建立在魏玛宪法第48和49

条的法律基础之上。执着于左翼激进分子企图推翻政府的完全夸大的危险——工会成员和多数派社会民主党人没有正确认识到罢工运动基本上是自发性的，普遍认为罢工运动有幕后推手，因此坚定不移地相信依然存在着左翼激进分子推翻政权的潜在危险——这样的政治氛围反而使得负责监督公共秩序的普鲁士专员低估了反革命力量的影响。这些反革命势力主要在易北河东部地区的农业协会以及军官团中获得了强有力的支持。

德国民主党在秋末回归了政府，因为它希望可以通过维护企业家的利益来阻止其选民所担忧的右倾趋势，然而德国政府的领导层过于软弱，无力阻止国内的两极分化趋势。鲁道夫·维塞尔辞去了经济部长的职务，这意味着公共经济计划的彻底破灭。他的继任者——工会成员罗伯特·施密特——支持资产阶级政党关于提高生产和劳动强度的呼吁，同时坚决反对劳工们越来越迫切的提高工资的要求，并主张放松在此之前一直坚持的外贸管制，如果没有相应的货币政策支持，这些管制必然会推动价格-工资螺旋式上升。

虽然经济没有任何好转，但是罢工运动从1919年夏天开始逐渐减弱了。尽管独立社会民主党的反对派在各联盟中的占比大大增加，并在德国金属工人协会中获得了多数支持，但是在军方的保护下，自由工会仍然维持了其原有的地位。独立社会民主党发现自己陷入了战术上的困境。它不能指望无产阶级发起的针对工会抵抗的大规模行动会取得成功。因此，尽管恩斯特·多伊米希领导的左翼势力在贯彻"纯粹的"委员会制度的道路上取得了一系列成功，但是重建工人委员会并将它们集中起来的意义并不大。[52]

在左翼势力的影响下，独立社会民主党在1919年11月制定了一个激进的行动纲领，要求在议会制的基础上实现无产阶级专政。但是在政治实践中，拒绝实施政变的温和派政党核心占据了主导地位；这一局势即使在胡戈·哈泽被暗杀后也没有发生任何改变。独立社会民主党内部存在着方向性的矛盾，这种内部矛盾在与共产国际的关系问题上充分暴露出来，人们能做的只是在表面上掩饰而已。尽管如此，该党仍然有大量的新党员拥入，其中绝大多数新党员都是在战后先加入了多数派社会民主党并逐渐对其表现感到失望才转投独立社会民主党阵营的。

德国共产党在1919年1月和3月的失败中遭受了严重的挫折。同年年底，德国共产党沦为非法组织，其党报也被禁止发行。在保罗·列维的领导下，党内的政变派被开除党籍，后者在几个月后成立了德国共产主义工人党。[53]德国共产党陷入沉寂，其公共影响力降到了低谷，党内成员只有不足5万人。然而，由于持续的镇压政策以及商业界与国家防卫军指挥官密切合作的强硬态度，产业工人群体中的反抗情绪不降反升。

德国革命步入尾声，全国范围内迎来了经济重建阶段，二者之间的分水岭是由于对和约的争议而被国民会议推迟通过立法的《劳资委员会法》。雇主协会和工人协会在中央劳动委员会中合作，到了1919年底最终提出该法案时，其内容在很大程度上被温和化了。提出该法案的初衷是让工人可以对公司的经济管理施加决定性的影响，并且使工人以劳资委员会为跳板进入国家经济委员会，但在实际运作中，工人代表的权力几乎仅限于在企业内部的福利政策上施加影响，剩下的就只有检查资产负债的权力，而且还仅仅涉及公司的资产负债表和损益表。工人在股份公司监事会中的代表权则悬而未决，留待后续出台新的法律规定来解决。

独立社会民主党称《劳资委员会法》是"委员会制度的死亡证明"，认为这份法案最终拒绝了将社会主义元素纳入经济体系，这确实不无道理。[54]然而，该法案在社会政治方面证明了它的价值，而且即使法案条款在正式颁布的版本中做了温和化的改动，但仍然遭到雇主协会的激烈反对。德国民主党内的社会自由派不想在妥协的道路上

"到处都是劳资委员会——只是没有了劳动机会。"卡尔·阿诺尔德发表于1920年2月4日《西木》杂志的墨水画（柏林，国立普鲁士文化遗产博物馆，艺术图书馆）

走回头路，因此，尽管工业领域相关的团体提出了抗议，但德国民主党出于避免联盟再次破裂的考虑，还是做出了让步。德国工会总联合会担心劳资委员会成为激进主义的温床，认为让工人拥有共同决策权是对工资定价权的一种威胁，因此在争取劳工的经济共同决策权一事上没有施以任何助力。

激进的左派进行了激烈的抗议，对此，没有人感到惊讶。参加示威的工人与安全部队在国会大厦前发生了严重的冲突，造成42人死亡，多人受伤，造成这一局面的主要原因，一方面是普鲁士内政部长沃尔夫冈·海涅的失职，另一方面则要归咎于支持政变的少数激进分子。安全部队中的反布尔什维克势力失去了理智，他们强调示威队伍打算冲进国会大厦，但事实上没有迹象表明示威者有这个打算。这段时期内，军方的权力太大，因此即使是希望用暴力手段达到目的的左翼人士，也因影响力不足而不同意发动起义。无论如何，正如德国国防部关于政治局势的记录中所说的那样，1920年1月13日的暴乱"给政府提供了所希望的进入紧急状态、采取严厉措施的理由"。[55]

　　对"布尔什维克"起义的恐惧感，与客观事实毫无关系，纯粹是右翼势力苦心孤诣地营造出来的，然而正是这种人为营造的恐惧感导致鲍尔内阁坚持维持国家紧急状态，即使自由工会和多数派社会民主

1920年1月13日，柏林国会大厦前举行大规模示威，反对接受《劳资委员会法》

党一再提出抗议也无济于事。军事当局在国家紧急状态下实施的各种暴力手段唤起了工人们对世界大战的回忆。独立社会民主党的党报被禁止发行了几个星期，以恩斯特·多伊米希为代表的左派主要官员被防范性拘留，罢工和抗议示威被无情地镇压，而经济和社会生活所遭到的干预程度之大，甚至连街头买卖和狂欢节的游行都被禁止了。军方在事实上已经篡夺了民政部门的权力。甚至连邮政保密制度也一再被破坏。一些军事指挥官要求恢复其职位对应的仲裁权。军队的高压行为引起了工人的仇恨和愤慨。

部分自由军团已转为正规部队，这让国家防卫军的规模得以扩大，然而协约国军队强行施压要求德国削减正规军的兵力，这使得军方与政府之间的关系变得紧张。人们普遍抱有幻想，相信《凡尔赛和约》中的裁军条款可以不了了之。在这件事上，波罗的海自由军团扮演了一个特殊的角色。它们在波罗的海诸国一度拥有高度自治权，直到协约国军队大规模威胁干预后才从那些地域撤出。德国政府屈服于军方领导层的压力，颁布了大赦令，因此也没有对叛乱采取任何惩戒措施。

在协约国军队的压力下，解散赫尔曼·埃尔哈特上尉指挥的海军第二旅刻不容缓，但这遭到了瓦尔特·冯·吕特维茨将军的公然反对。他随后被解除了国家防卫军第一集团军司令部司令的职务，这让他下定决心，提前发动了与东普鲁士将军沃尔夫冈·卡普共同筹备了一段时间的反革命政变。1920年3月12日，为了抵抗解散编制的命令，埃尔哈特旅进军柏林。此前一天，被国防部派往多贝里茨的阿道夫·冯·特罗塔海军上将注意到，那里"没有什么值得关注的"。[56] 直到最后一刻，诺斯克才向内阁报告了关于政变的消息。

在主要的政府军官中，只有陆军指挥部的莱因哈特将军表示自己愿意用武装力量镇压政变者，而部队局局长汉斯·冯·塞克特则拒绝了国防部长关于部署军队抵抗政变的要求，其理由是"鉴于当时可能出现的左翼激进分子的起义，必须不惜一切代价避免国家武装部队的分裂"。[57]军队将自己视为保障国内政治稳定的绝对力量，并且毫不掩饰地要求国家总统革去外交部长赫尔曼·米勒的职务，随着军队在国家紧急状态下越来越习惯它的军事特权，这种目空一切的态度也表现得越来越明显。

国家防卫军拒绝承诺为立宪政府提供保护，而之后发生的事件不仅揭示了国家总理领导能力的不足，同时也让资产阶级政党的暧昧态度暴露在公众的视野内。政府内阁先是逃到德累斯顿，然后又逃到斯图加特。内阁向德国人民发出呼吁，一方面把卡普和吕特维茨的政变渲染为厚颜无耻的行径，另一方面则提醒公务员有义务忠于合法的国家政府，但这无法掩饰总统和政府内阁面对已在空中飘荡了几个月的"民族主义专政"宣言时的无助与无奈。留守柏林的司法部长欧根·席费尔在没有得到政府授权的情况下与政变者展开了谈判，并单方面承诺，如果他们退兵并支持组建一个向右翼势力靠拢的新内阁，他们的罪行就可以免于起诉。

古斯塔夫·施特雷泽曼也期望看到鲍尔内阁无以为继的局面。在3月13日发表的一份呼吁书中，德国人民党在很大程度上表现出支持卡普政变的态度，但之后它又极力掩盖曾经支持卡普政变的事实。施特雷泽曼提议组建一个由专业人士组成的内阁，并主张按照卡普的要求立即开展全民投票选举国家总统。普鲁士的部长沃尔夫冈·海涅和阿尔贝特·聚德库姆也认为，只有通过谈判才能解决问题。然而，他们都低估了3月13日晚间以社会民主党内阁成员的名义发起的总罢工中所表现出的工人阶级的广泛团结。[58]虽然德国共产党对加入罢工抗议一事仍然犹豫不决，但这一次，无论是自由主义的还是基督教会的工会联合会，甚至包括德国公务员联合会都加入了罢工阵线。由于罢工在周末举行，所以这次罢工并没有产生直接的社会经济影响，但它强有力地表明了广大民众对当前军事政权的专横和无礼的反抗意志是自发且广泛的。在这次罢工造成的影响下，不论是留在斯图加特的德国民主党内阁成员，还是稍后在那里匆忙召开的国民会议，都采取了毫不妥协的态度，拒绝与卡普和吕特维茨谈判。

可以想象，如果没有这次大罢工，那么政变背后的势力和议会力量之间必然会达成带有独裁性质的妥协。鲍尔内阁能够得以延续应该归功于这次罢工，但这并不妨碍总理宣布他对罢工不承担任何责任，甚至声称是某种"未知的力量"促成了这次罢工运动。[59] 政变失败的原因在于卡普和他的军方拥趸过于轻率，他们在面对部级官僚机构和国家银行的消极抵抗时没有继续坚持自己的立场，而且他们对政治一无所知。此外，惯性思维也在一定程度上导致了政变失败，军方习惯于将一个文职官员置于台前，而且他们过度乐观地认为已经成为常态的紧急状态必然会促成权力的顺利交接。事实上，在巴伐利亚邦确实出现了这样的局面，霍夫曼的联合内阁被冯·卡尔的右翼内阁所取代，值得一提的是，后者获得了德国民主党的支持。而在其他各邦，邦政府都选择支持合法的国家政府，梅尔克将军也认为抓捕当前合法政府的官员风险过大，因此并没有迈出这一步。绝大多数军事指挥官都支持卡普，但除了镇压罢工运动之外都采取了观望的态度，他们不愿背负违背誓言的名声，期望通过谈判达成和解。

阴谋家们不仅得到了重工业领域和大农场主圈层的支持，还取得了德国民族主义和民粹主义右派的公开支持。[60] 此时，一个不可忽视的障碍在于，如果不加掩饰地破坏宪法秩序，就必然导致法国加大对占领区的干预力度以及分裂主义倾向的提升。此外，人们担心，在一场大规模的、内战性质的对抗中，军官对军队的绝对掌控会被削弱。这就解释了为什么德国国防部的指挥人员拒绝服从篡夺了最高指挥权的吕特维茨，尽管他们几乎毫无例外地赞同他的政治主张。在随后的军事"平定"行动中，国家防卫军领导层形成了"反布尔什维主义"的统一战线，而他们内部的战术分歧和意见对立则暂时退居次席了。

1920年3月13日，卡普政变参与者在柏林政府区

在卡普政变垮台后，鲍尔内阁自欺欺人地认为德国可以恢复到政变前的正常状态。但他没有意识到，以这次罢工运动为契机，早在1918年11月的革命运动中曾广泛开展的自发性民众运动正在悄然崛起。在全国各地，工人组织都试图通过组建对等的行动委员会来扭转有组织的工人运动中的分裂趋势。包括基督教会和自由主义团体在内的广泛团结，迫使德国工会总联合会一改其一贯的保守作风，如果它不想在工人群众面前显得完全不值得信任的话。在罢工者眼中，卡普政变是革命不彻底的表现，其根源在于革命运动没有彻底粉碎站在共和国对立面的军队和官僚机构。

雇主协会在工会的压力下，同时也考虑到被占领的领土，不得不对卡普的政变企图采取中立立场。在鲁尔，矿工工会发表了一份联合声明，表示反对卡普政变，但拒绝加入总罢工。直到3月17日，雇主协会与工会中央工作组才表示反对卡普，但是也不支持正在进行中的罢工运动。事实上，企业界的大部分人都在一定程度上支持卡普政变，煤矿协会和明斯特总指挥部之间一直有着密切来往，并且合作用武力镇压了鲁尔矿工的抗议运动。

卡尔·莱吉恩意识到，他不可能两手空空地走到罢工者面前，劝说他们中断罢工。因此，工会的九点方案以最终形式提交给了内阁，作为中断总罢工的条件，此方案不仅要求在之前的事件中已经声名狼藉的国防部长诺斯克辞职，还要求确保解散支持政变的部队，追究负责人的责任，并且让共和国的安全部队取代此前被委任维护公共秩序的军队。此外，工会要求进行全面的社会改革，并立即实现煤炭工业的国有化。在这一政治背景下，工会提出组建工人政府，因为只有这样才能确保坚决贯彻国家机器和社会的共和化进程。但德国民主党却第一时间谴责工会在组建政府一事上违宪，尽管其党内包括德国公务员联合会主席恩斯特·雷默斯在内的社会主义自由派都表示支持九点方案。[61]

两个工人政党之间暂时达成了和解，但并没有维持多久。自由工会领导的罢工委员会在收到政府的书面承诺后同意做出让步。另一方面，莱吉恩并没有做好担任总理职务的准备。他的举措完全是出于策略上的考虑，不想让罢工运动变成左翼激进分子手中的武器。事实上，取消3月20日罢工的呼吁并没有在全国范围内获得一致响应。尤其在鲁尔区，以哈根和汉博恩的有影响力的工会主义团体为代表的广大产业工人，都采取了武装自救的方式来对抗最初打着黑-白-红旗帜进驻的自由军团部队。卡普倒台后，工人们不想单方面放下武器，而国家防卫军领导层则与国家总理鲍尔达成一致，准备毫不留情地镇压工人运动。

鲁尔区国家专员卡尔·泽韦林尝试寻找政治解决方案，与工会和工人政党（包括德国共产党）的代表经谈判于3月23日达成了《比勒费尔德协议》，出于孤立激进的哈根中央委员会的目的，德国政府半推半就地同意了这一协议，而此时的哈根中央委员会正在寄希望于将抗议运动进一步推向鲁尔区之外。该协议包含了诺斯克辞职后剩下的其余"八点"，尽管艾伯特勉强批准了该协议，但在组建地方安全民兵的问题上，政府从一开始就没打算遵守协议。重要的是，驻明斯特的国家防卫军司令奥斯卡·冯·瓦特将军坚决反对这份有违宪嫌疑的《比勒费尔德协议》，在他看来，鲁尔区持续不断地发生着武装冲突事件，因此他不应该受到协议的约束。

泽韦林的怀柔政策在很大程度上受到了来自内阁的阻挠，但导致其失败的主要原因却来自鲁尔区，因为那里的工人组织正面临在戒严状态延长后加入行动的多支部队（其中包括明显反动的自由军团"利希特施拉格"）的镇压，而不得不继续进行武装抵抗。[62]他们无法理解，为什么同一支部队在此前不久还参与了镇压反对卡普的工人罢工运动，而此时却又变成了维护共和国秩序的保障者。在矿工工会领导层的阻挠和军队的恐怖主义武装行动的夹击下，一开始有绝大多数工人参与的总罢工运动平息了下来。

超过5万名工人群众在鲁尔区自发组成了红军进行反抗，可见官方的工人组织（包括德国共产党）与产业工人群体之间已经严重脱节。由工团组织领导的武装反抗在正规军部队的镇压下以失败告终，在此过程中，工人们遭受了最惨烈的暴行。大规模枪击事件和非法的即决审判屡屡发生。国家防卫军部队以同样残忍的方式镇压了国内其他工业地区正在进行的罢工运动。从这一刻起，再也没有人谈及政府此前对工会组织所做的书面承诺了。[63]

红军在鲁尔区的抗争是越来越不甘心的工人阶级的最后一次反抗，其目的是要求政府兑现其在革命阶段向工人组织的承诺。这次抗争以彻底的失败收场。莱吉恩的倡议像霍恩贝格的枪击案一样不了了之。虽然诺斯克被迫辞职，但冯·塞克特被任命为有明显的君主主义倾向的德国民主党国防部长奥托·盖斯勒手下的陆军指挥部负责人，这一事实证明，军队不可能兑现关于人员肃清的承诺。虽然高层职位进行了多次调整，但参与政变的大多数军官都没有受到影响。与之相反，那些在3月里公开反对上级、支持共和政府的军官和士兵纷纷被降级或解职，理由是他们的所作所为不像个男人。

在司法部长欧根·席费尔的运作下，政变的主要参与者都免于逮捕以及刑事起诉，只有柏林警察局长特劳戈特·冯·雅戈被判处了5年监禁，实际服刑仅3年。至于卡普的其他同谋，大赦令的发布让他们被免于追究责任；他们的待遇甚至远远好过工人群众，那些曾经站出来反对卡普及其支持者、争取建立社会主义秩序的工人，如今有不少都被关入了集中营。新成立的社会化委员会不过是一个安抚的工具。在赫尔曼·米勒领导下重组的内阁，为了安抚国内环境所做的唯一工作就是下令，在紧急状态下，行政权力由文职部门全权掌握，如果警察部队人力不足，则只能在文职部门的指示下让军队介入。[64]这一规定符合塞克特的意图，后者希望在卡普的失败而导致军队失去威信后，将军队从国内政治战线上抽离出来，但是国家防卫军的指挥官们还是掀起了一场反对这一新规的风暴。

鉴于卡普-吕特维茨政变引发的危机，新一届的选举提前到了1920年6月6日举行，正如人们所预期的，在这次选举中右派取得了压倒性的胜利。魏玛联盟众党派在议会中的席位不再占多数，而且此后再也没有取得过多数席位。多数派社会民主党在工业核心区的选票大量流失到了独立社会民主党，而德国共产党依然是一个无足轻重的边缘团体。这证明，将产业工人的抗议运动与"布尔什维主义"和"斯巴达克主义"混为一谈有多么强大的误导性。共和国的成立伴随着社会政治上的妥协与让步，如今，大多数在政治上活跃的工人阶级和深入到德国民主党队伍中的资产阶级都已经背弃了当年的共识，那些妥协与让步也就成了无足轻重的小插曲。与此同时，议会之外的政治右派势力也进行了改革，其新的形态是建立在新保守主义基础上的交叉人际网络，其中包含了大多数的学术精英和职业精英。然而，并没有发生社会形态的改变。

巴伐利亚独立社会民主党为1920年6月6日国民会议选举制作的海报，由赖因哈德·舒曼设计（达姆施塔特，黑森州立博物馆）。海报上的文字为："想想吧！6月6日给出你们的答案！投给独立社会民主党！"

　　魏玛民主制度是在背负着沉重的外交与内政负罪感的情况下建立起来的。在议会制形成之前，制宪工作已经完成，宪法的首要任务是对抗"布尔什维克化"和规避德国解体的风险。它的作用是防止大规模的社会动荡。这是国家和各邦的官僚机构与魏玛联盟各党派之间能够达成狭隘共识的基础。人们相信新的宪法可以带来理想的和平局面，然而，当威尔逊的和平幻想在协约国提出的现实条件面前幻灭时，这个脆弱的基础就开始崩溃了。魏玛共和国建立时，真实的战争已经落幕，心理上的战争却没有休止。先后经历了对抗社会主义革命的斗争和对抗《凡尔赛和约》的斗争，迫使这个刚刚诞生不久的民主政权开始追求德意志帝国的延续性，其意图之强烈，甚至比宪法制定者有过之而无不及。在反对战争罪责条款和反对凡尔赛"屈辱的和平"的政治意图的影响下，共和国没有保持必要的政治道德上的距离感，甚至在帝国制度的政治拥护者们的努力下走上了相反的道路。爱国主义思潮使人们感到有义务支持一切使德国人民不论对内还是对外都拥有自保能力的努力，即使这些努力带着反革命或者至少是反共和主义的烙印。

共和国在革命期间没有在推动行政和军队的共和化进程上做出任何实质性的努力，魏玛的民主有意识地避免了从心理上划清与原帝国的界限，在这个过程中政府暴露了自己的软肋，使得反革命势力可以乘虚而入。因此，当资产阶级中间派和右翼政党接受了权力更迭的事实，不再将共和制政权视为以非暴力手段继续进行抗争的过渡阶段的"权宜之计"时，民主制度在政权内部的发展也受到了威胁。在宪法尚未通过的时候，专制主义的苗头就已经开始显现。卡普政变的失败不可避免，首先是因为当时的政局极度依赖外交政策，而且共和国的经济形势不稳定，因此暂时不具备尝试重建专制政权的条件。另一方面，政变导致的一系列事件都指向了同一个事实，那就是此时的政权已经被专制-官僚主义系统性渗透了，国内政治并没有往民主化的方向发展。

坚定的民主派和多数派社会主义者是建立民主制度过程中的中坚政治力量，对他们来说，共和国建立初期所取得的政治成果并没有带来太多希望。对于那些为了民主和社会解放的愿景而奋战的产业工人来说，共和国的真实发展走向无异于一场灾难。至于艾伯特、诺斯克、谢德曼和工会领导们，他们为了教条地坚持民主"秩序政策"，以及出于对共产主义无政府状态的近乎神经质的恐惧，阻挠了无产阶级群众运动，对他们来说，魏玛共和国的坎坷恰恰是对他们的政治理念的报应，尽管他们的政策在确保民族国家的连续性方面有着不可否认的优点，但是从根本上来说是错误的。

第四章
来自内部的反和平运动

经过漫长的党团谈判，1920年6月6日，德国国会选举产生了由康斯坦丁·费伦巴赫领导的资产阶级少数派内阁，对此，社会民主党直到斯帕会议之前都表现出了宽容的态度。同时，该党彻底卸下了执政职责；在此之前，社会民主党曾向在这一轮选举中异常成功的独立社会民主党提出了联合执政的邀请，但独立社会民主党却强调其与社会民主党早在1918年12月就已经彻底决裂，粗暴地拒绝了联合执政的提议。由于选举结果不尽如人意，社会民主党对组建新的执政联盟意兴阑珊，以不愿与德国人民党共事为由拒绝参加新一届内阁，因为德国人民党在共和国问题上墙头草一般的态度在卡普政变中暴露无遗，而且它代表的基本上是重工业企业的利益。

这是德国结束帝制后首次正规组阁，标志着共和国的立宪阶段正式结束，也由此为魏玛共和国的议会制打上了由少数派政府掌权的烙印，直到国家政权终结的那一天。魏玛联盟的政党失去了议会里的多数席位，社会民主党则退出了内阁，因此很难认为这次组阁从内部巩固了共和制议会制政权。另一方面，德国国家人民党和巴伐利亚人民党也不准备承担议会责任，因为这将使它们承担执行《凡尔赛和约》的职责。因此，德国陷入了一种政治僵局，在这个局面下，中央党和德国民主党在社会民主党的间接支持下，开始对政府事务产生决定性的影响。

为了使内阁在面对国内议会程序时能够以独立的姿态与协约国就赔款问题进行谈判，瓦尔特·西蒙被任命为德国外交部长。这位没有党派的职业律师后来成为最高法院院长。他在德国和平代表团中担任总代表，也因此成为战争赔偿问题的首席专家。在签署了和约后，他辞去公职，成为德国工业联合会的主席团成员。鉴于不愿入阁的德国人民党与社会民主党之间似乎存在不可调和的分歧，因此，德国在外交上遇到的政治难题反而使得议会制得以延续。

德国公众还没有充分认识到《凡尔赛和约》会对政治、经济和财政造成怎样的影响。西蒙在国会的一次演讲中明确指出："直到现在，人们才逐渐认识到德国人民承担了何等严重的后果。"[1] 事实上，除了独立社会民主党内部仍存在分歧，德国国内基本上已经在拒绝和约一事上形成了统一战线。然而，这种一致性却掩盖了在众多态度中立的旁观者眼中不言而喻的事实，即同盟国的失败导致了权力和政治的根本性变化，这种变化让德国不可能再次恢复战前的外交政策，除非人们准备在未来的某个时刻迎来另一场世界大战。

战争的失败只是一个插曲，和约也只是一个随便做做样子的东西，历史很快就会翻过这一页，抱有这种想法的人在当时的德国不是少数，尤其在极右阵营中，右翼势力的支持者们喊着"让国家从战火中诞生"的口号，创造了一个强大的"国家民族共同体"的神话。[2] 奥斯瓦尔德·斯宾格勒，德国新保守主义的先知，在1918年12月就已经说过，今天的和平只是暂时的，世界大战"现在才进入第二阶段"。[3] 在政治上持温和态度的杰出学者汉斯·戴布流克在1919年的《普鲁士年鉴》中写道："我们夺回一切的日子和时刻即将来临。"[4] 对和约的不接受也存在于路德维希·克维德和瓦尔特·许金等反战主义者中，他们对和平条款提出了激烈的抗议。另一方面，独立社会民主党则相信，欧洲资本主义秩序很快会面临革命的动荡，并期待着由此导致的局面会使和约无疾而终。

考虑到在经济政策和外交政策方面巩固国家政权的必要性，相关的政治集团，除了独立社会民主党的左翼和顽固不化的极右势力之外，都把维护国家制度放在首位，并且基于这个共识一致提出修改和约的要求。这种外交政策上的共识掩盖了政治集团间不可调和的目标冲突。[5]共和国里潜在的反动势力趁机鼓吹反对"专制和平"，而他们的真实目的却是以此为掩护试图破坏"十一月革命"中取得的革命成果，他们认为革命的成功要归咎于社会民主党导致的军事力量崩溃，一旦外交形势有所缓和，普鲁士军队在德国的权利传统就会恢复到革命前的状态。另一方面，魏玛联盟的各党派也拒绝兑现《凡尔赛和约》里的条款，最关键的原因在于该和约剥夺了德国人民的民主自决权。它们最初把人民联盟看作可以争取国家间的谅解和与战胜国和解的手段，并认为共和制度是一个新的开端，可以让德国不再处于西方国家民主制度的对立面，彻底摆脱自俾斯麦时代以来的外交政策所导致的负罪感。

抵御法国的制裁政策、确保国家的统一以及恢复国家的主权，只要在这些短期外交目标上仍然存在广泛共识，人们就无法充分意识到，在以共同争取恢复国家在外交上的行动自由为目的而赋予政府的各项职能之间存在着根本的矛盾冲突。社会经济利益的冲突在很大程度上可以通过国家应急组织而得到缓解。因此，魏玛共和国的生存能力至少取决于它是否能坚持融入《凡尔赛和约》建立的政治经济体系，当然，并不排除对部分条款做出修订的可能性。外交环境的压力限制了现在这个有着强烈民族主义色彩的德国在谈判中的回旋余地，但这并不一定意味着民主制度的起始地位遭到削弱。因为持续的外交形势压力给共和国政府和宪法制度的根本性改变增加了阻力，甚至会使其公开的反对者融入现有的政治秩序。因此，在外交上缺乏行动自由反而为德国形成了一个重要的政治框架，这个框架有利于弥合或推迟有可能扰乱政治制度发展的宪法和社会政治冲突。

几乎所有政治势力都在内心里反对接受和约，在这种情绪的影响下，人们几乎无法接受德国在外交中丧失权力的事实，也无法放弃政治上的幻想。对于1918年2月11日照会中所载的"不吞并"承诺，德国民众坚信不疑，这也是可以理解的，因为美国总统威尔逊在几次公开声明中都重申了他在这个问题上的基本立场。[6]但是，那些赴会签约的德国官员在阅读了启动停战谈判的1918年11月5日兰辛照会的内容后，一定清楚地知道，德国必将承受巨大的经济负担和领土损失。

1918年11月11日，在福煦元帅和协约国代表的见证下，德国代表团在巴黎附近的贡比涅森林签署了停战协议。[7]这次签约本该能打破很多德国国内的政治幻想，因为约定的停战条件不仅意外地包含了对德国的全面裁军，这使得德国不可能再次组织起军事反抗，同时还包含了巨额的经济赔偿，这些赔偿在停战期一再延长的情况下被一而再再而三地提高，并对和约造成了决定性的影响。尽管如此，德国政坛依然抱有幻想，希望德国在即将于1919年春天召开的和平谈判中能保持其中等超级大国的地位，同时做出一定的领土和安全政策的让步。对此，停战委员会主席埃茨贝格尔和少数外交官员并不认同，他们觉得这是对德国权力政治前景的高估，是传承自威廉统治系统的政治上的一厢情愿，以及对战争失败这一事实的刻意回避。当然，产生这些幻想也有其客观历史背景，当时德国的军队在对抗苏俄入侵波罗的海国家的防御战中起了重要作用，包括格勒纳在内的众多官员都对德国可以与协约国联手对抗苏俄寄予希望。即使到了1919年初夏，在东方战线上，德国的军事力量对协约国来说似乎也是不可或缺的，尽管这些军事力量主要由自由军团组成，且没有得到德国政府的官方承认。

伴随着威尔逊高度理想化的"十四点"原则，德国统治阶级的乐观情绪集中反映在了布罗克多夫-兰曹伯爵遵循的战术路线上。这位曾任驻哥本哈根大使的外交部长，在战争期间曾为了争取和平以及实现国家内部的改革而奔走。他得到了弗里德里希·艾伯特和多数派社会民主党的无条件支持，但与此同时，他本人也与德国民主党关系密切。作为威廉·佐尔夫的继任者，他跳过内阁直接声称自己全权负责筹备和平谈判。他刚愎自用、不善言辞的个性与部长级别的官员们产生了相当大的摩擦，并导致了与埃茨贝格尔的激烈争论，后者作为停战委员会的负责人，拒绝服从布罗克多夫-兰曹的指令。诚然，布罗克多夫-兰曹有较丰富的外交经验，但他对国内的政治框架缺乏了解。他自视甚高，虽然并不总是自信，他过分强调对外交政策专业性的理解，同时严重高估外交策略的成功率，这让人想起了帝国时期的外交风格。

布罗克多夫-兰曹从兰辛照会中解读出了德国对和平谈判的合法诉求，并依此制定了外交政策战略。他制定的国内宣传策略以德国利益为中心，片面地解释了威尔逊提出的"十四点"原则，导致民众在1919年5月7日面对正式公布的苛刻的和平条款时猝不及防，民众的讶异程度不亚于1918年10月突然获悉政府发出停战请愿书的时候。外交部系统性地宣传德国应该获得一个"合法的和平"，为其真实目的提供了必要基石，即把《凡尔赛和约》塑造成一个卑鄙的欺诈行为以及对法律和信任的破坏行为。这一系列宣传让民众产生了这样的印象：德国在美国总统的担保下真诚地签订了停战协议，但随后毫无防备地在西方大国的恶意和专横下沦为受害者。

为筹备和平谈判，以银行家马克斯·瓦尔堡和卡尔·梅尔希奥为代表的著名经济界人士、大型工业企业代表，以及包括和平主义者瓦尔特·许金在内的著名宪法和国际法专家等共同组成了专家委员会，他们赞同外交部长的选择，希望站在法律立场反驳那些非官方渠道流出的协约国和约条件。他们这样做的目的是希望赢得中立国的同情，并迫使协约国同意针对实质性的问题进行谈判。在为德国起草修改提案的过程中，威尔逊提出的空泛的"十四点"原则成为衡量每个问题的标准。这种统一的系统化处理方法使得起草工作没有任何灵活处理的余地，就连在次要问题上做出让步都变得非常困难。在经过大量的特别说明后，德国在5月29日提交了最终的修改建议，这份修改建议——尤其是总结了所有修改要求的综合性照会——相当于从根本上拒绝了协约国的所有要求。想通过这样一份修改建议将战胜国带回谈判桌上，这几乎是不可能的。

基于美国和谈代表团成员泄露的信息，布罗克多夫-兰曹得出结论，美国总统威尔逊并不是作为幕后推手在巴黎的会议室里提出了一系列条款，并在此基础上制定了外交方针的。另一方面，外交部在收到大量关于协约国意图的内部信息后意识到，自己此前的宣传让民众有了错误的印象，威尔逊绝不是能左右协约国间谈判的关键人物。与此同时，有来自内部的警告说，让战胜国之间互相牵制是没有胜算的，这种警告让德国国内的立场加剧紧缩，具体表现为坚守合法性立场，以及切实规避任何有可能侵害合法性的让步。德国的修改建议主要强调拒绝和约草案第227至230条以及第231条的战争罪责条款。虽然在德国代表团里以及官方的新闻声明中一边倒地表现出了对歧视性条款的愤慨，但外交部长的真实意图却是通过驳回德国对战争爆发应付的责任，在事实问题上大大削弱协约国的立场。[8]

协约国之间的利益分歧直接导致了条款中第231条的内容，不过德国方面的政策倒是对这种利益分歧表现得不太敏感，德国关注的焦点在于将第231条与有争议的引渡条款结合起来，认为其属于"惩罚性和平"的产物。最初，威尔逊想把赔偿范围限制在违反国际法所造成的损害上，主要指的是对比利时的无端攻击。兰辛照会中提到的"侵略"一词说的就是这类事件。[9]德国的政策没能成功地把"侵略战争"的性质从这个条款中彻底移除。[10]在协约国内部的谈判中，法国和英国要求德国赔偿全部战争费用，而由此导致的关于合法性的争议在于，是否应该将赔偿范围扩大到包括伤残和遗属的抚恤金，而最初只规定了对平民造成的损失属于赔偿范围。这一妥协与英国对德国的战争赔偿金诉求相违背。英国首相劳合·乔治认为，在这个问题上，他受到了自己在由民族主义情绪推动的1918年11月卡其色选举中所做承诺的约束。

负责赔偿问题的巴黎和会小组委员会原本打算通过加入第231条条款以确保获得整体赔偿的合法权利，只是在最后时刻才增加了修正案，要求德国明确承认其在战争中的责任。然而，当时并没有想要以这样的形式展开全面的道德谴责。直到6月16日，随着由克列孟梭签署，但由一名英国代表团成员撰写的协约国照会及其所附备忘录的公布，才使战争罪的罪名有了更清晰的轮廓，而这在德国被视为一种侮辱。于是，一个原本应该用于确认德国责任的条款，却在德国境内变成了一个用于实现国内政治目的的斗争公式，而协约国则出于威望的考虑不可能撤回这一条款。

事实上，布罗克多夫-兰曹并没有刻意将关于战争罪的问题进一步激化。然而，这却是德国谈判策略必然会导致的后果。协约国认为，有充足的理由怀疑德国人将不惜一切代价来逃避他们在赔偿问题上的义务。在协约国看来，被封锁在斯卡帕湾的德国公海舰队在没有获得德国政府授意的情况下集体自沉，就是一个最好的证明。面对协约国的赔偿指责，德国政府却在维护本该为战争承担责任的原帝国代表们，这让德国的政治立场显得并不那么可信，德国人只是一味地坚持在革命动乱之前就已经提出的法律立场，这使得他们的修改建议带有强烈的侵略特征。威尔逊和劳合·乔治从克列孟梭那里争取到了在对德和平条件上的少许让步，但他们也从德国政府的态度上看到了德国人的心态并没有随着共和国的建立而改变的事实。

布罗克多夫-兰曹现身特里亚农宫，以略带无礼与傲慢的姿态参加了和平条款递交仪式，他的行径让这种印象变得更加强烈。当这位德国外交部长坐着对克列孟梭的开场发言做出回应时，无能和傲慢充斥着他的讲话，他试图让协约国陷入不利的境地，指责协约国的持续封锁造成了数十万非战斗人员的死亡；直到3月，在赫伯特·胡佛的努力运作下，才部分解除了对粮食进口的封锁。人们很容易想到，布罗克多夫-兰曹的反应也与在凡尔赛的水库酒店里跟外界隔绝的德国代表团的心理压力有关。事实上，他们确实处于被隔离的状态，这倒不是源于对德国挥之不去的仇恨情绪，而是由于协约国方面担心德国代表团成员可能通过非正式会谈使协约国之间辛苦达成的协议遭到破坏。布罗克多夫-兰曹的发言也是为了确保在与德国政府就谈判策略发生分歧后能够继续得到德国公众的支持。尽管他的出发点是好的，但他的目的却完全没有实现，协约国拒绝针对条款内容进行谈判。

　　布罗克多夫-兰曹一再抱怨，与之前的德意志帝国相比，战胜国并没有表现出愿意给予德意志共和国更有利的条件。事实上，美国总统威尔逊对于德国向民主制度的过渡显得不以为然，在他看来，只要德国人不通过表达明确的纠正既往错误的意愿来展示他们在民主道路上的坚定立场以及对帝国统治的彻底摒弃，他就没有必要去迎合民众的意愿。德国军事统治阶级的延续以及他们在共和国内的政治权力地位，加强了威尔逊在引渡问题上坚决不妥协的决心。

　　德国外交政策的如意算盘是，和平条款的驳回以及凡尔赛谈判的破裂将迫使协约国在数周内做出让步。另一种极端情况是，德国政府会在胁迫之下签字。尽管德国政府做了准备，打算让南部各邦以其自身利益为出发点对签署和约一事施加影响，但还是低估了法国深远的野心。尽管在重启战争的问题上犹豫不决，劳合·乔治还是决心迫使德国屈服。而威尔逊此时不得不担心，随着他的和平使命以失败而告终，他将在国内永远失去参议院和众议院的政治支持。布罗克多夫-兰曹则把全部希望都寄托在了美国的让步上。

布罗克多夫-兰曹的政治态度中所强调的"全有或全无"论调最初得到了德国和平代表团的认同，但最终却导致了他的辞职。在经历了停战谈判后，人们担心协约国会利用和约在经济和财政上长期削弱德国。这种担忧并非毫无道理，政府咨询的经济专家们也都持有这种观点。对德国经济潜力的恐惧导致法国和英国的政治家们都坚持要求高额赔款，并限制德国在国际市场上的竞争力。由于法国提出了天文数字般的财政赔偿诉求，导致协约国之间没能就德国赔款的债务问题达成协议，因此在德国提出了可接受的建议后，谈判决定委托战胜国成立的赔款委员会于1921年5月1日前确定最终的赔款数额。同时，德国被要求以实物和现金的形式先行支付200亿金马克。[11]

经济界人士向德国政府指出，保持德国的经济潜力是当前的重中之重，优先于裁军义务，甚至优先于避免领土的损失，尽管人们迫切希望对后者加以限制。在这份评估中，他们同意美国和英国专家的判断。约翰·梅纳德·凯恩斯对《凡尔赛和约》的经济后果进行了严厉的批评，在德国国内赢得了最大范围的认同，他早在1919年就说过："未来的危险不在于边界和领土，而在于粮食、煤炭和运输问题。"[12]他表示，决定未来权力格局的不是各国的领土扩张程度，而是它们的经济实力。德国的统治阶层精英也对本国的经济实力抱有最大的信心，并把对它的保护看作权力政治复苏的保证。他们相信，最终协约国离不开与德国的经济合作，在欧洲的经济重建中德国的参与是必不可少的。这就解释了为什么德国政坛在军事失败的情况下依然表现出了高度的自信。

为了切实保护其自身的重工业潜力，德国此时的目光焦点在于恢复正常的贸易和交流关系，这也是德国接受赔款条款的前提条件。因此，避免割让上西里西亚工业区的努力获得了明显的优先权，特别是在早期阶段就已经可以清楚地预见到法国夺取萨尔矿区是不可避免的。正是在这种背景下，埃茨贝格尔设想的向协约国提出有德国参与的欧洲重建计划开始获得关注。但是，面对布罗克多夫-兰曹所奉行的原则性政策，这些设想只能退居次席。直到和平条款公布之后，卡尔·梅尔希奥才能够在一定程度上贯彻自己的立场，他建议向协约国交付1000亿金马克的赔偿金，最初以实物形式支付，从1926年起以现金形式支付，支付过程中不计利息。国家财政部认为这个数额太高了，并对是否能从公共财政中拿出这么多钱持怀疑态度。梅尔希奥呼吁大家不要忽略一个事实，即协约国肯定会提更多要求，因为它们已经面向它们国家的公众舆论做出承诺，要对德国进行广泛的索赔。在这个问题上，埃茨贝格尔的态度虽然有所保留，但还是给予了梅尔希奥一定的支持。马克斯·瓦尔堡也提出了一个解决支付赔款问题的可行方法，他设想将国家财政收入中的一个固定的比例作为赔款专用。

人们相信，在这个方向上迈出的任何一步，都会给协约国充分的理由提升对德国支付意愿的信任程度，甚至会引起它们积极巩固德国经济的兴趣。然而，这种本来可以为谈判开辟道路的建设性提议，却没有出现在德国的法律诉求和修改条款建议中，而是与保持领土完整的诉求绑定在了一起，协约国显然无法接受这一条件。此外，布罗克多夫-兰曹有意阻止专家发言讨论，尽管劳合·乔治表示他认为这样的讨论是有意义的。德国的一些修改建议引起了美国专家的注意，他们向威尔逊强调，如果不能提升德国的出口能力，那就很难要求它兑现大额赔款。随后，威尔逊尝试将部分商船队归还德国，却以失败告终。如果德国方面能更早地、更坚决地推行有限的经济和财政建议路线，那么法国的谈判策略就不得不面临巨大的阻力了。

事实证明，从经济发展的角度来看，《凡尔赛和约》的条款是极其令人不满的。美国总统打着"海洋自由"的口号主张消除国际贸易壁垒。[13] 与此相反，巴黎和会上构建的欧洲新秩序却启动了向保护主义措施的过渡，树起了国家关税保护墙。即使对战胜国而言，战争造成的债务和负担也阻碍了其经济恢复的速度。当时，对《凡尔赛和约》的批评声音主要集中在其经济政策的先天缺陷上，尽管赫伯特·胡佛的援助计划已经表明，振兴欧洲市场能带来切实的经济利益，但是美国在明知法国与英国有大量战争贷款的情况下依然不准备对赔款的支付方式给予任何优惠政策。而美国财政部也断然拒绝了为德国发行的赔款债券提供担保。

在这个背景下，法国和英国的金融政策都急切期待着通过德国的赔款来向美国支付全部或部分贷款利息。很多迹象表明，英国要求推迟确定德国履行赔偿义务的期限，也是出于保障赔款顺利支付的考虑：1919年春天德国国内形势过于紧张，等到国内环境相对缓和之后，理性的经济政策更容易得到贯彻。无论如何，在赔款问题上保持现状只会带来更糟糕的后果，尤其是如果预见到德国在之后一段时间内的购买力会持续下降，那就完全无法寄希望于德国自己来证明国家的经济能力。同时，《凡尔赛和约》包含了大量不平等的经济条款，包括没收德国在战胜国的财产、交出专利和商标、水路的单边国际化、德国战前债务的增值化以及对协约国的最惠国条款。

然而，法国没能通过外交手段成功实现它所酝酿的"重工业计划"，也就是通过大幅度限制德国的煤炭和钢铁生产，使法国的重工业在欧洲大陆占据主导地位。[14]这个计划中的一个重要环节是吞并萨尔地区。虽然萨尔地区最终作为国际联盟委任统治区被划入法国的关税区，萨尔的矿区也随之成为法国的财产，但与此同时也确定了将于15年后举行全民投票，投票的结果将决定萨尔地区最终的国家归属。另一方面，作为对德国的反对意见做出的为数不多的让步，劳合·乔治在上西里西亚推动举行全民公决，使得该地区的归属问题始终悬而未决。基于上述事实，法国方面感到，只有通过和约规定的制裁内容，才有可能继续追求所谓的"重工业计划"。

综上所述，表面上列强在巴黎缔结了和平秩序，然而在和平的表面之下却打响了一场没有硝烟的经济权力战争，而这场"战争"也为欧洲经由第一次世界大战而受到重创的世界经济主导权奏响了终曲。[15]这场"战争"既不符合工业技术的发展水平，也不符合相关国家的实际经济利益，而且与限制重工业和国家机器的战时经济交织在一起，无论在德国还是在法国都与当时日益自信的企业家阶层的利益存在冲突。经济问题的严重性对于相关国家的政府而言是不言而喻的，但是对于普通民众来说，领土的重新划分才是绝对焦点，经济问题只能退居次席。关于建立自治的民族主义国家的想法，在通往稳定的欧洲新秩序的道路上成了一个具有决定性作用的障碍。

1919年1月18日，和平谈判在巴黎召开，来自27个国家的代表参加了谈判，普通民众仍然倾向于相信威尔逊关于没有胜利者或失败者的公正和平的承诺，并相信，国际联盟的仲裁会结束列强之间的战争冲突，并迎来一个全新的开始。[16]另一方面，内部人士意识到，在和平谈判的过程里，各种利益冲突的爆发是不可避免的，威尔逊方案所特有的普适原则无法平息这一系列冲突，只有各国都从实际出发做出妥协才有可能最终达成共识。美国总统威尔逊最初面对的局面是，西方列强缔结了一系列秘密条约，保证了意大利的布伦纳边界，并提前商定了巴尔干地区的领土归属修正方案。但其实美国也预先与托马斯·马萨里克和爱德华·贝奈斯领导的流亡政府建立了联系，并支持建立一个独立的、包含部分原匈牙利领土的捷克斯洛伐克国家。即使忽略这些几乎已成定局的前期协议，在欧洲持续了几个世纪的历史性冲突所带来的沉重负担，依然让人们重建共存秩序的努力举步维艰。

威尔逊总统为即将出台的和平解决方案提出了"人民自决权"原则，作为带有民主属性的原则对标列宁主义的"民族自决"原则，并最终取代了后者。[17]战胜国在3月组建了一个"四巨头理事会"，负责制定凡尔赛、圣日耳曼、特里亚农、讷伊和塞夫勒的和平条约，在个别情况下日本代表也参与其中，对于这些国家来说，除了遵循民族主义国家原则之外，没有其他选择。对于"人民自决权"原则，当时还存在一些修改意见，譬如奥地利社会民主党民族理论家卡尔·伦纳提出的基于人格原则的"民族自治"。然而，这些修订版本仅在拉脱维亚得到非常有限的应用。

"人民自决权"原则的适用基础是相对封闭的单一民族国家，并不适用于东欧、中欧和东南欧的国家，因为在这些国家里，人种混合、多民族社会重叠的情况非常普遍。此外，这一原则的实际适用性差异巨大。巴黎和会上的专家们始终从西欧单一民族国家的角度思考问题，全然不顾东欧、中欧和东南欧的民族混合区的现状。国际联盟以及和平条约尽管规定了保护少数民族的条款，就波兰而言，这些条款在1939年之前一直有效，但其目的与其说是为了确保少数民族的实际生存能力和行动能力，不如说是为了促进民族同化的进程。

任何重建欧洲政治秩序的尝试都必须考虑到这样一个事实：自帝国主义时代以来，欧洲各国的自我意识持续提升，世界大战更是为各国的国家意识注入了一针"强心剂"。这一特征在沙皇俄国、奥匈帝国和土耳其帝国等未受到19世纪国家民族主义风潮影响的超越民族范畴的超级大国身上表现得尤为明显。德国与协约国签订的停战协定废除了此前德国与俄国签订的《布列斯特-立陶夫斯克和约》，而其时刚刚经历了十月革命的俄国无暇提出新的和约条件，因此巴黎和会不得不承担起重新起草德俄之间的和平条款的责任。西方列强长期以来一直犹豫不决，不知道该不该正面回应马萨里克的诉求，明确自己支持哈布斯堡王朝解体的立场。事实上，哈布斯堡王朝的内部已经在很大程度上分崩离析了，以至于当其面对同盟国军事失败的事实时，已然无力挽回其覆灭的命运。哈布斯堡的最后一位统治者卡尔一世皇帝于1918年10月发表的《人民宣言》来得太晚，也太缺乏诚意，根本无法阻止王朝内的非德意志人民想要获得民族独立的意志。

战胜国没有试图通过建立多瑙河联盟的方式来确保自己可以在这个生产能力未受破坏的大型经济区获利，这看似一个严重的失误。然而事实上，如果它们真的对此有所觊觎，民族主义的反抗力量也势必会让所有尝试都成为徒劳。因此，唯一可行的方案就是让奥匈帝国解体。在某种意义上，建立"继承国"不可避免地要以牺牲一些既有的"统治国"为代价。法国希望在德国的东南面获得一个稳定的联盟伙伴，因此要尽可能阻止以德意志居民为主的波希米亚北部和摩拉维亚边缘地区加入德意志奥地利共和国，同时还要剥夺特申公国中占多数的波兰人的自决权，经济因素、历史因素以及法国的切身利益就这样交织在了一起。另一个重要事实是，马萨里克和贝奈斯没有履行1917年签订的《匹兹堡协议》中明确提出的关于斯洛伐克自治的承诺，而后者现在已完成了与波希米亚的合并。与此同时，奥地利临时国民会议上通过了关于与德国合并的决议，对德意志人民的民族自信而言，这项决议虽然在经济上和战略上都没有实际的价值，却能使民众在面对东部的大面积领土损失的情况下在心理上感觉得到了相当的补偿。然而，战胜国驳回了这项决议，这应被看作德国自1915年起实施的中欧计划所引发的创伤应激反应的结果，尤其是在法国。

　　来自新建的"继承国"的民族主义压力，以及对民族人种和历史的相对贫乏的知识储备，都在一定程度上左右了此时聚集在巴黎的各国政要的决定。罗马尼亚借机赚取了好处，获得了马扎尔-德意志民族居住的特兰西瓦尼亚地区和巴纳特地区。而匈牙利王国作为传统大国却在1920年6月4日的《特里亚农条约》中放弃了三分之二以上的领土，包括斯洛伐克、克罗地亚，后来还有布尔根兰，沦为一个欧洲小国。1919年3月，匈牙利宣布成立苏维埃共和国并表达了希望与正在对波兰作战的红军取得直接联系的意愿，这一系列混杂了民族意志和布尔什维主义的行为，就是匈牙利人因为不可挽回的领土损失而产生的绝望情绪的映射。1919年8月，协约国的军队与罗马尼亚的游击队一起扶持并建立了专制的霍尔蒂政权，这给打着民主旗号的巴黎和谈投下了阴影。

此时的欧洲需要在东南欧划清领土范围并建立稳定的新秩序，然而巴黎和会却在面对这项任务时屡屡受挫。无论是在达尔马提亚还是在克罗地亚-意大利边境地区，无论是在克恩顿还是在蒂罗尔，都没能成功地以和平方式解决民族冲突。1919年9月11日，签订《圣日耳曼条约》后的第二天，加布里埃尔·邓南遮在阜姆发动政变，暴露了协约国在此地区建立稳定秩序一事上的无能。塞尔维亚人、克罗地亚人和斯洛文尼亚人共同建立的王国（1929年更名为南斯拉夫）此时已经具备了欧洲中等强国的实力，其国家内部却始终是不稳定的状态，其中塞尔维亚人的行政中央集权甚至在一段时期内只能通过王室独裁的形式得以实现。曾经由奥斯曼帝国主导的欧洲东南部和近东地区的新政权版图仍然不稳定。1920年8月10日在没有美国参与的情况下缔结的《塞夫勒条约》是巴黎和会系列条约中最晚签订的一项，其强加给土耳其的所谓和平局面在穆斯塔法·凯末尔领导的革命夺权中摇摇欲坠。旷日持久的战争和外交纠葛接踵而至，直到1923年缔结的《洛桑条约》才使这一地区暂时获得了表面上的平静。

相比之下，更重要的一个问题是，是否有可能在欧洲东部建立稳定的新秩序。无论从意识形态出发，还是从经济利益出发，西欧列强都希望通过建立一个强大而独立的波兰政权，以及通过建立波罗的海沿岸的爱沙尼亚、拉脱维亚和立陶宛来构建一条"防御线"，树立起对苏俄政权的屏障，从而减少十月革命的辐射影响。1919年2月以来，俄国的局势逐渐明朗，先后由亚历山大·高尔察克海军上将和彼得·弗兰格尔将军领导的白军无法在内战中取得优势，以英国为首的西方列强因为顾虑本国产业工人会发起激烈的抗议，都选择了不对俄国内战进行军事干预，如此一来，构建"防御线"就显得更加急迫。尽管劳合·乔治诚心邀请苏俄政府参加巴黎和会，但一切都是徒劳，甚至连他自己的政府都无法在这个问题上完全支持他。

从重建欧洲长期有效的新秩序的角度来看，把苏俄排除在巴黎和会之外显然是一个严重的错误，尽管如果它出席的话可能会在巴黎造成一些混乱。随着苏俄在波兰和波罗的海地区的失败以及随后在达达尼尔海峡的退缩，它显然是失败者之一，但从长远来看，放弃苏俄的政治整合，必然会导致德国的亲俄取向。但就目前而言，这个趋势还不是那么明显。因为只要德国的政策必须考虑到西方大国的干预，它就要避免与苏俄建立外交联系，事实上，德国与苏俄的外交关系在1918年德国驻莫斯科大使被谋杀后就已经中断了。真正从中受益的是约瑟夫·哈勒斯，他的波兰军队获得了在领土范围内的运输便利，并希望能得到协约国军队的帮助。

德国军事领导层起初仍抱有幻想，认为向彼得格勒进军可以获得协约国军队的批准，甚至可能获得它们的物资支持。然而，紧张的德俄关系并没有促使德国政府第二年夏天在波兰与高歌猛进的红军之间的防御战中向波兰提供任何援助，尽管正如温斯顿·丘吉尔当时所说的，假如此时德国政府向波兰施以援手，那么就是"对人类文明做出的最崇高的贡献之一"。德国人私下里都期待着波兰被击溃，并恢复1914年的德国东部边界，这是苏俄外交人民委员格奥尔基·契切林所承诺的。在马克西姆·魏刚将军领导的法国军事顾问的积极参与下，约瑟夫·毕苏斯基元帅创造了"维斯瓦河上的奇迹"，迫使苏俄部队撤退，并在1921年3月18日的《里加和约》中得以在寇松勋爵提议的边界线基础之上将波兰的国界大幅度向东延伸。

波兰在国内取得的军事胜利，导致了1920年夏末上西里西亚地区的军事压力激增，直接造成这一局面的是由沃伊切赫·科尔丰蒂率领的波兰游击队。其时，德国政府被禁止采取军事介入手段，只能间接鼓励民间组织自卫军进行抵抗，另一方面，法国部署在该地区的占领军却没有采取任何措施对抗来自波兰的叛乱。这一切在1921年的公投之后再次导致了严重的武装冲突。

恢复波兰共和国的独立，这是自三月革命前以来欧洲民主制度发展的一个愿望，也是以牺牲德意志帝国的利益为代价实现的。与俄国的联盟瓦解后，法国的国家安全事务工作焦点首先集中在了波兰身上，因为法国与波兰长久以来一直有着密切的文化和政治联系。过去的单一民族国家普遍认为，国家的经济活力取决于这个国家是否有出海港口，基于这个过时的理论，法国与波兰之间建设了一条经济走廊。东普鲁士与德国的联系仅仅依靠一条境外铁路，这种实际上的分裂感在德国公众眼里成了一种民族耻辱感。盎格鲁-撒克逊人努力坚持的反对意见，使东普鲁士得以继续作为德国的一部分而存在，但泽市也得以作为国际联盟监督下的自由城市而保留其德国特征，然而实际上的交通割裂让这一切努力都变得名存实亡。普鲁士王国失去了其最重要的西普鲁士和波森地区，同时还将梅默尔地区割让给了立陶宛，这引起了所有政治团体的最激烈抗议，在它们看来，这些领土的丧失就是赤裸裸的凌辱，值得一提的是，1920年，在东普鲁士南部以及西普鲁士位于维斯瓦河以东的地区开展了全民公投，投票的结果倾向于回归德国。即使边界与领土的重新划分能更多地考虑民族人种的情况，也应该不会导致什么不一样的结果。

对波兰的文化优越感、对德国皇室无情的德意志化政策的压制、定居的想法和"对东方的向往"，各种情绪交织在一起，营造出了一种德国与波兰之间不可调和的敌对氛围，而波兰方面的民族主义论调让这种氛围得到了进一步的强化。[18]未来的陆军指挥部司令汉斯·冯·塞克特将军在1920年2月说道："如果是为了把波兰这个德国的死敌、法国的衍生物和盟友、窃取德国领土的强盗、德国文化的破坏者拯救出来，那么德国人一根手指都不该动，既然魔鬼想占领波兰，我们就应该助它一臂之力。"[19]弗里德里希·恩格斯曾经说过，波兰的自由就是"衡量欧洲自由的标尺"，如今，这一观点甚至连德国左派都忘记了。在德国西部，阿尔萨斯-洛林和奥伊彭-马尔默迪被分别割让给了法国和比利时，石勒苏益格的边界也做了修正，这一切仍然处于德国公众勉强可以接受的范围之内，但是德国东部的情况截然不同。因此，关于上西里西亚领属权的斗争在德国内政中获得了最核心的政治意义。

通过引入议会制，欧洲的主要国家力争将国内的相对同一性作为集体安全体系的先决条件。在中东欧，大部分新成立的中小型国家都面临着尖锐的内部社会对立以及左派夺权运动的威胁，于是民族主义成为不可或缺的维护国家内部完整性的工具。这就削弱了一贯不够发达的资产阶级自由主义力量对通常依靠军队的反动集团的威胁。因此，新建立的议会制几乎毫无例外地被证明是不可行的。[20]

霍尔蒂在匈牙利建立政权后，意大利在贝尼托·墨索里尼的领导下，脱离了自由主义宪政国家的阵营。大多数中小国家都走上了独裁或半法西斯政体的道路。造成这一局面的最主要的外部原因是与未融入社会的少数民族之间的紧张关系。在波兰共和国，少数民族集团被彻底孤立，并最终被人为操控的选举和毕苏斯基的恐怖控制所消灭。这也标志着波兰议会制的终结，取而代之的是一个专制政权，该政权在1926年通过修宪确保了自己的统治地位，第二次世界大战后，戴高乐主义也效仿了这一做法。捷克斯洛伐克是一个例外，马萨里克和贝奈斯在20世纪30年代初成功地孤立了国内由德意志少数民族组成的激进民族主义反对派，并赢得了大多数德国政党与之合作的意愿，而斯洛伐克人民党和国内的波兰族群始终处于弱势地位。捷克斯洛伐克能够在一定程度上保持其议会制，一方面得益于法国的外交和财政援助，另一方面也得益于匈牙利、波兰和德国之间促使制度日趋稳定的竞争关系。

奥地利的第一个共和政体扮演了一个有特殊意义的角色。在这里，最初的激进议会制临时宪法在1920年做了退让，出台了《联邦宪法法》，该法在1929年强化了总统制的元素，而且一直持续到1933/1934年。社会民主党和基督教社会党这两个主要政党都仅仅将资产阶级议会制视为过渡阶段，其真实目的一方是要使社会主义阵营赢得绝对多数，另一方则要逐步过渡到社团专制主义的秩序模式。而大德意志党和乡村同盟则坚持否认共和国政权的合法性，并主张重新并入德国。尽管1927年司法宫大火时奥地利国内几乎处于内战一触即发的状态，但由于西方列强在1922年的《日内瓦议定书》中对奥地利的经济和财政进行了深度控制，导致其财政上的高度依赖性，这才使得议会制得到了暂时的维系。除此之外，1919年开始的民主化运动以失败告终，国家内部长期处于不稳定的状态，侵略者的干预行为时有发生。

1919年2月，第二国际伯尔尼会议上的谈判清楚地表明了对从前的战争反对者的不信任程度，其中只有独立社会民主党的立场获得了相当程度的掌声和支持。因此，德国外交政策寄希望于社会主义政党的团结一致和中立国的有所作为，但是这个愿望并没有实现。[21]同样，一直有声音表示德国不应该因为过分苛刻的和平条款而被赶入布尔什维主义阵营，但这也没有产生任何效果。法国是乐于见到德国解体的，但在法国看来，这种说法无异于危言耸听，不值得认真对待，因为德国自始至终都没有准备毫无保留地接受所有和平条款。

布罗克多夫-兰曹错误地判断了国内的政治条件，没有意识到此时任何反抗行动都不可能再继续下去了。他的立场与后来成为外交事务国务秘书的伯恩哈德·冯·比洛在和平条款宣布后的立场相似。他说，协约国的策略其实就是制造一个"大骗局"，只要德国识破骗局，就能争取到一个"可接受的和平方案"，并有理由相信德国会拥有一个"比其他欧洲大国更快恢复"的美好前景。[22]"保持镇定"的口号在德国的统治阶级广泛传播，让人不由得回想起了战争期间给人们带来巨大痛苦的大国强权幻想。这样的谈判态度没有考虑到普通民众的处境，导致德国内部在和平谈判问题上的立场不够坚定。但把这一切都归咎于布罗克多夫-兰曹显然是有失偏颇的。

在"十四点"原则中，美国总统威尔逊试图建立一个广泛的国家联盟，其目的是使"大国和小国为政治独立和领土完整相互提供保障"。[23] 对他来说，这与执行民主原则有关。因此，他倾向于拒绝专制统治的君主制国家加入国际联盟。外交政策的现实情况很快就摧毁了这些空中楼阁式的期望。面对苏俄政权的自我主张，集体安全制度逐渐把稳定资本主义统治、反对激进的社会实验视为其基本职责。疏导修正主义愿望和遏制共产主义运动的双重目标，使得在大框架内坚持原则性政策成为不可能完成的任务。

甚至在抵达巴黎之前，威尔逊就感到不得不对其最初的目标做出实质性的让步。最先做出让步的是关于开放外交的想法。在巴黎举行的各国政府筹备会议成为正式的和平会议，会议在排除了同盟国和俄国政府代表的情况下举行。同样，西方列强对德国立即加入国际联盟持保留态度。威尔逊最初提议设一个等待期，在此期间德国要证明其民主制度的可靠性。在此基础上，最终敲定的方案却是，德国在履行完成其赔款义务之前无权加入。这个决议与威尔逊主张的公正的和平也并不完全矛盾。在威尔逊看来，此决议与针对侵略国的惩罚性措施是相符的，在诸多惩罚性条款中包括将德国的殖民地转化为国际联盟的托管地，而这原本应该是开启全面去殖民化进程的第一步。

德国被排除在国际联盟之外，促成这个决议的并不仅仅是对德国布尔什维克化的恐惧。更重要的是，威尔逊和他的大多数顾问在艾伯特/谢德曼内阁中看到的只是德意志帝国的一种变相延续。出于组建一个有签约意愿的政府的考虑，偶尔也会有支持独立社会民主党的情况发生，但是，无论如何，在政府里占据上风的始终是对左翼势力的恐惧，因此那些政治顾问们关于加强温和的政治力量的言论得到了最大程度的贯彻，他们认为这才是明智之举。威尔逊没有考虑过要对新的共和国政府有所让步。他没有意识到，拒绝德国参加国际联盟，恰恰否定了那些像"德国'国际联盟'联盟"一样认同其初始方案的政治团体，尽管这些团体认同其方案或多或少是出于私心。另一方面，即使协约国真的做出让步，应该也很难抵消德国国内的极端民族主义情绪。值得一提的是，主张两个社会主义党派合并的爱德华·伯恩斯坦在1919年6月的社会民主党党代会上表示，《凡尔赛和约》中90%的条款都是不可避免的，而他也因此言论被指责为使用了"犹太人的论调"。[24] 甚至像赫尔曼·米勒这样温和的社会民主党人，也对这位当之无愧的党内元老发起了带有反犹主义色彩的谴责。

随着德国被排除在国际联盟之外，国际联盟也被指责为战胜国论坛。《凡尔赛和约》和组建国际联盟的问题在美国参议院没有获得必要的多数票，导致威尔逊的欧洲政策失去了必要的基石，不过即使威尔逊没有因为参议院的态度而退出国际联盟，国际联盟的污名化可能也是无法避免的。没有美国的参与，国际联盟完全沦为了法国贯彻其安全政策的工具，承担起了维护巴黎和会的一系列条约所创造的权力新格局的职责。基于这个客观事实，即使《国际联盟章程》第19条里明确提到了存在极其有限的修改条约的可能性，这个规定在德国政治家眼中也已经毫无意义了。此外，20世纪20年代初，欧洲各地都爆发了暴力冲突，而且经常升级为全面的军事行动，对此，国际联盟也显得无能为力。双边联盟体系也没有因为国际联盟的存在而变得多余，法国正是通过与各国的双边联盟体系努力确保它在1919年赢得的霸权地位的。相反，修正主义国家试图绕过集体安全机制，重新回到战前受到俄国青睐的秘密外交。

威尔逊为了国际联盟的建立而做出了违背其原则的巨大让步，对他来说，国际联盟基本理念的改变一定是特别痛苦的，特别是考虑到1919年仍有希望在较长时间内赋予国际合作原则更大的效力。因此，将美国总统的政策、巴黎建立的新秩序体系以及《凡尔赛和约》混为一谈并进行谴责是不合适的。与维也纳会议相比，巴黎和会上有待解决的问题多了好几倍。同时，鉴于俄国革命向中欧蔓延的危险，以及由于威尔逊缺乏来自本国的政治支持而要求美国代表团尽快回国，留给战胜国谈判的时间少得可怜。因此，与贯彻威尔逊的原则和意图相比，向欧洲列强做出让步显得更有必要性。威尔逊一度有过退出谈判以示抗议的念头，但他如果真的这么做了，那无异于宣告巴黎和会的失败。德国方面倒是期望着威尔逊采取这样的行动，而法国的右翼势力也在跃跃欲试，准备在和谈失败的情况下继续维持冷战局面。无论对战胜国还是战败国来说，经济重建都是刻不容缓的首要任务，因此，一份不完美的和平协议就有了存在的价值，至少可以为此前严重干扰各国内政的不明朗的局势画上一个句号。

《凡尔赛和约》在很大程度上是由法国的安全利益所决定的，从事后的发展来看，法国所追求的安全政策有其内在的合理性。而英国在和约一事上给予法国的支持是有所保留的。在1919年3月25日写于枫丹白露的备忘录中，英国首相大卫·劳合·乔治强调应该公平地对待德国，使其能够履行它所签订的和约义务。对英国而言，将德国视为未来的贸易伙伴更符合其国家利益，因为各自治领的独立愿望日益强烈，导致英国将比任何时候都更加依赖欧洲市场。因此，劳合·乔治阻挠了法国控制整个莱茵河流域的野心，作为补偿，英国同意在莱茵河右岸50公里的区域内实行非军事化管理，并同意协约国军队占领莱茵河左岸地区，占领期限为5年、10年和15年不等。

为了满足法国的安全需要，英国在签署和约的当天与法国签订了一份保证书，承诺在德国违反非军事化规定的情况下，英国会向法国提供支持。由于这份保证书的生效前提是美国也做出同样的承诺，而美国参议院不同意威尔逊签署这样的保证书，从而导致英法私下签订的保证书在事实上没有产生任何国际法上的约束力。这让法国方面感到非常紧张，担心德国的国家强权有重建的可能性。因此，法国才采取外交手段，极力用外交政策填补英国和美国造成的安全缺口，在已经对奥地利和捷克斯洛伐克成功推行的政治和经济渗透政策的基础之上，法国又借助和约条款与波兰建立了密切的经济联系，毕竟加强波兰始终是奥赛码头东方政策的主要目标之一。

面对德国，法国的外交政策陷入了进退两难的境地。法国的最高目标不仅是赢得莱茵河的边界领土以及建立莱茵河流域的缓冲国，还想要让德国分裂。站在这个角度上，那些支持签订《凡尔赛和约》的人确实有理由标榜自己维护了国家的统一，尽管在签约后德国的统一仍然多次面临挑战。法国的最低目标则是降低德国的经济潜力，使法国可以从中获利。然而，考虑到法国无法从德国直接获得资源，那么要实现这个最低目标就必须让德国的经济得到适度的恢复。另一方面，对莱茵河两岸的军事占领和非军事化管理都受到时效性的限制，因此只能在一定程度上推迟德国的复兴，这一点依然令人担忧。在要求德国政府严格遵守裁军规定，并由协约国军事委员会对其进行控制这件事上，法国的态度一直很坚定。当德国政府与协约国在斯帕召开第一次正式会议时，裁军问题比赔款问题获得了更多的关注。

冯·塞克特将军始终对裁军一事抱有幻想，他认为，通过强调德国社会的紧张局势，可以使协约国同意德国维持20万人的兵力，或者至少同意推迟现役军人的复员时间，这与《凡尔赛和约》中明确规定的条款完全相悖。[25]另一方面，法国坚持认为，主要由前在役军人构成的安全警察部队与民兵组织一样，都不应被视为单纯的民事组织。德国政府与巴伐利亚一直矛盾不断，这个情况一直持续到了1921年，巴伐利亚同意解散民兵组织后才告一段落，这说明在军界和政界右派中一直存在着一种错觉，认为尽管和约上有明确的制裁威胁，但还是有可能不完全兑现和约的规定。在这种情绪的纵容下，德国的非法军事组织、秘密武器库以及边防部队始终存在。尽管巴伐利亚仍然是追随自由团的爱国主义组织的天堂，但法国的干预至少削弱了右翼准军事组织的影响力。[26]

福煦元帅坚持将德国的武装组织定性为职业军队，这一做法从民主一体化的角度来看是有待商榷的，但这也是避免德国军事力量迅速复苏的唯一手段。禁止生产和使用现代化武器也是为了达到同样的目的。尽管在1921年，国家防卫军试图通过与苏俄进行秘密合作来规避这一禁令，但并不成功，德国的军事实力大幅缩水，这一情况一直持续到了20世纪30年代。但是，法国军方清楚地认识到，世界大战将以技术装备竞争的形式延续，在这个意义上，军队规模的重要性反而降低了。因此，它想要长期削弱德国的重工业发展潜力。1919年后针对德国的经济制裁就是为了实现这一目标。此外，法国对莱茵兰的占领和对德国重工业产业的外贸限制的时效也长达近半个世纪。如果到了和约规定的时效截止日，依然没有彻底瓦解德国重工业在欧洲大陆的主导地位，那么对法国人而言，这场战争其实是以和平的方式战败了。

最初的情况似乎与法国人的愿望相符。包括1921年割让的上西里西亚工业区在内，德国失去了75%的铁矿、68%的锌矿、26%的煤炭产能、44%的生铁产能和38%的钢材产能。然而，割让给法国的萨尔矿区不足以满足法国国内经济发展的能源需求，特别是由于此前德国在占领比利时和法国北部的煤矿时对矿区造成了严重的破坏，而且它不适合冶炼回收的洛林矿区所产的铁矿。德国被要求交付4000万吨硬煤，这主要是为了在一定程度上限制德国的工业复苏，同时也能使法国的钢铁生产在欧洲大陆中处于领先地位。

出于种种原因，这样的算计并没有取得实际成效。尽管德国在和约义务开始之前就已经开始交付煤炭了，但远没有达到规定的数量。这主要是由于在战争期间德国对所有的矿区都进行了过度开采，而且运输铁路的建设程度也落后于实际需求。此外，鲁尔区采矿业罢工不断，当地的粮食供应也不足，这都导致了煤炭产量大幅下降。因为德国国内选举提前开始，斯帕会议被推迟到1920年7月才召开，在这次会议上，协约国坚持要求提高德国的煤炭交付量，但即使是提高后的数额也远远低于法国国内的实际需求量。它们不再按照德国国内通胀后的价格计价，而是在赔款账户上计入每吨5金马克的附加费。德国矿工工会的领导人奥托·休说服了协约国的代表，让他们相信有必要提供外汇以保证德国的粮食进口，而以专家身份出席斯帕会议的胡戈·施廷内斯则发表了带有挑衅意味的言论，以至于比利时外交部长感慨道："无法想象，如果这样的人以战胜国的立场出现的话，我们会面临什么样的下场。" [27]

施廷内斯延续了布罗克多夫-兰曹的强硬风格，拒绝做出任何妥协，把德国在西部重工业上的优越感展露得淋漓尽致。早在1918年底，重工业界就已经预见到，法国的工业发展将高度依赖褐铁矿。德国的钢铁生产行业一直遵循这一路线，并于1922年，在还清了战争债务后，与瑞典签订了长期的供应合同，而原本微薄的外汇储备也得以立即获得有效补充。在强制裁军的推动下，废旧钢铁二次熔炼的产量有所提升，再加上贝塞麦转炉炼钢法的推广使用，使得煤炭消耗量得到了有效的控制。1922年，德国鲁尔区的钢铁产量就已经接近了1913年的水平，德国系统性提升钢铁产能的努力使法国试图让德国在原材料生产方面对其产生依赖的愿望尽数落空。相反，由于通货膨胀带来的经济繁荣，德国重工业领域的就业率达到峰值，反观法国，其钢铁生产一方面受到煤炭供应不足的制约，另一方面也受制于法国人对其钢铁产品销路的担忧，因此一直无法充分发挥其最大产能。

法国人的期望在煤炭领域也没有得到满足。强加给德国的煤炭交付义务，不仅对钢铁生产造成了影响，而且在更大程度上影响了化肥产业和加工业，促使德国国内的原有资本和新投资向合理化的方向发展，这些投资通过间接的公共补贴和高昂的垄断价格转嫁到了消费者身上。在推动德国履行其煤炭交付义务的过程中，法国政府也面临困难：法国本国的重工业不想危及褐铁矿的销路，所以宁愿与德国公司直接签订供应协议，也不愿意接受烦琐的国家指导。事实上，这一政策导致莱茵河两岸出现了严重的工业产能过剩，而且很快就成为国家内政与外交政策的巨大负担。

德国在斯帕的谈判策略是将早日结清赔款债务与减少对外贸易限制以及协约国在上西里西亚问题上的让步结合起来，虽然会议最终在煤炭交付问题上达成了妥协，但是德国的谈判策略却失败了。诚然，几次专家会议让协约国看到了德国支付赔款的困难，并且达成了某种程度的谅解。费伦巴赫内阁所能接受的上限是每年支付10亿金马克，连续支付30年，并且在经济复苏的情况下可以提升分期付款的额度。法国金融专家夏尔·塞杜提出了一个新的支付方案，该方案规定德国每年支付30亿金马克，先连续支付5年，之后再确定赔款总金额，费伦巴赫内阁认为这个方案不可接受，结果失去了对协约国的谈判主动权。事实证明，绕过赔偿委员会是严重的战术错误，尽管该委员会由法国人担任主席，而且比利时和意大利的代表在很多时候都表现得亦步亦趋，但与协约国政府间会议相比，赔偿委员会反而更愿意接受各位金融专家的观点。

1921年1月底，协约国做出了最终决定，德国政府将面临在42年内总共支付高达2260亿金马克的赔偿义务，而且还要额外支付德国每年出口贸易总额的12%。这个决议在柏林引起了广泛的震惊，特别是因为《凡尔赛和约》还规定要严格控制德国的货币和金融政策，极大地干涉了德国的主权。面对这项决议，德国政府犹豫不决，却在第一时间接受了参加1921年2月在伦敦召开的会议的邀请，并寄希望于至少能在一定程度上推进一份包含了新的赔款总额的修改建议。德国方面愿意接受的最高赔款总额为500亿金马克，这一数额与之前决议中的42期赔款总额在实际市场价值上差不多，但德国希望将停战以来已经完成交付的各类物资和现金都折算计入这个赔款总额，并委托第三方专家委员会核算后将折算金额定为200亿金马克，这使得实际赔款数额大打折扣，引起了协约国方面的不满。同时，德国政府再次提出希望将上西里西亚保留在德国，以及希望恢复不受阻碍的外贸交易。此外，政府要求获得80亿金马克的国际贷款，通过这种方式为剩余的赔款额外加上5%的利息和1%的还款来解决超额部分的资金。

德国政府在和约修订方案中玩的数字游戏令人感到失望，但真正激怒协约国的是德国政府坚持只有修改了条款才愿意履行和约的态度，这使得劳合·乔治突然宣布休会并威胁称，如果德国不履行巴黎决议，将面临协约国的制裁。由于费伦巴赫内阁坚持其提出的和约修改方案，协约国于3月8日做出了反应，军队占领了杜塞尔多夫、杜伊斯堡和鲁尔奥特，并从国际莱茵兰委员会手中接管了被占领土上的海关管理事务。德国希望通过梵蒂冈和美国进行斡旋调解，事实证明这是徒劳的，同时内阁还试图阻止国会针对赔款条约中的矛盾展开讨论，德国政府始终相信可以通过强调法律立场和重新开展反对战争罪责条款的运动来迫使协约国屈服，这种错觉使德国陷入了孤立无助的局面。1921年5月5日，柏林方面收到了协约国在伦敦制定的赔款方案，与《凡尔赛和约》相比，该方案的内容有所缓和。而这个时候，费伦巴赫内阁已经解散了。[28]

在劳合·乔治的积极影响下，来自伦敦的最后通牒要求德国在6天之内做出回应，并明确表示，如果德国不接受此通牒中的内容，那么协约国的军队将占领鲁尔区。该通牒中的最终赔偿金额为1320亿金马克，这看似满足了德国关于修改最高赔款额的要求，但实际上是协约国为了确保赔款能够正常支付而做出的应急方案。根据通牒内容，德国政府最初只需要筹集500亿金马克，其中120亿立即以A类债券的形式筹集，剩下的380亿在1921年11月之前以B类债券的形式筹集。而另外的820亿金马克则只有在赔款委员会确认德国的经济能力允许的情况下才会以C类债券的形式筹集。事实上，所有专家都相

从民族主义的角度看1921年3月的协约国制裁政策：卡尔·戈兹1921年创作的一枚纪念章，一面描绘了一名法国"黑人士兵"满口自由、平等、博爱的谎言，另一面描绘了共济会的标志和一名被绑在法国边境哨所的妇女，她的孩子被扔出了摇篮

信，最后一笔820亿金马克的尾款必然会不了了之。从这个角度来看，来自伦敦的赔款方案确实参考了德国此前提出的500亿金马克的赔款总额，但也明确驳回了德国提出的把前期支付的现金物资折算计入赔款总额的建议。值得关注的是，伦敦方案将德国每年须额外支付的款项由出口贸易总额的12%提升到了26%。这样折算下来，德国每年实际须支付的赔款为30亿金马克，其中第一个10亿金马克将在1921年8月31日前完成支付。

协约国的威胁在德国国内产生了显著的影响。费伦巴赫内阁始终在要一些小聪明，不愿意认真严肃地对待赔款问题，与此同时，各党派和它们背后的利益集团却清楚地认识到现在面临抉择：要么接受付款计划并尽最大努力履行赔款义务，要么接受协约国军队对鲁尔的占领以及由此产生的对祖国统一的所有威胁。在这种情况下，古斯塔夫·施特雷泽曼决定面对现实，接受伦敦的条件。然而，代表重工业行业利益的德国人民党右翼却坚持拒绝接受伦敦的最后通牒，并决定退出德国政府，其时，施特雷泽曼已经与英国驻柏林大使埃德加·阿贝农勋爵有过接触，正在争取担任德国外交部长的职位。随着旧内阁的解散，在左翼中间派政治家约瑟夫·维尔特的领导下，一个由魏玛联盟各党派组成的新内阁应运而生，该内阁在议会中并不占有多数席位，但是鉴于德国政府正面临赔款条约的问题，该内阁得到了来自独立社会民主党的支持。

作为费伦巴赫内阁的财政部长，约瑟夫·维尔特就任总理后主张坚定地继续实施埃茨贝格尔的税收改革，开启了德国的绥靖政策阶段，他的政策招来了国内右派的谩骂，称其为"履约政策"。[29]来自伦敦的赔款支付方案在5月10日获得了议会里多数席位的支持，维尔特希望，通过切实努力履行赔款方案中规定的支付义务，可以向协约国证明德国支付能力的极限，从而为潜在的赔款妥协可能性创造条件。虽然当前仍然能以一种非常规的方式筹集到7月份到期的赔付金额，但等到年底就不可避免地出现了无法筹集到足够资金的情况。内阁被迫向赔款委员会请求暂停支付赔款，最初约定宽限时间是持续到1922年底，之后不久，金马克汇率下跌，暂停付款时限延长到了1923年，之后又延长到1924年，为了稳定汇率，德国加强了关于国际贷款的谈判，但还是没能实现赔款委员会关于预算重组的要求。随着阿里斯蒂德·白里安在戛纳会议期间的辞职和普恩加莱的加入，军事占领鲁尔区的危险变得迫在眉睫。

约瑟夫·维尔特之所以采取了争取协约国理解的政策，主要与上西里西亚问题有关。[30]1921年5月20日，上西里西亚举行了全民公投，结果显示超过60%的人赞成留在德国，然而有相当一部分非本地居民就是为了参加投票才来到上西里西亚地区的。由于最高委员会没有就投票结果的解释达成一致，最终决定权交到了国际联盟，后者在10月初决定将上西里西亚从德国本土分割出去。协约国划定的边界让大部分工业区归入了波兰国土。在被割让的地区里，城市中的德意志人明显占多数，而农业区的选票则以波兰人为主。在德意志人占多数的区域里，投票受到了来自科尔丰蒂领导的波兰叛乱分子的阻碍。德意志居民怨声载道，却忽略了这个事实的客观必然性，因为上西里西亚地区自1918年以来几乎一直处于紧急状态管理下，而且当地的德意志居民与波兰居民之间始终存在矛盾。

尽管约瑟夫·维尔特和瓦尔特·拉特瑙（他在维尔特的第二届内阁中先后担任重建部长和外交部长）依然坚持在履行条约争取协约国妥协的方向上努力，但是在上西里西亚领土问题上的失败意味着德国方面"有条件地履行条约"的意愿随之终结。1921年10月，拉特瑙与法国解放区部长路易·卢舍尔谈判达成《威斯巴登协议》，希望通过工业界之间的直接谈判实现经济合作，并通过德国提供的物资和劳动力推动法国北部被破坏地区的重建。[31]这次签约双方都有诚意，但由于法国工业界对来自德国同行竞争对手的不信任，以及英国政府认为德国向法国提供的服务主要由赔款账户支出会导致自己的经济利益受到损害，这次尝试以失败告终。试图让德国重工业与法国伙伴达成直接协议的努力也没有取得实质性的进展。胡戈·施廷内斯倾向于推迟谈判，以便德国能够站在经济的强势地位上与法国对峙。[32]

"履约政策"的失败，主要是因为德国的经济现状或多或少地阻碍了国家财政的整合，而且客观上限制了支付赔款的额度，特别是因为公众舆论几乎一致认为，协约国的赔款要求是违背法理且极其过分的。但是自从伦敦会议以来，协约国的态度非常明确，制裁威胁绝不是一种空洞的姿态。德国方面无法抵御这样的威胁，不仅与意识形态的立场有关，更与实际的经济利益有直接关联。1920年，德国的经济形势仍然可以说是很严峻的，这当然受到来自战争和革命阶段罢工运动的影响，但更重要的是由于原材料的短缺和对外贸易的障碍严重阻碍了经济发展。战后最初几年的工业生产远远低于1913年的水平，但到了1922年，在通货膨胀的影响下，工业生产能力已经恢复到了1913年的四分之三。德国的国民生产总值远远低于战前的水平，但并没有明显低于法国和英国的水平。虽然失去了上西里西亚地区和萨尔地区，但德国的经济仍然保持了稳定的发展势头。

和约限制了德国的出口贸易，加上全球经济形势的变化，德国的出口额度急剧下降，贸易赤字达到了相当高的水平。因此，德国在1921年5月1日之前须承担的200亿金马克支付义务远远超出了其经济能力。特别是考虑到马克的通货膨胀日益严重，国际贸易中各国愿意进口德国物资的总量远低于德国方面的出口意愿，这进一步加大了德国筹备支付赔偿金的难度。造成外汇短缺的另一个原因是，大型德国公司没有转移外国资产，而国家银行考虑到未来一段时间内货币的汇率会恢复正常，也不想动用剩余的黄金库存来稳定经济形势。

尽管1918年后，德国的公共开支与国民收入相比低了20%以上，而且还在继续下降，但国内的整体经济状况依然让德国无法兑现伦敦支付方案中所要求的年付款额。1913年至1925年期间，德国国内税收率从9%上升到17%，但考虑到通货膨胀因素，对于自营职业者的收入来说，相对的税收负担率反而要低得多。因此，赔偿委员会指责德国税收不足是有一定道理的。为了增加税收，埃茨贝格尔推行了财政改革，维尔特内阁在协约国的威胁压力下推行了新的税收政策，希望以国难税的名义增加政府收入，但这种间接提高税收的行为受到了社会民主党和工会组织的激烈反抗，最终在资产阶级政党的影响下不了了之。而对非自营职业者来说，预扣工资税显然是更加直接有效的措施。在其他方面，埃茨贝格尔希望通过税收改革来实现的社会再分配效果也没有真正得到体现，因为在经济"重整"的过程中，企业和资本所有者在税收方面享受到了优惠政策。[33]

为了解决日益严重的税收不均问题，社会主义政党喊起了"夺取实际资产"的口号，要求对战争和战后利润进行再分配。然而，征收不动产的政策引发了农业和工业利益集团风暴般的反抗，而且也没有在国会中赢得多数票的支持。此时的德国缺少从通货膨胀的虚高利润中有效剥离实际价值的税收调节手段，因此征收不动产几乎是当时实现财政政策稳定的唯一途径，因为国家税收制度无法保障价值稳定的支付手段。因此，维尔特内阁与各大核心工业组织接洽，希望工业界可以借助其厂房不动产的质押以及对外贸易中赚取的外汇储备来为政府筹集必要的赔款。尽管相关谈判从未停止，但这个措施完全没有取得任何成效。

上西里西亚公投的负面结果降低了重工业领域向政府提供援助的意愿。工业界的信贷援助不仅依赖于广泛的公共储蓄，而且也依赖于国家铁路的私有化。在这背后，其真实意图是要破坏革命阶段取得的经济政治成果，首当其冲的就是八小时工作制。最初的谈判焦点是如何通过信贷保障政府的赔款偿付能力，随着谈判的进行，焦点却逐渐变成了将国家铁路的所有权转让给大企业，这遭到了来自社会民主党、独立社会民主党以及工会组织的强烈抵制。改革税收制度的努力也遇到了阻力。当各方好不容易在提升税率一事上达成妥协时，高速通货膨胀早已使其抵消了税率提升带来的实际价值。

广大民众错误地认为国内的通货膨胀与德国承担的高额赔款支付义务之间存在关联，但事实上这种关联只在一定程度上存在于后期阶段。[34]通货膨胀的真正原因主要是，战争期间的过度筹资导致德国的内部负债水平极高。停战后，相关各方都默契地认为，复员的顺利进行、经济的复兴和社会的安宁比国家财政预算的重制更重要。工业界在工资政策方面的让步在很大程度上可以通过刺激消费行为得到补偿。为战争中的受害者及遗属支付高额养老金，避免公共服务部门，尤其是国家铁路部门的裁员，以及对和约造成的私人财产损失的补偿，这些都给政府的公共预算带来了压力，而税收收入却没有跟上。通过印钞机和国家银行的慷慨贷款行为来保证货币的流动性，更加剧了通货膨胀。尽管在1920/1921年，马克还相对稳定，但那主要是得益于外国投机者的存款，等到1922年夏天之后，通货膨胀便进入了高速发展阶段。

只要赔款问题没有得到解决，国家银行行长鲁道夫·哈芬施泰因和德国工业联合会就认为货币体系的重组既不可能也不可取。他们担心这会导致马克的汇率居高不下。此外，通过这样的措施来证明国家的经济能力似乎也是不现实的。最后，英国由于不当的经济措施引发了通货紧缩继而导致了大规模失业，这个前车之鉴让人们相信当前的措施可以避免走向通货紧缩。官方对外宣称，通货紧缩政策只有在外贸顺差的情况下才是合理的，这种论调掩盖了赞成渐进式通货膨胀背后的实际利益。在德国方面，至少对德国的以工业企业家为代表的资本所有者而言，他们在以下几个方面从通货膨胀中获益。首先，通货膨胀减轻了公司和企业的债务，以此类推，公共财政也从中获利，但农业获利较少。其次，马克的内部购买力下降的速度快于其外部价值，这使得高额的出口利润成为可能，这笔利润又能为促进进口提供财政支持。再次，不断增长的货币流通和预期的实际利率下降使得廉价贷款成为可能，同时也导致了资本从货币逃入实体资产，例如，新建工厂或补充货物库存。最后，货币的贬值意味着不受预先评估的税收仅仅是其原始价值的一小部分。

通货膨胀的分配效应首先影响的是养老金领取者、年金领取者以及服务部门的职员。[35]通货膨胀使得工业界能够应对工人涨工资的要求，这使得工会和工人在一开始也成了通胀经济的获益者。胡戈·施廷内斯在促成雇主协会与工会中央工作组方面发挥了作用，他认为对劳工的让步是必要的，这一方面可以缓解工人们日益激进的态度，另一方面也可以阻挠社会化运动，同时还可以借此获得工会在工业定价政策上的支持，并且摆脱国家政府控制。这就是成立中央工作组的根本意义。

然而，随着通货膨胀的程度愈演愈烈，工人阶层的利益也开始受到负面影响，因为工资的涨幅没有跟上货币贬值的步伐，而集体谈判各方直到高速通胀阶段才就随物价指数而变的浮动工资和缩短工资支付周期达成共识。所有这一切导致局面向有利于雇主的方向发展，主导权悄然来到雇主方的手里，他们的团结使得资产集中的程度达到了闻所未闻的高度，胡戈·施廷内斯从零开始建立起来的重工业经济帝国成为这个历史时期德国经济的缩影。1922年，在保罗·西尔弗贝格为德国工业联合会提出的经济方案中，人们清楚地看到德国重工业的自信心得到了增强。这种自信心让德国重工业坚定地把撤销1919年革命的社会政治成就、放弃八小时工作制和废除强制经济视为他们参与稳定货币和财政的交换条件。在政治上，正如在1921年秋季的信贷行动中所表达的，他们要求将德国人民党纳入内阁，经济界对此做出了如下评价："这是一个明显的迹象，表明德国的重工业企业开始感到对赔款负有共同责任了。"

然而，施特雷泽曼设想的"基于大联盟的民族反抗内阁"并没有实现，尽管维尔特同意将德国人民党纳入内阁，因为人民党背后的工业界对解决赔款问题起着举足轻重的作用。1921年10月，阿贝农勋爵发现，维尔特在上西里西亚的分治问题上有意营造"外交政策危机"的假象，这导致了后者的辞职，中断了为内阁在议会中争取多数支持率的努力。[36]内阁更迭的主要责任方是德国民主党，当时，社会民主党认为在必要的情况下可以无条件接受日内瓦的最后通牒，而德国民主党过于敏感的民族主义神经让其做出了退出内阁的决定，以此表示对社会民主党的抗议。由维尔特改组的"名人内阁"仍然依赖于不断变化的多数派。[37]尽管德国人民党对1922年1月底任命瓦尔特·拉特瑙为外交部长感到失望，但施特雷泽曼却对维尔特的少数派政府给予了支持。资产阶级政党知道即将面临的外交决策必然会招来国内的诟病，因此有意让社会民主党背黑锅，而社会民主党则因与独立社会民主党之间重新建立的和睦关系而得到了加强。

瓦尔特·拉特瑙是德国通用电气公司创始人的儿子和继任者，除了在文学上颇有造诣之外，他还提出了特立独行的向"公共经济模式"过渡的建议，并因此而受到关注。作为德国政界最聪明的人之一，拉特瑙接手了外交事务的管理，此前他曾作为重建部长试图对一团乱麻般的赔款问题实施建设性的解决方案。[38]拉特瑙与德国民主党关系密切，但又不属于它，作为一个公开宣称信奉犹太教的犹太知识分子，他成了政界右派肆意攻击的目标；与此同时，作为制造业的代表，鉴于他在第二界社会化委员会里的所作所为，他在鲁尔区的重工业圈子里举足轻重，同时还在德国工业联合会中发挥着决定性影响。与约瑟夫·维尔特一样，他清楚地知道自己所背负的对共和国的承诺，怀着深刻的民族主义情感，这一切造就了他独特的精神气质和强烈的责任感。

与维尔特一样，拉特瑙也宣称采取了"有条件的履约"政策。与绝大多数德国政治家不同的是，他并没有按照狭隘的修正主义政策的思路来思考问题，并不执着于恢复战前的德国霸权地位。他设想的是整个欧洲的重建计划，希望通过扩大经济合作来减少人民之间的仇恨，继而缓解社会上的紧张局势。在这方面，他与劳合·乔治有着相似的亲和力，后者自1921年秋天以来一直主张全面巩固欧洲大陆的经济和政治，期望由此恢复不断缩水的英国对外贸易，从而缓解国内大规模失业的情况。

1922年，阿里斯蒂德·白里安辞职前夕，劳合·乔治在戛纳获得了他的授意，负责召开欧洲经济会议。[39]会议定于同年4月中旬在热那亚召开，德国和苏俄首次获邀参加会议。这一事件在柏林被认为是外交气氛显著缓和的信号。人们的希望再次被点燃，觉得赔款问题至少可以在主会场之外找到机会解决。接替白里安的雷蒙·普恩加莱不情愿地与英国首相达成协议，不把赔款作为正式讨论的主题，也不在会议上质疑《凡尔赛和约》的条款。因此，劳合·乔治在下议院的一次演讲中明确表示，热那亚不是讨论修订《凡尔赛和约》的地方。美国的缺席让会议是否能如期召开打上了问号，好在法国方面非常配合，确保了会议计划没有彻底崩盘。普恩加莱认为劳合·乔治的倡议有意识地偏离了之前签订的赔款条约和议定的支付方案，他自己定下的会议目标是以占领鲁尔区为威胁，迫使德国人服软，除非他们用实际行动证明自己愿意签署条约。然而，考虑到此前几周在华盛顿裁军会议上孤立法国的趋势已经初露端倪，普恩加莱也感到不得不至少在表面上做出迎合伦敦的姿态。

基于德国的前车之鉴，这一次，劳合·乔治打算与苏俄就其战前和战争债务达成协议，并在协议的基础之上才发放俄国急需的国际贷款，这个议题成为此次谈判的重点。所以这个所谓的对俄"援助计划"的本质其实是一次金融交易，后续的进程将由一个由西方列强组成的国际财团掌控，而且德国在此财团中起着重要的作用。对于这个议题，拉特瑙持积极态度，他希望这样的姿态能使他更接近英国，并使与赔款问题有关的金融谈判更基于客观现实。在前往热那亚赴会时，拉特瑙对会议的前景并不持乐观态度，他只是期望至少能在专家会谈的场合下推动赔偿问题有所进展。他在内阁讲话时表示，此时国际氛围已经大大缓和，因此有必要确认一下此前的坚冰领域是否有解冻的趋势。

在这一刻，拉特瑙相信，他可以在俄国问题上不明确表态。因为格里哥里·季诺维也夫出席了在哈雷举行的独立社会民主党党代会，而且1921年春天在德国中部发生了苏维埃起义，这使得俄德两国的关系达到了最低点，因此在德国外交部东方司，一段时间以来人们一直在努力改善与苏俄的关系。[40]阿戈·冯·马尔灿是对俄积极政策的发起人，他承认出于战术上的考虑，需要尽可能长时间地跟在英国政策后面亦步亦趋。因此，在苏俄的坚持下于1921年5月达成的临时协议一开始并没有被认真地执行。随着德国和苏俄获得了参加热那亚会议的邀请，苏俄与德国伙伴达成协议的兴趣也得到了加强，而且很明显，格奥尔基·契切林所关注的不仅是缔结经济协议，更重要的是缔结政治协议。尽管马尔灿敦促在对俄外交方面要尽快付诸行动，但拉特瑙并没有这样做，因为他意识到，劳合·乔治承诺德国将参与国际财团的运作，而一旦德国与苏俄缔结条约，包括这条承诺在内的会议成果可能都将付之东流。在热那亚会议之前，德国和苏俄开始了合作谈判，依据谈判内容，德国是否能参与国际财团的运作将取决于莫斯科是否同意，而莫斯科方面则必然会持反对态度，基于这个显而易见的理由，德国选择了终止苏德谈判，这一做法让卡尔·拉狄克对德国产生了极端的不信任。

自1920年以来，德国在不同的领域和层面都尝试了与苏俄建立联系，这一系列做法都是为德国想要打破和约中的经济限制的总体战略服务的。尽管1920/1921年发生了世界经济危机，但德国国内经济仍然实现了持续发展，并分别与荷兰、斯堪的纳维亚国家、匈牙利、罗马尼亚和捷克斯洛伐克缔结了单边贸易协定，为打破协约国对德国的贸易限制创造了可能性。1921年底，德国与南斯拉夫签订最惠国待遇协定，标志着德国延续了战前和战时的东南欧政策，并在这条路线上又迈出了一步。1922年，德国外交部已经开始讨论关于"修订并重启中欧构思"的话题了，其主旨是制约并减少法国在小协约基础上对东南欧进行的金融和经济渗透。同时，对外贸易关系的扩大有助于改善德国在外交中的孤立局面。譬如1921年与美国签订的和平条约就得益于德国的经济贸易发展，然而令德国失望的是，该条约并没有给德国的信贷问题和赔款问题带来直接的好处。

德国这一时期的外交政策带有一个重要的目标，那就是通过与苏俄的密切合作，建立起对抗波兰的统一战线，最终实现重建德国的东部边界的目标。值得关注的是，这种密切合作首先出现在军事领域。在塞克特的明确批准下，德国国防部成立了一个"R特别小组"，从1921年初开始，该特别小组就致力于在军备领域建立合作以及在俄国建立训练营，在那里，使用和操作各种武器都不受到《凡尔赛和约》的限制。不过，德国的本土企业，尤其是克虏伯公司和布洛姆-福斯公司，无论对签订长期军备合同还是对在俄国建造工业厂房都没有兴趣，说服它们是一个漫长的过程。直到1922年11月，苏俄才与容克公司达成协议，合作生产一种被和约条款严令禁止在德国境内生产的飞机。

德国与苏俄达成秘密军备协议，德国总理维尔特是知情的，但德国总统和政府内阁都被蒙在鼓里。拉特瑙可能察觉到了一些蛛丝马迹，但对细节并不了解。德国的这种做法与此前在热那亚会议上议定的让德国参与国际财团运作一事有着根本的矛盾，而苏俄政府认为建立国际财团会让俄国重新回到战前的帝国主义状态，因此千方百计地想要阻挠此事。为了实现将贷款与深远的金融控制和对革命前债务的承认联系在一起的战略目标，协约国认为建立国际财团势在必行，因此给苏俄开出了一个优惠条件，那就是可以允许苏俄根据和约第116条获得对德国的债权。不过，期望苏俄政府为了这点蝇头小利而与协约国妥协是不现实的。当时的情况是，德国人甚至无力履行他们对西方国家的赔款义务，对苏俄的赔款就更是一张白条了。此外，普恩加莱也不可能考虑以德国的赔款为代价换取苏俄偿还贷款的承诺，因为苏俄国内其时几乎只剩下一片经济废墟。尽管如此，阿戈·冯·马尔灿仍然刻意强调和约第116条的潜在危险性，并使其在柏林成为一个严肃的议题。

不知基于什么样的理由，外交部东方司的负责人最终说服了拉特瑙，不仅反对协约国的辛迪加计划，还与苏俄在热那亚会议期间单独签订条约（该条约于1922年4月16日在拉帕洛签署，其中部分条款立即生效）。但可以肯定的是，一定是各种巧合与阴谋交织在一起才促成了这个局面。法国的施压对德国代表团产生了间接影响，他们在热那亚期间感到精神上被孤立了，这让拉特瑙非常愤怒，考虑到西方大国正与苏俄代表团进行特别谈判，拉特瑙开始担心德国会不会最终夹在两股势力之间左右为难。意大利人制造谣言，冯·马尔灿煽风点火，这让拉特瑙相信，西欧列强有可能在德国不知情的情况下与苏俄达成某种共识，在这样的担忧中，拉特瑙在没有国家总统和内阁参与的情况下缔结了条约，甚至都没有和劳合·乔治商量一下，这个做法让其他大国感觉受到了羞辱。

此后，关于《拉帕洛条约》的争吵一直没有平静下来。[41] 在拉特瑙看来，这份条约让德国的外交政策范围扩大了，维尔特也同意他的看法。但是德国内阁中却出现了意见分歧。尤其是艾伯特的反应最为激烈，因为他感到被忽略了，而且在他的理解中，社会民主党的诉求是把德国的外交范围向西延展，而这份条约的签订却让德国的外交政策重点变成了东面。对于德国而言，条约的具体内容决定了未来的走向。苏俄放弃了向德国索要赔款，同时也让德国看到了建立对抗波兰统一战线的可能性，作为回报，德国在不考虑经济效益的情况下与苏俄进行物资交易，这个做法让德国与西方列强之间的关系越来越差。

劳合·乔治极力避免了会议的崩盘，因为一旦谈崩对他而言就意味着个人的失败，甚至在讨论赔偿和债券问题时他还表现出一定的意愿来满足德国的利益，而拉特瑙则提出与苏俄进行调解，并在令人印象深刻的闭幕词中表达了德国希望得到国际世界的理解。但是，参会者和国际媒体的公开和私下反应都表明，德国的做法被认为是对会议的蓄意破坏。4月24日，在巴勒迪克的一次公开演讲中，普恩加莱以他们的失败为契机警告国民，德国即将与苏俄结成同盟，并将《拉帕洛条约》描绘成对现状的宣战。在预见到德国即将违反和约的情况下，法国再次威胁要进行军事干预，这一次，法国的做法得到了法国民众的一致喝彩。同时，劳合·乔治的政治地位被大幅度削弱了，尽管他一直坚持到了秋天才因东方危机而下台。他为避免迫在眉睫的鲁尔区冲突做了最后一次尝试，主张德国加入国际联盟，而国际联盟必须确保不会发生像普恩加莱所设想的那样单边行动，或者至少使其大大增加难度。但这一倡议在初始阶段就失败了，因为德国提出的条件越来越强硬，其中甚至包括要求获得理事会的永久席位和取消军事管制。

维尔特向东方发展外交政治的意愿更加强烈，在这一点上，他和冯·塞克特的观点一致，后者在之后不久撰写的关于"俄国问题"的备忘录中指出，波兰的存在与德国的生存条件有根本矛盾。而拉特瑙的想法则是利用"连线苏俄"作为施加压力的手段，以使协约国在贷款和赔款问题上做出更多让步。[42]事实证明，这个策略是错误的，因为德国的做法让英国人想起了阿加迪尔危机，尤其考虑到马尔灿师从于阿尔弗雷德·冯·基德伦-韦希特尔，这反而促使英国的立场回到了法国的一边。此外，《拉帕洛条约》还推动了那些要求对法国采取强硬态度的势力，他们甚至打算将德国金融危机造成的暂停赔款升级为取消赔款。《拉帕洛条约》似乎成了打破协约国军队"包围"的标志性事件，但其实这只是自欺欺人的错觉而已。此条约的价值被远远高估了，它让人们产生了一种强烈且致命的幻觉，认为德国可以再次回到签订《凡尔赛和约》之前的阶段，并通过单方面不接受条款而让《凡尔赛和约》名存实亡。热那亚的多边外交以破裂告终，其后果是从根本上动摇了巴黎协定构建的体系，德国对法国的政策从逐步谅解转向了积极的单边修订策略，而德国当时还缺乏有效的外交手段。

维尔特对拉帕洛政策表示支持，这个态度削弱了他在德国国内的政治基础。当赔偿委员会表明了在赔款问题上不做任何妥协的态度后，维尔特总理甚至冒着被法国制裁的风险在1922年11月13日的德国照会中明确拒绝了"有条件地履行和约"。[43]考虑到他此时的政治处境，这个做法就情有可原了，因为他通过这样的表态在议会里赢得了多数派的支持，但是，他所依赖的政党联盟却在社会冲突激增的局面下解体了。最明显的表现就是，尽管多数派社会民主党明确反对增加粮食税，但这项议题还是通过了，保障基本生活所需的食物变得更加昂贵。从表面上看，内阁的垮台是由于社会民主党拒绝接受德国人民党入阁；从内部看，则是由于社会民主党反对维尔特与重工业企业以及国家银行达成的妥协，因为这些妥协有可能使战后的社会政策体系遭到破坏。

内阁倒台表明德国国内正在经历激烈的政治动荡，导致动荡的直接诱因是德国经济正在走向恶性通货膨胀，而这一切的开始都源于热那亚会议。外交部长拉特瑙被暗杀，以及摩根银行所表明的必须先解决赔款问题才愿意向德国提供贷款的态度，都加剧了事态的发展。此前，来自国际市场的投机性资本输入帮助德国在1922年初不仅可以用税收来平衡预算，还可以将盈余用于赔款，然而拉帕洛事件之后，这类资本输入戛然而止，再加上外国市场对德国存款的清算，表明外国债权人对德国货币失去了信心。缺少了外国资本的援助，德国想重振经济无异于痴人说梦。

虽然在1918年后不走通货紧缩的道路在某种程度上是正确的选择，因为通货紧缩将导致国民的收入锐减并继而导致社会阶层矛盾的加剧，但德国的财政政策还是因为其错误的决定而受到指责。当马克的汇率下降速度超过其国内购买力的时候，通货膨胀所带来的暂时的社会稳定必然面临瓦解。这一切发生在1922年夏天。大部分经济部门转而以黄金作为结算工具。结果，由通货膨胀所导致的社会收入均衡无法得以维系。相反，由于资本的缺失，工业面临着越来越大的成本压力，这使得工资的增长不再能够通过物价上涨而转嫁给消费者。这意味着分配矛盾突然加剧，而工会的储备已在通货膨胀中蒸发殆尽，导致工会在面临这一系列矛盾冲突时能起的作用少之又少。

事实证明，维尔特一直受制于德国的经济。可以确定的是，德国的通胀经济并不是单纯的、由德国工业企业家和银行家主导的通过货币贬值来摆脱赔款的阴谋。但是在他们看来，通货膨胀的负面效应远远比不上中央集权对经济的干预，他们认为，中央集权并不能消除社会矛盾，反而会使经济瘫痪。只要这些成本在很大程度上可以转嫁给外国投资者，间接的通货膨胀收益就会超过实际支付的赔款，截至1923年，德国支付的现金赔款达到了26亿金马克，此外，根据协约国专家的估测，德国还交付了大约价值80亿金马克的物资。维尔特在取消伦敦支付方案时提出了"先面包，后赔偿"的口号，这掩盖了一个事实，即德国货币的贬值以及由此导致的经济损失和社会损失是德国政府在维持社会稳定一事上所做的努力不足造成的，而为了规避赔偿义务所做的算计在这过程中起到了重要作用。[44]

在维尔特担任总理期间，虽然在做出政治决定时会绕过议会和政党，甚至直接让权威的利益集团参与进来，但从国际环境来看，还是有可能维持稳定的共和制度的。赔款问题是当时政府的核心问题，即使如此，关于经济秩序基础的严重分歧仍未得到妥善解决。原本只用于结束战时经济阶段而保留的国家仲裁制度，以及通货膨胀带来的物价与工资螺旋式上升，虽然遏制了工会和雇主之间的公开冲突，但是八小时工作制却遭遇了重创，1922年春天的铁路工人罢工也只能在激烈的内部政治争端后得到解决。1921年3月，德国共产党在共产国际的指导下，完全误判了无产阶级的意识，在德国中部发动了起义。[45]无产阶级冒进主义者马克斯·赫尔茨在起义过程中背负了不光彩的名声，致命的政变和极端手段再次重演，这给德国共产党带来了毁灭性的打击。计划中的复活节政变，在除了汉堡之外的地区没有取得任何战果，很快就被普鲁士警察部队镇压了，保罗·列维对此发表了极其严厉的批评，然而他并没有站出来反对与莫斯科有联系的领导小组，正是这个领导小组让德国共产党在这之后只能长期处于德国政治的边缘地位。

真正对议会制造成威胁的并不是左翼势力，维尔特在他著名的国会演讲中明确表示："敌人就站在那里——而且毫无疑问，这个敌人站在右边。"[46]这种反议会制的立场得到了德国国家人民党部分成员的宣传支持，这一点从卡尔·黑尔费里希对瓦尔特·拉特瑙展开的无节制的攻击可见一斑。带有谋反性质的秘密组织从被解散的自由军团中招募士兵，并试图通过内部私设的刑庭和外部有组织的政治暗杀来破坏共和制度，它们与国家防卫军保持着密切的联系，甚至在巴伐利亚政府之外获得了官方圈层的支持。1922年6月24日，"执政官"组织的成员暗杀了瓦尔特·拉特瑙，这是对共和国制度的公然挑战。在公众舆论的压力下，政府出台了《共和国保护法令》作为对此次事件的回应，并立即将其作为保护共和国制度的法律条款提交给了国会，同时提交的还有一部与其配套的公务员法。[47]

这一次，出于"国家责任感"，就连施特雷泽曼也投票赞成通过这部由社会民主党司法部长古斯塔夫·拉德布鲁赫起草的法案，只有德国国家人民党公开反对《共和国保护法令》的颁布。此外，这部法案在参议院提出时，巴伐利亚政府也表示反对，经过了漫长的讨论后，才最终以特别法案的形式得以颁布。然而，在资产阶级政党的影响下，夹杂着德国民主党对民主制度的片面理解，这部法案在维护国家安全和宪法安全的意义上被一定程度地弱化了。此后一段时间里，当初原封不动地继承帝国司法机构的做法终于尝到了自己种下的苦果。在这套司法系统之下，保护共和制度的法律武器在面对来自右翼的极端主义攻击时表现得绵软无力，但在打击共产主义者的时候却威力十足。[48]

拉特瑙遇刺身亡，换来了工人阶级的广泛团结。三个工人政党协同行动，共同进退，并通过全面的抗议性罢工要求国会中的资产阶级多数派与共和国的反对者们划清界限。工人阶级的行动与早前反对卡普政变的大规模示威以及1921年埃茨贝格尔被暗杀后的抗议遥相呼应。一时间，民主主义共和制似乎以一种无法想象的程度重获新生。工人抗议的直接后果是社会民主党与独立社会民主党联合组建了新的议会党团，而且在1922年9月23日在纽伦堡举行的联合党代会上重新

国家总统弗里德里希·艾伯特1922年5月在柏林举办的花园宴会上，瓦尔特·拉特瑙与格哈特·豪普特曼、玛格丽特·豪普特曼交谈

统一。这意味着议会对国家总理维尔特的支持大大加强，他倡导保护共和制，暂时成为左派战斗内阁的领袖。在客观事实上，这一系列事件导致了政党领域的进一步两极分化。一方面，除了德国国家人民党之外的资产阶级政党联合建立了一个"忠于宪法的中央工作组"；另一方面，社会民主党领导层担心刚刚重建的党内团结会受到负面影响而不愿将德国人民党纳入内阁。这可以被看作巩固共和制度的标志，但同时也使得资产阶级核心政党和有组织的工人阶层都不愿向对方做出让步，尽管在外交形势的胁迫下双方不得不展开有限的合作。

国家总统艾伯特不信任施特雷泽曼，拒绝提名后者继任国家总理，他把希望寄托在了汉堡-美洲航运公司董事长威廉·库诺身上，认为他的国际声誉会带来好处，并提名他担任下一任总理，随着库诺上台，政府立场明显开始向右倾斜。库诺与前财政部长黑尔费里希私交甚笃，但这并没有使他的政治能力足以胜任总理一职。他在赔款问题上立场僵硬，他相信可以说服美国在德国与法国的冲突中斡旋调停。他许诺德国将通过自身努力恢复马克的支付能力，同时还保证会将所要求的国际贷款中的一部分用于履行支付赔款的义务，但在法国人的眼中，这两条承诺都不值得相信。库诺建议缔结欧洲安全公约，这个提议本身是可取的，但是库诺没有做任何外交政策上的铺垫和准备，因此普恩加莱认为这是库诺耍的花招，拒绝了这一提议。面对德国的宿命论，自秋末以来一直由保守党领袖博纳·劳掌控的英国政坛认为，没有可以有效对抗普恩加莱提出的"可增值的抵押物"（即在一定期限内占领德国有较高经济价值的地区，譬如鲁尔区）的政治手段了。[49]

库诺内阁低估了法国总理的决心，后者在国内得到了国家集团各党派的支持，并为其谋划的具有一定风险性的鲁尔区政策做了长期准备。实施这一计划的导火索是德国交付的木材和煤炭严重不足。1923年1月11日，法国和比利时军队开始入侵鲁尔。德法经济战争激化升级成为国家级别的灾难，德国又回到了1919年初夏的局面。德国政府无力控制迫在眉睫的危机，重工业利益集团也放弃了"制度维护的首要地位"，共和国的稳定性受到重创，议会制走向瓦解。此时，德国的重工业界认为已经积攒了力量，可以冒着与法国公开对抗的风险，同时迫使国内政治趋于平稳，从而使共和制度实行期间的社会改革和国家福利政策化为泡影。

第五章
生死存亡中的议会制

　　1923 年 1 月 11 日开始，法国和比利时军队对鲁尔区的占领打了德国政府一个措手不及。这是件很难理解的事情。因为自发出伦敦最后通牒以来，法国一直不乏强烈的制裁威胁，普恩加莱最迟在 1922 年 12 月就已经挑明了他的意图。库诺则完全寄希望于英国能施加有利于德国的干涉措施。英国内阁虽然不赞成占领鲁尔区，却并不准备与法国唱反调。[1]美国国务卿查尔斯·E.休斯让普恩加莱明白，试图用武力来解决赔款问题是非常荒谬的，因此美国对进行直接干预持保留态度，更不要说在法国尚未加入《华盛顿协议》的情况下。然而，美国将军队从莱茵兰撤出，并以此明确表示拒绝法国总理的武力政策。因此，普恩加莱开始为所欲为。

　　库诺内阁冒着与法国公开冲突的风险，期望这将为德国赢得世界舆论的支持。由于外交和内政的原因，采取军事行动是万万不可能的。因此，德国政府对占领鲁尔区做出的反应是宣布消极抵抗，为此它试图建立一个调动所有政治力量的统一战线。抗议政策是不可能成功的，它也证明对德国的政治可能性评估不足。因为，除了英美外交官私下发表的、并不总是经过授权的表达同情的声明以外，没有任何迹象表明，现在开始的与法国经济的角力能够在可预见的将来结束，并取得一定的成功。

鲁尔区的斗争——至少在内阁的眼中——似乎延续了第一次世界大战的休战情况。3月底，法国军队在克虏伯工厂引发了一起冲突事件。这次事件中，一些员工遇害、受伤，古斯塔夫·克虏伯·冯·博伦和哈尔巴赫领导的公司管理层被逮捕，随后被军事法庭定罪。新闻界趁机炒作这一事件——就像之前弗里茨·蒂森入狱一样——把工人和企业家在这件事情上的团结一致上升为一种国家民族的行为。跨阶级的"人民共同体"神话掩盖了资本和劳工之间日益加剧的利益冲突。这种利益冲突导致了自1922年以来中央工会的基础被瓦解殆尽，尽管直到1924年初，它才最终被德国工会总联合会通知废除。"坚持"和"民族统一战线"的口号让人想起了大战后期的情况。基本上，这是1919年反对签署《凡尔赛和约》的人所要求的国家威权政治的重新回归。[2]

社会民主党和自由工会的报刊也恢复了第一次世界大战时期的民族主义术语；革命阶段的经验似乎已经被遗忘。右翼媒体也不加任何克制地释放一定程度上带有种族主义特征的民族主义情绪。各派政客都援引了法国自路易十四时代以来的"莱茵政策"，试图证明普恩加莱——正如施特雷泽曼在国会上所说的那样——正在寻求"毁灭德国"并破坏其经济基础。[3]事实上，当时确实存在着法国重新恢复其在1918年至1919年时粉碎德国统一之目标的危险。

占领鲁尔区让德国公众普遍认为，战争赔款不过是个借口，其目的只是想一劳永逸地让德国屈服。德国政府始终拒绝履行它所承担的至少是对占领国的赔偿义务，并拒绝与法国进行任何形式的谈判。这种仅仅是声明性的政策滋长了一种错误的信念，即在德国方面看来，法国占领鲁尔区的行为单方面破坏了《凡尔赛和约》，从而丧失了此后根据该和约提出任何诉求的权利。政治新闻界梦想，抵抗斗争发展到最后，将彻底消除巴黎条约体系，并让德国重新获得外交政策上的行动自由。

库诺内阁对这种夸张到脱离实际的外交政策上的一厢情愿没有采

取任何措施，相反还通过国内宣传服务中心的官方宣传加剧了这种想法。在国内，号召唤起全民族坚持到底的意志的做法正中那些谅解政策和和平条约的反对者的下怀，并鼓励了那些主张拒绝的人。首先由社会民主党主张过的有限履约政策，被普遍指责为造成经济危机局势的原因。同时，这种不切实际的幻想政策也危及了宪法秩序本身。奥斯瓦尔德·斯宾格勒就将共和国描述为一个制度化地完成"和平条约的机器"。最后，在广大的资产阶级中间派当中，最终摆脱凡尔赛桎梏的愿景与克服议会制的目标联系在了一起。议会制不符合德国的宪法传统，根本是由战胜国强加给德国的产物，必须用有利于加强专业威权的形式来代替它。

普恩加莱的制裁政策也加剧了从未真正被击退过的修正主义运动。这绝不仅限于极右翼政党、德国国家人民党、德国民族自由党和纳粹党；它甚至得到了卡尔·拉狄克的支持。拉狄克与民族布尔什维克关系良好，并出于无产阶级的利益开展了捍卫鲁尔区的民族防卫斗争。在政党体系下面，修正主义不仅从泛德联盟和土地联盟，而且从新保守主义的环形运动的广泛网络中得到了重要的支持，更不用说胡戈·施廷内斯的喉舌《德意志汇报》以及胡根贝格集团的媒体了。鲁尔区的冲突及其对德国的消极影响，使公众舆论至少在承认外交政策现实的方面迈出了一步，并揭开了幻想的面纱，甚至德国外交政策的权威代表人物都曾抱有这样的幻想。

呼吁消极抵抗成了国家防卫军进一步加强其作用的起点。招募临时志愿者和与右翼的准军事化协会合作进一步破坏了非军事化条例。由于协约国军事管制委员会的暂时撤出，国家防卫军领导层的回旋余地扩大了，同样毫不犹豫地向在被占领土上活动的游击队提供武器。针对运输设施的爆炸袭击和对法军军事哨所的突袭破坏了法国政府的经济措施，把消极抵抗变成了积极抵抗。德国政府没有采取任何措施来阻止这一切，而普鲁士政府还由于对被占领土上的右翼社团采取了发布禁令和没收非法武器的干预措施，不得不为"叛国"的指控辩护。其中尤为引人注意的是"阿尔贝特·利奥·施拉格特案"，这个人是这些破坏小组的成员，也是纳粹党的早期成员。1923年5月，他在杜塞尔多夫的法国军事法庭被判处死刑，当时的政治右派把他当作民族烈士来颂扬，拉狄克还称赞他是"反革命里也有好战士"。[4]这让消极抵抗政策失去了信誉，必然激起各占领国采取波及手无寸铁、无力反击的民众的反制措施。

在没有正确评估后果的情况下，德国政府就开始了消极抵抗的冒险行动。它指示占领区的公务人员拒绝为占领国提供任何形式的服务，并阻碍货物和原材料的运输。占领区当局的反应是驱逐罢工的雇员，其人数最终达到近14.7万人。当法国和比利时控制了占领区的铁路时，它们遇到了刚开始非常有成效的消极抵抗。到1923年中期，普恩加莱的"可增值的抵押物"政策似乎注定要失败了。在占领前夕，胡戈·施廷内斯煽动莱茵-威斯特法伦煤业辛迪加搬迁，这使得由赔偿委员会成立的协约国钢铁生产工业和煤矿工业管理委员会（MICUM）难以介入鲁尔区的煤炭生产。尽管没收了库存，但从被占领土地上运走的煤炭数量还没有达到短缺的德国供应量，后者正是法国入侵鲁尔区的借口。同时，德国经济界通过停止进口铁矿石以及法国和比利时的生铁，对洛林的重工业造成了沉重打击。由于德国政府拒绝支付赔款和实物，法国承担了相当大的财政负担。

德国政界试图加强莱茵和鲁尔地区坚守的意志，办法就是在被占领的领土之外设立人员均等的防卫委员会，为遭受苦难的民众开展了一些私人支持行动，如"德国人民捐献"，以及为进口食品而调拨外汇。同时，德国特别通过提供低息贷款和报销"非生产性工资"等方法来补贴重工业。[5]为了避免因日益严重的减产而出现大规模失业，各方同意设置维修和保养工作，以保障劳动力的就业情况。通过建立钢铁和煤炭融资公司，确保了必要的资本向占领区转移。由于德国的财政援助是秘密进行的，因此对各企业往往相当慷慨地计算的贷款和

一幅表现胡戈·施廷内斯与其1922年9月14日与吕贝萨克侯爵签署的货物供应协议的漫画。埃里希·席林发表于1922年10月11日《西木》杂志的墨水画（柏林，国立普鲁士文化遗产博物馆，艺术图书馆）

清偿条件就失去了官方的监管。此外，德国还必须筹措占领费用和向占领区公务员发放薪资。这部分薪资最终由国库承担其中的60%至100%，然而，这里却几乎没有税收收入上缴国库。

然而不利影响并不仅仅局限在被占领土上。由于占领当局为应对企业停工而设置了关税边界，对货物交换征收费用，并阻止鲁尔区的煤炭外流到非占领区；因此，尽管越来越多地从波兰、捷克斯洛伐克和英国进口煤炭，但德国的工业生产也出现了严重的供应瓶颈。不能让这种经济上的荒唐局面长期持续下去。各企业由于强制减产、没收原材料和工厂被占领受到了严重损害。当占领当局以关闭或接管工厂的方式对拒绝交付战争赔款做出反应时，企业会个别地与MICUM会谈，并达成谅解。同时，MICUM在取代德国民政当局的范围内对民众实施了直接胁迫，鉴于失业率上升和支持资金不足的情况，这种胁迫还是产生了不小的影响。当年春季，人们已经很清楚，抵抗行动不可能随心所欲地继续下去，至少侧面展开谈判是不可避免的。

然而，消极抵抗减弱的主要原因是德国货币购买力的灾难性下降。除了德国金融政策已经产生的通货膨胀影响外，现在还要对被占领土持续过度补贴，而这又只能通过极度增加纸币的流通量来维持。1923年1月，马克兑美元的汇率已经从27000降至49000比1。惨淡的形势促使外国债权人撤回他们剩余的马克持有量。相反，尽管国家银行能够获得英国、荷兰和瑞士信贷机构的帮助，然而银行支持币值的努力被证明只能取得暂时性的成果。

4月，马克再次快速下跌，国家银行发现无力阻止本轮下挫，特别是它拒绝交出最后的黄金储备。纷纷抛售马克的现象造成了严重的经济混乱局面。面对当时不断蔓延的社会危机，工会和各政党对政府施加压力，促使其在夏季启动了另一项通过5亿金马克的内部债券的方式来拯救马克的行动。这一举措对避免一场供应灾难来说是必不可少的。因为，一方面严重缺乏外汇极大阻碍了必要的粮食进口；另一方面，如果农民卖掉收成后的收益会在几周内变得一文不值，那么他们将不愿意在市场上出售秋收的粮食。然而，支持行动整体失败了。8月份时，马克兑美元的汇率暴跌至500万比1。其原因非常复杂。德国重工业对在赔款问题解决之前使币值稳定的依赖程度远远低于政府，特别是由于大资本早已用黄金来进行结算，因此，马克的下跌对它们的影响并不大，真正因此难以为继的是千疮百孔的公共财政和那些被迫用马克纸币来谋生的普通民众。在认购内部债券时，这些大资本也就更显得不情不愿。

德国工业联合会将其参与稳定马克的条件设定为彻底撤销强制经济，包括对外贸易管制，以及恢复战前的社会政策状况。然而，只要与法国的对抗路线继续下去，与社会民主党和自由工会决裂似乎就是不可取的，因为这将使防御阵线崩溃。从这个角度来看，通货紧缩和包括废除八小时工作制和国家仲裁制度在内的社会政策的路线转变只有在最终解决了赔款问题之后才有可能结合起来；过早地稳定货币会和德国没有偿还能力的论点自相矛盾。

正是本着同样的思路，鲁尔区工业界阻碍了库诺提出的带有明确财政保证的战争赔偿方案，尽管英国认为这是克服法国对成立国际专家小组的阻力的先决条件。成立这样的专家小组，以确定德国的偿还能力并解决赔款问题，同时也得到了美国的支持。[6]德国外交部长汉斯·冯·罗森贝格最初认为超过德国1922年12月的赔偿提议是不可想象的，这一事实表明了内阁在这方面的行动自由有多小。

直到在社会民主党、中央党和工会组织的坚决坚持下，才提出了一个更加令人满意的提议，然而，这个提议遭到了德国工业联合会的公开反对。要让他们参与筹集必要的外汇，工业界提出了无法满足的条件，包括确定赔偿的总金额。这个最终没有得到工业界支持的提议未能产生任何效果。尽管这是德国提出的第一个严肃的提议，但鉴于德国的财政崩溃迫在眉睫，以及冯·罗森贝格出于国内政治考虑而拒绝哪怕是部分地停止消极抵抗行动，因此期待中的伦敦和华盛顿方面的干预也未能实现。如果该提议能够早一点到来，或许会对国际局势产生有利于德国的影响。

至于1923年夏末发生的德国货币灾难是否可以通过一个更强有力的政治领导层而得到缓解甚至得以避免，是很难说清楚的事情。支持这一说法的是以下事实：11月的稳定总体上是在自身力量推动下发生的；然而，它发生在一个外交环境更为有利的局势之中。德国政府对大型商业协会和不接受它的指示的国家银行的依赖性使其无法扭转局面，人们期望通过经济压力就可以消除对法国和其他协约国的赔款。此外，政府还抱有幻想，在不得已的情况下可以将消极抵抗延长到冬季之后。与此同时，危机对整个德国经济的影响越来越大，特别是由于被占领土的经济遭到扼杀和不断升级的通货膨胀导致了资本和外汇的极度短缺以及投资活动严重减少。同时，失业率急剧上升，因为经济此时是以稳定的货币计算的，不再能够转嫁由于相对较高的工资和未充分利用的过剩产能所造成的成本压力。

1923年夏天，在人们完全清楚地意识到马克已经无法挽救之后，零售商们也开始拒绝接受马克纸币。他们人为地减少商品供应，囤积居奇。商店每周只营业两三天，最后则只按小时营业，即使如此，供应量仍然不足。杂货店前排长队的情况屡见不鲜。同时，农民拒绝完成他们的交货配额，这些配额是战后的强制耕作时期制定的。后果就是供应危机和饥饿导致的反抗运动。囤积居奇和田间偷窃行为十分猖獗。抢劫也不再是罕见的事情。很多工人的工资低到工人阶级家庭无法购买他们日常所需物品的程度。公务员队伍原本因为按季度预付工资而在通货膨胀中短期受益，现在却也面临类似的问题。受影响最大的是养老金领取者和那些靠储蓄或租房为生的人。

在这种情况下，对"全国统一战线"的呼吁就像战争结束时呼吁坚持不懈的口号一样没有效果。当然，恶性通货膨胀的主要影响之一是广泛地消除了包括工人阶级和收入较低的、不独立的下层中产阶级之间工资和收入的差距。然而，从心理学上讲，这比那些从通货膨胀中获益的人的奢侈和靡费的煽动性影响要小，而这些人一般都是那些能够获得稳定价值的货币的人。各邦政府用无可奈何的高利贷条例来对抗这些过度行为，其财税方面的效用顷刻间就被通货膨胀侵蚀。对奢侈品的进口禁令和对豪华餐厅与赌博场所的控制也只是治标不治本的方法。在一个人当天拥有的钱在第二天最多只有一半价值的时局中，在一个没有人知道未来会发生什么的世道里，活在当下和沉溺于单纯的消费行为反而成了最显而易见的正确选择。[7]

　　不劳而获者的极度富裕和大众的极端物质匮乏之间难以想象的天壤之别，势必会为社会对资本主义经济制度广泛的不满和批评创造温床。这就是极端党派的时机，他们立刻开始利用民众的抗议情绪来达到自己的目的。阿道夫·希特勒在慕尼黑通过批评"十一月罪犯"、政府的优柔寡断和"柏林犹太人共和国"而取得一连串鼓动性的成功。德国共产党自德意志中部的三月起义惨败以来也在一定程度上实现了内部整顿，并能够获得相当大的影响力。[8]让大多数工业无产阶级支持它的目标似乎已经不再仅仅是单方面的愿望了。

　　早在1923年4月，特奥多尔·莱帕特就代表德国工会总联合会认定库诺内阁必须辞职下野，因为它不可能与战胜国达成和解。任意延

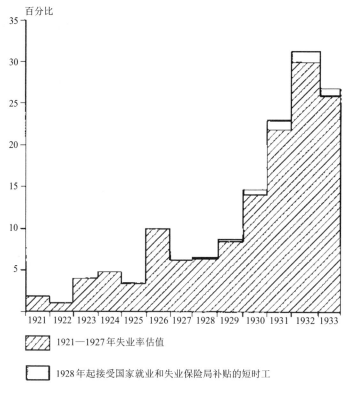

1921—1933年非自主就业劳动力中失业者和短时工的比例

长消极抵抗政策与产业工人的利益不相容。尽管有德国政府的支持性支付存在，但在被占领土上，失业率不断攀升，造成了难以容忍的社会状况。即使在当年深秋时实施了指数化之后，劳动力的实际工资也远远低于大战前的水平，更不用说，粮食短缺又导致了现实中物价飞涨。占领国的镇压措施加剧了莱茵和鲁尔区经济局势的不确定性。鲁尔区采矿业中特别有影响力的工联主义组织利用日益严重的社会困境不断发动罢工，而工会则吃力地控制罢工。与此同时，工会的会员人数也大大减少。

然而，社会民主党的主席团和德国工会总联合会的领导层对主动叫停消极抵抗还在犹豫不决，以避免背负上叛国者的骂名。直到1923年7月底，社会民主党左翼才在阿图尔·克里斯皮安的鼓动下在魏玛

蒂茨百货公司的奢华梦想。蚀刻版画《蒂茨女孩的梦》，卡尔·胡布赫创作于1921年（慕尼黑，米夏埃尔·哈森克勒费尔画廊）

以图画的形式讽刺旧式农民、政治和现代技术的融合，讽刺《圣经》、皇帝和化肥。格奥尔格·朔尔茨1920年创作的拼贴画《工业农民》（伍珀塔尔，冯·德·海特博物馆）

召开了一次特别会议,推动政府改组才获得了必要的动力。[9]此事的背景是部分产业工人明显的激进化,夏季以来,这种激进化以覆盖占领区和非占领区的罢工浪潮的形式表现出来。罢工的外部原因主要是工资没有能根据飞速发展的通货膨胀而进行调整。德国共产党决意把劳工群众的痛苦转化为革命的动员,然而他们采取了一种自我矛盾的宣传策略,一方面他们在鲁尔区宣传反抗帝国主义剥削的民族防卫斗争,另一方面又要发动反法西斯运动,争取更多群众加入无产阶级统一战线中并加强阶级斗争。

在德国左派的传统中心萨克森,统一战线的宣传运动取得了成果,尽管德国社会民主党主席团所推动的执政联盟谈判并没有成功。与图林根邦的情况相似,萨克森邦的社会民主党在德国共产党的宽容支持下,能够在与资产阶级政党的激烈对抗中组建少数派政府。这种局势为魏玛的社会民主党左翼的最终要求创造了背景,即在德国强行建立一个社会民主党的少数派政府,并通过向德国共产党靠拢和利用议会外的压力来使之保持稳定。社会民主党领导层拒绝了这一虚幻的要求,特别是由于奥托·布劳恩在普鲁士领导的运行良好的执政大联盟会因此而瓦解。但社会民主党现在力主以大联盟政府来取代库诺内阁。德国共产党在国会中的不信任投票为此创造了外部条件。

曾允许库诺内阁充分使用第48条来管理与通货膨胀和支持马克有关问题的弗里德里希·艾伯特发现,自己不得不遵循议会的倡议,委托作为库诺的继任者,同时亦得到社会民主党支持的古斯塔夫·施特雷泽曼组建政府。施特雷泽曼在24小时之内就完成了这项任务。由此虽然实现了议会多数派政府的回归,但它仍有一个缺陷,那就是社会民主党议会党团中相当数量的少数派以及德国人民党的极右翼拒绝支持它。社会民主党中的反对者(其中首先包括萨克森邦的议员,而且大多数是独立社会民主党的人)给出的理由是担心大企业的利益会在联盟中占上风;而矛盾的是，恰恰是投票反对施特雷泽曼的社会民主党少数派代表了大企业的利益。

与重工业相比，特别是与德国民主党议员胡戈·施廷内斯相比，施特雷泽曼从夏初就确信有必要把社会民主党纳入危机内阁。只有在它拒绝重组的情况下，他才会在1923年7月设想一下独裁的可能。从一个极端的民族主义者和君主制的追随者，他逐渐发展为一个理性的共和派。他意识到，由于面临着非常棘手的外部局势，无法确定能否抵抗法国对莱茵-鲁尔地区的控制，德国在不遭受严重损害的情况下，根本无法承受国内工人阶级和资产阶级之间的对抗。出于战术上的考虑，他不能在没有社会民主党共同负责的情况下在外交政策方面采取不可避免的退让政策。

"暴风雪中的米夏埃尔"：象征1922年末1923年初陷入多重政治问题当中的德国人。讽刺杂志《真实的雅各》1923年1月5日的封面图（图宾根大学图书馆）

作为自由主义议会制的倡导者，施特雷泽曼在魏玛的资产阶级中间派政治家中是一个局外人。[10]他比德国民主党的代表人物在更大程度上体现了民族自由主义的传统，施特雷泽曼认为，议会制所带来的社会利益平衡是持久政治稳定不可或缺的基础。尤其值得注意的是，成为总理后，他就出售了他持有的各种股份。作为德国人民党无可争议，但又时常遭到敌视和攻击的领袖，他一次又一次成功地抑制了纯粹基于利益的政治考虑，并保持党派在议会中达成妥协的能力，从而与社会民主党保持合作关系。当然，达成这一切给他个人造成了沉重负担，或许这也是他早亡的原因之一。

施特雷泽曼重塑议会制的背景，正是人们已经不再严肃地怀疑消极抵抗政策确实很快就要被打破。愈演愈烈的经济危机迫使中间派和温和左派政党们重新承担责任，而重工业和右派势力中有话语权的代表人物则认为逐渐走向专制形式的政府才是必不可少的。因此，他们打算把清理鲁尔区的冒险事务留给议会内阁来完成，并伺机而动。作为外交政策委员会主席而上升为政治领袖的施特雷泽曼，自1921年以来一直在推动接管国家总理的职位。直到夏天，他一直在为库诺的外交政策辩护。他一直采用比较克制的战术，因为早在6月，他就主张反对灾难性政策，主张本着歌德"心怀伟大意志的屈服"的箴言与法国进行谈判。[11]他也意识到，尽管非常不情愿，除了中断消极抵抗之外，再无其他选择。这促使他担任了总理一职，并希望能够在不太丢脸的情况下迈出这一步。在外交接触中，他虽然得到了英国驻柏林大使阿贝农勋爵的支持，但其最终结果总体上是消极的。施特雷泽曼早在1923年8月就充满怀疑地表示，不能再坐等英国了；到了9月19日，情况已经非常明朗，保守派英国首相斯坦利·鲍德温决心支持普恩加莱要德国无条件投降的要求。鉴于英国人的态度，继续消极抵抗只会正中法国人下怀。此外，内部抵抗阵线也在崩溃之中，尽管各工会保证他们的忠诚，但是，莱茵-威斯特法伦地区越来越多的工业界

№ 380
B 188

Abend-Ausgabe

Berlin

Montag, 13. August 1923

Vossische Zeitung

20 000 Mark

Gegründet 1794

Mit Kurszettel

Berlinische Zeitung von Staats- und gelehrten Sachen

Schriftleitung: Berlin SW 68, Kochstraße 22·26

Der neue Kanzler.

Das Kabinett Stresemann.

Die Regierung der Großen Koalition.

Wechsel in der Reichsbankleitung.

Interventionspolitik gegen China.

Einstellung der Sachlieferungen.

Auch an England.

1923年8月13日的内阁更迭。乌尔施泰因出版社全国发行的报纸的头版（私人收藏）

团体愿意在不涉及国家的情况下与法国达成谅解。

在被占领土上，MICUM正将越来越多的矿场置于它的控制之下，这种情况不允许进一步拖延。占领国开始没收德国支付的用于支持消极抵抗的资金，以此来充抵占领费用以及赔款。因此，这些钱不得不沿着更加曲折的道路转账。由于缺乏支付手段，许多市镇不得不发行紧急货币。在莱茵兰，当地的银行家和工业家已经非常具体地在计划建立一个拥有自己货币的莱茵黄金贴现银行，并且该货币将直接与法国法郎挂钩。一旦实现，这将决定性地推动占领区经济与德国经济之间的割裂。然而，只要鲁尔区吞噬的天文数字的费用给德国财政预算继续造成负担，内阁准备整顿德国货币的计划就显得无法想象。

1923年9月26日，经过与各邦政府的详细协商，施特雷泽曼叫停了消极抵抗，但同时将德国完全恢复在被占领土上的主权定为履行赔偿义务的条件，这样一来就给人留下了没有完全投降的印象。巴伐利亚特使在柏林宣布，他的政府将把中止消极抵抗行为视为德国的解体，视为"第二个凡尔赛"，这表明这一决定在右翼势力中引起了强烈反对。[12] 德国民族主义和种族主义报刊呼声震天，纷纷要求施特雷泽曼宣布和约无效——后者则以放弃《凡尔赛和约》中的法律立场是绝对愚蠢之举为由拒绝了这一要求——不过，这种呼声并不能掩盖各地接受这一措施时实际上都感到松了一口气的事实。然而，巴伐利亚内阁却趁此机会公然违反德国宪法，宣布该地进入紧急状态，并将行政权力移交给作为国务委员长的古斯塔夫·冯·卡尔。尽管在之前的各邦会议上，冯·卡尔也认为有必要中断消极抵抗；但仅仅是出于巴伐利亚内部的原因，他在第二天又对此提出了抗议。[13]

在政治上，巴伐利亚放弃忠于国家政府的行为意味着取消议会制的前奏，而这种念头在右翼势力的圈子中，特别是在巴伐利亚的"祖国团体"中早已酝酿多时。几天后，由布赫鲁克少校领导的一部分黑色帝国军在屈斯廷企图发动政变，这表明在萨克森邦和图林根邦铲除"马克思主义"的计划背后还有更多内容。这是一个由祖国联合团体的领导层与巴伐利亚总理欧根·冯·克尼林和巴伐利亚国家防卫军合作，并公开讨论向柏林进军以及"熏蒸红色政府"的计划。但这对国家防卫军领导层和政治右派的代表来说并不奇怪。

早在1923年春天，在国家防卫军秘密准备重整军备的过程中，陆军指挥部司令冯·塞克特将军就与右翼准军事协会的领导人建立了联系，尤其是与林业专员埃舍里希、格哈德·罗斯巴赫中尉和冯·埃普骑士，其目的是在发生军事冲突时将他们转移到国家防卫军中。同样，塞克特也顺便通过施廷内斯的介绍，和与右翼民族主义军事团体保持着密切关系的埃里希·鲁登道夫将军搭上了线。1923年2月，国防部长奥托·盖斯勒发布了一项正式的禁止接触命令。在个案中，下级军官会因参加右翼极端组织的集会被开除。但在军区指挥官一级，在塞克特的明确批示下，军方与各种民族主义团体展开了活跃的合作，其中包括在东部省份与土地联盟密切合作的边防军，以及伪装成劳工突击队的黑色帝国军部队。

右翼防御团体在军事上的价值很低，特别是因为他们的领导人坚持自己在并入国家防卫军后还要保持其自治权。然而，在国内，他们的动员意味着反革命的步伐，结果就是与普鲁士政府的关系持续紧张。在没有被告知非法武装的全部范围的情况下，普鲁士政府在2月与陆军指挥部达成了协议：容忍边境保卫团体存在的前提条件是国家防卫军要解除与私人防卫团体的关系；但这不过是一个虚构的协议。内政部长卡尔·泽韦林逮捕了罗斯巴赫中尉和其他自由军团的支持者，泽韦林对右翼团体的禁令加剧了塞克特对普鲁士政府的反感，这导致他于1923年5月时就考虑由国家防卫军来接管行政权力。

军事领导层带着极度怀疑的态度接受了成立施特雷泽曼内阁的事实。不得不努力与国家防卫军保持良好关系的总理，被事实上的武装部队总司令——因为通过设立陆军指挥部司令的位置，可以使国防部长相对于国家总统和国家总理更加中立化——告知，当且仅当他遵循着"德国道路"时，国家防卫军才会准备追随他。[14]9月26日以后，塞克特在他的军事顾问和右派代表（其中包括奥斯卡·赫格特和库诺·格拉夫·冯·魏斯塔普）的怂恿下，考虑在一个三人执政内阁局面下掌握最高政治权力。为此，他专门起草了一份"政府纲领"，除了对宪法进行专业重组外，还设想解散社会主义政党，取缔工会，废除集体议薪制度，并进一步统一国家总理和普鲁士总理的职位。[15]塞克特的草案绝非原创，这只是新保守主义思想家如奥斯瓦尔德·斯宾格勒所宣传的，由乌尔里希·冯·哈塞尔和卡尔·格德勒等保守派知名人士所倡导的替代宪法模式的变种。11月初，塞克特毫不犹豫地公开否定施特雷泽曼，并要求艾伯特取而代之。因为施特雷泽曼无法得到军方的信任，因而和他一起"无法领导斗争"。[16]

塞克特在1923年初秋具体成形的独裁计划得到了施廷内斯公司柏林分部总经理弗里德里希·米诺的大力鼓励。他代表企业负责人行事，直到在计划的细节问题上才与施廷内斯决裂，特别是在向协约国提供德国西部工业企业的少量股份来作为赔偿金以及坚持八小时工作制等问题上。在与美国大使霍顿的谈话中，施廷内斯明确地描绘了执政内阁的计划，并透露了国家防卫军领导人的战略。只要德国共产党开始行动，经艾伯特批准的军事独裁政权就将废除议会制，并"无情地粉碎"共产主义运动。[17]这个囊括了整个政治右翼势力的计划的两难之处在于，它假设了德国共产党敢于试图推翻政权。年初已经为塞克特和鲁登道夫之间建立了联系的施廷内斯担心，如果政变首先由巴伐利亚右翼发动，会在国外产生负面反应。因此，他在10月利用与奥托·赫尔曼·冯·洛索和古斯塔夫·冯·卡尔的亲密关系，劝说他们不要过早采取行动。然而，11月9日，希特勒尝试发动政变，让希望落了空。

令人不安的是，尽管施特雷泽曼对右翼独裁政权提出了明确的警告，10月底，在社会民主党人离开内阁后，艾伯特还是批准了塞克特与驻华盛顿大使奥托·维特费尔特的接触，因为这有助于实现督政府计划。塞克特的出发点在于，要以合法的外在形式来接掌国家总理职位，并实现督政府，在这一点上，他与巴伐利亚的那些政变者是不同的。支持右翼政变，并导致国家重新陷入类似内战的状态中去，这不可能符合国家防卫军的利益。让德国人民有防御能力，并为了有朝一日对法国的复仇战争做好准备，不能通过反对国家权威的斗争来实现。然而，这并不妨碍国家防卫军领导层向武装团体提供武器，并偶尔在财政上给予它们资助，特别是从内部的角度来看，它们对于抵御社会主义运动是一支必不可少的力量。显然，艾伯特对塞克特给予了完全不恰当的信任，因为后者对这份信任丝毫没有给予回报。艾伯特对于国内的政治后果，特别是他自己理解为紧急内阁的所谓督政府计划的社会政治影响认识不够清楚。因为在1923年9月完全显现出来的军事和重工业联盟的目的不仅是要消灭德国共产党，而且首先是要消除八小时工作制和集体议薪制度这些束缚企业家的制度设计。这些只有在社会民主党也被逼出政府的情况下才有可能发生。

重工业界企业主攻势的要点是，单方面将轮班制时间从七个小时延长至八个半小时，这是在被动抵抗中断三天后，在乌纳-柯尼希斯伯恩举行的煤矿协会会议上做出的决定。[18]矿业企业家指出，当前需要增加煤炭产量，而这又只能通过延长轮班时间才能实现。因此，他们触及了一个在煤矿协会和矿工工会之间争论了多年的老问题。1922年9月在国家劳工部的调解下达成的延长轮班协议暂时解决了这个问题；虽然它确认了迄今为止的超量工作，但它也坚持了八小时工作制的原则。雇主的工作时间指令可能会加剧矿工对新的工作时间规定的抵制；它与10月31日之前仍然生效的结束战时经济法令相违背，而且也是出于打倒施特雷泽曼内阁的目的。

在工业界和资产阶级联盟伙伴的压力下，国家劳工部长海因里希·布劳恩斯感到有必要对煤炭开采以外的部门的工作时间也进行法律界定。对企业家以及和他们穿同一条裤子的资产阶级政党来说，基于MICUM谈判即将到来的战争赔偿负担以及促使货币稳定的举措毫无疑问只能通过大大延长工作日来解决。当重工业寻求恢复十二小时工作制，从而放弃不间断生产的三班倒制时，布劳恩斯则努力寻求一种不那么僵硬的解决办法。他提交的法案规定，只有繁重的和对健康有害的工作才保持每天八小时工作时间；此外，保留对青少年工人和女性工人的保护条款；最终，关于工作时间的议定留给集体薪酬协议。《工作时间管理条例》将在内阁寻求的授权法案框架内获得通过。考虑到来自工会方面的预期阻力，社会民主党内阁成员要求将劳动时间问题从授权法案中移除，而德国人民党则坚持所设想的程序，同时要求接受德国国家人民党进入内阁，而这是社会民主党在任何情况下都不能接受的事情。达成妥协的努力失败了，主要是因为资产阶级政党的强硬态度，他们希望发生决裂，而德国人民党议会党团领导人恩斯特·朔尔茨已经设想好了一个把施特雷泽曼排除在外的右翼联盟。

从表面上看，这似乎是社会民主党为了解决一个枝节问题而拒绝解决国家的生存问题。但实际上，这是重工业和有平衡意愿的左派势力之间进行的一次新的力量考验。具有典型意义的是，德国人民党同意授权法案的条件是背着总理进行协商的，并有意要挑衅社会民主党。德国人民党在内阁崩溃的前一天想要促使经济部长汉斯·冯·劳默尔因为其亲劳工的立场而辞职。但这个算计没有成功。由于德国国家人民党拒绝组建右派少数内阁，这相当于间接承认了议会制，而社会民主党又拒绝了施特雷泽曼关于容忍名人内阁的建议，于是，10月6日，又重新回到了大联盟。

社会民主党财政部长鲁道夫·希尔费丁没有回到施特雷泽曼的第二届内阁；财政部长的职位落到了更有活力的汉斯·路德手中。虽然结束战时经济法的延期推迟了劳动时间问题的解决，但由于多数票通过的授权法案的出台，政府获得了更大的回旋余地来实施货币整顿。希尔费丁曾要求对财产关系进行更大的干预，遭到了有影响力的金融界的抵制。

通过引入地产抵押马克来稳定德国货币，是施特雷泽曼政府的一个惊人成就。[19]它没有在利益集团的攻击下崩溃，主要是由于马克的贬值速度已经超出了一切想象。1923 年秋天，国家的浮动债务在一个月内增加了 1000 倍。这不仅使得预算管理无法进行，也无法给经济提供支付手段。与此同时，德国国内的物价至少达到了世界市场的水平；通货膨胀的优势最终走向了它的反面。

地产抵押马克的创立是基于卡尔·黑尔费里希引入一种以黑麦价值为标准的新货币的建议和鲁道夫·希尔费丁、汉斯·路德与亚尔马·沙赫特等人推崇的黄金储备之间的妥协。仅从 1923 年 10 月 15 日地产抵押马克的创立到一个月后的发行期间，马克的汇率就下降到 4.2 万亿比 1 美元。通过故意将稳定马克的措施推迟几天，财政部长成功地几乎完全消除了国家的内部债务。与此同时，国家实现了转而以黄金为基础的税收，并向严格的公共预算紧缩政策过渡，这在 10 月 27 日公布的裁员令中得到了首次体现。超过 30 万名公务员被迫离职。同样，公务员和雇员的工资被设定为战前平均水平的 60%。

货币整顿成功与否，关键在于是否有可能堵住财政上的"西方窟窿"，并停止对被占领土过高的补贴和资助付款。[20]权衡停止一切支付行为，暂时让鲁尔和莱茵兰自生自灭，这在内阁中遭到了反对，特别遭到了来自莱茵兰的政治家们的大规模抗议，其中康拉德·阿登纳表现得尤其突出，他认为如果有必要，莱茵兰意义重大，值得德国赌上第二次乃至第三次货币危机。事实上，最初设想的"沉没政策"只会有利于法国人抱有的分离主义意愿，在占领国的保护下，亚琛和其他莱茵城市于 10 月底宣布成立莱茵共和国。在社会民主党人约翰内

1923年11月15日引入地产抵押马克之前的通货膨胀高峰：以实物形式支付轻歌剧演出的入场费。柏林城堡公园剧院前的通知

大量纸币被交付给柏林的一家银行

斯·霍夫曼的鼓动下，并在德·梅茨将军的大力支持下，普法尔茨地区也出现了短暂的自治，这也是针对慕尼黑的冯·卡尔独裁政权的。

由保罗·蒂拉尔将军主持的协约国军莱茵委员会高估了分离主义的机会，这种倾向只局限于微不足道的少数人。此外，巴黎方面也缺乏用这种方法将莱茵兰彻底从德国分离出去的最终决心。尽管奥赛码头为建立莱茵缓冲国做出了巨大努力，但这些缓冲地带究竟应该脱离德意志邦联，还是作为法国对德国政治施加影响的前沿阵地，仍然存在争议。[21] 此外，剥削德国经济的兴趣与法国在莱茵兰传统政策的后续路线相冲突。普恩加莱在这个问题上摇摆不定，但他表明自己决心利用德国投降，在莱茵兰建立一个国家的构架，该构架将通过实现永久非军事化来满足法国的安全需求，但由于《凡尔赛和约》中规定了对莱茵兰的占领时间限制，因此法国的安全需求也只能在有限时间内得到满足。

这种利益纠葛的状况在某种程度上与康拉德·阿登纳关于建立一个脱离普鲁士，但仍然留在德意志邦联内部的西德意志联邦国家的考虑不谋而合，国际控制的保障同时可以兼顾到法国的安全需要。[22] 科隆市长认为这一解决方案是一个真正可以促成法德之间和解的机遇。同时，鉴于德国的财政崩溃，在他看来，如果想在分离主义和临时交出被占领土之间找到一条中间道路的话，这似乎是唯一的出路，而德国人民党也正在考虑临时交出被占领土以及取消和约。这个方案部分地与胡戈·施廷内斯同时期提出的计划相吻合，即通过交换德国和法国的股权，为法德重工业合并奠定基础，然而，这一举措显然针对了英国。最后，阿登纳的构想与科隆银行家路易·哈根的努力相吻合，他想通过建立一家莱茵黄金中央银行来完成仅限于被占领土的货币转换职能，预计银行中除法国和英国的存款之外，将再加上德国的多数股份。

施特雷泽曼曾在消极抵抗结束时公开反对向法国交出德国领土。他虽然拒绝了阿登纳的设想，但认为建立一个负责整个被占领土的行政机构是很有意义的。它将履行被普恩加莱锁闭了的德国政府的职能，以防止法国的政策通过在地区和地方一级强制达成个别协议而得以实施。然而，这遭到了奥托·布劳恩的坚决反对，他不想侵犯普鲁士的完整性，在这一点上他与巴伐利亚的立场一致。有那么一刻，施特雷泽曼似乎真的在考虑暂时交出莱茵兰，尽管他很快就强调并否认了这一点。两者都没有实现。地产抵押马克的成功使妥协得以维持，即德国将继续支付失业津贴和占领费用，同时限制对工业的补贴。如果蒂拉尔和普恩加莱能够再灵活一些，阿登纳所追求的妥协路线就会有更大机会成为现实，尽管这将导致德国和法国重工业之间难以评估的利益冲突。因此，莱茵兰和鲁尔区的问题暂时仍然悬而未决。

放弃消极抵抗后，普恩加莱回避了与德国政府进行任何形式的谈判，这对施特雷泽曼来说是一个痛苦的经历。由于法国总理采取了原则上只与被占领土代表打交道的策略，因此，争取释放囚犯、遣返被驱逐者和恢复德国行政主权的努力失败了。奥托·沃尔夫集团公司同意履行MICUM提出的影响深远的财政条件后，施特雷泽曼认为没有办法阻止鲁尔工业界与让·德古特将军之间的直接谈判，尽管他避免向煤矿协会成立的六人委员会做出财政承诺。

恢复煤矿开采被MICUM附加了严苛的条件。鲁尔河畔的采矿业不得不承诺向法国和比利时提供大量煤炭，并追溯支付煤炭税，尽管德国政府为了在财政上支持鲁尔区的工业，已经取消了该项税种。施特雷泽曼怀着沉重的心情同意了对德国主权的这种大规模侵犯，否则1923年10月底的谈判将会彻底失败，而另一种选择就是鲁尔区的工业生产完全停顿，并造成一切无法估量的后果。最后达成的妥协是，只有煤炭税将流入"扣押基金"，以支付占领费用，而运输的物资将以同等价值记入赔款账户。德国必须保证偿还鲁尔区工业因11月24日签署的MICUM协议而产生的费用。为了不危及货币整顿，协议规定，企业应预付必要的资本，并将其与应缴税款相抵。其中余款则于1925

年绕过了国会，以有争议的"鲁尔捐款"的形式退回给了鲁尔区的工业家们。

鲁尔区的重工业利用在工会没有参与发声的情况下签订的MICUM协议，不仅在工作时间问题上，而且在工资水平和社会福利问题上施加了巨大的压力。[23]施廷内斯在1922年已经在德国经济委员会上说过，德国工人每天必须多工作两小时，但现在协议的负担被用来强迫恢复战前工作时间。在鲁尔区的斗争中，没有人再谈论工人的忠诚度。增加的额外负担转嫁到了他们头上。随着工会的经费账户因为通货膨胀而被掏空，通过直接或隐蔽的停工来成功抵制已经不再可能。

在"黄金工资"只有通过"黄金业绩"才能挣得的口号下——即承认战前的工作时间——煤矿协会和西北钢铁生产业雇主协会于结束战时经济条例到期后，通过短时工作和大规模解雇的方式，正式执行

呼吁鲁尔区进行消极抵抗。国内宣传服务中心海报，1923年（达姆施塔特，黑森州立博物馆）

号召德国人民为莱茵和鲁尔地区做出牺牲。奥拉夫·古尔布兰松设计的海报，1923年（慕尼黑，市立博物馆）

了事实上的十小时工作制。[24]他们的做法在1923年12月得到了国家劳工部长的批准。通过最终承认战争失败后的外交政策现实，德国工业界更加下定决心要收回他们在1918年后给予的社会政治方面的让步，以减缓德国内部的崩溃。

正是在这种背景下，1923年10月10日萨克森邦社会民主党少数派内阁通过吸收德国共产党的几名部长而在政治上向左转，稍后图林根邦又重复了这一做法。[25]在这两个邦，社会民主党的左翼绝非仅由前德国独立社会民主党成员组成，他们拥有强大的支持。在任的社会民主党少数派政府得到了德国共产党的宽容。资产阶级中间党派对此也应负有一定的责任，因为在1923年1月，他们通过德国共产党未能避免的资产阶级不信任投票使温和的社会民主党人威廉·布克的内阁倒台。依靠与共产党合作的继任者埃里希·泽格纳没有能力阻止为遏制高利贷和价格欺诈而成立的无产阶级调控委员会以及作为共和国辅助警察部队的无产阶级百人团几乎完全被德国共产党控制，但同时他还是成功阻止了德国共产党发动总罢工的要求。

特别是自德国中部起义以来，萨克森邦就一直是国家防卫军和执政的社会民主党之间不断产生摩擦的中心，社会民主党对右翼极端主义团体的行动阻碍了军方领导层非法武装化的努力。盖斯勒和塞克特决心一有机会就对萨克森实行国家干预，他们在这方面得到了萨克森资产阶级政党和当地工业家协会的支持，他们共同绘制了攻击调控委员会和百人团的恐怖画卷。8月，萨克森邦军事指挥官阿尔弗雷德·米勒将军禁止他的军官参加宪政庆祝活动。泽格纳披露的有关黑色国防军的事实基本上是准确的，这使他被外界普遍视为国家叛徒。

因此，国家防卫军进行镇压的决心并不是因为德国共产党在后来很快被普鲁士解散的百人团中寻求支持，并筹备所谓的"德国十月革命"。然而，国家防卫军观察到了德国共产党的革命鼓动及其为暴力革命所做的技术准备，怀疑的情绪使紧张的局势加剧到不可忍受的程度。1920年10月，在共产国际就季诺维也夫涉及向列宁主义干部党过渡的"二十一点"的压力下，德国独立社会民主党分裂，其左翼与德国共产党合并，成立了德国联合共产党。由于持续的党内分裂，左派失去了原成员的五分之一以上；另一方面，德国共产党现在上升为一个大众党。然而，保罗·列维推动的统一战线政策遭到了自由工会和社会主义政党的联合反对，并且在1921年也被共产国际否决，这导致列维总部以及反对政变行动的领导集团垮台。在卡尔·拉狄克的影响下，由奥古斯特·塔尔海默和海因里希·布兰德勒领导的左派陷入了德意志中部起义（三月起义）的惨败。

1922年，除了最初的清洗，共产国际战略的转向还使运动过渡到了一个更加防守的路线。在建立"工人政府"的口号下，人们犹豫不决地支持了图林根和萨克森的社会民主党政府，这首先符合重新巩固已大幅下降的党员数量的意图。在拉狄克强加给党的针对日益增长的左翼反对派的民族布尔什维克方向明显失败后，1923年8月15日，季诺维也夫指示德国共产党为即将到来的革命危机做好准备。在共产国际的德国问题专家卡尔·拉狄克的影响下，德国共产党中央政治局期待在德国展开迅速的决策斗争。托洛茨基特别支持新的进攻路线，尽管德国共产党领导人布兰德勒自己尚有疑虑，但9月初在莫斯科他还是宣誓加入了这一路线。季诺维也夫和托洛茨基一样，对动员德国工人群众进行革命、推翻现有政权的成功机会抱有相当大的幻想。他们甚至把11月9日确定为革命的日子。

德国共产党进入萨克森和图林根内阁，是为预定的推翻政权做好准备，为此提供武器是一个重要的先决条件。原本应该接管内政部的布兰德勒，作为萨克森邦总理府负责人，主要忙于追查秘密武器库。所有这些都没能逃过国家政府的眼睛，尽管它几乎不可能知道共产国际的计划。10月13日，萨克森邦政府禁止了无产阶级百人团，然后萨克森邦的警察部队被置于军事指挥之下。但是，起义的计划不仅在

开姆尼茨的工厂。恩斯特·路德维希·基希纳的绘画作品，1926年（美因河畔法兰克福，德意志银行）

这方面遭遇了失败。在德国共产党于10月21日在开姆尼茨召开的工人大会上，布兰德勒要求立即举行总罢工，但仅获得少数支持；甚至在"红色"的萨克森邦，共产党人也发现自己在政治上被孤立了。汉堡的德国共产党领导层没有听从总部取消行动的决定，仍然在10月23日发动了起义，最后参加行动的工人几乎不到5000人，个中原因一直没有弄清。有可能是由于通信困难，也可能是由于当地德国共产党领导人 其中包括恩斯特·台尔曼——雄心勃勃，然而这种一意孤行导致了这次"德国十月"陷入完全孤立，在10月25日就失败了。

虽然发生在德国中部的这次危机在10月份达到了顶峰，但巴伐利亚和国家之间的冲突暂时仍处于拉锯中。9月26日，施特雷泽曼对巴伐利亚的挑战用实行军事紧急状态，并将行政权力移交给国防部长的方式予以回应。另一方面，他也拒绝了社会民主党内阁成员对巴伐利

汉堡造船厂的工人。海因里希·福格勒的绘画作品，1928年（圣彼得堡，艾尔米塔什博物馆）

亚采取行动，并迫使国务委员长冯·卡尔将军辞职的要求。事实上，他也并没有能力做到这一点。这是因为盖斯勒和塞克特在谨慎地提到即将到来的督政府的条件下，拒绝针对巴伐利亚部署国家防卫军。然而，塞克特和巴伐利亚政府之间发生了尖锐的意见分歧，因为第七师师长冯·洛索拒绝执行盖斯勒对《人民观察家报》的禁令；该报纸发表题为《独裁者施特雷泽曼和塞克特》的文章，进行反国家政府的、反犹主义的宣传。[26]这场冲突表明，巴伐利亚军队领导层正在采取措施，通过"秋季训练"使各爱国团体直接隶属于其部队，并决心在紧急状态下，即使没有塞克特也要实施对柏林的进军计划。因此，不仅是拒绝执行命令才让塞克特做出如此极端严厉的反应并让冯·洛索辞职的。

冯·卡尔以将第七师直接归他指挥来反击对巴伐利亚司令职务的免除。塞克特立场坚定，但试图将这一过程当作一个人事问题来解决，而冯·卡尔则派遣巴伐利亚警察局长、上尉汉斯·冯·塞瑟骑士前往柏林，争取让塞克特能够接受洛索、塞瑟和希特勒组成三巨头的政变计划。然而，这位陆军指挥部负责人坚持他所推动的督政府计划正式合法变体的唯一性。在11月2日起草的致冯·卡尔的信中他强调说："《魏玛宪法》对我来说不是什么神圣不可侵犯的东西；我既没有参与它的制定，它原则上也与我的政治思想相悖。"一个像施特雷泽曼那样的内阁是行不通的，即使像他所努力的那样，社会民主党人退出了，也不行。同时，他希望在不发生公开内战的情况下实现转机，并强调不应该让国家防卫军处于必须"两线"维护国家权力的境地。[27]在这种情况下，就算施特雷泽曼希望，国家防卫军也无法实施对巴伐利亚的干预行动。社会民主党的部长们坚持要对冯·卡尔进行干预，但被他以"我绝不能让它变成一场右翼政变"为理由拒绝了。[28]事实上，真要坚持这样做的话，完全可能说服塞克特和他背后的势力接受提出的巴伐利亚联盟。

另一方面，国家防卫军领导层利用国家的紧急状态，立即对萨克森和图林根政府采取了行动，甚至抢在内阁做出相关决定之前。[29]10月17日，萨克森邦的军事指挥官训斥了邦总理，因为邦总理没有在政府宣言公开之前事先呈递给他。10月22日，更多的部队开了进来，引发了与抗议工人的暴力事件。这件事情本来就可以这样不了了之了。然而，国防部长推动任命一位萨克森邦平民国务委员。这在内阁中引起了阻力。国家司法部长古斯塔夫·拉德布鲁赫指出，罢免邦总理的做法不在宪法规定的范围之内——毕竟，这里正在实验的是1932年在普鲁士重新进行实践的事情——但他没有得到执政联盟伙伴对此的认可。社会民主党的部长们没有意识到萨克森邦德国人民党对施特雷泽曼施加的政治压力；他们只是确保了在威胁要国家干预的时候，抢先由国家总理书面要求泽格纳辞去职务。萨克森政府首脑则以不合理和不符合宪法为由拒绝了这一要求。

后来的事实证明，泽格纳当时已经准备把共产党内阁成员踢出去了。德国对已经正式成立的萨克森联盟实施国家干预的唯一合法理由是，共产党人的煽动行为针对了德国宪法。因此，只要让共产党的内阁成员辞职就足够了。这样一来，10月21日以后，共产党人若要推翻政权，无论在政治上，还是鉴于当时有效的军事控制，都是不可能完成的了。任命德国人民党政治家卡尔·海因策为萨克森邦的国家委员也被证明是错误之举，因为他甚至在内阁正式做出决定之前，就于10月29日在伴随挑衅性的状况之下，实施了国家干预。施特雷泽曼只是刚刚撤销了海因策关于阻止萨克森邦议会召开的决定。在社会民主党主席团对萨克森邦议会党团施加了巨大的内部压力之后，温和的社会民主党人卡尔·费利施在德国民主党容忍的少数派内阁中当选为总理，这实际上使萨克森邦的紧急状态变得多余了。此后不久，图林根邦被军事占领，弗勒利希领导的联合政府被迫下野。

社会民主党内阁成员们觉得萨克森和图林根相对于巴伐利亚受到

了不平等的待遇。这是一种严重的威信损失。他们意识到，针对萨克森左翼的军事行动——除了泽格纳侵犯了国家防卫军的利益，促使塞克特以及盖斯勒采取无情的军事行动之外——意在追求双重目标。在萨克森邦实施的"反马克思主义"的决定性干预，或者说它至少看起来确保了塞克特和同情他的军方以及工业家们领导着议会制向着他们需要的专制主义方向进行改组，其主要目的是消除社会民主党。社会民主党当然认为他们萨克森邦的同志们的政策存在问题，并试图对他们施加温和的影响。然而，正如普鲁士内政部长清楚地知道的那样，即使泽格纳的论战表现超出了萨克森邦的权力范围，该邦社会民主党对国家防卫军以及他们偏爱右翼极端主义组织的批评也是非常有道理的。绝大多数萨克森邦的产业工人都支持通过重新唤醒议会思想来巩固革命果实并阻止反共和力量的不断壮大。此外，诺斯克时代的失误也在萨克森邦不断重演。对于受到了来自德国共产党无节制鼓动压力的社会民主党来说，在萨克森邦掌权的军事政权毫不犹豫地，甚至不分青红皂白地禁止社会民主党的机关，唤起了人们对1919年春天的痛苦回忆。[30]

国会议长保罗·洛贝的反应体现了萨克森事件中党内冲突影响的深度，洛贝一直采取明显的改革主义立场，现在却提出了"回到纯粹的阶级斗争"的口号。[31]他知道，武装抵抗的可能性已经丧失，党被迫进入绝对防御，包括先前一直优先考虑的社会政策。他还说，社会民主党不能再为共和国而战，因为群众认为这种资本和军事力量与帝国时一样强大的政府形式是不值得捍卫的。另一方面，普鲁士政府的代表，尤其是卡尔·泽韦林也指出，该党退出执政联盟会增加用专制主义的方法来解决问题的危险。

最后，社会民主党的最高委员会达成了留在政府中的一致条件。相关内容提前发表在了《前进报》上，这让它们有了一些最后通牒的味道。其中要求解除军事紧急状态，与巴伐利亚邦的违宪行为保持距离，以及由文官控制萨克森邦的国家防卫军的国内行动，主要都是为了挽回党的面子。在善良的意愿下，这些本来是完全可以实现的。但这种策略上并不高明的做法使资产阶级内阁成员更容易将大联盟解散的责任甩给社会民主党，社会民主党因为这些条件被拒绝而撤回了他们在内阁中的各名部长。

到了 1923 年秋，巴伐利亚自由邦与国家政府之间冲突的不断升级，不仅代表了邦联制出现危机，更是魏玛议会制所面临的深刻的内部威胁的一个表征。自从慕尼黑的苏维埃共和国被镇压以来，巴伐利亚已经成为德国反革命势力的据点。卡普政变在巴伐利亚造成的后果是，当地社会民主党在政治上完全陷入孤立，尽管它与萨克森社会民主党不同，采取了明显温和的立场。巴伐利亚一直反对稳定国家的共和体制。1920 年 3 月中旬根据巴伐利亚人民党的提议当选为邦总理的古斯塔夫·冯·卡尔是一名职业公务员。巴伐利亚王家行政管理部门的工作在他身上打下了很深的烙印，他是一名坚定的君主制拥护者。因此，他对邦议会的依赖程度远远小于对主要由保守的资产阶级居民组成的民兵。民兵在协约国军控制委员会的强制下解散了，与国家政府的长时间冲突最终导致了冯·卡尔辞职以及处事更加优柔寡断的胡戈·冯·莱兴费尔德伯爵插手。在他的领导下，巴伐利亚这块地方被称为一个秩序单元，成了不受控制的、相互敌对的民族主义小集团和军事协会的天堂。

早在革命阶段，巴伐利亚就已经是一个政治上过渡的地方，无论向左还是向右。那个短暂的开放阶段，让各种政治乌托邦主义，从图霍尔斯基的"知识工人委员会"到战争中幸存的图勒社，都能开花结果。这种状况并没有被针对苏维埃共和国发动的"白色恐怖"所消除，而只是转向了极端右翼的政治光谱。包括公开的、相互竞争的君主主义团体，如巴伐利亚国王党和巴伐利亚故乡与国王联合会，自由军团的后续组织，如警察医务委员皮廷格组织的"巴伐利亚与国家"

联盟，自由军团领导人埃尔哈特的"执政官组织"，它当时以"维京联盟"的名义运作，还有在上西里西亚出现，并从1922年起在弗里德里希·韦伯的领导下滑向了大德意志航道的高地联盟，以及更加保守的协会，其中包括政治上灵活的林业委员埃舍里希领导的"奥格施"，还有1922年后变得越来越军事化的钢盔团和青年德意志骑士团。在差异化光谱的末端是冲锋队，它是由1920年纳粹党成立的体操和体育部演变而来的。

普鲁士政府尤其努力控制极右翼势力的活动，并在拉特瑙暗杀事件后，根据《共和国保护法》，以禁止组织和刑事追诉的手段进行干预，而巴伐利亚内阁不仅没有在这方面采取任何举措，甚至最终还废除了巴伐利亚邦的《共和国保护法》。当普鲁士和其他各邦把纳粹党、德意志民族防御和保卫联盟、青年德意志骑士团和其他许多组织都禁掉之时，它们在巴伐利亚却得到了善意的宽容。维尔特内阁倒台后，国家政府内不再能迸发出打击反共和主义的力量。恰恰是赔款问题冲突矛盾的激化，导致右翼极端主义组织，特别是非法军事组织的活动大大增加，部分原因在于不能再推迟减少国家防卫军的兵力了。

消极抵抗即将结束，这对右翼的内战党派来说，由于反对《凡尔赛和约》的斗争而暂时搁置的权力问题就不能再搁置了。在右派眼中，施特雷泽曼的总理职位似乎是社会民主主义的最终确立，因此也是失败和软弱令人生厌的制度的最终确立。苏维埃共和国的建立和巴伐利亚王室可耻的放弃形成的噩梦体验在慕尼黑演变成了一种过热的政治气氛。在这种气氛中，极端反犹主义和民族主义的怨恨情绪不可分割地结合在了一起，在白蓝和黑白红的阵线之间就没有确切的分界线了。慕尼黑的小资产阶级啤酒馆气候滋长了政变的倾向，因为城市资产阶级基本上在政治上无所适从，然而——与北德的类似情况相比的话——这种倾向明显缺乏目标明确的能量。对柏林的深深怨念填补了巴伐利亚的特殊性和大德意志沙文主义之间的缺口，并掩盖了巴伐利亚右翼极端主义最终的无政府主义结构。

1921年11月5日，维特尔斯巴赫家族的那一小时已经无人问津。王室夫妇在慕尼黑的家族墓穴中下葬，伴随着胜利的葬礼游行，红衣主教福尔哈贝尔在葬礼上公开贬低共和制度——"在人民是自己国王的地方，他们迟早会成为自己的掘墓人"——甚至像恩斯特·罗姆也希望鲁普雷希特王储重新拥有王位。但巴伐利亚成为独立国家的想法，绝不是仅仅依靠法国外交部门表示同情就能催生出来的，更大的可能性在于，范围还有待确定的多瑙河联盟框架内，随着莱茵兰的分离和被占领土上分离主义倾向的不断进军，巴伐利亚独立的想法变得越来越激烈。

巴伐利亚分离主义的主要推手是奥托·皮廷格。早在1922年6月，他就试图发动政变，但遭到了弗朗茨·克萨维尔·冯·埃普骑士周围准备对柏林发动政变的军政府和高地联盟的抵抗，最后被扼杀了。1922年秋天以来，他一直在与林业委员乔治·埃舍里希和赫尔曼·埃尔哈特上尉以及其他保守派民族主义的代表进行接触。他的心中构思着一个摄政委员会，为了这个委员会能成功，需要争取诸如冯·卡尔、慕尼黑警察局长恩斯特·普纳尔和冯·埃普骑士等杰出人物的支持，必要时甚至不惜动用暴力相威胁，同时需要法国以金钱、武器和外交的手段来提供支持和保护。在这个手段并不高明的阴谋中，一些协会毫不掩饰地利用法国的补贴来整顿和改组自身，很快就泄露了，这让巴伐利亚的分离主义敏感地暴露出来。这一事件一方面清楚地表明了巴伐利亚这块地方的内部状况，另一方面也推动了议会外右翼势力在联合爱国协会中更强有力地统一在一起，共同把希望寄托在冯·卡尔和巴伐利亚的右翼保守主义革新上。

在奥托·皮廷格失败后，君主-分离主义协会和从一开始就致力于推翻共和国的团体之间渐行渐远，前者还愿意容忍试图维护巴伐利亚特殊权力的冯·克尼林内阁。这第一次给了纳粹党机会从巴伐利亚的政治边缘地带走向中心。阿道夫·希特勒抓住鲁尔区被占领的契机，脱离了巴伐利亚的联合爱国协会，以"不是打倒法国，而是打倒十一月罪犯"的口号，宣布民族统一战线的终止。[32]通过不间断的宣传工作，他努力动员越来越多的大众追随者，试图将纳粹党推向"民族自由运动"的顶峰。在党的公开集会上，希特勒不留情面地对所谓"十一月罪犯共和国"提出指责，吸引了前所未有的大量受众。巴伐利亚邦首府慕尼黑处于极度紧张的政治状态当中，各种关于政变的谣言满天飞，敌对的权力集团之间相互角力，这为承诺对现有制度进行"全面清算"的民族社会主义舆论宣传创造了理想的温床。

在1923年期间，纳粹党党员数从15000人猛增到55000人，但其影响力基本上仍然只局限于巴伐利亚，特别是在普鲁士、萨克森和图林根，该党自春季以来只被允许以替代组织的形式活动。尽管如此，欧根·冯·克尼林还是希望能够通过好言安慰来控制住希特勒，希特勒也一再向他保证，只想在合法的范围内行动，并未有政变的意图。如果对纳粹党进行更严厉的镇压，冯·克尼林担心会与激进的右翼武装分子发生对抗。因为希特勒不仅在巴伐利亚军队中有关系，比如，恩斯特·罗姆为他和冯·洛索将军搭上了线，而且在巴伐利亚政府当中也不乏同情者，包括慕尼黑警察局长恩斯特·普纳尔和他的同事，区域行政长官威廉·弗里克。由于希特勒的无国籍身份，政府于1922年考虑顺理成章地将之驱逐出境，然而却遭到了爱国协会的大规模抗议。尽管鲁普雷希特王储和埃尔哈特上尉均认为希特勒的政治能力极其低下，但他们还是想在其策划的政变中能够利用纳粹党的潜在力量。

苏维埃共和国被镇压后，巴伐利亚邦反革命氛围普遍占据主导，也就是在这样的情况下，安东·德雷克斯勒的德国工人党才有可能崛起，成为一支政治力量。德国工人党的成立最早可以追溯到图勒社慕尼黑分部的倡议。图勒社是秘密的，作为泛德联盟的一个分支，是

1920年3月，马克斯·赫尔茨领导的左翼起义后，国家防卫军士兵占领了福格特兰的法尔肯施泰因

1923年10月全国强制执行令期间，萨克森弗赖贝格地区对路人进行军事管制

向神秘主义的雅利安仪式致敬的日耳曼骑士团的后续组织。然而，起初，它只是许多相似的、没有什么具体纲领的民族主义和国家主义分裂团体中的一个，其活动往往局限于在巴伐利亚饭店中充斥着啤酒味的偏厅中进行定期的聚会。

相比之下，同样起源于泛德联盟的德意志民族防御与反抗联盟的成立被认为是比较成功的。它选在班贝格，并于国会召开之日成立，绝非偶然。司法委员海因里希·克拉斯希望能够形成有组织的反犹主义宣传鼓动，并产生对于上层名流云集的泛德联盟来说所缺乏的"向下"的效果，即点燃一场群众运动，从而"把犹太人当作一切不公正现象的避雷针"。[33]有组织的反犹主义与自由军团和军方右翼这个圈子的人保持着密切的交叉联系，特别是与"执政官组织"、钢盔团和其他士兵协会，其中当然也包括和纳粹党保持着密切联系，纳粹党党内主要职能部门的人员曾经是德意志民族防御与反抗联盟的成员。特别是在巴伐利亚，纳粹党成为由于民族主义运动的内斗被削弱、在拉特瑙遇刺后被禁止的联盟的后续组织。在其高峰时期，防御与反抗联盟拥有近18万名成员，却未能实现预期的大规模群众动员。由阿尔布雷希特·冯·格雷费和作为有着民族主义倾向的《德意志报》主编之一的赖因霍尔德·武勒领导，于1922年12月从德国国家人民党中分离出来的德国人民自由党也未能吸引大量选民追随。防御与反抗联盟的激进种族主义反犹宣传，是造成当时一系列谋杀案的幕后原因，拉特瑙遇刺只是其中一例，这些反犹宣传甚至还呼吁要对犹太人群体实施肉体上的清除。推翻柏林的"犹人共和国"的计划完全不是影响力主要局限在巴伐利亚的纳粹党独家垄断的事务。[34]

而在民族主义运动中叫嚷得最凶和行为最为激进的团体非纳粹党莫属，其支持者主要来自小中产阶级，直到1923年它才从农业人口中获得支持者。纳粹党形成了一个战争老兵的集结点，这些人曾活跃在自由军团、民兵团体和巴伐利亚秩序单元当中，退伍后又无法回归正常的平民职业中去。[35]鲁道夫·赫斯、创建了纳粹党党属出版社的马克斯·阿曼、成为调查和仲裁委员会（后来成为党的法庭）主席的瓦尔特·布赫以及威廉·布吕克纳（他后来担任了希特勒的副官），这批前军官大部分接受过高等教育，并且在纳粹党党内重新找到了自己的归属感。1921年后，许多现役军官也加入了他们的行列，其中包括恩斯特·罗姆，他是第七师步兵指挥官冯·埃普将军的参谋，赫尔曼·戈林，战争中曾获得过功勋勋章荣誉的战斗机飞行员，他在1923年接管了党内冲锋队的最高指挥权，以及赫尔曼·克里贝尔中校，他在这个阶段发挥了决定性影响。

但也有来自慕尼黑放浪形骸的人群拥入。后来成为外国媒体负责人的恩斯特·汉夫施丹格尔，一直打着冲锋队旗号的本笃会神父阿尔班·沙赫莱特纳，甚至还包括后来被罗森贝格攻击为堕落艺术家的埃米尔·诺尔德，也都在其中。尽管希特勒在1922年访问了六月俱乐部，却无法赢得奥斯瓦尔德·斯宾格勒的支持，因为他认为希特勒没有能力为民族社会主义提供任何智力基础。诸如迪特里希·埃卡特、阿尔弗雷德·罗森贝格和戈特弗里德·费德尔等民族主义思想家"打破利息奴役"的论点被纳入纳粹党的纲领中，然而关于进入党内的军方和资产阶级上层人士的问题就处于次要地位了。[36]

原本作为集会中维持秩序的组织而成立的冲锋队，在罗姆的影响下不断扩大，在"执政官组织"军官的加入下，成为一个准军事组织，直到1923年夏天，它实际上都在埃尔哈特的指挥之下。1923年1月底，冲锋队通过加入罗姆成立的"祖国战斗协会工作组"，出现了脱离希特勒掌控的迹象，尽管它与其他民族主义军事协会不同，通过对民族社会主义的党派运动的认同，它将自己视为一个政治协会。总的来说，正如军事和政治的双重领导已经证明的那样，各个军事协会和国家防卫军之间的界限是不稳定的。然而，1923年10月接受国家防卫军军官正规军事培训的冲锋队，在战斗联盟中只占少数。包括主要由学生组成的"慕尼黑团"在内，1923年10月时，最多只有3000人，其中准备参加政变的人还几乎不到一半。

德国工人党于1920年更名为民族社会主义德国工人党，从一个民族主义协会转变为一个法西斯运动，这次变身与阿道夫·希特勒本人有着密切关系。他在维也纳的青年时代和1913年移居慕尼黑后，曾多次接触到种族主义反犹主义和极端民族主义思想。[37]希特勒身上最明显的政治烙印来源于战后的慕尼黑。在国家防卫军的倡议下，他走上了从政的道路。革命爆发时，他躲进了上维森费尔德的军营中避难，他在那里执行警卫任务，安然无恙地度过了苏维埃共和国运动的动荡局势。在政治"启蒙课程"中，他遇到了当时对他产生决定性影响的民族主义诗人迪特里希·埃卡特，以及发现了他的演说天赋的德国民族主义历史学家卡尔·亚历山大·冯·米勒，课程结束后，他被国家防卫军第四集团军司令部借调为联络员，报告德国工人党的活动情况。其间，一篇讨论稿件引起了身穿野战服的下士希特勒的注意，德雷克斯勒最终要求希特勒加入德国工人党领导层，希特勒甚至在1920年3月之前一直作为该党的宣传发言人保留了国家防卫军成员的身份。[38]

希特勒在国家防卫军培训课程中接受到了大量反犹主义思想的灌输，其间他又与图勒社成员迪特里希·埃卡特和阿尔弗雷德·罗森贝格频繁私下接触，这些都决定性地塑造了希特勒的政治世界观，并反映在他早期的公开露面中，其特点就是狂热的反犹主义言论。他所再现的民族主义和民粹主义怨念的混合物并不是其独立思考的产物。希特勒给听众带来的首先是一种不同寻常的、高度精巧的演说天赋，而他的观点则始终在重复着从当代民族主义思潮中借用来的陈词滥调。然而他通过对论点具象的简化和蛊惑性的夸张能力，使其看起来特别具有说服力。

希特勒作为纳粹党宣传发言人的职业生涯在某些方面是对自己

的一种逃避。他对听众施加的魅力，源于他对听众情感需求异常强烈的敏感性，而这又为他极度缺乏的内在自我确信提供了替代品。作为一个演讲者，他对他所提出的口号以及唤起的仇恨有着自我暗示性的身份认同，一次又一次地在演说中把身体运行到疲惫的极限，形成了他无以伦比的煽动性魅力。归根结底，它是建立在对一个缺乏感情和接触、无力建立正常社会关系的人的自愿投入之上的。重要的不是宣传的内容是什么，而是对意志和无条件的崇拜，他致力于此，并将其作为一种精神力量而直接传达给公众，这些导致了他在蛊惑人心方面的巨大成功，并使他有能力甚至可以成为乌托邦式目标的代表人物，具有如此大的说服力，仿佛这些目标马上就要实现。[39]

希特勒往往能给他的听众和追随者留下深刻的印象。他善于把自己塑造成一个普通的前线士兵，一个来自人民中的人，他根本上厌恶政治事务，认为职业政治家不过是职业的"无赖"，但由于情势所迫，他又不得不走上政治舞台，而一旦这一团乱麻被清扫干净，就会马上离开，而这就是他真正关心的问题。他有意识地通过随意的着装来支撑自己无私和奉献的整体外在形象，这构成了他在公众面前的形象不可缺少的条件，而他的波希米亚风格只有最亲近的党派支持者才有所了解。他作为一个宣传者所做的将自己个人与国家的命运高度等同以及对个人真实性的要求是希特勒从私人领域转入公共领域的主观对应。这清楚地表明，希特勒成为他那个时代的主要煽动者，并不是因为他是一个成形的、有个性的个体，而恰恰在于他为了适应普遍的社会怨恨和态度完全放弃了自我。在这方面，他主要是环境和环境强加给他的角色的产物，然后他能够以惊人的技艺来扮演好这些角色。战争失败和革命的集体梦魇，内心撕裂的意识，价值相对主义，普遍的社会地位恐惧感，这些都被非理性的行动主义和自我英雄化所弥补，同时也可能导致集体自杀的情绪——正如1918年后军事精英们反复出现的情况那样——为希特勒身上散发出的魅力提供了必要的社会心理背景。希特勒对那些昔日特权受到威胁或社会地位提高无望的人群所产生的魅力是巨大的。

1920年后，纳粹党的发展与其说是得益于它所倡导的纲领，不如说是因为希特勒和他的亲密伙伴小团体给它量身定制的新政治风格。有趣的是，希特勒几乎完全不关心"二十五点"纲领的内容，他几乎没有完全逐条同意，却无比重视其示范性的公开宣扬。[40]纳粹党的纲领往往是折中地把各种论点杂糅在一起，内部还充斥着矛盾，这在很大程度上与民族主义运动和极右翼协会的意识形态立场相吻合，其中包括新保守主义环形运动的一部分和青年联盟的民族主义派别，他们的纲领在许多方面与德国国家人民党的纲领性思想相一致。不同的是，纳粹党以一种激进和集中的方式来宣传民族主义的怨恨情绪，而这种宣传的方式在其他竞争团体中是基本没有的，因为这些团体的方案还都考虑到了各自内部的利益分歧。

值得注意的是，当希特勒在1921年夏夺取了对党的领导权时，为了实现他不受限制的领导权，他选择在公开的集会上对党的委员会施加压力，而不是通过委员会内部程序。[41]外部原因是希特勒拒绝了在他不在场的情况下做出的与奥托·迪克尔领导的与德国社会主义党关系密切的民族共同体合并的计划，这意味着德雷克斯勒无意之中侵害到了希特勒的领导地位。希特勒对这个看似否认其权威的行为做出了过度反应，然而又没有明确的行动方案；他对外郑重宣布要退出纳粹党显然也是认真的。希特勒的核心动机基于一种本能获得的洞察力，即他必须不惜一切代价防止运动倒退成为"西方联盟"，并且在参政的纲领性讨论和参与议会选举中逐渐失去其意识形态的纯粹性。他的担心在于，作为唯一真正的"德国自由运动"，纳粹党不应该通过与相互竞争的团体结盟而放弃自己的原创性主张，从而失去自己的团结和进取心，最终迷失在众多民族主义分裂团体中。

实质上，1921年7月的政党冲突核心是将法西斯主义的政治理念强加给一个局外人政党，该政党迄今为止一直以资产阶级俱乐部为组织特征，并在关于改善世界的投机性计划的辩论中不断内耗。在他最为亲密的慕尼黑追随者赫尔曼·埃塞尔和鲁道夫·赫斯的压力下，希特勒实施了无条件的元首责任原则。因此，党内选举被自上而下的责任授权所取代，尽管一定程度与形式上的社团民主，也是出于社团法的原因，至少在1925年之前得以保留。元首制原则本身已经在自由军团和右翼社团中到处实行，但希特勒除了确保自己不受限制的决策权外，还宣布禁止党内形成其他的意志，在他看来，这是多余的。渐渐地，党内形成其他意志的制度基础也消失殆尽。

施展元首权力最初符合希特勒的主观需要，即避免与竞争对手的下属发生争执，避免任何机构介入，他本人的生平也一直拒绝这种介入，因为他不愿通过日常事务而迎合党内领导工作。党所被赋予的仅仅是执行功能，这是基于希特勒自认为"民族社会主义理念的守护者"的特有的政治理解所衍生的。他曾表示，"能够用简洁的公式来概括的统一组织和指导的世界观需要一个像冲锋队这种组织的政党"。在这两个极端之间——"世界观"必然是抽象的，无法通过"冗长的纲领"进行表述，而严密的组织完全服务于动员群众这个目的——不存在可以整合不同利益并确定政治优先事项，从而进行所谓政治活动的中间地带。因此，宣传不是手段，而是纳粹党在抽象的、无法秉承的"世界观"内进行政治活动的实际内容，该政治活动根据实际动员取得的成果进行衡量并在必要时进行更改。[42]

组织原则对于希特勒始终次要于宣传目的。在成立地方组织时，他认为先进行足够的"群众宣传"是必不可少的，因为必须不惜一切代价避免失败以保持威望。同样，在纳粹党参与选举和组织联盟之前，发起广泛的抗议运动就十分有必要。直到20世纪20年代中期，希特勒还以同样的理由认为参加选举是不利的，至多对宣传目的有用。因此，纳粹党将所有精力都投入到招募支持者身上，而对事实问题的讨论置之不理。在宣传的强度上，纳粹党超过了所有竞争对手。希特勒在这方面发挥了作用。1923年，纳粹党仅在慕尼黑就举办了46场大型集会。它的形象不是由追随者的政治融合程度，而是由连绵不绝的宣传打上的烙印。

法西斯主义政治中特有的决策主义，即内容价值的形式化以及目的和手段关系的倒置，在纳粹党中很快体现为外在符号和仪式感的双重发展，其功能在于弥补内部缺乏具体纲领的短板。从图勒社处沿用的纳粹党党旗和党徽、最初在罗斯巴赫自由军团配套的棕色衬衫、1922年末模仿意大利的冲锋队旗帜以及从民族主义运动中借鉴的"敬礼"手势（在30年代初被希特勒礼的手势所取代），这些都是有意推进美化政治的例子。早在1923年1月的党代会上，希特勒就成功地打破了最初的集会禁令，这次会议共有13场公开集会，是一次前所未有的夸张宣传。尽管当时还没有像约瑟夫·戈培尔那样精湛的政治表演技巧，但这次会议还是通过冲锋队的游行队伍、旗帜朝拜和狂热的集会给人留下了深刻印象。希特勒通常回避的政治讨论并没有完全消失，只是出现得越来越少。

不仅得益于如慕尼黑出版家布鲁克曼家族、钢琴制造商贝希施泰因和早期支持希特勒的弗里茨·蒂森等大资产阶级支持者的捐赠，1922年纳粹党还成功收购了此前一直作为民族主义组织喉舌的《慕尼黑观察报》。与此同时，该党从施廷内斯设立的"反布尔什维克商业基金"、不明外国来源，有时也从军方那里获得了临时资金。只不过，该党一贯主要还是通过会员费和集会收入来融资。正如符腾堡大使所报道的那样，随着会员数量的增加，"上流社会的街头民众"给予越来越多的同情，使得希特勒成为"慕尼黑之王"，同时在1922年至1923年危机的影响下，也获得了巴伐利亚保守派贵族的关注。[43]在1922年9月在科堡举行的德意志日上，冲锋队针对左翼反示威者的恐怖主义行动掩盖了他们与其他爱国协会相比在数量上的悬殊劣势。虽然希特勒在党内的领导地位无可争议，但人们并不清楚他在国家革命和德国复兴大业中所追求的是什么样的权力。

起初，他并没有想到要以重要政客的身份负责政府事务；他一开始将自己视为一个"鼓手"，作为主要宣传者与一众主要部长并肩作战。墨索里尼向罗马进军，与其说是一场民众起义，不如说更像是一个精心策划的计谋，这进一步坚定了他的野心，并引起了他的支持者对领袖的神化崇拜。而在民族右翼军队向柏林进军的战备行动已经展开之际，希特勒仍将自己塑造成"拯救德国的宣传者"。[44]尽管他周围的人试图将他纳入洛索和普纳尔阵营，但他本人并不清楚自己将扮演什么角色。

军事政变计划实际由埃尔哈特上尉通过扩大图林根邦边界的北部边境防卫队来推动——作为部署军队，并纳入部分冲锋队在内的借口——但在希特勒看来，这些计划并不十分重要。1920年卡普政变后，他曾说过："军事永远不能成为颠覆的工具，也永远不能成为运动的载体。"[45]

这与冲锋队领导人冷静的军事计算几乎没有什么不同，因为恩斯特·罗姆和马克斯·埃尔温·冯·朔伊布纳-里希特推动冲锋队军事化的目的性很强，而冲锋队于10月在国家防卫军兵营接受了正规的军事训练。1923年9月初，在纽伦堡的德意志日上，冲锋队与一些和纳粹党关系密切的军事组织，包括海斯上尉的"帝国旗帜"、"高地联盟"和慕尼黑的爱国组织一起，组成了"德意志战斗联盟"。罗姆的这一行动旨在扭转鲁登道夫和希特勒领导下的国家革命派阵营在军队中逐渐孤立的局面，但这并不意味着放弃，而是加强了对柏林采取攻击性军事行动这个概念。希特勒在巴伐利亚军方领导层和统一爱国组织的领导人中遭到反对，因为他渴望绝对领导权，并表现出拿破仑和救世主的架子，所以他费尽周折才拿下了"战斗联盟的政治领袖"这

1923年9月1日纽伦堡"德意志日"上的高地自由军团游行，当时正值阿道夫·希特勒政治领导下的德意志战斗联盟成立之际

个称号，而该联盟的军事领导由赫尔曼·克里贝尔中校负责。实际上，这只是意味着他负责对所追求行动的宣传背书而已。[46]

德国民族主义者青睐的鲁登道夫将军也与之结盟，他在卡普政变期间已经试图重返政治舞台，但这一决定也被证明是一把双刃剑。这位总参谋长在北德地区被公认为民族领袖，并试图在那里建立对抗柏林的"第二战线"，对于政变而言，他的地位似乎是不可或缺的。然而，这位将军并不打算服从希特勒，尤其是因为后者对这位前军事指挥官表现出了近乎崇拜的恭敬。鲁登道夫曾支持复辟霍亨索伦王朝，这使他遭到了巴伐利亚君主主义者的强烈反感和继任者的嘲讽，他已经幻想着自己将领导一支"德国国民军"在政变后与法国好好算一笔账了。[47]

因此，希特勒冒着被双重孤立的风险，拼命地试图将部分"帝国旗帜"组织已经退出的战斗联盟纳入政治纲领。尤其是希特勒新成立的国家委员会威胁到了他所依靠的慕尼黑人民运动的权力时，情况就更是如此。1923年5月1日的事件表明，国家防卫军尽管对纳粹党抱有极大的同情，但在希特勒自封的领导地位面前，他们显然是不愿屈服的。当时希特勒不得不同意解除他所集结的包括"慕尼黑团"在内的冲锋队编队的武装。纳粹党以惯常的街头动员作为回应，并通过极度扩大领袖崇拜来弥补他们在占领鲁尔区的态度上的战术失误，语言措辞上，他们称希特勒是不可替代的"德国自由运动的领袖"。

在不断的政变谣言和为计划于11月15日的军事行动而进行的狂热准备中，希特勒面临着失势的危险。在德国北部，他被认为只是一个煽动者。鲁登道夫认为，他必须先证明自己是否有成为"德国墨索里尼"的能力。[48]希特勒的名字从政府计划中消失了。他对此的反应是他特有的，同时夹杂了紧张和犹豫的结合体。在罗姆和戈林为战斗联盟部队做好行动准备而忙得焦头烂额时，他却在慕尼黑的咖啡馆里消磨时光。最终，他意识到自己需要立即采取行动，因为在高通胀的情况下，资金可能枯竭，已集结的团体可能分裂。他对未来的规划很明确。在一次冲锋队领导会议上，他要求："在最后一刻就从巴伐利亚开始解决德国问题。在慕尼黑的德国政府领导下，号召集结德国自由军队。"希特勒冒着与洛索将军关系恶化的风险，在10月底威胁说，如果"事情没有进展"，他将独立采取行动，尽管他很清楚自己缺少可支配的外部力量。与此同时，他猛烈地指责冯·卡尔，并将他称为"巴伐利亚的库诺"，而且势必将被民族抗议风暴席卷而去——可能这种说法也不无道理。[49]

事实上，巴伐利亚三巨头洛索、普纳尔和冯·卡尔在是否同意向柏林进军方面犹豫不决。虽然说服塞克特加入希望并不大，但他们相信可以同时平行开展柏林行动，该行动将由威廉·冯·盖尔领导的国家督政府执行，并由里夏德·冯·贝伦特将军取代塞克特的位置。这个计划的主要策划者是司法委员克拉斯，他获得了德意志自由党、钢盔团领导层、土地联盟和部分德国国家人民党的支持，并期望得到塞

《在巴登-巴登的舞厅里》。马克斯·贝克曼的绘画作品，1923年（慕尼黑，巴伐利亚国家绘画收藏馆）

《柏林的罗马风格咖啡馆》。珍妮·玛门的水彩画，约1930年（阿尔布施塔特，城市画廊）

克特麾下目前仍犹豫不决的军官们的支持。基于外交方面的考虑，他们决定将鲁登道夫安排到组建国民军这个第二阶段工作中去。

法国大使弗朗索瓦·德·马尔热里曾警告施特雷泽曼，如果出现右翼独裁的情况，法国将会进行干预，同时巴黎方面也拒绝进行外交接触，这一威胁说明了反革命密谋者犹豫不决的态度。尽管军队领导层做出了各种冠冕堂皇的保证，但与法国的冲突是无法被接受的。希特勒的宣传口号并不能消除这种风险。赫尔曼·埃塞尔的秘诀，即后来的人质计划——只要一名外国士兵进入德国领土，就逮捕并处决50万名犹太人——在这种情况下也不能奏效。[50] 只有对于希特勒来说，这个问题才不是问题。他宣称，如果国家恢复内部团结并摆脱犹太人的控制，它也将在外部战斗中获胜。

最初，巴伐利亚右翼力量曾仿效穆斯塔法·凯末尔的做法，追求一种"安哥拉方案"，凯末尔曾以安纳托利亚为基础成功地进行军事行动并粉碎了《塞夫勒和约》。这其实正是罗姆的想法，他想从革命化的巴伐利亚开始征服德国。相反，冯·卡尔倾向于推动巴伐利亚的独立，他得到了红衣主教福尔哈贝尔的支持，后者将重要的违宪要求作为呼吁施特雷泽曼保持克制的条件。然而，即使与北德意志就组建"第二战线"的谈判没有成功，冯·洛索还是要坚决发起对柏林的进军。鲁登道夫在某种程度上同意他的想法，因为他拒绝将行动视为一种由非正规武装部队发起的"第二次卡普政变"，并以此削弱军队的重要性。他希望通过这次解放行动来消除1918年晚秋丑闻的影响。马克斯·埃尔温·冯·朔伊布纳-里希特和特奥多尔·冯·德·普福尔滕（11月9日的血腥受害者之一）提出的建立民族"军事国家"的想法与鲁登道夫的军事政治愿景、爱德华·施塔特勒和奥斯瓦尔德·斯宾格勒秉承的"德意志"或"普鲁士社会主义"的计划不谋而合。另一方面，他们与希特勒的全民投票动员计划却大相径庭。

希特勒意识到，没有军队支持的军事冒险注定要失败。他关心的是通过"无与伦比的宣传浪潮"为"德国革命"提供初始动力，这将使保守的资产阶级名人和爱国组织陷入困境。为此，战斗联盟领导层将计划定在11月11日实施。可以肯定的是，他们需要鲁登道夫的合作，因为只有这样才能保证国家防卫军不会正面对他们发起进攻。另一方面，军事准备几乎没有引起希特勒的兴趣。他设想点燃一场不可抗拒的、狂热的群众运动，以扫除所有障碍。当巴伐利亚三巨头向他明确表示他会参加政变但不能占据领导地位时，他自发地利用11月8日晚上的市民啤酒馆集会，凭借滑稽的威胁手段将自己置于"德国革命"的首领地位。值得注意的是，这些准备工作在慕尼黑仅仅是初步开始，而在巴伐利亚其他地区仍处于按兵不动的状态。这应该是一场"干净利落"的政变，而不是军事政变，更不是有目的的夺权行动，因为事先连任何关于政府计划和政变政府组成的考虑都没有。[51] 这一次希特勒还摆出了一副没有野心，只是为了处理危机的姿态："直到与那些今天让德国陷入深渊的罪犯算清账为止，我才会接管临时国民政府的政治领导权。"[52] 人们甚至不清楚他是否指的是国家总理府。

当天晚上，希特勒赢得在场政要支持的同时，也发布了声明："明天要么在德国建立一个民族政府，要么我们就死定了"，随后利用卡尔、洛索和塞瑟的支持来勒索与鲁登道夫、洛索和塞瑟组建临时政府，此时他的主动权却落在了匆忙召来的前军需官身上。[53] 因为只有在他的坚持下，这名没有拒绝服从"世界大战中最伟大的士兵"的巴伐利亚领袖才同意让自己参与起义。已经觉得自己是国家独裁者的鲁登道夫因为从洛索和塞瑟那收获了不少溢美之词，所以并没有逮捕他们。这导致因希特勒的过错而准备不足的政变从一开始就失败了。国家防卫军和邦警察立即采取了反制措施。

起义陷入僵局时，希特勒彻底失去了理智，在绝望中甚至派人去请鲁普雷希特王储进行调解，而他的内阁首脑和其他巴伐利亚内阁成员一起被关押在恩斯特·汉夫施丹格尔的别墅里。在战斗联盟领袖克里贝尔的催促和鲁登道夫的支持下，他们迈出了决定性的一步：动员群众在政府区举行示威，并通过公投强制实施已经公开宣布的鲁登道夫-希特勒的国家独裁。希特勒对这次游行持怀疑态度，但也只是否认它军事示威的性质。与希特勒并排领军行进的鲁登道夫没有料到武装力量会阻拦他们的去路。1923年11月9日中午，游行队伍在巴伐利亚邦警察的火力下不堪一击，造成13人死亡和多人重伤，希特勒的政治生涯濒临崩溃。

1924年春，慕尼黑法院违反《共和国保护法》的规定，组织了一场反对阴谋者的审判，这不仅为这个纳粹党元首提供了一个公开论坛，使他能够最大程度地实现政治复辟，而且重要的是掩盖巴伐利亚政治界、军方和德国政治右翼的责任，从而使得鲁登道夫得以摆脱叛国的罪名。对鲁登道夫-希特勒的审判结果导致了连处于同时代的人们也没有对广泛的资产阶级右翼推动的反革命行动有足够清晰的认识。希特勒过早和业余的行动破坏了这一行动，参与者在11月10日之后着手停止对柏林行动的准备工作，并试图掩盖所有痕迹。

1923年深秋，右翼的反议会革命得到了广大资产阶级阵营的支持，除德国国家人民党和巴伐利亚人民党之外，还包括德国人民党以及德国民主党和中央党右翼的代表。大多数利益集团都赞成这样的解决方案，尤其是重工业、土地联盟、德国商业联合会、高级官员联盟、大部分司法机构、工会的有影响力的团体、大多数军官团、新保守派知识分子、高校政治右翼的学生和教授，以及两个教派中相当一部分的神职人员。议会制的声望已经跌至谷底。尽管如此，仍丝毫不见有任何系统性大变革的端倪。国家总理以及普鲁士总理奥托·布劳恩立场坚定，后者认为可以依靠稳定的大联合政府，并在必要时毫不犹豫地动员普鲁士警察对抗国家防卫军的袭击，这些都导致了在11月

9日后右翼阵营的幻想开始破灭。但更重要的是，他们已经开始体现出优柔寡断的行事风格和战略上的分歧。

由于艾伯特总统收到了有关希特勒政变的矛盾信息，他不再将行政权交给建议与巴伐利亚达成妥协的盖斯勒，而是移交给了塞克特。值得一提的是，这是和奥托·布劳恩的强烈抗议唱反调的做法，布劳恩坚持要在卡普政变后将军事权力置于民事权力之下。塞克特便在这种情况下很不情愿地接受了该宪政秩序。塞克特很快适应了军队通常扮演的角色，大规模地接管大型公共管理职能，令德国国家人民党大失所望的是，他放弃了指挥部的计划。特别是在他曾暂时考虑竞选总统一职的情况下，他后来没有再提起这件事。只是在普鲁士政府和共和党的压力下，他才同意在1924年春天自愿结束军事紧急状态的统治，这种统治已经失去了任何内在的合法性。塞克特把军事统治权交给了政府，结束了这段历史。

这场从1923年秋季开始显现的威权主义变革只是一场幻觉，并随着货币趋于稳定而消失了吗？恶性通货膨胀严重影响了国家政府的权威，这也助长了极端的政治两极分化。然而，魏玛共和国与法国的冲突才是第二次严重危机的深层次原因和催化剂。不负责任的宣传者和出版商，包括大学教师，因未解决的战败和拒绝和平的虚假怨恨被积累起来形成了一种高度爆炸性的混合物，由于希特勒的崛起而早已烟消云散。

宪法秩序没有解体至少是武装力量的功劳。当然，随着军队对萨克森和图林根的介入，巴伐利亚反革命分子不再有任何进攻的借口，而社会民主党部长退出政府也是出于同样的理由。德国国家人民党主席奥斯卡·赫格特试图向普鲁士任命国家专员，但遭到了总统艾伯特和施特雷泽曼的坚决反对，因为普鲁士内阁危机必然对悬而未决的莱茵兰问题产生严重影响。然而，具有决定性意义的是要认识到，如果法国成为一个独裁政权，就有可能加剧对德国的压力。最终便会如胡戈·施廷内斯所预测的那样，正式的议会制只能通过建立右翼独裁政权来维持，否则会导致失去莱茵兰。从这个角度来看，普恩加莱的政策并非完全没有积极作用。它迫使资产阶级政党及其背后的组织走出外交幻想的虚幻世界，至少在一定程度上认识到强权政治的现实。

在施特雷泽曼的两届内阁任职期间，尽管总理强烈支持与各政党合作，但国会在立法方面的职能大部分被紧急命令或授权法案所取代。与巴伐利亚的冲突掩盖了社会民主党议会党团在11月初宣布的不信任投票，该投票在11月23日国会重新召开后同时与德国国家人民党对施特雷泽曼提出的反对性起诉一起被付诸表决。当时，艾伯特不愿意授予德国人民党解散议会的权力，特别是因为他不再相信议会能维持稳定。在党内机构和党员的压力下，社会民主党不顾艾伯特的极力反对，仍坚持对施特雷泽曼实施不信任投票，而后者本人也不愿意任凭其总理任期的延续受制于所谓的"议会算术"。[54]艾伯特给党内同志提笔留言时，提到塞克特未完成的计划，并且警告说，诸位将在未来十年中认识到自己的愚蠢。然而，对于这个党派来说，他们更需要捍卫自己的身份而不仅仅是部长的职位，所以他们心理上不可能支持进一步削弱社会政策方面的成就。

内阁"在公开战斗中"失败，促使施特雷泽曼讽刺说这不是内阁危机，而是议会危机。然而，与国内政治机制相符的是，鉴于制度变革会带来严重的经济和外交政策后果，反议会的右翼不得不承认现状，这直接增加了对社会民主党和自由工会的压力。普恩加莱极不情愿地同意组建一个由美国人参与的专家委员会，并于10月底对此进行了批准，再加上即将签署的MICUM协议，使得外交政策也出现了僵局。大联合政府是在夏末成立的，因为没有其他办法来应对鲁尔斗争的外交政策危机。当外汇稳定和与占领国的非正式安排预示着外部和内部紧急状态行将结束时，大联合政府便理所当然地瓦解了。

议会制是为了成功地抵御右翼政变的初衷而成立的，表面上看没有受到损害，但具有讽刺意味的是，极右派认为社会民主党退出国家内阁实质上是为了接受因鲁尔斗争失败而出现的局面，并履行德国所签订的条约义务，尽管社会民主党一直期待能尽快修订这些条约。最终实现正常化的代价是抹杀革命和通货膨胀时期的社会政策成果。社会民主党通过11月23日的不信任投票预计到在激烈的分配斗争中无论如何都不可避免地退出政府。从战术上讲，这可能是错误的。但在事实上，这一步也促使共和制度加速获得外部稳定。

第六章
双重面目：内政外交的重建

在1923年与1924年的新年之交，国家内政外交的危机终于度过了最高潮。种种迹象表明，共和国在向着平稳的发展轨道迈进。鲁登道夫-希特勒政变在内部起到了某种清洗的作用，同时清除了试图改弦更张的保守右翼势力政治土壤。就连在巴伐利亚也被禁止的纳粹党只能以一系列种族主义的极端小派别形式继续存在。政变的失败意味着巨大的挫折，没有人觉得他们能够从中恢复过来。德国国家人民党虽然还坚持着他们的反议会路线和极端修正主义主张，但是明显表现出了逐渐清醒的过程。稳定货币的政策看起来暂时起到了效果。民众对于地产抵押马克是否能够保持信心，以及期待中的金本位制度是否能够重新建立起来，取决于国家的金融和经济政策。

只有在战争赔款问题上达成一致，并且用条约的形式来规范鲁尔问题，以取代目前有效期至1924年2月的鲁尔工业界和法国签署的私下协议，鲁尔危机和恶性通货膨胀带来的严重后果以及由此导致的广大劳工阶层和下层中产阶级民众生活困苦的情况才能逐步得到改善。尽管由于货币的改革解决了莱茵兰的直接威胁，但是德国主权在鲁尔地区受到排挤，法国继续行使对该地区管理权的事实给德国的政治和经济带来严重的负担，并多方面大大限制了德国的经济复苏。

在这样的情况下，德国政府就把希望寄托在了1924年1月成立的由美国银行家查尔斯·道威斯领头的专家委员会上。该委员会受到战争赔款委员会的委托，出具一份有关德国经济能力的报告书。[1]1923年11月末由在威廉·马克斯牵头成立的资产阶级少数政府中继续担任外交部长一职的施特雷泽曼向协约国表达了德国方面原则上愿意由中立的评审委员会来对德国的经济能力予以评估的态度。只要专家委员会的最后决定——它很快被称为道威斯计划，尽管提出修改赔偿方案的建议上只有欧文·D. 杨格一个人的签字——没有出台，德国政府就可以千方百计地阻止委员会得出有关德国经济能力过于乐观的评估结论。此外就是耐心等待评估报告，最终它于1924年4月公之于众。

事实上，对于当时的德国外交来说，施特雷泽曼除了立刻表达认可该评估报告的做法以外别无选择。因为此时只要德国表示出对报告内容的任何顾虑，就会被法国当作借口，撕毁当初违心应允的关于战争赔款的国际协定。德国方面的认可也最终铺平了道威斯计划崎岖不平的道路。德国社会却并未正确地认识到外交上的这种不得已的窘境，同样，道威斯计划意味着饱受不断失败的敌意影响的战争赔款问题实质上达到了一个新的阶段的事实也没有得到德国公众的正确认识。雷蒙·普恩加莱推行的所谓"可增值的抵押物"政策将德国的外交现状逼至绝境，但同时也导致战争赔款问题演变成国际债务问题。未来的谈判只能更多地在《凡尔赛和约》的基础上进行，因此只能通过外交手段达成一致，德国国家的统一需要得到保障，法国也应当退出对鲁尔区的军事占领。

普恩加莱在鲁尔的胜利是以显著削弱法国经济为巨大代价的，这同时也导致他此后无法独立地解决战争赔款问题。他只得违心地同意美、英的干涉，把赔款和支付问题的调停交到主要受美国金融专家影响的专家委员会的手上。一方面，美国并未做出在战争赔款问题解决前暂缓协约国间战争贷款的清偿问题的让步，另一方面，由于占领鲁尔导致法国经济削弱后更加依赖国外贷款，因此，无论对于普恩加莱，还是由于他选举失利而于1924年4月上台的继任者、激进社会主义者爱德华·赫里欧，都别无选择。如果拒绝德国已经于4月16日认可了的专家委员会评估报告，则意味着法国在外交上继续陷入孤立无援，并将最终导致英法协约的破裂。

1924年，欧洲失去了世界经济的主导地位，美国成为新的经济领导力量。[2]通过组建专家委员会，美国人重新回到了欧洲的谈判桌上。至少1919年威尔逊总统的内政失败之后，人们仿佛觉得孤立主义的趋势将长期存在。表面上看，美国政府没有参加1924年8月的伦敦会议，但是人们却小心翼翼地寻求与美国专家以及他们背后所代表的银行集团的态度达成一致。造成这种现象的原因是，美国议会中，共和党人占据多数，他们对于美国长期在欧洲事务上有所作为的政策持怀疑态度，但美国经济界却主张对欧洲实施间接干预，从而为美国商品出口打开欧洲市场的大门。占领鲁尔区事件之前，美国国务卿查尔斯·休斯就曾试图争取和法国就战争赔款以及战争贷款问题共同达成国际社会的一致。然而在德国让步之后，美国在外交政策上放弃了原有的对法国的礼让态度。

早在库诺任总理期间就一直期待美国能够做出有利于德国的干涉行动。鲁尔冲突导致了经济上的严重后果，法国法郎的一蹶不振也加深了协约国内部债务问题的激化，这就让主要债权国不得不主动介入。美国经济界对德国巨大的经济潜力非常感兴趣，因此德国外交政策也毫不犹豫地要抓住这个经济和政治上的良机，依靠美国。然而美国人的打算在面对英国人的坚决态度时还是计划落空了，后者因为20年代初国内的社会及经济危机需要大幅扩张欧洲的贸易才能解决。德国长期以来就是英国最重要的贸易伙伴，因其市场的承载能力也早已经成为英国工业产品的重要出口地。所以在英国人看来，德国是欧洲经济复兴重要的一环。

当时的国际社会意在重建世界经济体系，这让战后恶化的紧张气氛得以缓解和消除。同时，能以对双方都相对可接受的方式来消除鲁尔危机的影响，并以合理的方式规约战争赔款，成为大家的必然选择。合理的赔款方式意味着不能过多地阻碍德国经济的崛起，也不能因为过多的资金转移而危及德国货币的稳定。专家委员会根本无法回避至少在形式上满足法国公众仍然过高的期待。因此，专家委员会决定形式上仍然采纳伦敦赔款计划的相关原则规定。但无论是德国经济能力的评级委员会还是处理赔款给付问题的委员会都有意识地对是否放弃协约国制裁问题避口不谈，尽管当时每个人的心里都非常清楚，放弃制裁其实是德国能够履约的必然前提。

出于策略上的权衡，专家委员会并没有明确德国战争赔款的总额。然而，它却制订了一个临时的付款计划，要求德国在1924年至1925年需要从道威斯计划贷款中拿出8亿马克，再从出售国家铁路债券所得中拿出2亿马克。这一数额到1926年将升至12.2亿，到1927年至1928年将升至17.5亿马克，其中5亿马克将由正常预算筹措。第一期款项的数额达25亿马克，将于1928年至1929年到期，其中一半来自国家预算。该付款计划的数额仅仅略小于伦敦计划的规定。德国政府有义务将国家铁路作为一家独立的企业交由国际管理委员会托管，以其收入作为抵押；并征收工业分摊费，收入作为工业债券流入国际监管的银行。此外，德国政府还将某些消费税作为抵押，同时还规定，如果其获益突破了赔款计划规定的边界，年赔付额还可以以"条件改善赔款凭证"的形式有所增加。

专家委员会还建议，实际战争赔款的给付要建立在衡量外汇收入并考虑德国的财政平衡之上。未给付的资金应该作为对德国经济的投资。一方面，付款的种种保护措施是为了保障德国货币的安全，另外一方面，这种机制也可以防止债权国由于大量的资本涌入而陷入支付的失衡状态。最终处理困局重重的赔款问题的任务落到了同J.P.摩根有着紧密关系的金融专家、美国人帕克·吉尔伯特的肩上，他也是依据道威斯计划由协约国选定的赔款事务专员。虽然人们此前曾一度更倾向于由欧文·D.杨格来承担这个工作，但吉尔伯特专业而又中立地承担了这项任务。

情况很快就表明，德国不断出现贸易上的负面情况，有鉴于此，在普通年赔付额到达25亿的时候，赔款问题将陷入僵局。专家们却从一开始就认为，德国支付战争赔款的义务会在几年之后得以重新规约，他们甚至赋予了德国政府在三年内重新要求评估其经济能力的权力。施特雷泽曼虽然感觉到25亿年赔付额无法接受，但是他也没有真正认为德国真的需要实际支付这么多钱，只是当时他不方便公开表达这样的想法。

对于国际金融专家来说，当务之急是通过对双方都可以接受的赔款规定以及相对较少的首期付款来促成德国和美国之间形成8亿元的贷款合同，他们还很乐观地预计，在此之后，美国数十亿计的雄厚金融资本会源源不断地流入。在欧洲经济复苏，并且法国货币危机得到解决之后，比鲁尔危机时更容易就赔款问题达成妥协。然而一些专家还是担心，法国人是否真的有诚意去促成道威斯计划，还是只是将之视为橱窗中的玩偶。[3]

伴随着赔款计划而来的国家铁路独立化、建立工业债券银行以及设立还款专员等措施都很敏感地干涉了德国的主权。吉尔伯特有可能直接影响德国的税收和金融政策。在消极抵抗终止之前，不仅德国民族主义抗议的浪潮要扫除类似的要求，就连经济界也完全予以否定。但大工厂主和大农场主们逐渐认识到，不这样做，就根本无法获得急需的国际贷款。因此，他们大多数转而开始大力支持赔款方案，丝毫不管他们在几个月之前还抵死反对过。这些却不能阻止德国国家人民党和其他民族主义政党视道威斯计划为对德意志民族"新一轮的奴役"。[4]

无论德国还是法国的外交政策，都面临共同的难题，即不能把道威斯计划中用以平息民族主义公众情绪的虚构成分公开揭露出来，与此同时，参与其中的专家们又以有效的抵押为出发点。影响深远的、狭隘的民族国家视角是不允许当时的人们在跨国的金融和经济维度上去思考问题的，尽管战争赔款和战争债务问题已经日益成为一个国际金融经济问题。值得一提的是，道威斯计划在伦敦会议上通过并不最终是出于经济原因的考量，而是如果该计划破产，那么德国、英国和法国的内阁将会倒台，而美国政府的威望也会大大减损。

　　因此，当时的人们激烈讨论的、向德国索要的、约占其1924年国民收入7%的赔偿是否确实能够筹措出来的问题已经变得不再那么重要了。经济学上讲，数额如此巨大的长期战争赔偿已经问题多多，因为它会增加德国工业比重，这对法国、英国以及其他债权国不利，同时会加剧德国收入支出的矛盾。在通货膨胀时期，这一效应已经部分显现出来。更加难以评估的是德国经济的内部可承受性，特别是到1927年为止，德国是否不会存在大的资金筹措困难。本来按道威斯计划的主张，在经济持续发展的情况下，即使是高额的最终年偿付额，德国仍然不需要太大的困难就完全可以应付。但资金付给接受赔偿的国家后会引起负面效果。因为这并不能带来持续的经济增长，相反在1925年出现小幅经济复苏以后，在1927年至1928年时又出现了经济发展的相对停滞。而西方工业国家引入的高额保护性关税又进一步带来了紧缩经济的效果。

　　在伦敦会议上敲定的赔偿支付方案由于1929年引入的道威斯计划的修正案而再也没有实际实施。实际上在1925年到1931年间——直到美国总统胡佛签发的延期清偿令——共支付了已经到期的120亿中的113亿，也就是说，占到了国民生产总值的1.7%。这一时期，从美国大量流入的贷款也用于清偿同期的战争赔款。当时德国不是一个资本输出国，而是最重要的资本进口国之一。事实上，这就形成了一个资本循环的怪圈，这甚至引起了美国金融界的深思，如何节约把黄金通过轮船运输到欧洲，再把它们运回美国的巨额开支。因为德国用从美国借来的钱支付给英法的战争赔款，而英法两国拿了这笔钱再用于向美国的战争借款偿本付息。

尽管国际金融界早就意识到了这个问题的存在，然而美国政府直到1932年才下定决心，通过取消战争债务为结束战争赔款创造了条件。尽管如此，美国的借贷政策和战争赔款问题的连带特性还是使赔款问题国际化了。不过，法国政界内部并没有承担相应政治后果的动力。在J.R.麦克唐纳和英国银行界考虑从国际联盟的赔款委员会手中接过权力的时候，法国人还在一再要求赔款委员会继续行使职责，并尽可能找出德国方面可能存在的违约行为。最终，人们一定程度上答应了担心法国右翼力量抗议声音的赫里欧的要求，赔款委员会继续负责，但必须在和赔款事务代理人协商一致后才能做出相应的决定。在金融专家们看来，回到过去的制裁措施也是完全没有可能了。如果德国不履行其义务，只有在国际联盟的基础上，采取共同的反制措施。

由于美国施加压力而在赔款问题上强制形成的平衡在德国和法国引发了镜像的后果。一方面，施特雷泽曼在取消制裁政策之外，还努力谋求更早结束对莱茵兰的占领，而赫里欧却致力于把赔款问题和安全问题联系起来。早在共同出席伦敦会议时，赫里欧就抱有幻想，要把清空鲁尔区和停止法国主导该地区建立在德国战争赔款义务履行的基础之上，从而达到无限期拖延的目的。然而他的这一想法遭到了英格兰银行总裁蒙塔古·诺曼以及J.P.摩根的坚决反对。摩根甚至坚决地表示，在这样的条件下，没有任何一个美国投资者会在向德国提供贷款的道威斯计划上签字，然而这些贷款又是德国能够给付战争赔款的前提。英国和美国的顶尖银行家们迫不得已地接受了他们认为过高的年偿付额，却拒绝承认法国此外对于鲁尔区在经济上的支配权，同样他们拒绝法国把经济抵押同法国的国家安全捆绑在一起的做法。虽然英国财政大臣菲利浦·斯诺登把《凡尔赛和约》看成是对英国士兵在大战中流血牺牲以抗争的原则的背叛，但是他仍然以不同寻常的尖锐态度反对法国寻求担保的诉求。这样一来，根本就不需要德国外交部长使用什么话术来说服赫里欧放弃法国继续主导并占领鲁尔区的打算了。

不过英国首相非常能够理解赫里欧所面临的政治困境，同时也极力试图阻止左翼政治联盟的崩溃，因此他表示可以允许法国暂时保持对鲁尔区实行"看不见的占领"。于是他同意了赫里欧的要求，法国在一年内撤离鲁尔区。施特雷泽曼在与美国达成一致意见后则坚持要求法国军队立刻撤离。在关于可能的制裁措施这一决定性问题上，麦克唐纳态度极为坚决。他断然拒绝规定在德国不履行条约时的任何制裁措施，因为这与诚实信用原则相悖。法国盟友意欲让德国在经济和军事上保持弱小状态的目的昭然若揭，但这既不是麦克唐纳愿意看到的，同时他也不认为其具有可行性。

与其前任们比起来，赫里欧的政策已经更为适度。只是它依然完全无法解决其内在的根本矛盾，即一方面要求德国能出得起钱，另一方面又要阻止德国经济发展起来。这其中蕴含着法国对于《凡尔赛和约》规定的疑虑，即是否能够长期坚持对德国军事力量的限制。英法的秘密情报部门当然对德国军队非法的扩军行为了如指掌，但显然当下德国还无法构成威胁。在麦克唐纳看来，协约国间的军事监督长远上看当然不可能阻止德国重新武装化的野心，因此，唯一的选择就是一个大胆的方案，坚决把德国拉入欧洲军事和经济合作的同盟中来。因此，他驳回了法国方面把撤军同支付赔款关联起来的计划，也不同意法国在德国不履行《凡尔赛和约》时延长对莱茵兰的占领。施特雷泽曼也以很合乎逻辑的理由驳斥了法国方面，因为这样一来，清除武装占领问题的决策就完全在有权发行战争赔款公债的战胜国央行手中了，德国对此再无任何影响力。

施特雷泽曼的目的在于，努力达成一个一方面接受道威斯计划，另外一方面清除协约国的军事占领和德国去武装化规定的一揽子方案。他如此执着地坚持要求立刻从鲁尔区撤军和取消军事监督其实只是少部分地出于对内部政治的考量，虽然他和赫里欧一样提出了相似的论点，只有带着可见的谈判成果才能面对议会的质询。尽管塞克特尖锐批评协约国对德国实施军事监督，并在施特雷泽曼的压力下放弃了抵抗；然而，重工业、大农业和国家军队让人们认识到，他们无法拒绝接受道威斯计划。利用道威斯计划的折辱来强迫德国国家人民党的策略，在外交部长的至少赢得部分让步的不懈努力中具有重要作用。但引人注意的是，伦敦会议上德国谈判伙伴出人意料地重视军事问题，以至于伦敦会议在撤军问题上看起来无法达成一致。在这一点上，美国却只把军事占领问题从根本上看成一个心理问题，因此在美国方面的干涉下形成了一个不太向着德国立场的妥协方案。军队将在为期10个月的过程中从鲁尔区以及制裁城市杜塞尔多夫和鲁尔奥特撤离，并且首先只在多特蒙德地区开始部分撤军。

对于法国外交政策来说，撤军问题附带着游说英国方面能够和法国签署共同对抗德国的防御同盟的期望。麦克唐纳拒绝了这一动议，并且反对了其他一些类似的建议，如联合波兰和捷克斯洛伐克签订类似条约以及作为第三步骤计划同德国签署由国际联盟保障的互不侵犯条约。英国工党政府并不愿意遂了法国人的心愿，实现后者进一步强大军队的计划。泰晤士河畔的英国政府感受到了这一点，就更希望在国际联盟的帮助下引入所谓的一般性欧洲裁军措施，以此来消除法国军事上的优势地位。在伦敦会议的时候，唐宁街已经明确其立场，并不承担保障德国在欧洲大陆东部边境的义务，并且人们也必须令小心翼翼地调整边境成为可能。因此，人们当时确实在权衡阻止法国在波兰的积极动作。这样看来，绥靖政策早在道威斯计划阶段就已经初现端倪。

伦敦会议的结果虽然没有达到施特雷泽曼以及外交部乐观的预期值，但总的来说还是好的。单方面的制裁不可能有了。战争赔款不再是按照第231条予以追诉，而是被看成德国对欧洲重建方案的贡献。赔款的给付处在由美国方面推进的经济发展方案的背景之中，在德国经济现实的支付能力框架之内，并且伦敦会议的第二部分也承认了德国在外交上的平等权利。会议也同意取消法国其余制裁措施，同时避免了由英法同盟而导致德国陷入孤立的境况。尽管列强把条约的通过视作实现了法国的战争赔款诉求，然而，法国却在会议中陷入了局外人的尴尬境地。

随着道威斯计划而形成的外交转折极大地促进了魏玛共和国内部政治体制的稳定。德国获得主权以及对莱茵-威斯特法伦工业区经济上的支配权是在除了国际谈判以外的任何途径都无法实现的，排除或修改魏玛宪法体系只可能增强法国反对专家委员会的保留态度。此外，随着货币稳定以及无法避免的战争赔款负担，德国内部政治上的分配斗争就走到了前台。这促使了反共和主义的反对派，特别是德国国家人民党，努力参与到执政政府中来。在这种情况下，人们不得不去权衡，继续国家的紧急状态政策的情况下，右翼党派会进一步实现其政治上的越位，从而影响其代表的社会利益的实现。因为1925年《凡尔赛和约》规定的外贸限制即将结束，特别是在农业方面迫切需要把关税政策方面的需求写进新的贸易条约之中。

右翼党派背后的利益集团也已经非常清醒，它们意识到，政治框架的骤变已经是不可能的事情。迫不得已，各方政治和社会力量都聚集在共和国的躯壳之中。在阵营日益固化的背景下，共和国一方面成为在语气和激进程度上再度提升的尖锐批评的对象，同时也是由国家宣传话语粉饰起来的维系利益的手段。对农业如此，对重工业亦然。只要关系到国家生存的维系以及保持国家统一，只要人们还处在一种国家特殊状态之中，就还是形成了政治上的妥协，来调和资本和劳动的基本矛盾。1924年初，慢慢过渡到政治正常状态的时候，各方收割利益的需要才重新唤醒。比如国家土地联盟和德国国家人民党通过粮食和农业部长直接呈递至内阁，要求重建战前农业保护关税，就是一个标志性的事件。

当时处在外交避风港中的现任资产阶级少数派内阁革新了库诺内阁的局势，尽管当时由一位更勤于也更善于寻求议会平衡的党派政治家马克斯入主了总理府。[5]1923年12月组建的政府自视为一届过渡内阁，并认为自身面临的最根本任务就是保障货币和金融的稳定，这一工作由当时无党派但亲德国国家人民党的财政部长汉斯·路德一力承担，并取得不错的成果。通过呼吁社会民主党在政治上的责任意识，马克斯达到了在成立议会十五人咨询委员会之后，社会民主党通过新的授权法案的成果。由于国会的授权，政府出台了大量替代法律的规定。虽然其中有的规定大大超越了授权法案的允许范围，但在几个月内就稳定了国家的收支，在缩减公共开支后，还实现了财政的赢余。不过这也引来了各方利益集团，它们普遍反对财政积累政策，认为这对投资不利。

两届马克斯政府中基本由路德主导的税收和财政改革都采取了有利于工业发展的金融和经济政策。开始的两项税收紧急规定旨在为工业和农业提供优惠政策。同时该项政策也暴露出当时政府还试图遮掩经济的快速发展，好让专家们对德国经济的负担能力给出更低的评估数据。比如纳入计算的290亿马克的实际工业征税数额与稍后实施的税务估算中工业征税额的470亿马克之间存在较大差异。由工业债券而来的对经济的负担因此不是固定资产投资的17%，而是10%。同时，国家财政部绕开了国会，还向鲁尔工业界提供了7.09亿马克。后来派出的议会调查委员会也无法恪尽其责，因为财政部的官僚主义做派成功地阻止了调查的展开。毫无疑问的是，一定有高额过度支付现象存在。

当魏玛政府坚决拒绝为失业救济提供足够资金时，其"鲁尔捐款"就加倍引发了社会的仇视情绪。[6]失业率首先超过了去年的10%，然后从1924年4月到10月间又下降到5%以内。劳方遭受了资方协会在工资和劳动时间方面的巨大压力，因为在劳动时间条例作废后，再无相关的法律基础。国家劳工部长海因里希·布劳恩斯，和施特雷泽曼一样，在不断变换的资产阶级内阁中扮演着维系人员连续性的角色。面对不断加剧的社会矛盾，布劳恩斯被迫在1923年10月和12月再次启动了恢复战时经济时期的调解机制，以防稳定货币方面取得的成果被长期以及花费巨大的劳动斗争化为泡影。

调解规定让国家劳工部可以通过向由其任命的国家调解员对劳动合同双方施加影响，做出违背劳动合同签订方的生效调解决议，从而参与到劳动合同以及工资制定的工作中去。[7]布劳恩斯开始并不反对资方协会提出的减少工资和延长劳动时间的主张，因为在他看来，提高生产是当务之急，同时提高工人工资和当前内阁制定的限制性的金融政策并不相容。工会组织早就认识到了强制调解会令他们丧失在劳动合同制定中的活动空间。但是很快实际情况就表明，在不借助国家强制调解的情况下，劳方面对资方在劳动合同制定中咄咄逼人的态势时根本就无能为力。原因在于，通货膨胀几乎掏空了工会的罢工经费，并且与1920年相比，自由工会和基督教工会的成员数也锐减至一半左右；这种情况一直延续到1926年经济形势转型时才稍稍有所改善。同时，资方的组织化水平也大大提高。特别是重工业企业借助矿业协会、煤矿协会、西北钢铁生产企业集团等组织拥有了财大气粗的代理机构，能够对政府以及议会施加持续的压力，迫使其做出让步。当时德国工业联合会超过四分之一的高级官员、朗南协会三分之一的代表是在政治上代表经济界利益的德国人民党党员。

布劳恩斯认可的、由强制调解达成的在鲁尔矿业平均减薪25%的做法导致矿工的极大困苦。[8]在1924年3月的企业工会选举中，深陷在劳动合同谈判中表现不力指责的矿工工会面对深受共产主义影响的体力和脑力劳动者同盟以及其他工团主义组织时遭受惨败。1923年的超量劳动协议被1924年4月28日做出的调解决议取代，后者正式规定了八小时轮班制，并且第八小时的工作不再按先前的协议看作超量劳动，因此这一规定在矿业工人当中引发了最为坚决的抵制。他们并不甘心接受形式上取消八小时工作制的做法，但拒绝接受劳动合同中未规定的超量工作导致了群体性的裁员。工人们开始罢工，五月大罢工当中有38万名矿业工人参加，占在职工人数的90%。国家劳工部长虽然亲自参与调停，然而此次斗争在激烈的冲突中结束，给矿业工人带来了持续的困难。

就如同矿业的例子表明的那样，稳定过渡阶段有着很严重的社会紧张关系。减薪和裁员在公共事务领域引发了一片愁云惨雾。即使1924年春天部分回调了减薪幅度也不能改变什么。特别在评估货币价值问题上，广大中产阶级持续提出抗议。通胀或极度通胀造成了资产在不同社会阶层当中重新分配，这其中受损失最大的当数原有的中产者。改革货币后的紧缩货币政策让手工业者和中小家族企业首当其冲，破产的中小企业数大大增加，与此同时，资本的聚集程度也大大增加。股份公司的数量上升，更多大型联合企业建立也反映了这一趋势。最终，中产阶级认为自己成了通货膨胀最大的输家。

国家财政部长路德最初已经下定决心，对旧的投资完全不予估值。这样一来就可以让1923年十倍于政府收入的国家开支从战前以及战争负债中减轻负担。然而面对公众的压力，同时也是鉴于国家最高法院于1923年11月再次重申"马克即马克"根本原则的判决，以及德国法官协会抗议并威胁对估值率做出司法审查的情况下，路德决定在1924年4月出台的激烈争论的第三次税收紧急条例中规定，旧时的存款和抵押贷款按15%予以估值。私人给付义务的清偿将不早于1932年，而清偿公共债务则要在解决了战争赔款问题之后才进行。在内部各方面激烈的争吵之后，才于1925年夏天修改了上述规定，对于抵押贷款按25%进行估值，对公共债券所有人引入一项救济方案。这样做就导致了无论德国国家人民党还是社会民主党都反对延长授权法案的结果。

由于国会的解散以及最终被提前至1924年5月4日举行的新一轮选举，马克斯内阁暂时还在任，以便着手进行有关专家评定的磋商。总统和政府目的一致，旨在阻止紧急条例的变更以及阻止议会对于内阁稳定局势政策的干涉。这样一来，政府权力的独立自主就大大超越了议会的监督。继任的资产阶级少数派内阁也延续这一风格，让人觉得更像是一个"国家的"紧急状态政府，充满了党派政治的贪欲。有代表性的现象就是，人们已经放弃了对政府形式上的信任投票，取而代之的仅仅是"知道了"通过政党联合形成政府的事实。至于倾向于成立资产阶级中间党派构成的少数派政府也首先绝对不是由于德国共

国民同盟为1924年5月4日的国会选举制作的海报，由M. E.和奥托·奥伯迈尔设计（达姆施塔特，黑森州立博物馆）

产党以及德国国家人民党这样的侧翼党派的政治权重原因。其真正的原因在于，政府部门的官僚主义、资产阶级利益集团以及国家军队拒绝在大联盟执政基础上的稳定。

德国不再通过授权法案，而是由不断变化的多数派形势进行组阁，重新回归正常的议会政府体系并没有因为5月4日的国会选举而变得更简单。该选举结果也没有反映出过渡时期正常化的进程，相反却表现出了前一年潜在内战的局势。社会民主党遭受了非常明显的损失，相比原有的171席，只取得了超过100席的席位，而德国共产党的代表数则由16席增至62席。这其中既表达了相当一部分工业企业劳工阶层的抗议态度，也由于先前的独立社会民主党追随者们背弃了社会民主党。德国共产党虽然不断陷入领导危机，也面临突然的路线转变，但还是在支持率上取得了显著的上升，其原因在于在萨克森和图林根执行的针对左派力量的政策。到了12月7日举行的选举中，社会民主党获得了131席，从德国共产党手中重新赢得了其原有的部分支持者。五月选举的败因还在于社会民主党党内的领导层没有能够成功地将党派左翼力量团结起来，亦没有能很好地向选民们解释为什么他们会走容忍马克斯内阁政策的政治路线。

资产阶级中间派的政党中，以德国人民党为首的中间力量只能勉强维系其惯有的地位，然而侵蚀效应也是非常明显的。德国人民党失去了约三分之一的代表议席，而德国民主党的席位也由39席降至28席。1923年11月的选举中遭到惨败的德意志民族党在5月的选举中一举从2席升至32席，德国国家人民党也获得了95席，其中还包括作为独立党派出现的邦联盟的10个议席。虽然德国人民党和德国民主党在12月的选举中小幅地增加了其在议会中的席位，但这不能阻止德国国家人民党获得更多支持。德国国家人民党的增长得益于民族社会主义自由运动的衰退，后者在选举中只获得了先前一半的席位。与这种两极化趋势同时出现的还有选民们背离中间派，转向代表了地区或特定利益群体政党的趋势。这些党派形成于国家的稳定期，到了1924年5月选举时已经获得了10%的选民的青睐。这首先还是和战后出现的通货膨胀密切相关，中产阶级选民普遍感到不安，并且纷纷倒向了代表特定利益集团的政党。其中包括建设和评估党、人民权利党以及相对更有影响力的德国中产阶级经济党。越来越多的选民日益背离旧式的"世界观政党"，表明了一种日益增长的利益政治分层的迹象，这使得政党之间形成联合政府的能力越来越弱。9政府衡量借助总统的紧急状态法令权来修改选举法以解决党派分裂的问题，却因为宪法赋予权利的考量未能实现。

1924年5月4日举行的国会选举后，尽管德国人民党尽了最大努力试图拉德国国家人民党进入政府，以图迫使其认可施特雷泽曼的外交政策，从而减少来自右翼力量的竞争压力，但是人们还是立刻发现，德国国家人民党还完全不具备执政能力。德国国家人民党领袖奥斯卡·赫格特要求前国家海事局长、泛德联盟代表阿尔弗雷德·冯·提尔皮茨出任总理，施特雷泽曼放弃外交部长并且重组普鲁士联盟。这单从外交政策上看就无法想象，以至于在中央党面前维护德国国家人民党的德国人民党遭遇到德国民主党的坚决反对，不得不放弃打破所谓"德意志民族主义浪潮"的希望。因为接受道威斯计划看起来已经是无可避免的情况，于是在艾伯特的影响下更新了马克斯内阁，社会民主党保证了在外交事务上的支持，德国人民党可以完全相信在通过了道威斯计划后可以实现长久以来追求的代表资产阶级集团的政府。

外交的压力造成了国内选举结果很大程度上没有带来执政党联盟的变化。由于资产阶级党派阵营的形成，马克斯权衡再三的社会民主党参与组阁归于失败，社会民主党无法施展其社会和经济方面的政策设想，亦无力改变在选举中日益明显异化的产业工人阶级的情况。社会民主党处在很尴尬的左右为难境地，因为按其一直以来的政策，接受道威斯计划几乎已成定局，然而，为此社会民主党无法实现在内政方面的任何让步筹码。相反，广大公众收入水平的降低成为外交政策的直接后果。如果社会民主党拒绝了道威斯计划，就会导致回到由总统任命的紧急状态内阁，从而威胁普鲁士邦社会民主党人领导的联合政府组成部分。社会民主党领导仍然固执地抱有幻想，希望通过道威斯计划后能够重新获得自由贸易。社会民主党暂时还是觉得不得不容忍马克斯的少数派内阁，追随外交事务优先的原则。

延续到就道威斯计划投票的德国内部的相对停战状态由于德国国家人民党被打破了。粮食部长格哈德·冯·卡尼茨伯爵要求将关税立即上调，并恢复到战前水平，这与将要到期的《凡尔赛和约》中规定的关于对德国和约伙伴最惠条款相关。德国国家人民党和土地联盟希望可以利用社会民主党在外交上的方针，从而迫使其在议会当中容忍农业关税提案。然而这会导致食品价格大幅上涨，让实际收入下降的工人阶级的生活雪上加霜。关税提案遭到了社会民主党和工会的坚决反对，同时，反对党基督教工会协会直接剑指执政联盟。长袖善舞的内阁因此在通过道威斯计划的第二天才把关税提案拿出来，并且预计到这样会使本来就风雨飘摇的中间党派合作直接破裂。

施特雷泽曼原本的考虑是，在通过道威斯计划后，再设法让关税提案得到通过，以此作为抛给德国国家人民党的诱饵，促使其停止在外交政策上的对抗态度。[10]无论对于道威斯计划，还是国家铁路法，都需要达到能够修宪的三分之二多数，因此德国国家人民党的支持是必不可少的。全少，当时司法部长对施特雷泽曼提出的建议是如此。德国人民党领袖施特雷泽曼这次非常坚决，迫使德国国家人民党公开宣誓表态，因此他根本不考虑回避宪法的规定。他组织了德国国家人民党领导层与美国大使会面，后者明确表示，在不通过道威斯计划的情况下，美国绝无向德国提供期盼已久的贷款的可能性。同时，政府也让德国国家人民党看到，如果拒绝道威斯计划，就会导致国会的解散，从而也让德国国家人民党陷入尴尬。甚至，施特雷泽曼还表示了会同意德国国家人民党关于原则上反对协约国提出的战争赔款条例的要求。然而，赫格特却一直把自身在议会中的关键性地位利用殆尽，以至于要求由魏斯塔普伯爵来接任总理一职，但这显然既不能得到中央党的认同，也无法得到德国民主党的首肯。这样一来，施特雷泽曼的外交计划将会全盘破产。

1924年8月29日，关于国家铁路法的投票在毫无希望的议会形势中举行。完全出乎意料的是，赫格特的德国国家人民党议会党团中的48名议员并没有听从党团的号令；他认为在面对利益团体时不得不在投票前放弃党团的纪律原则。因其选票是白色的，所以当时的观察家们又将德国国家人民党在投票中的突然反水称为"白色交响乐"。这一行为也足以说明，右翼的民族主义政治力量的反凡尔赛斗争不过是窝里斗。利益集团已经对党派意识形态和党派领导不屑一顾。不过这件事情似乎也不完全是德国国家人民党密谋的一次作秀行为，因为事后党内右翼势力要求将那些投赞成票的人清除出党；但是这样似乎会让党的基础产生动摇，所以最终又不得不放弃了这一主张。[11]

在正常的议会政治条件下，德国国家人民党经历这样的事情会在政治上陷于孤立，并且在重新选举中必然走向失败。事实却完全相反，施特雷泽曼比以往更坚决地要把德国国家人民党拉入执政政府中来，并且解散了马克斯内阁，因为德国民主党出乎他的期望，反对与一个毫无保留地与共和宪法做斗争的党派合作。同时，施特雷泽曼也忽略了德国民主党提出的方案，让两个自由派中间政党合并，这一来是由于1918年晚秋的局势留给人们的记忆，也有可能是屈从于工业界影响力之下的右翼势力日益强大的作用。施特雷泽曼在使用了可用的一些策略手段之后，一力促成了国会解散以及提前至1924年12月7日进行选举。

在选战中，施特雷泽曼处于一种左右为难的境地。因为他一方面要保持向德国国家人民党抛出橄榄枝的同时追求资产阶级阵营组阁政府；另一方面，他把德国人民党看成中间派，同时只要社会民主党能够保持不受其内部左翼的影响，也不想根本上排斥和他们合作的可能。他想让中产阶级选民认可德国人民党的尝试还是失败了，因为选民们有很好的理由去拒绝德国人民党单一的亲工业界的政策，同时选民们亦没有从施特雷泽曼的外交政策中得到任何好处。于是乎，德国人民党只取得了非常小幅的增长，并且无法阻止德国国家人民党的增长。当然，施特雷泽曼的策略减缓了德国人民党党内极端右翼势力的分裂行动，后者后来成立了国家自由联盟，并完全拒绝任何对左翼的开放态度。但这并没有能让施特雷泽曼成为总理，而只是在数周的联合政府谈判后，形成了资产阶级阵营名人内阁。

1924年底的议会政府危机的深层次原因在于，资产阶级政府不断变换的同盟关系无法达成一致。通过了道威斯计划后，外交政策上已经没有把内阁组合在一起的强制力，它只是因为社会民主党的容忍而一直保持着而已。由于党内原因，中央党不愿意参与到固执的、以关税提案为核心的右派联盟中去，但同时，参加左派联盟的道路也已经封死。中央党倾向于和社会民主党就劳动时间问题妥协，并且随着华盛顿劳动时间条例的签订，这个问题已经迫在眉睫，但是仍然没有任何希望说服德国人民党在这方面有任何一丝松动。

在几周的危机后，于1925年1月中旬成立了路德领衔的少数派内阁。在各种政党联合执政可能性都尝试无果的情况下成立的名人政府，不依赖于政党联合而存在。该内阁最终建立在总统的权威性之上，并且得益于社会民主党的弃权，而在信任问题上堪堪获得多数。德国民主党让奥托·盖斯勒坐上了国防部长的位子，并希望这是一个文官内阁。根据其构成，内阁组阁又回到了资产阶级阵营，它被证明在外交事务上是能力不足的，然而，当下在外交上并无大的决策。在接下来的时间里，"无党派政治家"[12]总理汉斯·路德展开了一种非常具有自我意识的施政风格，它向着总理民主的方向迈进，并给执政联盟带来巨大压力。内阁挺过了关税提案，该提案于1925年8月得以通过，但关于贸易政策和安全协议的冲突则导致了分崩离析。

在国家层面，1924年到1928年之间，多数派执政的原则只在例外状态或是在有限的一些政治领域才有效。但这显然不利于各政党从威廉体系伪宪政时代形成的政党只居于次级地位的面貌中摆脱出来。政治党派作为一定特殊利益的载体，代表了特定社会群体的自我意识，由此导致的不妥协不同程度地加强了。魏玛宪法没有给予政党们在行动上的支持力，相反却把它们带到一个"特殊宪法制度"产物的领域。有着自由思想的宪法理论少数派代表人物，其中包括格哈德·安许茨和里夏德·托马也都极少容忍政党作为传递民众意愿的不可或缺的中间机构的功能，而当时主流的宪法理论给广泛存在的仇视政党的情绪奠定了法理的基础。海因里希·特里佩尔于1927年在柏林就任校长的讲话中就指出，要"压制不负责任的政党组织的角色"，从而给"构成新的群体的力量"带来更多益处的必要性。[13] 这一讲话也产生了重大的影响。与议会制的实践相对的纯自由派议会主义的理想状态下，议员们只对自己的良心负责，而不依赖于自己所处的党派或议会党团，从而为达到公众利益进行自由讨论，这很难作为一种真正的出路。然而这却并没有阻碍魏玛宪法议会体制最著名也是最尖锐的批评者卡尔·施米特，按照这个和现实相差甚远的、与欧洲议会发展史相悖的模型来衡量和评价议会政治的现实。

宪法学者和保守的功能精英们达成了理念上的一致，要尽一切可能地限制乃至取消政党的影响。拥护后一种观点的绝不仅仅是那些由斯宾格勒和莫勒·范登布鲁克指出了方向的新保守主义理论家。斯宾格勒认为民意代表制度不过是"高级别的啤酒桌"而已，而莫勒·范登布鲁克则更是把政党称为"国家身体中的一群寄生虫"。[14] "党派国家"是一个当时创造出来的颇具贬义的概念，德意志复兴一定要以清除掉它为前提，这种观念在当时几乎是所有政治见解的知识分子的共识，并且涵盖了从青年运动到天主教普遍主义，从新教政治神学到旧保留派，包括民族主义右翼等阵营。它在功能精英派，甚至在大工业家阵营中亦越来越受欢迎。

对于政党制最根本的批评统一了几乎所有的反自由化力量，并且时常在左派政党当中亦能取得一定的回响。[15]这就造成了一种增长的趋势，政治团体日益从资产阶级公共协会的自由组织形式中脱离出来，取而代之的是一些政治团体，它们给自己赋予各不相同的名号，如教团、圈子、联盟、俱乐部等，这些无不让人联想起前宪政时代的产物。这其中还包含了对青年联盟运动原则的强调，其中"行动"圈子中知名政治分析家汉斯·策雷尔是其重要代表，他曾经于1932年以著名的论断"联盟运动属于未来，党派代表了过去"宣布了"党派的终结"。[16]接下来对政党施加了难以想象其尖锐程度的攻讦，政党是腐败的，是贪婪的，是"人民共同体"的破坏者。这种想法的苗头就植根于德国人对政治异见以及民族分裂深入骨髓的厌恶，这与德国人感受到的19世纪的德国缺乏政治上的联系的历史密切相关。对国家理性和公民利益天然稳定统一的信仰源于19世纪早期的观念论哲学，然后经历了工业革命和高度工业化进程的传承，又在不存在冲突的政治"共同体秩序"的神话中一再变本加厉，以至于在这样的共同体中，人民和领袖之间根本不存在特殊利益的影响。

德国知识精英对议会制和政党制的批评无限制的升级在很大程度上与地位下降有关，这种地位下降现象与社会和政治民主化不断加强密切相关，并且与"旧"中产阶级的相对衰退同时出现。另外，这种思潮也从1918年被德国人引以为国耻的战败中得到了养分。自由主义的议会制在德国人看来是一个被西方国家强加的，对德国人自己来说相当陌生的宪政，是1789年思想的产物，为此人们还在战争中斗争过，它的实现也必然导致扼杀德意志国家的民族力量。即使是德国民主党也基于自主的"德意志国家观"反对它，这种国家观以自治和法治国家的原则继续着日耳曼式的合作社观。适逢其会，帝国男爵施泰因的观点在民族自由主义的粉饰下，重新成为德意志内部和外部自我意志主张的象征。1932年，这位普鲁士改革家逝世100周年纪念在德国也理所当然地刮起一股施泰因热潮，在资产阶级阵营中，几乎没有哪个政治势力是不以施泰因的唯心主义宪法观为基础，从而背离"西方"议会制的。

宣称所谓的走自己的"德意志道路"，这同时使回归前俾斯麦时代的帝国传统成为可能，也形成了大量的"逃跑"路径的出发点。[17]这些偏离的路径远离了取下伪装的议会制的理想模型。对此的替代选择在反共和制的右翼反对派阵营的不同变体当中——无论它是民族布尔什维主义分子、民族革命分子、新保守主义、青年联盟或民族主义代表、德意志社会主义或者民族社会主义，还是所谓的天主教帝国意识形态、新教旧保守主义——不过是具有稍显不同的色调罢了。无一例外，他们都在思想上倾向于让国家在和社会团体以及它们所左右的政党面前变得更加强大。国家官僚体系在立法权面前自我独立，引入专业的和社团的形式，由领袖寡头实现的全民民主的净化以及国家总统的专制，凡此种种，不过是这个时代反自由和民族主义基本思潮中的一些解决问题的灵丹妙药，它们从进步的工业社会的条件中抽象出来，却完全忽视了权力监督以及多元利益平衡的基本原则。

政党参与政治意愿的形成与表达本不可或缺，然而在这样的社会仇视和非理性期待日益笼罩的意识形态中很难有发挥的空间。但这并不阻碍其代表人对党派施加影响，并在选举中支持它们。就算莫勒·范登布鲁克捍卫的"第三党派"的神话实际影响力并不很大，它还是对资产阶级中间派和右派政党的合法性起到了削弱作用。政党制度让资产阶级选民更倾向于代表特定利益诉求的政党，而非传统的代

表一定世界观的政党，这也导致选民们1929年以后把纳粹党作为当时政党制度中能够带来好转和真正解决问题的替代选择。不断对政党制度本身泼脏水给它带来的危害极大影响了议会制中正常的利益平衡，甚至其害处远远甚于党内部缺乏承担政治责任的意愿。反过来，大联盟中的党派之间有限的合作意愿也令人震惊，这可以从议会外反对议会制的骂声不断高涨窥见一斑。

政党对其在议会体制中根本的取得多数并组阁执政的功能理解不足，只是有限地加剧了资产阶级内阁时期标志性的持续议会危机。除了对保持稳定毫无责任意识的两翼极端政党以外，承担责任的党派领袖们也普遍缺乏对政治妥协以及承担国家角色的理解，这本来是议会民主体制中的政党应有的基本素质。相反，他们处于相互对立的利益集团日益激化的压力之下。1928年，著名国民经济学家古斯塔夫·施托尔珀就曾经抱怨说："我们今天拥有的（政治体制），是部长们的联合，而不是党派的联合。根本不存在执政党，都是反对党。"[18] 用这样的话，施托尔珀描述了当时德国政坛的一种无奈的持续状态，政党领袖层面达成的妥协往往在议会党团当中，甚至更糟糕的情况下由各邦的组织破坏殆尽，尽管当时完全不缺乏各种助力，如政党或议会党团领袖磋商以及各邦议会间的委员会等机制。

魏玛共和国经济上持续的停滞，也进一步加剧了政党利益政治的条块分割局面。经济上的分配斗争在资产阶段政党身上表现得比像社会民主党或者中央党更为明显，因为前者直至20年代时仍然没有在组织上覆盖全国，并基本依靠捐款度日，而后者则在组织上更多地具备了人民党的特质。但即使在这些人民党身上，在议会党团中被过度代表的协会代表人仍然有着举足轻重的作用。1930年，占到国会党团37%的德国工会总联合会成员发挥了越来越大的影响力，他们的影响力在关键的社会政策问题上极大地限制和影响了社会民主党的意见决策。中央党则面临着中小企业和劳工阶层之间的尖锐对立。协会影响最深的党派则是德国人民党和德国国家人民党。因此，1929年，施特雷泽曼考虑引入国家资助党派以防止经济过度干预政治的做法是不无道理的。

尽管明面上党派体系运转失灵，但危机的深层原因在于已形成的利益集团以压倒一切的国家目标而合法化了的否决权，这些利益集团包括军方、重工业部门和大农场主，在共和国成立之初，工会也一度拥有这样的权利。它们在高阶的官僚体系以及共和国总统的办公室中寻找自己的代言人，除了少数例外，他们也遵循着盖斯勒的名言"由国会来治国是不可能的"，倡导远离议会的国家统治体系。奥托·布劳恩也多次却无甚效果地指出，如果肆意地对待和使用紧急状态政令法案，就会进一步架空政党在议会中的职责和权力。值得一提的是，人们拒绝了普鲁士总理传统上参与国家内阁会议的权利，这些会议通常是由总统，有时也由他的助理迈斯纳为代表，主持召开的。

非法的武装措施以及试图绕开和平条约规定的做法都有利于形成一个官僚化的平行政府。总统扮演着替代立法者的角色，同时官僚体系和利益集团之间互为朋比，这样一来上述情况就更进一步加剧了。只有在大部分官僚精英阶层如媒体、司法、科学和教育精英等广泛地敌视议会的背景下，政府面对立法权才要完全独立。这种苗头肇始于1923年底，并在总统内阁中达到了顶峰。广泛传播的仇视议会情绪的真正政治推动力来源于从革命到通货膨胀引发的一系列持续的与社会民主主义的对立，人们普遍认为这是造就了当时社会不公和特权的主因。尽管如此，这其中其实有着更为长期的社会经济原因使然。

资产阶级的利益和有组织的工人运动之间的对立又被内政和外交力量场中的失衡进一步加剧。路德内阁期待着，施特雷泽曼许诺的道威斯计划的"反馈作用"能够立刻生效。然而，其效果并不明显。伦敦会议之后的外交情况有多么棘手，则可以从当时的一个小插曲当中窥见一斑：外交部在麦克唐纳的建议下放弃了公开发布施特雷泽曼从德国国家人民党那里强行获得的关于战争赔款问题的宣言，因为麦克唐纳认为，如果不这么做，简直就是"德国乃至全世界的末日"。[19] 同时，取消了协约国的军事监督的辩论也导致了激烈的争吵，协约国承诺在进行一次最终的全面普查之后，可以搁置军事监督。然而在对德军的军事设施进行了检查之后，协约国认为其结果堪忧，甚至有必要推迟既定的1925年1月10日从科隆区域清空驻军的日程。

时任总理的马克斯无比震惊地表示，这样一来可能会回到过去的制裁政策上去。这是绝不可允许的。抛开违反了和平条约中解除武装的规定的行为无法抵赖不谈，单单是塞克特一味地限制和阻挠军事检查的做法，就令法国方面的怀疑直线上升。然而，赫里欧赋予军事普查极大意义的深层原因在于，赫里欧希望借此动员英国一道在1924年10月由国际联盟拿出的日内瓦议定书上签字，从而建立起欧洲安全体系。在道威斯计划的谈判中，安全问题被整体搁置起来。然而，由于法国政府方面的坚持，安全问题又不得不拿到议事日程上来讨论。只要解决方案没有达到法国方面的安全需要，巴黎就会坚持自己制裁的权利。

德国公众普遍认为法国不过是贪得无厌地想在欧洲大陆推行霸权主义，因此对其安全需要也没有给予丝毫的理解。然而，就连盎格鲁-撒克逊国家也认为坚持占领德国鲁尔区和莱茵兰是纠结于纯形式的法律立场，并且反向报复政策的结果。人口发展的失衡、经济处于弱势地位、大战的心理阴影，凡此种种，造就了法国在外交政策上要采取一切措施防止德国军事力量变得强大。无论英国还是法国都非常清楚，军事监督政策最终将无法长期贯彻实施下去，那么当下在科隆地区的驻军坚持不撤离就是一个尴尬的解决方案，也因为赫里欧需要执行这一方案从而将英国也拉入到法国的安全政策中来。

反过来，德国外交致力于首先将日内瓦议定书中有关国际联盟裁判权的条款宣布无效。这些条款将国际联盟未来对于争议的裁判权排除在外，而国际联盟委员会也已经对此形成了一致的决议。这些关系到上西里西亚，有可能尽管有国际联盟章程第19条修正案，也涉及整个凡尔赛体系。按德国外交部法务部主任，影响力巨大的弗里德里希·高斯的评价，这些规定"破坏了通往和平修正《凡尔赛和约》的道路"。[20]德国专家们坚信，德国加入国际联盟的意义只在于，它要能为德国提供改变和约的契机。国际联盟努力保持当前欧洲现有的非军事化区域的同时，还要以此为契机，实现全欧洲的裁军，对此德国外交部做出了极为忧虑的反应。

同一层面上，德国人还担心，军事监督权最终交给国际联盟，会成为一种常态化的措施予以永久保留。这种担心同拒绝从科隆地区撤军一起构成了决定性推动力，促使施特雷泽曼做出决定，把陷入僵局的有关结束军事监督和提供安全条约提前从莱茵兰撤军的谈判再度恢复起来。[21]这一动议率先来自阿贝农勋爵，因为他担心亲法的英国外相奥斯汀·张伯伦最终会同法国达成英法军事互助协定，这必将剑指德国。即使不是这样，施特雷泽曼也必须计算到，法国要向取代了麦克唐纳工党政府的英国保守党斯坦利·鲍德温内阁提供在莱茵兰的"实体保障"，而非形式上的保障条约，这样一来，撤军就遥遥无期了。

1月份时，首先向英国内阁，后来又向法国政府提出的安全协定中除了包含着一个反对孤立德国的防御性成分以外，还包含着一个充满进攻色彩的内容，当时施特雷泽曼还期待着能够提前解放莱茵兰，甚至有可能收回萨尔地区；尽管他一再很尴尬地回避在谈判中提出这一观点。1925年6月4日，施特雷泽曼向美国大使阿兰森·霍顿私下交底时表示，德国向法国提出的和平建议当然可以在字面上忍受"莱茵兰继续被占领十年"，然而却无法忍受法方占领的野心。[22]德方提出的草案保障了莱茵兰边境军事的不可侵犯性，这意味着德国放弃阿尔萨斯-洛林，搁置欧本-马尔梅迪，并有意识地不提孜孜以求的东部边界保障。

德国人提出的方案未经内阁，而只由总理表示了同意，旨在防止联合政府中的德意志民族主义派别表示反对，从而将之破坏。这在张伯伦及其保守内阁当中，尽管有阿贝农勋爵作保，仍然面临了对立冲突的不同意见。外交部猜测，这可能是出于东部边境问题考虑的一种曲线救国的策略，但立刻被德方坚决否认，尽管人们普遍认为将来德国方面一定会提出修订相关方案的愿望。张伯伦仍然在权衡，在此后的某个时间点上把德国纳入他个人偏爱的英法联盟中来。然而内阁的多数意见则拒绝在大陆上结盟，至少不应该在《凡尔赛和约》有限的修正之前这样做。而修正和约至少也应该是数年之后的事情，并且这也要在涉及但泽以及走廊问题上充分保护和照顾波兰独立的情况下进行。相对于无和约可循的状态，张伯伦认为莱茵条约只是一个更微轻的"恶"，他不想看到欧洲陷入到联盟体系间互相攻击，同时德国和苏联走到一起。英国两相斡旋的政策在张伯伦看来可以防止欧洲爆发战争冲突，这样一来也让英国无须在欧洲大陆采取军事行动，本来英国的各自治领就对此非常反感。

法国方面直到1926年6月中旬才对德国提出的方案做出反馈，在此期间，法国政坛经历了政府的更迭。它让激进社会主义者阿里斯蒂德·白里安入主了奥赛码头。鉴于英国人的态度，如果直接拒绝德国的方案，显得不太合适；此外，白里安和赫里欧的观点一致，他们均认可用国际法保障的措施整顿当下的现状来取代以武力治裁相威胁的老一套。除了将比利时包含在内以及德国认可国际联盟章程第16条以外，法国人附加了将安全条约同法国保障下的德国-波兰以及德国-捷克的仲裁条约连在一起的条件。此外，白里安还希望安全条约不触及由《凡尔赛和约》产生的德国方面的义务，这样一来，如果德国违反了其军事和经济上应承担的义务，协约国仍然有采取制裁措施的可能性。

在此之上，法国还要求在安全条约和德国加入国际联盟之间能够形成一套一揽子方案，它可以让仇敌加入到集体安全的体系中来，然而由于大国对于日内瓦议定书的态度，它还完全无法实现。[23]1924年9月，施特雷泽曼在长时间地犹豫，并力排内政方面巨大阻力的情况下，将加入国际联盟的意愿与保障一个常任理事席位、不适用国际联盟章程第16条以及此后能够参与到席位体系中来的权利联系在了一起，更进一步，施特雷泽曼希望附带上德国不应该承认战争赔款或相应的道义责任的义务。施特雷泽曼完全没有预备着因为加入国际联盟而使得德国在外交上的行动自主权，如果说它本来客观存在着的话，有任何的限制。如果说德国取得国际联盟中常任理事地位的要求可能在列强中得到同意，那么，德国人指出自己在军事上的弱势地位而请求解除依据国际联盟章程第16条做出的制裁的要求却必然引发了争议，更不用说它与国际联盟一贯奉行的反对苏联的压制策略是背道而驰的。

法国提出的一揽子方案给施特雷泽曼提出了一个内政难题，即要立刻着手处理国际联盟问题。他一度希望通过签署局限在保障莱茵边境问题的安全条约来迅速实现结束鲁尔区被占领的现状，并且英法可以从莱茵兰撤军。面对苏联外事人民委员、对德国与国际联盟之间暗通款曲表达了深深忧虑的李特维诺夫时，施特雷泽曼则用大事化小的口吻表示："德国在西方的政治任务在可预见的将来不是修订《凡尔赛和约》，而是反对法国在这一和约中规定的边界线，这就意味着莱茵兰的安全问题。"[24]法国方面的回答强迫德国外交政策认识到，不能把加入国际联盟和修改《凡尔赛和约》直接捆绑起来。对他来说，余下的唯一机会就是避开东部边界保证，从而让英国不再在这个问题上继续支持法方。

施特雷泽曼比当时德国内部的政敌们更加清楚地认识到，无论在军事上还是经济上，德国都没有在西方列强和苏联之间游走的选择权。而安全协定的提出更多的就是在重新获得这样的选择权，无论其是否可能实现。施特雷泽曼还特别坚决地反对了在德国军界以及民族主义者当中流传甚广，并一直影响力巨大的念头，即只要德国和苏联走到了一起，就可以抗衡，乃至瓦解协约国和西方列强的合作阵营，并且在极端的情况下，甚至可以动用武力手段来强制修订德国和波兰的边界。更不要说当时的苏联由于实行了新经济政策后，一直忙于内政的处理，而波兰共和国的局势也在约瑟夫·毕苏斯基的影响下逐渐稳定，当时根本不存在任何针对波兰的武力冲突的可能性，即使是由苏联主动挑起引发的冲突。只要法国一直利用莱茵兰来牵制德国的侧翼，那么任何一次针对波兰的攻击行为都必将以失败而告终。

1925年6月4日，战胜国向德国联合提交的一份关于《凡尔赛和约》执行情况的清单也在这一背景下浇上了一盆凉水；它导致了内阁中的反对派也不得不转而寻求安全条约的顺利签署。德国政治家在外交方面多大程度上还在延续德皇威廉时代的幻想，可以从同年6月24日的内阁会议中窥见一斑。这次会议上，施特雷泽曼不仅被来自德国国家人民党的部长们，还被中央党代表以及国防部长和总理指责，放弃阿尔萨斯和洛林，以及放弃德国固有领土的行为就是"叛国"。而施特雷泽曼也愤怒地表示，要想收回阿尔萨斯和洛林，就必须同法国开仗，而在当前以及可预见的将来，这是根本无能为力的。因此，内阁会议多数成员表决通过，并最终强加给外交部长施特雷泽曼的决议是，在阿尔萨斯和洛林问题上不使用武力，还美其名曰实施"国家真实政策"，这一切看起来就非常荒唐可笑。[25]

冯·塞克特将军，由于施特雷泽曼的争辩占了上风，不得不采取守势，却属于《洛迦诺公约》的反对派。他们拒绝一切外交上对外和解的态度，同时也拒绝一切缓和德国对外修改《凡尔赛和约》的主张，他们宣称："我们要获取权力，而一旦我们有了权力，就一定要把我们失去的一切都拿回来。"[26]这种对外交现实认识错误到可怕的程度令阿戈·冯·马尔灿的继任者，外交部国务秘书卡尔·冯·舒伯特领导的外交团队无奈地摇头应对。外交部努力劝说德国军方，动用军事力量或者说偷偷摸摸搞扩军备战的把戏，只会坚定法国方面不从西部地区撤军的决心，然而收效甚微。大概一年半以后，舒伯特还看到一份国防部的军事演习计划，假设在苏联持中立态度，并且法国不作为的情况下，德国与波兰发生武装冲突。舒伯特不无讽刺地在旁批注："似乎还需要假设，英国在海啸中丧生，美国一部分遭遇飓风，一部分陷入废墟，捷克斯洛伐克则完全忙于协定谈判之中。"[27]

直到军方总参谋部领导层实现了代际替换，威廉·冯·海耶取代了塞克特之后，上述情况才有所好转，一种基于现实的外交态度才在德国政界得以确立。[28]1926年，约阿希姆·冯·施蒂尔普纳格尔上校在一份策略备忘录中承认，重新赢得但泽走廊、重新将奥地利纳入以及放弃莱茵兰非军事化，只有通过长期的修订方案才能够实现，并且这一切均需要建立在解除武装的思想指导下进行。军事模拟方案也证实，国家的军事力量有限，但足以在对波兰的冲突中自保。然而，和苏联秘密的军备协定依然存在。1927年，在喀山建立了一所装甲兵学校，在利佩茨克修建了一座共同使用的军用机场。后来又共同从事了生产和应用毒气的技术研发工作。然而这种秘密军备措施也没有取得什么效果，因为一方面德国工业界缺乏兴趣为在苏联进行的这些军备项目提供足够的资金，另一方面，苏联实行新经济政策导致的种种困境也令其无力支持大规模的合作项目。[29]

这样一来，德国军方的活动重心也就转移到了促进战争冲突中的德军，甚至还包括全民的长期作战能力之上。德国人不放弃非法的动员计划以及全方位地扩大对边境和国土的防御，尽管这样一来就会让普鲁士政府的紧张关系不断加剧，但仍然已经远离了自塞克特时代以来形成的旧观念，通过全民动员形成大量具有作战能力的军队。此时，人们把注意力更多地放在了武装现代化以及作战中的战术机动性之上。和法国在战场上一较高下的想法始终没有放弃，然而人们也清楚，在1935年到1940年之前，是不具备和法国开战的能力的。非法秘密军备的措施由国务秘书委员会监督进行，并由政府的特殊预算经费加以支持。由于这些项目不便公开说明，所以产生了一系列的贪污腐败问题，其中福玻斯电影公司1927年的破产倒闭也导致了国防部长盖斯勒下台。

《洛迦诺公约》的准备阶段，施特雷泽曼觉得自己面对的是塞克特坚忍的反对。而向德国递交的关于《凡尔赛和约》执行情况清单很明显地与指挥部对他的直接诋毁，以及在《凡尔赛和约》中无效的参谋部事实上的继续运作相对立，施特雷泽曼从中看到了鼓舞。国家总统的位置由保罗·冯·兴登堡接任，在他看来，塞克特那种散发着冷峻的智慧不过是种傲慢，指挥部的立场在国防部那里也失了势。德国军队高层的政治野心依旧，只是其态度转而变得审慎而保持距离，艾伯特任期内德国军方一直采取了这样的姿态：有意识地表态采取"对于国家积极的态度"。[30]后来一度越来越具有影响力的上校库尔特·冯·施莱歇尔就尤其捍卫这一主张。军方路线上的更迭并不表示他们一改以往鲜明的反议会态度。1926年由施莱歇尔提出的威权式的宪法改革方案就已经让人们认识到，放弃直接干预内政的时代已经终结了。

军方的新路线不再是让国家军队成为"国中之国"，而是成为一个集权、威权国家的一部分，并且很大程度上是握在总统手中的一件利器。这是因为军方已经从战略上认识到，将来发动全面战争时不可以和政治体制相抗衡，并且在没有德国大部分民众支持的情况下，全面战争根本是不可想象的。因此，国家作战能力的大纲中就必然隐含了对内要加大力度从政治上孤立、排挤那些在"国家问题上靠不住"的政党，特别是社会民主党；而外交上，完全支持施特雷泽曼采取的政策，并在中长期利用裁军问题做文章，使之成为德国要在军事上享有平等权利的杠杆。1926年，塞克特任性地让威廉王子身着极富盛名的步兵第九军团军装参加秋季军演，在盖斯勒的逼迫下，塞克特的下台成了中长期军事战略势在必行的转变以及军方和政界关系的余波。

德国军方领导阶层在理念上的变化也应理所应当地看成是屡遭挫败后的一种必然反应。德国外交在洛迦诺不懈地努力谋求军事上更多的行动自由，却惨遭失败。1925年夏季，施特雷泽曼还希望在撤军和解除武装问题上能够取得直接的成果。早在法国拿出德国《凡尔赛和约》执行情况的清单之前，德国国家人民党就已经下定决心要促成安全条约。在它的施压下，施特雷泽曼也把撤军要求纳入进了德国方面谈判的一揽子条件当中，虽然这在外交策略上看并非明智之举。白里安显然是对他的德国同事施特雷泽曼所面临的内政困局表达了更多的理解，并且也决意要达成条约，于是不再细究德国方面的一些保留，和张伯伦达成了一致意见，由参加国政府的法务咨询专家们起草一份条约草案，并于9月15日在洛迦诺的外长会议上予以通过。施特雷泽曼7月时以辞职相要挟才使得德国总理路德保证不再偏离共同路线，后者也反对了德国国家人民党单独派施特雷泽曼一人去洛迦诺的建议。德国国家人民党的目的在于强调这次外长会议的"非正式色彩"，同时也在政治上让施特雷泽曼陷入孤立无援的境地。[31] 本来已经被阻止了的战争赔款问题、科隆地区撤军问题以及解除武装问题的声明又再一次被硬塞进了施特雷泽曼的公文包中。然而在这个时候，白里安已经拿出了自己的诚意，鲁尔撤军已经在7月31日，杜伊斯堡和杜塞尔多夫的撤军在8月15日就已经结束，德方还喋喋不休地重复上述早就已经听得厌烦，并且故意搁置不提的要求，必然让人觉得这是一种不礼貌的姿态。

然而和德国想要达成一致的核心矛盾还不在于上面这些次要问题，白里安清楚，在解决安全问题的过程中，这些次要矛盾就可以在短时间内得以解决。核心问题还在于回避了德国东部边界的保障问题以及在《拉帕洛条约》中规定的对苏关系问题上的玩火。后者被看成异常艰难的外交任务，因为苏联直截了当地让德国人明白，德国进入国际联盟，抛开相关保留条款，如不应用章程第16条、阻止法国行使行军通过权的保留等，在苏方看来就是对于《拉帕洛条约》规定的原则的背弃，这将迫使苏联既要同波兰，又要同法国通过条约取得意见一致才行。

苏联方面提出需要德方予以确认的中立盟约，即德国不可以加入任何经济、政治和军事上针对苏联的组织，这在施特雷泽曼看来是非常不合时宜的，因为这样一来就会让人们觉得，德国意图要对波兰采取一种战争式的修正政策。作为外交部长的施特雷泽曼有足够的理由来消除外界看来一切不忠于盟约以及《拉帕洛条约》又一次卷土重来的印象，防止其威胁到安全条约的顺利签署。在一定的时间点上，施特雷泽曼要与时任德国驻莫斯科大使布罗克多夫-兰曹伯爵产生的亲苏影响对抗，他本人也必然非常担心苏联人会援引大使曾经说过的"把波兰人赶回到他们民族的边界那边去"的话语，从而产生不良的影响，令《洛迦诺公约》在最后的时刻成为泡影。[32]

另一方面，来自莫斯科的声音也给了德国在第16条的约束力问题上实现某种妥协的可能性。比如德国只需要在"其军事能力和其地理位置相适应的情况下"才有义务参与国际联盟的制裁措施。[33]因为同苏联结盟的可能性是一项在东部边境问题上迫使法国做出让步的重要手段。尽管施特雷泽曼拒绝参与国际联盟制裁苏联时给出的理由是，不想承担德国变成东西方进行大战时的战场的风险，但是他也承诺，德国作为国际联盟委员会成员国亦不会在国际联盟表决要制裁苏联的攻击行为时使用否决权以干扰国际联盟统一的制裁行动。通过这样的方法，施特雷泽曼表态支持了符合德国国家利益的集体安全防御。

施特雷泽曼还可以信任在有制裁目的的情况下，仲裁谈判能够提供足够保护德国利益的机会。在这个问题上的不变更坚定了德国面对苏联时的立场。后者以双方中立为目标，特别固执地要将德国东部边境的当下状态固定下来，尽管施特雷泽曼希望保持在这一问题上的灵活和多变。1926年4月，在苏联的一再催促下订立的《柏林条约》预计的广泛的磋商比单纯形式上的联盟更符合德国修正《凡尔赛和约》诉求的利益。波兰问题的讨论只有通过间接的方法才有可能：阻碍波兰经济的整顿，然后再提供慷慨的经济援助，从而在讨论波兰西部边境修订时能够取得更多话语权。

在洛迦诺，施特雷泽曼在各大基本问题上均实现了自己的目标，和波兰以及捷克斯洛伐克的仲裁条约不必加上法国保障的负担。事实上，这些条约是不具有约束力的，因此也就意味着和法国现存的结盟条约被架空了。回避了对东部边界做出保证，在英意两国作保下，德法同时放弃在西边动用武力，这简直就是挑动德国在中长期修订东部与波兰和捷克斯洛伐克的边界。在这个意义上，施特雷泽曼可以把《洛迦诺公约》看成是波兰的失败。这同样也可以算是法国的失败，因为否则的话，法国本来在非由德国挑起的武装冲突中具有提供武力援助的义务。同样，条约的签定还阻止了法国要求英国在德国人违反了其莱茵非军事化区域规定的情况下详细表明其同盟义务的努力。这一切的糟糕后果，在1935年时就表现出来了。采取直接制裁措施——而不需要启动复杂的国际联盟程序——的可能性被阻断了，即使《凡尔赛和约》中相应的条款并没有在形式上废止。

当英国、法国、德国、意大利、比利时、波兰和捷克斯洛伐克的政府首脑共聚洛迦诺进行会晤时，和平公约的绝大部分内容都已经起草完毕。其中对各国绝对平等的原则实际上使德国外交得到了巨大的地位提升。后来一再重申的"洛迦诺精神"以及欧洲相互理解、避免武装冲突的意愿下隐藏着各国对各自国家利益的争夺，任何人甚至连象征性的让步都不愿意做出。法国总理的重要话语"洛迦诺构成了一个信任时代的开端"并没有实现，尽管在大会结束之后，在教堂的钟声中，欢欣鼓舞的人们纷至沓来，信心满满地庆祝着为和平的新纪元奠定的基石。[34]

洛迦诺给人们带来了希望，张伯伦于是也说，从此以后不再有战胜者和被战胜者。同样，施特雷泽曼也在条约签署之际，于1925年12月1日在伦敦呼吁，现在我们可以"提出欧洲意识"。但是，白里安维持现状的意愿和德国从未停止的修正《凡尔赛和约》的意愿之间究竟能否和谐统一，还要看未来的发展。现在就是要"一个战壕一个战壕地将法国人向后挤，因为无法展开全面的进攻"，施特雷泽曼的话语中，德国人徐徐图之的野心昭然若揭。[35]显然，一封他于1925年9月写给普鲁士王子的不无争议的信中表达的态度以及语言表述"德国人被掐住了脖子"，都很能说明问题。总的来说，施特雷泽曼的政策还是打上了钢铁一般的民族主义的烙印，并且只有在德国享有了完全的民族国家主权，并完全重新获得军事国防力量的情况下才能谈所谓的欧洲观。[36]

在施特雷泽曼的判断中，《洛迦诺公约》只是"一系列欧洲条约体系中德国逐渐重新获得主权"的第一步。[37]从当时使用颇多的说法"一线曙光"中可以看出，德国政界普遍认为他们正处在一条漫长而艰难的道路的开始，并且这条道路的尽头就是在将奥地利纳入版图后重新实现德国中欧霸主的地位。一开始，施特雷泽曼仅赋予了安全条约并不太重要的意义。这是一种和平合作的西方修辞，它用条约的形式来呈现外交上的根本转折点。而在条约开始就一直摆在那里的具体的撤军以及解除武装问题，从德国人的视角来看，却收效不大。总理路德异常沮丧，且带着被内阁成员们指责的恐惧回到了柏林。在这里，整个德国代表团甚至要警方拉出警界线保护，以防出现令人不快的插曲。施特雷泽曼有理由强调，在外交手腕上，他已经实现了在当时形势下最优的成果。在结束会议以及在草签和最终签署条约期间，施特雷泽曼不断向负责解除武装问题的白里安和大使会议施压。最终他得到了白里安的应诺，于12月1日开始从科隆地区撤军。期待法国提前从莱茵兰撤军的希望却落了空。不过，白里安还是向施特雷泽曼保证减少驻军的人数，以及限制其军事管理的范围。只是这些法国总理需要在国内力排众议才能出于好意而做出的姿态却在德国公众当中完全没有得到承认。

在议会中通过《洛迦诺公约》则是再一次对资产阶级派内阁的一次力量测试。[38]虽然不被各方看好，路德总理仍然坚定地抱有希望，能够劝说此前一直以各种方法阻挠施特雷泽曼外交施政的德国国家人民党能够及时收手。德国的民族主义和极端民族主义媒体用最尖锐的话语来攻击安全条约，尖锐批评德国当局放弃阿尔萨斯和洛林以及德国依约加入国际联盟，这对于舆情是个极为不好的兆头。另外，还是有足够的理由让德国国家人民党最终会愿意扫清议会中通过《洛迦诺公约》的障碍。因为它把内阁的存续置于风险的赌博之上，然而内阁的存在对于其在农业、税务和财政方面的利益一直起着积极作用。无论如何，德国国家人民党党内缺乏凝聚力的问题暴露了出来。在阿尔弗雷德·胡根贝格及其控制的媒体巨头的强力支持下，成功地通过各邦党组织将德国国家人民党领导层置于最强的压力之下。德国国家人民党议会党团无法回避这样的压力，只能决定指示部长们反对《洛迦诺公约》，最终再将他们从内阁中召回，避免宣告联盟正式解散。

德国国家人民党通过阳谋既要反对因为社会民主党的支持已经在议会中获得多数支持的《洛迦诺公约》，又想继续保持执政的尝试，被奥托·布劳恩挫败了。他让社会民主党的支持依存于德国国家人民党形式上从议会党团中退出。这样一来，路德内阁就在1925年11月底，由资产阶级中间派政党、社会民主党支持通过条约，取得了对德国国家人民党、纳粹党、经济党和德国共产党的胜利后下野了。正常条件下，在这样的议会局势中必然会组成大联盟新政府，这是社会民主党和中央党乐见的情况。然而，外交形势迫在眉睫，反对《洛迦诺公约》会让德国陷入不可预计的灾难性后果，因此迅速在左翼至中间派形成了明确的多数支持格局，然而这一联盟在内政方面仍然存在不可调和的矛盾，无法联合执政。

德国人民党议会党团主席恩斯特·朔尔茨相信，出于"德国经济方面很容易理解"的原因，是不可能和社会民主党人一同在德国实施内政并管理经济的，由此他谋求总统府持续的保护支持，后者在投票表决之前就已经在力争重新建立资产阶级联合阵营。[39]总统助理奥托·迈斯纳引导的、事先让德国国家人民党领导层知悉的执政联盟的政治阴谋，就是要让社会民主党提出的社会民主方案流产。德国民主党主席埃里希·科赫-韦泽，受总统的委托，在非常仓促的谈判日期内尝试建立执政大联盟，但他没有完全看清自己在这场执政联盟谈判的把戏中不过是被当作工具来使用，而社会民主党领导层也同样如此，在普鲁士部长们的催促下半推半就地进入到了谈判程序之中，然而也并没有能和德国人民党达成妥协。

随着社会民主党的退出，迈斯纳实现了自己的目的，再次在路德的领导下，成功组建了一个由中间派力量领导的少数派内阁。这建立在社会民主党的宽容之上，因为德国国家人民党即使在兴登堡的参与之下仍然并不准备接受由《洛迦诺公约》带来的加入国际联盟的决定。外交因素再一次阻止了政治意志的重心向右偏移，同时议会形成决议的压力也迫使同温和的左派达成一致。内阁主要还是依托总统个人的威权而继续运作，后者在计划尽快再次将德国国家人民党重新接纳入执政联盟之中。就在几个月之后，路德就在他一意推行的国旗问题上遭遇失败。1926年5月5日《国旗法令》颁布时，他以《国旗法令》的修改属于总统权限为由，提出无须通过国会，计划在德国的驻外机构中统一使用黑白红的旗帜。德国民主党和中央党共同对这种明显向反共和党派让步的做法提出抗议，逼迫路德下野，并再次抛出了组建大联盟联合执政的话题。

阿登纳尝试组建一个大联盟内阁，这遭到了德国人民党的反对，后者希望在解决了加入国际联盟的问题之后，能够建立反对社会民主党的资产阶级多数派内阁。阿登纳的努力失败之后，德国又重新回归到了中间派掌握下的少数派内阁，区别只是马克斯取代了路德成为总理。这体现了当时国家的内政处于拉锯战的局面，而这正是由于国家的民族主义派别不妥协，且德国人民党也充分利用了社会民主党的两难选择，后者在施特雷泽曼的外交政策上予以了支持后，却没有在内政问题上获得任何相应的回报。其实就算社会民主党有非常明确的行动方案，可能结果也不会有任何不同。在大多数党内人士看来，参与执政联盟不过是成为牺牲品，把全部的政治责任扛在自己身上，而不是看成一项有效的手段，在政府的决策中施加更多事实和人事上的影响力。党的执行委员会在议会党团的战术问题上又一次的失利，特别是德国工会总联合会代表能够在党团中行使否决功能。正是在核心的社会政治冲突，如工作时间问题上，社会民主党的行动自由很大程度上受到了制约。

社会民主党这种缩成一团的趋势越来越明显，同时也表明了其内政方面自1919年以来一直乏善可陈。该党始终还坚持认为自己是真正的"共和制度的国家政党"。1921年格尔利茨的党代会上，带着对民主化的极度欣喜的向往形成的格尔利茨纲领中还认定了无条件地走向民主共和国是"德国历史发展决定的唯一正确的国家形式"。[40]但自此以后，共和国的现状就与全党构想的社会主义社会愿景渐行渐远了。古斯塔夫·拉德布鲁赫意味深长地表示，党把民主制度当成"实现社会主义的阶梯"，最终还是要把它放到一边；然而实际上，民主制度构成了"党的纲领中伟大的、已经实现了的以及分分秒秒都必须要实现的一半"。[41]他的话语正点明了社会民主党在议会制面前所表现出的进退两难的样子。还需要艰难的学习过程，直至普遍认识到共和政体是值得大家捍卫的才行。

重新采用一种传统上内向的自我理解也反映在了与独立社会民主

党中间派联合以后，1925年在海德堡通过的党的纲领中。在很多方面，党又回到了埃尔福特传统并呈现出了大战之前更多处于反对党的角色定位。同样，党内强调马克思主义立场的左派力量，特别是在德国共产党的竞争压力之下，其重要性日益得到显现，尽管它并不具备展现出建设性的政治新选择的能力。德国社会主义左派，如其重要理论家马克斯·阿德勒和保罗·列维，高度重视1927年奥地利社会民主党林茨纲领中提出的专政口号。这说明，他们和占多数的改良派一样，总体采取了一种守势，同样也同意通过资产阶级的商业法案。然而问题却并不仅出在社会民主党媒体和党的大会上讲话中保留的一些马克思主义话语的自相矛盾，更重要的根源还在于工会领袖们利益政治考量下狭隘的眼界令他们在联盟政治上表示的一味的妥协退让，从而声名狼藉。独立社会民主党的代表人物，鲁道夫·希尔费丁和鲁道夫·布赖特沙伊德，则号召党要在共和国的政治中采取更为积极主动的姿态。

社会民主党人总体采取守势的根本原因还要拿到当时整体停滞不前的成员数量的背景下去理解。1918年以来，工业劳动者的数量和新增的中产阶级人数相比并没有增长，此外，社会民主党也没有能够用吸引更多资产阶级和农民阶层的成员来抵消自身内部左翼力量出走，转而加入德国共产党后带来的损失。现在看来，尽管社会民主党不断致力于拿出一个有吸引力的农业纲领出来，但战前在农业政策上的错误决策带来了灾难性的后果。鉴于当时的政治气候，社会民主党想在魏玛时期成长为一个大众政党的可能性可想而知。它更多地保持着工业无产阶级的特定职业人群的政党性质。在社会政策上，该党也回到了社会民主亚文化之中。党的领导层思想僵化、年龄偏大的倾向也导致年轻一代的新成员无法在党内发声，因而对他们就更没有吸引力可言了。[42]

1921年以后，社会民主党的党员人数下降到了80万，尽管得到了独立社会民主党近20万名党员回流的补充，仍然处于低潮。尽管1924年12月大选中，社会民主党很有希望重新收回失地，但也在很大程度上造成了该党在联合执政上畏首畏尾的态度。虽然社会民主党在1918年以来的社会动荡时期为国家的共同利益做出了不可抹杀的巨大贡献，但在各派别之间依然存在着非常深的隔阂，甚至社会民主党和资产阶级左派之间也是如此。源于彼此之间社会成见的担忧让两个派别不敢彼此靠近，这种担忧也和清晰分开的不同利益阵营的意识牢牢绑缚在了一起。有组织工人运动的相对孤立进一步加强了，因为同西方列强的关系发生了变化。必须要和社会民主党一起才能"搞外交"，和资产阶级右翼才能修内政的观念成为马克斯以及路德内阁政府人员高度官僚化的看起来理所应当的基本原则。工农业利益集团对于政治意愿形成时施加的超大影响，即使这些往往在议会之外形成，也使身在政府之中的社会民主党无法很好地平衡。任何一次想要改变现状的努力尝试都加大了回归到由紧急状态法支持的、独立于国会之外的政府的压力。

政府内阁隐性独立于国家各政治力量，首先来源于外部政治的需要，由于对大量涌入的美国贷款的依赖，宪法政治方面大变化的可能性被排除在外了。在政党政治的光谱上，这导致了完全不同且相互对立的期待，要么在外交上的左右摇摆的局面结束后，将社会民主党排挤出去建立一个纯右翼的政府，要么回到执政大联盟格局，而不是像1923年的那种单纯危机政府。第二种可能性被证明不过是一种幻想。到1928年5月，联合政府的情况一直是，议会外的政治影响阻碍社会民主党加入内阁，或者只有当右翼政党不愿意承担政治责任的道威斯计划修订业已成形时才勉强同意其加入。

人们一直以来期盼施特雷泽曼在洛迦诺开始推进的外交问题的彻底解决能够实现，也希望它能够消解德国相互排斥的内政和外交多数派的问题，然而事与愿违。取而代之的则是德国修正政治回到了小步走的外交上，在德国国内，这被民族主义右翼分子视为软弱无能，缺乏国家意识，并予以了最尖刻的批评和攻击。由于春季会议上波兰、巴西和西班牙强烈要求获得国际联盟常任理事席位的诉求无法忽视，这给德国加入国际联盟造成了事先未曾预料的封锁。最终在1926年9月，德国还是克服了阻碍风风光光地加入国际联盟。施特雷泽曼决定利用国际联盟作为平台来代表德国的利益，特别关注那些由国家财政支援的波兰和捷克境内的德意志少数民族作为德国修正政策的传声筒。

德国外交本质的问题是在国际联盟外部讨论的，即使是在国际联盟会议期间，在施特雷泽曼与英法总理非正式的接触中。1926年9月17日在图瓦里的交流会上讨论了作为对德国提前以变现铁路及工业债

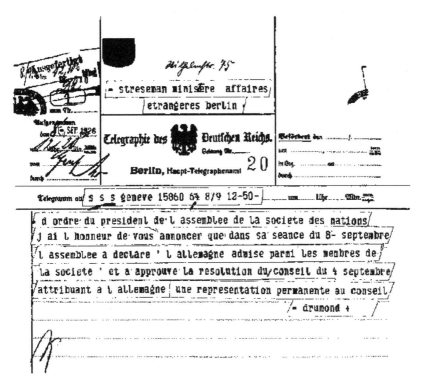

接纳德国加入国际联盟。秘书长埃里克·德拉蒙德爵士于1926年9月8日致德国外交部长古斯塔夫·施特雷泽曼的电报（波恩，外交部政治档案馆）

券形式的财政支持措施来巩固当时行情低迷的法郎的回报，提前从莱茵兰撤军的计划。[43]施特雷泽曼对此寄予厚望。然而，由于法国国内的阻力，这一计划最终流产了，当然这其中也不乏美国银行家在债券变现上表现出消极态度的原因。各方期待出现的突破没有能够达成，特别因为白里安过于乐观地估计了他在法国内部能够争取到的活动空间。最终，图瓦里会议唯一留下的"余香"就是英法方面权衡后决定于1927年1月末取消军事监督。

1929年3月，施特雷泽曼写信给阿贝农勋爵，称那些"支持了洛迦诺政治的人看到了他们的希望成了废墟"。[44]施特雷泽曼不得不越来越痛苦地认识到，承诺过的《洛迦诺公约》的"效果"非常有限，最终甚至可以说完全无效。而唯一的收益，莱茵撤军提前至1930年，施特雷泽曼本人也未能亲历了。在后来隆重庆祝"解放"莱茵兰的典礼仪式上，再没有人提及这位外交部长的名字。他本人也深知，他既不受党内同僚，也不受议会中的竞争对手和政敌的待见。其中也不乏别人对他的污蔑与攻讦，甚至来自施特雷泽曼通过外交斡旋才令其回到德国的普鲁士王子。可以说，施特雷泽曼具有明明认识到在有限的政治可能性前提下还勇于承担吃力不讨好的政治责任的政治家的勇气，同时他亦遭受了这样的政治家经常遭受到的命运。作为外交部长的施特雷泽曼，在他充满坎坷命运的六年任职期间是不可或缺的人物，然而——至少在德国修正政策者眼中——他并没有取得什么突破性的贡献。

从外交到内政的影响方面来看，施特雷泽曼没有弄清楚一件事情，即他所追求的重建德意志民族国家之主权的努力其实最终被德国的某些政治派别摘了桃子，在他们眼中，共和国不过是不得不接受的一个过渡阶段，最终还是要把德国树立为一个对内对外的强大的霸权国家。某种意义上说，施特雷泽曼在图瓦里所面临的外交突破上的重大失败反而促进了魏玛宪法体系暂时保持稳定。施特雷泽曼也非常清楚，白里安在撤军问题上的犹豫完全是德国军方好战的做派使然。德国国家人民党进入了德国内阁当中，这也无法令西方世界相信德国能够走上长久和平的道路。为什么施特雷泽曼在德国国家人民党拒绝同意《洛迦诺公约》时也没有支持解散国会，从而进行新一轮选举，这一点即使事后来看，也是非常令人费解的。出乎意料的是，施特雷泽曼当时一再支持德国国家人民党参与到政府中来，并且这似乎也并不是出于政党策略的考虑。正是因为在一些要点上，他和德国国家人民党外交愿景相一致，他就对能够把控住极右翼势力的可能性过于自信了。他丝毫也没有意识到，德国国家人民党，就像左翼反对派一语中的地指出的，突然间在外交政策上听话得好像温顺的小羊一样。施特雷泽曼也没有认识到，胡根贝格、克拉斯、泽尔特、赫格特和希特勒等极右民族主义分子的欲壑是外交上取得的哪怕是非常卓越的进步都很难填平的。

施特雷泽曼外交优先的思想迫使他及他领导的党派在内政以及选民支持方面有所让度。直到去世，他都在施加整合的影响力并一直致力于团结对抗的力量共同合作，甚至最终不惜以辞职和退党相威胁，在联合政府当中进行建设性党派合作。出于国家的动机，他在内政方面对抗日益增长的内政方面的极化倾向和保守阵营想要孤立社会民主党的企图。值得一提的是，在这个方面他一直都在指出，社会民主党在大战当中所做出的爱国功绩，比其他任何政党加起来的都要多。后来，关于他在总理位置上仅三个月的执政大联盟，他说：否则的话"就会是这个德国在和那个德国进行对抗"。

然而，施特雷泽曼的资产阶级立场和他的自由主义信念却阻止他长久地寻求和社会民主党人的合作。除了个人的原因以外，还有其他现实方面的理由，让他无法开启向左派开放的大门，从而促进共和国宪法长久的稳定。经济方面的原因在于，盎格鲁-撒克逊的资本主义发展对于社会主义的社会实践天然排斥，除此之外，人们对于社会民主党在国防问题上的不信任还起到了非常核心的作用。事后也难解释为什么施特雷泽曼在洛迦诺谈判中关于撤军问题那么重视，并且极力坚持减少对德军事监督。他完全应该设法打消法国人对德国重新武装军备的担忧，比如这就表现在法国1925年决定实施建立马其诺防线的措施，并且也应该提出建议，成立一个非军事化的监督委员会来监督条约规定的莱茵兰非军事化的实施情况。同时，他也疏于对秘密进行的扩军备战行为予以坚决的抑制。[45]

不过也没有任何迹象表明，外交部长施特雷泽曼试图动用战争手段来实现德国人修正条约的目标，尽管他也不可能没有看到德国的军事计划从中长期来讲必然会导致与法国之间发生战争冲突。施特雷泽曼大力促成《凯洛格公约》的签署却并不单单出于策略的动机。施特雷泽曼本人深刻地意识到，中欧地区的战争影响必然会波及德国，甚至影响其存亡。1926年诺贝尔和平奖颁发给施特雷泽曼和白里安两人，也表明世人对于两位政治家在德法对立方面画上句号并为欧洲奠定了长期和平的前提所做的功绩的嘉许。

施特雷泽曼是他那个时代欧洲政坛最为杰出的国家领袖级人物，然而他却也从来不是深层意义上的欧洲人。有鉴于当时深受民族主义烙印的德国政治文化，受其深刻影响的施特雷泽曼也不可能具备具有欧洲意识的任何前提。作为政治家，他最大的功绩在于寻求和法国直接的对话，而不是像他的前任以及继任者那样，妄图利用外交手段能够孤立法国。[46]这样一来，他就和他一直很羡慕的俾斯麦时代的外交政策彻底决裂了，而1945年以后的阿登纳算是他的一名好学生。诚然，1923年时，除了和法国直接谈判，不可能还有其他的替代选择。施特雷泽曼成功地让法国外交相信了可以长久地在莱茵河畔压制住德国。但他却没有实现白里安要求的双方能够在政治上突破，实现双边互信。显然，他身上肩负起的修改条约的任务起到了很大的作用。利用德国民族主义反对派中表现出的策略性要素在他言辞华丽的强调要与法国达成和解的意愿中占据了主导。所以当施特雷泽曼的"遗嘱"出版后，法国公众感到受到了极大的欺骗。

尽管施特雷泽曼已经开始权衡用经济上的强大来代替武力上的霸权，但是这位德国外交部长最终还是囿于普鲁士德意志传统。国家政治在他看来，不建立在足够的军事支撑的基础上是不可想象的，国际联盟的裁军思想被他首先用来作为维持德国军事上享有同等权利的策略性手段。在这样的框架内，他还是尽可能尝试去迈开促成欧洲各大国间相互和解的步伐。如果他能够把他在追求外交目标上特有的谨慎态度也用在内政方面的话，那么魏玛共和国政治体系的发展可能会走上完全不同的道路。在一定的条件下，他在外交方面取得的成就，让德国相对于西方强国能够拥有更多行动自由，在内政方面必然走向它的反面。

通过道威斯计划和《洛迦诺公约》而成功得以实施的重建工作不仅意味着内部民主议会制的发展，同时也促成了战后早期社会国家显著的建设成就。虽然鉴于外交政策上的依赖性，来自右翼的颠覆尝试永远地消除了，但同时，资产阶级中间和偏右阵营的联合政府主导的威权政治却日益显著，这让对于在重建外交方面一度起到极为重要作用的社会民主党不得不越来越陷入一种防守的姿态。

国家直接或间接地被纳入到大西洋国家的体系之中，并越来越依赖美国的贷款，排除了在此期间实施开放的宪政实验。反共和的右派势力认为自己在经济利益集团的影响下不得不屈从于议会组织机构。包含当时被禁止的纳粹党在内的民族主义运动减退为一些小党派扮演的角色。国家重新获得的外部政治稳定显然与撑起它的民主力量的缺陷之间存在明显的不协调。内政方面风雨飘摇的状态能支撑多久，首先取决于外交方面的配置。

第七章
议会外力量的进击

在鲁尔区危机和超级通货膨胀的背景下，魏玛共和国中期迎来了一个令人瞩目的政治和经济上整顿的阶段。随着《洛迦诺公约》的签署以及加入国际联盟，德国终于取得了与其他强国平等的权利。尽管从德国的角度来看，战争赔款问题的规定还远远没有达到令人满意的程度，但是通过该问题与协约国间债务的联合也已经放弃了《凡尔赛和约》的惩罚和赔偿原则的直接关联。战争赔款被看成德国为克服第一次世界大战带来的长期财政的负面后果做出的贡献。用经济手段继续战争的阶段看起来也就相应终止了。

基于大量流入的贷款替代了本国相对较弱的资金投入，1924年以来，经济呈现了高速发展。马克斯和路德内阁都首先成功地把保持货币稳定以及政府收支平衡放在优先地位，以保障德国能够进行战争赔款和贷款方面的谈判。这当然很大程度上是以牺牲了中小收入阶层的利益为代价，并且通过税收措施直接或者通过补贴间接来使资本的拥有者获益。即使在1926年1月，内阁换届后，在政府中拥有其直接代言人的大工业和大农业利益集团仍然受到优惠待遇。虽然名义工资快速增长，但相应的维持生活的成本也大大增加，这导致劳动者的实际状况只得到了非常有限的改善。

这种局面给接下来的日子里的社会政治气候打下了深深的烙印。经济重建在很大程度上以牺牲消费者的利益为代价，同时社会保障政策永远只具有一定的补偿功能。1925年夏季的税收改革如国务秘书约翰内斯·波皮茨强调的要很大程度上考虑到"税收负担的经济性"。[1]鉴于有明显背离埃茨贝格尔税收改革的重新分配作用的情况发生，最高达60%的收入税税率下调了三分之一，而最低税率仍然保持在10%的水平；免税额也从生育第四个子女开始，从工资税收的1%上升至2%；并且收入税的免税限额也设在了月收入80马克。后者引发了企业主的不满情绪，尽管这并未超过战前普鲁士的税收水平。

大大降低财产税的做法却引来了赔款事务专员的批评，后者建议应该通过有限的增加工资的手段来加强内部市场的方法解决问题。由收入税以及大众消费税带来的财政收入的提高与其他税收类型对于财政的贡献形成了鲜明的对比。国家财政部的税收改革对于工业部门采取了显著的保护性利好措施，如延期和补贴等，这其中绝大多数付款都绕开了国会，并且获益最多的都是重工业联合企业，如罗希林、施廷内斯、克虏伯、曼纳斯曼和弗利克以及面临订单萎缩的造船企业。弗里德里希·弗利克收购了上石勒苏益格联合冶炼厂，同时还作为政府咨询专家，评估该厂是否有资格获取国家补贴。可以说，大财阀和政府官僚政治之间的密切勾结已经突破了腐败的边界。政府的补贴行为虽然在此后几年里逐渐减少，但随着后来世界性经济危机的影响，又开足马力继续大力推行。这其中包括由即将卸任的布吕宁内阁计划的以极高股价收购盖尔森基兴矿业股份公司1.1亿股票。由此产生的弗利克公司的整顿也是迫于军方的压力，并且和防止上石勒苏益格地区的工业企业破产的高度机密行动有关。其中，弗利克只是作为国家在当地经济界的代言人出面而已。

在国家银行总裁亚尔马·沙赫特看到了商品价格通货膨胀的初期征兆，并叫停了大量慷慨发出的贷款、提高贴现率之后，政府特别对于重工业企业的支持看起来就非常必要了。从沙赫特做出的限制性贷款和利率措施的后果中可以看出，德国经济在通货膨胀期间引入广泛的合理化措施之后仍然非常脆弱，不堪一击。当德国央行的措施使德国和美国之间的利率差显著降低时，涌向德国的贷款资金一度停滞，并且国家和私有的投资行为也显著减少了。这导致了严重的经济问题。1925年底，失业率重新突破了200万大关。接近充分就业的蓬勃发展阶段也彻底结束了。当然，政府可以通过刺激经济的措施和方案来创造就业以减少对社会的不良影响，然而这也是以放弃国家公共预算中的财政储备金为代价的。

同样由于缺乏提振经济手段而产生的1925年至1926年的危机放到世界经济范围内来看，还属于德国经济的个别现象。[2] 在1927年，经历了快速的恢复。可惜的是，好转趋势到1928年就结束了，德国也陷入到了世界范围的大危机中。经济的短暂复苏在德国农业领域几乎没有产生作用，自1926年以来，农业就陷入了持续的长期衰退当中，它同样是由于国际市场上农业产品生产相对过剩导致的。经济危机也增加了社会经济的紧张关系。一方面，政府认为有必要解决结构性失业带来的一系列社会问题，同时也不能继续无视现实，既不能将长期失业归咎于相关的劳工本人，也不能把失业归咎于他们没有参与劳动的意愿。另一方面，社会国家的原则也面临着沉重的负担。一直以来采取的国家干预措施遭遇到了大工业财阀利益集团越来越尖锐的抗议，在他们看来，经济发展的问题是财政和工资政策的问题，并且再次唱出税率过高影响经济的悲歌。

德国工业联合会1925年12月底向总统提交的一份关于"德国经济和财政政策"的研究报告中，要求拥有对抗财政部长关于支出决定的否决权，并正式向政府提出要求，不能被"不会搞经济的政党"牵着鼻子走。[3] 所以在资产阶级内阁关于洛迦诺立法倒台唤起了可能产生左派执政联盟的可能性之时，又一次重新尝试使用第48条来用威权形式代替议会制的冒险行为就不难理解了。一向把德国人民党视作其延伸在议会当中的手臂的重工业，一直阻拦社会民主党和德国工会总联合会通过签署《华盛顿劳动时间条约》来为回到八小时工作制铺平道路的努力，就算条约中规定了大量的例外条款，以阻止其立刻应用。在代表鲁尔区煤炭开采企业利益最重要的组织朗南协会中，在1927年由领军性矿业和钢铁企业非正式成立的鲁尔拉德组织中，以及凭借在德国工业联合会中日益增长的影响力，莱茵-威斯特法伦的企业界渐渐形成了非常发达的完善的利益代言机制。他们总会毫不犹豫地通过给党派输送利益，或是施加直接的经济压力，比如威胁破坏德法钢铁谈判，来实现其社会政治方面的主张。[4]

褐煤工业的保罗·西尔弗贝格1926年9月在德累斯顿召开的工业联合会成员会议上做了一次备受瞩目的演讲，向国家表明了企业界响应社会民主党"更有责任感的合作"的号召，然而这一演讲受到了来自重工业界最尖锐的抗议，并引发了联合会内部持续的激烈争论。[5]此时，制成品业和出口业的代表并不能有效地表达其温和派的主张。尽管西尔弗贝格此时对于激进的工会派以及他们提出的参与决定权和所有的社会主义化方案都予以了非常明确的拒绝，并且回到中央工作联盟要和工会认可企业家一方的优先地位相绑定，他的观点仍然无法得到认同。重工业界影响力巨大，他们不是要求平衡，而是要求危机方案，其最终的目的是要将社会民主党排挤出去，按照宪法第48条取消议会制和政府作为永久解决方案。

莱茵-威斯特法伦重工业界施加的内政上的巨大压力的深层次原因，与其说是由于这些共同来自鲁尔区的企业家基于同乡概念和共同的政治想象而导致的某种家长式作风，还不如说是因为变得日益尖锐的成本危机。这种成本危机在通货膨胀阶段以水平或垂直方向上的集中掩盖了过去，并且这种集中的倾向在1925年至1926年时随着危机的发生越来越明显。1926年初完成合并的钢铁联合企业集中了德国

50%的钢铁制造企业，是当时德国企业集中化最为明显的表达。政府针对企业集中现象也没有采取任何抑制措施来对抗权力的聚集。甚至它还给资本的聚集带来更多便利条件，比如1925年领军化工企业合并成立法本公司时，政府放弃收取到期的合并税。工会方面为了更有效的监督垄断价格形成，要求修改1923年时的卡特尔法规，却一直没有受到重视。

与资本的聚集同时进行的还有重工业产能的显著提升。德国钢铁制造工业尽管失去了很多地盘，在1925时就已经达到了战前的生产水平。这一方面得益于不断对生产设备进行扩充，另一方面也由于广泛地进行了涉及生产过程的方方面面的工艺改良。然而，工人的工作条件却并未有什么具体的改善，特别是减轻工人的劳动强度方面并没有什么积极的进步。随着同质化的生产过程，工人的劳动强度反而提升了。综合下来，劳动生产力得到了显著的提高。1925年时，就已经比大战之前提升了14%，并还在不断提高。同时，由于生产工艺合理化导致的产能提升也降低了生产的成本。但由于固定成本提高，因此，只有在充分发挥产能的时候，才最为经济有效。钢铁厂在1925年时，往往平均只能利用60%的产能，1926年时甚至降低到了50%左右。

战争赔款的义务给煤炭产业带来了持续的利好，并让企业主们认识到未来可期，可以赶上甚至超过大战前的生产水平。在经济慢慢过渡到稳定期后，人们发现，市场不再有那么强的消化能力。这一方面是由于西欧重工业领域的产能过剩，这是因为洛林的钢铁生产中德国设备和工艺流程使其产能翻了一倍，另一方面世界经济发展停滞，且新的能源得到了开发利用，其中包括石油。就如同莱茵-威斯特法伦煤业辛迪加通过批准国家煤炭比例以制定价格政策来应对生产过剩一样，在国际市场上，在有竞争领域打价格战，在无竞争领域形成垄断价格，钢铁业也走了价格卡特尔的路子。1924年11月成立的原钢联合会认为，不仅要确定生产比例，还要形成钢铁制造企业中各类产品的销售统一体，从而消除国内市场上所有的竞争。

通过钢铁企业联合会的价格垄断，国内市场的高垄断价格形成，以便弥补在国际贸易中低价倾销带来的损失。深加工企业则基于钢铁加工行业联合会（AVI）协定可以按在生产中使用的出口钢材量得到补贴，最终三分之一的补贴进了钢铁深加工企业的腰包。[6] 为防止洛林钢铁工业通过进口让国内价格走低，1926年原钢联合会达成协定，以期预先规定德国南部市场上德国贸易伙伴提高了的出口份额的经营权。这项规定的目的在于能够更好地利用其设备产能，从而降低生产成本。然而，这并没有产生预想的效果，因为它未能实现组建卡特尔追求的国际市场钢铁产品价格提升。同时，德国企业与洛林的企业不同，超过了规定的配额，当价格跌至成本价时，不得不支付大量补贴，这样一来人们很快宣布协议无效，只保留地区保护措施。1933年时，它改头换面以出口辛迪加的总卡特尔形式出现。

在煤炭和钢铁工业领域，渐渐有把销售和生产分离开来倾向的卡特尔化以及欲达到最大利用产能的价格政策阻止了重工业在国民经济中减小占比，而这一发展对于经济整体来说是有利的。经济以外的动机，比如在德国政界人们普遍坚信，只有通过不断挖掘德国经济自身发展的潜力，才有可能实现修订《凡尔赛和约》的可能。这一点和影响力巨大的重工业联合企业的联合政策解释了，为什么消费品和制成品工业即使身居相当重要的位置，却在头号经济协会中难以发声的重要原因。[7] 早在通货膨胀时期就已经显示出重工业的利益代言者们在魏玛政治体系中以破坏有利于整体经济的价格形成的方式拥有着一票否决权。"来自西方的先生们"不仅和经济部的权力机构有着密切的横向联系，同时也能直通总统办公室。当时人们这样称呼那些来自莱茵-威斯特法伦的重工业巨头，其中既有对他们权力地位的敬畏，又不乏戏谑的意味。

马克斯和路德内阁对大工业企业的扶持十分有助于鲁尔危机后的经济复苏，但同时也造成了有利于"新"工业的经济重新分层发展滞后，且程度严重不足，重要的服务于整体经济发展的基础设施建设，如整体的供电网络的建设，由于重工业的特殊利益而受到了阻碍。过高的煤铁价格使得进一步加工领域的投资成本增大，并且限制了没有加入AVI协定的企业的出口能力。1926年，由于英国煤矿工人大罢工导致煤炭业短暂迎来了销售回暖，此外，该行业就一直存在着人尽皆知的生产成本危机，这需要间接补贴或者减少船运成本才能部分地扭转不利局面。由于进入到了全球经济危机，德国政府被迫承担一部分社会福利基金，其中包括矿工医疗保险。

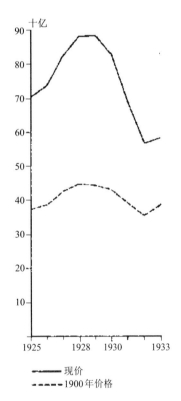

按1900年价格和1925—1933年现价计算的国民生产总值

对于重工业企业主方面来说，他们认为社会福利基金过高，税收负担过重，并激烈地反对。由于财政中用于支付战争死难者抚恤及其家属的养老金的份额只字未提，从而就过高估计了公共支出所占社会生产总值的增长。直接的战争后果直到1923年秋天时仍然以间接的方式由通货膨胀转嫁了，而有序的财政框架条件直到后来才建立起来，此时过高的税收负担和社会福利基金以及收入减少不再是和战争导致的资本损失，而是和战争赔款以及社会财富的分配斗争联系起来。从人们的心理承受上来讲，这是非常有害的。

同时企业主协会方不仅在有争议的工作时间问题，还在工资政策上不断增加压力。由于重工业企业行业协会的力

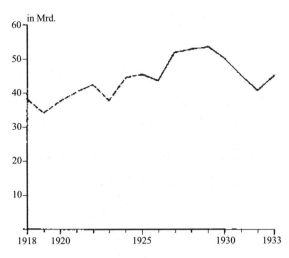

in Mrd.

以1913年价格和1918—1933年价格按要素成本（国民收入）计算的国民生产净值

量强大，所以在核心行业中实际上不太可能形成工资协议自治。自经济稳定以来，鲁尔区采煤业在没有国家中间人的调解下，甚至没有其关键性一票的作用下，已经无法形成工资合同，同样的情况在钢铁制造行业中也是如此。[8]工资合同签署的失败不能归咎于工会方面。自由工会、基督教工会以及自由派工会组织，其中包括波兰职业联合会，自1924年以来都不得不采取防守策略。它们已经没有机会对抗日益紧密的资方阵线，资方渐渐过渡到运用解雇，有的时候甚至使用企业停产等方法。公开的劳动斗争方式被对于经济性以及劳动生产力的评估的鉴定战所取代，而谈判双方，即资本家和工人，则把工资和劳动时间的决定这样的核心问题抛给国家的调停人米解决。

尽管产业工人阵营的生活日益困顿，但工会组织内部激进力量的影响力早在20年代早期就已经日渐衰退。[9]1923年解散了由其控制的体力和脑力劳动者联盟的德国共产党的工会策略有所变化，还发出了"进入工会中去"的口号，然而对此的回应却是改良派的工会领导们渐渐把共产党人从领导阶层中排挤出去。1928年革命工会反对党（从数量上来看显得微不足道，同样失败的还有经济危机时由德国共产党尝试建立独立共产主义工会的努力）在企业工人中几乎没有什么值得称道的支持力量，转而从失业工人中发展势力的德国共产党因此也就无法在当时的工会政治制定中产生什么实际的影响，不过它还是通过对工会的领导层不断发起持续的攻击，使其决策能力陷于瘫痪。职业工会组织的外部整顿则伴随着反向成员运动展开。20年代早期工会组织成员的迅速扩张并没有持续地被组织消化吸收。和战前的情况一下，工会中专业工人再次占据主导，而年轻的无太多技能的劳动力则没有被太多代表。这样一来，工会组织中主张调和的中间派的力量被增强了，同时也就弱化了他们在与资方争取薪酬待遇时的斗争意愿。

国家土地联盟和重工业界试图利用宏观经济形势来进一步排挤工会的工资垄断地位，为好不容易建立起来的企业共同体思想施加工资政策方面的影响。[10]抱有同样目的的还有由重工业企业家协会于1925年建立的德国技术劳动培训研究所（DINTA），卡尔·阿恩霍尔德任所长，研究所致力于塑造一种有企业归属感、有绩效意识，同时有着国家民族意识的劳动者，并且从"心灵上"赢得劳工阶层的好感。除了人体工学方面的科学研究之外，该研究所还进行"人类经济学"研究，试图通过优化生产过程的同时，还通过企业内部教育的措施培养良好的劳动者心理状态来提高劳动生产率。从政治的角度上看，技术劳动培训研究所是在为资本家服务，把资本追逐利益的本质掩藏在人民共同体的思想之下；但从另外的角度来看，该研究所所崇尚的"劳动美学"也首开劳动评估的现代模式之先河。

企业共同体原则的转向和企业家当中敌视工会情绪的增长在加入了德国工会总联合会的国家的和基督教的劳工者组织当中，特别是在商业雇员协会当中引发了失望，而在大部分基督教工会中引发了愤怒，因为这样一来，它们普遍期待中央劳动共同体回归的目标几乎成为泡影。在劳动时间和工资的问题上，各基督教工人联合会组织觉得自己被推到了德国工会总联合会一边。基督教矿工联合会会长海因里希·因布施就与施泰格瓦尔特相反，支持在鲁尔地区的矿业当中更多实现社会主义化的措施，并使用了比老联合会那些会长更为激进的语言。同时，非社会主义化的工人联合会同土地联盟以及德国国家人民党右翼之间的关系越来越恶化，因为它们在劳动时间和工资问题的谈判中总体是以反派的形象出现的。

社会平衡的偏移也给中央党（也是当时唯一的资产阶级中间派政党，其中还包括相当数量的工人党员）带来了一定的影响。[11]虽然社会的这种向左的动荡，在威斯特法伦邦表现为基督教社会人民共同体的出现，在巴伐利亚还产生了以维图斯·黑勒为首的基督教社会运动，但这在1924年的国会大选中的影响还非常有限。但1925年出于对中央党右倾的抗议，约瑟夫·维尔特宣布退出议会党团，以及在天

1926年3月，柏林爆发示威游行，要求举行全民公决，没收贵族财产

1926年6月，柏林社会民主党呼吁就没收贵族财产事宜举行全民公决

主教劳动者当中增长的反对派氛围，则指向了对于中央党经常的信任危机。鉴于民众中对于没收贵族财产的渴望心理，大部分天主教劳工阶级成员都支持左翼正常的立法草案。

国家劳工部长海因里希·布劳恩斯尽管出于国家政治的考虑一直以来不断表达支持资产阶级政府，但是他本人鉴于1927年开始不断好转的经济形势和基督教劳工阶层的不断反抗，也深知国家无法在实践当中再持续推行一种有利于资方的调解策略。劳动时间紧急法案规定了加班需要额外补偿，并且进行更多有利于工会方面的国家调解，布劳恩斯受到了来自资方的最尖锐的批评，钢铁业普遍希望，能够对抗调解结果，不额外加薪，并能继续保留行业内三班倒的工作制度。为了能对抗"国家的工资专制"，按照当时钢铁工业西北集团内部的一份备忘录的记载，企业计划设立一个专项资金，并做好准备在劳工部长要坚持推行关于劳动时间的构想时，进行全面停产。鉴于西北集团的抵制，1927年12月，内阁不得不在劳动时间紧急法案的应用上采取了退让的态度。[12]

布劳恩斯以其坚忍不拔的毅力和谨小慎微的态度推行的补偿性社会福利政策虽然不能改变劳动力市场上各方的力量对比，但是有助于劳动者的平权以及扩大劳动者的权益，同时更好地完善社会保险以及劳动保护。[13]作为在这条道路上极其重要的一步，以及作为布劳恩斯个人首要功绩的则是1925年完成草案、1927年通过的失业介绍和失业保险法案。就像劳动时间紧急法案一样，布劳恩斯通过主动邀请国家经济委员会来促成上述法案在国会中能够达成妥协，并最终通过。当然，基督教工会组织也起到了重要的中间斡旋作用。这部法律填补了失业工人保障和在危机中得到援助的机制，其中规定了劳动者在保险的原则之上失业情况下有权在一定时间内得到经济上的保障，也让保险制度进入到劳动用工各方的自我管理体系之中。尽管它只是惠及了一部分劳动者，且对于当时国家的长期失业毫无建树，但仍然已经是魏玛共和国时期社会福利发展的最高成就了。

虽然存在着大量的结构性失业——工会成员的失业比例自1925年底至1927年初，从未下降到15%以下——人们还是期待通过经济的优化组合能够消化剩余的劳动力。资方和劳方需要缴纳的3%的会费以及由失业介绍和失业保险署设立的紧急基金为140万名失业工人提供了经济援助。接下来就是国家的贷款义务了。因为法律规定的援助只有26周，所以对于长期失业者来说，则是要依靠按需原则的危机帮助。1928年时，已经将季节性务工人员从保险中排除出去，1929年又排除了临时性务工人员和已婚妇女。然而，1927年7月16日，人们意见一致地通过改革法案时，还普遍认为会出现比较好的经济发展态势。

基于同样的财政政策的极度乐观态度，在魏玛共和国经济繁荣的最后两个财政年度里也在乡镇上大兴已经废弛了几十年的基础设施建设，修建交通路网，合并大都市区。在这个背景下，广泛地进行了公共设施的建设，它增加了居住房屋的面积，同时也服务于文化的自我表现和政治表现。大量的居住类建筑以及共同设施，其中很多保存至今，都见证了德国乡镇自我意志的延续。在大城市，则发展起来了跨越社会阶层的大众文化，消费社会发展也初现端倪。对于城市生活创新性的特征的敌视常常同对乡村不靠谱的财务管理的指责联系在一起。后者常常将短期的贷款用在长期的建设之上。

方方面面都对国家过于轻率的使用预算提出了批评：赔款事务专员帕克·吉尔伯特、国家银行总裁沙赫特、布吕宁以及古斯塔夫·施特雷泽曼都表达过对过高外债的担忧。工业界也和国家财政的扩张做出过不屈不挠的对抗。尽管如此，1927年时还是在当时隶属于中央党的财政部长海因里希·科勒的努力下，为公务员加薪20%。该薪资修正案进一步拉平了国家公务员的收入水平，时任高级公务员联合会主席的德国人民党党团主席恩斯特·朔尔茨以非常矛盾的心情接受了这一方案。这一改革措施作为对引入失业保险制度的补偿，将公务员的收入提升到了专业工人收入的顶极水平，同时它也是在德国经济好转、人们普遍信心大增时的产物，此时德国财政只需要负担比较低的年赔款。

由科勒单方面保障、缺乏中央党委员会同意的提薪方案在当时就遭遇到了各方反对的声音，不仅吉尔伯特指出西方各国公务员待遇普遍偏低，布吕宁和由施泰格瓦尔特领导的基督教工会组织也极力反对。可以预计的是，只有将国家付给失业保险的费用控制在一定限度内，才有可能为加薪修正案提供足够的资金。更重要的是，政府的这种加薪行为无异于是对企业联合会的背信弃义，因为后者一直以来就在反对各种加薪。在国家确定的工资标准支持下，工会成功地将1927年实际工资水平提升至大战前的水平，并且在局部范围内还有更多的提升。此外，在工资结构上也有较大程序的变迁，矿业工人的高工资无法再坚持下去，但是工业企业需要给专业工人给付显著高于薪酬标准的工资。

重工业方面对于所谓的劳工部"工资专制"和过高的社会福利负担提出了抱怨。其中，企业给出的理由包含了把议会制和福利社会相提并论，把政治制度和"工会国家"等量齐观的倾向。1925年以后，工人实际工资收入的提高既不是因为国家的调停措施，也不是工会的影响所致。前者在经济发展的动荡中效果有限，后者在通货膨胀的危机中力量也大大削弱。实际情况其实是首先大大降低的实际工资水平

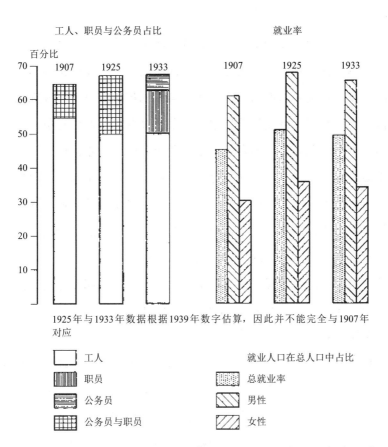

工人、职员与公务员占比　　　　　就业率

1925年与1933年数据根据1939年数字估算，因此并不能完全与1907年对应

工人　　　　　　　　　　就业人口在总人口中占比

职员

公务员　　　　　　　　　总就业率

公务员与职员　　　　　　男性

　　　　　　　　　　　　女性

根据1907年、1925年和1933年就业普查，工人、职员和公务员占劳动力总数的比例以及就业率

与1924年以后仍然没有能够完成消除的通胀预期是相适应的。实际工资的上涨比单位时间的劳动生产率的上升要显著缓慢，所以工资水平的发展已经超过了工业界生产力的发展水平的说法是根本不成立的。但是，全部就业人员的收入确实在国民经济生产率增长之上，这主要是由于就业率上升的缘故——全部就业的人员的数量比大战之前上升了11.3%，其中值得一提的还有从1907年到1925年间，雇员和公务员的人数从10.3%上升到了17.3%，而工人的数量则从54.9%下降至49.2%。综上所述，相对而言企业雇员、乡镇雇员和国家公务员的高薪——并不是产业工人的工资——造成了收入和生产力发展有限的不平衡。[14]

当时在企业主圈子中高呼的论调，国家经济受制于过高的工资水平，实际上并没有揭示出问题的结构性实质。经济发展面临的真正制约因素在于缺乏创新能力，在一些结构性弱势领域没有形成优化产业结构的集约发展，过度的卡特尔化和垄断经营导致恶性竞争，这些都限制了中小企业的活力与发展。重工业企业的卡特尔价格政策间接导致生活成本大大提高，这又反过来进一步影响了工资水平。因为工资自治体制由于工会力量的减弱，特别是在工资主导的领域，并没有真正的实现，所以通过自由工资而产生的对经济政策的纠错机制也就基本没有起到作用，否则的话，它是可以对重工业中的过剩产能起到一定的调节作用的。同样，过低的工资水平也无法长期保障重工业的销售机会。此外，给易北河东部大农场主的高额补贴花费对于投资行为也有负面影响。

按照战前水平测算，德国工业的增长水平也落后于其他具有可比性的西方国家。世界经济危机伊始，德国和英国共同属于工业竞争的失败者。缺乏国家对于经济增长政策有序的规划以及用补贴来支持不具备经济效益的行业的倾向共同构成了德国经济结构的弱点所在，与战前相比，利息增长显著，内部投资能力相对不足。这是通货膨胀带来的间接后果，而通胀又让原来中产阶级的财产储备蒸发殆尽。另外，国家政策层面的因素，如央行的贷款政策以及国内和国际的关税保护措施，都起到了负面的作用。

资本主义干预措施在工业领域起到的作用不像农业那么明显。虽然大农场主在通货膨胀中能够大量负债，但是由于缺乏生产优化必要的资本基金也阻碍了在国际市场农产品价格过低时的经济健康发展。除了普鲁士参与的大量贷款行动以外——泽韦林指出了建立"有抵御能力的，忠于德意志的农民隔墙"以抵抗斯拉夫危险的过度异化的必要性——国家也过渡到了广泛的农业补贴政策，其中东部救济以及东普鲁士计划数倍于对工业的扶持，却既无法阻止农业继续债台高筑，也无法提升农业生产的经济效益。[15]

在长时间斗争后终于在1925年8月通过的税法修正案规定，在一定的过渡期之后，将关税调整至战前水平。这也和同时推行的保护主义贸易条约一样表现在了生活成本显著提高之上。政府推出的平抑物价的措施总体来说只有表面的意义，并且引发了手工业界广泛的抵制。资产阶级内阁的经济和财政政策走上了将社会平衡推向不利于广大的劳动阶层和社会中产阶级下层的方向的道路。也正是因为国家土地联盟，由于其和资产阶级中间派和右翼政党有着多样性的横向联系，在议会中能够呼风唤雨，才让这一切成为可能。

广泛的农业保护主义政策也波及大量德国西部的农业企业，它们往往依赖于从国外进口饲料。保护主义也触及了进口业的利益，它们普遍惧怕贸易伙伴的补偿性关税。农业利益集团的代言人能够成功地以国家保障特定经济利益的传统态度为宗旨来行事。这其中就包括了一直宣称的东普鲁士和边境地带的意识形态。人们指出，这是国家利益的必要性使然。边境防卫不可缺少，保障德意志的土地不受斯拉夫化影响至关重要，以此来保障极少数大农场主与生俱来的优先地位。同样地，鲁尔河畔的重工业企业主们也把自己扮演成了防御法兰西野心扩张的决定性力量。当然，他们最后也会把自己这份功劳记在功劳簿上，并用鲁尔捐款的形式来为自己谋取利益。

20年代的政治生态是由经济上的利益集团和民族主义的政治团体之间的横向联系为主要构架的。自从共和国在货币稳定措施以及接受道威斯计划等外部整顿措施以来，议会外的政治团体，无论左右，其功能都发生了变化。与以往那种以政变形式颠覆当下的宪政体系不同的是，这些政治团体致力于将当前的宪法体制慢慢改变成威权制度。当资产阶级内阁——政府和高层部委的行事越来越独立于议会和政党——的集中主义的风格以及货币、财税和社会福利政策缺乏大众支持时，国会以及多数派议会党团就会遭受明显的权威受挫，这样一来，议会外的力量便更能从中获益。议会外力量对于经济上更强大、政治上更稳定的政府体系的进击说明了，当时的政党并不能充分地完成其凝聚作用。

资产阶级内阁主政期间的内政整顿另一方面也导致了公开的政变倾向逐渐淡化，民族主义的民防组织的阴谋活动渐渐减少。秘密军备转向长期进行，并且国家军队从形式上尊重共和体制，让军队中士兵的哗变游戏失去了政治土壤。这样一来，民防组织纷纷致力于直接施加政治影响。钢盔团从一个步兵团发展成为最著名的民族保守主义民防组织。这首先要归功于弗朗茨·泽尔特，这名预备役军官在大战中身受重伤，并且于1919年在地方诸前线军人联盟合并成为帝国前线军人联盟上起到了举足轻重的作用。20年代中期，一部分迄今为止仍然保持独立的战斗联盟，如，维京联盟、奥林匹亚联盟和由鲁登道夫指挥的坦能堡联盟，加入了钢盔团，它同时和祖国联合协会有着非常密切的横向关系。到1924年，钢盔团及其青年团共有40万名成员。[16]

经历同样发展道路的还有阿图尔·马劳恩成立的青年德意志骑士团。[17]马劳恩来自青年运动，并于1921年同他的追随者一起参加了上石勒苏益格志愿军斗争。到1923年，青年德意志骑士团的活动重点主要放在了准军事领域，这就遭到了普鲁士政府暂时的禁止。1924年开始，它转为致力于实现政治目标，同时也不放弃其跨越党派的特性。这个看起来有着中世纪色彩的组织一方面以中世纪晚期德意志骑士团为榜样，另一方面又与新保守主义的环形运动呈现某些相似之处，这与该团体的章程中规定的思想有关：把联盟的形式用到政治生活当中来，从而在一定的时间内把政党形式剔除出去。马劳恩于1927年出版的《青年德意志宣言》就以新保守主义的思想观念为依托，希望用组织化构建的能够把邻近原则和领袖原则融合在一起的职业秩序来取代议会制和政党政治。[18]

青年德意志骑士团以10万名会员成为当时德国保守党派阵营中的第二大政治战斗联盟。它主要在新教中产阶级圈子内发展成员。很多积极的会员都来自青年运动。马劳恩宣扬民族内部的更新，他认为，这需要通过强健身体以及内部的殖民和边疆工作来实现，而不是像钢盔团那样靠军事训练。首先，他提倡志愿劳动，骑士团后来还参加了劳动营运动。在外交政策上，骑士团支持施特雷泽曼倡导的与法国和解的态度，但在东线则倡导排除但泽走廊以及覆盖面更大的定居点计划。[19]

施特雷泽曼敢于动员各战斗联盟的潜在力量来支持洛迦诺政策。他在一篇写给《汉堡外地人报》的文章中强调，"国家伟大的生命力并不只是由政党体现出来的"。[20]尽管如此，钢盔团还是在1924年3月当选为第二任邦领导人的前前线军官特奥多尔·杜斯特贝格的影响下，走到了洛迦诺政治的对立面。当恩斯特·泽尔特在威廉主义的民族主义范畴中思考时，帝国前线士兵同盟在一众新保守主义的笔杆子的帮助下保持了其核心当中民族革命的方向。这些文人包括恩斯特·云格尔、弗朗茨·绍韦克尔和维尔纳·博伊梅尔堡，他们把钢盔团的同盟报刊变成了"士兵民族主义"的传声筒。一方面是激烈的反对议会共和制度，另一方面鼓吹"民族专制"的必要性，两者合流形成了表述并不算清晰的主张，按照"战壕共同体的榜样"来建立"前线军人的国家"。[21] 作为议会代议民主的替代选项，钢盔团最重要的意识形态学者海因茨·布劳魏勒提出了自己的纲领。钢盔团发展的灵活性也体现在，1926年，它也放弃了加入的成员必须满足曾经在前线作战的条件的规定，钢盔团也日益从一个民兵组织发展成为一个"政治的、民族的自由运动"。

诸战斗联盟进入到政治领域是20年代中期以来越来越被人们意识到的代际变迁的表达。正是那些本身并没有积极参加到战争中的青年一代，反而把前线军人的意识形态给工具化了，并贪婪地把新保守主义知识分子炮制的觉醒神话和民族共同体神话奉为圭臬，觉得那些在老迈昏聩的干部领导下的政党根本无法充分代表他们。统一着装，军事化队列，这些钢盔团进行的前线军人的日常，以及反对《洛迦诺公约》和国际联盟的政治示威游行越来越多地成为政治的常态，并且在议会外的政治行动中占据了越来越大的空间。

与右翼战斗联盟的政治化相反的潮流则是共和派力量通过国旗团动员了起来，不无巧合的是，国旗团于1924年成立于马格德堡，这也正是钢盔团的成立地点。国旗团是共和派政党的跨党派团体，尽管有中央党和德国民主党的正式加入。该团体在极短时间内迅速发展到了成员超过百万的规模，在数量上远超右翼民防组织，并且是一支主要力量由社会民主党构成的大众组织。国旗团也是作为前线士兵团体建立起来，并且在很多方面也有右翼准军事组织的表现形式。和希特勒的冲锋队一样，国旗团也担负起保卫共和派集会的安全保障任务。然而对于其共和派的根本目标而言，国旗团所具有的联盟的要素和军事化的仪式并不占据主导地位。

在1927年卸任的国旗团主席、马格德堡团长奥托·霍尔金的继任者卡尔·霍尔特曼的领导下，国旗团和有着尚武核心而建立的钢铁阵线渐渐使用了民族主义右翼分子的行事风格,一方面积极培养所谓的领袖思想,另外也目标明确地使用准军事化的组织形式。在所谓"为了第二共和国而斗争"的口号之下,结合强调跨越党派属性,因此在国旗团内部产生了对传统的政党制度不加掩饰的批评之声。[22]这样一来,不但因为霍尔金时常独断专行做出一些事情,而且这种情况也让中央党和德国民主党,甚至连同社会民主党一起都与国旗团保持距离,并投来怀疑的目光。这背后隐藏的原因除了中央党加入路德的右翼资产阶级内阁带来的困难,就是新一代人狂热的政治气质,这种气质既反对政党已经成为例行公事且毫无目标的政治实践,又无法给被看成是劫后余生的协会民主赢得同情。

与基本上保持防守态度并且尽可能避免与其他政治派别发生暴力冲突的国旗团不同的是1924年夏出现的红色前线战士同盟以及它的附属组织,如红色青年阵线就是有意识地作为有战斗力的斗争同盟而存在的。[23]它们的做派把资产阶级的反马克思主义发展到了过量的程度,还给了右翼民防组织额外的借口,把自己化身为法和规则的捍卫者。尽管在形式上有着超越党派的特性,恩斯特·台尔曼担任领袖的同盟其实不过是德国共产党控制的附属组织。它从外部适应右翼战斗联盟的仪式,并致力于自下而上的统一战线的建立。

1928年秋季,在共产国际第六次世界大会上确立了新左翼策略以来,德国共产党的外部做法不断升级,导致了和冲锋队以及国旗团的频繁碰撞,尽管当时普鲁士警察和共产主义示威者于1929年5月初在柏林的严重冲突主要是由于城市管理力量过于严厉的干涉,并导致大量伤亡。5月1日禁止游行的禁令挑衅了当时的德国共产党,引发了群体抗议,但也完全不像警察署长左尔基伯和内政部长泽韦林诬蔑的那样,德国共产党此次行动有着颠覆政权的启图。这一连串事件在共产党媒体上被称为"柏林血色五月",此后对红色前线战士同盟施加的禁令并没有能够缓解多少内政方面的压力[24],其中其他各邦并不情愿

柏林市中心是社会矛盾的集中地。鲁道夫·施利希特的水彩画《豪斯福格泰广场》，约1926年（奥芬巴赫，福尔克尔·胡贝尔画廊）

参与禁令，因为他们并没有准备在对抗冲锋队方面采取一致的步调。人们更多地利用了共产主义宣传鼓动为反对社会民主党的所谓社会法西斯主义论点提供了证据。然而实际上，直到被禁止前有着8万名成员的红色前线战士同盟从来就不是严格意义上的威胁因素，它同样被宣布为非法的后继组织也是如此。共和国真正的威胁来源于右翼政治势力的准军事化同盟。

除了不断努力试图使各国家前线战士同盟成为议会外有影响力的政治力量以外，1924年底威廉·冯·盖尔男爵还倡议借助战士同盟的力量让塞克特成为总统的竞争者，同时以这样的方式来使国家宪法制度实现威权主义的转型。该企图却由于提前进行的总统选举而落空了。总统艾伯特1925年2月28日突然辞世，这当然也部分是由于右翼媒体史无前例地对普鲁士社会民主党政府的炮轰。他们抓住了巴尔马特丑闻这一契机大肆制造舆论。[25]巴尔马特兄弟经营的企业破产倒闭并不是特殊的个案；施廷内斯的帝国也在他去世后因为过度的举债并缺乏流动性储备而覆灭。普鲁士国家银行和国家邮政的贷款以及巴尔马特兄弟是1918年从波兰移民的犹太人的事实，都成了人们当时在一定反犹情绪下针对社会民主党涉嫌腐败的理由。艾伯特本人也被指受到巴尔马特的资助，立刻成为德国民族主义狂热情绪攻击的热门目标。其攻击的最高潮就是指责艾伯特1918年初加入柏林子弹制造工人大罢工的领导集体从而犯下了叛国罪行。艾伯特将这一指控以污蔑为由诉至法庭，受理案件的马格德堡陪审法庭虽然一方面宣判了被告的辩解，另一方面却认为叛国的指控本身是有理有据的。

这就是当时众多臭名昭著的审判案件中的一个，国家的司法充当了民族主义的打手，用刻意造谣的方法来抹黑左翼政党以及共和派机构，并发泄当时所谓的"背后一刀论"的仇恨情绪。共和国没有做任何事情来推动总体打上社会保守烙印的法官阶层忠于国家宪法，更没

1925年2月22日国旗日，在马格德堡大教堂广场举行的群众集会

有在极端情况下通过重塑纪律法案或升迁程序来实现这一点，这就导致了非常严重的恶果。尽管当时政治生活中为数众多的代表人物，包括多位内阁成员，都对此表示出了同情，然而却没有人有勇气直接站出来批评这个荒谬的判决。这让艾伯特受到了极大的伤害，直至该判决修正之前都无法躲过外界对他不断升级的背叛国家的指责。由于盲肠穿孔的病症没有能够及时得到妥善处置，导致了身体很健康的艾伯特54岁就英年早逝。

这样一来，迫在眉睫的总统选举当中如何能够提名得到多数选票的候选人就成了摆在各党派面前的难题。对于魏玛执政联盟的党派来说，共同推举一位候选人是不错的选项，比较合适的人选比如可以是备受尊敬的普鲁士总理奥托·布劳恩。然而这种可能性在一开始就归零了，因为中央党反对提名一位社会民主党人。而在社会民主党内则因为艾伯特总统的社会民主党身份，便将总统宝座看成了社会民主党必争的席位。资产阶级中间党派提议共同支持盖斯勒成为候选人，但这却被施特雷泽曼以国防部长出任总统会在外交上带来不良后果为由否决了。因为选举法只允许在第二轮选举中以相对多数胜出，所以首先还是由各党派推出自己的候选人：德国共产党的恩斯特·台尔曼、社会民主党的奥托·布劳恩、中央党的威廉·马克斯、巴伐利亚人民党的海因里希·黑尔德、德国民主党的维利·黑尔帕赫、德国人民党和德国国家人民党的卡尔·雅勒斯以及民族社会主义自由运动的埃里希·鲁登道夫。没有任何一位候选人在第一轮选举中得到了要求的绝对多数。雅勒斯得到1070万选票，布劳恩得到78万票，而马克斯得到40万票。

总统大选的第一轮投票充分体现了各党派之间的鸿沟有多么深，党派制度在当时广大民众当中的支持有多么少。当共和派政党迈出了他们早就该迈出的一步，撤回布劳恩和黑尔帕赫，转而推举马克斯作为共同的候选人时，比共和派政党们更加重视总统席位的右翼政治力量却回归到了大战时期担任普鲁士内政部长的弗里德里希·威廉·冯·勒贝尔领导的、作为跨党派的"国家公民委员会"而成立的提名委员会早期的权衡中来，并提名了在坦能堡会战中起到决定性作用的胜利者保罗·冯·兴登堡。[26]

时年78岁高龄的老元帅已经从政治生活中淡出。德国国家人民党的说客们，尤其是冯·提尔皮茨元帅不断唤起兴登堡对祖国的责任意识，并向他保证右翼政党一定会联合起来支持他，从而说服兴登堡出山参加总统竞选。这种保证是非常轻率的，因为即使在德国国家人民党内部也不乏兴登堡是否能够完全履职总统位置的顾虑。盖尔男爵就担心，年迈的陆军元帅是不会公开和宪法制度决裂的。重工业部门则优先考虑杜伊斯堡市市长卡尔·雅勒斯，然而他却无法战胜威廉·马克斯赢得多数票。施特雷泽曼和德国人民党出于外交方面的权衡，反对提名兴登堡，因为这会引发巴黎和伦敦的一片哗然。尽管在以"国家同盟"为名义出现的勒贝尔委员会中兴登堡获得了多数支持，然而他的候选人地位在右翼政治力量当中到最后都一直存有争议。直至大选前一刻，总理路德还在权衡是否要让兴登堡退出竞选。对于国家内政的发展来说，兴登堡由特别强调其议会外身份的勒贝尔委员会倡议提名是非常有代表意义的，因为这超越于议会中各党派领导人的意志之上。

在选战中，资产阶级右翼势力抛出的论点是，马克斯作为中央党领袖已经成为社会民主政治的俘虏，因而他只会把共和国"出卖干净"。兴登堡是一个超越各党派的人，他是所有"心怀祖国"的德国人的国家利益的守夜人。这种宣传鼓动中就隐含着对各政党的诋毁。兴登堡的总统候选人身份于德国党派政治生活的苦难中生发而来，巴伐利亚人民党政治家弗里茨·舍费尔如是说。兴登堡让同事们为自己整理了满满一张纸的"祖国核心话语"，自身却没有任何议会政治的经验。他本人几乎不在选战中抛头露面，却对公众保证作为总统一定会遵守宪法。这一点让德国国家人民党颇感惋惜。在整个选战过程中，虽然对兴登堡作为坦能堡会战英雄的身份极尽可能地宣传利用，然而对兴登堡的提名既没有能鼓舞德国的保皇党圈子，也没有能给军方带来什么直接的利好。兴登堡本人在接受总统候选人身份之前取得了居住在荷兰多伦的威廉二世的许可，却经由身边的人员否认了上述情况；这正是因为兴登堡对保皇党的忠诚导致他担任总统会成为可能的复辟计划的阻碍。

第二轮公开选举于1925年4月26日举行。兴登堡获得14655000票，战胜了获得13751000票的马克斯。值得一提的是，巴伐利亚人民党把票投给了新教徒兴登堡，即使该党派路线下传统票仓的近三分之一的选民并没有这样投票。德国共产党没有听从共产国际的号令而坚持支持台尔曼，然而在本轮中却没有能改善其在第一轮选举中的颓势。由于中央党支持社会民主党的布劳恩竞选普鲁士总理，因此中央党候选人马克斯在第二轮投票中也得到了社会民主党的支持。共和派的国旗团则不遗余力地支持前总理、中央党领袖马克斯。共同进退的态度增加了共和派政党们在与右翼势力斗争中的团结。

然而事实情况却表明，无论是德国民主党，这首先是在萨克森和汉堡，还是中央党，比如在威斯特

中央党为1925年4月26日总统选举制作的海报（达姆施塔特，黑森州立博物馆）

法伦和上石勒苏益格，都蒙受了重大的选票损失。这样一来，兴登堡获得的微弱优势——抛开德国共产党的不妥协态度——就绝对不单是完全不想与社会民主党合作的巴伐利亚人民党一方导致的了。选举结果表明，国民反社会民主政治的仇视情绪影响下的选举行为起到了非常关键的作用，并且这种敌视情绪同中产阶级大多数人拒绝议会体系的态度相辅相成。其中一锤定音的还有第二轮选举中才参与进来的350万名选民，其中300万人把票投给了兴登堡。反马克思主义和民族主义的动员使右翼政治势力获得更多支持，而对于放弃投票的大多数人来说，共和派政党则没有机会接触到他们。

左翼组织的游行队伍以及黑白红的旗帜在兴登堡入主总统府时夹道欢庆，而此时国旗团却出于担心对抗以及误会的原因保持了沉默。政治上的风格变迁象征性地表现出来，成为共和国下一年的标志

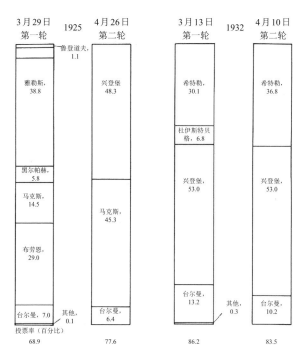

1925年和1932年总统选举结果

性特征。共和派关于兴登堡出任总统会出卖国家宪法体制之基石的担忧看起来并没有得到证实。施特雷泽曼尽了最大的努力去向总统说明国家面临的外交受制于人的状况，迫于形势，德国无法像总统期待的那样"以强硬的姿态出场"。总统不愿意按宪法的要求在德国加入国际联盟的申请书上签字，绝对不是政治上好的征兆。然而更加成问题的事情还是德国国家人民党的代表、大农场主和一众"保皇党"人士，如兴登堡任命为国务秘书的奥托·迈斯纳等人对总统施加的持续影响。

　　总统选举的结果意味着共和国的失败，尽管兴登堡作为民族凝聚力的代表人物，受到了直至左派的广泛尊重。但由组建国家同盟和人民同盟表现出来的政治极化却比各政党在第二轮选举前表现出来的利益结盟伸展得更深，同时表明了议会力量进一步被孤立起来。马克斯在大选中落败的原因，除了政党的推荐之外，主要还应该归咎于整体

1925年5月12日，德国总统保罗·冯·兴登堡与陆军指挥部司令汉斯·冯·塞克特、国防部长奥托·盖斯勒一起宣誓就职后视察波茨坦第九步兵团

1926年3月21日，总统兴登堡与科隆市长康拉德·阿登纳乘车穿过科隆

的反社会民主的态度，以及选民们对1923年11月以来由其命名的联合执政政策的拒绝和批评。在两种原因的共同作用下，他的失败不可避免。相类似的情况还出现在1926年，当时在民众的渴求和人民的决议下，要剥夺贵族的全部财产。这表明，德国选民当中的大部分人，无论其支持哪个政治党派，都反对任何倒退的，乃至于回归到战前社会状态的政策。因此，共和国制度直至20年代中叶仍然有着非常强大的生存机遇。

资产阶级联盟单一的再分配政策，工业界在劳动时间问题上缺少妥协的诚意，1926年初失业率又冲至新高以及内阁对于货币贬值政策态度僵化，凡此种种已经埋下了大量的隐患。然而，这些隐患终于因为一个次要的问题爆发了出来，即德国贵族的财产如何处置和管理。德国革命的不够彻底致使这个问题悬而未决——当时担心列强的干涉也是重要原因之一——这就让共和国在1925年底面临着一个时间节点，似乎普鲁士和霍亨索伦家族多年来的谈判即将面临终止。不断高涨地要求国家归还贵族家族财产的声音促使社会民主党力求在全国层面上提出一个法律的解决方案，让过程曲折的贵族财产管理争议问题终能妥善解决。[27]

作为次要问题显现出来的则是，在通货膨胀进程中财产的重新分配导致的心理影响成为革命结束以来德国影响最为广泛的政治冲突问题。德国民主党提出各邦排除法律途径授权管理贵族财产的方案；与此同时，它试图与社会民主党进行合作。这种合作在德国国家人民党拒绝了《洛迦诺公约》后是很顺理成章的事。然而该方案遭到了两个方面的抑制：一方面是放弃了以往反社会民主党和自由工会的战斗态度的德国共产党，它们把统一战绩政策写到了自己的大旗之上。德国共产党在议会中提出了一个按当时的实际情况毫无前途的法律草案，以期不做任何赔偿地剥夺贵族家族的财产。另一方面，德国国家人民党诉诸德意志国家权利学说，他们主张要通过专门的国家审判法庭来澄清这一焦点争端的法律问题，并以此来驳斥德国民主党。这使得卡尔·施米特宣布本身还是很适度的德国民主党申请在多方面违反宪法。这一解决方案本身存在的问题在于，它根本没有考虑到德国的法官阶层本身就根深蒂固地存在反共和政体的意识，即使引入陪审法官也无济于事，同时该方案在执政党派的谈判中被不断修改，以致最后完全失去了达成一致的基础。使得问题更加雪上加霜且后果严重的是，即使魏玛宪法第153条第2款规定了在符合公共利益情况下剥夺财产的可能性，到最后却连总统兴登堡都接受了司法部长的观点，也认为立法规定贵族财产问题违反了宪法规定。尽管其中也不乏中间派政党，包括社会民主党的努力，这个在法律上绝不是毫无争议的立场拖延了议会走上形成行之有效的法律妥协方案的道路。

在与德国共产党达成一致的情况下，德意志人权联盟于1926年1月依照宪法规定提交了一份人民请愿，社会民主党和德国工会总联合会也参与了其中，他们为了不把主动权让给德国共产党，于是同时回绝了由德国共产党提出的共同行动的倡议。社会民主党调动起了自由工会，以期赢得一个超越党派的平台，从而削弱德国共产党的影响。但它却很难逃避在人民请愿中起到的共同作用，更不要说资产阶级少数派内阁日益为民众观点孤立让人很容易联想到这是全民公决式方法的反噬作用。提出没收贵族资产的要求拥有远超诸左翼政党的广泛基础。除了特别深刻的反帝制的暗流涌动，起着更重要作用的因素还在于当时威胁归还昔日封建领主的财产和政府处理货币升值问题之间存在着无法调和的对立。这样一来就让本来处在政治光谱右翼的中产阶级群体也加入到支持没收贵族财产的行列中来。

右翼政党不吝大肆反犹主义的诋毁，巴伐利亚人民党、中央党、一部分德国民主党人以及两大教派也都持拒绝态度，加之人民请愿在易北河东部地区阻力重重，尽管如此，请愿还是得到了1250万名选民的支持。由于议会各党团欠缺妥协能力而在1926年6月变得无法避免的全民公决出乎意料地动员了广大选民并导致了政治上的两极分化，甚至某种程度上打破了党派间的边界。虽然依靠全民公决来彻底解决事实问题的可能性几乎不存在，然而它却发展成了一次深刻的社会冲突。在"共和国还是君主国"的名义下隐藏的实际上是两派人的冲突斗争，一方要求为了促进社会的公平而进一步完善共和制度，另一方则从保守统治的角度要求重塑传统的特权体系。当《前进报》6月13日确定，"这关于到德意志共和国的前途"时，对于右翼来说，这是一个无法让人理解的反应。后者找到了一切可以想象的理由来证明全民公决是对私有财产权的严重干预。"这是德国布尔什维主义化的开端"，新教选侯边区总教区牧师奥托·蒂伯里乌斯这样评价道。

如果说德国人民党和德国民主党表达观点还非常克制，甚至一再指出这可能引发国家总统危机，那么德国国家人民党就展开了毫无顾忌的宣传舆论战，他们宣称这是布尔什维主义的幽灵，并有意识地强调了自己反犹主义的色彩。德国国家人民党与提前出狱后的希特勒新组建的纳粹党搞的宣传鼓动一致，并不断增加了这一运动的煽动性，他们要求剥夺1914年8月1日以后移民到德国的东欧犹太人的财产。希特勒把剥夺贵族财产看成是"犹太人的骗局"，从而让自己的政党走到了极右的阵营之中。[28]在迅速召集起来的班贝格领袖大会上，希特勒取得了对纳粹党北德意志和西德意志大区领导人工作组组长支持纳粹党参加全民公决的格雷戈尔·施特拉塞尔的胜利，使得纳粹党选择了有利于保持资本主义经济制度的道路，并特别在1927年时修改了党的纲领，以强调这一变化。

右翼党派得到了拥护君主制的保皇党的保护，尤为值得一提的是德国贵族同志会，后者认为全民公决是一项"不可饶恕的罪行"，同样反对没收贵族财产的还有教会的代表们，就连梵蒂冈也被要求加入进来。[29]相反，支持没收贵族财产的则是国家土地联盟、钢盔团、青年德意志骑士团、德国国家职员协会以及部分工业企业家。同时，冯·勒贝尔还在努力重建"国家同盟"，他成功地以"违背其义务"为由阻止了兴登堡公开发表人民请愿违反了法治国家原则，并使国家走上了一条"无拘束的快速下滑"道路的意见。[30]即使这种意见纯属个人观点，它还是在海报和传单上被大肆宣传，这一方面引起了议会中社会民主党的强烈抗议，同时也极大地损害了兴登堡的个人威信。同时，右翼力量的专制计划也昭然若揭。

全民公决的反对者实际上更加主动，因为只要有足够多的人弃权，公决就自然无效。虽然阻力重重，然而在排除了农村地区和大量厌恶公决的情况下，全德国仍然有1450万人投票支持无补偿地没收贵族的财产。这招致威廉二世愤愤地说道："这就是说，德国有1400多万猪狗。"[31]两大教派也痛苦地抱怨道德沦丧；大主教把责任归咎为大多数信奉天主教的工人群体，并且相当数量的中间派选民违背了其党派路线，转而支持了全民公决。值得一提的是，温德霍斯特同盟、海因里希·克洛内斯领导下的中央党青年团以及恩斯特·莱麦尔领导下的德意志民主青年国家联盟都投票反对"封建领主无节制的诉求"。³²迫于党的基层压力，德国民主党放任了投票结果，这导致了自由主义联盟内众多领导岗位的党员，如亚尔马·沙赫特退出了党组织。作为非社会主义协会顶层机构的德国工会总联合会采取了一个相对节制的态度，相比之下，基督教工会则支持没收贵族财产。国旗团的成员虽然公开表达了对没收贵族财产主张的同情，但国旗团组织在形式上保持了其超越党派的立场。它的弊端在于，红色前线战士同盟和共产主义青年团只能独自面对影响力甚大的街头宣传鼓动。而在农村地区，国家土地联盟公开对愿意参加投票的人加以歧视，为了对抗国家土地联盟的阻碍，德国共产党则把宣传工作也扩展到了乡间，正因为如此，在农村人口当中就形成了一种过度高涨的反共产主义情绪。

没收贵族财产的斗争最终也不过是昙花一现。但它深刻地揭示出当时德国社会精神气质类型上的对立以及德国人代际之间的冲突，这也大大突破了政党政治形成的边界和格局。全民公决的结果也证明，很大一部分民众，非常有可能是其中的多数，站在了共和阵营当中；资产阶级领导阶层还忠于旧秩序，并出于自身社会状况的考虑投票支持保留霍亨索伦家族的利益，这种态度受到了大部分民众的批判。由选票战争引发的政治上的分化远远超出了它本来的范围。右翼党派对反布尔什维主义和反犹情绪的充分动员也渐渐形成了后来1931年时彻底摧毁议会制残余的格局。1926年，共和派出于与之相对抗的考虑团结在了一起，他们当时还认为可以长期地在德国奠定议会制的基础。由社会主义劳动青年和红隼青年团组织的工人子弟假期营非常自信地把自己命名为"儿童共和国"，从这一点上就能看出当时的社会民主力量对于国家的前途命运还有着乐观的信仰。

在这一状况下，中央党也决定更多地代表劳工以及工会的利益。海因里希·布劳恩斯的社会政策因此获得了必要的推动力，以便进一步从法律上保障由其打造的社会国家体系。由于外部状况与德国共产党结成联盟的社会民主党不仅好感度降低，而且也在没收贵族财产问题上错失良机，没有能够通过支持政府提出的妥协法案来陷德国国家人民党于不利境地，从而成功实现长久以来期待的大联盟执政。另一方面，又由于德国人民党的不妥协态度，使得执政联盟向左翼扩展的谈判再次失利。

社会民主党与中间派政党之间最终的决裂并不是因为和德国人民党之间就劳动时间问题的矛盾冲突，而是源于内部军事武装检查问题。通过长期的内部谈判，普鲁士政府和社会民主党致力于在有关的明显是反共和制度的征招军官团、支配非法的武器储备以及和右翼势力的防卫力量的单方面关系等方面达成妥协。社会民主党的干预并非要让国防政策完全停摆，而只是意图将之置于共和国家的监督之下。库尔特·冯·施莱歇尔一直意图使整个德意志民族武装起来，因而对有着和平主义倾向的社会民主党的一切合作都持反对态度，从而阻挠由奥托·布劳恩提出的妥协方案。谢德曼在国会上的讲话是大胆的，但同时从政治上讲又是非常不成熟的。他在讲话中披露了德国军方与苏联红军以及民族主义的民防组织的合作关系，这在资产阶级政党当中引发了号召裁军和解除武装的风暴。施特雷泽曼亦表示这是不可宽容的行为，尽管这些事实其实在西方媒体上早就已经见诸报端了。[33]在这个事件中，谢德曼要求国防部长盖斯勒引咎辞职，因为社会民主党认为，国防政策的错误导向应当由部长负首要责任。冯·施莱歇尔上校利用了这个仅仅示范性的例子来向总统陈明利害，指出与社会民主党是绝无可能共同执政的。

此外，由于极端民族主义者们疯狂要求，特别反对自由主义的《防止青年人接触不良文字法案》的关系，民主派内政部长威廉·库尔茨不仅需要对其负责，并且其反犹主义的态度也异常明确。社会民主党便借助由德国国家人民党支持的不信任案推翻了本就不稳定的少数派内阁。由此，冯·施莱歇尔就成功地达成了其双重阴谋：通过紧紧抓住不久之后由于福玻斯电影丑闻而被迫下野的盖斯勒，冯·施莱歇尔在国会中孤立了德国民主党和社会民主党，并促成了威廉·马克斯领导下的德国国家人民党占有非比寻常的超大比例的资产阶级内阁。总统兴登堡保留任命国防部长的权力是一项总统特权，并在内阁的形成当中就能够施加非常大的影响力。解散国会以及其他"进一步的措施"作为施加压力的手段被人们有意识地加以利用，并以此来让各政党妥协。这样的过程中，各政党的力量被不断削弱，而各方社会利益则汇聚到了总统的办公室中。

即使兴登堡初期并没有直接干预到政府的事务中去，总统办公室仍然成为代表大工业界和大农场主利益的地方。他们把与兴登堡有着非常好的私人关系的德国国家人民党领导人魏斯塔普伯爵、他的好友埃拉德·冯·奥尔登堡-雅努绍以及和冯·施莱歇尔有着密切联系的兴登堡之子奥斯卡·兴登堡当作自己的代言人。冯·盖尔男爵一手操办，将曾经的家族产业诺伊代克农庄在兴登堡80岁寿诞之时赠出，这被操作成一次官方认购行为，并由此以逃避遗产税的目标转而过户到其子奥斯卡·兴登堡的名下，这一系列操作被证明是冯·奥尔登堡-雅努绍的一步好棋，因为他仅仅花了大概购买这座农庄5%的钱，就给易北河东部的大地主们带来了极大的好处。兴登堡则习惯于形式上保持中立原则，但在面对德国国家人民党的代表时通过一些做作的态度来引起他们错误的期望。所以说，超越于各党派的中立行使总统职权是根本不存在的。绕过总统的阻力而继续推行《洛迦诺公约》，与其说是路德的能量，不如说是施特雷泽曼在政治上的长袖善舞，路德往往会迫于总统以及德国国家人民党的压力否认公约条款。

魏玛共和国总统兴登堡的权力地位也同样基于他与国防部长威廉·格勒纳及其政治主教冯·施莱歇尔之间的密切信任合作关系。随着宪法在潜移默化中的变迁，总统的权限日益扩大，在这方面宪法学、司法和行政领域的保守主义倾向也起到了极大的作用。1924年4月，卡尔·施米特和埃尔温·雅各比都支持基于总统独裁权可以不通过司法机关而直接行使国家权力，尽管这会产生违背宪法的后果。在兴登堡当选后，绝大多数的宪法学家都支持要扩大总统的权力，并且这种呼声得到了资产阶级中间派政党，直至德国民主党的赞同。

就是凭着这种支持力量，兴登堡才能够对1926年11月递交到他手上的针对宪法第48条的实施法案提出强烈的异议，并要求延迟该法案的生效，直至可以实现"宪法改革"。出于不断扩大其总统权限的考虑，兴登堡还拒绝了国家最高法院有对于总统决定的事后审议权的建议。兴登堡甚至认为，决定事务不需要总理的联署同意，而仅需要各部门的部长联署确认即可。兴登堡甚至在事实上亦要拥有对政府成员，特别是国防部长的任命权。当然，总统依照国家宪法，也确实享有军队的最高统帅权。此外，兴登堡也会干涉政府的日常事务，比如拒绝通过令人不快的草案以及时不时地以辞职相威胁，鉴于整体民众偏右倾的观念来看，这必然导致宪法危机。

1927年2月初接手政务的资产阶级内阁从其形式上来讲意味着回归到了议会多数派政府。然而，由于其中代表的各党派的高度异质性，使得政府很难开展真正有建设性的工作。在中央党作为占主导地位的联盟成员已经明确了相关社会政策的情况下，威廉·马克斯有意识地把学校教育问题纳入到了政府工作之中，并且在这方面产生了冲突。在扩建宗教学校的问题上，看起来中央党、巴伐利亚人民党和德国国家人民党达成了一致，然而在文化政策上延续了古典自由主义传统的德国人民党却和社会民主党更多地形成了统一。外交政策方面，德国国家人民党貌似也很难和其他的联盟伙伴达成一致，尽管施特雷泽曼从魏斯塔普那里得到了保证，无论如何都会承认《洛迦诺公约》

的合宪性。

实际上德意志民族主义进入政府只具有可能性，因为较大的外交决定暂时还不合时宜。为了保持其权力地位，德国国家人民党甚至准备同意延长已经缓和了很多的共和国政体保护法案。其中还包含了解雇已经转而承担普鲁士公职的国务秘书阿诺尔德·布雷希特。

执政联盟建立在本是对立的利益集团在一定时间内达成的临时妥协之上。中央党利用其政治上的关键地位来不断推进社会政策的立法工作。反过来，德国国家人民党则能够使得对于国家土地联盟来说有着极重要意义的关税草案中最关键的部分得以通过。不过就像其形成之初就已经注定的那样，执政联盟后来很快就分崩离析，因为中央党试图把1919年学校政策达成妥协以来被搁置的学校立法问题强力推进，把宗教学校作为一种常规的学校形式加以推广。内政部长提出的国家学校教育法草案遭到了德国人民党的强烈反对，因为德国人民党反对排挤非宗教学校。

由于在学校教育法案上的意见不和招致执政联盟解散也并非没有背后的原因。[34] 鉴于1928年要进行的外交政策上的谈判，施特雷泽曼需要非常稳定的政府。而当1927年底，学校教育法的分歧愈演愈烈时，新一轮大选就显得无法再拖延下去了，尽管当时的政府法定执政周期应该存续到1928年12月才结束。对于中央党来说涉及教派对立的核心问题的决裂给新选举带来了有利的局势。相反，德国国家人民党却不愿意用修正道威斯计划带来的令人不快的责任给自己添麻烦。当1928年2月中旬，联合政府已经走到尽头，并且一个半月以后国会解散的时候，资产阶级党派团体的基础已经在政治上被掏空了。政府中的利益联盟已经不能持久地在他们的追随者面前与国会以及多数派政党的权威损失相抗衡。议会外力量的强大能力已经完全击碎了各议会党团和政党领袖们合作的愿望，并且世界观方面针锋相对的局面也愈发明显。

虽然，无论兴登堡还是施特雷泽曼都毅然决然地表示要维系马克斯内阁的存续，但是马克斯的下野还是由于联合政府内部的凝聚力已经散尽，根本不需要反对派再做什么了。在通过了一项包含1927年的补充预算和1928年预算方案的紧急议案之后，国会于1928年3月31日解散了。当左翼党派们在竞选大战中用"给儿童加餐，不要装甲巡洋舰"的口号把计划增加军费开支，特别是计划制造巡洋舰的开支捅到台面上批判的时候，德国国家人民党、纳粹党和经济党却在用自己的宣传舆论力量反对施特雷泽曼的政策，后者在选举宣传中，特别在巴伐利亚受到了可想而之最为严重的抵毁。中央党在处于其中产阶级追随者们右倾的强烈压力之下，与此同时，其劳工阶级追随者们却致力于向左翼倾斜。

对于共和国的敌对者们来说，1928年5月20日国会选举的结果是非常令人失望的。德国国家人民党只取得了73个议席，之前还有103个议席之多，不过和它非常亲善的基督教农村人民党取得了10个议席。纳粹党失去了10万选票，因此在议会中只取得了12个代表席位。这些席位一大部分归入到了代表某方利益的政党手中，它们共同取得了14%的支持率。同时，自由主义中间派的力量削弱也在加速之中。德国民主党遭到的损失最大，其议席数缩减至25席。德国人民党支持率也下降了，即使施特雷泽曼在外交上取得了无可争议的成就，该党的议席数仍然从51席减至45席。中央党则经历了首次议席减少，必须接受大选失利的结果。这意味着整个资产阶级政党阵营都陷入了深深的危机之中。德国共产党小有进步，获得了54个议席。而显而易见的胜利者是社会民主党，该党共获得了153个议席，以巨大优势，成为议会中第一大党。这说明他们奉行的一以贯之的反对党政策取得了极好的回报。

而在和国会选举相关联的普鲁士邦议会选举中，"魏玛执政联盟"稳定了其在议会中的多数派地位。这还得益于邦选举法中的计票方式会让那些无法取得直选议员的小党派非常不利。在国家执政联盟谈判开始之前，奥托·布劳恩就力排1925年退出的德国人民党的抗议，坚决地要把魏玛执政联盟政府坚持下去。和在普鲁士不同，左翼政党的胜利在共和国层面上并没有带来民主力量的增强，因为社会民主党获得的选票虽然增加了，但是相应的德国民主党和中央党的力量削弱了，且毫无合作意向的德国共产党也有小幅提升。与此同时，和中央党合作的巴伐利亚人民党内部，也部分由于巴伐利亚大主教的影响力所致，一个特别强调其反议会态度的小团体占了上风。

鉴于选举结果，在大联盟政府中就只剩下一种可以想象的组合方式了。然而，形成这一多数执政联盟的道路却充满了险阻。总统冯·兴登堡犹豫不决，十分不愿意认命一名社会民主党人为政府总理，并且不断盘算着让德国人民党的议会党团主席恩斯特·朔尔茨入主总理府的事情。魏斯塔普伯爵则向兴登堡进言，不如就让社会民主党在组阁建立政府的工作中消耗掉自己的力量；他认为新的执政联盟坚持不了几个月就必然会解散。出乎意料的是，社会民主党主席赫尔曼·米勒，作为受委托建立新政府的人，有着出众的个人能力，他的妥协精神无论在联盟内外都有口皆碑。这样一来，他最终和兴登堡的关系也相处融洽。兴登堡后来甚至表示，米勒是他接触过的最好的总理，然而可惜只是个社会民主党人。1928年时，他还完全没有准备无条件支持米勒。于是兴登堡拒绝承认约瑟夫·维尔特作为副总理，因为就像他在给指定的总理的信中写的那样，他不能忍受政府组阁由一党来单独决定。同时，他以辞职相威胁，成功地让接替盖斯勒位置的国防部长格勒纳继续待在内阁之中。

总统的干涉导致了米勒想让劳工部长布劳恩斯继续待在内阁中的计划泡汤。而中央党右翼虽然放弃了正常参加执政联盟，却因此让特奥多尔·冯·盖拉尔作为交通部长进入到内阁之中，成为中央党在内阁中的耳目。被中央党议会党团撤回的布劳恩斯则被鲁道夫·维塞尔替代了。这些操作迫使米勒总理在组阁时，先不考虑联合政府的各政党党团，而是在国会同意政府声明的范围内成立名人政府。摆在米勒面前的第二个难题则是德国人民党领导层持续的阻力。后者鉴于普鲁士邦议会党团催逼进入国家内阁，要求吸收两名德国人民党部长进入普鲁士执政联盟中去。

如果社会民主党主席团能够任命奥托·布劳恩来代替党主席入主总理府的话，可能就不会出现这样的问题了。这样一来，国家总理兼任普鲁士邦总理，甚至有机会从社会民主主义的意义上对1927年以来重新被提上议事日程的国家改革施加影响。毫无疑问，布劳恩是一个精力充沛的政治家，他有着非常清晰的执政思路和策略。然而，他一方面由于身体的顾虑，并不敢于一下子身兼国家总理和邦总理两个重任；另外，多年政治经验也表明，内部政治的权力格局在可预见的将来也不允许他在政治上能够放开手脚大干一场，然而这又是在面对普鲁士慢慢融合到新的共和国当中，以及同时南部诸邦还保持着高度自治的局面时所必须的。

尽管布劳恩在1927年公开表态支持一元的国家改革，却回避以任何积极的形式支持1928年初召集各邦召开的一次会议上咨询的改革目标。相反，布劳恩的精力集中在通过形成和普鲁士接壤的，政治上不具备独立生存能力的小邦形成管理统一体来不断提升普鲁士的地位。兼任普鲁士和共和国的职位有可能阻止预示要来临的共和国宪法危机。然而就算布劳恩当时目标明确地走上这条后来他也一直认为非常正确的道路，他也会因为中央党和德国民主党的反对而失败。因为两者无法接受权力如此集中在社会民主党人的手中，更不要说兴登堡和站在他背后的阴谋集团会做出一切可能的反对措施来阻挠错误派别，也就是社会民主派的"富集"了。

对于社会民主党主席团的人事决定来说，起到决定性作用的并不是权衡利弊的策略性考虑，反而是有些任人唯亲再加上论资排辈的僵化老一套，人们忽视了对于"红色沙皇"执拗的怀疑以及议会党团在普鲁士同志们面前的报复。于是布劳恩带着对社会民主党的失望退归到普鲁士的堡垒中。他巧妙地将德国人民党领袖一直延续到深秋时节都在催促扩大普鲁士执政联盟的迫切要求一拖再拖，特别是在普鲁士旷日持久的协商过程当中，布劳恩在普鲁士中央党找到了一位盟友，他甚至会不服从中央党新主席路德维希·卡斯的指示。

尽管奥托·布劳恩本人固有着保守主义态度，他在德国军界仍然是个最招人恨的人，并且这已经完全不是什么秘密了，因为他一直以来都在抵抗来自军方的政治干预。背地里能够对政治组阁施加很大影响，且能够极大左右格勒纳的意见的冯·施莱歇尔几乎做了一切可做之事来阻挠布劳恩担任总理。不过就算是由赫尔曼·米勒领导的多数派内阁还是遭遇了来自资产阶级政党及其代表的社会阶层和团体最强烈的抵抗。只是由于病中的施特雷泽曼的干预，大联盟才得以最终成型。当时正在黑森林疗养的施特雷泽曼发出了一份被称为"布勒霍厄的枪声"的电报给米勒，从而直接干预了执政联盟谈判，并以辞职迫使自己所在的党做出让步。

即使兴登堡又做了一些小动作，但是在施特雷泽曼的强力辅助下，还是构成了新的名人内阁，并于1928年7月5日在国会走马上任。甚至就连社会民主党议会党团也没有作为一个整体同意米勒的政府声明。直到1929年4月，随着维尔特和施泰格瓦尔特的加入，中央党暂时撤回冯·盖拉尔，按他的愿望特别强调了政府中的合适的代表之后，内阁才成为正常的联合执政政府。虽然新的内阁主要由经验丰富的议会代表们构成，然而它的工作能力和效率从一开始就是非常有限的。这首先由于总统办公室方面施加的压力，它让内阁在关键事务上往往只能直接面对既成事实。此外，即将到来的战争赔款谈判以及悬而未决的失业保险经费问题，都存在着非常大的冲突，其中还包括重工业企业家们反对调解仲裁的激进态度以及关于装甲巡洋舰的争端问题。

在装甲舰问题上，总统的干涉导致内阁走到了危机的边缘。[35]即将退出历史舞台的马克斯政府已经在紧急预算中预计了装甲舰的第一笔营造费用，但是，这在参议院遭到了极大的阻力。鉴于只有在国会已经解散的情况下才能避免否决国家预算的情形，普鲁士实现了把装甲舰的建造推迟至1928年秋的决议。布劳恩期望届时政府中的多数派会发生变化，从而阻止这项海军面子工程。然而格勒纳却于8月中旬在内阁中提出预案，要求通过建造军舰的第一笔拨款。同时他不断向外界暗示，如果拒绝通过这一方案，则会导致他本人，甚至是总统辞职。社会民主党部长们的妥协态度引起了布劳恩深深的愤怒，也使得社会民主党阵营中气氛紧张。[36]

事实上，装甲舰的营造计划涉及四艘舰船，它们的总排量不得超过《凡尔赛和约》规定的10000吨，而其应当拥有与现代化的大型战舰相匹配的战力以及在半径为2000海里的范围内行动的能力。这完全是一项面子工程。格勒纳所陈述的军舰的作用是在波兰入侵的情况下用于保卫东普鲁士的理由，其实根本就不成立，并且在军方内部已经被施莱歇尔回绝了。布劳恩有很好的理由来反驳此项开支，因为这笔用在造军舰上的钱完全可以用来改善东普鲁士地区的民生。实际上，在装甲舰问题的背后隐藏的则是和内阁已经达成一致的为期四年的军备预算。这项预算的订立绕开了国会，只是战舰营造计划成为一个典型事例被拿了出来。尤利乌斯·莱贝尔以十足的理由称之为边缘化问题，但装甲舰冲突把公众的注意力从大量军备方案和军事替代计划上转移开，并让军方能够轻而易举地让军备方面的预算绕开国会。这也就可以解释，为什么在即将到来的国会辩论中，内阁会对社会民主党各位部长的表现保持沉着冷静。

这个情况下，总理领导力弱的严重性就暴露出来了。如果他旨在避免先和议会党团磋商的话，就应该遵循奥托·布劳恩的建议，在消除意见分歧之前，尽一切可能拖延党团内部的讨论。社会民主党在选战中就装甲舰问题已经非常明确地许诺。同时，社会民主党的担心也并非毫无道理，因为由他们执行的政策转向极有可能被德国共产党利用来进行宣传鼓动。做出坚持制造装甲舰的决议首先要作为内阁内部保守的秘密，以此来保护社会民主党部长。尽管人们可以预料到，赫尔曼·米勒会在国会中陷入困难境地，内阁中的多数人还是甘于冒此风险。国会中的社会民主党党团一如人们预料的那样投票反对他们的部长，并在会议中提出置疑。11月15日，国会中出现了这样的戏剧性一幕：总理和社会民主党的部长们由于严格的党团强制而集体离开了座位，并投票反对自己的政府提案，然而它却有幸在国会中获得了多数支持，这样一来联合政府也就得以延续下去了。

冯·施莱歇尔打算赢得社会民主党右翼对支持积极军备政策的计划可以说部分地实现了，然而没有实现的则是他另外一个小算盘，想借此问题达到分裂社会民主党的目的。1929年马格德堡的党代会上，中间派完全忽略了和平主义左派的不妥协立场，并且实现了在军备问题上的让步。多数通过的军备方案却也没能带来军方和社会民主党之间关系本质的改善。因为军方选择的道路就是非法扩充军备，打造国家的军事力量，这就和社会民主党强调的避免战争冲突、有效裁军的基本态度完全背道而驰。格勒纳在西方监督去除之后放松了与钢盔团的联系，并完全放弃了西部边境的防务，但是单方向的征召行为还是保留了下来。施莱歇尔还像以往一样攻击由社会民主党领导的普鲁士政府，并在1928年9月对格勒纳表示："普鲁士的强人"仍然在继续尽一切力量，"在一切军事问题上给总理添堵"。[37]

格勒纳在一切政治问题上盲信冯·施莱歇尔，后者作为新设立的部长办公室主任在国家防卫军领导层起着关键作用。他从一开始就意图广泛而深远的政治改革。早在1926/1927年时，他就有了建立"兴登堡内阁"的想法。[38]他和总统兴登堡在将来必须要回避议会组阁政府的问题达成了一致。他也只允许米勒内阁非常有限的存续时间，相比之下，让普鲁士政府终结却让他更费一般周折。在此期间，回归到不给国家军事力量重新武装化造成阻碍的右派政府是以成功签署刚刚引入的关于新的赔款计划的巴黎谈判为前提的，并且该谈判将取代先前的道威斯计划。此外，要实现这一点还需要构建强有力的右翼势力，无论是施莱歇尔还是兴登堡本人当时都坚信，和阿尔弗雷德·胡根贝格合作绝对不是合适的选择。

然而事与愿违，赫尔曼·米勒领导的大联盟内阁却成为共和国有史以来存续最久的内阁，大大出乎了军方和总统府的预料。出现这个局面的原因在于关于杨格计划的谈判，德国国家人民党不想承担该计划政治上的连带责任，又由于协约国之间的不同意见而不得不久拖未决。同时，冯·施莱歇尔也没有正确地分析和预估1928年5月国会大选后资产阶级党派阵营内部发生的根本性重组，它最终以胡根贝格所代表的派别力量大增而结束。外部的推动力则来源于中产阶级利益集团的压力。他们感觉到资产阶级中间派和右派政党并没有充分代表他们的利益，因此也就进一步促使党派提名和他们靠得更近的民意代表，或者直接拿出自己的竞选方案。这样一来就更加加剧了党派间的分裂。

1928年5月，德国国家人民党的惨痛失败不仅由于其固有选民纷纷转向支持德意志中产阶级国家党和单独豪取33议席的基督教民族农村人民党，就连德意志农民党也取得了8个议席。加入联合政府与德国国家人民党的反议会倾向完全无法相容，希望借此让各方渐行渐远的利益再次统一到一起，然而这样做却并未达到预期的目的。这就到了阿尔弗雷德·胡根贝格的时刻。[39]1927年初以来，他就以党派领导最强烈的反对派面目出现，并动用了一切可以利用的媒体力量来对加入联合政府的行为口诛笔伐，因为加入联合政府在他看来等于认可了议会制。同时胡根贝格获得了泛德联盟和钢盔团的支持。在一些力量的支持之下，胡根贝格成功地让党的代表在由它制定的改革方案中加入将宪法第54条有关政府的议会责任制的规定删去的要求。在这个背景下，这一举措就相当于对党派领导和对在任的德国国家人民党部长们提出了不信任案。

作为克虏伯公司前总裁的胡根贝格早在第一次世界大战中就使用重工业经费建立了传媒公司的基础，并让其为吞并政策和祖国党的工作效力。后来，即使他离开了克虏伯的职位后，依然由于其在矿业协会的主席身份在采煤和矿山协会中保持着与重工业界良好的关系。在胡戈·施廷内斯和德意志卢森堡矿业与冶炼股份公司总裁阿尔贝特·弗格勒的支持下，他拥有大笔资金来推动增强资产阶级右翼力量的凝聚运动。然而胡根贝格试图孤立施特雷泽曼派系以及合并德国人民党和德国国家人民党的努力，却遇到了来自大工业界的阻力，它们不同意德国国家人民党的阻挠路线。施廷内斯与胡根贝格决裂，将《德意志汇报》办成了一个独立于胡根贝格的宣传阵地，代表德国人民党右翼势力的立场。然而，胡根贝格这个1926年仍然被称为"身处暗处的男人"，还是通过其强大的人脉建立起了庞大的关系网。该网络横跨了政治上的各种右翼力量，从基督教社会派别到民族主义政治团体，然后汇聚于盘根错节的胡根贝格康采恩之中。尽管胡根贝格最初只是重工业资产的管理者，他却借助于来自大农场主和旧普鲁士圈子的支持不断扩大自己的利益。

野心勃勃的大企业家胡根贝格并不只限于控制住从农业联盟到民族主义工会的诸多右翼力量。同时，他还下定决心将新保守主义"环形运动"纳入他的影响力范围之内。作为1919年柏林国家俱乐部的共同草创者之一，并作为奥斯瓦尔德·斯宾格勒最重要的赞助人，胡根贝格对于"新右翼"来说是不可或缺的一员，虽然他本人一直隐居于幕后。在他的东部移民计划后续中成立的首先局限于边境土地工作的防御同盟，旨在保护边境以及境外的德意志侨民。它作为持新保守主义理念的诸共同体形成的组织后盾，有意识地与自由派的协会保持着原则上的不同，采用了非官方的俱乐部或团体形式。胡根贝格还以特别大的兴致关注到了六月俱乐部，这是爱德华·施塔特勒与1919反布尔什维主义同盟决裂之后建立的团体，并致力于从内部和外部反对《凡尔赛和约》。

弗里德里希·瑙曼的门徒创办的德国政治高等学校，最初是共和派占主导地位，政治学院是其保守派的替代选项，随着政治学院的建立，六月俱乐部才直接以政治化的面目现身。学院由俱乐部机关刊物《良知》的主编、新保守主义出版业巨头海因里希·冯·格莱兴创立，并于1922年正式更名为"国家政治大学"。该学院和福音约翰慈善基金会合作，首先作为国家工会组织的人员培训机构。胡根贝格为天主教史学家马丁·施潘提供资金，以便其在柏林大学拒绝其任命之后，从科隆的教席当中获准休假，来政治学院工作。首先是中央党议员的施潘于1921年加入德国国家人民党，成为该党最重要的天主教纲领性思想家。与作为保守主义革命者的冯·格莱兴不同，施潘和胡根贝格相似，代表了威廉时代的帝国主义立场。作为学术导师，这位历史学家发挥了极大的作用，在政治学院中他首先投身于德国高校团体组织的意识形态方向的政治任务。后来该组织成为众多德国高校团体组织的上位组织机构。

为了将年轻一代的代表人物吸引到他的计划中来，胡根贝格同时资助了德国国家人民党中的名流们的晋升，其中就有戈特弗里德·特雷维拉努斯、汉斯-埃德曼·冯·林德艾纳-维尔道、保罗·勒热纳-容以及汉斯·施兰格-舍宁根。后来他们都成了青年保守主义反对派的成员。和新保守主义知识分子保持的亲密关系——六月俱乐部因为莫勒·范登布鲁克去世而解散之后，胡根贝格依靠了影响力巨大的柏林绅士俱乐部——通过媒体的宣传力量让他自己摆脱了单纯的商人形象。自1927年起，胡根贝格就按部就班地分离德国国家人民党领导阶层中的魏斯塔普和赫格特，使德国国家人民党从一个德高望众的名流组织变成被公民投票左右的群众性运动。

胡根贝格此时利用其建设的媒体力量来为其服务。其中不仅有重要的日报、为数众多的高销量杂志，还通过广告社、新闻社对大量省级和地方右倾媒体施加了很大的影响。1927年，宇宙影业（UFA）合并，由此，这家纪录片和故事片制作大厂也基本由胡根贝格操纵。此时，只有柏林的大的自由派日报，如《柏林日报》、历史悠久的《法兰克福报》以及《德意志汇报》能与胡根贝勒旗下的媒体集团的影响力相抗衡了。

在攫取德国国家人民党党内大权的道路上，胡根贝格还有一招魏斯塔普一开始没有识破的妙棋。他将德国国家人民党党内陷入财政困难的机关通讯社收购，并与自己的新闻通讯社合并；这样一来，他就有机会用自己的理念来有效地影响党的中央机关了。在党内，这一步棋收到了极好的效果。胡根贝格传媒帝国给魏玛共和国时期的媒体景观带来了内部政治上的过度紧张环境。它对大众观念的影响有利于德国国家人民党的政治观，中产阶级选民慢慢转向代表利益集团的党派，继而转向纳粹党的趋势无法阻挡。

胡根贝格可以使用来自重工业领域的党派捐赠，他并不大搞政治宣传，更多搞一些人事政治方面的操纵，这让胡根贝格广泛动员起了各邦的组织，与德国国家人民党议会党团以及党的中央组织相抗衡，最终导致1928年秋，魏斯塔普伯爵自愿放弃党主席之职。魏斯塔普错失了最终检验党的机关是否还对其忠诚的良机。胡根贝格在党的大会上仅以微弱的优势被选为主席。这个时候，魏斯塔普的个人势力主要集中在被看作党中之党的保守领袖协会之中，而由于德国国家人民党参与到执政联盟，魏斯塔普不得不与之决裂。这种局面就给了胡根贝格绝佳的机会。领袖协会还完全处于威廉军国主义的思想主导之下，一再主张要复辟霍亨索伦家族的君主制统治。反观胡根贝格却得到了钢盔团的支持，杜斯特贝格将其带到了非常激进的议会外斗争的路线上来。

德国国家人民党右翼民族主义派在党内的成功上位依然面临着巨大的负担。胡根贝格的成功与兰巴赫叛变的失败紧密相关。在党内，作为德国最大的国家雇佣人员协会的全国商业雇员协会代言人的瓦尔特·兰巴赫指出，1928年5月份选举的失利就在于德国国家人民党抱定帝制的思想不松手，对于年轻一代来说，是否恢复帝制已经完全不重要了。[40]他隐晦地批评了党内复辟封建制度的倾向，并认为，这种行为既亵渎了党派当下应该承担的社会责任，同时也会流于条文政治。兰巴赫的"自我批评"首先针对了胡根贝格为首的右翼。受其影响，德国国家人民党打着为和平经济组织说话，代表工会组织思想的旗号，却背叛了各从业者协会，并成为反动的重工业巨头利益的执行者。兰巴赫的主张却恰恰得到了受益于胡根贝格提携而成长起来的一批青年保守党人的赞同，他们主张在共和国的基础上建立有建设性的国家政治。这个即将被称为人民保守主义的小团体公开表态转向基督教社会自助，回归到中央工会组织以及工会组织思想中去。人民保守主义者宣称要在宪政的意义上继续塑造现行宪法。同时他们反对由胡根贝格宣传的所谓"完全重塑和改造我们当前的国家政治生活"的乌托邦式主张。[41]

胡根贝格只在短时间内成功地将兰巴赫排除出党外，随后兰巴赫的抗议就成了一系列由年轻一代资产阶级党派阵营政治家发起的倡议。它们共同追求根本的新方向，以便在共和的政体基础上实现建设型的政治。在胡根贝格领导的德国国家人民党党内却没有这样的土壤。在"要模块不要稀粥"口号的影响下，胡根贝格作为党的领袖寻求改组德国国家人民党，要把这个原来由知名人士组建起来，并通过与右翼利益集团和军事组织的横向关系吸引大量拥趸的松散党派，改造成一个遵从领袖原则的全民运动。它的工作重点应该在议会之外的空间，"非议会政党（应该）是在当今的议会中行使权力的议会党团的良知"。[42]尽管有着魏斯塔普的顽强抵抗，胡根贝格还是成功地让党在议会中的党团屈从于改组后的监察委员会的监督之下。

然而，胡根贝格官僚主义化的领导手段还是欠缺了政治上的共情能力以及建设能力。和兰巴赫的冲突导致了青年团体的孤立以及最终分崩离析。胡根贝格终其一生是一个威廉主义的反动派，因此他也没有能力为了反对派而有效利用绝不仅仅是知识分子的空想的保守革命的力量。胡根贝格带给德国国家人民党的路线最终以对现行政治制度以及和兴登堡本人算总账的方式走到了尽头，他也最终没有能实现建立"新的德意志帝国"的愿景，这一愿景其实本可以按党内很多人崇拜的墨索里尼的方式广泛网罗右翼议会外人士，发动法西斯运动。不到两年之后，他就不得不把毫不妥协的反对派的垄断地位让位给阿道夫·希特勒了。

首先，德国国家人民党由胡根贝格发起的社会反动进击方向引发了莱茵-威斯特法伦一带重工业界广泛的同情。这些重工业企业因为劳动时间紧急法案与自由工会和基督教工会组织之间有着不可调和的对立关系。重工业利益集团大力地支持由前总理威廉·库诺建立、汉斯·路德领导的国家振兴联盟表明，有且只有根本性地限制议会主权的情况下，重工业利益集团才会相信能够达成社会福利政策的削减。该组织与德国国家人民党保持着极近的关系，也产生出了一系列宪政改革的文稿，最迟于1932年致力于"加强领袖思想"。它一直试图通过将多党派数量可观的名流和政治上富有影响力的人物集中到一起形成联合，来取代现行的政党制度。联盟修改宪法的计划，内容首先是取消普鲁士和德国的两元存在，然后是削弱各邦的议会体系，然而这对于胡根贝格来说还显得远远不够。胡根贝格重新强调振兴联盟在成立时提出的"第三帝国"和"把整个国家焊接成整体"等说法，并要求从字面上实现这些主张。[43]

胡根贝格让德国国家人民党成为单纯的反对派，同时也不加掩饰地站到了总统的对立面，然而他固执的态度在重工业界也遭到了反对。因为他们支持资产阶级内阁能够继续执政，并且力求在1930年以后能够对资产阶级诸政党施加影响，使它们慢慢集中起来。保罗·罗伊施领导下的鲁尔拉德协调来自重工业的党派捐款，甚至花费了大量的经费来保持魏斯塔普能够保住其党内的地位。最后，胡根贝格当选党主席则被他们视作惨败。无论是钢盔团在民众中的声望，还是后来的杨格计划，在罗伊施的眼中都是毫无前途的民粹主义危险游戏。与胡根贝格不同，鲁尔区工业巨头们需要的是包括德国民主党在内的广泛的党派同盟，并且要加强总统的力量。

然而即使没有胡根贝格的作用，右翼资产阶级党派制度内部革新的机会仍然可以想见得小。德国人民党党内相应的努力则首先由年轻党员共同体做出，他们的主要力量是党内的雇员阶层。[44]和施特雷泽曼一致，这一派人批评德国人民党单纯考虑大工业界的利益，从而无法赢得更广大的中产阶级的支持。但是，德国人民党党内的反对派也和德国国家人民党中的人民保守派一样无法从党内崛起。在施特雷泽曼去世后，党的大权交到了恩斯特·朔尔茨手中，他日益成为德国大工业界的吹鼓手。于是乎，施特雷泽曼于1929年与德国民主党主席埃里希·科赫-韦泽开始的关于建立具有民族责任的党派联合的谈判也就陷入了僵局，虽然这从中长期来看有助于两个中间派政党的合并。1929年，随着兰巴赫派系从德国国家人民党中失势，并随着人民保守联盟的成立，德国国家人民党面临瓦解。此时，朔尔茨却成功地阻止了党派分裂。但由他着手进行的试图将德国民主党、人民保守党和经济党团结起来组建中间派工作共同体的谈判还是太迟了，未能阻止资产阶级中间派力量在纳粹的威胁面前崩溃的步伐。

就像资产阶级右翼势力的凝聚运动无功而返一样，左翼资产阶级集团的相关努力也遭遇了失败。他们代表了资产阶级协会内不断上升的少壮派领导群体的诉求，企图直接影响政治体制，并与大众之间无法调和的大工业和大农场主的利益相抗。这其中还包括青年德意志骑士团下定决心直接对议会事务施加影响，并剔除自身内部秘传的那种精英荣誉思想。随着人民民族国家联合会的建立，青年德意志骑士团已经成了资产阶级中间派政党最为直接的竞争对手。其1930年与德国民主党合并成立德意志国家党，就表明了他们试图通过纳入青年运动的力量来革新自由资产阶级阵营并形成中间派力量的整合，从根本上肯定共和国家的存在。[45]

科赫-韦泽和阿图尔·马劳恩希望能够通过这次合并，凝结不同的要素——即德国民主党内部的人民民族派的青年联盟和职业联盟以及议会和中央集权派——形成人民保守派和青年人民党的合并，并将德国人民党、经济党和其他资产阶级组织吸引过来，然而这个希望并没有实现。最后的局面导致了1930年以来就被称为德意志国家党的德国民主党的进一步削弱。它的左翼力量倒向了社会民主党，或独立出去；而人民民族派则采取了隐退的姿态。此事造成的余波即是人们努力通过所谓跨越党派的"兴登堡纲领"来消除资产阶级中间派日益增长的碎片化趋势。

资产阶级政党群体的改组在以人员高度稳定著称的中央党面前也没有停下脚步。[46]人民迫切要求没收贵族财产的愿望证明了劳工阶层日益增长的自我意识。然而他们在天主教徒的政治活动中却因为双重的原因而觉得自身的地位遭到威胁。一方面，随着教皇使节帕欧金尼奥·派契利在1928年的天主教大会上宣布开展天主教行动，人们意图减弱中央党作为信仰天主教民众的政治代表的作用，同时提升有着悠久历史的天主教德国人民协会的独立性，此前该组织一直作为党的附属组织存在。另外一方面，基督教工会组织日益感觉自己受到来自完全处于右翼的天主教工人协会的批评，它们普遍与施泰格瓦尔特在援引1920年的埃森讲话时要求的教派开放原则背道而驰。在这些发展趋势背后所隐藏的不过是资产阶级阵营中不断增长的反议会体制的苗头，这对于各行业的组织是有益处的，同时也表明社会再次回到了成立之初的政治对立局面——这也是魏玛共和国晚期非常典型的情形。有资料表明，这也体现在关于中央劳工联合会革新的辩论以及施莱歇尔提出重新回归战时经济体系的企业要素的要求之中。

1928年10月，中央党科隆大会上，中产阶级和公务员阶层对施泰格瓦尔特、约斯和因布施所代表的亲近马克思主义的社会政策理念普遍表现了极度情绪化的厌恶和反感。这导致施泰格瓦尔特被无端地扣上了左派的帽子，从而在选举中惨痛失利。特里尔高级教士、宗教法学家路德维希·卡斯当选为中央党主席。虽然卡斯以任命施泰格瓦尔特为议会党团主席的方式来避免反对派倾向的工会组织派系的决裂，同时反对天主教行动的支持者们的单一整体主义倾向，但是，中央党内部还是和德国国家人民党一样不可避免地出现了党主席和议会党团主席分离的局面。

和德国国家人民党以及德国人民党党内一样，在中央党的主席团当中也出现了明显右倾的路线变化。卡斯也不断表达了对施特雷泽曼的外交政策的轻蔑态度，并认为这些都"不值一提"。卡斯不仅是中央党教派化的代言人，同时也是该党转向民族威权路线的追随者。他与德国天主教政治的民主与社会传统相决裂，逐步走上了威权化的修宪道路。在1929年8月弗赖堡天主教大会上，卡斯表态要实施"宏大的领导风格"，强调要将党派"从议会政治的阴晴不定中解放出来"的必要性。[47]对参加执政大联盟的保留态度反映在中央党对赫尔曼·米勒提出的内阁增补犹豫不决上，而实际上直到1929年4月才进行了增补。

作为施泰格瓦尔特在议会党团中的继任者，海因里希·布吕宁在议会事务中继续执行了其右倾的路线。基督教工会组织仍然觉得处于一种被孤立的状态。大量信奉天主教的工人阶级面对党派的社会政策离心离德，这种不满也表现在了他们转而投票支持德国共产党上。另一方面，中央党从1928年的党内危机中走出来，在意识形态上更加强大。卡斯当选后实现了与天主教会的结盟，天主教协会和联合会相对于中央党得到了加强。教廷倾向于放弃教派党派的保护功能，与政府进行直接谈判，如与巴伐利亚和普鲁士签订的协议，为半议会路线奠定了基础，直到其执行者——也许与他本人的初衷相反——海因里希·布吕宁出现。

在各个资产阶级政党中，年轻一代具有改革意识的代表都未能立足并坚持自己的立场。作为对日益增长的利益压力的应对，意识形态立场变得根深蒂固，这就造成了政党在联合执政的政策方面的灵活性进一步受到限制。各党派也未能及时实现政党领导人员的年轻化。资产阶级政党集体的努力，无论是走胡根贝格所追求的议会外集团的道路，还是走革新资产阶级中间派的道路，都无法阻止政党的逐步分裂。1930年后，位于中央党和德国国家人民党之间的领域几乎完全解体。

大联盟内阁最初并没有受到资产阶级政治光谱中发起的向总统制过渡运动的直接影响，特别是由于胡根贝根以钢盔团请愿的形式对宪法制度的正面攻击被证明完全失败。更为严重的是，钢铁生产行业的西北集团对国家仲裁于1928年11月1日做出的工人不间断停产的法令发动攻击。这场魏玛时期最大的集体谈判冲突并不出乎人们的意料。雇主们为此做了充分准备，设立了一个战斗基金，其缴款额为工资总额的2%。由于经济周期因素，这场冲突一再被推迟。

以社会民主党为首的联合政府的成立意味着重工业不再需要像资产阶级集团掌权时期那样对其在政治上有所顾虑。有效的集体协议于1928年11月1日到期，在此之前，已经就将要发生的争端与国家劳工部长维塞尔对于国家强制仲裁的可接受性进行了谈判。自由工会的代表们也承认，必须加强谈判各方的责任。在1928年的汉堡大会上，德国工会总联合会强调，如果自主的集体谈判制度没有"经济民主"的补充，也就是说，没有工会适度参与宏观经济决策，没有企业和跨企业的工会共同参与决策，就根本无法发挥作用。由弗里茨·纳夫塔利和一些工会理论家起草的方案要求由劳方工会代表对企业和经济的决策进行影响深远的控制，却没有考虑到承担其产生的直接经济政策责任。[48]

"经济民主"的概念是在不间断的经济增长的期望中形成的。遵循希尔费丁"组织化的资本主义"理论，该方案突破了正统的马克思主义资本主义崩溃论，并承诺通过增加国家生产计划和建立经济自我管理机构来扩大公共和工会拥有的企业部门，来对私人资本主义制度进行逐步的社会主义改造，同时作为将私人生产资料逐步转移到社会主义经济体系的工具。可以肯定的是，纳夫塔利虽然强调了扩大工人教育对实现经济民主化的重要性，然而，他却很少考虑真正扩大工人在企业内的参与权。与跨企业的和行业总工会的宏观经济共同决策权相比，纳夫塔利只承认企业内部工会处于从属地位。同时，他也援引了魏玛宪法第165条关于国家经济委员会和下属的代表机构的相关规定。

除了由于缺乏议会多数而不清楚在现实中如何实施的问题之外，"经济民主"方案的根本弱点在于，对经济进程的评估相对过于机械化。经济进程被看成是自我运行的，并应该受到工会的广泛控制，这同时也能防止经济权力形成过度集中。但是市场作为控制机制的作用被低估了，国家干预的可能性被高估了。尽管它包含民主化的要求，但这一概念中包含了计划经济-官僚主义的特征，并且间接地拒绝了纯粹的议会制。这与默伦多夫的公共经济思想相类似，将通过企业主义的结构来加以补充。在某些方面，它是对工会在集体谈判争端中的广泛弱点的社会心理补偿，在原材料生产的工业部门中只有借助国家仲裁系统的帮助才能克服这种弱点。

不仅工会方案本身左右为难，仅仅是扩大工会的共同决定权的想法就被雇主协会视为非常危险的挑战，并在媒体上予以了相应的回击。毕竟工业界的目的正是要击退工会的影响，软化劳动工资集体协议制度，只在企业层面进行工资谈判。只有这样，才有可能重建它在1918年放弃掉的工厂共同体的生存权利，并能为其提供相对较高的公司社会福利；同时，亦向劳动者指出企业在经济上受到威胁，从而迫使其接受预定的工资削减计划。原则上，工业界寻求"恢复合同自由"，这意味着废除劳动工资集体谈判法的规定。这样一来，资方与劳方的冲突不仅涉及饱受争议的国家仲裁员个人决定制度，同时也旨在从制度上消除由法律保障的工资集体协议制度。

企业界则要求劳工部长废除约束力声明以及致力于调解工作的"去政治化"，这意味着将劳工部排除在调解谈判之外。国家强制仲裁调解只能因为在"全体人民的生计"受到直接威胁的情况下进行，而不是仅仅为了压制一般性劳资纠纷。[49]维瑟尔拒绝了这些要求，并且表示，仲裁条例的修改只能经由议会才能达到。尽管如此，他还是表示出在接下来的仲裁谈判中会对德国西部钢铁业的盈利情况给予适当的关注。

西北集团试图通过预防性地在11月1日解雇员工来破坏预计在1928年10月下旬做出的仲裁裁决。[50]然而，国家劳工部还是及时地宣布了只包含微小改善工资水平的具有约束力的仲裁裁决，工会也被迫接受，但西北集团仍然认为它不合法，并立即进行了大规模的裁员。鉴于此次调解中资方只承担了很小的额外负担，他们的行为不得不被看成是对国家工资仲裁调解的故意漠视，同时也是对工会发动的攻击。因此，工会方面立即采取了法律行动。各个劳工法庭做出的不同裁决都认为劳工部发布的、具有约束力的仲裁裁决程序错误，并宣告无效。这就导致了国家劳工部的失败。

此次冲突过程中，资方无疑赢得了完胜，抛开这个纠缠不清的法律问题本身不谈，冲突在政治层面上却给他们带来了不利因素。在法院就国家仲裁裁决的合法性还未做出最终判决之前，西北集团的裁员动作就波及了26万名工人，其中16万人还无法获得工会的资金支持，这种做法在大部分公众的眼里是非常不公平的。西北集团在冲突中的策略显而易见地也是在针对国家劳工部长，尽管后者还表示愿意考虑钢铁企业销售中面临的困难。其实钢铁企业的盈利问题只有很小一部分原因在于劳动工资成本的因素，更多的则是因为钢铁出口份额的提升，因为出口钢铁都是以低价销售的。受裁员影响的工人还不能从国家失业保险署领到钱，因为后者在劳资纠纷中应保持中立地位。有鉴于此，社会民主党和中央党在议会中提出了对法律进行追溯性修正的议案。而资产阶级中间派则只能通过主张向市政当局和市政协会提供资金用于更高效的失业福利计划来抵御这一挑战。

普鲁士社会福利部长海因里希·希尔齐费尔在包括德国民主党在内的邦议会大多数人的同意下，主张立即为那些无法偿还贷款的人提供支持，不需要资格审查和扣除工会给予的补助金。持续数周的停工造成的社会困境也对工业经济产生了负面影响。一致的公众压力迫使各方推翻了雇主协会的反对意见，他们认为累积的补助费超过了有关工人的正常收入，这一点无法令人信服。最初被西北集团绕过的德国工业联合会也没有公开反对补助金，因此，重工业突然发现自己在政治上被孤立了。

尽管冲突的直接原因与正在进行的集体谈判政策有关，但毫无疑问，西部工业界与停工斗争的意图是双重的：推倒国家仲裁制度，严重削弱自由工会和基督教工会，这些工会与资产阶级政党的交叉联系被西北集团和煤矿联合会视为特别可疑。在鲁尔采矿业准备集体谈判的攻势也是为了实现同样的目标，然而，鉴于1926年英国矿工罢工造成的良好销售形势，这一攻势在1929年被推迟了。

由于公众压力越来越大，西北集团屈从于国家内政部长卡尔·泽韦林的特别仲裁，浪费了它对福利国家思想的最后胜利。重要的是，鲁尔拉德的代表保罗·罗伊施一直在抵制让步。西北集团的雇主们不能再依靠工业伞式组织的声援，在内阁中赢得弗格勒支持的人民党部长的敦促下，他们放弃了激烈的对抗，因为责任风险和可能的国家干预的危险太大。至少他们做到了绕过法律上负责的调停人——国家劳工部长维塞尔。

这场被称为"鲁尔铁矿争端"的冲突产生了根本性的政治影响。由于不可能强迫工会签订"自由"的集体协议，西方工业界现在决定越来越多地通过议会外的手段为建立"自由经济"而进行斗争。甚至德国民主党也站出来支持的工人，反对右翼的抵抗，这一经验增加了重工业企业家对他们要求将经济从不合理的社会负担中解放出来并打破集体谈判和工资政策的束缚的议会决议的基本不信任。这很明显地将这一举措与赔款谈判联系起来，将协议与德国的新福利捆绑在一个内部的"杨格计划"上，并将预期的财政救济专门用于缓解经济。

就目前而言，鲁尔铁矿争端对国家政府构成的挑战带来了联盟的整合，因为中央党已经被推到了社会民主党一边。然而，人民党和社会民主党在税收和财政改革方面的深刻分歧，由于从1927年开始拖累的预算赤字和失业保险的不充分覆盖，是不可避免的，这必然会导致中期内的决裂。目前，在修订道威斯计划的谈判结束前不改组内阁的利益占了上风，以便不使社会民主党摆脱对杨格计划和改革方案的责任，即希望中的经济减税，正如德国工业联合会会长路德维希·卡斯特尔所说的那样。[51]

随着杨格计划的签订，这个大联盟内阁已经失去继续执政的理由，它享受的宽限期也该结束了。1928年初夏以来，议会外势力的进军暂时得到了避免。钢盔团公投和对议会制的仇恨咆哮，在此期间被纳粹党所淹没，被赔款谈判和财政改革的限制所粉碎。1929年秋，资产阶级政党能否再生，仍是一个未知数。然而，在资产阶级政党和中央党中，那些拒绝与社会民主党和工会合作、决心改变议会制以支持总统特权的势力取得了优势，只是他们不像德国国家人民党和纳粹党那样在自己的旗帜上写上民族独裁。在军方领导层、钢盔团和1929年成立的绿色阵线的煽动下，国家总统将政府责任移交给"民族德国"代表的压力增加了。

第八章
议会制的瓦解

　　当世界经济危机的破坏性后果在德国日益显现时，国内政治的方向就已经向着脱离议会制发展了。1929年春天以来，经济的不景气已经表现为外国贷款流入减少以及税收下降。尽管1929年10月的纽约股灾已经给形势蒙上了阴影，但没有人预料到经济会糟到发生严重崩溃的程度。工业界和银行努力促使内阁承诺减税，以配合逾期金融改革，并用这种方式刺激国内本已不足的资本的形成。赔款减少的前景增加了这种压力。

　　最初，国家政府想推迟由道威斯计划的修订条款授权的、关于赔款问题的新规则的谈判，从而能够就提前从莱茵兰撤军进行磋商。这一选择出于正确的权衡，即在1928年举行的选举之前，不能指望美国对解决协约国间债务的态度发生变化，因为这在事实上和心理上都与赔偿问题密切相关。同时，人们认为，在后续某个时间点上有可能在这样一种情况下进行谈判，即由于预期外国资本流入的减少，德国的经济表现将不那么优秀。比如，在1924年之后，外国资本流入约为200亿马克。然而，1928年预估的预算赤字引起了人们对修改道威斯计划的直接兴趣，因为政府期望通过减少年偿付额来改善国家的现金状况。

然而，触发处理赔偿问题的导火索首先来自帕克·吉尔伯特，其次则是来自国家银行行长亚尔马·沙赫特。[1]虽然他们的外在主张高度一致，但追求的目标却迥然不同。吉尔伯特越来越担心，流入德国的外国贷款当中，54%被用于公共开支，从而促进了在他看来浪费的预算政策，特别是对各地方政府以及各邦来说，它们则多方面利用外国贷款资助不具备生产性的投资。吉尔伯特担心，这将危及筹集和转移正常年偿付额的能力。鉴于国家的贸易平衡长期处于被动状态，他被迫从国家银行的大量外汇存款中为转移支付提供资金，然而，这些资金并没有得到任何重要的出口收入的支持。他充分意识到，这种"人为的"转移根本无法长期持续下去，同样地，美国银行业出于自身存款安全考虑也对这一情况洞若观火。国家银行行长试图暂时实施的替代方案，只能是停止转账；然而，这会造成德国普遍无力支付的印象，从而将不可避免地导致停止发放信贷和撤回短期贷款。

沙赫特提出通过故意制造转移危机来加速事件进程，吉尔伯特对这一考虑提出了强烈警告。主管部门的部长们也意识到，贷款流入一旦停止，势必导致严重的经济崩溃和生活水平的大幅下降。希尔费丁驳斥了国家银行行长的论点，即如果按兵不动，危机只会被推迟两年，而且会在更加不利的条件下发生。希尔费丁认为这是不负责任的灾难政策。显然，沙赫特主要出于为了诱使吉尔伯特减少转账金额的战术意图将这些考虑因素带入其中。对内，国家银行行长承认，道威斯计划的正常年偿付额可以不用再支付。同时，他向同意他观点的施特雷泽曼承认，即将到来的外交谈判将主要是为了恢复外交政策上的自由度，而不是旨在减少德国支付的数额。[2]

沙赫特已经试图通过国家银行的贴现政策和起辅助作用的信贷限制来减缓外国贷款的流入，因为他认为不断增加的外债限制了国家在对外政策中的行动能力。然而，这一尝试失败了，一方面是因为美国银行方面的抵制，另一方面是因为国家银行虽然限制了接受长期贷款，却继续允许短期贷款的流入。令人眼花缭乱的资本进口的原因不仅在于美国投资者对德国经济的信心。更多的原因还在于，美国和德国之间的利率差构成了决定性因素。利率差的主要原因是，除了账户赤字外，通过贷款得到的部分流动资金又通过赔偿转移的方式被抽走了。信贷需求和国内资本供给之间的巨大差额在各地都形成了所谓的资本贫困，这在1928年之后变得更加严重。因为美国也转而采取高利率政策，而国家银行为了防止信贷外流，也坚持采用过高的贴现率，从而进一步引发国内投资继续下降。由于550亿马克的长期外债以及760亿马克的短期债务，德国经济在1927年至1928年的经济上升期结束时就已经处于极其不稳定的状态。

在这种情况下，赔款代理人提出的明确确定德国赔款义务和取消支付保护的倡议得到了法国的赞同，法国希望早日实现德国赔款债务的商业化，以便能够利用它为1926年《梅隆-贝伦格条约》中规定的对美国的清偿提供资金。因为法国政界有鉴于公众舆论的观点，完全不认为有丝毫机会对美国和英国承担超过德国对法赔款数额的债务人义务，但面对华盛顿提出的其他相当多的额外还款要求，不得不在1927年底前完成协议。普恩加莱不再考虑在莱茵兰撤军问题上进行妥协，以换取德国方面保证赔付相当于法国战争债务的数额。施特雷泽曼利用自图瓦里以来一直可见的这种关联，在国际联盟9月的会议上也提出了赔偿问题。六大国立即宣布准备开始就莱茵兰问题和最终解决赔偿问题进行谈判。

组建参加1929年2月巴黎专家会议的德国代表团的过程中，认为需要在各方之间形成一个"责任共同体"的施特雷泽曼感到不得不考虑到右翼力量的反对。这就解释了为什么除了沙赫特——因为他的地位导致他无法绕开——之外，时任联合钢铁股份公司的董事会主席阿尔贝特·弗格勒被任命为专家，德国工业联合会的路德维希·卡斯特尔和汉堡银行家卡尔·梅尔希奥被任命为代表。当保罗·西尔弗贝格抗议选择梅尔希奥时，施特雷泽曼回答说："针对胡根贝格的反对，这很可能是强烈的反对，必须建立起一个可以抵御胡根贝格的新闻风暴的人格壁垒。"[3]就沙赫特和弗格勒而言，这种期望并没有实现。

当时已经身患重病的施特雷泽曼和国家总理米勒高估了国家银行行长的忠诚。为了不影响代表团的正式专家地位，他们回避通过精确的指示来限制其行动。沙赫特笃定地秉持一种错误的信念，他认为可以通过谈判达成意义深远的政治让步，以换取放弃支付保护和部分年偿付额的商业化，这相当于修改了《凡尔赛和约》中的一些重要内容。在确保德国经济能力的借口下，要求建立一个"海外原料基地"，实际上相当于归还德国殖民地和"通过归还走廊重建德国农业"，此外还要求为德国产品出口提供销售担保。[4]虽然国家政府警告沙赫特和弗格勒不要渲染这些"附带问题"，但沙赫特将其与16.5亿马克的德国年偿付额建议联系起来，其中只有4.5亿是不受保护的，其余的金额将受到支付或筹措保护。[5]在西方大国看来，这种完全不着调的谈判立场绝对有可能使会议中断。然而，几天后，由于纽约和柏林之间的利率差逆转，大量外汇从德国流出，这表明，国家在财政上的依赖性不允许赔款政策方面有任何额外动作。

直到现在，国家政府才进行干预；在此之前，尽管对沙赫特的态度的批评与日俱增，但它也仍然没有干涉巴黎谈判。这促使此前一直坚持自己作为专家要保有其独立性的沙赫特，现在要求得到有约束力的指示，并签署由欧文·杨格提出的妥协方案。在德国工业联合会的鼓动下，弗格勒辞去了代表团成员的职务，而卡斯特尔尽管受到了压力，但最终也签了字。和后来再次解释说明时相矛盾的是，沙赫特1929年6月底在德国工业和贸易大会上为同意"新计划"的必要性做了辩护，否则就会出现不可估量的金融政策后果。

尽管希尔费丁曾预测过类似金额的付款义务，但是，以美国代表欧文·杨格命名的付款计划在德国被普遍认为完全无法令人满意。赔款计划的期限从一开始就确定了，因为出于心理上的原因，不可能低于协约国向美国偿还贷款的规定期限。同时，通过拉长时间来减少年偿付额的支付，也理所当然地符合德国的利益。该计划规定，在37年中，德国必须平均每年支付20.5亿马克，包括利息和偿还道威斯贷款的费用。在此后的22年里，即到1988年至1989年为止，年偿付额为27亿马克。基本上取消了支付保护。对于部分债务，德国可以在经济萧条的情况下要求推迟两年付款。应对这些不利因素的是解散赔偿代理机构、国家对国家铁路的处置权以及废除对国家银行的国际行政控制。然而，这些看起来都不怎么成功。德国因此重新获得了完全的财政主权。同时，年偿付额将从17亿逐步上升到正常水平，这暂时意味着与道威斯计划相比，陷入困境的国家预算得到了相当大的缓解，尽管没有达到期待的程度。[6]

然而，关于赔偿问题的争议绝不会随着专家们通过"杨格计划"就结束了。1929年8月的第一次海牙会议是施特雷泽曼最后一次出现的国际会议，他试图从阿里斯蒂德·白里安那里争取同意提前撤离莱茵兰，后者最终于1930年6月30日就这一点与其达成一致。然而并不是这个问题，而是英国和法国在分配问题和未受保护的年偿付额上的竞争，威胁到了会议的进程。施特雷泽曼再次通过经济上的让步设法达成了和解。总而言之，在海牙举行的谈判取得了压倒性的成功。撤离第三莱茵区的时间比《凡尔赛和约》中规定的时间提前了五年。对德国主权的限制亦被取消。

与此同时，沙赫特利用了赔款计划中形势轻微恶化的机会，公开表态与杨格计划保持距离，并惺惺作态地退出了德国代表团。背

1929年8月，德国外交部长古斯塔夫·施特雷泽曼与国务秘书卡尔·冯·舒伯特、社会民主党议员鲁道夫·布赖特沙伊德和特使策希伯爵在海牙奥兰治酒店举行的杨格计划会议上

后起作用的则是胡根贝格的倡议，他与希特勒和杜斯特贝格一道发起了反对杨格计划的公民表决提案。沙赫特在1929年12月的备忘录中拒绝在支付条件恶化的情况下由国家银行参股新计划设定的国际清算银行，这一举措在国际社会看来就是试图破坏会议结果。[7]实际上，沙赫特关注的主要问题在于消除在赔偿问题上他个人应承担的责任。1930年1月23日，国家政府同意了第二次海牙会议的最后议定书。仅仅由于预算方面的原因，它也无力再与谈判结果做任何争辩。沙赫特在3月辞去国家银行行长职务的辞呈，会导致内阁垮台，然而兴登堡也不得不接受，正由于在这个时间节点上，他对预算政策的干预破坏了希望中的减税，从而在政治上陷入孤立。显然，国家银行行长预计会出现严重的支付和金融危机，他不想为此

承担责任。

民族主义右派激烈反对杨格计划，并认为它是其他国家重新奴役德国经济的证据，然而实际上它促使各大国合并成了一个相对于美国的欧洲债务人阵线。而美国坚持要求协约国清偿战争债务，也在心理上促成了战争赔款和债务偿还之间可以理解的结合。这导致的结论是，预计在中期内会减少甚至取消赔偿。有关的金融专家认为，美国对协约国减免债务会导致德国的战争赔款债务减少。随着杨格计划的出台，战争赔款终于摆脱了与《凡尔赛和约》规定的直接联系。回到1921年伦敦最后通牒要求的可能性则完全排除。

当然，放弃支付保护的做法是非常重要的。然而，这不仅仅是沙赫特战术的结果。该战术促使协约国剥夺了德国可以阻碍赔偿债务商业化，从而使纠缠在一起的国际债务网络失衡的工具。而支付计划又固定了马克的黄金平价，鉴于危机期间价格水平的下降，这就导致了在此期间赔款实际增长了。当然，这也是很大的不利因素。然而，该计划在1929年时需要德国拿出国民收入的3.5%，这意味着实质性的进展，并且很难理解为什么沙赫特会说，如果继续维持原有的赔偿义务，德国"在未来30到50年内将沦为美国的一个劳动省份"。[8]

那些期望战争赔款的谈判能给国内政治减压的人在各个方面都感到失望。情况表明，如果不执行杨格计划，德国经济就会遭受严重损失，亲人民党的利益集团便抓住机会，以基本的社会和财政政策承诺来收买该党在议会通过此项法案。他们还拿出了一个相当可疑的论点，即导致在海牙谈判中达成妥协的国家财政的虚弱，必须通过全面的财政重组来加以补救。为了克服出于需要而不得不接受的"外部的"杨格计划，现在人们需要一个"内部的"杨格计划。这里面也包含着一种神话意义上的类比隐喻，即1918年11月，德国对外作战的失败可以通过国内的全局性繁荣来加以弥补。在这个民族主义的政治谎言背后却是实实在在的物质利益，旨在最终推翻共和国成立阶段在社会政策方面达成的妥协。对于平衡预算的必要性来说，随着支付保护的取消，如果不能用实际的税收盈余来支付商定的年偿付额和杨格计划的利息，货币就会受到威胁。

大联盟内阁从一开始就面临着内部矛盾的内耗，情况表明，它也没有能力平衡预算；内阁的向心力量也在第一次海牙会议后被消耗殆尽。社会民主党财政部长鲁道夫·希尔费丁在经过艰难的党派间谈判后提出的1929年度预算草案，尽管它在很大程度上迎合了支持工业的人民党，但由于利益集团之间的钩心斗角相互攻讦，最终成为泡影。由于施特雷泽曼的个人影响力，最终就预算达成了临时妥协，这推迟了有争议的财政重组方面的问题，并且完全因为在赔款谈判期间必须不惜一切代价避免内阁倒台，所以该方案才被无奈接受。

希尔费丁在金融政策方面有异常丰富的知识，但却缺少政治上的行动力，尤其是在面对自己党内的左翼时。主要的争议涉及当年偿付额暂时减少时所带来的收入盈余该如何使用的问题。德国工业联合会在其题为"崛起或衰落"的备忘录中要求采取全面的措施来缓解经济压力，并反对用杨格计划的盈余来弥补预算赤字的意图。在该联合会几乎毫不掩饰的施压下，人民党阻止在国家失业保险补贴问题上达成妥协，尽管维塞尔提出了一个完全可以接受的草案。[9]施特雷泽曼在生命中的最后一刻，还在让自己的政党宣誓继续保持在执政联盟当中。他于1929年10月3日去世。他的离世不仅意味着一个外交政策时代的终结，同时也表明人民党党内有着妥协意愿的力量彻底失败。

鉴于税收的减少，希尔费丁认为除了通过购买短期和中期债券来弥补国家的流动资金不足以外别无他法。然而，当他这样做时，遇到了国家银行行长最激烈的抵抗，沙赫特挫败了他一切获得国际信贷援助的尝试。在这件事上，沙赫特得到了吉尔伯特不理智的支持，后者错误地判断了德国的预算状况，从而拒绝了国家财政部长批准的克罗格债券以及与银行家迪伦·雷德公司的相关信贷协议，因为他认为这将危及计划中的战争赔款债券的融通。沙赫特很清楚，如果没有信贷援助，国家将无力支付公务员工资。他利用国家银行的独立地位，试图迫使国家政府和国会接受一项债务清偿的法案，这实际上相当于将未来的战争赔款节余款项用于偿还债务的目的。

尽管沙赫特在海牙会议上的立场有失偏颇，但他本人仍然能够作为德国信用的象征。在这种背景下，他能够与德国大银行和受其影响的头部工业协会一起，对国家内阁的金融政策持续施加压力。当时流传着一种说法：有的人就是要取消议会，代之以金融独裁政权。即使是人民党也没有回避用一个独立的财政政策指挥中心来取代使自己成为投机工具的战争赔款代理人的提议，而指挥中心实际上将会取消议会的预算权利。这算是对20年代中期以来时不时就会冒头的呼唤实施经济独裁的声音的一种顺应。

1929年12月初，希尔费丁和他的国务秘书约翰内斯·波皮茨一起提出的财政方案面对这些压力时无力回天，尽管它已经在很大程度上满足了人民党的要求，承诺尽早进行税收改革——特别是减轻财产税收负担和削减所得税，也就是说不再把税务负担片面地压在广大人民群众身上。同样，只有一项临时财政政策方案得到通过，该方案规定了许多特别是在社会保障领域的预算限制，才能实现这一点。希尔费丁和波皮茨辞职。接过财政部重担的保罗·莫尔登豪尔很快就面临着类似的局面。内阁的存续再次得到保证。

在杨格计划法案通过之前，试图从外部强制内阁进行根本性的财政政策调整暂时没有取得成功。资产阶级右派自相矛盾的策略决定性地促成了这一点。通过把德国国家人民党逼到毫不妥协的阻挠路线上，胡根贝格挫败了沙赫特的勒索企图，后者主要关心的是减少国家对西方列强财政上的依赖性，而德国国家人民党领导人则已经企图推翻国家的议会制。矛盾的是，政治右派现在开始使用民众立法的武器，而这在传统上却是左派干的事情。1929年初，钢盔团领导人提出了发起支持"国家总统特权"的公民投票提议，从而试图通过取消《魏玛宪法》第54条规定的国家政府的议会责任制，赋予兴登堡能够按照自己的意愿来组建内阁的权力。这看起来是一个相当冒险的想法，尽管总统助理奥托·迈斯纳表达了总统对这种解决办法的基本支持。这项计划来自钢盔团的主要思想家海因茨·布劳魏勒，并得到了胡根贝格的实际批准，这说明议会机构与广大民众的实际利益和愿望已经脱离到了何种程度。严格遵守议会制原则的施特雷泽曼拒绝采取这种公民投票的宪法重组策略。尽管钢盔团的计划将使总统有权撤销议会已经批准通过的杨格计划，但它在德国国家人民党和国家土地联盟中也没有引起什么热情的回应。希特勒认为这个过于学术化的方案是十分可笑的。[10]

然而，杜斯特贝格坚持计划以全民公决的方式为"建立伟大的民族阵线"做出贡献，从而慢慢向右翼政府过渡。[11]如果说宪法的修订不适合进行全民公决，那么反对杨格计划的运动则正好适合采取这种方式。钢盔团领导层认为，它可以争取兴登堡中止杨格计划法案，要么是他本人主动采取措施，要么是号召三分之一的议员反对该法案，并且随后辅以全民公决的结果。总统本人即使自己内心再认可加强其宪法地位的意图，也不愿意在政治上如此暴露自己。因此，胡根贝格毫不费力地就将钢盔团的倡议引到了一个不同的攻击方向，一方面举行反对杨格计划的全民公决，另一方面制定反对"战争罪谎言"的民众法律。决定性的战略差异在于，胡根贝格毫不犹豫地攻击总统本人，而公投计划的目的是在公民投票的支持下组建兴登堡内阁，因此它仍然具有某种建设性的色彩。另一方面，胡根贝格的做法旨在彻底摧毁现有的宪法制度，即便是他对于将要建立的"民族专政"的构想完全模棱两可，反正他本人只想成为该专政的领导人物。

1929年7月9日，胡根贝格成立的德意志公民投票委员会，打算建立一个全国性的反议会组织。在形式上，它是一个跨越各党派的机构，由钢盔团、泛德联盟、国家土地联盟和祖国协会共同组成。实质上，该倡议也离不开德国国家人民党、农村人民党和纳粹党的共同行动。纳粹党在开始的片刻犹豫之后，抓住了在更广泛的平台上宣传自己的有利时机，但从一开始就将其参与限制在公投前的阶段，因此未能发挥其创造全国性集会运动的功能。不顾温和保守派伙伴的保留意见，胡根贝格还是贯彻了他所追求的激进的阻挠路线，而纳粹党为了追求自己的目的，迫使他坚持这一路线。但反杨格计划运动的煽动性特征是源于胡根贝格的。

"反对奴役德国人民法"草案最初由胡根贝格于1929年夏末在内部提出，并于9月初公布，草案要求国家政府立即撤销《凡尔赛和约》中"被迫承认的战争罪责"，要求解除对德国领土的占领，要求德国不再承担任何新的负担和义务，特别是由杨格计划产生的负担和义务。[12]12名国家政府成员或其全权代表，如果他们违反了这一规定，就可以依据第4条被判处劳役。在原始版本中，国家总统被明文包括在内。他将以这种方式被迫宣布暂停预计将在晚秋时生效的杨格计划法案，从而使全民公决得以生效。然而诋毁总统兴登堡是潜在的叛国者，激起了国家土地联盟、钢盔团和德国国家人民党魏斯塔普派的公开反对，因此，胡根贝格感到不得不通过将总统从制裁条款中排除出来，来化解已经发表的草案引发的矛盾。然而，这丝毫无法改变事情的实质：兴登堡也被胡根贝格的不妥协所激怒，反杨格计划运动也被视为对其个人威信的攻击。尽管他对杨格计划的态度是矛盾的，并避免在这个问题上做支持国家政府的表态，但他也认为极端右派的行动是在逃避爱国主义的责任。而此时，他最亲密的战友却突然把他扔在一边。

制裁威胁从全德国的煽动性情绪的武器库中涌出来，视共和国迄今为止所有的外交政策为叛国行径。它在各地都遭到了反对，导致青年德意志骑士团公开反对公投，促使重工业界撤回其财政支持，甚至在民族主义自由军团中引发了强烈抗议。然而，纳粹党有意识地将其作为参加的条件。因此，胡根贝格被迫将第4条——尽管是以一种被削弱的形式——留在公投的文本中。这加剧了德国国家人民党内部和右翼协会阵营对其阻挠路线的批评。诚然，人民保守派再次推迟了他们曾认真考虑过的退出行动，而魏斯塔普伯爵则努力扼制德国国家人民党迫在眉睫的内部危机。但是此时已经谈不上还存在建立一个全面的全国性集会运动的起始信号了。在议会处理"自由法案"时，该法案遭到绝大多数人的反对，胡根贝格也遭受了明显的失败。在对第4条投票时，德国国家人民党议会党团解体。魏斯塔普伯爵辞去了议会党团主席的职务，此前，他一直成功地抵御了胡根贝格插手。包括戈特弗里德·特雷维拉努斯和瓦尔特·兰巴赫在内的12名人民保守派成员离开了德国国家人民党。

只是出于策略上的考虑，国家土地联盟的领导人仍留在国家委员会中；在公投以负面结果收场后，他们和纳粹党一样，退出了委员会。在这种情况下，胡根贝格本来期待的公民行动浪潮的局面，并且还试图将之升级为一次全面的全国动员，就根本不可能出现了。同时，事实证明，右翼反对派原本丰富的资源不再是取之不尽的。然而，胡根贝格将所有可用的财政资源投入到反对"巴黎进贡计划"的运动中，并向公众发放大量传单和小册子，这些传单和小册子以中伤性的尖锐语气贬低政治制度，并对杨格计划谈判做了完全扭曲的描述。他再次将兴登堡个人拉进运动当中，而后者则严词拒绝了。同样，纳粹党也测试了新近建立的宣传机器，并在争取"自由法案"的斗争中使出了浑身解数，胡根贝格非常懊恼地发现，该党的斗争是一次纯粹的民族社会主义行动。

出乎意料的是，10.02%的选民在投票名单上登记，因此勉强达到了宪法规定的法定人数。然而，1929年12月22日举行的公投只获得了580万张选票，远远低于右翼政党在上一次国会选举中的份额，而通过公投则需要2100万张选票。以国家政府无视杨格计划的"意图和先决条件"而公开反对该计划的亚尔马·沙赫特的间接支持也并没有能改变这种情况。[13]尽管"自由法案"严重干扰了金融宪法，而金融宪法在宪法中又被豁免于民众立法，但政府还是放弃了对公投请愿和公投行为采取法律行动。不然的话，内阁将不得不担心由法院发出的抗议以及不得不接受对总统施加的压力，最后事情的发展结局难料。毕竟，现在有大量资金可用于卡尔·泽韦林作为相关责任人的国家内政部长发起的反击运动。国家政府和普鲁士政府都基于提案第4条，禁止公务员支持公投请愿，这与公务员的忠诚义务相悖。然而，只有普鲁士政府真正对反对这一指令的众多高级公务员采取了行动。民族社会主义在公务员系统中渗透越来越多，对公务员违法违纪行为执法不严、违法不究，这都表明了共和制度的权威正在逐渐丧失。

全国反对派反对杨格计划的运动以一场政治惨败而告终。公投获得的580万张选票清楚地表明，公民投票推翻政治体制的做法没有任何机会。这次运动的主要受益者却是纳粹党，它在资产阶级右翼媒体的支持下，能够展示出自己作为国家政治的推动力。胡根贝格至少能够通过控制党的机构来将温和派的出走限制在一定范围内，温和派首先在特雷维拉努斯的领导下组成了德意志民族联盟，或者并入了基督教社会主义人民联盟。特别是魏斯塔普伯爵犯了一个致命错误，即尽管胡根贝格的反对态度不可改变，但他仍然保持忠于德国国家人民党。但在大多数资产阶级保守派眼中，胡根贝格被认为是一个政治上的怪人。他离他所承诺的人民集会还很遥远。

矛盾的是，这场运动并没有产生促进议会制稳定的效果。诚然，右翼反对派最近尝试阻止国家总统签署杨格计划法案的最后投票没有成功。但是，1930年3月12日这些法律的通过还是导致了大联盟以及最后一个议会多数派政府的结束。有人在总统周围直言不讳地指出，由于当下国内政治问题具有优先权，必须组建一个资产阶级右翼内阁。随着战争赔款这条战线的暂时缓解，社会民主党人已经完成了他们的职责。对国家总统施加的为攻击性赔款和修正政策创造财政条件的压力并非没有效果。坊间一直认为，随着协约国管制的废除，反对《凡尔赛和约》的斗争也将进入一个新的阶段，这种说法也起到了不可忽视的作用。

早在1929年春天，冯·施莱歇尔将军就敦促用一个资产阶级右翼内阁来取代大联盟政府，恩斯特·朔尔茨、汉斯·路德，尤其是海因里希·布吕宁都是领导内阁的人选。作为一名曾经的前线军官和一级铁十字勋章获得者，布吕宁推荐自己担任总理，尽管兴登堡对把政府交给一名天主教徒感到有些不情不愿。冯·施莱歇尔和布吕宁之间个人的协商虽然在国家防卫军所要求的武器融资问题上达成了一致。但是，另一方面，布吕宁还是认为，更换内阁要在莱茵兰撤军之后才更适合。然而，他也明确表示，他不会完全拒绝总统召唤他来领导一个他所信任的内阁。但就目前而言，这还只是试探阶段。只要杨格计划没有通过，现有的内阁就必须保留。1929年12月，由于人民党反对计划中的预算调节，执政联盟面临解体的威胁，兴登堡亲自要求人民党的部长们留在政府中，他们甚至面临着被开除出党的可能。这也是对胡根贝格的应对，他指责胡根贝格"临阵脱逃"。1930年初，他试图说服德国国家人民党领导人与温和的右派进行建设性合作，然而没有成功。

德国国家人民党的激进化挫败了冯·施莱歇尔精心制定的战略。他所寻求的兴登堡内阁只有在排除了胡根贝格运动的情况下才有可能成形。因此，总统办公室在重工业的侧面支持下，展开一切手段，强化反对党首的力量，以期能取代他。然而，事实证明，胡根贝格在影响力巨大的泛德联盟，以及在他有效地使之与他保持一致的德国国家人民党各邦协会中得到的支持出人意料地强大。戈特弗里德·特雷维拉努斯于1930年1月底成立了人民保守派协会，从而成为保守派希望重组的关键人物。所有那些人民保守派中期待德国国家人民党能够形成一个理性的领导该派别的核心的人都感到了无比失望。魏斯塔普伯爵也没有能力抵御胡根贝格的顽固路线。因此，保守派的集会不得不暂时被注销。冯·施莱歇尔现在考虑建立一个以总统为基础的升级版资产阶级集团，这将为一个在他口中所谓的"有工作能力的右翼"政府创造基础。[14]

兴登堡并没有完全拒绝施莱歇尔制定的改组政府的方案。1月中旬，他向魏斯塔普伯爵保证，在杨格计划通过后，将回到一个"中间派"的保守政府。迈斯纳解释了总统的指导方针，大意是希望总统内阁在方向上必须是"反议会的"和"反马克思主义的"，普鲁士政府也必须一并改组。[15]由于公众对兴登堡主张签署杨格计划激烈攻击，这反而加强了他的这种意图。他太容易屈服于右派不断吹进耳朵的低语，即接受战胜国强加的这一新"指令"（布吕宁如此称呼这项计划），主要是社会民主党应负责任的议会失职所导致的。因此，他接受了布吕宁和沙赫特提出的论点，即只有按照工业界长期以来的要求，对国家的财政进行根本性重组，才能使国家在未来的修订谈判中不至于再度对外界卑躬屈膝。

因此，兴登堡怀着沉重的心情签署了杨格计划的法案，这给右派的反对势力带来了额外的动力。这一点在德国-波兰清算协议通过后变得最为明显，该协议出于战术原因从杨格计划中分离出来，但在内容上却与该计划密切相关。实质上，这是两国之间就波兰政府征用前普鲁士财产和选择加入德国国籍者所持有的不动产而不断发生的争端的合约解决方式。波兰利用对该问题一直悬而未决的机会，从而实现了对德意志少数民族的物质生活资料进行干预，有时甚至是严重干预；而国家政府则努力将以前的国家财产转移到形式上独立的金融载体手中，从而根据《凡尔赛和约》的规定使其脱离波兰的掌握。清算协议中规定，双方互相放弃赔偿要求，然后根据1929年的状况，保证了德意志少数民族的物质地位，同时，德国方面放弃了一些事实上不可能再讨要回来的追索权。

清算协议似乎违背了德国外交政策的准则，即避免与波兰订立任何可能被解释为承认战后边界的合同。事实上，通过缔结协议，德国的外交手段破坏了华沙将波兰既往的赔偿要求写入杨格计划的意图，并瓦解了约瑟夫·毕苏斯基继续推动东方洛迦诺计划的想法。因此，在国际联盟层面上为德意志少数民族的利益所做的努力变得可信。因此，施特雷泽曼强调欢迎德国驻华沙大使乌尔里希·劳舍尔为实现德波关系正常化所做的努力，这首先遭到了大农场主们的反对。作为对德国金融和贸易优惠的交换，该协议给了国家政府在外交政策上更大的回旋余地。尽管它引起了波兰公众的尖锐批评，但它被民族主义右派，特别是纳粹党谴责为放弃了德国人的修订要求，但这种说法毫无根据。清算协议间接地承认了，以往试图通过经济压力来迫使波兰屈服的办法或多或少地产生了反效果。

由施特雷泽曼在外交部的继任者尤利乌斯·库尔蒂乌斯签订的协议同时意味着主要由出口业要求的德国和波兰之间贸易条约的提前履行，因为布吕宁不合时宜地拖延了该条约的签署；导致它直到纳粹党夺取政权后才得以实现。大联盟内阁的继任者浪费了通过扩大与波兰的经济关系为持久地政治平衡奠定基础的机会，这本来或者可以导致但泽走廊问题得到缓和。相反，正如战舰事件所证明的那样，两国相互之间的不信任感更加强烈，这导致毕苏斯基元帅考虑采取预防性战争战略；然而这反过来又引发了德国方面亢奋的反应，并对1932年这个决定性年份的德国国内政治发展造成了持续的负面影响。

值得一提的是，兴登堡以签署清算协议为契机，要求赫尔曼·米勒的内阁为"正在为生存而拼命挣扎的东部地区"制订一个最终形式的全面财政援助计划。易北河以东的大农场主们对清算协议强烈反对，而小心翼翼的总统也仔细研究了协议的合宪性。他还要求"东部各省的农业代表机构和信托机构"，即主要掌握在大农场主和国家土地联盟手中的农会，负责任地参与进来。并且，他反对普鲁士的东部政策。[16]甚至在内阁倒台之前，兴登堡就向国家土地联盟主席马丁·席勒承诺，由他接管粮食部，并准备在必要时通过总统的紧急法令权来实施对东部的援助。

国务秘书迈斯纳将3月18日发表的总统的呼吁书文本交到了冯·施莱歇尔将军手中，同时说："这是第一阶段，也是解决这个问题的桥梁。这是我们能够拥有的最好的通向'兴登堡统治'的基础。"[17]事实上，总统现在从后台现身，向内阁发出了异常详细的行动指示，其果断程度令人惊讶。这一举措是对徒劳无功地努力平衡预算的现任联合政府内阁从背后精心策划的一次沉重打击。兴登堡周围的智囊团们从一开始就认为，由于社会民主党的阻挠，无法给大农场主他们所要求的支持。

然而，在1926年初现端倪，并在1928年公开显现，还受到国际影响的土地危机的影响下，农业利益的压力加剧了，这很难归咎于大联盟处理失当。社会民主党在1927年的基尔农业计划中规定，通过实行粮食垄断为国内农业提供价格支持，其施政并不反对特别是向东部农业地区提供必要的援助。然而，内阁面临的困难是无法直接对抗国际联盟提出的完全消除贸易壁垒的要求。特别是1925年推出的旨在支持基本农产品价格的保护性关税政策，已经日益变成了系统性的农业保护主义。

因此，赫尔曼·米勒内阁在国家粮食部长赫尔曼·迪特里希的敦促下，采取了一条折中路线，没有通过进一步提高农产品的关税来强化农业保护主义，而是为黑麦价格提供内部经济补贴，并为东普鲁士地区提供结构性政策支持措施。然而，尽管布劳恩内阁加大了努力，但提高农业产量的举措，特别是普鲁士在"东普鲁士援助计划"框架内发起的举措，仍然没有起到什么作用。普鲁士政府有充分的理由要求国家提供更多的财政援助。同时，它努力消除"东普鲁士援助计划"片面的农业援助的导向，并通过扩建运输网络和促进贸易和工业，来改变东部省份单一农业为主导的产业结构。这一点，以及旨在将无法再免除债务的大面积土地分割成安置用地的债务重新安排政策，引起了农业利益集团的坚决抗议，尽管他们自己也曾表示赞成国家支持的安置政策，以限制土地价格的不断下降。兴登堡希望东部援助计划——不再只包括东普鲁士，而是包括整个东部省份——单方面用于恢复农业的生存能力，并面向"所有农业企业，包括大型企业和农户"，从而成为了他们的利益代言人。[18]

显而易见的是利用伴随着杨格计划而被取消的工业税来"拯救德国东部"，东德农民的请愿书中以悲情的夸张方式这样表达。兴登堡的这一动议其实可以追溯到保罗·西尔弗贝格在1929年为德国工业联合会提出的农业计划，该计划旨在减少国家对外贸的依赖，实现粮食政策的相对自给。德国工业联合会绝不像它最初看起来那样大公无私。一方面，减少农产品进口是部分经济部门要求提高工业关税的前提条件；另一方面，这也是为了从普鲁士手中夺取稳定德国东部地区经济的主导权。在兴登堡的倡议下，农业利益集团提出了非常夸张的要求，他们要求多年执行退税和补贴政策，总额将高达10亿马克，这将很快就会破坏工业和农业之间的协议。

在赫尔曼·米勒的内阁中，大家一致认为，由于国家的收入不断减少，没有财力来支撑这种额度的农业计划。总理不想放弃在艰难的政党谈判中达成的预算妥协，并在这一点上与莫尔登豪尔达成了一致。尽管有许多人试图反对，但兴登堡仍然认为，即使在人民党离开后，也有可能暂时保留现有的内阁，授予赫尔曼·米勒解散国会的权力并运用总统的紧急法令权。如冯·施莱歇尔所说，这样一来的风险就是，一方面会导致社会民主党出现令人担忧的"权力膨胀"，另一方面全国的反对派也会越发疏远国家总统。[19]只是在有了内阁对援助东部地区的最终要求持疏远态度的印象后，兴登堡才最终决定反对内阁继续存在。因为内阁存在的合理理由完全在于通过杨格计划，因此便不再有必要继续。兴登堡与德国东部大农场主利益的绑定，与他的宪法立场并不相容，直至大联盟垮台后这种影响才完全显现了出来。布吕宁内阁也受到了最后的攻击，它被指责在推行所谓的"农业布尔什维主义"。

1930年3月27日社会民主党多数派内阁的辞职是联盟伙伴之间不可调和的内部对立造成的，当内部都已经知道总统兴登堡拒绝按宪法第48条的规定为总理授权时，这种对立爆发得非常激烈。事实上，内阁的倒台早就是个必然的趋势。德国人民党党首朔尔茨自2月份以来就被透露了有关冯·施莱歇尔的计划，即在跨党派基础上建立内阁，朔尔茨和选择担任国家银行行长的路德都拒绝接任总理职务后，布吕宁来接手这一职务。冯·施莱歇尔的倡议是在与和他有着密切关系的特雷维拉努斯达成一致的情况下采取的，后者还充当了温和的右翼反对派的联络人。特雷维拉努斯与人民党右翼在1929年12月已经做出的决定相一致，即在通过杨格计划后立刻解散执政联盟。在这一点上，朔尔茨得到了德国雇主协会联合会的支持，该联合会主席奥古斯特·博尔西希在3月份写信给财政部长莫尔登豪尔时说，进一步提高失业保险缴费可能会导致企业家们纷纷退出国家机构。然而，人民党议会党团以其老练而圆滑的方式，回避了矛盾冲突在自己手中激化。在3月初的卡塞尔党代会上，它表现出了不同寻常的妥协意愿，却发表声明说，它不想在根据杨格计划采取的财政政策逐步措施方面做出任何承诺。

在这种情况下，关键作用落在了中央党身上。[20]布吕宁多次与兴登堡会面，并与冯·施莱歇尔将军保持间接联系，但他仍然很犹豫是否应该直接推翻赫尔曼·米勒。他认为，毫无疑问需要从根本上削减公共开支，特别是大幅削减失业保险金。早在1929年秋天，他就承诺让中央党议会党团强制重组失业保险，这与可追溯到希尔费丁任期内的减税方案一起，成为预算审议中最关键的一点，这一切都发生在杨格计划通过之前。1930年1月底，他把这些作为中央党批准杨格计划的先决条件。

布吕宁的指导思想是，不减轻社会民主党在社会预算中看起来必要的节约措施的负担，特别是他担心失业率急速上升会引发社会抗议运动。同时，他挫败了人民党的策略，推迟做出亟待做出的金融政策决定，并在外交政策方面达成协议的外部压力消解时才提出他们自己的主张和要求。社会民主党方面的担心在于，已经在限制失业救济金领取者的范围方面做出了重大让步之后，推迟重组国家机构将导致在可预见的将来救济金进一步大大缩水。然而，布吕宁强行在预算重组和杨格计划之间达成了平衡，但这个一揽子方案未能产生效果。这不但没有增加达成协议的筹码，反而使内阁在预算谈判中面临更加紧迫的时间压力。

财政部长莫尔登豪尔提出的抵偿方案为中；不是用国家补贴来试图暂时填补国家政府的长期赤字，而是通过纳入公共住房协会在内的社会保险机构，并通过政府机关的节约措施，即削减福利来弥补所产生的亏空。这一做法意味着进一步偏离了保险原则，并将调整整顿工作限制在社会保险的风险群体中，因此，社会支出总体上保持不变。作为反制的建议，社会民主党和自由工会提出了所谓"紧急牺牲"的提案，即对固定薪资雇员在紧急情况下扣除其工资3%的数额。确实在那种条件下，很容易想到呼吁公共服务部门的成员，首先是没有或几乎没有受到失业和工资扣发影响的公务员缴纳团结税的应对办法。

尽管莫尔登豪尔对"紧急牺牲"的想法很支持，却遭到了自己党内的坚决抵制。其原因与其说是作为国家高级公务员联合会主席的朔尔茨试图考虑到公务员协会的利益，倒不如说是德国人民党党内代表工业部门利益的群体决心无论如何都要强迫减少失业保险金。然而，站在背后的商业团体一致认为公务员的工资大大超标。由于人民党的阻挠和中央党的缄口不言，几周后再次采取重组失业保险的路径彻底阻断。随后，各部门达成一致，继续要求保险公司提供服务，而资金不足则要通过建立一个紧急基金和将失业保险金从3%增加到4%来弥补。

在这种局面下，人民党仍然要求在法律中规定1931年预算中的减税方案，这对正在形成的预算妥协又带来了重重压力。预计战争赔款可以调整的情况下，希尔费丁1929年从政府那里争取到的，特别是有利于高收入者的减税承诺，现在证明是政府做出的一个致命的自我承诺。因为鉴于基本上被沙赫特强加给国会的债务偿还法所抵消的杨格计划的有限节余，税收收入迅速下降，失业保险的赤字不断增加，增税措施势在必行。然而，德国人民党阻止增加任何形式的财产税。"紧急牺牲"代表了一种绕过这一方案的尝试。社会民主党批评说，预算赤字将主要由给广大人民群众带来更大负担的消费税来弥补，而人民党还要求减少实际税收，并在市政税中引入可调节因素，他们打算利用这种可调节因素来创造一种心理上的压力，以减少市政当局承担的失业福利开支。德国人民党议会党团用扩展的税收目录在背后捅了自己的部长一刀，用这样的办法来寻求突破。

国家总理现在坚持要拿出本来的政府草案，并迫使布吕宁让步。然而，就在对杨格计划法案进行表决之前，中央党领导人通过与国家总统的谈话得到了保证，在有必要的情况下，将以总统紧急法令的方式推动预算改革的进行。"您可以相信，"兴登堡向他承诺，"金融改革将会完成；如果各政党失败，我将在没有政党参与的情况下进行改革。"[21] 承诺利用一切合宪的手段，从1930年预算年度起算点4月1日开始征收新税，以重组国库，对布吕宁来说是一张空头支票。他通过重组失业保险的妥协提案再次阻止其发生，但是，特别是由于人民党在此期间得知政府既无权解散议会，也无权发布紧急法令，这就使得达成协议的时间和事实空间都受到了极大的限制。

布吕宁的妥协提案在很大程度上迎合了人民党，因为它虽然预计设定了3.5%的失业保险额度，却也推迟了做出决定的时间。从后来的发展来看，这项妥协提案似乎是相对可接受的，尽管它故意拖延了失业保险是应该通过增加缴费还是通过增加税收来支付的核心争议问题。然而，它不再得到社会民主党议会党团的批准，而人民党则出于战术原因同意了它。对于在内阁中已经不支持先前妥协的国家劳工部长维塞尔来说，这代表着公然削减福利的第一步，并且这是工会方面万万不能接受的。议会党团中的工会代表理所当然地指出，由于人民党和中央党的明确立场，布吕宁的提案将导致失业保险的进一步削减。因此，他们现在优先考虑措辞相对更加温和一些的由政府提出的法案。国家总理指出，爆发国家危机的危险已经迫在眉睫，且他对布吕宁妥协所做出的陈述也无法在自己的党内说服他人。

在战术的角度上，社会民主党议会党团的反应没有超越来之不易的内阁妥协，是一个无法挽回的错误。在对金融改革的审议中，社会民主党发觉自己被逼到了能够让步的极限。它当然可以再次向德国人民党做出让步，却不想沦为德国人民党蓄意削减社会福利计划的执行人，因此拒绝了布吕宁的调解建议。如果这次它放弃了最基本的保留意见，那么在随后的委员会审议税收建议时，它同样也会受到来自德国人民党的类似压力。这是因为布吕宁尝试平衡努力的意图在于，不是与人民党而是与社会民主党决裂。人民党以拒绝布吕宁的提案为借口，阻止税务委员会对融资法案的讨论，并阻止议会讨论政府的原始草案。这意味着赫尔曼·米勒坚持的，泽韦林也明确要求的"在公开的战场上"推动财政方案的机会已经丧失。[22] 社会民主党在最后一刻如果能够批准，就会挫败莫尔登豪尔的战术安排。然而，政府将很难在余下的融资法案的斗争中幸存下来，特别是由于米勒在健康状况不佳的情况下，已经无法鼓足干劲做这件事。

1930年3月27日晚，总理宣布了内阁的辞呈。仅仅几个小时后，兴登堡就召见了布吕宁。次日，布吕宁在与中央党议会党团协商后，要求国家总统组建"一个不受政党约束的内阁"，并拥有宪法第48条之授权。[23]兴登堡如释重负地表示了同意。他终于找到了他所信任的人，可以在排除社会民主党的情况下执政，带领全国反对党重新承担起"国家政治"的责任，使他不再以左派利益的维护者的身份出现。对社会民主党来说，这一决定意味着从一个对他们来说已经变得难以忍受的局面中解放出来。甚至连鲁道夫·布赖特沙伊德也同意议会党团的决定，他于1929年马格德堡社会民主党大会上曾主张反对由德国工会总联合会提出的把政府参与和确保失业保险结合起来的要求，并强烈警告，由公务员组成的内阁，"本身就可能是变相的专政"。[24]该党对在内阁中的资产阶级联盟伙伴一直采取守势；它几乎从未能够推进其政治主张。出于这个原因，成为反对派反而显得更加真诚，而且鉴于普遍预计国会即将解散，这在战术上亦是必要的结果。

由于事态的发展，布吕宁被迫比他所希望的更快实施独立于议会多数席位变化的政府改革。最迟从1930年初他就已明确决定要利用政府更迭进行全面的国内和外交政策改革，而金融改革只是其中的第一步。[25]其内政纲领的核心就是解决战争赔款问题，在这一工作中，他认为财政政策具有优先级。从一开始，他就觉得赔款是一个难以承受的负担，且对国家内政和外交政策行动自由持续施加限制。他认为中央党肩负"历史使命"，在联合政府的更替中以及在必要时要通过放弃议会政府责任的原则来确保旨在减少战争赔款的外交政策的连续性，并制定"为促使其成功的财政政策"。在他看来，只有在彻彻底底的财政改革的基础上，才有可能解决战争赔款问题。只有"国家可靠的财政管理"才能防止外国债权人对国家的信誉失去信心，而这是任何成功的战争赔款政策修订的前提。[26]

作为中央党的财政和税收专家，布吕宁强烈批评了1925年以促进经济景气政策为动机的淡化税收改革措施；他指出，创造就业机会的措施和有利于经济而发放的贷款所产生的预算赤字持续增长。事实上，自1926年以来，由于未获批准的借款授权，国家政府一直在积累越来越多的债务，这严重限制了政府在1929年海牙谈判中的财政操作能力。布吕宁不需要沙赫特的警告，也不需要1929年春天法国收回贷款的痛苦回忆，他本人就坚信，如果没有一个安全的财政政策，未来在赔款问题上向战胜国举手投降就无可避免。这不仅是指布吕宁所担心的，正如吉尔伯特在1929年暂时实行的国际金融控制，而且涉及左右权衡：只有成功地充分利用好私人投资者的利益与赔款债权人的利益的对立冲突，成功的修订才是有可能的。

当布吕宁就任总理时，他确信德国将无法筹措到支付杨格计划的年偿付额的款项。早在1929年秋天，他就与高级教士卡斯一起，设想在1930年6月莱茵兰撤军后进行一次赔款方案修订。因此，由他详细表述的金融改革和强行通过杨格计划的一揽子方案，远不止是他的一项战术性举措。特别一旦杨格计划法案通过，将迫切需要制定一项财务政策，为"将来创造一定的保障"，以防人们将预期中无法支付年偿付额归咎于德国出于故意的不当行为。经济危机不应该像1926年那样，导致使国家在危急情况下完全依赖外国贷款的影子金融经济。

布吕宁认为加速大联盟崩溃的经济危机现象不是一个独立的因素，而是战争赔款问题的扩散。直到1930年深秋，他和工商界的主要代表都倾向于把危机——最初表现为大规模群体失业的迅速增加——主要归咎于内在原因。他同意亚尔马·沙赫特的观点，认为各级公共行政部门都存在渎职造成的财政管理不善，这形同犯罪的行为侵犯了普鲁士的节俭原则。另一方面，他并不认为内部资本的形成是主要任务，而这一点又正好被利益集团用来为减税的要求辩护，并为沙赫特的信贷政策辩护。对布吕宁来说，抗击危机的斗争也从一开始就排在了修订杨格计划的后面。他毫不迟疑地推出的通货紧缩政策也是出于赔款问题的首要地位，而不是因为还在持续影响德国社会经济的恶性通货膨胀带来的创伤。对此，布吕宁甚至认为，这也是赔款问题造成的影响。同时代的主流经济理论认为平衡预算是克服危机的唯一途径，而布吕宁也未按照当时的理论来行动。1926年以来的财政政策经验使他成为发掘国家信贷和生产性失业福利政策的反对者。国家政府为克服1926年危机而推出的反周期经济景气政策也被他出于战争赔偿政策的考虑拒绝了。

布吕宁以看似教条的僵硬态度坚持的观点有着鲜明的民族主义基本态度，有着毫不掩饰的君主主义倾向并且与普鲁士旧式美德观和偏见支持的保守主义国家观念相一致。正如他认为1918年至1919年的革命是一场可以避免的灾难一样，他认为魏玛宪法是一种由外部强加给德国的政治形式，这与德国传统国家理论格格不入。他与许多共和制度的反对者一样，明显不喜欢政党制度，这在他们眼中不过是自诩高尚；他认为完善而运作良好的行政机构比议会制更重要。虽然他的政治生涯是以亚当·施泰格瓦尔特的工作人员和德国工会联合会秘书长的身份开始的，但作为一名金融专家，他也从未与工人阶级有过什么密切接触。

这位内敛的、苦行僧式的知识分子，以其不寻常的简约工作作风和对事物和人事的强大洞察力成为议会党团中不可或缺的一员。然而在外界看来，他却显得相当不起眼，既没有那种悲情的表演，也缺乏侃侃而谈的能力以及取信于大众的政治家魅力。在面对第三方的时候，他常常会施加刺激性的，有时甚至是伤害性的影响。他避免任何情绪的外露，甚至在他最亲密的伙伴面前也能对他的实际政治意图保持缄默。在他担任总理期间，他越来越会在非正式的咨询会中做出政治决策，并常常在事后才通知内阁和国会委员会，甚至故意绕过相关负责的内阁同事。"布吕宁真正想要的是什么，没人知道"——外交部国务秘书伯恩哈德·冯·比洛的这句感叹道出了这位总理施政的风格。[27]

布吕宁清醒冷静，许多人认为他情感冷淡，但在这种外表的背后，他是一个高度敏感的人。他自认为也属于经历过战争年代的一代，对这段经历他有一种非常强烈的浪漫化的看法，因此，他对普鲁士的军事传统有一种不加批判的高度评价，这也决定了他与兴登堡的关系。作为饱学的国民经济学家，他所理解的政治基本上就是个人的行为。他或许永远不会明白，他通过充满着阴谋诡计的人际关系坐到了总理的宝座上，而当他倒台时，其实并不能算居心叵测的政治对手的蓄意报复，而只是由他助力打造的政治格局的反噬。另一方面，他的天性中又有着一以贯之的乐观主义精神，这使这位不爱社交的单身汉相信，即使在需要更灵活变通的政治形势下，无条件的"坚守"也会取得成功。毋庸置疑，政治家布吕宁战术方面的天赋出类拔萃。这使他以谨慎和严肃的态度去审视要达到的基本目标和现有的可能替代方案。因此，对于同时代的人和那些生活在他之后的人来说，这些目标似乎已经成了单纯的战术。顽强地、有时甚至教条式地坚持曾经设定的选项是他成功的秘诀。反过来，对已经发生了根本性变化的政治格局缺乏适应性，也是他政治上失败的重要原因。

1930年3月底，布吕宁仍然相信，他可以立即实现他早先提出的"绝对明确和安全的财政政策"的目标。他以惊人的速度提出的内阁与上届政府不同之处——除了社会民主党人的离开——基本上只在于马丁·席勒担任农业部长，戈特弗里德·特雷维拉努斯担任占领区部长，经济党的维克多·布雷特担任司法部长。[28]席勒仍然是处在反对党的德国国家人民党成员，却放弃了自己的议席。尽管巴伐利亚人民党和经济党间接参与其中，但这个在形式上无法组成执政联盟的内阁在国会中缺乏多数。在他的政府声明中，布吕宁强调了国家总统对政府的支持，成立政府是"最后的尝试"，使得国家的重要任务在现有的国会中得到解决。尽管有这种不加掩饰的威胁，布吕宁最初还是想避免解散国会。他同样对使用授权法案批准的经费犹豫再三，因为他打算把这些留给计划要进行的行政和财政方面的全面改革。布吕宁因此面临着与赫尔曼·米勒类似的议会格局，只是社会民主党现在是反对派，并立即以不信任动议对政府声明做出回应。

布吕宁决定将莫尔登豪尔的融资法案（该方案在米勒内阁时因议会党团之间的争议而失败）与关于东部援助计划的法案同时引入，以便通过这种方式来赢得德国国家人民党的投票支持。这项实验获得了成功：胡根贝格没有支持不信任否决。在国家土地联盟对胡根贝格施加了巨大的压力之后，融资法案被大多数德国国家人民党代表所通过。然而，很快就可以看出，布吕宁的地位只是暂时得到了巩固。在此期间，经济危机全面爆发，导致收入远远低于预算估值。为了实现预期的预算平衡，布吕宁不得不在1931年的预算审议中提交了一份补充预算。此时，他遇到了曾使赫尔曼·米勒失败的那些团体的抵抗。

为了弥补由此产生的预算赤字，莫尔登豪尔不仅采取了增税措施，还采取了新版"紧急牺牲"措施，即对固定工资的人提供2.5%的国家补贴。此前，作为国家劳工部长的施特格瓦尔特曾明确表示，他绝不准备单方面削减失业保险。布吕宁原则上赞成削减公务员工资，但希望将其推迟到秋季再实施，现在他面临着来自人民党的消极抵抗，该党在6月底经过正式下达最后通牒之后，将莫尔登豪尔撤出了内阁。另一方面，德国人民党反对的国家援助得到了特雷维拉努斯的支持，他接受了布吕宁对1927年工资修正案的谴责。经济党用引入对百货公司和消费协会征收特别销售税为条件来进行是否批准融资法案的谈判。然而，布吕宁劝说胡根贝格让步的努力失败了，因为后者要求改组普鲁士政府，而普鲁士中央党议会党团和国家总理都不认为这是明智之举，也因为德国国家人民党领导人要求无条件地加入内阁。与此同时，胡根贝格的地位也得到进一步巩固。尽管支持布吕宁的魏斯塔普集团提出了抗议，但德国国家人民党领导层却一致表示对胡根贝格和新的议会党团领袖恩斯特·奥伯福伦的信任，并承诺该党派将在议会中采取严格的反对党立场。

布吕宁认为，通过对巴伐利亚人民党和右翼的利益党派做出让步，就可以克服它们的阻力。然而，他并没有放弃对固定薪资者的国家补贴。莫尔登豪尔的继任者赫尔曼·迪特里希通过从表面上更显著地纳入高收入者，并对监事会的奖金征税，使得社会对此更能接受。这样一来，总理不仅满足了自己政党的要求，即反对对低收入者和失业者征税，而且也迎合社会民主党提出的对所有收入超过8000马克的人征收10%的"紧急牺牲"税的法案做出了回应。为了赢得人民党的支持，布吕宁在法案第二次审读后将他们额外要求的公民税加到法案中来。

总理希望避免与社会民主党决裂，因为他需要社会民主党批准一项开支保障法，该法案将限制国会的立法权限，因此需要有三分之二多数通过。事实证明，社会民主党愿意妥协，尽管它控制的媒体对布吕宁愤慨地、不受控制地表达了立场。它允许按照老办法作为一揽子建议拿出来的预算法案的第一部分获得通过，但在内部谈判中明确表示，它绝对不能接受公民税，这是商业协会最宠爱的孩子，也是共产主义论战的首攻对象。就总量而言，这种可变的税收本来是无足轻重的，但布吕宁考虑到兴登堡表达过要消灭社会民主党的意图，因此，他不能也不会回头。于是，他突然中断了由布赖特沙伊德忠实地领导的谈判，也没有得到希望中的人民党对预算法案的支持。

布吕宁在决定性的投票中由于德国人民党的顽固和加入了社会民主党、德国共产党和纳粹党反对派阵营的胡根伯格的毫不妥协而以失败告终。社会民主党采取这样的立场几乎没有什么可以指摘的；

因为承担总体政治责任和参与社会反动政治之间的分界线，没有比在公民税这一项目上的失败表达得更清楚了。只是后来，其极度反社会的特征被分级稍稍化解了。布吕宁已经在使用一套行之有效的策略构成的战术体系，因而无法再声称自己可以不受特定利益的影响而引导一条清晰的路线。不是因为半个百分点的失业保险费，而是因为放弃了对税收收入毫无意义的市政征收的分级，议会制正式失效。[29]

由于缺乏政治上的替代方案，布吕宁走上了先前宣布的总统紧急法令的道路，并在以明显多数废除该法令后，于1930年7月18日解散了国会。代表社会民主党的奥托·兰茨贝格为拒绝紧急法令辩解说，通过一个先前已经被国会拒绝的法案将与宪法第48条规定的在议会不能采取行动的情况下保证安全和秩序的功能相冲突。实际情况的发展却超越了兰茨贝格的看法。尽管他的意见符合事实，合乎道德，却也没有得到社会民主党领导层的认同。曾经被否决的紧急法令，只是稍作修改，就经由总统而得以生效，这还得到了司法部门以及宪法学界的一致认可。大多数政党也都认同了这样的局面。

即使在布吕宁迈出了进入总统制决定性的一步之后，他仍然相信可以说服新当选的国会做出让步。他没有意识到，他已经使自己成为那些打算利用经济衰退来减少社会福利和广泛削减工人工资的利益集团的执行人。与国家总统之间的密切关系阻碍了他与社会民主党之间残存的达成妥协的可能，社会民主党为了维护其在普鲁士的堡垒并鉴于纳粹党而拒绝了灾难性的政策。相反，布吕宁依靠特雷维拉努斯-魏斯塔普集团的支持，该集团在关于废除紧急法令的投票前与胡根贝格公开决裂，并于1930年7月23日——虽然对即将到来的选战来说已经太晚了——组成了保守人民党。然而，保守派团结在兴登堡身后的口号并没有阻止许多德国民族主义议员宁愿加入农村人民党和1929年底成立的基督教社会服务。尽管与保守派分裂集团有名单上的联系，温和右派也没有赢得超过40个席位，而德国国家人民党尽管党内出现了崩溃，还是获得了41名议员。

布吕宁内阁唯一可见的成功是1930年6月30日完成的法国军队撤离莱茵兰的行动。国家政府在埃伦布莱特施泰因要塞上举行了全国性的仪式来庆祝这个渴望已久的政治目标。国家防卫军的传统旗帜取代了黑-红-金的颜色。仿佛威廉二世的时代又回来了。活动结束时并非没有出现政治上的不和谐之声。尽管普鲁士政府提出要求，并最终发表了自己的声明，但国家总统和国家政府的发言中都避免提及古斯塔夫·施特雷泽曼的名字。此外，普鲁士内政部长阿尔贝特·格热辛斯基在6个月前对西部钢盔团的禁令有可能使国家总统参加正式解放仪式的计划安排泡汤。尽管此事的法律状况很清楚——1929年钢盔团在兰根堡组织了一次正式的军事演习，因而违反了非武装条例——尽管钢盔团在反对杨格计划的全民公决中发挥了作用，兴登堡也没有辞去其荣誉会员身份，还坚持要求普鲁士政府撤销该禁令。国家总统和他的总理以及右翼媒体故意隐瞒了这样一个事实：德国重新获得完全的主权是杨格计划的结果，而钢盔团却一直反对该计划。

莱茵兰的解放并没有给布吕宁内阁带来任何政治上的减压。相反，把从社会民主党到德国国家人民党等各党派维系在一起的外交政策支架彻底断裂。右翼政党的民族主义宣传，在纳粹党的施压下，完全不再对自己进行任何约束。几周后，14万名钢盔团成员聚集在德意志角，在"不公正永远不会过诉讼时效"的口号下要求归还阿尔萨斯-洛林和欧本-马尔梅迪。在西普鲁士和东普鲁士公投十周年的集会上，特雷维拉努斯请求在东部采取积极的修正政策，并谈到了"今天仍然失去的，有朝一日重新收回的德国土地"。"东德的造血功能"是"欧洲的关注重点和危险所在"。[30]一位内阁成员这样的公开表态是不合时宜的，不利于加强战胜国债权人对国家政治稳定的信心。外国贷款的撤回，以及德国投资者的资本外逃，从反杨格计划的全民公决开始，甚至在9月选举的决定性结果之前就加剧了国家的财政危机。

当布吕宁主张厉行节约，同时全面降低工资和价格时，世界经济危机的影响充分显现了出来。社会紧张局势不断加剧，人们，特别是总统内阁主要依靠的中产阶级，对此产生了强烈的不满。到1930年春天，工业生产与前一年相比下降了三分之一。与此同时，爆发了大规模失业，失业人口到1930年初已经超过了300万大关。它对大都市工业劳动者的打击最严重。失业的或依赖短工的工会会员人数在一年内从17%增加到45%，在纺织业，1930年秋季甚至超过了50%。非熟练工人和半熟练工人受失业影响的程度就更大了。由于失业保险的福利减少，越来越多的失业者依赖于危机援助，然后是社区提供的福利手段。

在前一时期的合理化改革已经导致大量裁员，特别是对较为年长的工人的裁员之后，失业问题也第一次大规模地波及了白领当中。同样，许多以前的自营贸易者和手工工匠也被迫停业。破产的数量令人担忧地上升。在通货膨胀和价值重估中蒙受大量损失的"老"中产阶级，不得不接受其经济状况持续恶化的局面。零售商们刚刚暂时从通货膨胀和价值重估年份的损失中恢复过来，现在又马上面临着来自百货公司和连锁折扣企业更为剧烈的竞争。高利率和长期缺乏资金甚至威胁到很多状况良好的中型手工业和工厂企业的生存。许多以前的自营职业者在集中化趋势中成为为他人打工的雇员，而现在不得不再次为自己的生计担忧。

白领工人们也明显感到工资有了重大调整；特别是女员工为了不失去岗位，被迫接受远低于议定工资标准的收入。社会上广泛流传的"打击双职工"的口号尤其给职业妇女带来了影响。除了老年工人，特别是妇女离开工作岗位，青年失业率也在急速上升，随着大战前婴儿潮的一代进入劳动力市场后，这种情况更加显著。许多年轻人再也找不到学徒岗位，只能靠打零工来勉强维持生计。他们无权享受失业或危机保险。养老金和社会福利领取者以及战争受害者和战争幸存者也都不得不忍受大幅减少的收入。

公务员的工资、养老金和福利的减少，以及养老金的削减，打击了已经受到1924年裁员和价值重估影响的同一个社会阶层。伴随着国家援助而发生的对"既得利益"的侵犯，促使公务员协会采取行动，以貌似合理的论据对通过紧急法令来削减养老金和薪酬的做法的合法性提出异议。然而对社会地位的再三权衡，"旧的"和"新的"中产阶级都无法和有组织的劳工们团结起来。在这些圈子中的人看来，社会民主主义似乎是危机的真正制造者。右翼政党的反马克思主义宣传鼓动在日益受到社会怨念影响的中产阶级群体中有着非常肥沃的土壤。

在中产阶级当中，从事中小型农业生产的人口遭受的经济困境最为明显，他们没有或仅仅非常有限地从农业贴补中获益，因为补贴主要面向规模化生产的农场主。过高的黑麦销售价格——国内是世界市场价格的两倍——削弱了德国北部和西部专门从事奶制品和肉制品生产的中型农场的生存能力，这些农场依赖进口廉价的动物饲料。由于外贸关税导致生产成本上升，同时消费价格下降，再加上他们被迫接受高利率的短期贷款来维持生产，因而这些生产者越来越被推到生存水平线以下。农产品价格的持续下降，让有生存能力的农场也不再有能力进行必要的投资。本来已经有相当多的农场倒闭或被强制拍卖，在1928年至1930年期间，这个数量又翻了一番。

在那些专门从事畜牧业的中等和小型庄园主导的农业区中，政治制度的瓦解苗头最为明显。从1928年起，农民的尖锐情绪反映到了公开抗议中，这让那些习惯于秩序的资产阶级有产者感到恐慌。[31]"农民王"卡尔·海姆领导的农民运动的中心是石勒苏益格-荷尔斯泰因，那里受到农业危机的影响最为严重。对征税、扣押和强制拍卖的自发抵抗发展成为整个德国北部的大规模抗议运动。通过拒绝纳税、买家罢工和抵制行动，以及最后的恐怖行动和炸弹袭击，人们与警察部队和地方当局进行了斗争，以防止传统的农民财产结构被破坏。古老的农民抵抗传统与民族主义和种族主义意识形态的口号以及带有反犹主义色彩的反资本主义结合了起来。致力于从"血与土地"中实现民族主义复兴的阿塔曼联盟，扮演了思想提供者的角色。各种类型的民族革命家，包括萨洛蒙兄弟、弗里德里希·威廉·海因茨、弗里德里希·海尔舍和奥托·施特拉塞尔，都成为这种以无政府主义为形式的运动的意识形态专家，这一运动与共产主义行动有所呼应。

农村农民运动代表了在大部分中产阶级中蔓延的政治取向危机的一个特别突出的表现。它的根源在于其社会地位受到威胁或实际上已经完全丧失，这种危机明显加剧，并导致以往的政治关系解体。特别是在石勒苏益格-荷尔斯泰因土地不太肥沃的农业地区，从1920年起，选民们倒向极右派别的趋势变得很明显，这导致从温和的左派开始，跨越魏玛的党派光谱最终支持极端的抗议政党，主要是纳粹党。农村民众的激进化倾向危及了国家土地联盟和德国国家人民党迄今为止无可争议的领导地位，这在基督教民族农民和农村人民党的出现中也很明显。国家土地联盟和1929年2月成立的绿色阵线认定东部援助计划仅仅使易北河东部的大农场主获益，以及人们对作为重工业代表身份出现的胡根贝格的不信任，汇聚成了激进的农业反对派。他们以直接行动和动员农民群众来取代对议会和政党施加影响。尽管国家土地联盟为控制其支持者的日益激进化做出了种种努力，但也仍然无法阻止包括波莫瑞土地联盟在内的诸个土地协会卷入这场运动。作为德国国家人民党票仓的农民选民阶层在此时开始了瓦解，各农会开始潜在地逐步倒向了民族社会主义。

除中央党外，资产阶级中间派别和右翼政党不得不接受权威不断丧失，这还引发了资产阶级集合叠加的目标追求。从1930年起，中产阶级和农业利益协会中也体现出了权威丧失的情况。他们往往被指责为没有充分维护其目标公众的诉求。资本主义制度的明显失败滋养了政治上盲目的反资本主义，其中还充斥着民族主义和反犹太主义的怨念，这给右派宣传鼓吹的"全民族人民共同体"的口号增加了无以伦比的吸引力。越来越清晰地显现出来的是政治系统的内部解体。

通过逐渐把议会排挤到一边，布吕宁推动了资产阶级诸政党的初步崩溃。这也激起了共和派力量对现有宪法制度日益疏远。左翼自由主义宪法学家和社会民主理论家都开始考虑限制议会的主权和加强国家总统的权威。对议会中充满"政党争斗"的批评，以及对国会成为利益交换所的批评，在社会民主党工人阶级中也找到了积极的共鸣。在任何地方，人们都普遍认为即将发生全面的思想变革和社会动荡。那些认为自己属于"保守主义革命"的知识分子的机会来了。在社会重新回归稳定的阶段，他们并没有多少市场，然而现在，他们又慢慢从幕后转战到了新闻讨论的中心。

在普遍认为危机到来的影响下，战前笼罩在德国教育阶层的文化悲观主义倾向重新抬头。[32]人们对现代工业社会充满深深的怨念，指责它促成了人"自然的"和虔诚的归属感的解体，并将政治置于为无节制的、原始的"大众激情"的服务之中，现在公开表达这种不满与怨念已经成为一种人们追求的良好风气。他们联合起来，带着资产阶级偏见反对所谓的大城市的"文化布尔什维克主义"，反对电影院、广告、爵士乐和演艺女郎，反对一般的现代性。柏林作为一个文化大都市崛起了，一方面确立了某种自我意识，另一方面则又被谴责为文化和道德的衰退。市民阶层普遍弥散的对自身社会地位的不安全感，表现为对"沥青媒体"、现代大众文化、正在确立的消费社会以及不受约束的"物质主义"的统治地位进行着无节制的批判。

与这种态度相关的是存在着一种潜在的反犹主义思潮，而且它还越来越公开地表现出来。[33]另一方面，有组织的反犹主义并不算普遍；在禁止了德意志民族防御和保卫联盟之后，它首先在纳粹党当中抬头，虽然反犹主义动机并不是其同情者入党的决定性因素。反犹主义的过度行为，如1923年11月在柏林朔伊能区发生的袭击事件，仍然是零星的。另一方面，一种基本的反犹主义情绪在德国公众中蔓延开来，特别是针对那些未同化的犹太人群体。[34]其结果是，反犹主义的个案几乎没有受到刑事追诉，特别是由于反犹主义的思潮在司法系统很常见，偶尔甚至是出于对犹太籍律师的嫉妒心理。右翼媒体并不回避利用如巴马特和斯克拉雷克家族的贿赂事件来散布针对社会民主党的反犹主义情绪，同样在关于对没收贵族财产事件中也有类似情形。即使在德国国家人民党的宣传中，种族主义言论也从没有缺席，比如对鲁尔区黑人占领军系统性的造谣诽谤。

犹太信仰公民中央协会主要通过新闻论战的方式来抵御德国社会的反犹主义倾向，然而并没有取得特别成功。在德国高校圈子的影响下，大学里的反犹主义思潮达到了可怕的程度。[35]在这种背景下，文化管理部门和一些大学教师为防止学生的反犹主义行为所做的努力几乎没有作用。普鲁士学生团体与文化部长卡尔·海因里希·贝克尔之间的宪法纠纷就体现了这一点，后者于1927年指责德奥总协会组织的章程中排除犹太学生的做法。对贝克尔表示声援的具有共和主义思想的学生团体，与学生团体中民族主义的主流相比，是正在消失的少数。学生群体的极端主义的原因只是部分地由于经济困难和缺乏学术上的职业晋升机会。这首先是受过教育的资产阶级逐步解体和整个资产阶级对自身地位产生不安全感的表现。它解释了为什么民族社会主义德国学生协会在校内的公共领域能够有定舆论基调的影响力。它提出的针对犹太学生的"专业录取人数限制"建议，利用了人们对大学人满为患的抱怨，实际上是为了彻底排除犹太学生，但这在学生团体中得到了大多数人的赞同。

反犹主义情绪的蔓延是政治和知识界公众中反自由主义态度日益增长的一个可靠指标。在对自由主义的各种各样的批判中，新保守主义能够在组织上以系列运动和有影响力的出版社为基础，在政治领域获得广泛的共鸣并产生影响。[36]出发点是英雄化战争经历，并高举民族主义的旗帜，这看起来是将阶级对立和资产阶级的世俗性融合后化为斗士，愿意为社会做出牺牲而能够回归到有意义的生活。恩斯特·云格尔在1920年出版的一部战争小说《作为内心体验的斗争》指出了那个时代的政治非理性主义所特有的倾向，即用仅仅是形式上的类别来代替内容，将战斗态度本身视为自我目的，而不是用所追求的目标来衡量态度本身。传统价值观的形式化直至完全掏空它们是这种与现实有距离的，带有自愿主义烙印的思维方式的特点。被称为"士兵民族主义"的这股潮流给自己增加了革命的音符，然而它却只是弗里德里希·尼采的生命哲学和悲剧性虚无主义的变种，因此是对世纪末文化危机的反应。[37]就像埃里希·马里亚·雷马克广受赞誉的《西线无战事》一书当中，以及其他一些作家在类似的战争小说中所做的那样，它的效果也不仅限于有意识地对第一次世界大战中发生的事情进行了冷静的消化。当同名电影在柏林放映时，纳粹党一手导演了一桩丑闻，并且官方受到操纵也禁止电影公映，这一切都表明，恩斯特·云格尔、恩斯特·冯·萨洛蒙、弗朗茨·肖韦克、维尔纳·博梅尔伯格和埃德温·埃里希·德温格等一众作家的著作中对战争的颂扬多么强烈地诱导了公众舆论。同样，又由于德国新一代人认同了其先辈们前线战士的神话，才使这一切变得可能。

《西线无战事》：这部1930年具有里程碑意义的电影讲述了被战争摧毁的一代人的故事，改编自埃里希·马里亚·雷马克出版于1929年的世界级畅销书（柏林，德国电影资料库基金会）

德国舞台上的美国时尚舞蹈。奥托·迪克斯为他的三联画《大都会》所作的草图，1927/1928年（斯图加特，城市画廊）

新保守主义知识分子以其表现出的积极性而区别于传统的保守主义，这在最近由冯·霍夫曼斯塔尔在1927年创造的概念"保守主义革命"中得到了很好的表达。[38]这些各自相异的思想潮流的共同点是用民族社会主义取代过时的自由资本主义，实现"1914思想"关于民族的内在统一的梦想，在反西方宪政国家的基础上，试图建立一种适合德国政治传统的社会形式。[39]这些观点最重要的奠基人是奥斯瓦尔德·斯宾格勒，他的《普鲁士主义和社会主义》得到广泛阅读，影响深远。书中，他把战时的经济制度与浪漫风格化了的腓特烈大帝统治观结合了起来。正如前线战士神话和隐含的战士共同体思想所表明的那样，这是一种思想上的"社会主义"，而不是一种经济理论。其根本目的也不在于要通过修订根本性的经济宪法来废除资本和劳工之间的对立，并寻求更多社会正义。

相反，新保守主义作者的特点是用犬儒主义蔑视"大众"并有着极为明显的精英主义意识，他们最激烈地反对人人平等的基本假设。对于社会结构的原则，各种思潮的代表人物以不同的方式加以描述，虽然其方式方法各异，但职业地位的思想通常都来源于此，维也纳的奥特玛·施潘将其整合为一个备受关注的国家结构模型。总的来说，人们不在机制层面上，而是从人与人的关系和魅力统治层面上思考问题。广泛的政见光谱上的一大批新保守主义作家都在积极宣传和普及国家需要领袖的想法和民族独裁具有的必要性；人们渴望诞生的领袖因此在人们心中成了超历史的弥赛亚式"救世主"。

与马克思主义的唯物主义理论相提并论的是德国"社会主义"的口号，它与"1914思想"相联系，具有明显的反西方性质。它与可以追溯到1918年夏莫勒·范登布鲁克受最高陆军指挥部委托写的一本宣传小册子中的思想相结合，即资本主义的西方腐败而堕落，与之相反的是身处东方的"年轻民族"生活在未经消耗的世界之中。通过宣扬所谓的"民族革命"、未来的"第三帝国"以及德国"新种族"将获得其应得的世界统治份额，他为民族社会主义运动提供了可以大加利用的关键词。尽管他在魏玛非理性主义的形成中发挥了决定性的作用，奥斯瓦尔德·斯宾格勒相对更具悲观主义色彩的远见却没有受到重视。而受这种观点启发的"新民族主义"的代表却大行其道。这些想法的分散性使人很难将它们明确地归入政党的政治光谱中，当然这也是刻意为之。恩斯特·尼基施等民族革命家们的民族主义愿景表现出了明显的对苏联的同情，这与卡尔·拉狄克为确保"来自右派的左倾人士"的支持而在战术上采取的举措异曲同工。这些思想的主流是反布尔什维主义和反社会民主主义的，尽管也有交叉，而反对自由主义和启蒙运动的阵线是所有立场的共同点，且通常与理想化苏联的倾向相一致，认为苏联仍然保留了其本来的文化和未中断的宗教信仰。所有这些态度的共同点是拒绝导致社会统一体崩溃瓦解的西方工业文化。

特别是新保守主义知识分子对简单农民生活不加批判的颂扬结合了与对大都市生活方式和所谓的"文化布尔什维主义"充满怨恨的攻讦。文化布尔什维主义这个词经常隐含着反犹主义的潜台词。这种态度在20世纪20年代新发现的与自然生活的关系以及对自然界的重新评价中都有一个对应物，虽然自然是大战前受教育的市民阶层的发明，但现在却成为吸引广大群众的体验，就连无产阶级青年在红隼营地的体验也是如此。这种态度也可以与这个时代的生态冲动保持一致，它体现在住房运动、鼓吹花园城市、要求更低密度的建筑以及住宅群中要充满阳光和空气，而不再是19世纪的廉租公寓。与包豪斯和新客观主义概念相关的住宅区建筑也为工业社会的社会问题提供了一个建设性的回答。[40]

在20世纪20年代的建筑和文学中突然出现的对技术进步的肯定态度与新社会的愿景相结合，有着自相矛盾的特点。[41]一方面，它意味着向西方开放，接受消费社会，并对正在形成的大众文化做出积

1927年在斯图加特-魏森霍夫举办的德意志工艺联盟展览《住房》。根据路德维希·密斯·凡德罗的开发规划拍摄的整个建筑群的鸟瞰图

1930年，位于柏林新克尔恩的布里茨大型住宅区。根据布鲁诺·陶特和马丁·瓦格纳的开发规划，鸟瞰环形公寓楼和毗邻的行列式住宅

未来城市的街景与新巴比伦塔。1927年弗里茨·朗执导的电影《大都会》
剧照

极反应。另一方面，其中隐藏了针对自由主义传统的社会惩戒策略。
在20世纪20年代末，向外界刺激开放的社会趋势变成了一种民族内
敛，它将社会的根本改革与借用民族主义思想的社群观念结合起来，
并将其滥用为打击所谓"大规模化"和社会原子化的手段。魏玛社会
对技术的非凡热情，反映在对福特主义和泰勒主义的不加批判的推崇
上，对美国工业繁荣惊人的兴致，以及采用美国生产技术和市场战略
的意愿，这与前工业态度的广泛复兴形成鲜明对比。即使是精通国民
经济的政治家，如赫尔曼·迪特里希、亚当·施泰格瓦尔特和海因里

希·布吕宁也抱有这样的幻想：他们可以通过加强小规模的农业安置点让失业的群众离开街道，他们相信德国的工业能力的发展已经远远超出了其国民经济的需要。

"民族觉醒"的愿景与面向全国的经济和社会条件之间的对立不仅反映在"黄金"20年代迷人的文化生活中，其特点是少数文化中心的极端现代性和外省的相对落后之间的紧张关系。尽管是以一种破碎的形式，它也延伸到了政治系统本身。已有的政治精英，无论他们属于政党光谱中的右派还是左派，都按照他们在德意志帝国时代的经验或积极或消极地进行调校；他们回顾过去，以便提到战前的情况或衡量自己。对于在战后早期接受过政治社会化教育的年轻一代来说，这种态度似乎是毫无血色、没有前途的。在不同的政治变体中，他们把这种态度与战争的失败是所希望的国家内部根本性更新的起点这一观点进行对比。尽管党争的暂时停息已被揭露为一场闹剧，但右派知识分子坚持能够通过援引战争的经历和排除内战来彰显国家的意志统一性。

阶级冲突为议会制不能很好的运行提供了背景条件，而这种冲突又被政治心态的对立所掩盖，这与明显的代际紧张关系有关。战时和战后的一代德国人中有很广泛的群体带有反资产阶级情绪，这种情绪表现为对以利益为导向的政治呈现出情感色彩上的转向。恩斯特·冯·萨洛蒙用一个颇具自传体小说风格的公式总结了这一代反叛的年轻人的态度："我们认识的政治不过是由命运决定的东西。在我们之外的世界里，政治才受到利益的制约。"[42] 对政治非理性主义的认可与自白，在恩斯特·云格尔关于本能优于智慧的说法中一而再，再而三地表现了出来。极端的主观主义在两位作者身上表现得尤为突出；尽管如此，他们还是代表了他们这个年龄段的人，而不仅仅代表了整个新保守主义思潮，因为他们主张对政治进行感性伦理的理解，并将当时的非英雄式的政治日常生态斥为一种"政治上的骡马交易"。

从早期开始，魏玛政治制度的一个特点就是没有能充分成功地将年轻人纳入其中，特别是那些受激进青年运动影响的活动团体。毫无疑问，共和国初期危机四伏的粗糙日常生活将新形成的期待国家从崩溃中获得根本社会复兴的青年联盟推到了政治生活的边缘。[43] 虽然前线的经历使他们看到了一个跨越阶级和去等级化社会的愿景，并在暂时存在的农村公社中初现端倪，但准内战式的矛盾冲突、不断激化的分配斗争和一成不变的官僚家长制作风还是主导了整个社会现实。年轻一代中的活跃分子要么倾向于激进的抗议，要么倾向于远离政治。这就解释了共产主义青年团的早期发展，它只是逐渐受到的纪律的约束，以及一般非政治性的候鸟组织传统的延续，然而，这并不排除在战后不久，自由军团和资产阶级青年运动的密切交织。青年联盟中的大多数是在政党之外形成的，他们在新浪漫主义和民族主义思想的影响下从根本上拒绝政党政治，并以无冲突的社会整体性的愿景反对政党。

但即使是决心参与政治的共和派青年协会，也不得不体验到建设性的参与政治在一般情况下根本不可能的尴尬情形。[44] 无论是受马克斯·阿德勒影响的马克思主义的汉诺威派，还是改革派的霍夫盖斯马尔派青年社会主义者们，都没有在社会民主党内找到归宿，而青年社会主义者的特别组织直到解散之日都一直与社会民主党的职能部门之间不断发生龃龉，后者期望青年们能够毫无疑义地服从。社会主义工人青年和工会青年发现，愿意加入他们的年轻人越来越少。

上述情况出现的原因，除了有利于白领工人的职业重新分配外，与其说是帝国旗帜不可否认具有更大的吸引力，不如说是社会民主党和德国工会总联合会无法适应年轻成员们通过战争经验得到不断强化的自信心。年轻一代并不想服务于一个老龄化了的政党机关，也不准备通过长期的"老黄牛式"的服务取得在党内地位的攀升。其结果是领导层出现了相当大的老龄化现象。成员的平均年龄为42.5岁，而

25 岁以下的成员数量与他们在总人口中所占的比例相比，显得极度不足。

德国共产党的领导层往往主要来自社会主义青年运动，作为一个年轻的组织，与社会民主党相比它的年龄结构就有利很多。其激进的反对派政策经常得到年轻人的同情，尽管斯大林主义的党纪对共产主义青年团的吸引力产生了负面影响。同样，在主要的工人政党当中，活跃的年轻党员群体对党内机构的官僚僵化现象的批评也愈演愈烈。两个政党的分裂，无论是社会主义工人党、阶级斗争团体、德国共产党（反对派），还是首先包括"社会主义新叶"的党内反对派右翼，都是出于类似的动机，即要克服有组织的工人运动带来的明显不稳定性，而改为符合时代特征的当代斗争和鼓动的形式。

资产阶级政党甚至比社会民主党更容易面临过时的危险，尽管自 20 年代中期以来，它们一直在为发展接近党的青年协会做出更大努力。关于没收贵族财产的争端清楚地突出了两代人之间的心态差异。甚至在这之前，代际问题就已经在公众辩论中占据了大量的空间。共和国的法律和社会政策以许多模范的方式考虑到年轻一代的需求，并在教育、刑法和社会法方面尊重青少年的自由。然而，人们口中的所谓"年轻一代"，即战时和战后的这批人，他们上升到政治领导地位的机会仍然极其渺茫。属于"社会主义新叶"的特奥多尔·豪巴赫对"德国政治机构和青年之间的障碍链条"进行了严厉批评。他的批评不无道理。[45]

共和国领导层的老龄化趋势为右派的反对者提供了清晰可见的攻击标靶。他们和当时的纳粹党一样，以青年一代的代表自居，将魏玛的议会制与"老一代人的最终破产"等同起来。戈培尔居高临下地使用了"老人共和国"一词，格雷戈尔·施特拉塞尔责备他们的领导集团，"因为这些首脑都是帮老家伙，他们还停留在战争和革命之前，在震惊和新的觉醒之前"。[46]因此，他再次拿起了柏林六月俱乐部的杰出成员之一马克斯·希尔德贝特·伯姆在1919年写的《年轻人的呐喊》中提到的东西："我们在战争中看到了老一代人和他们那个世界的毁灭和年轻一代的觉醒。"[47]新保守主义者对青年崇拜的转型塑造不可能更加令人印象深刻了。

魏玛时代的代际冲突中，人口结构因素是一个重要原因，进入工作生活的年龄人群当时异常庞大，而经济体系的总量却没有显著扩张。因此，利益分配上的冲突往往是以牺牲年轻人为代价的，而他们同时也是受稳定时期结构性失业打击最严重的人群。然而，年轻人和老年人之间的对立心态，与其说是社会经济因素造成的，不如说是对第一次世界大战这一划时代经历的不同感知造成的。许多属于"失去的一代人"的参战者认为他们在政治上无法负责任地施加政治影响力的抱怨其实只是部分正确。然而，魏玛共和国时期议会制危机重重的发展，使1928年以来各地出现的代际交替无法在资产阶级政党和社会民主党内全面生效。代表年轻一代的瓦尔特·兰巴赫未能成功地反对德国国家人民党中君主主义胡根贝格派就是这种情况的具体体现。

20世纪20年代的文学和新闻出版界中青年神话大行其道，它的出发点在于青年一代注定要成为社会和文化根本变革的承担者的虚构叙事。汉斯·策雷尔将这一概念直接转移到共和国的政治危机中，并预测不断成长的这一代人将废除"第三阵线"中的政党纷争和利益政治，并向新的政治形式迈进。[48]一旦教育摆脱了19世纪资产阶级文明中有害物质的困扰，年轻一代不再沉迷于价值相对主义和西方唯物主义，就能重塑精神与力量、自然与艺术、社会与国家之间失去的统一性。

汉斯·策雷尔是这些想法的代表人物，他在原则上欢迎布吕宁担任总理一职。但以年轻一代人的代言人自居的策雷尔认为，现在还不是时候认真弥补他们在1918年错过了的"民族革命"。"注意！年轻人阵线，待在外面！"[49]这是他1929年末的政治口号。各党派还没有走到尽头，年轻一代为了不过早地耗尽自己，现在还不能开始他们把德国的命运掌握在自己手中的伟大任务。这种把自己的失败投射到下一个年龄段的未来行动中去的升级版觉醒神话的误导性有多强，可以从策雷尔据此判断纳粹党虽然没有完全脱离党派运动的糟粕，却构成了德意志自我解放的青年精神的初步阶段的致命误判中看出来。早在1932年，他就谈道，纳粹党和德国共产党只是垂死的自由主义的最终产物，"吸纳和聚集从自由主义精神世界涌出的大众"。[50]未来不在于党的原则，而在于联邦的原则，纳粹党的"联邦核心"有必要找到回到联邦的道路上来。

民族社会主义运动成功地利用了受过教育的资产阶级以青年神话代替政治利益的自欺欺人的方法，也毫不畏惧政治上将其工具化的后果。20世纪30年代初，知识分子当中还很明显地排斥青年崇拜。这是一种深刻的社会不安全感的表观症状，代表了一种将地位受到威胁伪装成代际变化的企图。新保守主义与青年神话的密切联系，给人造成一种假象，即它们作为面向未来的政治和社会选择将会取代濒临灭绝的议会制共和国。在政治光谱的另一边，像库尔特·图霍尔斯基这样的作家也是基于年轻一代的特权对资产阶级-自由主义传统的激进批判，只不过他们赞同启蒙运动和马克思主义，而不是威廉式的悲观主义。

年轻的德国人关于帝国重建宣言面临的困境至少在于完全缺乏一个具体的政治战略和可以付诸实施的概念。这种缺乏与埃德加·荣格或海因里希·冯·格莱兴等人攻击议会制时的自信形成了明显的对立。青年保守派所设想和鼓吹的文化革命和社会经济转向是一种精神意识层面的转型，而不是一场政治组织和动员的行为。这与纳粹党的权力政治实用主义有着决定性的区别，在其他方面他们与纳粹党有相当大的意识形态相似性，甚至就施特拉塞尔兄弟而言，还存在直接的个人联系。新保守主义和天主教阵营中的相关思潮，特别是基督教帝国思想和因宪法决定论而流行起来的国家权威主义思想体系，可以被纳粹党有效地利用来达到自己的目的。尽管他们在政治和社会方面有交叉联系，但如果不考虑冯·施莱歇尔内阁的短暂插曲，青年德意志人由于在很大程度上的政治神秘主义而丧失了直接放加构成性影响的能力。

值得注意的是，反共和的抗议潜力已经积蓄了很久，在新兴的总统制下新近又被重新激活，这股力量在高等学校中找到了最强烈的共鸣。尽管普鲁士文化部长贝克尔特别在教育政策方面做出了努力，但大学学习在很大程度上也还是为出身上层阶级的年轻人保留的，这一事实在其中起到了关键作用。虽然有些大学坚持其自由主义传统，但其中大多数大学显然反对共和制度，而在魏玛协会中组织起来并忠于共和制度的大学教师只占少数。许多具有反犹主义倾向的社会团体造成的社会影响几乎不会受到挑战。大批大学教职员工同情德国国家人民党，认为自己是地位逐步下降的受害者。这也促使他们愿意纵容逃往政治非理性主义的行为，并以貌似专业的论据为这种行为辩护。

尽管取得了国际公认的科学成就，但大学的社会和政治片面性越来越强，导致进步的知识分子从狭窄的学术领域迁移出来，在那里他们无论如何都没有晋升的机会，正如关于金特·德恩、尤利乌斯·贡贝尔、汉斯·纳维亚斯基和特奥多尔·莱辛的冲突所表明的那样。魏玛共和国无比活跃的知识和艺术生活主要发生在国立大学和学院之外；它也没有影响政治决策。

只要社会上的利益诉求能够部分地被政党制度感知和代表，那么从文化和社会危机中汲取力量的反魏玛共和国的知识分子抗议运动就仍然是次要的。从阿瑟·莫勒·范登布鲁克到恩斯特·云格尔和埃德加·荣格的新保守主义思想家们对议会民主的尖锐攻击，除了在司法和文化政策领域，对政治决策的影响是非常有限的。

只有当重量级的利益集团，尤其是来自重工业和大农场主的利益集团有意识地利用新保守主义运动作为敲打政治制度的武器时，这种情况才会改变。从1929年起，他们的思想为一项旨在消灭有组织的劳工运动的政策提供合法性，作为前提条件，议会制的基础也早就已经被掏空了。

1930年7月国会的解散明确推动了保守派右翼势力的重新组合。定于9月14日举行的国会选举的结果在很大程度上取决于是否能够在政治上孤立胡根贝格，并把大多数德国国家人民党的选民吸引到人民保守的阵营中来。1929年以来一直持续不断的德国国家人民党议会党团的退出风波格外引人注目；它现在只涉及35名代表，而不是78名。由于魏斯塔普伯爵的犹豫不决——他在4月份农业派决定投票反对胡根贝格时未能实现突破——接管德国国家人民党党内大部分党务机关的尝试失败了。敏捷的特雷维拉努斯也没能把人民保守党变成支持兴登堡的温和右派的一个有吸引力的集结站。[51] 人民保守党在选举中表现不佳，只获得了4个议席，其原因在于兴登堡在竞选中竟然没有动过一个手指头来支持他们，尽管后者坚决要求扩大总统府的权力。

然而，改革资产阶级右翼政党的尝试被纳粹党作为群众运动的突破所超越。它能够大规模地调动被压抑的抗议潜力，从而壮大自己的声势；特别是因为它站在了德国国家人民党、钢盔团和其他保守派右翼政党的立场上，声称要与现有的宪法制度彻底决裂，与胡根贝格运动不同，它没有表现出与之进行谈判或达成部分妥协的意愿。尽管资产阶级右翼和民族社会主义在意识形态上有深远的相似之处，但对于反共和制度的选民来说，纳粹党代表了反对现有制度更优越的替代方案，因为后者的宣传小心翼翼地避免了在既定的政治方向之中择其一，并在经济宪法问题上明确承诺。纳粹党选战宣传的核心是对由于过度分割的利益而变得杂乱无章的政治生活以及逐步过度增长的社会原子化现象的批判，这一批判甚至可以得到社会左翼力量的认同。取而代之的就是纳粹党虚构出了一个可以广泛调节社会和经济对立的

"人民共同体"的概念。[52]

1930年9月14至15日晚计票时，布吕宁内阁沮丧地得知，它遭遇了一场惨败。诚然，拥有14.8%选票的中央党能够以微弱优势扩大其地位，并将其议席从62个增加到69个。但资产阶级中间派和右翼政党遭受的损失最为严重。尽管与人民民族联盟联手，德国民主党只赢得了20个议席，其中在联盟离开后，德国民主党又失去了6个席位。拥有4.9%支持率的德国人民党的选票数下降了三分之一，德国国家人民党仅获得7%的支持，而各利益党派拥有超过14%的选票，暂时仍然非常强大。获得143个席位的社会民主党明显损失了24.5%的支持率，从中获益的主要是德国共产党，它现在以13.1%的选票和77名议会代表进入国会。相比之下，纳粹党成为最大的赢家，国务秘书汉斯·舍费尔曾经最多只想分给它30至40个议席，但该党以18.3%的支持率豪取107席，成为国会中第二大党团。

从选举结果来看，包括诸利益党派在内的资产阶级中间派力量即使与德国国家人民党结盟也没有多数席位，更不用说由于胡根贝格不妥协的态度，结盟更是万无可能。实现议会中的多数，只能重新回到大联盟，而抛弃大联盟是当初解散议会的主要动机。无论兴登堡还是布吕宁都没有考虑过要让社会民主党参与政府，所以他们去计算数字上的多数政府的可能性是无聊而浪费时间的事情；就算把纳粹党纳入其中，也不可能。发动重新选举的目的是摆脱社会民主党令人厌烦的容忍态度。相反，即使要让总统内阁继续存在，似乎也只有在与社会民主党达成谅解的基础上才是可以想象的。最终将司法部长维克托·布雷特撤出内阁的德国人民党和经济党，无法妥协布吕宁不得不采取的路线。对总统身边的人来说，新国会的组成只不过证明了不可能与议会一起执政，尽管布吕宁不得不担心迄今为止的紧急法令会被废除，但他不得不暂时向社会民主党低头，请求与之达成谅解。

9月选举的滑坡苗头最迟在1929年春天就已经显现了出来。1928年，纳粹党以2.6%的选票沦为一个在议会中无足轻重的小党派，而1929年春天以来，它在一些地方议会中的得票率有了大幅提高。它在全国范围内的地位提升来自各地方，在那里，纳粹党经常参加资产阶级政党执政联盟以反对左派政党。[53] 1930年6月，在国会解散前不久，纳粹党在萨克森邦的得票率上升到14.4%，而在前一年的深秋在巴登一下子达到7%，在吕贝克达到8%。在图林根邦，他们的支持率在1929年12月时增加了两倍，达到了11.3%。希特勒亲自出面干预，强迫任命威廉·弗里克为图林根的内政和文化部长，以便纳粹党加入右翼执政联盟。

在1930年夏天，纳粹党的崛起就像资产阶级中间派的崩溃一样是可以预见的。之前的地方选举表明，尽管资产阶级政党和纳粹党主要是与工人阶级政党竞争，但随着选票从社会民主党慢慢转移到德国共产党，社会民主党和德国共产党两党总体上仍然能保持其地位。选举结果表明了选民的两极化，同时也表明了政治气候质的变化。资产阶级选民对魏玛妥协政策的背离已经在市级和邦级资产阶级联盟中做好了铺垫。众多利益党派和地区性党派的解体有利于纳粹党发展，资产阶级中间派力量的侵蚀宣告了资产阶级德高望众者政治的终结，同时伴随着的还有外省地方对中心都市的抗议。

布吕宁没有充分认识到1930年9月的选举结果的根本意义。他从一开始就决心以专制的方式重塑议会制。他认为国会充其量只是一个干扰因素，并决心将紧急法令法作为一项规则一直执行下去，以便在一个更有利的时机公开寻求修订宪法。他没有意识到的是，从长远来看，他是在真空中运作。对魏玛政体造成破坏的反对党德国国家人民党和纳粹党与资产阶级中间派的残余势力目标一致，他们想消除社会民主党这个唯一具有政治分量的共和派因素。出于对外交政策的考虑，布吕宁决定暂时依靠社会民主党的宽容政策，同时向社会民主党伙伴隐瞒其宪法改革的计划。但是，即使他想在1930年10月13日新选出的国会召开后，继续保持回到议会民主的道路上来，也由于国家总统和国家政府各利益集团态度的影响，不再具有任何可能性。议会制的宪法不过是一个已经变得无力的外壳，用来掩盖共和国逐渐走向专制的事实。

第九章
纳粹党的突破

　　纳粹党1929年以来作为群众运动的突破构成了魏玛共和国后期决定性的国内政治转折点。在市民中产阶级政党选情受挫的情况下，纳粹党已经能够为自己动员超过三分之一的选民。既往核心选民票仓的全面崩溃表明，德国的很多人，特别是中产阶级中很大一部分人不愿意，也无法接受战后德国的社会和政治状况。由于国民经济停滞不前和不断对社会经济产生重大影响的战争负债加剧了分配斗争，人们对帝国主义时代以来的社会结构调整有了比以往更敏感的认识。这就引发了一种形式独特的抗议性选举行为，这首先给纳粹党带来了利好，因为它特别善于巧妙地利用中产阶级的社会怨念来达到自己的目的。

　　1928年，还没有任何观察家认为纳粹党有可能摆脱其政治局外人的角色。尽管它为了在国家政治中取得突破，做出了一切可以想象的努力，然而在1928年5月的国会选举中，它的得票率还是回落到2.6%，甚至还低于1924年12月的水平。纳粹党的官方处罚现在看来是多余的了。原来的党禁已经在1925年被撤消，因此，普鲁士内政部认为没有理由继续维持对希特勒实施的公开演讲禁令。然而，严重的选举失败中藏着纳粹党未来崛起的萌芽。[1]

1928年5月20日国会选举的纳粹党　　慕尼黑土地主与房主协会1929年市
海报　　　　　　　　　　　　　　政选举的海报，由约瑟夫·尼古拉
　　　　　　　　　　　　　　　　斯·盖斯设计（达姆施塔特，黑森
　　　　　　　　　　　　　　　　州立博物馆）

　　纳粹党将其选举活动的重点主要放在争取劳工群众上。然而，事实证明，民族社会主义宣传中这一最重要的目标群体对其基本上是抵制的。在大的中心城市，选举结果表明了该党的重大失败。在大柏林区，它只获得了1.4%的选票，而在德国西部的主要城市中情况也差不多如此。除了科堡和魏玛这样的市民城市外，只有在慕尼黑和奥格斯堡，其得票率在4%至6%之间。然而，这些损失被意外的收益所抵消。在几个农村地区，特别是在迪特马森和石勒苏益格-荷尔斯泰因的其他地区、下萨克森南部以及上黑森、弗兰肯和巴登，纳粹党表现得异常出色。

　　令人惊讶的是，1928年1月从宣传部的职位上调任纳粹党全国组织部的格雷戈尔·施特拉塞尔在初秋的一次党的领导人会议上把看似令人失望的选举结果点评为四年来党的工作的相对成功。从纳粹党领导层的角度来看，自1923年11月9日慕尼黑政变惨遭失败以来，该党的崛起显得相当令人鼓舞。彼时，其运动正处于破产的边缘。[2]巴伐利亚政府也加入了在普鲁士已经实施的对该党的禁令，《人民观察家报》遭到停刊。许多重要人物受到调查，并逃往国外。其他人离开了运动。希特勒被慕尼黑人民法院判处5年监禁。

与此同时，该运动也瓦解为相互对立的派别。希特勒以极不正式的方式任命阿尔弗雷德·罗森贝格代替他，然而这个人缺乏任何实际的政治和组织经验。由于监狱条件异常宽松，希特勒对外有足够的影响力，也与外界保持着通畅的联系，却故意没有下达清晰的指令。尽管有赫尔曼·埃塞尔和尤利乌斯·施特赖歇尔的加盟相助，罗森贝格成立的后续组织"大德意志人民联盟"却无法在竞争中与作为德国民族自由党在巴伐利亚的独立区域组织的国民同盟和弗兰肯的德国工人党相抗衡。除了巴伐利亚的领导层之争外，德国北部现有的纳粹党诸协会也在努力争取独立，它们认同希特勒，却并不认同巴伐利亚的党派集团。

德国民族自由党于1922年从德国国家人民党中分离出来，由国会议员阿尔布雷希特·冯·格雷费和恩斯特·雷文特洛伯爵领导，该党没有受到普鲁士的镇压，试图抓住时机，取得民族主义和民族社会主义运动的领导权。为此，它利用了鲁登道夫将军，慕尼黑人民法院的审判让他逍遥法外。希特勒于11月9日可耻地逃跑后，鲁登道夫觉得自己是民族自由运动的天选领袖。恩斯特·罗姆将以体育协会形式继续非法存在的纳粹党冲锋队和德国战斗联盟的残余组织改组为拥有大量成员的前线联盟，他们继续承认鲁登道夫的权威，但又努力避免与希特勒决裂。由于希特勒在人民法院中出庭，导致他的声望日隆，已经远远超过其直接支持者的圈子。早在1925年3月，罗姆就向前线联盟的分管领导保证，希特勒是"民族社会主义运动的领导者和承担者"，鲁登道夫是其支持者。[3]

格雷戈尔·施特拉塞尔自1919年以来就一直活跃在巴伐利亚自由

工人参加体育运动的广告。克雷特克拍摄的蒙太奇照片，刊于1929年莱比锡出版的关于1929年纽伦堡工人体操与体育节的小册子中（德国和外国工人文学研究所）

军团运动中，并于1921年与鲁登道夫和希特勒有了联系。慕尼黑政变后，他在国民同盟的名单上被选入巴伐利亚邦议会，并在民族主义运动中担任重要职务，在12月的选举中成为国会议员。他真诚地相信能够得到希特勒的认可，于是同意组成包括鲁登道夫、冯·格雷费和他本人在内的领导层，他本人则作为希特勒的替补。1923年8月在魏玛举行的旨在统一的党的代表大会上，民族主义派和民族社会主义派联合起来，以"民族社会主义自由运动"的名称成为国会中的一个统一议会党团。

　　另一方面，希特勒与成立了自己的总部的北德意志纳粹党达成协议，刻意隐瞒了参选。鉴于施特拉塞尔的成功举措为纳粹党带来了高得离谱的议席名额——民族主义集团在巴伐利亚邦赢得了25个议席——面对北德总部提出的接管领导权的要求做出了拖延的回应之后，希特勒故做姿态地在监禁期间辞去了党主席的职务。希特勒的反应在他的许多支持者看来是不可理解的。因为他作为党的领导人没有做任何事情来化解党组织内部的方向之争；相反，他只是不断地向人们透露着这样的信息，即任何事情都不要扯到他身上来。然而，希特勒的目标是比较明确的。他想把运动的再生推迟到他本人再次具有行动能力之时。这样一来，就不会再次面临与诸爱国协会和民族主义集团进行政治妥协的局面了。他特别关注消除鲁登道夫的竞争力。鲁登道夫由于妻子玛蒂尔德建立的教派圈子而加强了他本人的反天主教态度。希特勒有意识地利用了这一点，好让巴伐利亚政界都反对鲁登道夫。此外，希特勒还助长了其早期支持者中绝大多数人对于德国资产阶级乡绅格局的不信任。这种格局似乎与首先在北德纳粹党中流行的社会革命基调不相融合。

在这些条件下，从一开始就只是个不得已的解决方案的民族主义–民族社会主义联盟土崩瓦解，甚至还在1924年12月国会选举之前，尽管鲁登道夫一直拖到1925年2月初才正式宣布这个三驾马车局面的终结。众多民族社会主义团体拒绝参加选举，并呼吁选民弃权。由于民族社会主义自由运动在选举中只获得了14个席位，其中4个议席来自狭义上的纳粹党，鲁登道夫提出的全国领导权的要求便失去了可信度。德国民族自由党在内部重燃对鲁登道夫的崇拜，并且由于纳粹党被禁止而捍卫了它在民族主义阵营中取得的优势地位。希特勒发现1925年的总统选举是个绝佳的可以摆脱这个讨厌的竞争对手的机会。他首先突然变卦，强烈主张参加选举；让他的支持者们承诺支持曾经遭到忠于希特勒的慕尼黑集团最激烈抨击的鲁登道夫，还要把他当作"民族反对派"候选人。为了使鲁登道夫摆脱完全无望的计票候选人的尴尬，德国民族自由党选择了右派候选人卡尔·雅勒斯。然而，希特勒劝说鲁登道夫自己参选。由于他在第一轮投票中只获得了1.06%的选票，所以他在政治上的前途已经完全无望。鲁登道夫作为德国民族自由党的象征性人物的地位无法被代替，然而这样一来，德国民族自由党对领袖的个人崇拜也完结了。希特勒最终为自己铺平了在民族社会主义运动中第二次夺取领导权力的道路。

希特勒在兰茨贝格监禁期间的政治克制使他有机会全身心地投入到撰写大量的纲领性手稿中，他把这些手稿口述给他的同狱犯人鲁道夫·赫斯，并在1925年由弗朗茨·埃尔出版社将修改过的版本以《我的奋斗》为题出版了第一部分。[4]这个建议来自施特拉塞尔，他别有用心地想让希特勒的同僚们少受这位党的领袖无休止的、令人痛苦的政治−意识形态抨击。甚至在项目完成之前，希特勒进入监狱六个月后获得假释的希望就已经实现了。他的提前获释归功于巴伐利亚政府圈子里从未间断过的民族主义−复辟主义情绪。在这里，他有许多赞助人，尤其是慕尼黑警察局局长恩斯特·普纳尔，他在几周后死于一场事故。原本，希特勒将于1924年10月1日获假释。然而，检察院的抗议起了作用，因为检方对于前线联盟的作为不无担忧。这导致希特勒的假释一直推迟到12月20日才予以执行。很明显，当时应该将希特勒驱逐到奥地利。但与奥地利联邦总理伊格纳茨·塞佩尔领导的基督教社会党内阁的相应接触却一无所获，该内阁认为希特勒在奥地利会给国内和外交政策带来严重危险。在慕尼黑，右翼的叛国罪行并不是什么了不起的大事，而又由于巴伐利亚司法界自身也参与了未遂的政变，因此他们内心更加无法拒绝人民法院提出的对希特勒缓刑的要求，并无法将希特勒驱逐出境。

尽管如此，希特勒很快意识到，他的政治行动自由是有限的。诚然，总理海因里希·黑尔德在普纳尔的建议下拜访了希特勒，希特勒向黑尔德保证今后会尊重国家的权威，并将自己的行为限制在法律允许的范围内。黑尔德则同意重新审批登记纳粹党和《人民观察家报》。

1925年2月27日，慕尼黑的一间酒馆，纳粹党执行委员会重新成立。边桌左起：阿尔弗雷德·罗森贝格、瓦尔特·布赫、克萨维尔·施瓦茨、阿道夫·希特勒、格雷戈尔·施特拉塞尔、海因里希·希姆莱；门前：罗伯特·莱伊、尤利乌斯·施特赖歇尔

但是，当希特勒在1925年2月底于贝格勃劳凯勒啤酒馆举行的一次会议上以他一贯的方式宣布重新成立纳粹党，并主张他是党的唯一领导时，巴伐利亚政府立即禁止他以演讲者身份出现在公共会议上；大多数邦接着也加入了这一禁令。因此，希特勒暂时被剥夺了他最有效的党内武器——公开演讲。在接下来的几年里，他试图通过系统地访问纳粹党的各个地方团体来弥补这个不足，这一时期，他的宣传手段仅限于参加内部会议，为《人民观察家报》撰写社论，以及撰写《我的奋斗》的第二部分。

希特勒精心准备着重返政坛。在他完全没有提及鲁登道夫的情况下，在贝格勃劳凯勒啤酒馆宣布重建由他领导的纳粹党前，他把他的支持者们蒙在鼓里两个月。此前，德国民族自由党曾反对由希特勒来出任党的领袖；它希望希特勒在杰出的将军身边只扮演"鼓手"的

1928年，约瑟夫·戈培尔
在柏林附近的贝尔瑙作竞
选演讲

1932年，格雷戈尔·施特
拉塞尔作广播讲话

角色。而正是现在，德国民族主义阵营内部搞分裂的时候，希特勒在阵营中呼吁团结和统一。希特勒和鲁登道夫之间的二选一就成了一条清晰的战线，并使民族社会主义运动的内部冲突得以消退。通过努力为鲁登道夫谋求总统候选人的资格，希特勒将他与德国民族自由党隔离开来，这使得该党的许多代表找到了加入纳粹党的途径，这样一来就使德国民族自由党沦为一个无足轻重的小党派，直到1929年彻底解散。

　　同时，希特勒确保了他在组织和社团权利方面绝对的领导权。在慕尼黑举行的党员大会正式成立了负责党员管理和党的建设的相关机构。它与慕尼黑当地的党小组一样，由希特勒最亲密的追随者组成。党章将接纳党员的权限完全置于慕尼黑总部的管辖权之内，并规定向现有党员征收的入党费以及一定比例的党费都要交给它。党员资格只能由单个自然人获得，因此，小的民族主义团体以集体会员身份加入党组织的资格被完全排除在外。双重党员资格的问题虽然在很长一段时间内仍然实际上普遍存在，但在形式上已经被正式禁止了。这就确保了民族主义一方寻求的党派合并不能被当作方案或人事上妥协的筹码。

　　由于组织结构的原因，新成立的党表现出了对慕尼黑地方小组的依赖。这就意味着，尽管自1924年以来运动的重心已经从德国南方转移到北部和西部，希特勒仍然保留了决定性的影响。尽管最初的时候还存在着一个"退化"了的党的主席团，新的党章还是实现了领袖治党的原则。后来的党员大会又进一步削弱了协会民主的要素。最关键的是，向党员大会或党的代表大会提出动议需要事先得到党的领袖的批准。事实上，党的领袖不受任何党内控制，也不受党的机构的任何决定约束。人事政策的决定权完全在他手中。根据章程，党的各机关只限于行政职能，没有关于党的代表大会或具有决策权的代表大会的规定。

　　这种为希特勒本人量身定做的组织结构起到的根本作用在一开始

并没有完全显现出来。然而在接下来的几年时间里，除了巴伐利亚以外，其他地区和地方组织才慢慢失去了其自治权。然而，加强元首的权力地位，反对以任何形式制度化的意志形成的基本原则从一开始就确立了下来。纳粹党此后根本没有集体领导机构，这使它成为政治上的孤例。即使拿它与意大利的法西斯党相比也是如此。领导人会议在一段时间内仍被赋予政治协调与调和利益的任务，但根据党的章程，他们无权提出议案，只能向党的领袖提出建议。

然而，起初，希特勒感到不得不对党章中规定的领导理念做出相当大的让步。禁止发言的障碍，以及希特勒越来越倾向于波希米亚式的生活方式——这在租用上萨尔茨山的"瓦赫费尔德庄园"和1929年搬到上流社会的摄政王广场时变得很明显——意味着重新建党的主动权越来越多地落在很快就浮出水面的几位次级领导人身上，这些人包括格雷戈尔和后来的奥托·施特拉塞尔、约瑟夫·戈培尔、弗朗茨·普费弗·冯·萨洛蒙和卡尔·考夫曼。这不仅是因为希特勒依赖他们在巴伐利亚邦以外的支持，而且这也是与德国民族主义政党的支持者们分离以及整体政治气候变化的结果。这一时期，不再需要身上有自由军团气质的领袖类型能抛头露面。

希特勒试图通过赋予党内一些他对其忠诚度绝对放心的领导人以更多的权力来对抗持续的离心倾向。普鲁士的纳粹党禁令解除后，他立即委托格雷戈尔·施特拉塞尔接管纳粹党在德国北部的党建工作，施特拉塞尔彼时已经脱离了与德国民族自由党的联盟。在巴伐利亚和弗兰肯，希特勒考虑到是在重新建党，便放弃组建中间领导层级，并将每个地方团体置于位于慕尼黑的党总部的直接控制之下。与此不同的是，在西德和北德，他一方面必须考虑现有的党组织，另一方面，他和经常出访的施特拉塞尔不同，因而无法直接施加影响。

在施特拉塞尔的一再怂恿下，希特勒决定违背在重建纳粹党的指导方针中处于优先地位的直接服从原则，授予各地区组织的最高领导人——称为大区长官——高度的独立决策权，这也意味着，领袖原则从中央层面部分下放到了地方上。[5]这表现了一种示弱，因为希特勒只能依靠他的巴伐利亚-弗兰肯核心班底，然而，由于鲁登道夫的叛变，这些核心班底也已经大大减少了。总的来说，重新建党的好处是强制性地与德国民族自由党和其他民族主义团体明确分离，但也必然造成了成员的严重流失。该运动在1923年底仍有5.5万名成员，但到1925年初，它只有2.7万名积极的追随者。

在接下来的几年里，纳粹党呈现出一幅由相当不同的意识形态和政治团体组成的杂乱画面，各个地区的范围和组织差别很大，各大区领导人之间的互相倾轧和争权夺利成为当时的日常。党的全国领导层对此难有什么作为。尽管党章规定，大区长官必须由中央党组织任命，但在许多情况下，中央并不参与，或者只是在事后才参与其中。人事政策和宣传的大量分散是地区特殊性的结果，但它却符合希特勒的想法，因为他把党主要看作对他个人忠诚的追随者的协会，而不是一个令行禁止的官僚机构。在希特勒的鼓动下，保留了各地方团体领导人的选举，他希望这将导致更有效的、更具有社会达尔文主义色彩的选择机制。然而，各大区长官有否决权。中央党组织也只是逐渐能在党的财务管理方面发挥自己的作用，尽管菲利普·布勒以官僚主义的顽固态度坚持要求支付拖欠的那部分党费。

各司其职的组织形式与希特勒更偏爱的次级领导人的个人魅力之间的矛盾冲突必然会加剧党内领导层的竞争。如果没有施特拉塞尔周围的领导小组顽强的组织工作（该小组的行动基本上不接受慕尼黑的指令），就很难把党团结起来。因此，希特勒想完全按照忠于领袖的原则来建设纳粹党，但又给各下属部门留下广泛的行动空间的意图，在很大程度上没有得到实现。通过把自己塑造成"民族社会主义思想"的唯一守护者，希特勒想把运动导向对元首意志的盲目服从。因此，他声称，它的力量根源并不在于"单个成员的最大可能的独立精神"，而在于"其成员对精神领袖的最守纪律的服从"。[6]他始终认为党内关于方向的讨论是多余的。他在1926年魏玛的第一次检阅时宣布，党的代表大会"不是澄清半生不熟和不确定的想法的地方"。[7]然而，他所主张的将党的工作完全定位在招募党员和支持者上，并使其成为纯粹的为竞选拉票的组织的想法，却只是一步步地得到了实现。

在慕尼黑的政治学徒生涯中，希特勒学会了充当危机政治家的惺惺作态。他主要依靠调动大众政治上的不满情绪，坚持对充满狂热战斗意志的群众运动的设想，而不去管中间环节。与他相反，施特拉塞尔和德国西北部的党组织领导们认为，面对德国民族自由党的激烈竞争，纳粹党必须建立一个自身很稳固的党的机构。与在慕尼黑拥有非常广泛的民族复辟主义群众基础完全不同的是，在鲁尔区和德国北部的城市，以及大柏林地区，纳粹党面临着社会民主党和德国共产党封

1928年国会选举社会民主党的海报（达姆施塔特，黑森州立博物馆）

1928年国会选举经济党的海报（达姆施塔特，黑森州立博物馆）

1928年5月20日国会选举德国共产党的海报，反对鲁道夫·维塞尔担任调停人，反对建造装甲巡洋舰（达姆施塔特，黑森州立博物馆）

闭的组织构架，巴伐利亚特色的喧嚣式反犹主义几乎没有什么市场。在这些地区，纳粹党是少数派，它想要取得成功就需要一个内容充实的政策主张，特别是在社会问题上表明自己的立场。

　　西德和北德的民族社会主义运动与巴伐利亚-弗兰肯的纳粹党之间自1924年以来就有显而易见的分歧，同时也基于主要由年轻一代的领导人建立起来的普鲁士地方党组不同的社会招募。在巴伐利亚-弗兰肯的党组织中，小镇中产阶级成分占了上风，他们仍然受到20世纪20年代初民族主义怨念的强烈影响；而新加入的支持者在数量上很快就要超过老的支持者了，这些新人一方面在社会上不再具有那么强的同质性，另一方面更多都是大城市的人，并强调其反资产阶级立场。这导致了相当大的党内紧张关系，这种紧张关系在纲领上和事实上都无法摆平。由于纳粹党的组织结构倾向于排除集体意志的形成，所以方向上的政治冲突就主要以个人斗争的形式出现。尽管北方德国人对个人崇拜和拜占庭主义在党内抬头一再提出批评——这首先要归咎于赫尔曼·埃塞尔——但由于施特拉塞尔作为希特勒的忠实党徒很有效地起到了作用，这让他们倾向于把希特勒排除在外。

约瑟夫·戈培尔在埃尔伯费尔德的一家民族主义倾向的报纸担任编辑后，于1925年加入了纳粹党，他与施特拉塞尔一样，不喜欢"总部的母猪和荡妇经济"。[8]希特勒身边绕着坏人，他的这句话也道出了德国西北部大区长官们的普遍看法。1926年，格雷戈尔·施特拉塞尔仍然相信他能够使希特勒屈服于他的影响力；然而，他错误地估计了希特勒在确立目标后的顽固坚持。在他看来，只有在不从根本上挑战希特勒对领导权垄断的情况下，创造出一个能够制衡慕尼黑特权小集团的关键组织地位的力量，才能将这种愿景转化为实际可行的战略。施特拉塞尔力图集中起来的各大区党部集团于1925年秋成立了"北德和西德纳粹党大区长官工作小组"。[9]其中，约瑟夫·戈培尔和格雷戈尔·施特拉塞尔的弟弟奥托，受恩斯特·尼基施一类的民族革命家的影响，首先倡导走强调社会主义的路线。戈培尔当时指出："首先是社会主义的拯救，然后是民族解放像一阵暴风一样袭来。"他吹起了对"慕尼黑的高层"进行全面攻击的号角，把反对中央的斗争主要描绘成代际的冲突。[10]尽管有战术调整，但明显的反资本主义的基本情绪即使在未来也决定了民族社会主义煽动者的思想基调。它不是植根于无产阶级社会解放的思想，而是植根于被神经质的野心所驱使的、感到被降低阶层和从根本上宣告失败的学者对资产阶级上层的不可抑制和永不满足的仇恨。

西北德工作组成立了自己的出版机构——这是由施特拉塞尔主编，现在已经上升到纳粹党的领导地位的戈培尔担任审校的《民族社会主义信件报》，这是当时由奥托·施特拉塞尔领导的战斗出版社发展历程中迈出的第一步。它很快也出版了自己的双周刊《民族社会主义者》，并且在后来逐步控制了17份纳粹党报中的7份；因此它发展成由马克斯·阿曼领导的弗朗茨·埃尔出版社的一支重要对抗力量。纳粹党西北德大区党部在组织上的整合已经引起了慕尼黑党内专制集团的怀疑，该集团并非没有意识到人们对他们的专制主义领导风格和不容置疑的行事作风越来越不认同。施特拉塞尔和他的亲密战友，包括卡尔·考夫曼和约瑟夫·戈培尔，谋划着把希特勒从这个集团中孤立出来，想方设法把他争取到一条新的政治路线上来，从而让党的宗旨主要针对德国国家人民党、国家土地联盟和钢盔团，在明确地与资本主义制度保持距离的前提下，能够更好地进入有组织的劳工运动之中。

然而，格雷戈尔·施特拉塞尔忽略了一个重要的事实，即正是希特勒下定了决心要避免做政治选择，并在党内推行所谓的领袖救世主主义。相比之下，奥托·施特拉塞尔越来越意识到，希特勒最终只是凭直觉行事，基本上只是一个"梦游者"罢了。希特勒实际上"如同人类历史上最混乱的时代所产生的"一个"媒介"，他缺乏制定建设性政策的能力。[11]另一方面，奥托那个更容易轻信的兄弟却产生了一种错觉，认为自己的行动与希特勒始终保持一致，并于1925年夏天，在没有征求希特勒本人意见的情况下，发布了一份纲领性草案，目的是要把内容相互矛盾且可任意解释的"二十五点"阐述清楚。他的这一系列操作公开违背了希特勒曾经明言的关于党的纲领不可改变的准则，且首先也违背了他在纲领性问题上不愿受制于任何人的基本原则。作为独裁者的希特勒充分意识到，他必须避免任何会使纳粹党内部形成与他所理解的社会思想和民族思想不可调和之对立的想法。作为一个务实且有远见的人，他遵循的想法是，只有通过解散德国人民内部对立的政治模块——其中一个是国际社会主义的，另一个是强调民族的——才能赢得多数。他在1926年汉堡民族俱乐部的一次演讲中明确指出了这一点。[12]

在希特勒看来，无限制要求领导权和运动在世界观上的封闭性是件一体两面的事情。他于1926年春天临时通知在班贝格召开领导人会议来抵制施特拉塞尔做出的努力时，就是出于这种双重动机。然而，他进行干预的外部动因在于，西北部大区党的领导机构负责人决定支持关于没收贵族财产的公投，从而选择站队左派，反对民族保守势力。希特勒倒向右翼思想，从而阻止这一动议，这与立即发起的反犹运动一样没有说服力。施特拉塞尔看到自己被党内的支持者抛弃，陷入孤立。特别是戈培尔，他在班贝格经历了个人的大转变，很快就转而支持希特勒。施特拉塞尔于是一方面撤回方案草案，一方面表示愿意避免与希特勒公开决裂，此后，他不得不一路屈服。[13]

班贝格的元首会议形式上是对不团结的西北部各大区长官的让步，这也表明了希特勒在解决冲突时的一贯作风。通过呼吁团结，避免人身攻击，并向他的对手们展现个人信任，同时呼吁他们无条件地忠诚于他等手段，希特勒打破了正在形成的反对派力量，恢复了运动对外部保持自身团结的形象，也同时加强了他自身在党内的威望。同样也非常体现其办事风格的是，希特勒推迟对冲突的事实性内容做出决定，他委托有争议的戈特弗里德·费德尔负责纲领性问题，同时任命格雷戈尔·施特拉塞尔进入党的领导层，负责宣传工作。稍后，他任命普费弗·冯·萨洛蒙为党卫军负责人，同时任命在此期间已成为其狂热追随者的戈培尔为柏林的大区长官。

在班贝格解决的冲突，与其说是基于内容上的分歧，不如说是基于不同的战略观念。无论是无情地打碎现有政治制度的意图，还是在是否应该使用议会方法的问题上犹豫不决，希特勒和聚集在班贝格的党的年轻领导集团之间最多只存在程度上的差异。特别是在德国北部，人们认为从长远来看，参加议会选举与民族社会主义思想是格格不入的。与德国民族自由党分离则强调了这一方面。当1924年国会选举时，希特勒保持了低调。一些参与其中的相关人员谈到了他"不可理解的中立执念"。纳粹党的继任组织与德国民族自由党的临时结盟，使得希特勒不必做出决断。战术上的考量和内心的不确定使他在1926年和1927年的党代会上把参加议会选举的问题提交给领导人会议讨论。他从未想过以纳粹党的全国名单之首进入国会，这不仅仅是缺乏被选举权的后果。

在兰茨贝格监禁期间，希特勒得出结论，要想得到不可分割的政治权力，应该与1923年11月时不同，需要放弃武装起义的手段，避免与国家防卫军发生冲突。即使在那时，他对德国战斗联盟的政变计划也不是很满意。他放弃准军事方法也与希望早日出狱有关。在重新组建纳粹党的号召中，希特勒明确指出，在重组冲锋队时要排除军事因素。出狱后，恩斯特·罗姆在战斗联盟和民族主义国防团体的残余人员中创建了作为武装战斗团体的前线联盟，该组织承认鲁登道夫的军事领导权。当希特勒委托罗姆重新组建冲锋队时，后者的目标是建立一个独立于纳粹党的组织，使其成为民族主义反对派的军事组织。然而，希特勒则坚持把冲锋队建设成在党的框架内活动的民间政治团体。这导致了1925年4月的决裂。罗姆辞去了冲锋队和前线联盟的领导职务，隐退到了玻利维亚。

及至后来，希特勒也坚决反对冲锋队的军事野心，他于1926年5月将冲锋队的地方小组与地方单位联合起来，合并组成了一个由普费弗·冯·萨洛蒙领导、由中央指挥的组织。这样一来，他扭转了当初罗姆拒绝冲锋队服从于党的局面。冲锋队和1925年11月作为精英组织成立的党卫军都有义务致力于通过极端的团结和纪律来展示对待民族社会主义运动的毫不动摇和斗争的决心。这样一来，冲锋队只是党的一个理想形象。即使通过从事恐怖行为，它也首先是作为民族社会主义宣传的工具发挥作用的。

格雷戈尔·施特拉塞尔及其身边的团体虽然同意这一基本决定，但这也绝不意味着纳粹党现在就决心通过议会手段来取得政权。在1926年5月的党员大会上，希特勒明确指出，获得议会议席只是为了扩大党在宣传鼓动方面的能力。人们想当然地认为，民族社会主义议员会远离当选的机构，只会利用不容拒绝的好处——如议会津贴、议会豁免权和铁路的免费车票——从事党的工作。甚至在1931年，当纳粹党的议会党团与德国国家人民党的代表们一起，连续几周不参加国会审议时，这样做的目的也是为了利用所有可用的力量投入到正在进行的动员运动中去。此外，纳粹党领导层不愿意参加对于成功没有十足把握的选举，因为他们担心这样会失去威信。只有在1926年的深秋，它才参加了萨克森和图林根的邦议会选举；甚至到后来，它也只是在个别情况下参加了市政和地区选举。

格雷戈尔·施特拉塞尔和他的支持者此时此刻并不指望该党能像希特勒所说的那样，通过"把鼻子伸进国会"来实现大的政治变革。他们集中精力建立一个强大的党组织，这个组织不仅代表着希特勒意义上的"阴谋论的世界观共同体"，而且与左派政党类似，它还拥有一个有效的领导机构，能够适应不断变化的形势，保持其有效的运作。就夺取政权而言，1918年11月的情况对于民族社会主义的团体来说理所当然地摆在了眼前。因此，他们宣布的目标不是议会中的工作以及增加选民的支持力度，而是加强大城市中的民族社会主义组织建设。

通常由施特拉塞尔任命的这一批大区长官承担着积极的党务工作，他们清楚地知道希特勒在党内不可或缺的作用，他一方面是党的团结的象征，另一方面又提供了党的指导思想。在党内，施特拉塞尔兄弟、考夫曼、普费弗·冯·萨洛蒙，包括一开始时候的戈培尔，对希特勒的领导风格和行事方式都持有一定的保留意见。他们批评希特勒缺乏对人性的了解，喜欢制订夸张而空泛的计划，倾向于回避冲突且优柔寡断。[14]尽管格雷戈尔·施特拉塞尔接受了1926年强制推行的以问候希特勒为形式的元首崇拜礼节，但他内心深处对党的领袖仍然有一种强烈的距离感，他怀疑他的直觉才能和预言家能力。他把希特勒看作一个艺术家，而非一个"真正的政治家"，此外，他认为，希特勒缺乏"深思熟虑的、有计划的行动"能力，也没有"脚踏实地"地做事情。像他这样的人可以"偶然地实现和创造前所未有的事情，当然前提是这可以由一次纯粹的大胆行为来实现，并且还有其他人从旁辅助，并能够在事情或许完全朝着反方向发展之前为其承担后果"。在格雷戈尔·施特拉塞尔看来，希特勒善于不断自我暗示，并且随着他取得一些局部成功，慢慢对自己产生了"无懈可击"的自我信念，这就使得他无法再用逻辑论证来反驳他的直觉。普费弗·冯·萨洛蒙虽然对希特勒解释世界的业余长篇大论留下了深刻印象，但他还是担心后者会陷入不受控制的境地。因此，他委托后来的经济专家、冲锋队副手奥托·瓦格纳，让"他周围的所有人都要把握好事物的度"。[15]施特拉塞尔也是这样想的，并以此制定了自己的政策。

施特拉塞尔提交的方案草案与一直追求的所谓的"城市计划"的长期战略有关，而希特勒对此却置之不理。只有通过强调社会主义因素和采取建设性的社会政治方案，纳粹党才有希望强行打入社会主义政党的选民阵营中。同时，该草案旨在以某种方式在纲领上确立希特勒的地位。客观上讲，它与"二十五点"的区别并不大，除了戈特弗里德·费德尔对交租义务悲凉哀婉的呼唤必须让位于对现有经济体系更现实的看法。然而还有许多与之相竞争的方案，包括戈培尔提交的一份更为激进的草案，可惜它没有被保存下来，还有普费弗·冯·萨洛蒙提交的版本，其中的种族主义意识形态下的社会达尔文主义已经包含了后来种族灭绝政策的先声。施特拉塞尔草案的大部分都建立在那个智识远在他之上的兄弟奥托的基础之上。

主要不是在内容的细节上，而是在与左派政治力量的对抗中，需要一个具有一定约束力的方案，这就催生出了格雷戈尔·施特拉塞尔起草的方案。他意识到，仅靠种族主义的反犹主义空想是无法建立起一个有效的平台来对抗共产主义宣传的。因此，他提交讨论的草案比较详细地对未来的经济秩序表明了立场。它要求"将生产资料广泛转让给一般公众占有"，但希望保留"私人经济运作系统"。[16]这种表述不够精确，它也表明了这个方案反对大工业和资本集中。它面向前工业时代的生产关系，某种程度上代表了乌托邦式的工匠社会主义的回潮。

同样，草案要求分割大地主的土地所有权，以支持全面地安置广大农户。这些想法几乎不可能消除德国社会特有的无产阶级左派和资产阶级民族右派之间的分歧。同时，在战术上，它们使纳粹党处于现有的党派政治阵线之间，即使工人在公司资本中分享利润以及共同所有权是合理的要求，也没有对产业工人产生吸引力。在极端反犹主义的背景下，它们将资本主义的剥削归结为所谓的犹太人对经济生活的异化，因此，这些想法仅仅具有宣言性的特征。

施特拉塞尔草案中关于宪政的部分则体现了非常显著的温和态度。通过扩大国家总统的权力提出建立"民族专政"的要求与保守派右翼的目标相吻合。这在很大程度上也适用于草案中描述的将取代议会制和政党制度的各司其职的国家结构。尽管受到了意大利模式的影响，但并不能说这是一个具有法西斯特色的国家党。与新保守主义新闻出版的接触点，尤其是与斯宾格勒的"普鲁士社会主义"的接触点，以及与奥特玛·施潘的等级学说的接触点，则是明确无误的。这个方案和与之有着亲缘关系的新保守主义之间的唯一区别就是更加强调了一些针对大资本家和大农场主的伪社会主义要素。可以说，埃德加·荣格的宪法政治思想在这里部分地提前体现了出来。

草案的外交政策思想暴露了与奥托·施特拉塞尔的民族革命主义思想智囊团的密切关系，但也植根于整个政治右派所特有的对"早已冻结成固定形式的资本主义西方"的谴责，这与"仍在不断变化中的东方"的"年轻民族的思想"形成鲜明的对比。因此，要求与布尔什

"德国人民教育中心"劳动与朋友团体的期刊。自1929年以来在劳班出版的月刊第四期的封面，刊登了有关"东方作为复兴空间"的文章（内卡河畔马尔巴赫，席勒国家博物馆与德国文学档案馆）

维克的俄国走相同道路的呼声引起了希特勒最尖锐的反对。他在这个时候致力于通过与英国的和解以及与意大利建立密切的关系，为向东方扩张的战略奠定基础。他把自己从1928年就开始考虑，后来饱受争议的抛弃南蒂罗尔的立场作为党的官方路线加以推行，并在随后努力达成一个统一的外交话语规则。

与希特勒无边无际的霸权梦想相比，施特拉塞尔不拘一格的方案显得格外温和。尽管它设想了吞并奥地利以及把恢复1914年的疆域作为最高目标，却仍然缺乏支持帝国主义向欧洲东部扩张的惯常推动力。它主张通过一个渐进的贸易和海关联盟来逐步建立"欧洲合众国"的基础，其中，第一阶段将包括德国、瑞士、匈牙利、丹麦、卢森堡和荷兰，第二阶段将包含法国和其他西欧国家。施特拉塞尔的方案中找不到希特勒和戈培尔的声明中出现的极端民族主义色彩。仅仅因为这个原因，该方案就没有丝毫机会在党内获得通过。

在班贝格的失败之后，施特拉塞尔虽然放弃了为纳粹党制定有约束力的纲领，但这并没有改变他反对慕尼黑领导集团淡化民族社会主义原则的决心，并要确保党的"社会主义"方向。面对相比"社会主义"要素更偏向于"民族"要素的阿尔弗雷德·罗森贝格时，他着重强调了社会主义要素，然而这其中不过是对道德原则的承认罢了。与新保守主义者一样，施特拉塞尔也拒绝接受法国大革命关于人人平等的设想，取而代之的是个人对社会所能做出的贡献，并因此将其视为社会等级的衡量标准。同时，施特拉塞尔倡导的职业观念已经不适应当代工业化世界的工作现实了。因此，他的社会主义概念只是从资本主义制度的经济约束中抽象出来的产物，在内容上是不精确的。这种新保守主义的社会主义变体的特征就在于施特拉塞尔针对"马克思主义政党"提出的对唯物主义的指责，以及他完全出于德意志意识形态要求将劳动作为个人对社会履行的责任的定义。因此，施特拉塞尔不是左翼的代表，尽管他把自己看作工人阶级的领袖，并拒绝希特勒对无产阶级群众的冷嘲热讽。与格雷戈尔不同，奥托·施特拉塞尔更倾向于社会主义立场。受其影响的媒体仍然是政党左翼派别的喉舌，在萨克森和德国西部有许多支持者。

1928年5月国会的选举结果意味着党的严重倒退，并且意味着到那时为止所奉行的强调争取更多城市居民、忽略广大乡村的战略完全破产。战斗出版社的报刊把失败的主要责任归咎于纳粹党对产业工人缺乏吸引力，因为该党对资本主义经济制度一直抱着暧昧的态度。因此，他们加强了社会主义的话术，却在这样做的过程中越来越走向运动的边缘地带。但是，即使是纳粹党的大部分成员也坚持其首先是一个工人党的主张，它为自己设定的任务是使工人群众摆脱马克思主义的国际主义影响，并用真正的"德意志的社会主义"来争取到他们。希特勒明确地透露了这一立场。他将"把工人作为一个有凝聚力的、有价值的、有民族感情的、有民族愿望的因素带入人民共同体之中"视为纳粹党组织和宣传工作的最重要目标之一。[17]

提出"工人阶级国家化"的要求，与真正的社会责任感和对劳动人民问题的深入了解毫无关系。希特勒和他的亲密追随者对现代工业世界和企业无产阶级的社会状况没有展现出丝毫理解。党的领导人多次对广大体力劳动者说过非常轻蔑的话语。然而，由于双重原因，纳粹党不得不向工业劳动者，至少是其中一部分人示好。一方面，如果没有工业无产阶级中潜在的群众追随者，它将最终只能依赖于资产阶级势力，而希特勒——这是他的社会主义形式——则没有任何能力来制定政策。另一方面，纳粹党只有成功地让工人阶级摆脱"马克思主义"的影响并在阶级政治方面让他们保持中立，才能获得国家统治精英的尊重，尤其是国家防卫军和大工业集团。1923年之后，希特勒了解到了这种期待后，容忍了与保守派势力的联盟，这后来也使得他被任命为国家总理。

共产主义和社会民主主义媒体把希特勒描绘成大资本的走狗的批评，只是切中了胡根贝格和右翼工业家们对于纳粹党的理想形象，纳粹党方面需要付出相当大的宣传努力和欺骗性的伎俩来保持这种形象不致崩塌。希特勒无疑非常善于肆无忌惮地唤起资产阶级的这种期待，并利用它来达到自己的目的。在他对工业界的所有招揽行动中，他坚持使用运动早期的伪社会主义词汇，并明显地避免在党内辩论中就"民族社会主义"这一口号对党的路线的重要性发表看法。在公开声明中，他强调自己既不是资产阶级也不是马克思主义政治家，从而回避了明确做出选择。

在实质上，希特勒支持的是自1928年初夏以来形成的战略转型，它表现为放弃党原有的城市导向，转而将工作重心放在争取一直以来被忽视的选民群体，主要是农村人口上。在1928年之前，那里一切先决条件都是缺乏的。纳粹党最初设计的是一个以城市为主的运动，这种情况后来逐渐改变了。农业从业者在该党领导干部中的代表人数始终不足，基层党员的情况亦是如此。尽管该党引用了从民族主义的"武器库"中借来的"血液和土壤"的口号，并号称健康的农民阶层的存在是国家生活力量的真正来源，然而该党对农民利益的关注度始终严重不足。最初，它对大农场主也是完全敌视的态度。纳粹党日常的伪社会主义鼓动疏远了农民，特别是它在偏宠贬值的失败者的同时，没有表现出要满足农民们税收要求的意愿。最后，运动能带给农民阶层的也只剩下鼓动性的陈词滥调，即他们的困境是与社会民主党结盟的"犹太高利贷资本"带来的，此外，他们并没有给农民带来任何实质性的好处。[18]

尽管这种对农业的消极态度占主导地位，但自1927年起，有越来越多的迹象表明，纳粹党可以在农村大有可为，特别是在农业危机地区，农村人民运动的开展侵蚀了农民与国家土地联盟和德国国家人民党间的亲和关系。甚至在1928年的国会选举之前，党的领导层就已经采取措施，使宣传机构适应变化了的形势。然而，拉选票的主战场仍然是在城市中产阶级当中。纳粹党在一些连基本的党组织机构都没有的农村地区赢得了选票，这一事实表明，该党主要作为一个激进的抗议运动而当选。认识到农业领域提供的机会，希特勒在1928年4月就决定——与他的习惯截然不同——对党纲第17点做出真实的解释。根据这一解释，其中提及的没收财产要求只涉及"犹太人的投机利润"，而其他私人财产不可侵犯。[19]

纳粹党领导层深刻领会了选举中意外结果所包含的教训。在此期间，海因里希·希姆莱已经接管了宣传部的领导工作，从此开始集中地控制党的选举宣传工作，并有意识地面向压抑的潜在抗议选民的需要。自1926年以来，宣传部领导人施特拉塞尔和当时作为副手的希姆莱已经为这一做法创造了先决条件。将负责宣传的官员直接置于大区和地方党组织的领导之下，就建立起了一个垂直领导机构，确保能够贯彻总部规定的话语规则。当戈培尔于1930年4月接替希姆莱担任宣传部长时，希姆莱已经全职负责党卫军的建设。彼时，这种形式独特的宣传机构的基本形态已经奠定了下来。

1928年秋天，如果不是因为同时成功地把迄今为止仅由元首神话和中层领导的友谊维系的运动转变为一个异常有效和有纪律的机构，面对选举失利的结果，向不断加大力度的宣传运动策略过渡是完全不可想象的。希特勒用一个向他个人宣誓效忠并充满狂热观念的运动的理念打造了一个外部构架，而格雷戈尔·施特拉塞尔和他带入党内领导层的一批年轻干部借助这个外壳构建了一个等级严格的组织。无论施特拉塞尔的动机还是方法都与希特勒所青睐的非官僚化的党的结构相矛盾，它建立在直接隶属或个人关系的原则之上。如果没有各个下属组织的紧密结合，群众组织就不可能长期存在。

另一方面，施特拉塞尔将自己在纳粹党领导层中的作用理解为对希特勒的不务正业的计划和对党内活动任意干预的纠正。他从实际的思考中认识到，尝试确定任何纲领都会因为希特勒的抵制而再次失败。然而，他从纳粹党"只有意识形态而没有建设性纲领"这一事实中看到了在参与执政时的弱点："我们实际上只是在为了夺取权力而努力，却并不真正清楚我们得到权力后要做什么。"[20]因此，他在1928年初接管党派的组织领导工作后，就走了一条双管齐下的道路。一方面，他力争全面控制党的机构；另一方面，他决定建立一套规划机制，以保障党在取得政治权力后能发出明确的政治指令。

施特拉塞尔不知疲倦地推动的组织结构建设在党内遇到了强大的阻力，这是可以理解的。然而，他至少成功地在大区一级组织建立了统一的组织机构。在此之前，他花了很大的力气来说服希特勒将他直接控制的上巴伐利亚大区组织分开来，并取消它的直属于元首的组织地位。此外，施特拉塞尔还试图限制戈培尔的权力，自从1926年改变阵线以来，戈培尔已经从他最亲密的党内战友变成了最激烈的竞争对手。通过扩大宣传部和新成立的组织部，格雷戈尔·施特拉塞尔——这个来自兰茨胡特的药剂师——终于能够在很大程度上将老一辈的党的领导层，特别是党的总裁菲利普·布勒推到一边。只有在财务主管的职位上的弗朗茨·克萨维尔·施瓦茨还没有受到挑战，而自1926年以来由瓦尔特·布赫领导的调查和仲裁委员会、奥托·迪特里希领导的新闻办公室以及宣传部的部分机构都由他间接控制着。然而，希特勒拒绝了施特拉塞尔期望的党的总书记的职位。起初，这并没有改变他是"元首"之下纳粹党之内最具影响力的人物这一事实。

同时，施特拉塞尔努力用一个明确的垂直组织结构来取代迄今为止相互竞争的责任机制。这包括指示下属的党政机关在向中央办公机构提交文件时遵循官方渠道，从而以一种间接的方式寻求制衡希特勒常常自发地对制度进行干预的行为。在邦和中央层面建立监察部门作为一个垂直控制体系也是一项非常重要的举措。这使他有可能以计划性的方式影响到大区一级的人事任命以及日益重要的邦和全国议会提名。在采取这些措施时，他遇到了大区一级党的领导层的顽强抵抗，因为他们早就习惯于在很大程度上独立行事的风格，并得到了希特勒的认同。希特勒也不想取消大区级党的领导人直属领袖的地位，因此在党的组织构架中引入了双元要素。1932年底，希特勒废除了监察局，也未建立新的平行替代机构。这也是他废除的第一个中央控制机构。

1929年，施特拉塞尔在与其有着亲密关系的康斯坦丁·希尔的领导下成立了组织二部，后来，希尔还接管了国家劳役团。这是特别能显示出施特拉塞尔的政治意愿的事件，其目的是以参谋部的方式，独立于日常的政治任务之外，为未来夺取政权推进必要的准备工作。新的规划机构以全国政府的部门结构为模式。施特拉塞尔努力引进合格的专家，即使他们不属于纳粹党的传统领导干部。这加强了纳粹党全国组织二部的技术官僚性质，出于组织上的原因，全国组织一部于1932年6月再次与组织二部合并。鉴于不断的选举活动，所有可用的力量都被从计划的任务中分流出来。希特勒对任何官僚主义的政策规划行为都感到非常反感，他认为这在意识形态上与民族社会主义运动的本质不相容。因此，他在1932年底推翻了施特拉塞尔的这部分组织改革。

施特拉塞尔并没能成功地恰
当解决高层部门的问题。于是，
普费弗·冯·萨洛蒙领导的飞速
发展起来的冲锋队成为一个无法
融入的外部机构。隶属关系的不
断变更，再加上冲锋队缺乏财政
资源的抱怨声不断，这些因素一
再引发党内冲突，冲锋队东部副
主席瓦尔特·施滕纳斯公开表示
不服从，这导致了普费弗在1930
年8月辞职。希特勒做出的应对
是将冲锋队和党卫军都直接置于
他的管辖之下，却在中长期内无

冲锋队"战斗捐赠"收据，1932年
（柏林，文献中心）

法阻止由于冲锋队的日益自负和日益增长的参政诉求而带来的与日俱
增的摩擦。

1927年，施特拉塞尔有意识地与当时被开除出党的民族主义思想
家、图林根大区长官阿图尔·丁特提出的建立党的参议院的要求进行
了斗争。相反，他寄希望于能够依托他创建的官僚机构，控制住希特
勒的干预行为。早在1927年，纽伦堡就被指定为党代会的永久会址，
而在党代会上，政治协商的成分越来越少，因此他试图通过定期召开
大区长官会议和特别会议来确保必要的政治协调。然而，由于这些会
议没有获得通过决议的权利，这就意味着是否采纳他们的建议由希特
勒本人决定，因此也就无法制度化。在党的全国领导层，互不相关的
平级运作的职能部门之间缺乏正式规定的沟通交流。迅速增加的特殊
机构和专门协会也逐渐脱离了组织领导层的控制。然而，只要纳粹党
把精力集中在选举宣传活动上，避免形成任何政治决策，那么施特拉

塞尔建立的效率惊人的一套规划和指导官僚制度与希特勒自由浮动的个人决策之间的二元对立问题就一直被掩盖。希特勒对日常的决策不感兴趣，这就导致两者之间达成了一种默契的分工；他主要在政党联盟问题以及与资产阶级右派的谈判出现问题时才出手干预。

通过不间断的组织工作和在议会中的亮眼表现，格雷戈尔·施特拉塞尔在党内和党外都获得了越来越高的威望，因此形成了一种正式的施特拉塞尔崇拜，这与党内已经普遍存在的希特勒个人崇拜形成了日益激烈的竞争关系。[21] 施特拉塞尔作为集会发言人的个人魅力在纳粹党的突破阶段发挥了巨大的作用；只是在1932年紧张的选举活动中，希特勒根据危机中的精神状态而发表的振奋人心的演讲才将施特拉塞尔的影响比了下去。后者被人们普遍认为是政治右翼势力和纳粹党的重要联系人，这些右翼的协会和政党在9月的大变局后越来越对纳粹党感兴趣。他们自欺欺人地希望，施特拉塞尔领导党采取建设性政策的基本意愿会削弱党内激进团体的力量，并促使希特勒向后来的总统内阁做出让步。

纳粹党不间断的宣传运动以宣传部精心制定的集中指导为基础。它遵循在空间和时间上大规模密集安排宣传活动的原则，从而使公众舆论过度饱和。在这样做的时候，他们故意不局限于选举活动，而是不断组织以某一地区为重点的宣传活动。其他无论资产阶级政党还是社会主义政党都没有任何宣传工具可以与纳粹党的集中式选战管理相提并论。相比之下，纳粹党将倾其一切可用的资源与能力从事政治宣传鼓动。纳粹党的每一个成员，即使他们只戴着党徽，都被利用来进行宣传。从后勤的角度来看，宣传活动需要事先精心策划；对于大型活动，大区党部范围内所有可用力量都被动员起来。戈培尔擅长于发明非常规的传播方法。他把1930年夏天的选举活动变成了法西斯党动员策略的经典案例。除了各种额外的宣传行动外，纳粹党召集的集会数量超过了其他政党的许多倍。仅在9月选举前的最后四周，就计划了3.4万次公众集会。

为了确保行动的统一性和营造政治上团结统一的印象，党的地方组织领导必须完全按照中央的指示来确定他们的宣传方向。宣传部向各下属的组织详细规定了要使用的宣传手段。除了群众集会以外，这些手段还包括咨询展台、广场音乐会、冲锋队游行、联合访问教堂、书信活动，以及大量分发传单。总部为党的办事机构提供了大量的广告宣传材料，包括明信片、贴纸、别针、宣传册页、传单和海报。没有什么能逃过纳粹宣传部门的创造力。在戈培尔的影响下，纳粹党从1930年开始利用政治宣传影片，这种手段在当时还非常罕见。这些影片主要在希特勒和党内巨头无法作为发言人到场演讲的地方播放。当时制作露天有声电影对于德国制作团队来说还有一定困难，因此纳粹党专门聘请美国电影公司福克斯有声新闻来制作影片。希特勒在1932年7月选举前的"德国巡游"代表了民族社会主义党的选举活动中使用当时最先进技术手段的最典型的案例。

　　此外，纳粹党的全国宣传部还下令在同一时间使用相同的广告宣传材料。事实证明，集中印刷广告材料再分发到各地的操作过于复杂，因此，集中制作的文字和图像模板被送到当地的宣传小组，并在那里复制。这样一来就确保了宣传内容在整个德国都是完全一致的，宣传材料的内容也与党报的公告一致。从宣传主题上看，宣传内容被刻意限制在几个突出的话题，如反对杨格计划的斗争或公共生活被特殊利益集团过度扩张。宣传口径上的统一就向人们暗示了团结和战斗力。在其他方面，宣传技术也被证明是异常有效的。比如下属办事处需要定期报告反馈所使用的宣传材料的效果以及当地民众的情绪，上级机构还鼓励他们提交关于宣传设计的建议。党的总部拥有一个有效的沟通系统，这种内部机制实际上就是具有超前意义的现代民意调查机制。

　　与各地区保持信息通畅使全国宣传部领导层有可能根据各自的目标群体来调整选举宣传，并在选举活动过程中进行修正。在后来进一步的选举宣传活动中，考虑到仍可开发的潜在选民，根据各选区的具体社会结构调整了内容，因此取消了统一宣传。纳粹党开始分别针对不同的职业群体，为他们举行单独的选举集会。这样一来，宣传就考虑到了日益细分的利益，并能够据此做出不同的选举承诺。此外，竞选内容和基本的意识形态主题也是针对各自的目标群体而制定的。该党很早就认识到，激进地强调种族主义的反犹主义情绪反而会使其最重要的同情者资产阶级选民们望而却步，因此当前的主要宣传口径就局限在了所谓"犹太人过度入侵经济生活"之上。就连希特勒本人也基本遵守了所发布的话语规定，因此在1930年至1932年的几轮决定性选举中，反犹主义的话题在纳粹党的选战宣传中出现的频率低于比如德国国家人民党这类政党的宣传。

只要纳粹党不在邦一级层面承担政治上的共同责任，并因此被迫兑现其一贯向选民做出的自相矛盾的承诺，那么在这些竞选宣传中体现出来的动员选民的做法作为目的本身无疑是有利的。另一方面，这种制度使该党能够灵活地适应抗议选民的流向，也能为自己争取到那些以往没有接触过政治的选民群体。1928年的选举结果所带来的机会，包括加强在广大农村和中小城镇的宣传力度，被最大限度地抓住了。因此，纳粹党对以往的选举格局有所颠覆的地方常常是那些资产阶级政党在组织上欠发达的地区。特别是在地方政治领域，纳粹党立即占领了以前由独立选民协会占据的位置，接下来在1930年后也接管了各利益党派的政治遗产。

纳粹党的宣传攻势在党的演说家机构中拥有一个不可或缺的先决条件。纳粹党演说家学校的建立可以追溯到弗里茨·莱因哈特，他是上巴伐利亚-施瓦本的大区长官，后来在国家财政部担任国务秘书。莱因哈特本来是一名从事远程教育的专家。他的个人倡议催生了党内成立系统性的演说者培训体系和中央演说者学校，到1933年有超过6000人接受培训。一个分级薪资系统确保了演说者体系在财务上能够自负盈亏，而且极具吸引力。由于纳粹党要求参加会议的人交纳入场费，因此党的地方团体甚至在选举活动之外也很积极地举办这类活动，这反过来又帮助党的演说人可以定期赚取收入。宣传工作的商业化代表了一个惊人的简单过程，同时它又与支持者的稳定增长同步进行。

自1929年以来，纳粹党中涌入大量新党员，这大大扩充了党的财政活动空间，然而尽管如此，不断增加的全职工作人员的开支仍然有可能超过收入的数量。因此，党的总部对增加邦和全国层级的纳粹党议员的数量表现出了浓厚兴趣，因为这些代表可以获得津贴，其中一部分还会转移支付给所在的党派。此外，海量的宣传工作也产生了高额的差旅费用。希特勒本人也不再从党的经费中列支。他近乎奢侈的生活方式主要由《我的奋斗》的版税、向《人民观察家报》供稿的收入和在党内发表各种演讲的报酬维持，但他并不拒绝来自友好的慕尼黑知名人士，如布鲁克曼家族的捐款，这些费用由他的私人秘书鲁道夫·赫斯负责收取，他在拿到这些钱的时候还表现得异常谦虚。

与资产阶级的中、右翼政党不同，纳粹党并不依赖于大公司和商业集团的党派捐赠。它的主要资金来源是会员费、开展集会的收入和在其支持者中发起的额外筹款。[22]尽管发生了经济危机，但地方团体筹集的资金——其中大部分给了大区和全国党部的领导层——还是相当可观的；它们筹集的经费超过了社会民主党筹集的数倍。冲锋队还以作为销售组织的方式入股香烟业和类似的企业来赚钱。它还吸引了一些不愿成为正式党员的支持者定期付款。除此之外，部分党报从其广告业务中获得了可观的盈余。

相比之下，直到1933年1月30日，大工业界的财政捐助仍然相对较少。[23]在其他方面，尽管希特勒在杜塞尔多夫工业俱乐部、汉堡国家俱乐部以及在党的领导人与工业界人士安排的碰头会议上进行了宣传，但企业界的捐赠意愿明显非常不足。埃米尔·基尔多夫则是一个例外，埃尔莎·布鲁克曼与他取得了联系，他于1927年暂时加入了纳粹党。作为盖尔森基兴矿业股份公司的前董事会主席，他为希特勒与重工业界牵线搭桥的努力并没有取得太大的成功。于是在1928年，他又回到了德国国家人民党，在那里他极力主张德国国家人民党与纳粹党联手，尽管他对后者的经济政策方案持怀疑态度。纳粹党通过参加反对杨格计划的公投获得了更多补贴，这样它就能弥补此前的大部分财政亏空。弗里茨·蒂森给纳粹党的贷款主要用于资助以前的巴洛格宫和现在的慕尼黑"褐宫"，此外，纳粹党还要求每个党员一次性缴纳2马克。

纳粹党主要从中产阶级企业家和工厂主的圈子获得进一步的财政捐助，部分是为了避免攻击或公开的争论。然而，这也适用于法本公司，该公司对使用关税壁垒确保其开发的合成汽油生产有强烈的兴趣。尽管当时存在着关于国外，特别是法国的财政捐助的传言，但在1932年夏天之前，纳粹党基本上是通过自己的收入来维持运转的。然而，在7月的选举之后，它的财政状况已经捉襟见肘，从那时起，纳粹党就越来越依赖于工业界的补贴和贷款担保。来自工业界的某些款项直接付给了纳粹党的高层人士，其中德意志信用合作银行的董事埃米尔·格奥尔格·冯·施陶斯发挥了特别重要的作用。他与赫尔曼·戈林建立了良好的关系，目的是影响纳粹党制定有利于工业企业的经济政策路线。这使得戈林甚至在夺取政权之前就能过上奢侈的生活，甚至使希特勒的相应努力相形见绌。

更重要的是通过格雷戈尔·施特拉塞尔与作为莱茵-威斯特法伦重工业界柏林联系人的奥古斯特·海因里希斯鲍尔以及《柏林证券报》经济编辑瓦尔特·冯克搭上了线。后者于1931年加入纳粹党和党的经济政策部。通过这种方式，施特拉塞尔从鲁尔区的工业界得到了持续的资助。同样，重工业的资金也被用于创办《埃森国家报》，除了冯克之外，西北雇主协会的会长、后来的普鲁士内政部国务秘书路德维希·格劳特也在其中穿针引线。然而，在1932年夏天之前，以这样的方式流向纳粹党的资金并没有在其经常性开支中发挥重要作用，正如它在选举中取得的成功往往在获得财政补贴之前。纳粹党的支持和同情者愿意在经济困难的情况下做出物质方面的牺牲，这是民族社会主义宣传机器得以扩张的决定性前提，在国内紧张局势加剧的背景下，纳粹党具有相当大的政治吸引力。

在进行广泛的群众性鼓动的同时，纳粹党还采用了向与资产阶级右翼政党有关的利益集团渗透以及对主要是非政治性的协会施加影响的方法来扩大其潜在的支持者。[24]特别是在乡镇一级，纳粹党成功地将资产阶级协会、工匠协会和其他地方协会政治化，并将它们作为自己的传播途径。早在1930年，手工业者的组织就基本上处于民族社会主义的控制之下。这一策略的另一个特点是利用1932年老普鲁士联盟的教会选举。通过系统的操纵，原来主要由保守的乡绅名士占据的教会委员会中，三分之一的席位由纳粹党成员占领。就这些代表而言，他们努力使与纳粹党有密切联系的德国基督教徒国家教会运动在教会环境中更容易被接受。特别是在较小的社区和城镇，这种对资产阶级协会和社会机构的渗透被证明是赢得下层中产阶级以及地方精英加入党派的有效手段。

从地方层面自下而上地对国家利益集团施加影响的努力甚至具有更为重大的意义。除了1932年由特奥多尔·阿德里安·冯·伦特恩领导的德意志零售业联合会之外，国家土地联盟是这一战略最成功、最重要的例子。成立农业利益集团的建议来自农业圈层和阿塔曼联盟；1930年瓦尔特·达雷予以采纳，作为民族主义的农业专家，施特拉塞尔委托他在纳粹党的中央领导层级中设立分管农业的工作部门。达雷的出发点是，纳粹党要在中心城市夺取政权，就必须要以有效地控制农业为前提，以1918/1919年的情况为前车之鉴，避免出现粮食抵制，或者干脆将之转化为政治斗争的武器。

随着农业政治机构的建设——主要充当大区层面的荣誉顾问——纳粹党在很短的时间内在全德国范围内建立起了一个全面的线人网络，该网络除了最开始的信息收集功能以外，很快就将把农业组织和协会置于党的控制之下作为自己的目标。[25]通过培训农业顾问的手段来实现这一目标，借助于非政治性的借口，反过来对农民协会和国家土地联盟施加影响，后者在与农村人民党竞争性的防御性斗争中不得不与纳粹党结成联盟，因此对民族社会主义势力的渗透毫无抵抗能力，达雷为此还提出了"加入土地联盟！"的口号。1931年底，农业政治机构成功地使纳粹党成为普鲁士农会选举中的决定性政治力量，并使许多地区协会受其控制。结果，国家土地联盟的联邦委员会被迫接受达雷的一个亲信作为额外的主席团成员。[26]1932年3月，国家土地联盟与兴登堡分道扬镳，投票支持希特勒竞选总统。与纳粹党巧妙的宣传工作一对比，德国国家人民党及其背后的利益集团的根本弱点就再明显不过了。

组织政策上的机会主义是纳粹党夺取政权战略的一大特点，这必然使该党与资产阶级右派媾和。事实证明，资产阶级右派对民族社会主义的宣传鼓动最没有免疫力，而左派政党和中间派别基本上还能保持抵抗。从1929年起出现的民族社会主义职业协会和特殊协会网络就反映了这种趋势。除了手工业者协会外，还成立了许多职业协会，如汉斯·舍姆领导的民族社会主义教师联盟、德国建筑师和工程师战斗联盟、民族社会主义医师联盟、全国民族社会主义律师联盟、民族社会主义大学教师联盟、民族社会主义德意志大学生联盟和民族社会主义公务员劳动共同体，它们规避了普鲁士政府关于公务员禁止加入纳粹党的明文禁令。值得一提的是，受过教育的市民阶层对民族社会主义宣传也极为易感。阿尔弗雷德·罗森贝格的德意志文化斗争联盟唤起了对现代艺术和文学的怨恨，如1932年关闭包豪斯就是一个例子，尽管彼时该党还没有拿出一个统一的文化政策路线。

一份战后年代的政治文化杂志。1919年1月15日版的扉页上有康拉德·费利克斯米勒的木刻版画（柏林，艺术学院，瓦尔特·莱纳档案馆）

《狂飙》杂志举办的柏林表现主义服装节邀请卡（内卡河畔马尔巴赫，席勒国家博物馆和德国文学档案馆）

德绍包豪斯的风琴：瓦尔特·格罗皮乌斯和拉斯洛·莫霍利-纳吉出版的《建筑与设计杂志》1928年第一期的扉页，基于赫伯特·拜尔的草稿（柏林，包豪斯档案馆）

尽管纳粹党对中产阶级成员特别有吸引力，但它在资产阶级协会系统中的地位并不特别强大。通过极端的反犹主义鼓动脱颖而出的中小企业斗争联盟，成员主要局限于小企业主和小商贩，他们把自身面临的经济困境归咎于大企业资本的发展，认为这背后当然不乏犹太资本的身影。纳粹党没能成功地将最初试图合作的德意志民族商业雇员协会拉入它的阵营，尽管在它组织的雇员中，有很大一部分是亲纳粹党的。汉斯·贝希利和马克斯·哈伯曼领导的这个协会并不准备跟随希特勒正面反对布吕宁内阁，也无法克服对纳粹党的不信任，他们始终认为纳粹党不过是一个"打扮得年轻些的德国国家人民党"，所谓工会利益只不过是他们的借口而已。[27] 尽管这个协会最初明显带有反犹主义色彩，强调民族主义倾向，但它并没有让自己被编入纳粹党一体化的组织网络中。

　　与其说是在国家协会层面，倒不如说是在资产阶级协会和利益集团的地方层面，纳粹党的势力成功地打入了资产阶级政党的地盘。除了天主教地区之外，对资产阶级协会的系统性渗透被证明是非常有效的。该党往往能够通过中产阶级利益集团——其中大部分主要不是以政治为导向的——赢得地方乡绅名士，从而吸引广大中产阶级选民群体。这主要适用于那些倾向于反对大企业和康采恩的中产阶级，如手工业者和小企业主，他们认为自己的利益在德国人民党和德国国家人民党那里没有得到充分的体现。[28]

　　另一方面，纳粹党难以渗透到雇佣工人的阵营当中。该党的左翼力量，自1928年以来一直在努力建立民族社会主义工会运动。[29]然而，这遭到了希特勒的公开抵制，他担心自己的工会与自由工会以及基督教工会相比会完全处于毫无前途的少数地位，这就会在宣传鼓动上产生消极影响，这种担心并非没有道理。此外，希特勒希望得到经济界的支持，出于战术上的考虑，也就不想由于工会方面的一些举措而疏远了它们。尽管如此，希特勒最终还是允许建立一个民族社会主义企业小组组织，该组织最初仅限于大柏林地区，从1931年起扩展到整个德国领土。在瓦尔特·舒曼和莱因哈德·穆霍的领导下，该组织复制了由德国共产党开发的企业组织原则。

企业小组组织主要打入了中小型公司和公共事业企业，如德意志全国铁路公司，偶尔也能进入像西门子这样的大公司。在1931年的企业职工代表选举中，它获得了12%的工人选票，而在白领中的反响更大，达到了25%。企业小组组织最初的任务是在现有的工会机构中进行民族社会主义宣传。然而，这些机构成功地抑制了企业小组组织的渗透企图；这与在企业层面代表工会利益并参与罢工行动之间并不矛盾。与德国工会总联合会的580万工会会员相比，企业小组组织只处在一个很次要的位置，到1932年底它最多也不过只有30万会员。然而只要它坚持工会的方向，就会在组织上取得相当大的进展。

尽管内部立场斗争持续不断，但是企业小组组织还是成功地打入了产业工人队伍当中，这方面的努力也得到了民族社会主义新闻舆论造势的有力支持，他们鼓吹并营造出该组织是单方面站在工人一边的印象。在柏林尤其如此。戈培尔主编的《进攻报》在反资本主义的基调上与奥托·施特拉塞尔的《柏林工人报》以及斗争媒体的其他机关并无不同。它一贯支持劳工斗争，并为1930年柏林金属工人的罢工进行辩护。在国会中，纳粹党为失业者争取慷慨的财政援助，并与社会民主党和德国共产党一起投票反对进一步削减失业保险金。为了争取让工人更多分享利润以及共同拥有企业所有权，戈培尔又重新拿出了施特拉塞尔1926年时的方案。

同样，尽管希特勒试图接近大工业企业，但纳粹党仍然保留了反资本主义的话术，这种话语体系在攻击大企业和股市投机行为的同时还带有明显的反犹主义特征。1930年深秋，纳粹党的议会党团还提出了戈特弗里德·费德尔的伪社会主义的老一套，如要求将大银行国有化，禁止股票交易，将贷款利息限制在5%，含1%的赎回，以及没收

突袭失业者。马格努斯·策勒的水彩画，1929年（柏林，国家博物馆）

战争、通货膨胀和不正当的股票交易利润。工业界对纳粹党的这种看似越来越接近于共产主义思想的民族社会主义倾向极为担忧。这构成了后来亚尔马·沙赫特和重工业利益的代表们努力以建设性的方式影响纳粹党制定经济政策方案的背景。[30]

　　纳粹党的这套反资本主义话术却并没有被有组织的劳工群体所接受。并且，当纳粹党将德国共产党和社会民主党视为其主要竞争对手，自相矛盾地坚决不与它们达成妥协时，它就更不可能赢得工人群体了。约瑟夫·戈培尔作为大柏林地区的大区长官，有计划地努力打破"公社"的统治，这无疑也是为了打动资产阶级的同情者，通过反对共产主义来为纳粹党动员中产阶级。通过组织冲锋队在工人阶级社区示威游行，戈培尔试图诋毁德国共产党在群众眼中的形象，并挑起暴力反抗。尽管有普鲁士警察部队的干预，柏林纳粹党组织也一再被禁止，但还是定期与红色前线战士同盟，偶尔与国旗团发生大厅和街头战斗，甚至经常出现死亡和重伤的情况。戈培尔以玩世不恭的态度推动暴力的升级，最终在纳粹宣传中单独挑出冲锋队小队长霍斯特·威塞尔的事迹可谓登峰造极，甚至以他命名了歌曲。尽管威塞尔是在柏林的一次拉皮条事件中受了致命伤的，但戈培尔却在纳粹报刊上将这个一事无成的大学生包装成了运动的烈士大加赞扬。

戈培尔想在争夺柏林的斗争中出人头地的野心和他在斗争中的不择手段，导致了他与施特拉塞尔集团不可避免的冲突，很快这种冲突就上升到了政治上的方向之争。后来的东普鲁士大区长官埃里希·科赫受奥托·施特拉塞尔启发发表了一篇文章，班贝格会议以来存在的竞争关系就演变成了不可调和的敌对情绪。科赫当时首次担任战斗出版社的编辑，他用一篇带有反犹色彩的文章暗讽戈培尔的瘸腿，从而戳中了他的痛脚。如果没有柏林大区长官的有意挑动，战斗出版社和慕尼黑党的高层领导之间的矛盾很难像1930年初夏那样尖锐地爆发出来。战斗出版社的编辑们毫不掩饰地对希特勒决定与胡根贝格和泽尔特一同参与反对杨格计划的全民公决表示不赞同。他们认为此举不过是一起有利于大资本的肮脏的政治交易。

甚至在这之前，纳粹党关于是否在图林根和萨克森参与政府执政的问题上也出现了根本性的立场分歧。[31]这两个邦当中，纳粹党都扮演着影响天平的关键少数的角色。当时，前海军上尉赫尔穆特·冯·米克领导的萨克森纳粹党向社会民主党和德国共产党提出了联合政府的提议。虽然这一切是在党的领导人知情的情况下进行的，但后者仍然迫使米克撤回了提议，最终米克以退党作为回应。与同情左派、反对纳粹党全国领导层的意愿，并努力支持萨克森金属工人罢工的战斗媒体相比，希特勒主张与资产阶级政党联合。当萨克森的联合执政谈判还没有结果时，1930年1月，希特勒决定纳粹党加入图林根邦政府。威廉·弗里克担任内政和国民教育部长期间，图林根邦发展成民族社会主义争夺权力战略的实验场地。

奥托·施特拉塞尔周围的团体自1929年以来在具有社会革命倾向的年轻纳粹党活动家当中得到了越来越多的支持，这让他们无法原谅这种违反原则的行径。然而，希特勒如果不是出于战术上的考虑，就一定会让党内上演的冲突不了了之。彼时，纳粹党退出了德国全民公投全国委员会，希特勒通过小心翼翼地接近布吕宁内阁，从而在政治上孤立胡根贝格领导的德国国家人民党派系。奥托·施特拉塞尔坦率地反对希特勒摇摆不定的策略。1930年5月底，在柏林与党内领袖举行的为期两天的会议上，双方的立场没有趋于一致。施特拉塞尔要求纳粹党明确做出有利于社会主义纲领的选择，希特勒则对工人阶级发表了冷嘲热讽的言论，说他们只想要"面包和游戏"，"丝毫不能理解任何理想"。[32] 马克斯·阿曼和鲁道夫·赫斯也参加的这次会议最终以希特勒的极度不满而告终，他无法忍受施特拉塞尔的批评性的反驳意见，但又犹豫不决，直到施特拉塞尔拿出一本题为"部长的交椅还是革命？"的小册子毫不掩饰地挑衅他。然后他授权戈培尔将"破坏分子"从党内驱逐出去，以免党沦为"无根的文人和混乱的沙龙布尔什维克分子的辩论俱乐部"。[33]

甚至在奥托·施特拉塞尔1930年7月4日发出呼吁"社会主义者要离开纳粹党！"之前，戈培尔就通过大规模部署冲锋队，将施特拉塞尔的支持者推到了一个无望的防守位置。[34] 格雷戈尔·施特拉塞尔最终退出了战斗出版社，并公开表态反对他的兄弟。奥托·施特拉塞尔的重要支持者，其中包括雷文特洛伯爵和埃里希·科赫，都拒绝追随他。因此，由他创立、后来在"黑色阵线"中得以延续的"革命的民族社会主义者战斗团体"中仅剩下数百人。如果格雷戈尔·施特拉塞尔宣布与反对派团结一致，情况也不会有什么差别。他与兄弟奥托早就疏远了一段时间，此时甚至还指望能够接管萨克森的内政部。从战术上看，奥托·施特拉塞尔与希特勒的公开决裂是完全错误的举动；因为这样做反而使希特勒有机会作为温和与合法的保证人出面，这将有利于该党在即将到来的国会选举中获益，同时也有利于希特勒一再提出的要和大工业企业搞好关系的战略。

施特拉塞尔冲突的背景，以及戈培尔进行的迫使奥托·施特拉塞尔的支持者辞职的纪律干预的借口，是由他们与最初在图林根形成的社会革命民族社会主义者团体之间建立的交叉联系构成的。这股得到了"右派左翼人士"支持，并吸收了自由青年运动元素的潮流以建立一个"从左到右的青年反资本主义阵线"为目标，他们试图用一个新的集结运动取代纳粹党，该运动将由各种社会革命团体共同组成，意味着一种汉斯·策雷尔所谓的"第三阵线"愿景的左翼变体。[35]恩斯特·尼基施谴责希特勒是"德国的厄运"和"政治信用的大骗子"，他所宣扬的"青年战胜政党"和通过思想的力量来实现所谓革命复兴的神话在民族社会主义群众组织的凝聚力和对希特勒的盲目崇拜面前一败涂地。彼时，对希特勒的个人崇拜已经远远超出纳粹党的圈子，而成为一个决定性的社会心理因素了。

奥托·施特拉塞尔早在1929年8月出版的《德国革命十四论》中就涉及了恩斯特·尼基施和民族布尔什维克宣传的策略。希特勒倾向于尽可能地推迟做出抉择，这是希特勒本人的特点。他与奥托·施特拉塞尔的公开冲突直到1930年夏天——得到戈培尔的大力支持——才变得不可逆转。奥托·施特拉塞尔的支持者没有意识到，与革命社会主义者的希望相反，希特勒一直试图避免建立一个反对资产阶级右派的单边阵线。从参与资产阶级联盟的意愿中，他们看到了对党的反议

1929年8月，纳粹党在纽伦堡召开第四次代表大会：阿道夫·希特勒在
前往文化中心的路上

会取向的背弃。希特勒在组建哈尔茨堡阵线后又再次与德国国家人民
党保持距离，然而与德国国家人民党的结盟被看成是对他自己原则的
背叛。康拉德·海登在评论这些事件时说，9月14日，民族社会主义
的真正历史已经结束了。[36]纳粹党直到那时为止只是得到公民投票支
持的权力地位正逐步扩大，其中包括参与执政的手段，但这并不意味
着他们放弃了宣传中提到的"民族革命"。

　　尽管奥托·施特拉塞尔周围亲密的支持者们纷纷离开，但在党
的宣传中直到1933年1月30日左右一直存在着在亲资本主义和亲社
会主义路线之间举棋不定的问题。同时，与早期斗争形态相比，运动

的社会性质也无可置疑地发生了逐步的变化。这一点至少在党的青年团体的风格和外表改变上是明显的。在其创始人库尔特·格鲁贝尔的领导下，希特勒青年团赋予了自己突出的无产阶级特征，并试图以此吸引工人阶级的青年。1931年，民族主义大资产阶级文学家巴尔杜尔·冯·席拉赫在把施特拉塞尔的追随者威廉·滕佩尔赶出民族社会主义学生联盟领导层后，取代了他的位置。在席拉赫的领导下，希特勒青年团复制了自由青年联盟那种受过教育的资产阶级的外部风格。同样，民族社会主义学生联盟也适应了现在盛行的资产阶级体面的趋势。尽管进行了这些修正，民族社会主义青年组织并没有达到接近天主教或社会主义青年协会规模的水平。候鸟运动传统中的自由青年联盟运动由于其军事化倾向遭到了公开拒绝。[37]

矛盾的是，自1929年春天以来纳粹党党员数大幅增加，并在选举中取得越来越大的成功，恰恰不是由于对其纲领性目标的清晰描述，而是由于用机会主义的方式适应了当时主流的潜在的抗议力量。全国宣传领导层有意识地调整其选举宣传，以争取摇摆不定的选民、年轻选民和放弃投票的选民，而这些人恰恰根本不在对纳粹党有着很大免疫力的产业工人群体之中。希特勒的公开露面也遵循同样的动机；他总是设法适应各方的听众及其既有的刻板印象。在1929年之后纳粹党取得突破性成功的几年中，它的宣传很大程度上是基于对社会怨念的有效动员，它的宣传方式也是将选民的希望直接鼓吹为选举承诺，而从不考虑其实际的可行性和相互的不相容性。

同时，纳粹党也从民众日益普遍的反感政党活动的情绪中获益。保守派刻意培养了这种情绪，并通过"政党的官僚主义作风"和"政党斗争"这样的口号体现出来。通过全面否定魏玛国家制度，纳粹党试图将自己打造成现有"体制内政党"的基本替代选项。纳粹党将其他竞争对手诋毁为势力庞大的社会利益集团的提线木偶，同时，它把自己描述为人民运动，专门为"人民共同体"的福利服务，并决心恢复全民族的"符合意愿的统一"。只要它一天不需要通过参与议会来兑现向选民许下的空头支票,这种宣传策略就能一直取得很大的成功。

与资产阶级政党当然也包括社会民主党相比,纳粹党的优势在于它是一个年轻人的政党,因此,它为了宣传会毫不犹豫地动员当时影响力巨大、传播广泛的青年偶像,并将其与所谓的"民族觉醒"以及莫勒·范登布鲁克宣称的"青年人民的权利"的神话挂钩。[38] 这样的操作使纳粹党更容易从20世纪20年代末以来日益爆发的代际间紧张关系中获利。尽管意识形态比较落后,但由于对新的技术手段持开放态度,纳粹党以反资产阶级秩序的观念和它展现出的活力,特别对年轻人有很大的吸引力。此外,由于纳粹党在各个党组织层面设立了大量荣誉职位,从而给了那些在日常生活中失败的人一个补偿性的上升机遇,这也让人们对纳粹党趋之若鹜。

纳粹党的领导层主要由现役军官或大战时的前线士兵组成,他们的年龄在35岁至40岁之间。[39] 1925年后,加入运动的骨干和成员的平均年龄又有所下降,但在1927年后又有所回升;1932年时为31岁。与国家人口平均分布相比,纳粹党党内18至20岁的男性成员的比例明显过高,这还是在20世纪20年代年轻人在人口分布占优势的背景下做出的统计。女性党员数在1932年时占总人数的7.8%,比其他政党的比例还要低一些,但她们的平均年龄则要高得多。

纳粹党对正处于职业生涯初期的年轻人有很大的吸引力。在年轻的党员中,工人的比例很大。他们中的许多人由于结构性失业问题根本没有找到过工作,也就因此从来没有接触过工会组织。1930年后,随着上层中产阶级成员的进一步加入,党员的平均年龄略有上升。纳粹党特别是其冲锋队的年轻化营造出了有影响力和战斗力的朝气蓬勃的形象,这就与魏玛共和国时期其他政党由于普遍老龄化而形成的沉沉暮气形成了鲜明对比。至于议会中的政治精英们的情况就更是如此了。纳粹党的选民来自几乎所有年龄阶层。该党甚至在退休工人和单身家庭主妇中亦取得了不小的成功。对于这部分选民来说，投票支持纳粹党就是对通货膨胀和经济危机带来的社会挫折的抗议，因为经济危机造成了养老金的严重削减。

纳粹党的另一个特点是成员的流动性异乎寻常地高，这一点只有德国共产党与之有一定相似之处。一方面该党自1929年以来在组织上的独特发展方式导致了这一点；另一方面，它也体现了一种结构性特征。按照它自己的说法，纳粹党并不像大多数魏玛政党那样代表特定集团的利益；相反，它动员了不断变化的社会群体，并且自从在中小城镇得到成功之后就从根本上变更了它的选民形象侧写。1928年秋天，它的成员尚不超过9.7万人；到1933年1月30日，这个数字就上升到了74.6万，并且还需要把这背后存在的很高的党员轮换率一并考虑进去。截止到夺取政权的时候，纳粹党失去了一半以上在1930年之前加入的党员，而1930年以后加入的党员则有三分之一多后来又退党了。所以说，1932年秋季之前的高速绝对增长掩盖了同时出现的大量党员流失情况，这表明它是一个组织上极不稳定的实体，只能通过滚雪球一样增长的方式来维持自己的存在。纳粹党的核心成员几乎从来没有超过30万人。而只有通过成功上台执政，才有可能将1931年以来涌入的大部分成员真正纳入其中。

党员的情况如此，纳粹党的选民情况亦是如此。该党在选举结果中超常发挥，1930年9月获得了18.3%的选票，1932年7月，选票份额就猛增到37.3%，然而，表面的繁荣掩盖了一个事实真相，那就是1933年之前它无法成功地留住选民。选举不断地连续进行，纳粹党每次都会失去此前约五分之一的选民，然后再通过从德国国家人民党、德国人民党和资产阶级诸利益党派及地区党派那里新获得的收益来弥补这一损失。1932年11月的国会大选中，纳粹党遭到惨败，主要原因有两个方面，其一是由于失去了许多农民选民，他们在7月份时曾投票给纳粹党，这次又倒戈相向，投给了德国国家人民党；另一方面，由于不参与选举的人数大量增加，这导致纳粹党遭受了更大的损失。归根结底，最重要的问题在于支持者的高度异质性产生的消极影响已经显现。该党要想保持其胜利果实，就只有通过永不止息的动员工作并营造出一种普遍的危机感来防止选民真正认清现实。[40]

纳粹党自1929年以来的崛起之路主要排挤了资产阶级中间派政党的生存空间，当然也对德国国家人民党和资产阶级诸利益党派和地区党派造成了冲击，它们的选票储备主要是由前德国国家人民党选民组成的。资产阶级中间派系的解体主要是由"老"中产阶级经济衰弱造成的，他们最晚从战争开始就处于失败的一方，尤其又受到了恶性通货膨胀和货币极端贬值的严重打击。其中包括广大手工工匠、中小业主、商人和中型企业家，他们中越来越多的人与纳粹党越走越近，而在纳粹党的支持者中，个体户群体的比例一直很高。随着农业危机的影响越来越大，家庭农场主也加入进来，他们觉得德国国家人民党不能完全代表他们的利益。然而，纳粹党在小城镇和农村市镇取得了比在大城镇更大的成功。在居民少于5000人的市镇中，它获得了50%的选票，而在大城市和人口密集的城市群中仅获得了不超过40%的选票，远远低于其全国总份额。但与其他竞争的党派相比，这一选举结果还是能够在很大程度上掩盖当时巨大的城乡对立。

此外，大城市选区与中小型城镇以及农村地区之间的差距也被明显的教派差异所掩盖。在新教地区，纳粹党通常有高于平均水平的选举结果，这与新教地区教会明确的民族态度有关。此外，该党还能出于自身的目的动员德意志基督徒的全国性教会运动。相反，在天主教地区，纳粹党的情况就比较糟糕。一方面，在这里中央党和巴伐利亚人民党有着高度凝聚力，另一方面，神职人员一开始就对民族社会主义"世界观"的反基督教倾向明确提出了保留意见，这导致了信奉天主教的人不愿意接受民族社会主义。因此，与新教地区相比，纳粹党只在少数情况下才能渗透到天主教地区的公民协会和社团网络中。依靠这一网络是纳粹党在德国北部广泛传播并取得成功的重要方式。

尽管纳粹党做出了种种努力，但它在左翼政党的阵营中并未取得任何值得一提的进展，虽然选民人数有所增加，但从1930年起左翼政党的总支持率并没有进一步增长。[41]人们经常猜测存在从德国共产党退出再加入纳粹党的风潮，其实那不过是为数不多的一些知识分子。与德国共产党不同的是，社会民主党的一些边缘选民实实在在地转投了纳粹党；转而倒向纳粹党的选民中，大约有十分之一是曾经的社会民主党选民。纳粹党不断声称它也是一个工人阶级的政党，但这种说法只在非常有限的范围内是正确的。工人党员的比例仅为28%，大大低于他们在国家就业总人口数中的比例（46%）。诚然，在经济危机期间，工人党员的比例又上升了4%，但这些人主要是具有浓厚中产阶级倾向的工人群体。纳粹党尤其在受雇于手工业和小型企业的工人、社区机构和企业的雇员以及农业工人中取得了相对成功。而它成功接触到产业工人的时候，则主要是年轻的长期失业者，他们在冲锋队中有了自己的活动空间。

尽管各个职业群体和教派中对纳粹党的喜爱程度各不相同，但它却能在很大程度上掩盖阶级和教派之间的差异。从1932年春天开始，所谓的"公车效应"帮助纳粹党在所有的社会群体中都取得了不俗的进展。[42]通过渗透到作为资产阶级政党存在基石的利益结构之中，纳粹党能够越来越多地打入资产阶级名流的阶层当中，从而消除这些人对主要来自中小资产阶级的民族社会主义分子一直以来有所保留的态度。为数众多的精英成员决定支持纳粹党的原因不是因为他们共情该党，而是因为他们被希特勒的个人魅力所吸引，甚至他们相信希特勒有能力完全废除政党制度。事实证明，对元首的个人崇拜在吸引上层阶级人士方面异乎寻常地有效。1932年11月，妇女的投票份额已经接

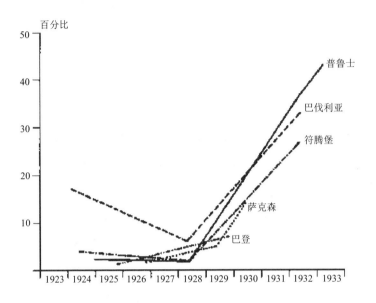

百分比

普鲁士
巴伐利亚
符腾堡
萨克森
巴登

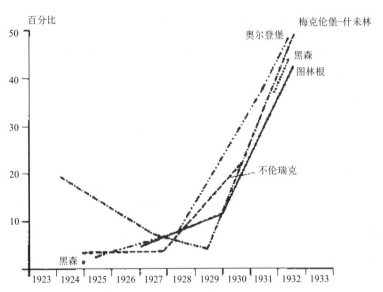

百分比

梅克伦堡-什未林
奥尔登堡
黑森
图林根
不伦瑞克
黑森

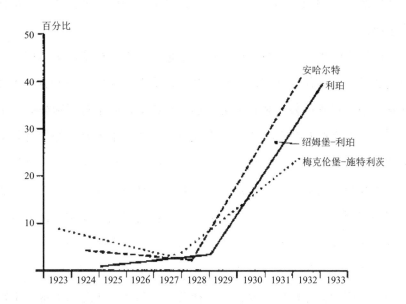

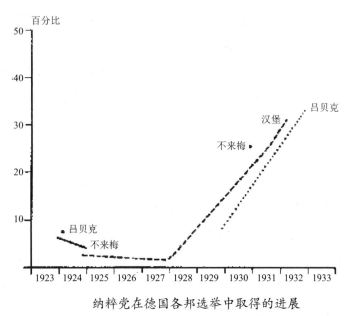

纳粹党在德国各邦选举中取得的进展

近男性选民的投票份额，同在妇女群体中一样，纳粹党在当下的选民群体中遭受了相当大的损失，该党在社会上层的同情者投票时显得犹豫不决。

纳粹党吸引公务员时巧妙地利用了他们的不满情绪，承诺恢复专业公务员制度并保证他们的既得权利。这成功地让大量公务员加入其阵营之中。尽管普鲁士禁止公务员加入纳粹党，甚至对个别公务员予以训斥，然而在1933年之前，公务员在纳粹党中的人数已经超过其实际比例。与他们相比，"新"中产阶级的其他人群远没有那么容易受到民族社会主义的选举宣传活动的影响。这种现象说明，正是那些在主观和客观上受到社会衰退威胁的社会群体会投向纳粹党，公务员的表现就非常能够说明问题。一个非常值得注意的事实就是，纳粹党中大多数职能部门的负责人，甚至核心领导团队成员都来自中产阶级，他们要么职业前途破碎，要么存在社会地位问题，如海因里希·希姆莱、约瑟夫·戈培尔、赫尔曼·戈林和莱因哈德·海德里希都是很好的例子。冲锋队的领导团队在很大程度上也同样对社会充满怨恨，而这正是纳粹运动的真正源动力。此外，早期还出现过上层阶级的叛逃者。其中最突出的代表人物是普鲁士王子奥古斯特·威廉，他在1930年加入了纳粹党，并很快在冲锋队中担任了高级职务。[43]

纳粹党比其他任何政党都善于以跨阶级社会运动的面目出现，并最成功地拉平了社会鸿沟。虽然每个选民之间有着天差地别的个人利益，但首先是对不可容忍的社会和政治条件的抗议让他们团结在了一起。如果说纳粹党员的社会构成让它更接近于一个理想中的全民党，那也只是在消极意义上。因为该党在任何时候都不可能让它的支持者共同致力于一个积极的方案。同样，它也不可能希望在完全自由选举的条件下获得绝对多数的选票。到1932年7月选举时，已经可以看出纳粹党存在的问题：在其传统势力范围只取得了非常微弱的进展，而在本来是其重要票仓的农村和城市下层中产阶级中却遭受了损失，正是通过渗透到社会中上阶层，并充分利用了迄今被人们忽视的地区的机会才弥补了这些损失。希特勒极力宣扬的关于运动的增长呈现不可阻挡之势的神话与现实并不相符，格雷戈尔·施特拉塞尔对此洞若观火。1932年上半年对选民进行了极端高密度动员；此外，纳粹党在这期间取得的选举成果也产生了充分有效的累积效应，在这样的情况下，才有可能暂时赢得三分之一以上的选民支持。

民族社会主义运动自身具有刻意人为以及典型的法西斯主义特征。它单纯地把增长作为追求的根本目的，当它对支持者的长期动员的潜力消耗殆尽时，这种特征就会暴露无遗。这种情况出现在了1932年底，并以严重的党内危机形式表现了出来。格雷戈尔·施特拉塞尔决定走与资产阶级右派进行建设性合作的道路。而希特勒则僵化地坚持所谓迄今无可否认的成功理念：放弃任何有利于既有政治集团的选择，并以对既有秩序坚决不妥协的反对者的面目出现。希特勒孤注一掷的豪赌最终成功了，这其实与选民意见的变化无关，尽管人们如此解读了1933年1月13日利珀选举的结果。此时他就像弗朗茨·冯·巴本一样，如果再不能成功地打破日益危险的政治孤立状态，并通过接管政府来向支持者展示显而易见的成功，他就不敢再冒任何新选举的风险。希特勒感觉到，最终这场赌局取决于他和他的对手谁拥有更大的心脏。事实上，他们并不敢把纳粹党带进一场公开的选举活动，它在变化的情境中会以一场惨败而结束。

元首崇拜对这些年来的选举运动具有核心意义，它也缓和了职能精英对纳粹党采取的保留态度。如果没有中产阶级，特别是高级公务员阶层的参与，使纳粹党取得1932年7月31日选举结果的累积效应就不可能发生，即使这一结果也远未达到期待中的绝对多数。德国当时保守的领导层出于对社会民主党和德国共产党的偏见，转而选择了纳粹党——这种情况甚至在反对杨格计划的全民公投之前就已经多次发生了——这决定性地促成了这样一个事实：尽管纳粹党甚至连一个自洽的纲领都拿不出来，它还是被高级军官团和总统制的代表们视为一股充满希望和有建设性的政治力量。在大工业家们和忙碌的国家政府联络官们的眼中，希特勒适应了资产阶级社交礼仪的外在表现，似乎是在政治上驯服纳粹党的第一个成功步骤。

第十章
危机中的政府

1930 年 9 月 14 日的德国国会选举结果让海因里希·布吕宁的顾问感到震惊，但是其本人对此却表现出惊人的冷静。在这次选举中，他的内阁间接议会支持率惨败，再次证明了无法通过国会和在野党执政。然而，政治知识渊博的人士预计海因里希·布吕宁将追求一个大联盟内阁，由普鲁士总理奥托·布劳恩作为副总理。即使是军方领导和工业部门，也有认真支持包括社会民主党在内的所有党派的危机内阁的想法。因为民族社会主义德国工人党和德国国家人民党的票数增长，通往不需要国会批准的授权法的道路已经被封锁。

回到大联盟将会带来相当大的内部政治稳定。然而，这样的举动遇到了障碍，因为议会多数仅可以通过经济党的投票获得，但该党公开向纳粹党靠拢。然而，形成联结全国和普鲁士的危机政府的计划已经在前期失败了，因为兴登堡反对了布劳恩，并对后者就普鲁士的钢盔团冲突一事追究责任，而布吕宁对此也没有兴趣。包括纳粹党在内的右翼联盟也不可能实现，并遇到了中间党派的不可逾越的阻力，对此布吕宁和右翼军队领导也是实际上不能接受的。因此，时任总统拒绝了由政治右翼强烈要求的内阁重组。

对于布吕宁来说，仍然存在的一个问题就是说服国会多数党容忍他准备已久的紧急法令，以稳定财政状况。在与中间派政党的残余势力进行的谈判中事态进展缓慢，但是在社会民主党和德国工会总联合会中却显示出一种对布吕宁意外的配合意愿，不过这并没有妨碍他在社会民主党不符合最终要求的情况下解除普鲁士联盟。在奥托·布劳恩的影响下，社会民主党国会议员决定容忍布吕宁内阁，尽管他们在竞选活动中强烈要求他辞职。对此，党主席公开为这一举措辩解指出，其他选择要么是一个权威保守的法律独裁，要么是一个用胡根贝格的内阁临时掩盖的"希特勒政权"。[1] 该党向其追随者辩称，拒绝紧急法令将导致公共财政经济的崩溃，其中失业保险将成为第一个牺牲者。

带着这些承诺，布吕宁决定与纳粹党领导层进行谈判，因为试图说服胡根贝格容忍的努力已经失败，理由是他最终的要求是解散普鲁士联盟和立即停止支付战争赔款。[2] 在1930年10月6日布吕宁与希特勒、弗里克和施特拉塞尔进行的详细对话中，就在德国国会提交紧急措施之前，时任总理披露了他的长期内外政策计划。他试图说服希特勒，在赔款问题上耐心行事，直到他计划的财政整顿呼之欲出，但是努力徒劳无功。直到布吕宁向他提出让中央党和纳粹党在各邦之间形成联盟，在普鲁士问题上给予答复，希特勒才开始变得敏感起来。时任总理理解希特勒暂时保持反对态度的必要性，并认为从外交角度来看这是合理的，同时也提供了默契的合作。[3]

在接下来的几个月里，布吕宁还与纳粹党的主要代表保持着非正式和绝密的联系，但没有说服他们的党领导层接受他们。同样，布吕宁内阁最终愿意在有争议的图林根警察行政部门的职位空缺问题上做出妥协，以支持纳粹党，而此前警察成本补贴已被否决。内政部长维尔特的退缩也可以用国家法院是否会将纳粹党视为"反宪法政党"的不确定性来解释。布吕宁以更调和的态度间接支持图林根民族社会主义者，其专横的人事政策遭到资产阶级联盟伙伴越来越多的抵制，以至于他们迫使弗里克于1931年4月辞职。这位总理明显对外界有所保留。尽管他在公开声明中反复强调民族社会主义宣传的前后矛盾，但他显然避免完全切断与纳粹党的联系。[4]

布吕宁对纳粹党的宽容态度与他对社会民主党的极度不信任形成鲜明对比。在这一点上，他与资产阶级右翼没有区别，现在共和国的命运掌握在资产阶级右翼手中。保守派民族主义圈子一致认为，只要有一点耐心，就可以对纳粹党进行建设性的国家政治态度教育，并让其参与民族复兴的过程。德国民族主义者汉斯-埃德曼·冯·林德艾纳-维尔道认为，他必须警示不要陷入"前几代人致力于发展社会主义"的同样错误。他的信念是：民族社会主义中包含的积极力量"必须以某种方式用于重建"。[5]军方的主要代表也有类似的想法，鉴于在可预见的未来有希望的全面征兵，他们不想失去冲锋队的"国家人力资源"。[6]在同样的背景下，人们普遍认为与希特勒相处比与固执的胡根贝格相处会更好。

布吕宁内阁在德国国家人民党、纳粹党和德国共产党提出的不信任投票中幸存下来，这要归功于社会民主党的和解，此举还避免了废除7月26日和10月6日的紧急法令。与此同时，通过对温和派政党的巨大压力，总理还是设法将德国国会休会至1930年12月3日，并在短暂的会议之后再次休会至1931年2月，尽管反对派发表了肆无忌惮的论战言论。与其说是国会谈判的影响，不如说是总理蓄意采取的策略，即在国会休会后才颁布紧急法令，将国会推向了一个可疑的选择：要么推动推翻政府，要么同意暂时停职。布吕宁倾向于后者。在12月的投票之后，他在总理府中最亲密的伙伴之一赫尔曼·平德尔指出，政府支持哪个多数并不重要，因为政府无论如何都拒绝与"丧失能力的国会"合作，只要求国会不要妨碍政府。[7]

与国家总理关系密切的人绝不认为政府独立于立法机构是一种紧急解决方案。相反，政府在其中看到了预期的全国改革。因此，布吕宁利用右翼政党和德国共产党并非完全无缘无故的阻挠倾向，大大限制了立法机关的回旋余地。1931年2月初，他迫使宽容多数同意修改议事规则，根据该规则，昂贵的法案只能与相应的保障提案一起提出。这确实成功地阻止了反对派的众多提案，这些提案的目的仅仅是煽动性的，但同时意味着对议会立法倡议的相当大的限制。

国家人民党、纳粹党和德国共产党（后者只是临时的）对议事规则的更改回应以明确的退席态度，农村人民党也随之退出。反对派的缺席使得国会的讨论具有实质性，但是这使布吕宁感到担忧，因为现在他不想要的社会政治议案可以用社会民主党和德国共产党的票数通过。此外，认为右派暂时退出将带来政治宽松是一种幻想。压力仅被转移到了议会以外的地方。这显示为1929年12月由钢盔团发起的解散普鲁士邦议会的民主请愿运动所取得的进展，该请愿运动也重新塑造了反对杨格计划的战斗政治格局。在2月举行的民主请愿运动中，"民族反对派"强制实施了一次民意决策，于1931年8月9日举行。民族主义右翼势力与德国共产党一起获得了37%的选票，支持国会解散。

右翼政党认为他们可以让时任总统对布吕宁采取行动，并促使他解散国会。在对抗政府的大肆宣传中，总理被描述为奥托·布劳恩的支持者，从某种意义上说，这是符合实情的，因为只有普鲁士联盟的继续存在才能确保布吕宁得到必要的容忍多数。德国内阁担心，对布劳恩的支持会引起兴登堡的疑虑。因此，他们断然拒绝支持泽韦林与"民族反对派"做斗争。当他通过普鲁士的行政命令强迫媒体刊登政府的官方声明，以明确说明投票的煽动性时，内阁背叛了他。这次请愿没有获得预期的票数，但并不意味着普鲁士政府永久得到了解脱，因为"民族反对派"加强了对总统的影响，抵制布吕宁和社会民主党的间接合作。

1930年夏天，总理认为失去兴登堡支持的后果并不严重。大举推翻国会和因此造成的政党影响力的中立化为其通过彻底的财政改革计划和以消除赔款的方式巩固内政地位提供了前提条件，以便随后获得设立独裁制度的宪政变革的政治权利，这其中可能包括恢复霍亨索伦君主制。总理暂时不想动摇议会制，尽管他仅将其视为一个辅助立法者的角色。紧急授权法和正常立法的关系逐渐对调，而政府通过紧急授权法实施所有关键措施。尽管这些措施仅被整合在几个政令中，但其数量大大超过了正常立法的数量。国会会议次数的减少反映了国会的颜面尽失。1931年召开了41次会议，到1932年只有13次全体会议。

布吕宁也不惜诉诸参议院来反对国会的不受欢迎的倡议，并通过奥托·布劳恩的帮助撤销了困扰他的议会决议。然而，布吕宁不愿再依赖参议院，并通过减少必须获得同意的法律范围来削弱参议院的临时法律制定权，因为他对不得不考虑各邦利益一事心生反感。同样，他也没有及时通知参议院即将提出的法律议案，而通常是在事实已成的情况下向其提出而已。尽管联邦参与权和重要政治问题中出现的利益分歧受到了限制，但各邦内阁与国家政府的团结仍然占了上风，因为它们和全国政府一样面临着不断增长的议会反对力量的压力。

随着人民代表机构和政党的影响力逐渐减弱，总理与党派领导人的会议也变得越来越少。同样，行政机关的权力也增强了。部长官僚机构在立法过程中获得了不受限制的关键地位，特别是因为布吕宁故意以抽象的法律术语制定行政法规，以加大公众反对的难度。最后，没有行政法律专家的帮助，越来越多的紧急法令已经无法理解。这个趋势表明，各国务秘书，尤其是赫尔曼·平德尔和汉斯·舍费尔具有的政治影响力大大超过了部长。同时，国务秘书库尔特·约埃尔顶替了离任的司法部长维克托·布雷特，并在紧急授权法的适用范围方面享有主要发言权。

总统制度的内部膨胀过程也表明了起初的对依靠紧急法令来理政的担忧正逐渐消失。比如官员的薪酬过去被认为是不受紧急法令管辖的事物。慢慢地，政府甚至通过紧急法令对邦的主权地位和市政自治权进行干涉。最初仅给予他们有限期限的有效性已经消失，就像国会预算权不得受到侵害的原则一样。当时宪政学者中的翘楚如格哈德·安许茨和瓦尔特·耶利内克，不仅是右翼国家权利学者，同时也支持扩大宪政改革和在某些方面宪政破坏的紧急授权，以至于被视为独立立法权的总统独裁权几乎不再有阻力。这种政策显示出同样的危险和短视性。巴伐利亚邦总理海因里希·黑尔德在1932年初警告国家总理，已无法阻止"其他类型的政府使用第48条的不当方式"。8

尽管宪政学说和国家法院在实质上支持布吕宁的紧急授权政策，并且仅在一些单独的问题（包括公务员薪酬）上产生分歧，但反对党对总统政权宪政破坏性的批评加剧了。纳粹党威胁将兴登堡提交国家诉讼庭，这一举措的威慑力并未减退。国务秘书迈斯纳一开始主张扩大总统紧急授权的权力，但从1931年底开始，他在内阁中日益对预定措施与宪法第48条的适用是否适宜提出了质疑，并威胁要总统对此行使否决权。随着布吕宁与议会党派的关系疏远，他变得越来越依赖于总统和支持他的政治势力，不仅包括军方的领导，还包括直接向政府部门维护自己利益的协会，而议会和党派却无法履行它们不可或缺的整合功能。

在1930年秋季，布吕宁希望利用他获得的内政行动空间进行全面的财务整顿，以实现清偿赔款的目标。1930年10月6日的紧急法令就是这一举措的第一步，此政令导致了社会福利和公务员收入的显著减少，以及公共投资的显著降低。布吕宁在财务问题上最亲密的合作伙伴、国务秘书汉斯·舍费尔希望通过这种方式和李-希金森银行提供的1.25亿美元的贷款熬过1931年4月到期的预算年度。从年中开始再次加速的经济萎缩，使得国家的收入落后于支出，因此必须采用的外国借款，特别是危机补助金的支出大大超过了预期。

基本上，这一步已经违反了布吕宁追求的战略。李-希金森银行将授信与遵守杨格计划并在国会上通过偿债法的条件视为具有关联性。布吕宁决心减少德国的境外债务，并至少将公共资产整合。因此，他努力将德国的借债在一定的范围内缩小。然而，尽管敏感的预算缺口仍然存在，且已显著扩大，但由于外国信贷与政治条件有关——即必须与法国达成推迟赔偿问题的协议——因此无法再通过外国信贷来填补这些缺口。这让布吕宁更坚定了不再更多地依赖外国财政援助的决心。总理拒绝了德国经济自给自足的想法，这种理念由大农业集团代表、由纳粹党进行宣扬，并被沙赫特出于战术考虑而接受。他同意了德国工业联合会的观点，认为只有扩大自身出口才能使德国重新恢复其原有的地位。即使他试图减小德国对外国的信贷依赖，但动机是避免出现1929年的情况，所以他认为政府不得全盘接受协约国的条件。

不过，布吕宁走得更远：他打算将外债转化为战术武器，以实现免除赔款的目的，并使"人民成熟，以解决总体问题"，这包括修订《凡尔赛和约》。[9]如果有一个不债台高筑、对危机有保障的国家预算，以及高度负债但功能良好的经济，那么德国将无法同时承担筹集赔款、偿还国外借款和利息。将私人债务与赔偿义务对抗的想法主要针对法国，而法国只拥有德国的商业信贷的很小一部分，却是主要的赔款债权人。德国的私人债权人不可能像1924年以来那样，对海外借款主要用于赔款的情况感兴趣。如果缺少这样的借款，赔款的转移只能通过扩大德国出口达到倾销的程度来确保，这对国外信贷人也如同鸡肋。

布吕宁的意图是通过广泛推进的紧缩政策，同时减少公共预算的内部债务。在他认为是国家自然责任的最节俭预算管理下，可以拒绝协约国无理苛责德国故意阻碍偿还赔款的意见。他认为必须减少税负，以恢复德国工业在国际市场上的竞争力。此外，布吕宁旨在利用经济危机降低工资和价格水平，在偿还结束和度过危机后，通过马克贬值来填补缺口，并为全面的德国出口攻势创造条件。布吕宁在1930年10月初向阿道夫·希特勒解释了他的计划：勇于承担内部牺牲的国家将"处于领先地位"。[10]

在正常的经济情况下，布吕宁固执地追求单线策略的风险就已经相当大了。全球经济衰退对德国的影响使得这些风险更加增大。然而，他最初在内阁内部和面对工业利益团体时都能维护自己的地位。其中一个原因是，这场毁灭性的经济衰退使失业率急剧上升，私人投资活动也停止，在工业界以及工会和公务员团体中引发了深刻的绝望，而布吕宁表现出的坚决和最初实际存在的决心与其他人形成了鲜明的对比，他被认为在努力克服危机的同时，在他力所能及的范围内竭尽全力。然而，只是在一定程度上是如此。他确实同意了当前占主导地位的国民经济学观点，即不可能通过其他方法来对抗经济萎缩的危机，只能通过通货紧缩的手段来对抗。他也确信，这样可以加速衰退的低点过去。但是布吕宁不是一个坚定的通货紧缩主义者，他的财政和经济政策并不是以打击危机为目的，而是以清偿赔款为目的，他认为赔款对世界经济危机的发展负有部分责任。[11]

在经济界中，最初的倾向是将1930年下半年才全面显现的经济衰退归因于内生因素，特别是过高的税收负担和社会开支，尽管在1929年外部经济仍然稳定时，投资热情下降和储蓄增加已经是经济衰退的明显信号。在布吕宁采取降低价格和工资的措施之前，价格就已经开始下跌，但是价格下跌仅仅延迟影响了垄断产品，而由于政府的支持措施，农产品价格反而有所提高。大工业主要将经济衰退归因于社会政策的失误，并决心通过它来降低成本。

慢慢地人们逐渐意识到，这场危机匀速蔓延；它所引发的收缩性影响，不能通过降低工资成本和税收来缓解，并直接威胁到许多企业的存在。工业生产按1927/1928年的最高水平下降了43%以上，钢铁生产下降了65%。鉴于国家银行的货币政策和对美国资本市场的依赖导致的异常高的信贷利率，投资活动实际上停滞不前，而折旧额最终大大超过了新投资的资本。[12]

尽管危机的国际性很快初露端倪，但布吕宁最初与工业领导组织一致认为，他应该坚持自己的财政和经济政策，暂时不考虑国际合作。[13]他有意降低生产成本的计划因经济衰退而得到了促进。他固执的通货紧缩政策被工业界和工会视为应对危机的唯一手段。因此，内阁的利息压力初步减少，但这并不适用于农业补贴的要求。然而，税收减少和支持长期失业者的开支迅速增加使这些政治优势不够弥补。尽管减少了全国、各邦和地方的公共支出与投资，但实际上公共支出的缩小不超过17%，而非生产性支出对生产性支出的占比迅速增加。最终，国家政府不得不强制增加经济的税收负担，这与由于货币政策原因保持高利率共同产生了更多的收缩影响。

人均国民收入在1929年至1932年间名义上下降了41％，如果不是为了对东欧大农业的政治考虑而导致经济上不可接受的支持措施，经济很难这么快就经历如此的下挫。这些政策导致了危机的主要负担被转移到了工人阶级和中小商业中间层，而农业和资本财富的收入平均只减少了大约三分之一，这既归因于农业保护政策，也归因于大工业的税收优惠。因此，危机引发了一次剧烈的收入再分配过程，对工人阶级、下层中产阶级（包括退休金和社会救助接受者）产生了不利影响，而这种程度的经济政策并无必要。

对于知情者而言，布吕宁的危机政策导致的再分配效应在1930年底使可见端倪，因为它迎合了工业和农业利益团体的愿望。然而，经过社会统计学处理的阶层转移过程并不是一种先进的经济和财政政策的结果。对于德国政府来说，危机的影响和其规模完全出乎意料，主要表现为布吕宁财政和赔款政策的实施过程中的干扰因素。面对不断减少的税收收入，财政预算的弥补已经成为一场日益虚幻的与时间的竞赛。尤其值得注意的是，威廉·劳滕巴赫在国家经济部警告说：随着公共投资的不断减小，物价下降到成本以下，这将进一步拉低经济的循环，但这一警示被布吕宁和路德忽略了。[14]他们没有意识到，只有由政府策动的需求刺激才能解决问题。

在内阁中，应对大规模失业主要是从财政角度考虑的问题。因此，诸如由专门成立的布劳恩斯委员会建议的间接和直接就业措施等政治效应着实一般，仅仅是财政稳定化的辅助战略。这些措施还与内阁推动的工资和价格下降存在目标冲突，布吕宁低估了国际保护关税政策的后果，反而希望通过此提振出口。然而，这种也被视为赔款政策上受欢迎的策略与出于政治考虑的农业补贴是不相匹配的。这些关键危机因素在1931年夏季通过银行危机加剧，使得内阁内外政策目标的最初框架分崩离析。

内阁的政治生存取决于能否至少解决初步问题，这种生存越来越倾向于独自掌握绝对的管控权力。在关税政策、银行监管、东部援助以及对外贸易方面亦是如此。政府权力的不断扩大毫无疑问意味着政府已经不堪重负，特别是布吕宁在危机应对方面无法决断是否优先考虑赔款和宪政任务。因此，政府领导很快变成了一个简明的战术辅助系统，其中长期的外交计划也成为短期内政计算的工具。尽管内外政策转变已宣布多时，但布吕宁对各利益团体的不满情绪，却采取了令人不解的策略；他也没有足够的说服力使公众相信政府有能力和意愿应对大规模贫困和经济衰退。

1931年初，由于经济衰退引发的大规模失业人数超过了400万的界限，到1932年2月已经达到610万。实际失业人数更多，因为许多未获得失业补助或无法找到工作的就业者未在官方统计中显示。临时增加的个体经营者表明，许多长期失业者在从事小买卖，以至少生存在最低生计线上。自6月份以来，失业保险金只给季节性工作者支付16个星期，而给其他工人支付20个星期，在不断扩大排除某些员工群体，特别是青年人和大部分女性从业者的情况下，这使得在失业人数最高时，失业保险盈余却有所增长，而危机援助的支出，尤其是市政当局的援助支出却成倍增加。因为持续的失业危机，德国政府出台的仅维持数周的危机援助的效果不大。[15]

在一个仍然将失业视为自责和社会耻辱的社会中，对长期失业者的情况始终没有明确的说法。主要受失业影响的大城市的困难是难以想象的，而在农村，由于工资低，情况仍然较好。绝望的人们带着"不惜一切代价寻找工作"的标语走在街上，期望以微薄的代价按小时租睡眠场所，因为他们无法支付临时的住所；他们不得不挤在当地有供暖的楼房大厅里，因为他们无法支付自己的暖气费；为了生存，他们也接受最低工资的工作；他们买不起香烟和啤酒，在无产者酒馆里羡慕那些喝酒的人，还在富人的垃圾箱里寻找可食用的东西。这样的现象是工人区的特征，可能每十个人中有一个人仍然有一个工作岗位，却每天担心失业。青年工人和女性是受影响最大的，他们申请补助金需要接受侮辱性的审查，即便这样补助金也可能被拒绝或削减。

因年龄较大的一代相继进入职场，青年人的失业率继而增加，不仅使相当一部分年轻一代陷入了生存的边缘，在极端政党的扩张下，也导致了社会激进主义。在红色前线战士同盟被禁止后，尽管德国共产党实际上屡被纳粹冲锋队的暴行骚扰，但其本身也不断成为极端主义行动的制造者。[16]"冲锋队"成为年轻失业者的会合地，他们在冲锋队的住所和通过公开筹款（即预先进行的"冬季救助"）获得了差强人意的生活条件。那些无法进入职场并因此无法加入工会、行业协会和工人协会的失业年轻人被征募到了羽翼渐丰的左翼和（主要是）右翼的民兵队伍中。与此同时，超过三分之一的劳动者面临失业，这情况削弱了工人的团结感和行动意识。大肆蔓延的无助投降心态与公开选举中的抗议行为促进了德国共产党的发展。公众要求采取措施解决大规模贫困的压力也影响了兴登堡，他反过来要求政府创造"工作和食物"。

前所未有的失业率首先对社会福利体系造成了危机。尽管失业保险的赔偿期限、索赔人群以及津贴额度受到限制，尽管随后的救济形式不断削减，社会和医疗保险的救助减少，福利事业和养老金支付缩减，失业保险与国家预算分离，然而社会救济费用与公共支出下降相比仍然大幅上升。这些费用逐渐由国家政府和保险承保人转嫁给了市镇。有关失业保险费率的争议（此时已经升至6.5%）似乎已不再重要。不过，归功于社会民主党容忍政策的是，国家政府坚持失业保险，并为国家承担的危机救济支付增加的费用。担任国家储蓄专员的卡尔·格德勒早先就认为失业保险体系已经彻底破产，并主张将生存保障原则扩大到保险救济，并将失业救助职责转交给工会作为中期任务，希望将工会改造为公共法律强制机构。[17]国家劳工部长施泰格瓦尔特彼时仍然坚持保留失业保险，尽管该举措越来越不能确保失业者的生计。

面对日益升级的大规模失业，人们不得不想到通过精心策划的公共投资来创造额外的工作岗位，希望此举能至少减缓经济衰退。在危机初期，临时国家经济委员会已经考虑了这样的想法，自1926年以来的生产性失业救助也是为同一目的而设立的。国家财政部长迪特里希公开发布了投资项目。政府在1930年夏季所做的努力仅限于国家铁路和国家邮政的额外投资，但事实证明用于此目的的资金过于有限，根本无法起到刺激经济的作用，更不用说将公共投资与价格下调挂钩了。重要的是，公共预算的削减也加速了建筑业的崩溃。国家内阁没有采纳一个由私人规划小组提出的高速公路建设项目，而是推出了一个全面的道路建设项目，该项目将通过发行海外债券来实现融资，但最终因国家银行行长的反对而失败。由于财政预算有限，最终只保留了小规模住宅计划。

在此情况下，国家内阁的经济政策主要限于通过降低工资和物价来减轻部分工业的成本危机，扩大内销和出口市场。然而，这被证明是一次危险的实验。因为政府通过法令强制调整了国内经济的价格和工资，最初是为了加速被认为不可避免的震荡危机，结果却摧毁了所有经济复苏的萌芽。企业家因为价格萎缩而失去投资意向。此外，政府无法像非标志性商品的价格那样将绑定价格进行同样程度的下调。强制降价政策遭到了强烈的批评，不仅在最受其影响的手工业和小型零售业，很快也在大工业方面，因为尽管工资大幅下降，价格最终还是低于成本。同时，政府的降价与增加消费税的政策相抵触，也包括在受到危机困扰的农业部门。价格下跌，逐渐影响到人为支持的农产品价格，不仅减少了企业家的投资意愿，而且由于越来越多的关税壁垒，也没有达到对出口产生刺激作用的预期效果。

英国政府在1931年9月决定贬值英镑的决定进一步影响了德国工业的国际竞争力，德国工业强烈要求遵循许多欧洲国家实施的贬值，但布吕宁出于军队赔款政策的原因而拒绝。在贬值问题上，布吕宁坚定不移的立场受到重工业界的强烈批评，他认为可以依靠杨格计划的规定为自己辩护，该计划要求德国保持货币的金本位，但该属性实际上在银行危机后仅部分得以保留。鉴于许多其他国家放弃了货币的金本位，尽管法国提出抵制，以英镑为先导的货币贬值仍然有可能在外交上获得通过。布吕宁希望于赔款结算后在他设想的出口攻势中实施20%的贬值。德国出口经济的下滑导致国内经济进一步收缩，严重影响了重工业产能的利用率。

在这种情况下，进一步削减公共预算没有什么意义，这必然导致对经济活动的进一步限制。越来越多的声音呼吁进行全面的信贷创造以对抗失业。[18]虽然路德和许多内阁成员不确定继续通货紧缩政策是否仍有意义，且即使布吕宁也显示出了一定的担忧，但他仍选择排除顾虑，并称刺激经济的措施必须在危机的最低点时才能实施，在此之前只能起到心理作用。因此，他反对工会和社会民主党要求的缩短工时和劳动生产政策，也与恩斯特·瓦格曼几个月来在内部提出的考虑相矛盾，直到1932年初在一次货币和信贷改革协会的演讲中他才将这些考虑公之于众。瓦格曼呼吁制订一项人工创造信贷的综合计划，不久后，这个计划被德国工会总联合会几乎不加改变地接纳为WTB计划。布吕宁强烈谴责了瓦格曼的单独行动：瓦格曼给人留下的印象是，除了通货紧缩政策外，还有其他的手段"改善我们的境况"，这损害了赔款计划。因为如果给人留下这样的印象，即在巴塞尔认可德国无力偿债之前，德国人一直在采取刺激经济的措施，法国人就会指责德国人不诚实。路德补充批评说，瓦格曼的倡议危及了行政改革和社会福利的削减，从而暴露了内阁的政治优先事项。[19]

因此，布劳恩斯委员会关于缓解失业的建议仅限于有争议的安慰措施，包括引入志愿劳动服务和微薄的应急工作。甚至关于住房补贴的狭隘的建议也遭到了工业领袖组织的反对，因为他们认为时机已经成熟，可以彻底清除住房强制经济和公共住房支持，转向住房建设的私有化了。工业界拒绝了创造就业的措施，只有在私营部门如国家铁路管理局和国家邮政没有受到影响的情况下，才会接受该措施。他们的正式理由是，这样做会妨碍预期的成本降低。德国雇主协会也拒绝了迪特里希的建议，即通过公共资金提供工资成本补贴，以鼓励额外的雇佣，因为这会导致竞争失衡。不出所料，布吕宁认为没有理由来调整他对创造就业的基本保留意见。

社会民主党和工会要推动立法，规定正常工作时间为每周不超过40小时。这一要求得到普鲁士内阁的大力支持并由亚当·施泰格瓦尔特采纳。小中型企业尤其希望通过这种方式保留核心劳动力。哈尔堡石油公司在使用每周工作36小时的四班制系统方面取得了很好的效果。同时，企业也越来越多地通过节假日轮班来减少裁员。法本公司也认真考虑了减少工作时间。该公司董事会主席兼德国工业联合会董事会成员卡尔·博世认为这很有必要："鉴于全球商品过剩和劳动力过剩以及无法长期将我们的部分人口排除在生产之外"，"减少工作时间"是唯一现实的解决方案。[20]在公众舆论的压力下，内阁决定在1931年12月的紧急法令中包含降低每周工作时间到40小时的授权，但限于减少工作时间而不是解雇。普鲁士提出的禁止解雇的提案没有得到批准。

博世要求制定法规来缩短工时，同样也遭到了重工业界的强烈反对，尽管他与工会达成一致，不采纳补偿工资政策。对外，重工业界辩称，这将导致生产成本不可承受地增加。但其内部却暗流涌动：鉴于已经下降17％的实际工资，进一步削减工资已经不可能，因为工人收入将低于最低生存标准。因此，减少工作时间不会显著减少工资成本。因此，西北集团总经理路德维希·格劳特提出了另一种建议，即在增加就业的情况下，允许压低集体议定的工资，而不是缩短工作时间。否则在工资领域降低成本是不可能的。古斯塔夫·克虏伯也敦促国家政府批准这种相当于取消工资谈判自主权的做法，但施泰格瓦尔特因顾及社会民主党和工会的意见而拒绝了。[21]

然而，内阁没有采取有力措施增加工作岗位。布吕宁批准了部分工作保障政策，但条件是其范围应尽量缩小，以便保留后续项目所需的资金。他明确表示，他同意由德国雇主协会主席恩斯特·冯·博尔西希和德国工商业协会执行董事会成员爱德华·哈姆所代表的观点，即未来的复苏机会不应被工作保障措施挤压。布吕宁认为，不应该抢走后代的工作。然而，对经济自我修复力的教条般的信仰不是决定布吕宁态度的唯一因素，甚至不是占主导地位的因素。其赔款政策即便在可以释放预算资金的情况下也拒绝额外的支出。仅在得以隐藏在现有预算中的地方，如国家铁路等国有管理机构，他才会批准有利于就业的公共政策。

通过在内部创造信贷来创造就业机会的政策会阻碍企业协会利用危机在社会政策领域进行全面调整的意图，并且会与减薪计划相矛盾。[22]其中包括将公共部门排除在集体谈判之外和降低社会保障成本。

同样，领头的企业协会毫不犹豫地使用通货紧缩论据来反驳工会、雇员和公务员协会提出的扩大大众购买力和拉动需求来应对消费不足的危机。但是，德国工商业联合会坚持通货紧缩原则，并不主要是基于教条主义的考虑，更不是因为资产阶级中仍然存在的恶性通货膨胀的创伤经历。相反，他们的主要论点是，只有通过通货紧缩的经济政策，才能实现全面的工资降低，削弱国家仲裁机制和工资协议体系。在外贸问题上，德国工业联合会放弃了通货紧缩的原则。他们成功地压制了德国政府，通过大量的信贷担保，即人为创造信贷，来预先支付与苏联签署的货物交付协议，即所谓的俄国生意。

布吕宁内阁低估了德国西部重工业界破坏魏玛共和国社会政治妥协的决心所带来的危险。他们的经济合作意愿受制于对工资协议法的相应干预。早在1930年4月，西北集团就首先证明了破坏工资协议的意图，试图强迫员工接受减少10%至15%的工资，以应对面临停产的贝克股份公司钢铁厂的危机。同时，西北集团将政府要求的降价与先前的工资削减挂钩。国家劳工部长施泰格瓦尔特决心在工资问题上向雇主妥协，但不同意破坏工资协议的不可或缺性。

在西北钢铁工业的薪资协议冲突中，1930年6月6日的巴特恩豪森仲裁裁决和随后的强制执行声明都是在工会的抵制下做出的，规定了平均7.5%的工资下降幅度和废除了在鲁尔钢铁争端解决后达成的计件工作保障条款。与此同时，政府试图降低钢铁的价格，但降幅过低。该仲裁裁决必然对整个工业具有社会政策的信号影响，尽管此前通过限制加班和普遍缩短工作时间已经大大降低了实际工资。政府因此成为工业界广泛降薪的主要责任人。通过将价格和降薪相关联，进一步推动了企业开放薪资协议制度的要求。

甚至在1930年10月6日的紧急状态法令颁布之前，政府就面临着来自雇主和企业家协会的巨大压力，允许对现行的工资协议进行干预，并实施高达15%的普遍降薪。由于同时进行的9月选举，煤矿工业的工资协议冲突被延迟三个月，迫使国家政府在12月底做出公开宣言。在工资协议谈判前，为了作为对所预期的煤价下降的补偿，政府向煤矿协会保证了8%的降薪幅度，这与柏林金属工业的裁决相似。然而，政府很快意识到，这在鲁尔地区也只能冒着很高的罢工和动乱风险才能实施。然而，矿业协会没有等待德国劳工部长做出的仲裁努力，于1931年1月15日宣布大量解雇工人，以迫使工人接受非协议工资下降。

虽然通过特别的紧急法令废除了协议方自愿参与仲裁程序的权利，并将工资水平的规定纳入整个内阁的权限，从而避免了公开的冲突，但是补救解决方案使内阁承担了集体谈判的全部责任，并只会加剧企业界要求废除工资协议和仲裁制度的压力——保罗·西尔弗贝格认为"所有社会政策和部分经济政策困境的根本原因"就在于此。[23]尽管布吕宁主张工资协议应具备灵活性，并打算给予工业界援助，但很明显，如果满足西北集团和矿业协会的要求，将协议工资限制在保障生存的最低工资水平，必将导致劳工包括基督教工会的激进化，并将使宽容政策失去基础。

随后不久，联合钢铁公司试图强迫鲁尔奥特-迈德里希冶铁厂的员工同意减薪20%以防止企业倒闭，这种行动说明了重工业企业家决心在必要时不惜打破不可动摇的原则。由于工人的抵制，迈德里希冶铁厂的政策失败了。尽管面临失业威胁，他们还是拒绝削减工资，因此，他们开始招聘失业的钢铁工人，最终确实面临了停产。必须在这一背景下看待1933年5月冶铁厂的重新开业。对于纳粹党来说，它是一次壮观的政治宣传胜利。

毫无疑问，不顾一切决心实行"家主"立场的重工业实业家并不占德国工业联合会中的多数。保罗·西尔弗贝格和汉斯·冯·劳默尔都努力与工会达成谅解，但没有得到力图全面削减社会开支的重工业企业家的支持。他们努力让工会和雇主对所有即将出现的节流措施进行共同声明的努力并不是完全没有希望的。虽然很难说劳默尔想象的工会中央工作组会重新复苏。不过，工会原则上愿意与雇主方进行谈判。出于维护受威胁的协议工资权和国家仲裁以及出于失业保险原因的考虑，他们考虑接受相当大的让步。在社会民主党和德国工会总联合会当中普遍存在这样的观念：对通货紧缩的控制是必不可少的。另一方面，他们反对企业协会的倾向，把危机的负担转移到工人和小型工业中间阶层上，这是可以理解的。他们要求价格和工资下降幅度相同，期望得到对全面经济因素进行考量的国家投资控制。

1930年6月初，设法促成谈判双方合作的努力达到顶峰，但遭到了西北工业和雇主协会的强烈抵制，对于后者，恩斯特·冯·博尔西希表达了这样的信念：时机对于雇主有利，因此没有理由迎合工会。西尔弗贝格的举措使他获得了德国工业联合会主席会议的认可，但最终因为收到鲁尔拉德（一个由保罗·罗伊施领导的重工业利益代表协调机构）代表的企业家团体的公开反对而失败。从1931年秋天开始，他们加强了对内阁的压力，要求终止与社会民主党的联盟，并以明显的独裁方式重组政府。

鲁尔工业早在1931年7月3日朗南协会的一次集会上就已经公开反对布吕宁内阁了。在阿尔贝特·弗格勒——布吕宁对他施加了影响，正如他警告弗里茨·施普林戈鲁姆要防范政府垮台的后果一样——的斡旋之下，大会上通过的抗议决议有所缓和，并避免了对总理的人身攻击。[24]然而，即使抗议削弱了，最终要求的也是"停止纳贡"，取消政府中的政党代表，限制国家职责和国家退出薪资集体谈判，这也是对施泰格瓦尔特之前作为工会调解人作用的公开挑战。恩斯特·彭斯根表示，西部的工业界并不想要独裁统治，而是想要一种"经济和财政政策的领导权，以挽救德国经济，使其免于崩溃"。[25]

重工业界的强硬态度，主要是由于钢铁工业的经济危机以及英镑

1931年9月，德国总理海因里希·布吕宁与国家银行行长汉斯·路德交谈

贬值导致的煤炭销量的加速下降。早在1931年春天，已经有大量工业企业家对布吕宁缺乏行动表示不满，并对他与社会民主党的结盟感到失望。1931年9月29日，德国经济协会提出的声明最终表示支持"个人工资制定的原则"，为与政府的进一步合作扫清了障碍。[26]尽管施泰格瓦尔特对基督教工会有归属感，并在内阁中宣布他既不愿也不能将工人定为"不受法律保护"，但维护薪酬自主权和国家仲裁机制才是避免德国工会总联合会和社会民主党脱离容忍政策的最低要求。

工业界的核心协会组织与布吕宁的通货紧缩政策从一开始就出现了裂痕，这在1930年12月3日颁布紧急法令之前就有目共睹，该法令在公务员工资、失业和社会保险以及公共住房支出等领域实现了全面节流。尽管如此，工业界中的大多数人并不回避这样一个观点，即政府更迭会加速外国信贷撤出，并准备同布吕宁达成谅解。在他们的压力下，德国人民党宣布支持纳粹党加入政府，并在12月的最后通牒中要求在1931/1932年的年度预算中削减3亿马克，以及放弃召开国会，此举被认为是威胁总统内阁的达摩克利斯之剑。

尽管国家政府遭到重工业部门的反对，仍然可以获得德国工业联合会的信任，却遭受了农业利益集团的强烈抵制。[27] 布吕宁在外贸政策方面尽量考虑了农业反对派。他阻止了德国-波兰贸易协定生效，并在英国未批准《国际关税和平协定》后宣布德国的加入无效。同样，他支持废除最惠国条款，并主张扩大对农业加工产品的关税权限。粮食部长马丁·席勒进一步要求彻底调整贸易协定体系并对农业加工产品提高关税。此举将长期削弱德国对北欧国家和荷比卢国家的出口，因此受到德国工业联合会代表卡尔·杜伊斯贝格的反对。在布吕宁内阁下台后，这场争端转移到了农产品进口配额问题以及席勒提出的根据AVI协定补贴农产品出口的要求上。政府的退让无法遏制普鲁士东部省份、石勒苏益格-荷尔斯泰因和下萨克森的农村选民极端的激进化趋势。

在援助东部地区的问题上也出现了类似的冲突情况。德国工业联合会曾提出利用暂停赔款后可支配的工业税收来支持农业。在腓特烈·克虏伯股份公司的代理董事会主席冯·维尔莫夫斯基男爵的领导下，滨海地区的重工业和国家土地联盟之间展开了交流。然而，席勒在没有工业界直接参与的情况下所计划的庞大的财政要求以及信贷和债务重组的援助举措遭到了工业界的抵制，他们支持席勒抵制普鲁士政府，但并不打算完全将东部援助计划交给农业利益集团，因此布吕宁也不敢把东部援助计划完全交给席勒，因为他出于财政上的考量希望普鲁士政府继续参与其中，而普鲁士政府拒绝与席勒合作，但接受了特雷维拉努斯作为东部援助专员。[28]

虽然布吕宁对东部援助计划有着强烈的个人意愿，并意识到总统将推动全面的援助措施，但他仍然怀疑在不久的将来是否有可能彻底恢复东部的经济状况。虽然他与银行业和工业界一样担心政府主导的解决方案会导致资本主义市场原则受到侵蚀，但他同意席勒关于全面暂停东方农业信贷的呼吁。由于财政部长迪特里希坚持拒绝将工业税收的资金用于农业贷款，因此1939年7月26日的紧急法令为此目的提供的资金数额相对有限，并且与许多无法满足的条件强制挂钩。

在德国国家人民党、国家土地联盟和农村人民党的压力下，内阁不得不于1931年2月提出一个"伟大的东方援助计划"，这个计划于3月底由国会通过。这是对德国国家人民党的胡根贝格计划的回应，德国国家人民党的极端要求被社会民主党讽刺为"东德农业丧失资本的社会化"，工业界认为它是完全不可能的。尽管国家政府提供了异常高的担保，但这个东方援助计划也是徒劳。²⁹这在很大程度上是由于银行危机导致的私人资本无法流通、普鲁士失去偿付能力以及过高的利率阻碍了大规模债务重组。此外，农业措施受到由农业协会控制的自治机构的阻碍。在许多情况下，为大规模农业提供的资金严重不足，且一些大农场主利用贷款来支付其昂贵的生活费用，使得公众对重组工作产生了许多怀疑。

布吕宁通过向东部地区的慷慨援助来缓解国内政治形势的愿望并没有实现，因为大型农业集团的需求远远超出了资本主义经济体系所能承载的范围。他们要求的不是在审查重组能力方面进行个别执行保护，而是要求普遍免除还款要求、全面降息和增加农产品价格补贴。1931年深秋内阁改组后，布吕宁发现自己不得不考虑到农民施加的压力，再次扩大了对东部的援助，而该援助现已移交给担任国家专员的汉斯·施兰格-舍宁根。该措施包括第四号紧急法令规定的普遍降低利率，以保障经济和财政安全，以及从工业税收和额外的国家贷款中提供资金。

于1931年11月20日生效的新的东部援助计划不排除使用强制措施来加速债务重组，特别是对于那些无法偿还债务的财产，唯一的选择就是将其划分为垦殖地。当时为了这个目的而创建的国家垦殖协会被施兰格-舍宁根投入内部殖民服务，因为遏制德国东部人口外流（在危机压力下的加剧）作为国家任务是对抗东部"荒漠化"的必要手段。即使其本人具有地主身份，施兰格-舍宁根仍然不愿遵循其同事们的路线；相反，他追求的是一个以盈利为导向的改造计划，其中包括将无力偿还债务的庄园用作安置地，这大大高估了行政部门迅速干预的可能性。多年的安置热潮极大程度上来源于专业理念以及为大量失业人员提供帮助的理念，但与实际可怜的安置数量形成了鲜明对比。施兰格-舍宁根的倡议带来的第五号紧急法令从未获得通过，甚至在公布前就遭到农业利益集团的抨击，他们毫不犹豫地向兴登堡指责布吕宁出卖了东部农业。[30]

1931 年秋末的东部援助计划丝毫没有削弱右翼政党坚决的反对声音，10 月 11 日，它们成立了哈尔茨堡阵线，向内阁发出了正式宣战。在经济政策问题上，东部援助计划和与之相辅相成的农业保护主义与通货紧缩政策明显呈矛盾态势。除了粮食之外，降价措施几乎没有影

1931 年 10 月 11 日在巴特哈尔茨堡举行的"国民反对派"会议：阿尔弗雷德·胡根贝格与奥托·施密特-汉诺威和其他德国国家人民党成员在前往集会的路上

响力，甚至面包价格暂时还上涨了一些，此现象受到施泰格瓦尔特的强烈批评，因为它使降薪政策失去了基础。另一方面，由于购买力下降，人为地支撑食品价格从长远来看并不十分有效。

事实上，东部援助就是对大规模农业不合理的特权政策，无论从经济上还是政治上都是有害的。约有300万小型农场被排除在东部援助的补贴之外，200万中型农场当中仅有2%得以从中受益，而在约1.3万家大型农场中，仅有5.4%债务重组，81%的企业享受税收减免、执法保护和利率减免等优惠。这种对农作物生产的单方面关税保护措施导致消费者需要进口商品时额外需承担20亿马克的支出。这些基本上被挥霍掉的资金本可以向重要的就业措施提供资金扶持。

在1930年秋末，布吕宁开始施行所宣布的全面改革方案时，后果还无法完全预测。尽管主要工业协会对内阁的财政和经济政策持越来越多的怀疑态度，农业利益集团的批评也愈加尖锐，但布吕宁还是在1930年10月公布了保障经济和财政的第一号紧急法令，并在12月度过了紧急法令实施后的危机局面。尽管预算紧缩措施不可避免地导致了税收减少，使财政和预算方面的困难愈发加剧，但他仍坚持这一计划。紧急法令的紧缩效应导致税收减少的程度远低于相关的预测。

与此同时，国家财政部发现难以向银行融资，尤其是国家银行不得不不断承受更多的信贷减少，并有可能低于《国家银行法》规定并在杨格计划中划定的金本位线，因此对于帮助国家度过财务困难有所犹豫。这是因为1930年9月的选举结果严重动摇了许多外国债权人对共和国内部稳定性的信心，并引发了大量德国资本外流。短期海外信贷的立即取消导致国家银行外汇储备大幅减少，而将维护货币稳定视为主要任务的路德则通过提高贴现率来应对，从而进一步收紧了信贷。早在1931年初，内阁就认为，只能通过重新严格限制公共支出来支付预算。[31]

同时，政府面临着来自各行各业协会的越来越大的压力，它们要求单方面终止赔款支付。公务员协会、工会、市镇议会和主要工业协会的立场仅仅在抨击政府之"懒惰"的语气上有所不同，这些抨击来自胡根贝格、钢盔团、土地联盟以及农村人民党，以及尤其是激进的纳粹党。内阁达成了充分的共识，即停止支付赔款会被外国视为宣告破产，并引发严重的信用降级。此说法并非没有根据。除了与政府联系的国际银行专家外，英国驻德国大使霍勒斯·朗博尔德爵士也明确警告不要申请暂停支付赔款——而根据杨格计划，暂停支付部分赔款是被允许的。正式向国际清算银行提出申请也将导致对德国的偿付能力进行长时间的审查，同时又不会立即减轻负债。而且，这将与间接的管控措施相关联，布吕宁原则上也拒绝了这些会在"民族反对派"中激起轩然大波的措施。

长期以来，布吕宁一直想将关于赔款问题的讨论推迟到1932年秋末，因为由于与协约国债务的联系，似乎只有在美国总统选举之后才可能找到解决办法。但是，1931年初，考虑到预算状况和经济衰退，他对国家银行总裁路德要求的"履约积极性"政策中期来看是否可行产生了疑虑。迪特里希和路德全力支持的策略是通过严格履行赔款义务以证明德国的可靠性，同时利用德国在国际市场上不断增强的竞争力来施加压力，然而，由于政府无法暗中进行政策修订，因此在国内便更难实施这一策略了。

布吕宁认为，他可以设法使取消赔款的建议从一个债权国的口中提出。从他的角度来看，只有这样才能将可能出现的信贷紧缩控制在可承受范围之内。然而1931年1月底，当外交部长库尔蒂乌斯向阿里斯蒂德·白里安表示法国应该"拉动杨格计划的阀门"时，布吕宁却对此表示反对，因为他想避免由法国提出这一倡议。[32] 他的外交政策得到了国务秘书伯恩哈德·冯·比洛无条件的支持，该政策更着眼于孤立主要的债权国法国，并将其置于英美的压力之下。1931年夏天，布吕宁为筹备伦敦会议对巴黎进行了外交访问，但他没有让汉斯·舍费尔这位主张对法国开放的政客加入，后者在几个月后辞去国务秘书一职，因为他认为布吕宁不得不采取的虚拟预算平衡政策是毫无前途的。[33]

总理坚持要全面解决赔款问题。他不想过早地进行谈判，并且不想因寻求法国的信贷援助而承担政治条件。他反对纳粹党参加政府的主要理由之一是，担心希特勒愿意与法国在中间路线上达成一致，且此情况已初现端倪。出于同样的动机，布吕宁反对暂停偿付的方案。这样一来，赔款问题的最终解决方案就会在德国成功度过危机，至少拥有有限的偿付能力的时候进行。然而，这个设想并没有实现。当美国总统胡佛在1931年夏天主动宣布赔款延期一年支付时，德国政府为了维护其信誉，不得不积极支持这一举措，尽管这实际上打乱了他们的赔款策略。

在赔款取消之前，为了保持其信誉，德国必须避免外交冲突。即使是一直在幕后操作的布吕宁，也不惜冒着严重损害与法国正式关系的风险，给库尔蒂乌斯大开绿灯，以重新激活德奥关税同盟计划，该计划曾由施特雷泽曼详加权衡，但直到1930年秋季才得以具体化。布吕宁并不指望法国在解除赔款、修订东部边界和军备平等的核心问题上对德国做出让步。他采取了在外交政策上的进攻性路线，这一路线于施特雷泽曼去世后在外交部门一直占据主导地位，并在1930年6月伯恩哈德·冯·比洛被任命为外交国务秘书时也在人事方面有所体现。比洛是积极推行修正政策的拥趸，该政策旨在通过双边协议和强制裁军谈判的方式达到德国军事平等，从而破坏集体安全原则。

布吕宁时期外交政策的转变，在德国外交界对1930年5月阿里斯蒂德·白里安向国际联盟提交关于组建欧洲联邦制联盟的备忘录一事的处理上表现得淋漓尽致。[34]施特雷泽曼尽管坚持民族强权的思想，却没有中断与巴黎的谈判。他的继任者则认为可以孤立法国，并在国际舞台上公开对抗法国。白里安的欧洲计划在德国外交部和内阁中遭到一致反对。他们不是认真考虑了这个计划，而是仅仅讨论了消极对待这一计划会对德国内政的糟糕局势产生何种有利影响，库尔蒂乌斯指出，这将给白里安的行动带来"一个顶级的葬礼"。[35]

当然，白里安精心起草的备忘录也被意大利和英国拒绝了，这一计划无法直接付诸实践，他本也无意于此。该备忘录的基本考虑是：欧洲的持久和平及其经济的未来取决于政治联邦化，但这只是一个长期追求的目标而已。与国际联盟同时进行的关于取消关税壁垒的磋商不同，白里安强调政治谅解是欧洲共同市场的先决条件。无论国务秘书冯·比洛还是外交部长库尔蒂乌斯都不愿意从任何角度来考虑这一十分具有前瞻性的计划，虽然该计划在法国可能也同样遭受争议。他们指责白里安只是想给德国"套上新的枷锁"。布吕宁向英国大使霍勒斯·朗博尔德爵士也做过类似简明扼要的表示，要通过这种方式迫使放弃将修订过的东部边界强加给德国，尽管白里安通过一名中间人明确否认了这一点。[36]总理在内阁会议上指出，如果没有"足够的自然生存空间"，德国将无法存在，而库尔蒂乌斯补充说，该计划只是为了维护法国的霸权。[37]

伯恩哈德·冯·比洛提出了通过德奥关税同盟来规避《圣日耳曼和约》中规定的禁止德奥合并的计划。[38]相关的条约草案由外交部的法律部门起草，避免在法律上与现行协议矛盾，特别是不与奥地利在1922年签署的《日内瓦议定书》相冲突。当时，为了回报国际联盟主要依靠法国资金进行的财政重组，奥地利共和国不得不承诺不承担任何直接或间接地危及其独立性的义务，也不通过向第三方提供特殊经济利益来达到这一点。由于条约草案未触及奥地利的主权，而且明确允许第三国加入的条款并不正式意味着对德国的任何特殊偏袒，冯·比洛可能希望通过坚定不移的态度来平息法国舆论的愤怒。

缔结关税同盟计划的外部推动力来自奥地利副总理兼外交部长约翰·朔贝尔，他期望德国能够提供有效的经济支持，因为奥地利灾难性的经济形势迫在眉睫。同时，朔贝尔希望通过这一举措加强大德意志人民党的地位，该党在国内政治中一直被排挤为次要角色，而现在也不得不同奥地利纳粹党进行竞争。朔贝尔并不担心来自社会民主党的强烈反对，因为他们的领导人，包括奥托·鲍尔和卡尔·伦纳，一直积极支持合并计划。相对而言，基督教社会党却与合并的思想渐行渐远，该党领袖伊格纳茨·塞佩尔于1922年签署了《日内瓦议定书》。由于媒体的不谨慎，德国和奥地利政府被迫在3月17日提前宣布了计划，但这也符合柏林的利益。这样一来便能公开确认奥地利政府的外交路线。

奥地利总理奥托·恩德通过关税同盟发起的外交政策转变旨在减少奥地利共和国对西方大国的外交依赖。这对维护议会制发挥了决定性作用，虽然1927年国内政治冲突加剧，司法部大楼火灾引发的自发民众起义演变为内战暴乱，但1929年的宪法妥协大大缓和了这种冲突。伊格纳茨·塞佩尔在1929年被推翻，与意大利法西斯有密切来往且日渐壮大的"卫国"运动使国内政治陷入僵局，这一情况使得外交部长朔贝尔能够避开议会，克服国内某些工业界的阻力，推进关税同盟计划。这也是奥地利方面迈向合并的第一步，同时也是在国内政治上向德国的总统制靠拢的一次尝试。

从一开始，德国的外交政策就将关税同盟与国际联盟为消除欧洲关税壁垒的努力联系在一起。布吕宁称其为一个"实现中欧大规模的经济政策解决方案"的契机。[39]这一宣示的背后意图是通过与罗马尼亚、保加利亚、匈牙利和南斯拉夫的优惠协议来对德奥协议进行补充，并为在欧洲东南部开展广泛的贸易政策攻势奠定基础。类似的工作已经开展了若干年，其间主要得到了德国工业界派出的中欧经济理事会这样的计划小组的支持。然而在比洛的主导下，德国的外交政策决定通过一项东南欧贸易攻势来废除与法国密切相关的协约。这一路线得到了当时德国驻贝尔格莱德特使乌尔里希·冯·哈塞尔的支持，旨在通过积极的中欧政策将波兰在经济上进行包围和孤立，期望在一段时间内使其对边界修订达成妥协。

虽然库尔蒂乌斯在1931年3月中旬访问维也纳时与朔贝尔商定的关税同盟计划的含义在巴黎和伦敦还尚未被人知悉，但德国的行动却使得阿里斯蒂德·白里安蒙羞。不久之后，白里安在法国总统选举中败给了民族主义态度强烈的保罗·杜梅。几周前白里安还在柏林为古斯塔夫·施特雷泽曼的墓地献花，而白里安的离开标志着一段外交时期的结束，在这段时期中，人们对前世界大战敌人之间能够互相取得谅解寄予了相当高的期望。德国在关税同盟问题上的单边行动并未得到外交部官员的支持，这种行动与战前的类似策略以及阿尔弗雷德·冯·基德伦-韦希特尔提出的"迅速占领"阿加迪尔地区异曲同工。冯·比洛是阿尔弗雷德·冯·基德伦-韦希特尔的学生，同其老师一样幻想在外交同僚面前施展障眼法。

尤利乌斯·库尔蒂乌斯自欺欺人地以为，自己能够毫发无损地应对法国的抗议，因为英国政府非常支持德国和奥地利的密切合作。然而，他采取的外交行动却失去了英国的同情。伦敦曾警告要避免采取单方面行动并与英国内阁协商，但却遭到其无视。现在看来，认为可以用外交手段击败法国是错误的，特别是因为德国政坛已经倾其所能来抗衡和削弱白里安的势力。尽管库尔蒂乌斯再三呼吁要坚守原则，并提醒伙伴要遵守"尼伯龙人的忠诚"，但维也纳仍未能抵抗法国迅速施加的外交压力。奥地利外交部否认国际联盟有任何权限，但副总理朔贝尔不得不勉强同意把决定权交给海牙国际法院，以判断德奥联盟是否符合《日内瓦议定书》的规定。

1931年9月5日，海牙国际法院应国际联盟的请求，以微弱多数做出相反的裁决，德奥关税同盟在政治上已经成为过去式。奥地利经济的不稳定性根本不允许其外交政策有所变动。然而奥地利信贷银行的崩溃及其重要的私人银行相继倒闭，其实与关税同盟的失败并没有直接联系，这家银行与罗斯柴尔德银行有密切联系，享有很高的国际声誉。这主要是因为信贷银行由于接管了濒临破产的博登信贷银行而损失了几乎全部的资本，并且因为无法收回贷款以及证券价格下跌，所以缺乏充足的流动资金。由于信贷银行直接和间接地控制着超过奥地利三分之二以上的工业，其破产引发了银行系统和经济的严重危机。外国债权人随之立即撤回了他们的贷款。此时，法国利用这场危机迫使奥地利政府放弃关税同盟，奥地利政府也因此倒台。

尽管德国政府试图采取行动支持奥地利，但是英格兰银行提供给信贷银行一笔1.5亿先令的贷款，以弥补奥地利银行体系崩溃造成的国际影响。这一行动遏止了法国将向奥地利提供的财政援助与政治条件挂钩的意图。维也纳方面拒绝接受这些条件，以避免在柏林面前彻底失去面子。在此过程中，法国银行通过出售其资产对英镑施加了极大的压力。这为英国货币在1931年9月贬值埋下了导火索。当时法国的财政状况还相对稳固，这与鲁尔危机后法国法郎的过度贬值有很大关系。与此相比，德国的财力显得过于虚弱，从而无法对奥地利施以有效援助。

实现德奥关税同盟肯定不会缓解国家陷入的困境。然而，德国外交政策之所以采取这一积极行动，是因为在右翼党派强烈反对支付赔款的意见面前，至少可以展示出政策修订方面的成果。德国的行动也有可能激化法国和英国之间的潜在矛盾，这一点对布吕宁政府并非是不受欢迎的。德国意图的失败给库尔蒂乌斯造成了严重的声誉损失，右翼还指责他在与波兰的谈判中表现得过于妥协。国际联盟在德国少数民族权利问题上投票支持了德国，暂时避免了库尔蒂乌斯的辞职，但布吕宁显然不想为他的外交部长做靠山。

由于关税同盟而升级的奥地利信贷危机对德国经济的影响很快就被证明是灾难性的。因为在奥地利信贷银行的流动性危机曝光后，外国信贷资本在奥地利被迅速撤回，这一情况在接下来的几天里蔓延到德国，与此同时，德国卡尔施塔特百货公司陷入财务困境，诺德施特恩保险公司在5月底承认出现巨额亏损。[40]同时期开始的德国银行业危机与布吕宁的决策密切相关，他通过公开发表关于赔款问题的声明，来确保已出台的国内救助措施得以实施。尽管他一向不太重视公众舆论，但现在也在内阁会议上表示，如果不在赔款问题上采取"决定性措施"，就不能指望德国人民做出进一步的财政牺牲。[41]然而，由于关税同盟危机，在英国政府的坚持下，原定于1931年5月对英国首相乡间别墅的访问不得不推迟到6月。

布吕宁担心，保护经济和金融的第三号紧急法令（该法令是秘密制定的，最终于1931年6月5日社会民主党代表大会结束后立即颁布）将引发强烈抗议，这并非全无道理。为了减轻各种协会的压力，布吕宁对紧急法令前期工作的消息进行了封锁。然而，有些细节还是泄露了出来，并且由于准备工作不够慎重，公众对削减开支措施的批评愈加猛烈。《柏林日报》将公众对紧急法令的反应描述为"普遍的恐慌"。削减公务员薪资和社会福利开支、提高营业税收、扩大危机税的范围、削减对邦和市镇的拨款以及废除工资税抵免，不仅影响到单个社会群体，而且——除了通过危机税进一步减轻负担的私人高收入者之外——也影响到整个国家。因此，将紧急法令与向大国发出呼吁结合起来似乎是合理的，呼吁指出，德国的经济状况到了"必须卸下不可承受的赔款负担"的时刻。[42]

6月6日，布吕宁发表了所谓的"纳贡呼吁"，其中提到："我们能够强加给人民的东西已经到了极限。"[43]布吕宁犯了一个致命的误判，他认为他可以在外交政策上暂时搁置赔款问题，同时还能在国内宣称，修订政策已经开始实施。呼吁公众做出牺牲，而对牺牲的意义只字不谈——这在社会心理学上也是荒谬的。布吕宁坚信，只有在财政实力雄厚的情况下才可能就赔款问题进行谈判，但这对于广大公众来说很难理解，因为面对普遍的困境，公众认为立即停止赔款才是理所当然的。同样，布吕宁不应该忽略的是，国际社会会从"纳贡呼吁"中得出结论，德国很快就不再有能力履行其赔款义务了，也就是说，德国将完全无法支付赔款。

促使外国债权人立即取消在德国的短期贷款的，与其说是德国金融体系出现的裂痕，不如说是"纳贡呼吁"所传达的德国不再偿付赔款的意愿终结，他们由此失去了对德国能履行金融义务的信心。事态的进一步发展证明了他们的判断是正确的。他们放弃了留在德国的大部分资本，从而为德国的危机提供了资金援助。从德国金融体系中逃离，虽然此前已有端倪，但现在已经到了难以想象的程度。国家银行面临着前所未有的外汇流失，所以只能通过向英格兰银行申请短期再贴现信贷来填补资金漏洞，以避免最低资本覆盖率低于杨格计划规定的40%。

德国资本市场即将崩盘的风险证实了那些担忧过多依赖短期外债会对德国构成致命威胁的人是有道理的。然而，撤资与德国银行体系的结构性弱点碰巧又同时出现。与战前相比，信贷机构的固定资本额非常低。此外，它们的现金流也大大缩水了。只要撤回的短期外债可以被新的短期贷款取而代之，短期外债占比很高这一情况就不会太糟。1930年9月的选举对此意义重大。无论短期还是长期的新的贷款资金流入都大大减少了。与此同时，银行面临的困难是，大多数债务人无法偿还银行所发放的有时限的贷款。由于商品和股票价格下跌，银行也失去了足够的对冲能力，因此不得不越来越频繁地将自己的股票纳入投资组合中。这些股票在发生流动性危机时实际上是毫无价值的。但是，外国证券价格的下跌也带来了重大损失，这迫使大型银行进行大规模减记。

清算所和储蓄银行在持续的紧缩政策下本已受到影响，而银行危机又使它们遭受了重创。尽管作为市政融资机构的储蓄银行在与银行的竞争中愈发显得重要，但它们作为市镇主要的贷款提供者因为社会救济支出激增也受到了资金短缺的影响，从而导致它们通常无法在短时间内偿还贷款。这反映了魏玛金融政策的基本缺陷。当然，在形势稳定的情况下，市镇当局可能会过度短期借债进行长期投资。但是，它们承担了自战前以来持续存在的社会结构转型以及落后于工业化进程的基础设施发展所造成的主要负担。在危机之下，市镇的社会任务不断增加。它们直面大规模贫困，同时社会预算的削减直接或间接地影响到它们的财务状况，取消公共住房补贴也使它们的主要活动领域之一陷入停滞。

当时对市政财政政策的普遍批评忽视了一点，即市政领域的成就是魏玛共和国长期功绩的一部分。正是那些由合并其他地区扩张而来的大型城市通过社会和教育举措、交通和住房政策以及社区经济业务的发展，塑造了魏玛社会以高度创新精神为特点的社会文化氛围，而这种发展又被企业界称为"冷社会化"而加以反对。尽管1928年开始尝试通过创建市民联盟在政治上隔离左翼政党，但在地方自治层面上，对议会合作的倾向仍十分明显，这与国会的糟糕状况形成了鲜明对比。

市政银行体系的流动性不足，导致市政府的财政负担过重，这必然严重损害公共财政政策的公信力。然而，这只是1931年6月初开始的信贷危机的一个次要方面。针对6月5日紧急法令的反对声音加剧了这场危机，而这些抗议也危及了内阁本身。只有通过威胁解散普鲁士联盟，布吕宁才成功地让社会民主党保持缄默，迫使其放弃召开预算委员会，而德国人民党则再次被有影响力的工业家和总统的干预所迫从而保持克制。内阁危机对德国在国外的信贷能力产生了负面影响，间接稳固了总统制政府的地位。然而，由此带来的平静已经无法阻止德国资本市场的崩溃。

1931年6月17日，北德毛纺公司在不来梅的破产引发了一个灾难性的信贷雪崩效应。这家公司的破产很大程度上是由于轻率的投机交易引起的，它的主要债权人达姆施塔特与国民银行也因此受到影响。然而，直到几天后，达姆施塔特与国民银行的流动性不足以及当时最大的百货公司卡尔施塔特濒临倒闭的情况才被公之于众。北德毛纺公司的破产已经导致国家银行撤销贷款的快速蔓延。在此之前，国家银行其实已经失去了大部分的黄金和外汇储备，现在又陷入了一个困境，无法再保证法定的最低准备金覆盖率。

为了阻止资本流出，国家银行开始限制私人银行的贷款再融资，并限制信贷规模，尽管这必然会导致经济进一步崩溃和失业率的增加。如果不愿意承担货币和赔款政策导致纸币流通不足的风险，则没有其他解决方案，而路德会坚决反对采取这种措施。国家银行总裁申请从英格兰银行获得贴现信贷的努力因蒙塔古·诺曼的反对而失败，后者只是间接地指出了英镑走弱的迹象。由于相关政治条件所限，德国政府也不愿接受本可以获得的法国贷款，而英国方面也曾建议接受该笔款项。

德国在财政上的节节败退主要归因于布吕宁在赔款问题上的的仓促步骤。路德担心货币安全，也曾对此提出抗议，但徒劳无功。1931年6月初，布吕宁在访问英国的时候认识到，"纳贡呼吁"在美国金融界引起了灾难性的心理反应。他们对向德国政府提供更多贷款的意愿已经降到最低点。在这种情况下，德国在赔款问题上没有什么发言权。布吕宁公开告知称德国最迟在1931年11月将无法再支付赔款，朝野上下对这一公告也只能集体保持沉默。

尽管众人带着一丝茫然无助离开了英国，并对布吕宁的乐观报道感到怀疑，但国外债权人对德国大银行的冲击仍在持续。当美国总统胡佛采取行动，提议为国际政治债务设立一个"庆祝年"时，虽然布吕宁抱有极大的疑虑，但还是抓住了这根意外的救命稻草。然而，美国总统的消息并没有直接减轻财政压力，因为资本外流在短暂的平静期之后自7月初以来又不断增加。这一情况也是由法国政府的抵制引起的，因为法国作为最大的赔款债权人认为自己在暂停偿付期间利益受损，直到7月7日才在美国的强大压力下做出让步。

路德最初秘密进行的谈判从心理学角度来说无疑是一场败仗，谈判原本目的是获得一笔1亿美元的再贴现贷款，这笔贷款原本计划由美国、法国和英国的中央银行以及国际清算银行共同提供。由于再贴现贷款额度严重不足，并且马克的票面价值已经低于法定最低限度，因此贷款要求与停止偿付同时发生，必然给人留下德国已经无法偿还其债务的印象。德国的外汇储备消耗殆尽、德国境内的外国资本被冻结看起来只是时间问题。

国内外债权人对德国主要银行的冲击，可能导致德国信贷体系的全面崩溃。就在国家政府商讨北德毛纺公司的重组方案，同时国家银行力图在银行代表的反对声中组建大银行担保联盟以更轻松地抵御债权人的压力之际，达姆施塔特与国民银行（作为按股本计算的第四大德国信贷机构）被爆出已经没有任何流动资金，不得不停止支付交易。与此同时，作为公共信贷机构为莱茵兰储蓄银行提供支付手段的莱茵省地方银行也宣布破产。为解决危机，国家银行、国家政府和银行代表之间展开紧张谈判，其间突然传出德国第二大信贷机构德累斯顿银行也宣告破产的消息。

尽管国家政府公开承诺"对所有存款进行担保"，但1931年7月13日达姆施塔特和国民银行的歇业导致许多国内债权人蜂拥提款。内阁曾考虑通过发行紧急纸币来暂时应对危机，但最终放弃了这一想法。尽管内阁已立即采取措施通过提供公共资金来恢复银行系统的流动性，但仍不得不宣布7月14日和15日为银行假日，目的是夜以继日地制定一项保护信贷体系的紧急法规。在成立了一家承兑和担保银行后，先前被银行拒绝的连带责任计划通过紧急法令得以实施，同时针对信贷系统的监管也得以加强。因此，国家对私人信贷部门产生了决定性影响，并成为德意志银行和德累斯顿银行的大股东。直到1933

年，银行系统才重新私有化。信贷限制的主要受害者是市政当局。储蓄银行和清算所被要求极为谨慎地向市政机构提供贷款。

通过加强干预，政府勉强克服了银行业危机，但这并没有提升政府的声望。布吕宁没有积极参与保护信贷业的紧急法令，而该法令在总统签署前的最后一刻进行了修改，这给人一种束手无策的感觉。布吕宁仅仅指出了在信贷危机中更换政府会带来不可预见的后果，这才说服了德国人民党按兵不动，但这是以广泛承诺为代价的，这些承诺包括取消担保承诺和使劳资协议更具灵活性，以及将政府向右改组。此外，对于主要工业协会来说，诉诸国家指导也是令人愤怒的，尽管西尔弗贝格仍然避免与内阁公开决裂。

这场信贷危机规模如此之大，至少应归咎于国家政府和国家银行的失败，因为它们的行动始终与目标冲突，从而使危机蔓延到货币领域。布吕宁僵化地坚持优先考虑赔款问题，所以无法对国内危机采取应对措施，而路德起初的动机是维护货币稳定，所以两位政治家都认为无法有序地从金本位和最低准备金原则中全身而退。路德担心货币发行量增大，因此采取了限制性的信贷政策，最终导致银行体系本身失去了功能，而且破产和企业倒闭的数量激增，从而使得财政状况进一步恶化。贴现率上调至17%加剧了这种效应。

此外路德相信，银行代表们想要用沙赫特来代替他的想法是错误的，因为最终贷款减少的趋势会自行消失。他被国外批评不作为，也是因为他不想给赔款债权人提供干预的理由，因为这将导致政策转向外汇管制经济。然而，国际银行并不愿意通过贷款帮助德国，除非德国采取有效的措施防止资本外流，正如蒙塔古·诺曼正确指出的那样，资本外流在很大程度上是由德国投资者造成的。因此，路德无法回避他最初拒绝的外汇管制。然而，国家政府颁布的紧急法令使得打击资本和逃税行为的行动过于严苛；它规定在某些情况下对不申报和非法输出外汇的行为处以监禁。纳粹政权随后利用这一工具阻挠犹太人资本的转移。实际上，德国通过外汇管制、降低国家银行的最低准备金以及胡佛对偿付赔款的叫停，使其国内僵化的通货紧缩政策得以松动。

德国的信贷危机也是由于布吕宁试图避免与法国谈判造成的，尽管英国的政策制定者们意识到他们在金融政策方面不如巴黎，因此意图推动法德直接接触。虽然蒙塔古·诺曼也曾做出相关暗示，但德国方面置若罔闻。布吕宁和库尔蒂乌斯在前往英国之前与法国政府进行的谈判取得了预期的负面结果。尽管国家总理不愿意屈服于法国的政治要求来换取全面贷款，这些要求包括放弃对杨格计划的修订、正式放弃德奥关税同盟和停止装甲巡洋舰的建造计划，但他可以有理由认为，没有一个德国政府能够部分满足法国的要求。现在，德国的政策背叛了阿里斯蒂德·白里安和法国温和派，这一态势的影响正在不断扩大。

如果有一项政策旨在坚定地消除法国和德国之间的不信任和民族主义浪潮，并达成真诚的经济合作，那么它是否能够限制世界经济危机对中欧的影响？毫无疑问，关于这个问题是不可能有最终答案的。[44]布吕宁认为，他的法国邻居故意系统地破坏德国的权力地位。布吕宁对法国的偏见将对经济决策合理性产生何种影响，这在盖尔森贝格事件中表现得很明显，这也与他限制国家对经济的干预和减少国家配额的原则不相容。1932年3月，布吕宁和迪特里希在弗里德里希·弗利克的催促下决定以远高于市场的价格收购弗利克的盖尔森贝格公司股份。这笔交易于5月份完成，但直到总理下台后才为人所知，其作用与其说是为了重振濒临破产的联合钢铁公司（盖尔森贝格持有其相当大的股份），不如说是为了振兴失败的弗利克集团。布吕宁反常的行动——只告知钢铁协会监事会主席并要求他严格保密——显然是为了防止盖尔森贝格的部分股份落入法国手中，因为这涉及秘密进行的军备重整。[45]这一事件再次表明，布吕宁是多么严格地坚持外交政策的首要地位，甚至在经济政策方面也是如此。

1931年初夏，各方很快就发现，所有希望孤立法国的努力都是徒劳的。由于英美两国拒绝单独行动，赔款问题无法在1931年7月底的伦敦会议上得到解决。相反，在美国国务卿亨利·刘易斯·史汀生的帮助下，外国债权人和德国之间就各自的协议展开谈判，德国必须承诺维持外汇管理。然而，目前还没有人愿意给予德国急需的国际贷款。在赔款问题上，布吕宁唯一的成就便是通过国际清算银行成立了一个特别委员会来审查德国的财政实力。威金斯委员会承担了这项任务，并于8月中旬提交了一份经英国金融专家沃尔特·莱顿勋爵修订的关于德国经济和财政状况的报告。这份报告指出，由于持续的短期外债，德国只能偿付其赔款的一小部分，而1924年至1930年支付的赔款完全是由外国贷款资助的。尽管这对业内人士来说是一个众所周

1931年7月，德国和法国代表团参加伦敦会议。左起：法国外交部秘书长菲利普·贝特洛、德国总理海因里希·布吕宁、比利时外交大臣保罗·海曼斯、德国外交部长尤利乌斯·库尔蒂乌斯、法国外交部长阿里斯蒂德·白里安、法国总理皮埃尔·赖伐尔及其秘书安德烈·弗朗索瓦-庞塞

知的事实，但在德国为最终取消赔款所做的努力中，官方在确定这一事实方面取得了一些成功。莱顿的报告其实没有解决如何弥补德国巨额资本损失的问题。

和6月6日的"纳贡呼吁"带动的期望相比，伦敦谈判的结果令人失望。正式的宽限期其实和明确承认德国丧失支付能力并无二至，而这一结果将彻底摧毁德国的信用。然而，国际债权人达成的暂停偿付协议以及伦敦规定的外汇管理等因素相结合后，自1929年以来威胁德国政策的信贷削减手段其实已被瓦解，尽管德国在接下来的几个月中也需偶尔提前偿还短期贷款。布吕宁对新形势的评论是，现在"法国已不再可能施加永久的威胁和勒索"。[46]

德国的偿款无力的情况持续存在，暂停协议也被多次延长。由于在第二次世界大战之前德国没有恢复自由资本流动，因此伦敦协议的结果是，海外资本承担了德国大部分的坏账。然而，在1931年夏季，这一情况还未显露出来。然而，有迹象表明，各国可能会在减少每年偿付金额的基础上就赔偿问题做出让步，甚至可能允许一次性支付最后一笔款项。另一方面，布吕宁则坚持完全停止赔款。他预计此事要等到1932年夏季才可能实现，因为他意识到计划于1932年初在巴塞尔召开的专家会议只会部分满足德国的要求。他并不认为在胡佛的暂停赔款政策延长方面存在任何可能的解决方案，因为它遭到了美国金融界的反对。他希望将期限的延长限制在半年或一年，以避免产生到期与德国经济危机结束同时发生的尴尬局面。

在这种情况下，总理要求内阁成员不惜一切代价坚持平衡预算的财政政策，不要采取任何可能让协约国认为德国仍有财政回旋余地的印象的措施。几个月前，他曾强调，不能公开承认由于国内政治原因而被迫采取"紧急赔款协议"的决定。[47]如果传出预算赤字的消息，那么外交政策就无法推进了。尽管国内阻力不断增加，他还是坚持要推行紧缩政策至1932年夏天。在任何情况下，德国都不能让其财政崩溃外显，因为这样会使其无力抵御协约国的要求。然而，自从实行外汇管制和暂停支付赔款以来，一贯执行的紧缩政策已经没有了意义。布吕宁决定采纳莱顿报告，向国际清算银行求助以实现杨格计划所规定的方案，这无疑间接承认了此前的策略是错误的。尽管如此，他仍认为内阁要存在下去，就必须坚持他提出的赔款政策综合解决方案。

鉴于此前被认为不可想象的经济萎缩也影响了健康的企业，使得其投资活动陷入停滞，通货紧缩的信条逐渐失去了说服力，尽管内阁和社会民主党人对通货膨胀产生了恐惧。就连布吕宁本人也越来越不确定通货紧缩政策是否仍然适用。他告诉国务秘书舍费尔，通货紧缩到了一定程度就会变成通货膨胀。[48]事实确实如此，这是因为随着生产的进一步下降，固定成本只能通过借贷来弥补。连国家银行总裁路德也开始动摇，他开始考虑按照公众中越来越强烈的要求来扩张内部信贷可能就是应对日益严峻的经济问题的正确方法。然而，他无法利用这一迟来的洞察力来说服他的下属。英镑贬值以后，尽管许多国家都要求马克贬值，但工业界这一强烈的要求遭到了国家政府和国家银行的明确反对。他们决定通过有计划地降低工资和物价来弥补英镑的贬值，并打出了"适应国家困境"这一并不受欢迎的口号。

自1931年夏末以来，国家内阁为了实现平衡预算而采用临时救济制度，这一政策最终导致整个价格和工资结构的降低，包括利率水平、社会福利和行政开支的减少。通过紧急法令实现降低利率和贴现率的问题，与路德的理念发生了严重的冲突，后者在企业协会的压力下，反对指导性的经济政策。在累积的紧缩措施中，有一项建议是用一项普遍的失业福利计划取代失业保险。然而，公共开支由于外国贷款的流失而被迫减少，使得政治上的阻力不断增加。无论是在农业补贴还是国防预算领域，削减开支都是完全不可能的。在这方面舍费尔提出了这样的表述："就预算而言，我们已经生活在一个军事独裁政府中了。"[49]

亚当·沙勒的小说《弥天大谎》讲述了通货膨胀和经济大萧条时期的社会困境。图为维尔纳·埃格特为1931年在柏林出版的第一版小说设计的封面（私人收藏）

1931年8月24日迪特拉姆泽尔紧急法令颁布后，强制实施的开支削减达到了高峰。然而，在10月6日和12月8日又后续出台了另外两项重大的紧急法令。该法令对除了农业以外的所有领域实行削减措施，特别是涉及公共服务中的工资和薪水部分。最终，刨除已扣除的附加福利后，这些削减措施对公共服务中的工资和薪水的影响超过了20％，因此施泰格瓦尔特1927年提出撤销薪酬修正案的计划实际上已经预先得以实施了。这一系列配套措施涉及降低养老金和退休津贴、战争伤残和伤残津贴、儿童津贴和住房津贴以及旅行补贴，同时也波及"双重收入者"以及已婚妇女。尽管最亲密的合作者警告他不要这样做，但布吕宁仍然坚持实行财政上容易操作的渐进式薪资削减政策。然而，他在1931年6月不得不通过引入危机工资税来将私人雇员和自营职业者纳入征收范围，这一举措基本上抵消了价格下降而产生的一些经济回暖。

公共部门的薪资削减引发了相关协会的强烈抗议，他们援引宪法中对公务员薪资的保障条款，并在总统府的背书下得到了支持。总统府警告称，进一步使用第48条对养老金进行削减将是对公务员"已获得权利"的侵犯。[50]事实上，推迟退休年龄将一次性的紧急牺牲变成了永久性的工资损失。尽管在卡尔·施米特的帮助下，国家政府在一定程度上抵挡了最高法院新出现的抵制情绪，但对进一步薪资削减的抵制态度正在加强，反对对特定官员群体，包括国家防卫军、警察和最高法院法官等进行薪资削减。

由于迪特拉姆泽尔法令的出台，布吕宁冒险进行了制度干预，他原本打算将此干预政策推迟到赔款结束之时。这一政策包括授权地方政府在规章制度中绕过议会和地方代表机构进行减薪和其他节约措施。这项规定基于糟糕的财政状况所制定，加强了地方层面上的威权主义元素，与对各邦的国家补贴大幅削减有关。同时，由于各邦和市镇几乎无法获得新的贷款，各地普遍涌现出了节俭心理，这进一步导致了失业率的上升。节约措施尤其表现在人力密集型的教育领域中，波及成人教育、公共图书馆、公立学校以及尤其是高等教育领域。失业的大学讲师和毕业生深陷困境，而德国科学应急协会（德国科学基金会前身）也未能对这一群体施以有效援助。取消荣誉学位在财政上见效甚微，同时也让数量相对较少的高校教师感到失望，他们与共和国保持着距离，但是忠心耿耿。

与此同时，布吕宁决心利用日益恶化的国家财政危机作为他拟议的全国改革的筹码。因此，他暂时拒绝了一些小邦提出的建立行政共同体的建议。他认为，各邦议会不可能同意强加给它们的紧缩措施，并相信可以克服北德各邦内阁对取消议会制的抵制。此外，他计划等待普鲁士的财政危机爆发，然后一举实现普鲁士的解散和普鲁士议会的废除。在这件事上他得到了路德的支持，后者将财政整顿视为实现普鲁士同步化的先决条件。出于同样的原因，布吕宁对普鲁士财政部长赫尔曼·赫普克尔-阿朔夫和他的继任者奥托·克莱珀的短期节约政策持怀疑态度。他指责克莱珀通过推行屠宰税在1932年4月的普鲁士议会选举前激怒了选民，说这一举措毫无必要。[51]

此外，布吕宁和路德还敦促政府加快行政简化。然而，他们的工作并没有超出合并个别地区法院辖区和机构的范围。开支紧缩政策主要限于推迟填补空缺职位和减少实际管理开支。通过不断加强紧缩政策，公共支出得以大幅削减，而危机援助和社会福利支出则不断增加。然而，相对于1929/1930年度，在1932/1933年度的预算中，国家、各邦和地方政府的实际支出仅减少了1.736亿马克，其中1.474亿马克是由于取消赔款而来，因此实际节约效果仅为2.62亿马克。由此带来的政治代价在通货紧缩的预算政策下则无法得到弥补。[52]

由于严格的紧缩政策，布吕宁的行动空间已经大大缩小。在工业界，人们在1931年秋天开始考虑用前总理威廉·库诺来取代他。同

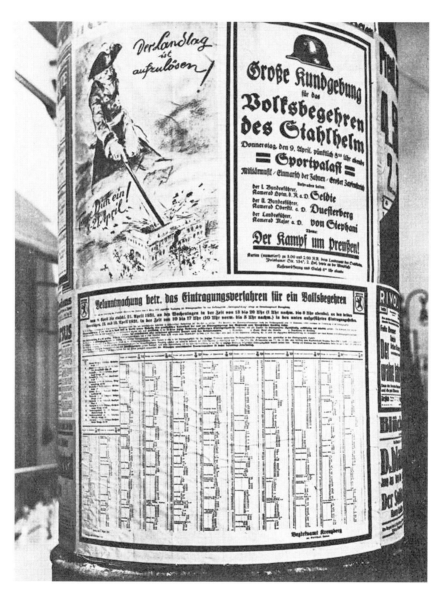

1931年2月，钢盔团号召就解散普鲁士议会举行全民公决

时，总统催促完成向右派政府的扩展，其间上将库尔特·冯·施莱歇尔不断对总统施加影响。不过，布吕宁再次成功打消了总统在政策上对他的顾虑，尤其是在与军方领导层商议之后，提出了重新选举国家元首兴登堡的议题。

布吕宁希望在1932年4月召开的国际债务会议上取得决定性的突破，并在此基础上获得国内政治声望，推动宪法重修，或许朝着君主立宪制的方向发展。他认为可以孤立政治上患"发热病"的纳粹党，尤其是此前与中央党在黑森的联合谈判失败后，他对该党的合作能力产生了负面评价。然而，最初的目标是通过总统兴登堡竞选连任来巩固自己的地位。回顾该段历史时布吕宁解释说："我在国内政治中的地位如此之高，以至于我可以合法地谋求在夏季恢复君主制。"[53]然而，他忽略了一个事实，在保守派伙伴眼中，在最终解决赔款问题上，他已经变得多余，他只是民族主义右翼计划建立的政府的眼中钉。

第十一章
通往总统独裁的道路

　　1931年夏，银行业危机和英镑贬值引发的严重国内政治压力对布吕宁内阁造成了不小的负面影响。这与其说是内阁内部的合作问题，不如说是总理与总统的关系问题，他发现总统越来越受周围人的影响，越来越不愿意认同总理的观点。在巴特哈尔茨堡集会之前，民族主义右翼组织反对了布吕宁的请愿运动，在这次集会期间，总统收到大量信件要求推翻布吕宁。然而，这些活动并不像来自爱国团体代表和兴登堡所尊敬的其他权威人士的抱怨那样有效。总统身边的阴谋让布吕宁越来越担心，这也是他日益孤立的表现。

　　要求布吕宁在政治上向右转的兴登堡对布吕宁"与国会多数议员决裂迟早会导致公开宪政冲突"的论点没有表现出多少同情。与库尔特·冯·施莱歇尔将军等未经任命的顾问不同，布吕宁意识到胡根贝格或希特勒都不可能支持他在内阁中的领导地位。1931年10月7日，总统勉强被说服，强迫布吕宁递交内阁辞呈，以厘清政治问题，重组右翼政府。

　　除了外交部长尤利乌斯·库尔蒂乌斯递交了期待已久的辞呈外，总统还要求约瑟夫·维尔特和特奥多尔·冯·盖拉尔退出，后者因与社会民主党的关系而遭到信任危机，因此中央党除布吕宁外，只有劳工部长亚当·施泰格瓦尔特还在主持工作。布吕宁决定自己接管外交部,此前曾讨论过由康斯坦丁·冯·牛赖特男爵担任外交部长。对于内政部,他倾向于选择奥托·盖斯勒,尽管这被社会民主党视为一种侮辱。盖斯勒进入内阁时,提出了一项违反宪法的改革计划,但当时兴登堡反对了这个计划。最后,布吕宁接受了由冯·施莱歇尔提出的建议,让威廉·格勒纳兼任内政部长。这表明,总统及其顾问,尤其是冯·施莱歇尔,只是将内阁视为一个过渡阶段,并期望在洛桑会议之后进行政府重组。

布吕宁试图将备受尊敬的大工业家引入内阁,以期暂时安抚他们,但这一尝试彻底失败了。最初,保罗·西尔弗贝格由于担心"激增的反犹主义"而犹豫不决,布吕宁向他提供了运输部长的职位,但他以没有得到西部工业界大多数人的信任为由拒绝了。[1]阿尔贝特·弗格勒与德国国家人民党的紧密联系使得他与布吕宁的合作搁浅,后者干脆拒绝了这一合作提议。最终,最近曾为法本公司工作的赫尔曼·瓦姆博尔德被选为经济部长。然而,他缺乏大型工商业协会的必要支持,这些协会在1931年9月底发表的一份"联合声明"中向内阁公开宣战。[2]此外,新任的经济部长支持恩斯特·瓦格曼信贷创造计划的意图被揭露后,国家银行总裁汉斯·路德对此感到震惊。同样地,通过任命汉斯·施兰格-舍宁根为东部定居点的国家专员用以平衡内阁中由农业部长马丁·席勒代表的大农庄利益的这一举措,也被证明是失败的。

此外,布吕宁不得不遵循前总理威廉·库诺向总统提出的建议,召集一个国家经济委员会。他的设想是将它作为总统的一种类似于皇家顾问会的机构,其中应有来自经济界的十五名代表,主要是来自莱茵-威斯特法伦地区的重工业,以及新兴产业、银行和农业的代表。普遍存在的反议会情绪的特点是,有人建议总理同时设立"最高经济管理机构"。这表明了政界要求在经济政策方面增加专业知识和强调权威主义的努力，同时也要求绕过国会而由总统做出经济决策。布吕宁费了一些力气用更公平的方式对这个宪法上有争议的机构进行填补，但这也导致了国家土地联盟和农村人民党在未来为期三周的经济计划谈判尚未结束时便抗议退出。除了农业利益组织的明显阻挠，还有西部重工业的压力，在最后通牒中，他们要求内阁放弃之前对社会民主党和工会的考虑。

对于布吕宁第二届内阁来说，这并不是一个闪亮的开局；本届政府与前一个内阁相比，与其说是更加倾向右翼，不如说是放弃了议员的作用。这给外部的印象是，政府具有广泛的连续性。然而，兴登堡对内阁的组成有直接影响，并毅然打算对政治方向拍板，而不考虑国会中多数席位的意见，这一事实表明，权力的转向明显开始有利于国家总统。

鉴于利益相关方的攻击，改组后的内阁之所以能存活下来，首先要归功于这样一个事实：胡根贝格的顽固态度使得组建民族主义右翼政府的所有先决条件都暂时缺乏。相反，在赔款问题得到解决之前，保持现状似乎更为适宜，就像施莱歇尔形容的那样，"不要更换马匹"。这同时也是温和右翼的观点。因此《行动报》把布吕宁称为"或许是新势力的一道屏风"。布吕宁于10月中旬在国会中只勉强获得了一个宽容多数之后，魏斯塔普伯爵发表了类似的声明："只有在债权人协议和赔款修订之后以及在更好的条件开始之后，才会尝试由民族社会主义者领导的右翼政府——不幸的是，德国国家人民党的领导层几乎没有被考虑在内。"因此，布吕宁的日子已经屈指可数了。[3]

随着内阁改组，总理已完全依赖于总统。在一揽子紧急法令颁布后，国会的角色沦为与来自左右两派的不信任动议唱反调，甚至连启动内阁背后的议会力量的初步尝试都没有。公众也习惯于将内阁视为总统的工具，独立于议会多数派之外。总理希望通过在赔款问题上取得突破来实现国内政治的转机，但他忽视了自己可能成为利益集团的牺牲品，这些利益集团会绕过相关的国家部门，直接影响总统。他认为，他基本上可以将正在发生的权力右转视为一场令人讨厌的阴谋博弈。他在这方面所面临的逆境坚定了他坚持下去的决心，即使这意味着要接受暂时的孤立。因此，他不必要地切断了与内阁同事的联系，只与中央党议会党团的个别成员保持密切的联系，包括约瑟夫·约斯和约翰内斯·贝尔，他们的无条件忠诚从未受到过质疑。他坐火车经常选择有窗帘遮挡的车厢，以免被公众认出。对于批评者，他会给出一种教条主义的反应。

布吕宁蔑视"泛德-胡根贝格集团的全面攻击"，并且嘲讽了由胡根贝格召集的国民阵线，最初他似乎是正确的。[4]1931 年 10 月 11 日，民族主义反对派在不伦瑞克的巴特哈尔茨堡举行的"军演"变成了一次不团结的示威。知名人物，尤其是霍亨索伦的王子艾特尔·弗里德里希和奥古斯特·威廉，以及几位前皇家将领包括吕特维茨将军和前陆军指挥部冯·塞克特上将的出席，再加上普鲁士贵族成员和德国国家人民党、经济党、泛德联盟、钢盔团和祖国联合会的领导机构，最后还有纳粹党的出现，确保了这次活动收获了相当大的公众影响力。卡尔克罗伊特伯爵领导的国家土地联盟的领导层也派代表参加了会议。然而，大多数受邀的工商业界领袖都以各种理由缺席了。除了来自矿业协会的卡尔·布兰迪之外，大型企业只有总经理一级的人物出席。会议的外部布置由奥托·施密特-汉诺威和赫伯特·冯·博泽负责，后者是弗朗茨·冯·巴本的一名手下。他们试图将最初被设计为国家反对派领导人内部会议的这次集会变成几乎代表所有相关的资产阶级力量的会议。然而，这几乎没有取得成功。

大型工业企业家的缺席有多个原因。他们对于胡根贝格的政治倾向普遍持批评态度，但也并不为布吕宁辩护。此外，布吕宁威胁说，如果依赖国家善意的大企业支持在巴特哈尔茨堡举行的反对其内阁继续存在的集会，他将采取反制措施。甚至西部的重工业界也回避公开对抗。然而，亚尔马·沙赫特并没有这样做；他利用在巴特哈尔茨堡集会发表了事先未宣布的演讲，这使政要们的会面达到了一个高潮，因为这位前国家银行总裁公开攻击他现在的继任者汉斯·路德，并无情地批评了国家银行的黄金储备不足，称这不得不被认为是有悖常理的。此外，对国家政府的攻击并没有超出"民族主义反对派"众所周知的论点。汉斯·策雷尔的评论不无道理，他称这次"所有老领袖的集会"更像是1912年而不是1931年的产物。[5]

胡根贝格打算在巴特哈尔茨堡领导"民族德国"的影子内阁，并联合参选国家总统职位，但他的这个打算没有实现。在此之前，希特勒已经多次回避了胡根贝格的邀请。甚至在巴特哈尔茨堡集会前夕，希特勒还假装要去处理被警察没收了房屋的柏林冲锋队的问题，从而回避了与国家人民党政要商定的会面。次日，在冲锋队游行通过后，他故意离开了主席台，表明他对包括钢盔团在内的右翼市民武装组织的看法。他将自己的社会不安全感转化为战术上有意的个人侮辱，在此之后，胡根贝格对哈尔茨堡阵线的吸引力就大幅减弱了。

希特勒决定不与任何政治团体建立联系，并向外界强调纳粹运动的独立性。他对巴特哈尔茨堡集会从一开始就持怀疑态度，他在会议上以战术需要为由推辞参加下属领导人的会议，这加强了他在不伦瑞克举行群众集会的决心，而不是召开逾期的党代表大会，几周前，纳粹党与德国国家人民党曾在不伦瑞克结成联盟。巴特哈尔茨堡集会后仅八天，就有超过7万名冲锋队员参加了这次示威游行，目的是展示该运动的新力量。尽管社会民主党和国旗团有意保持低调，但当冲锋队穿过工人街区时，流血冲突还是不可避免地发生了。尽管如此，派过去的军方观察员对纳粹组织的纪律还是给予了肯定。

在巴特哈尔茨堡会议之前，希特勒曾与库尔特·冯·施莱歇尔会谈，并在总统府接受召见，他可能认为这是一种正面信号，但几乎没有取得具体成果。布吕宁促成了这次召见，以削弱胡根贝格的影响力

1931年10月18日的不伦瑞克，冲锋队在阿道夫·希特勒面前游行

并孤立德国国家人民党。第一次拜访总统时，希特勒由威廉·弗里克和赫尔曼·戈林陪同。希特勒概述了纳粹运动的总体目标，并申明该党被指责的过激行为仅仅出于自卫。这次会面加深了兴登堡对希特勒的反感，因为后者几乎不给他讲话的机会。总统府后来传出消息说，兴登堡事后表示，他"最多只能接受这个波希米亚下士担任邮政总局局长"。[6]总统告诫希特勒容忍改组后的内阁。尽管希特勒不愿意这样做，但他对纳粹党与他所鄙视的胡根贝格领导下的资产阶级名流联手也不抱什么希望。即使"民族主义反对派"与德国共产党试图否决宣布不到一周半的紧急法令，并帮助针对布吕宁的不信任提案取得多数票，纳粹党的战略地位也不可能有任何实质性的改善。

与哈尔茨堡阵线的代表不同，希特勒并没有立即打算加入一个以兴登堡为首的内阁。相反，他想尽快在全国范围内强制举行新的选举，以体现纳粹运动快速增长的实力。为了实现这个目标，总统选举恰恰成了一个顺理成章的选择。当布吕宁开始与希特勒就通过国会的

1932年，杜塞尔多夫的国旗团成员

修宪决议延长总统任期进行谈判时，希特勒最初表达了反对意见，但随后选择了书面声明的方式来表达他认为延长总统任期存在宪法上的困难。他暗示，如果在国家和普鲁士立即举行新的选举，他将认为随后成立的国会有资格将兴登堡的总统任期延长两年。

希特勒所奉行的战术路线与胡根贝格的有着根本的不同，胡根贝格将总统任期的延长取决于布吕宁的立即辞职和普鲁士联盟的解散，并希望由自己来控制即将组建的右翼政府。然而，为了不失去激进的反对党德国国家人民党的优势，希特勒开始采纳胡根贝格的方案。只要议会的力量对比没有发生有利于纳粹党的变化，他就不愿用一个过右翼政府来取代布吕宁的内阁。正常的总统选举也可以达成同样的目的，尽管希特勒不愿与总统直接对抗。

自1931年8月以来，国家总理布吕宁一直在谋求延长兴登堡的任期，为此他得到了施莱歇尔将军的全力支持。他相信，对这位年迈元帅人格的尊重至少是主要政治精英之间对抗性利益的共性。1922年国会以三分之二多数通过的延长总统任期的程序在当时的情况下是顺水推舟的结果。不仅资产阶级中间党派同意，社会民主党也表示赞同。在严重的经济和社会危机当中，有很多理由避免举行总统选举。

布吕宁将这些相当务实且在某些方面是机会主义的考虑与使总统成为他计划中的国家和社会中期重组工具的坚定意图结合在了一起。在这一点上，对这位84岁高龄的老人健康状况的合理担忧被放在了次要位置。布吕宁在多大程度上向兴登堡透露了他在某些条件下支持霍亨索伦君主制复辟的意图，目前尚无定论，尤其是普鲁士王子中的哪一位被视为王位继承人的问题仍未明确。仅仅充当一种替代品这个想法令兴登堡心生厌恶，因为他只能将复辟等同为皇帝恢复其祖先的权利。从君主主义者的角度来看，在处理继承问题时，在流亡中基本上处于孤立状态的君主所采取的僵化态度正在遭到报复。作为霍亨索伦王朝的首领，威廉二世拒绝了威廉王储可能的继任者，这一行为就像他拒绝了1932年4月初提出的让他在第二次投票中竞选国家总统的想法一样。[7]

温和派政党没有采取果断措施来提名一个具有党派政治背景的候选人参加总统选举，这说明了共和国制度陷入了苦难。

泽韦林曾考虑提名胡戈·埃克纳为候选人，他作为"齐柏林飞艇"船长享有很高的知名度，立场温和自由，但是在一个明显支持兴登堡的时代，他放弃了这个想法。大多数政党默默地接受了总统不能是党派中人的想法。这反映了广泛存在的反议会情绪，这种情绪也影响了左翼中间派政党。社会民主党在提名问题上有意保持中立，因为他们清楚地知道，由他们提名的候选人（其中包括奥托·布劳恩）将一直处于政治孤立状态。德国共产党的调查表明，合作的前提条件依赖于放弃党派领导层以前的容忍政策和"自下而上的统一战线"，这是完全不可接受的。

尽管兴登堡在复辟问题上保持沉默，布吕宁还是施加了强大的心理压力，劝说他继续担任总统。他使用与兴登堡相似的论据来说服他的对话者让步，并呼吁兴登堡展现爱国主义意识。如果总统拒绝，就会有内战的风险。兴登堡最终同意议会将他的职位延长至终身，尽管他理解奥托·布劳恩关于"应该优先考虑选举连任而不是终身任期"的观点，因为结果并不取决于政党谈判。当布吕宁的意图因希特勒和胡根贝格的抵制而落空时，总统坚称，只有在保证他的候选人资格不受任何党派影响的情况下，他才会参选。

布吕宁有意打造了总统的无党派性，实际从根本上排除了国会和政党提名总统候选人的可能性。因此，中间党派没有反对无党派机构提名兴登堡。然而，总统办公厅最初进行了与一系列爱国组织（如屈夫豪森联盟）的谈判，旨在通过这些组织的提名来掩盖胡根贝格的反对，给人以"爱国右翼"完全支持国家总统的印象。因为越来越明显的是，钢盔团也持有至少是观望的，大体上则是拒绝的态度。虽然吕迪格·冯·德·戈尔茨代表祖国联合会明确与兴登堡保持距离，但屈夫豪森联盟主席马克斯·冯·霍恩最终还是被说服支持兴登堡，尽管他面临着自己成员中相当大的阻力。由于钢盔团已经公开放弃支持，总统表示他愿意依赖至少部分"爱国"右翼的支持进行参选。

在总统办公厅的努力下，柏林市长海因里希·扎姆决定为无党派提名创造条件，通过兴登堡委员会和为其连任征集签名说服其接受候选人资格。由于爱国组织的态度矛盾，扎姆被赋予了说服犹豫不决的总统接受提名的任务。收集到的超过300万个签名给总统留下了深刻印象，总统在1932年2月16日宣布参选时，被扎姆誉为"克服党派偏见的象征"。[8]

取代勒贝尔委员会的兴登堡委员会主要由无党派右翼代表组成，尽管德国人民党和国家党也参与了这次行动。包括赫尔曼·迪特里希在内的政府成员在某些场合因过于左倾而未被正式邀请在地方集会上发言。因此，取代1925年勒贝尔委员会的兴登堡委员会绝不能与共和党派团体混淆，这些团体与布吕宁的政策有着完全矛盾的关系。中央党、巴伐利亚人民党、社会民主党和国旗团，以及国家党和德国人民党都为兴登堡举行了自己的竞选活动。社会民主党选区的支持者展现了惊人的纪律性。由于现在避免希特勒独裁统治的唯一机会是选举这位不受欢迎的总统，所以绝大多数社会民主党选民投票支持了他。

兴登堡本人在竞选中保持了完全的低调。政府的竞选宣传将他描绘成无私尽责、危难时刻愿意为国捐躯的代表，大战期间和战后德国的救世主。在兴登堡的竞选活动中从未提及政党或议会，基本上意味着共和制度的自我放弃。相反，这位年迈的陆军元帅被鼓吹为民族团结和克服党派分歧的保证人。这符合纳粹和德意志民族主义要求结束"党治"的选举宣传论调，为自由议会原则唱响了挽歌。

兴登堡连任背后的部分谎言是官方宣传试图掩盖这样一个事实：总统得到了1925年反对他的党派的支持。奥托·布劳恩去见总统以向他保证自己的忠诚时，这一切都不允许向公众透露。兴登堡坚决否认自己是左派候选人，反对"民族德国"的指责。如果社会民主党不提名自己的候选人，他也无法阻止。然而，兴登堡并没有止步于对右翼阵营中志同道合者发表这种道歉声明。纳粹党和德国国家人民党将他描述为"系统政党"的倡导者，促使总统甚至在选举前就对未来的右翼政府做出正式承诺。他"尽管受到重重打击"，仍不会停止"向右翼健康发展"的努力，并在普鲁士邦选举后主动组建全国的"集权政府"。[9]

在这方面，很明显，兴登堡违背了无党派的口号，试图在竞选中加入迎合他的团体。令总统深感痛心的是，他作为名誉会员一再为其繁荣做出卓越贡献的钢盔团却不愿意无条件地支持他。在胡根贝格的影响下，钢盔团领导层曾希望将对兴登堡的支持与布吕宁内阁改组的全面政治让步联系起来。钢盔团的盘算最终落了空，因此提名副主席特奥多尔·杜斯特贝格参加第一轮选举，期望胡根贝格能在第二轮选举中提出期望已久的哈尔茨堡阵线的统一候选人。

没有出现"哈尔茨堡阵线"的共同候选人的主要原因是纳粹党的态度，他们虽然愿意派遣代表参加民族主义反对派的工作委员会，但在候选人问题上有意不做决定。虽然胡根贝格试图说服纳粹党领袖提名阿尔贝特·弗格勒或霍亨索伦王子作为候选人，但这只证实了他缺乏战术技巧，因为"国民阵线"在这两个提议中都遭受了反对派的指责，认为他们代表了反社会政策的保守倾向。希特勒让戈林和弗里克拖延与钢盔团和德国国家人民党的谈判，进一步增加了混乱，因为他在计划中的民族主义保守内阁中不仅要求总理职务，还要求内政部和国防部，这立即引起了钢盔团的批评。希特勒曾经暂时考虑提名戈林或埃普作为备选候选人。即使在努力获得德国公民身份之后，他本人也犹豫不决是否参加竞选。他不愿与制度产生联系，加上暗自担心无法赢下兴登堡，这些甚至在他的竞选演讲中也隐隐约约地表达了出来。

随着兴登堡联合候选人的形成，纳粹党被迫采取行动，除了仅仅作为一种策略性的备选候选人之外，还必须回应布吕宁的挑战，并提名希特勒作为候选人。在纳粹党激烈的竞选宣传之后，如果希特勒拒绝对抗兴登堡，那么他的相当一部分支持者会感到难以理解。

1932年2月22日，数周来一直计划着这一步的戈培尔在柏林体育馆举行的群众集会上宣布希特勒参选，这一举动仿佛经过精心策划一般，并收获了群众欢腾的掌声。现在，前线已经确定，"民族主义反对派"提名共同候选人的计划终于被摧毁。德国国家人民党和钢盔团提名特奥多尔·杜斯特贝格作为备选候选人。德国共产党则像1925年那样提名了恩斯特·台尔曼。社会民主党早早宣布支持兴登堡，并在2月27日才发表了自己的选举口号："打败希特勒！因此，选择兴登堡！"

对希特勒来说，没有德国国籍并不是主要障碍。在弗里克任命他为图林根警察局长的努力失败后，不伦瑞克的技术大学拒绝了内政部长迪特里希·克拉格斯提出的任命希特勒为"国民政治学基础"特别教授的要求。2月25日，他最终被任命为不伦瑞克文化和测量办公室的政府顾问，其任务是在柏林维护不伦瑞克邦的经济利益。[10]尽管这种操作毫无说服力，但如果德国国家人民党试图拒绝希特勒的国籍，政治总体形势也几乎不可能改变。希特勒准备代表"新德国"反对年迈的陆军元帅作为不再可行的制度的代表的时候，其实已经要求废除总统制以支持他的政党独裁统治。在这种情况下，共和派完全处于守势。所有人都清楚，兴登堡的胜利不会改变共和国向右倾的趋势。唯一的机会是将共和国的正式结构保存到经济困难消退、民众的政治激化预期降低的时候。

在1932年3月13日的第一次投票中，兴登堡以49.6%的票数略低于所需的绝对多数票，而希特勒以30.1%的票数远远落后。由于杜斯特贝格在定于4月10日举行的第二轮投票中放弃参选，支持兴登堡，因此结果基本上已经确定。然而，兴登堡只能将他的得票率提高到53%。另一方面，希特勒以36.8%的得票率取得了纳粹党迄今最好的选举结果。两名竞争对手都对选举结果深感失望。兴登堡不得不在部分选区接受最大的挫折，而这些选区正是他本以为追随者将为他投票的地方。在波美拉尼亚、梅泽堡、图林根、开姆尼茨-茨维考和石勒苏益格-荷尔斯泰因等选区，他落后于希特勒，而在西部，在社会民主党和中央党选票的帮助下，他远远领先于希特勒。在邦议会选举与第二轮投票同时进行的地方，兴登堡选民的分歧很明显。许多投票给兴登堡的选民在地区选举中投票给了极右派。因此，兴登堡的胜利并不意味着国内政治稳定，最多只是在共和派势力为抵御汹涌的极端民族主义浪潮而进行的越来越无望的斗争中稍做喘息。

竞选活动的结果对于国家和各邦实际推行的政策来说是次要的，而在各邦，由于邦议会中没有多数派，看守政府就职，因此竞选活动的激烈程度也在加剧。竞选活动沦为为左翼和右翼的私人军队提供展示其潜在力量的机会。总统选举也同样如此，由于政府颁布的复活节和平法令，总统选举被压缩到几周之内。这为约瑟夫·戈培尔提供了一个完美的竞选个人化的机会。他在这方面当然不是很有独创性，因为共和派也千方百计地把兴登堡的个人和性格放在首位，避免强调政治性，甚至直接捏造事实。正是出于这个原因，戈培尔让纳粹党的整个宣传机器服从于他的指令，致力于将希特勒打造为未来的替代者，成为"我们最后的希望"。希特勒神话对该党及其忠实追随者起着决定性的作用，现在则通过各种可能的宣传手段向广大公众灌输。[11]正是与第一次世界大战中备受尊敬的元帅对抗，让出身于平民家庭的前线士兵成为民族觉醒的象征。纳粹党一如既往地用极大的能量和专业精神推进竞选。除了主要由戈培尔和希特勒发表讲话的无数次会议以及传单和海报之外，该党在第二轮选举中还出人意料地为希特勒炮制了一场"全国巡演",使他能够在4月的第一周出席德国20多个主要城市的群众大会。纳粹领导人把所有赌注都押在了一起,向选民建议希特勒将成为新的国家总统。

3月13日之前,纳粹党和冲锋队都期待他们渴望的权力交接即将发生。选举失败在党内机构中引起了深刻的失望情绪,戈培尔不得不全力以赴,试图克服"运动的惨败"一词传达的失败主义情绪。与胡根贝格希望在第二轮选举中达成右翼联合候选人的希望相反,希特勒决定冒着失败的风险继续参加选举。国家选举委员会加强了对希特勒的伪宗教式的赞美,将其视为"民族复兴"的保证。特别是考虑到党内的危急情况,元帅崇拜被证明是纳粹运动不可或缺的黏合剂。与此同时,冲锋队的公开表现遭到党内批评,许多政治官员认为冲锋队应该对第一轮选举的失败负有责任。另一方面,冲锋队成员不认为继续参加选举有任何意义,并呼吁发动暴力起义。

戈培尔将他对希特勒在总统选举中失败的失望转化为加大4月24日举行的地方选举竞选力度。纳粹党在普鲁士和大多数其他邦的压倒性成功并没有让公众感到意外。除巴伐利亚外,纳粹党在选举中脱颖而出,成为最强大的政党。在被称为"共和国堡垒"的普鲁士,它在邦议会中的席位从9席上升到162席,并与德国共产党一起获得219席的绝对多数席位。在普鲁士的主要失利者除了资产阶级中间派政党外,还有社会民主党(从137个议席下降到94个),以及国家人民党(从71个下降到31个)。执政的魏玛联盟以163票对之前的230票,毫无希望地成为少数派。然而,纳粹党无法将票数的增加转化为政治权力。除了在已经参与政府的图林根、不伦瑞克、奥尔登堡、梅克伦堡以及安哈尔特之外,无论是在巴伐利亚还是符腾堡,都没有能够进入政府。另一方面,选举不断削弱资产阶级中间党派,加剧党派政治两极分化,因此除了直到1932年11月才举行邦选举的巴登外,其他邦都不可避免地过渡到了永久性的看守政府。这种状况严重损害了议会机构的声誉。

在普鲁士，执政联盟预见到了可能遭受失败的情况，并采取了措施以防止右翼党派一方占上风。[12] 在选举前，虽然遭到反对派的抗议，但他们通过了一项议事规则的修改，要求总理的选举必须获得绝对多数而不是如之前所需的相对多数。奥托·布劳恩对这种旨在阻止纳粹党成为普鲁士总理的操作持怀疑态度。事实上，只有在普鲁士中央党议会党团与布吕宁领导下的国家政府之间达成一项确保看守内阁工作能力的安排之后才有意义。随后，有人试图将社会民主党的内阁成员从幕后推到前面，或者将他们替换掉，以减少总统府内针对看守政府与布吕宁的默契协议的可能阻力。然而，事件的发展超出了这种情况的想象。

然而，社会民主党的普鲁士总理并不喜欢这种形式主义的内阁留任。5月24日，奥托·布劳恩在立即召开的邦议会上宣布辞职。他自己也感到山穷水尽，认为此时社会民主党和资产阶级共和派现在所处的少数派地位不可能成功地捍卫民主共和国。由于在议会中占多数，内阁以看守内阁的形式继续留任。然而，布劳恩让海因里希·希尔齐费尔代表他履行总理的职责，自己则暂时完全退出政治日常事务。疾病、政治上的放弃，以及对无法阻止布吕宁可能干涉普鲁士主权的认识，促使他采取了这一步骤，这在党内有时也被视为叛党行为。

在之前的几个月里，普鲁士政府做出了相当大的努力来防止普鲁士无法统治的局面。在国内政治上，奥托·布劳恩几乎没有回旋余地，布吕宁迫使他采取紧缩措施，并几乎完全拒绝了他所要求的贷款援助。普鲁士政府多次面临政治上无法承受的困境，例如在钢盔团公投之际。尽管如此，布劳恩仍然坚持他的意图，即作为国家改革的一部分，开展国家和普鲁士重要部门的联合。[13] 在阿诺尔德·布雷希特的积极参与下起草并于1931年8月提交各邦的法案草案提出了一个解决方案，即通过让一些普鲁士部长进入国家政府的方式确保布吕宁在议会中的支持。布吕宁采纳了合并普鲁士和国家财政部的想法。布劳恩一再要求布吕宁采取决定性的政治步骤，最终在1931年11月要求他接任普鲁士总理，但布吕宁却不敢迈出这一步，因为他担心兴登堡和他周围的人反对。

然而，在普鲁士问题上，就像其他情况一样，布吕宁的策略不具备政治上的可能性。他长期以来就决心推动普鲁士的国家化。他想的不是任命一个国家专员，而是将普鲁士的中央职能部门与国家的职能部门合并。虽然节约成本的因素的考虑起到一定作用，但这并不是决定性的。他认为，从长远来看，普鲁士会像其他邦一样，在财政上依赖于国家，并不得不同意将重要的行政职能转移给国家。因此，对普鲁士实施财政限制是一种有目的的战略，因为普鲁士是一个为整个国家执行任务的邦，尤其是在警察部队方面，但是普鲁士却能够通过自己的紧急法令来避免这种限制。

布吕宁和后来的巴本强加给普鲁士的严厉的紧缩措施，其破坏性必然远远超过面对全国的紧急措施，因为这些措施导致了行政机构、教育和学校部门以及市政财政的大幅削减。绝大部分紧缩措施都基于紧急法令，不需要邦议会的参与而制定。这种做法在很大程度上消除了各邦的自治权。对于普鲁士社会民主党人来说，问题在于还值不值得为邦政府的权威而斗争。尽管如此，泽韦林仍然坚持要在下次国会选举之前保持对普鲁士警力的控制。

布吕宁或多或少地故意拒绝了普鲁士看守政府表达的忠诚意愿。他更倾向于通过让纳粹党在普鲁士与中央党和德国国家人民党组成执政联盟，将其带入国家内阁。他希望将担任国家定价专员的卡尔·格德勒任命为普鲁士总理，同时任国家副总理。布吕宁还准备了一项紧急法令，规定在联合政府不受控制的情况下，将普鲁士内政部和司法部移交给国家。但他似乎从未真正考虑过与布劳恩合作，尽管在施莱歇尔的圈子里的确存在这样的担忧。

很明显，布吕宁非但没有将政府的各条线凝聚在一起，反而在关键问题上让自己被绕过，再也无法控制总统周围发生的事件。事实证明，在1932年春季的总统和邦议会选举中，这位总理才是真正的输家。兴登堡在选举前确实拒绝了他的辞职请求，因为这会让他显得容易受到政治要挟。然而这并没有阻止施莱歇尔在与胡根贝格和钢盔团领袖的谈判中承诺，如果他们支持总统连任，就会改组内阁。赫尔

兴登堡委员会呼吁总统连任。合成照片，1932年春

曼·冯·吕宁克将担任总理，胡根贝格为副总理，布吕宁要么留任外交部长，要么由冯·牛赖特男爵取代之。鉴于胡根贝格的顽固态度，坚持采取根本无法实现的即时解决方案，所以这些只是一种猜测。胡根贝格的攻击对总统影响很大。很难想象总统会将胡根贝格领导下的德国国家人民党纳入内阁，保罗·罗伊施曾呼吁胡根贝格辞去党魁职务，却徒劳无功。尽管如此，兴登堡还牢记着他对同僚的承诺，即最迟在普鲁士大选之后，他将改变路线，反对社会民主党。现在，布吕宁被指责把总统推向了错误的前线位置。

然而，总理低估了围绕兴登堡的阴谋对内阁存续构成的危险。施莱歇尔利用他与兴登堡的儿子奥斯卡之间的个人关系（两人曾在同一支普鲁士军团中服役），在总统那里污蔑布吕宁。东普鲁士贵族，特别是埃拉德·冯·奥尔登堡-雅努绍的影响力使这位年迈的元帅进一步感到不安，实际上他在政治上也感到不知所措。这名贵族曾经说过"一个中尉和六个士兵就足以把国会送回家"，这句话后来流传了开来。尽管他对于那些围绕在他身边、有关布吕宁与左翼关系的传言和议论并没有过多地回应，但这位年迈的元帅仍然受到了来自内阁之外的影响。此外，值得注意的是，由于兴登堡倾向于退居诺伊代克，这使得布吕宁更难与他接触，国务秘书奥托·迈斯纳更是利用这个机会为总统挡住了不受欢迎的影响。

然而，基本的政治方向决策越来越受个人喜好或厌恶的影响，这并非偶然。随着总统制政府及其领导方式的实施，布吕宁本人的行为已经充分说明政治决策及其议会监督和舆论监督的制度基础日益受到破坏。政治意志形成的个人化是魏玛共和国后期的一个特征；这是由于布吕宁倾向于在他的政策中过分重视策略所造成的。他政治意图的不透明性必然会加剧人事关系复杂化和阴谋的产生，并营造出一种阴暗的气氛，让像施莱歇尔这样习惯于秘密行事的人物可以在其中发挥关键作用。不仅布吕宁，格勒纳以及后来的巴本和盖尔都生活在不得不不断担心监视和泄密的困扰之下。

共和国晚期这个关键阶段政治形势的昏暗是政治生活谎言的反映。这个政策无情地利用了社会民主党、国家党和中央党左翼的忠诚，为一条右翼道路服务。作为一个避免与合法性公开决裂的务实政治家，布吕宁认为自己必须走钢丝，避免根本性的政治选择，而这恰恰是其理论的来源。总统选举就是这种矛盾心理的表现，尽管总理的回旋余地越来越小，但大选确实提供了在一条中间道路和一个明确的向右转的决定之间抉择的可能性。然而，正是在普鲁士邦议会选举前，总统内阁出人意料地感到不得不在其对冲锋队的态度问题上选择反对极右翼，从而结束了不稳定的平衡，这无可挽回地破坏了总统内阁的政治存在。从表面上看，这些事件表现为恶意阴谋和个人失败的致命的相互作用。

第二届布吕宁内阁完全拒绝议会支持，转而支持威权主义支持，所拥有的无党派外表在面对（主要是在德国共产党和纳粹党之间展开的）不断升级的内战而决定放弃克制的那一刻就消失了。尽管右翼媒体对此提出异议，但自卫组织之间的暴力冲突主要是由冲锋队挑起的（有一小部分也是钢铁阵线和钢盔团引发的）。从1931年夏天开始，他们日益增长的政治影响力引起了各邦行政当局的极大关注。冲锋队在1930年1月大约有10万人，一年后已经有了29.1名成员，到1932年8月增加到44.5万人。纳粹党领导层仅在有限的范围内对他们日益增长的侵略性加以控制。它发展成一种危险的权力工具，从长远来看，单靠警察部队是无法遏制它的。

自1930年夏末以来，国家内政部的情报机构与普鲁士政治警察合作，收集了大量材料，根据相关官员的看法，这些材料证明了冲锋队的敌对和叛变性质。[14]1931年9月博克斯海姆文件公开，似乎进一步证实了这种观点。警方通过一名前纳粹党工作人员的疏忽获悉了隐藏在黑森邦兰佩特海姆一座农场中的文件，这些文件揭示了冲锋队团体

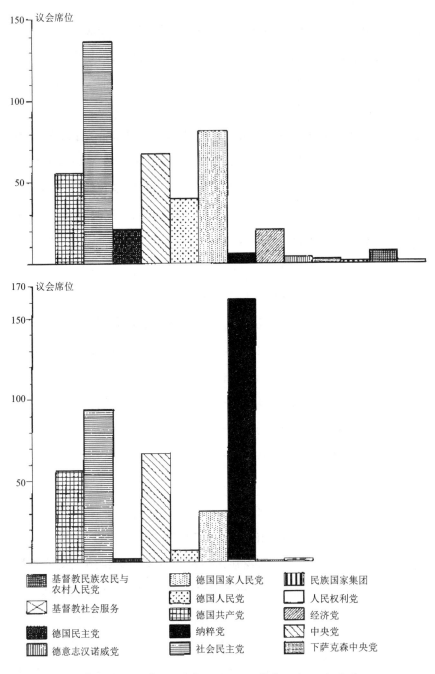

基督教民族农民与农村人民党

基督教社会服务

德国民主党

德意志汉诺威党

德国国家人民党

德国人民党

德国共产党

纳粹党

社会民主党

民族国家集团

人民权利党

经济党

中央党

下萨克森中央党

1928年5月20日与1932年4月24日普鲁士邦议会选举结果

在政变情况下可能采取的行动。其中大部分是后来的党卫军法律顾问维尔纳·贝斯特起草的，但这些计划仅涉及权力保障措施，而没有涉及制造紧急状态的指示。诚然，这些计划表明他们将以最严厉的方式对付潜在的对手，并使用最严格的围困手段。但是它们没有体现任何制造紧急状态的指示。[15]

从博克斯海姆文件可以得知（后来泄露给普鲁士警方的资料也再次证实了这一点），纳粹党认为工人阶级中的共产主义者以及部分社会民主党和自由工会可能会发动起义。针对这种情况，他们计划从大城市撤走冲锋队，并通过控制乡村地区、阻止粮食进入城市来让"无产阶级"革命失去力量。出于这种考虑，瓦尔特·达雷设立了纳粹党的农业政策机构，这对纳粹党向众多农业利益集团的渗透至关重要。对十一月革命的回忆是这些政治考虑的重要来源。

尽管各种起义计划四处流传，但冲锋队和纳粹党领导层对未来夺权缺乏具体想法。这并不意味着他们已经决定通过争取议会多数来取得政权。特别是在冲锋队的圈子里，议会外的斗争受到了极大重视。希特勒回避在这个问题上做出决定。他将贝斯特提出的应急计划描述为不具约束力的私人工作，并强烈警告不要成为挑衅的牺牲品。但他针对博克斯海姆文件的指控发出声明，称他没有主张通过议会之路来掌权。他对政治进程的长远打算反映在修辞的转折上："命运会自然、合法、安全地把权力交到我们手中。"[16]

卡罗·米伦多夫（后来的1944年7月20日密谋事件中的同谋者）大力支持社会民主党人、黑森邦内政部长威廉·罗伊施纳将博克斯海姆文件作为叛国罪证据提交给最高法院，但由于中间党派不感兴趣（它们与纳粹党保持着谈判的可能），也由于司法部门进展缓慢而失败了。同样失败的还有1932年3月17日之后普鲁士警察对冲锋队设施进行的突袭行动，这引起了人们的担忧，如果纳粹党赢得选举，会使用暴力行为。关于纳粹党如果赢得选举会动用冲锋队的暗示，来自内政部。然而，时任国防大臣格勒纳在同行泽韦林采取行动打击纳粹党军队时，却让后者难堪。泽韦林在最高法院再次面临失败，最高法院则应纳粹党的要求，迫使普鲁士警方立即归还没收的材料。格勒纳仍然相信冲锋是有纪律的，但事实很快就会证明他的错误。

究其原因，是因为冲锋队不再充当保护纳粹党集会的自卫组织。它们越来越多地试图激怒和挑衅对手。希特勒明确地赞成使用暴力；暴力具有表演和宣传的功能，对于广大的资产阶级而言尤为如此，因为他们对于针对政治左派的暴力感同身受。特别是，冲锋队的住所和驻地（主要是失业的冲锋队员在极其恶劣的条件下的过夜设施）已发展成暴力的温床和针对异见者自发的惩罚行动的导火索。通过这种行动，他们想要威吓对手并使公众感到不安。由于缺乏足够的武器装备，冲锋队避免与警察部队直接对抗。自卫组织的激化导致了受伤者越来越多，很快也有死亡事件出现。[17]

地方政府负责维护治安任务，对政治纷争日益恶化的情况感到担忧，他们对国家政府的不作为越来越感到不解。事实上，布吕宁倾向于忽视冲锋队的灾难性作用，他仍然希望将纳粹党纳入邦一级的中间派政府联盟，并通过"积极的政府工作"在政治上削弱其力量。因此，尽管个别部门抱怨下属机构中存在相应的滥用职权的现象，但总理在采取法律措施阻止纳粹主义对部分公共行政部门的逐步渗透方面却犹豫不决。同时，正如普鲁士内政部长讽刺地指出的那样，国家防卫军与纳粹党之间的暧昧也使得警察部队"被剥夺了射击亮度"，难以有效地对付冲锋队的恐怖袭击。[18]

国家防卫军领导层主要从防止军队卷入党派政治纷争的角度来看待军事协会问题。这与格勒纳在军方的无党派问题上采取的强硬立场相吻合，这令许多民族主义军官感到不满。中期目标是使军事协会"非政治化"，通过军事体育协会使它们脱离各方的影响，并在日内瓦裁军谈判取得预期进展后尽快将它们转变为民兵组织。1932年1月，冯·施莱歇尔提出成立国家青年培训托管委员会的建议，该委员会随后在退役将军埃德温·冯·施蒂尔普纳格尔的领导下建立。出于军方特定利益的考虑，施莱歇尔主张将冲锋队与国家相捆绑。同样，根据自己的座右铭——"我们想抓捕纳粹，但不是强迫社会党反对"——格勒纳认为，政治选择是可以避免的。[19]他非常乐观地表示，在4月份的邦议会选举之后，有必要"让纳粹具备执政能力，因为这场运动肯定会愈演愈烈，不能再用武力镇压"。[20]

然而，1932年4月初，格勒纳的冷静态度在一次各邦内政部长会议上受到了严重质疑。各方都敦促他立即对冲锋队采取行动。否则，各邦将宣布独立行动。格勒纳不愿被南德人称作"软弱无力"，感到自己的职责受到了质疑，于是向各邦代表承认，由于谣言称在第二轮总统选举过后冲锋队计划发动政变，因此需要采取"预防性行动"。[21]这位将军同样无法无视各邦内政部长的论点，即"独立的政党军队"的存在从长远来看会破坏国家权威，因此必须迅速采取行动。[22]他表示，"消灭冲锋队"是理所当然的，并原则上同意各位内政部长的要求，但必须吸收冲锋队的"良好成分"进入国家部门。[23]通过争取时间的策略，他最终成功地将各邦立即禁止冲锋队的要求推迟到4月13日，以避免被指责干涉总统选举。格勒纳认为自己必须遵守对各邦政府的承诺；因此，他坚持执行冲锋队禁令，尽管这与国防部长的部门利益相抵触。

格勒纳没有充分意识到解散冲锋队和纳粹党其他类似的军事组织必然产生的爆炸性力量，否则，他在4月13日颁布维护国家权威的紧急法令时就不太可能提到通过建立一个"大规模的全国性军事体育协会"来解决军事组织的问题了。[24]希特勒对此只有讽刺的嘲笑，尽管他本人表面上遵守了冲锋队禁令并明确禁止抵抗它，正如恩斯特·罗姆所考虑的那样。格勒纳低估了冲锋队作为大规模组织所聚集的社会能量，这些能量很难由一个无党派的组织来吸收并作为预备役来训练。布吕宁也低估了这一决定的重要性。这当然不是普鲁士政府的单方面决定。巴伐利亚和符腾堡并不同情社会主义者，但它们也强烈表示支持禁令。在资产阶级媒体中，除了中央党的报纸外，冲锋队禁令被视为有意为社会民主党提供选举援助。

布吕宁和格勒纳大意地认为对冲锋队的禁令及其所有后果必然在国家防卫军领导层和总统周围的人中不会遇到情绪上的抵制。冯·施莱歇尔最初忠实地支持格勒纳，并支持他的论点，即镇压冲锋队的适当"心理时刻"已经到来，为了维护国家权威，禁令是不可避免的。[25]这些言论背后仍然藏着这样的幻想，即通过对冲锋队采取行动就能将纳粹党禁锢为非法组织。因此，总理府办公厅主任拒绝了随后接收到的一些军队指挥官的意见，这些人主张将国旗团列入禁令，特别是因为这样的措施会意味着结束社会民主党的宽容。

然而，在国防部，气氛突然发生了变化。军方对源于整个政治右翼的抗议浪潮做出了反应，主要是由反社会主义的怨恨所驱动的。在写给格勒纳的一封信中，威廉王储抱怨冲锋队的"优秀人才"遭到破坏，并认为这是"对内部和平的一种威胁"。[26]在高度保守的圈子的影响下，甚至兴登堡本人也有所顾虑。他担心被指责冲锋队禁令是对社会民主党支持其连任所做的补偿。奥斯卡·冯·兴登堡在这方面尤其扮演了一个危险的角色。他想避免总统再次为一项不受欢迎的紧急法令负责。与此同时，哈尔茨堡阵线恶意散布谣言说他曾担任社会民主党的联络人，这也让他寝食难安。

冯·施莱歇尔在经历了一个不眠之夜后改变了立场，现在提议推迟禁令，并首先向希特勒发出正式的最后通牒，实质上只是为了争取时间。格勒纳没有接受这个提议，因为他清楚，在禁令问题上退缩将导致内阁的威信严重受损。同样，他拒绝了总统办公厅的分散注意力的策略，后者通过陆军将领库尔特·冯·哈默施泰因将军的帮助，显然在施莱歇尔知情的情况下，急忙准备了一份针对国旗团的负面材料，以达到补偿性禁令的目的。格勒纳看穿了这份早就存在的文件的可疑性质，这份文件描述了早已过去的事实，并因为新闻泄密而被公众所知。他试图通过让卡尔·霍尔特曼自愿解散针对冲锋队的抗议阵线，并对共产主义自由思想者和无神论组织颁布了一项宪法上几乎无法支持的禁令，来阻止总统办公厅的行动，以抵消兴登堡片面偏袒左派的印象。27

格勒纳拒绝对国旗团做经不起仔细审查的指控，最终战胜了犹豫不决、一脸无助的总统。这些事件因此导致了兴登堡和格勒纳之间开始疏远，这与针对国防部长的普遍情绪不谋而合，冯·施莱歇尔在其中扮演了一个令人不快的角色，他与格勒纳的关系也因个人原因而冷却。一夜之间，军队中长期存在的对格勒纳的不满情绪再次被激活。这与他在共和国初期的作用以及他对莱比锡叛国罪审判的僵化态度有关。此外，这位将军的声望损失还与他的再婚并提前生下一个儿子有关，这违反了他所属阶级的准则。这位对军队有着重大贡献的人被解除职务，也象征了极度紧张的国内政治氛围以及政治右翼对任何与他们的反革命世界观针锋相对的人都有着近乎病态的不信任。

格勒纳作为主管部长，本应追究作为部长办公室下级负责人的施莱歇尔不服从命令的行为，并惩戒反对他的军队领导人，必要时还可以予以撤职。但格勒纳意识到，面对总统的态度，他已经没有权力这样做了。长期以来，国防部长不过是一个技术上和政治上独立的军事机构的傀儡。施莱歇尔通过总统的儿子奥斯卡以及国务秘书迈斯纳与总统保持着联系，这赋予了他独特的影响力，并催生了越来越多的决定国家首脑决策的权谋。在内部和资产阶级媒体上针对格勒纳的过度争论是由被压抑的政治怨恨和特殊的社会利益助长的。这一情况也适用于国防军本身。

从共和国成立之初，军方领导层就与自由军团和爱国团体保持着广泛的联系，尤其是与钢盔团，后者的领导层与中高级军官团有着密切的社会联系。对军队的依赖最初是为了阻止共和政府被迫进行的裁军，后来又被用于非法重整军备。主要建立在东部省份的地方和边境保卫组织，主要基于与钢盔团和其他市民武装团体的非正式合作。自20世纪20年代以来，不断扩大的边境保护力量改变了这一格局。现在，边境防御在越来越多地纳入常规动员计划中，这些都依赖同内部和一般行政部门顺畅的合作。因为随着需求的增加，军事机构不再能够依靠与易北河以东的地主、钢盔团官员和当地知名人士的非正式合作来维持。卡尔·泽韦林领导下的普鲁士内政部最终接受了这些或多或少非法的军事措施，这是政治权力平衡的特征，从国内角度来看，这相当于巩固了当地保守的权力结构。

冲锋队的快速发展，尤其是在东部省份，对边防工作产生了深远的影响。最初，根据军队的指示，冲锋队成员被禁止参与边境防卫，而希特勒也曾多次反对冲锋队在边境防御活动中的使用。尽管如此，在地方一级很快就出现了与冲锋队的多层下级联系，尽管彼时重点仍然放在钢盔团上。自玻利维亚流放归来后，恩斯特·罗姆接任冲锋队参谋长一职以来，尤其是在他试图使冲锋队外表上看起来更接近正规军队之后，他与军方的关系发生了质的变化。早在1931年3月，他就与军队领导层达成了协议，随后解除了此前在军队拥有的企业中雇用纳粹党员和冲锋队参与边境防卫的禁令。在某些地区，冲锋队成为边境保护工作中不可或缺的力量，特别是在东普鲁士，其数量远远超过钢盔团。然而，军官与冲锋队领导之间的关系因相互之间的社会偏见而受到严重影响。

尽管由于冲锋队的专横行为而不断出现冲突和摩擦，但军方仍将其视为符合日内瓦裁军谈判要求的民兵组织的重要招募资源。民兵成为一种过渡性解决方案，因为它是确保在动员情况下增兵的唯一现实机会。创建十万人军队并推出的十二年服役政策导致可服役后备军人的比例不断下降，受过军事训练的人口正在老龄化。唯一在短期内具有可行性的是从准军事组织中招募替代人员，而冲锋队在这方面的重要性比钢盔团更大，因为它明显拥有年轻的成员，而钢盔团除了青年钢盔团组织外，退伍老兵占了很大比例。

边境和国土防卫的加强导致普鲁士政府与钢盔团部队准军事行动之间的冲突加剧，这也与同时推进的重整军备计划有关。自杨格计划通过以来，协约国军队的管制和相关制裁风险的下降让人们对裁军谈判的结果有了新的期待。[28]施特雷泽曼去世后，向加快军备发展的过渡与外交政策转向在冯·比洛的领导下向更具侵略性的方向发展。随着施莱歇尔介入，军方卷入国内政治，其与政治右翼的军事组织越来越紧密的关系威胁到了其一直保持的党派政治中立性。恰恰是将冲锋队用于边境保护任务，使军队有可能卷入潜在的内战，因为左翼并没有对冲锋队的恐怖行径坐视不管。作为回应，国旗团建立了钢铁阵线，并建立了具有类似军事特征的特殊保护编队，部分由已退役的普鲁士警察军官进行训练。[29]

自其成立以来，国家防卫军一直将严格的党派中立原则与在军官队伍中保持广泛的保守民族主义相关联。然而，自20世纪20年代末以来，随着世代更替，内部的紧张局势显著增加。虽然老一辈军官都始终坚持帝国传统，但新一代军官则代表着一种更强调技术化的趋势，同时也对民族主义和民族社会主义思潮持开放态度，尽管他们同样反对共和国和凡尔赛体系。国家防卫军领导层未能向年轻的军官们可信地传达其政治思想。正如一位与施莱歇尔关系紧密的知情人所言，广为流传的"中尉阶级中的窃窃私语"表明了对军事领导层政治路线的普遍不满和逐渐蔓延的信任危机。[30]这似乎对军方的同质性提出了质疑。

在1930年9月14日的国会选举几天后进行的莱比锡军事审判中，这场危机开始显露出来。乌尔姆的中尉文特、舍林格尔和卢丁遭到指控，因为他们曾试图在国家防卫军中组建非法的民族社会主义小组。[31] 被指控的军官与纳粹党领导层取得了联系，以便在发生"民族革命"时与武装部队达成谅解。正如被告人的上司、陆军上将路德维希·贝克将军所表示的那样，青年军官普遍同情纳粹党并赞同其国家政治目标。因此，格勒纳对破坏企图的所谓过度反应遭到了普遍的不理解。针对被告军官的行为，人们最多只认为这是一种违反规定的行为，应该受到纪律处分，而不明白为什么因为一年多前的事件必须在莱比锡的国家法院提起叛国罪诉讼。

格勒纳故意夸大了纪律问题以儆效尤，因为他认为部队的内部团结和纪律已受到威胁。他的公开声明也指向同一个方向，其中包括一项备受争议的法令，要为类似案件的告密者提供一块手表作为奖励。格勒纳的纪律措施没有充分应对审判期间在军官团体中出现的明显的反对议会制和具有纳粹主义特点的批评。格勒纳在一次军官会议上指出，军队作为国家最强大的因素，必须不受任何政治影响，必须凌驾于所有政党之上，军官们就必须可靠地通报情况，无条件地服从命令。他当时确实误判了批评的深层原因。因为这些批评源于军方领导对新民族主义和由纳粹党代表的"民族复兴"计划模棱两可的态度。宣扬军队的超党派性及其对国家抽象概念的联系已经不足以长期维持军队的信任了。

然而，莱比锡军事审判的过程并没有为揭示军方与纳粹主义的关系做出任何贡献。尽管乌尔姆的军官被判处数年监禁，但他们自己成了右翼媒体的著名英雄，只有舍林格尔除外，他在狱中改变了立场并宣布自己是德国共产党的一员。卢丁的辩护律师、纳粹主义者汉斯·弗兰克没有预料到法院会无视普鲁士的诉讼代表的异议，允许希特勒出庭做证。这给了纳粹党元首一个独特的机会来宣誓并尽可能公开地表明他的观点，即纳粹党完全在合法的基础上运作，并进一步确保它无意侵犯武装力量的独立作用。希特勒的合法性声明使他自己符合了当代宪法学对形式宪法的理解，同时也得到了大多数观众的赞同，他宣称，在纳粹主义掌权后要"秋后算账"，要为这12年的管理不善负责的罪人会被追究责任。[32] 在这种情况下，合法性的意义几乎等同于维护国家防卫军的武器垄断。不卷入与武装部队的公开冲突是希特勒从1923年11月的事件中得出的结论。

希特勒的合法性声明令德国国防军的领导层大吃一惊，他们认为这是一种有意识的让步。他们受到了纳粹主义充满敌意的宣传攻势的影响，这些攻势诋毁了军队的机构和人员。希特勒按照计划，继续安抚军方打消对纳粹党，尤其是恩斯特·罗姆，参与军事任务的根本疑虑。他坚定地通过库尔特·冯·施莱歇尔明确与前冲锋队东区负责人瓦尔特·施滕纳斯及其对党领导人的反叛划分距离，并向将军们保证，冲锋队今后不会采取任何"革命行动"。[33] 军方领导层相信了这些保证，陷入了驯服冲锋队的幻想中。到1931年底，他们欣慰地发现，没有发生更多的"破坏事件"，即纳粹党对国家防卫军的影响。他们误判了冲锋队与军队建立和谐关系的意图，并在必要时争取他们在国内政治斗争中的支持。在个别情况下，冲锋队甚至能够从军事训练机会中受益。

奥托·布劳恩通过提供所谓的"背叛国防"的案例材料和大肆利用希特勒在1932年4月的劳恩堡演讲，来反驳军方对冲锋队的信任。在这次演讲中，希特勒把与边防协作的可能性视为推翻现行体制的条件。这位普鲁士总理早在1929年就已经坚决反对由将军们提出的"德国人民的国防计划"，并预见到军事计划的无限推进与民主制度的继续存在是不相容的。[34] 与此同时，随着国家防卫军在政治系统中地位的不断提高，悄无声息进行中的宪法变革得到了总统的全力支持。早在1930年，格勒纳就自信地表示，在德国的政治事件中，除非果断对军方的言论进行重视，否则不应随意动摇任何政治基础。[35] 军方领导层希望能够在不久的将来摆脱《凡尔赛和约》非军事化条款的束缚。他们对裁军谈判施加压力，旨在通过国际协议使《凡尔赛和约》第五部分失效。与施特雷泽曼对裁军的谨慎态度相比，情况发生了明显的变化。德国代表试图通过坚定和有力的手段迫使达成实际结果，这反而加深了法国的安全顾虑。1932年2月召开的日内瓦裁军会议有60多个国家参加，军方领导层期待届时会有进展，并已经开始着手制订长期军备计划。自1929年起，德国就开始筹备一支在动员时拥有21个师兵力的军队，并将边防作为一项重要的先决条件。自1931年以来，它被"第二个军备计划"所取代。[36] 该计划旨在从1933年4月1日到1938年3月31日实施，目标是组建34个师。它包括全面的军备计划，并规定了民用领域动员的准备工作。与此同时，军方正在对现有部队进行系统的重新武装，主要涉及武器和技术装备的现代化。从计划中衍生出的裁军谈判重要目标是，一方面应允许德国军事预算的自由支配，另一方面德国要获得权利，以便通过缩短训练时间确保必要的军队规模，而不必遵循12年的服役期限。

布吕宁内阁尽可能宽容地对待国家防卫军提出的影响深远的财政需求，包括所谓的数十亿美元的军备改装计划，尽管只能部分提供所要求的金额。在赫尔曼·米勒内阁时期，就已经开始将军费开支从议会控制的预算中移除。由于军备计划受到严格保密，所以只能是政治辩论中的一个有限议题。但所有负责人都清楚，这个超出所有可用经济资源的计划只能在反对社会民主党的情况下实施。因此，军队向布吕宁施加了更大的压力，要求其解散普鲁士联盟并结束宽容政策。军备政策的一项重要内容在于扩大国防和边防力度，只要《凡尔赛和约》阻碍德国开放军备，这一政策就会得到维持。这必然会对军队与右翼军事协会之间的关系产生影响。在希望大范围建设一支民兵队伍以暂时弥补人员缺口的情况下，对冲锋队的禁令是灾难性的，因为军方认为只能从冲锋队那里找到必要的后备力量，而国旗团和钢铁战线在军方眼里只是德国社会不愿进行自卫的代表。

显然，主要参与裁军谈判的布吕宁总理并没有对冲锋队禁令给予任何重视。尽管纳粹党通过内部泄密获得了警方行动的预警，但还是没有对取缔冲锋队采取抵抗，只是立即发起了强有力的宣传反击。从心理上讲，对冲锋队的禁令意味着对希特勒的反对者的鼓励，这激发了资产阶级右派的抗议。政府的干预暂时阻止了暴力升级，使选举得以在4月24日举行。然而，政治路线并未因此发生改变。国家内阁缺乏必要的决心，以至于既无法与纳粹党明确保持距离，也不能在当下抓住与普鲁士合作的机会。相反，布吕宁不想阻挠日后在邦一级层面与纳粹党的合作。尽管种种危机凸显端倪，温和派政党的情绪仍相对乐观，但鉴于4月24日这一毁灭性的选举结果，这种乐观顿时演变成了迷茫和绝望。与此同时，来自右翼反对派对所谓单方面解散冲锋队的压力也增加了。

一个外部诱因就能让格勒纳垮台。1932年5月10日的国会会议就提供了这个诱因。国防部长态度明确，为反对冲锋队的措施进行辩护，然而他的振振有词淹没在纳粹党和德国国家人民党的辱骂与大声起哄中。格勒纳知道他在政治上已经不堪重负，这使他在纳粹党的无耻攻击面前显得毫无招架之力。在同一次国会会议上，年轻的库尔特·舒马赫通过反驳戈培尔诽谤性的言论而赢得了尊重，戈培尔宣称国家总统是由包括社会民主党在内的"逃兵党"选举产生的。[37]右翼媒体随后指责格罗纳在议会中出尽洋相。魏斯塔普伯爵向总统声称格勒纳不再"适合服兵役"。[38]最后，冯·施莱歇尔扬言，如果格勒纳不辞去国防部长一职，则部长担任职务的将军们将集体辞职。

格勒纳几周前预料到兴登堡会撤销对他的信任。他抢在施莱歇尔之前，请求解除自己的国防部长职务。然而，为了不危及整个内阁，他仍保留了内政部的职务。这引起了总统的不满，总统拒绝签署正式任命书。布吕宁十分忠诚地试图留住格勒纳，解除职务的请求不再被提出。但格勒纳的辞职宣言引发了内阁的解职程序。兴登堡不愿任命新的国防部长，施莱歇尔以不想伤害格勒纳为由回绝了此项任命。格德勒一度被认为是经济部长候选人，以取代已经辞职的瓦姆博尔德。与此同时，施莱歇尔已经完全忙于向总统提出布吕宁内阁的替代方案，并说服布吕宁最终放弃自己的总理职位。

布吕宁曾经搪塞总统，承诺在普鲁士选举后会组建右翼内阁，但他让其将计划内的洛桑谈判推迟到6月初，使得兴登堡认为这是对承诺的违背。总理以外交政策事件的重要性为由抗议总统在背后施加任何影响，结果只能设法将原定的政党领袖会议推迟到普鲁士邦议会召开之后。他想避免给人留下内阁改组迫在眉睫的印象。另一方面，施莱歇尔现在在奥斯卡·冯·兴登堡和国务秘书迈斯纳那里找到了支持，并已经与希特勒建立了联系。在4月22日和5月8日的会谈中，即在议会就格勒纳的人身和职能发生冲突之前，部长办公室负责人曾要求希特勒对未来的右翼内阁进行容忍。会谈的结果没有以书面形式记录下来，但纳粹党元首做出了可疑的承诺，即在预定的国会选举之前支持新内阁，条件是解散国会，恢复"充分的行动自由"，并撤销对冲锋队的禁令。[39]

当布吕宁了解到这些背地里达成的协议时，他立即警告不要将纳粹党纳入内阁，也不要举行新的选举，这将加剧致命的政治两极分化并加速资产阶级中间派正在出现的瓦解。对于暂时被认为是他的继任者的魏斯塔普伯爵，他指出，在没有通过充分的内阁参与而事先在政治上让希特勒有机会开始新的竞选活动的情况下，这是一个彻头彻尾的致命错误。纳粹党的机会恰恰在于采取全面反对所有资产阶级政党的战略。因此，他们一贯拒绝布吕宁一再提出的在下级政府参政的建议。施莱歇尔不顾事实，指责布吕宁缺乏政治手腕，因为他没有成功地让纳粹党"参与国家事务"；总理曾多次试图在邦一级与纳粹党达成某种安排。[40]格勒纳与施莱歇尔也都一致坚决反对将国家权力无条件地移交给希特勒。

大多数政治观察家并不清楚，是什么促使国家防卫军领导层支持与希特勒结盟。施莱歇尔无疑高估了自己的政治才能，错误判断了与纳粹党进行战术合作的风险。军队缺乏全局观，且没有能力对纳粹党和希特勒本人进行批判性评估，这与它广泛认同民族社会主义宣传所倡导的修正要求和反议会思想不无关系。在1931年9月希特勒和库尔特·冯·哈默施泰因的一次谈话中，后者得出了一个具有讽刺意味却严肃的结论："除了节奏"之外，他们在这个问题上想要的是"一样的东西"。[41]

因此，军队领导层关心的是如何劝阻希特勒采取"错误手段"和"革命思想"。格勒纳谈到了一项"长期的教育工作"，只有让善意的纳粹分子更贴近国家，同时有计划地消灭"麻烦制造者"，才能取得成功，因此打击纳粹运动本身是不合适的。[42]只有"过激行为"才应该受到最严厉的打击。在这种观点的背后，暗藏着另一种思想，即不应该像当时的社会主义者那样击退纳粹主义者。从军方的角度来看，这是对十一月革命的典型回忆，并且这种陈词滥调还表现在同时指责社会民主党为民族叛国分子。

政治上的一厢情愿让军方相信，希特勒煽动性的长篇大论主要是为了遏制纳粹运动中"激进的"、颠覆性的力量。施莱歇尔、格勒纳和哈默施泰因对希特勒本人异常积极的评价也是因为其在内部讨论中姿态很低，而且显得很通融。纳粹联络人展示出的和解态度使得将军们有了一种彻头彻尾的喜悦感，尤其是赫尔曼·戈林，因为在这几个月里，他成为希特勒与国家政府和资产阶级右翼政党最重要的联系人。

然而，军人之间始终存在某种不信任，这种不信任是由社会的保留意见造成的。正是他们对希特勒表现出的居高临下的善意，导致了看似荒诞不经的误判。他们认为只有通过明智而妥协的处理才能使希特勒与其运动中的"激进分子"分道扬镳。因此，用施莱歇尔幼稚的语言来说，必须将希特勒"双倍、三倍地绑在合法性之柱上"。[43]这种自欺欺人的想法之一便是认为纳粹运动并不像传统的政党那样存在，而是促进"真正的民族共同体"形成的催化剂。民族主义的偏执滋养了这样一种幻想，即只是因为剥夺了纳粹党的权力，才导致了其极端主义的作风，而公平容纳纳粹运动中所蕴含的"健康"民族力量，将会使其壮大。

抱有希特勒肯合作的幻想也影响了兴登堡在诺伊代克做出的决定，而当时他正隐居此处远离政治尘嚣。不过，1932年5月11日，布吕宁在国会中的最后一次成功已经无法改变事态的发展。尽管由于格勒纳的失败而遭受重创，但总理还是成功地拉拢了摇摆不定、同情纳粹党的经济党，以286票对259票的多数票赢得了来自左、右两派的不信任投票，还通过了后续急需的信贷授权。他在最后一次重要演讲中呼吁全国人民坚持下去。他希望6月初在洛桑举行的赔款和裁军谈判中取得关键性的突破。尽管由于协约国军缺乏妥协的态度，德国人民遭受了各种牺牲，但他认为他两年前所选择的道路是正确的。他不想在"距离终点线前的最后一百米"失去冷静从容的心态。[44]

事实上，国会毫不犹豫地批准了他所请求的信贷授权，这让布吕宁坚信自己至少可以暂时稳定内阁。然而，由于在减少工时问题上存在分歧，经济部长瓦姆博尔德于5月6日示威性地提出辞职，这表明工业界尽管出于外交考虑之前一直支持内阁，但目前正在掉转方向。5月17日，德国工业联合会的领导层向总理保证，"头脑冷静的工业界人士"会支持他。[45]另一方面，重工业和大规模农业则决心支持施莱歇尔推进的内阁改组，并提议对经济部重新进行任命，反对由格德勒接替经济部长的职务。

下半个月，布吕宁咬紧牙关准备了一套新的紧急法令，其中再次包含了大幅削减开支的内容，尤其是在社会领域。即使在经济复苏的情况下，内阁似乎也只能部分解决大规模失业的紧迫问题。对经济的极度悲观和通过补偿措施阻止社会福利进一步减少的合理需要解释了为什么农业安置成为政治考虑的重点。从这个角度来看，安置的想法具有一个社会阀门的功能。值得注意的是，内阁在这个问题上垮台了。此前，汉斯·施兰格-舍宁根和亚当·施泰格瓦尔特之间发生了重大的权力争夺。对于这场冲突的解读不应该忽略工人阶层的社会困境和施泰格瓦尔特对此所做的努力。这些紧张局势无疑也反映出内阁在其最后步骤中表现出的高度紧张状态，这有助于在有争议的第五号紧急法令通过之前，就将有关安置计划的消息传达给感兴趣的公众，尤其是大农场主。这个广泛的安置计划是由迪特里希和其他内阁成员推动的，因为他们期望通过小规模的农业安置缓解失业问题，并认为可以在原始的生活条件下安置多达60万失业者。该计划的基础是期望通过加速程序尽快将不再具备偿还债务能力的土地用于安置。该计划草案显然还不成熟，而且施兰格-舍宁根认为在短期内他可以凭借自己的行动力在小型农业安置点中获得实际成果这种愿望也是不现实的。此外，他对政治反对派的阻力做出了仓促反应——导致他在没有咨询总理的情况下就向总统提交了辞呈——最终被证明这么做是极其不利的。

然而，认为仅仅是计划中的失误导致了易北河东部的游说集团在兴登堡的支持下公开推翻布吕宁政府，那就错了。[46] 因为并不需要来自东普鲁士省议会在国家参议院的代表盖尔男爵和大地主利益的代言人马格努斯·冯·布劳恩的书面抗议，就能加剧兴登堡对布吕宁的极度不信任，因为布吕宁再也不能指望得到大工业的无条件支持。再次被迫签署有争议的紧急法令这一事实就已经引起了总统的不满，尤其是因为纳粹党和德国国家人民党的威胁使他担心可能会因紧急法令而被国家法院追究责任。当他拒绝在诺伊代克接见布吕宁之后，迈斯纳向他提交了紧急法令的文本。值得注意的是，他反对再次削减战争受害者抚恤金，并反对安置方案，因为其中包含促进强制拍卖执行的规定。然而决定性的是，他拒绝确认格勒纳为内政部长，并要求内阁彻底向右改组，而布吕宁认为目前无法做到这一点。

在得到兴登堡的同意后，1932年5月26日，弗朗茨·冯·巴本被施莱歇尔召唤到柏林，似乎要成为继任者，而布吕宁只能在兴登堡从诺伊代克返回后再去拜访他。当时，布吕宁请求继续授予紧急法令授权以备将来的洛桑谈判，但兴登堡拒绝了，并撤回了其对内阁的支持。布吕宁突然发现自己是在孤军奋战。5月30日，内阁一致决定全体辞职。虽然布吕宁仍然希望在最后一刻说服总统，但这已经不可能了，由于海军警卫队的例行检阅被安排在斯卡格拉克海战纪念日进行，因此在招待会上已没有足够的时间进行认真严肃的讨论。

布吕宁在遭到国家元首的冷遇后仍然忠诚地努力克服危机，尽管他拒绝了兴登堡让他以外交部长身份进入继任内阁的提议，指出他将缺乏必要的权威来继续进行洛桑谈判。尽管如此，他还是表示愿意以自己的丰富经验和无可争议的国际声誉为基础支持继任者。他希望能够让卡尔·格德勒或魏斯塔普伯爵成为总理的候选人。如果更坚决一些，这些努力可能会成功，因为兴登堡并不是一开始就决定要接受由施莱歇尔将军提出的局外人弗朗茨·冯·巴本来充当这一角色的。

布吕宁本人将自己的垮台归咎于施莱歇尔的阴谋。但这仅仅表明支持总统制的势力长期存在的倾向是彻底脱离议会制，不仅要在政治上中立德国共产党，还要在政治上中立社会民主党和自由工会。毫无疑问，布吕宁在艰苦的赔款谈判中所取得的成果落到了他的继任者手中。但是在内政方面，这些成果并不重要，特别是由于此后的财政减负措施几乎乏善可陈。同样，总理一贯的紧缩政策也没有得到社会力量和经济利益的认可。然而，至关重要的是，布吕宁逐步为右派独裁创造了条件，并为此提供了合法或看似合法的基础。

施莱歇尔将已经到达柏林的弗朗茨·冯·巴本推荐为继任者。巴本曾担任轻骑兵团长和帝国驻墨西哥和华盛顿武官，这些经历使他拥有正确的"军人气息"，这让兴登堡在许多方面感到满意。他的天主教信仰相对于他与明斯特地区乡绅一致的高度保守观念和强硬君主主义来说微不足道。几周前，巴本曾坚定地支持成立一个无任何党派束缚的总统内阁。他在柏林的贵族俱乐部遇到了施莱歇尔，他对后者表达了这方面的意见，这可能鼓舞了施莱歇尔提议由一个与萨尔工业有着紧密联系的贵族作为布吕宁的继任者。在政党似乎已经退位的情况下，保守派和新保守派的运动网络在政治职位的赞助方面获得了越来越大的影响力，这便是总统独裁制形成的特征。在施莱歇尔看来，弗朗茨·冯·巴本还有一个优点，就是他作为普鲁士中央党议会党团的前成员，始终坚持解散中央党与社会民主党的联盟，并与另一个背叛的中央党议员一起投票反对了备受争议的议事规则修订行动，这暂时打消了纳粹党直接接管普鲁士总理职位的企图。尽管作为中央党党报《日耳曼尼亚》的大股东，他曾短暂地对该报的编辑团队施加影响，使其转向保守，但在中央党内，他仍然是个局外人。与他的易北河东部地区的同僚一样，巴本强调民族主义，尽管他的民族主义不是像胡根贝格那种教条式的民族主义。巴本的政治理念充满强烈的意识形态色彩，缺乏准确性。他的政治思想受到了1918年动乱起因的保守主义-反动派——一种带有极端独裁色彩的模糊的基督教企业国家意识形态和一种针对革命后时代成果的保守主义——的影响，后者带有明显的精英主义和社会反动派特征。因此，他从一开始就毫不犹豫地反对对冲锋队的禁令，也就不足为奇了。[47]巴本之前的政治热情使他看起来非常适合满足兴登堡最终组建带有"国家凝聚力"内阁的愿望。如果施莱歇尔认为任命巴本可以消化布吕宁被中央党解职酿成的苦果，并让他们与新的总统内阁和解，那他当然就大错特错了。布吕宁被叛变者巴本取代，在中央党内引起了震动。这是因为巴本在被任命之前曾向中央党主席卡斯表示不会接受兴登堡的提名，并表示自己将遵守党的纪律。然而，当兴登堡呼吁巴本履行"爱国义务"和"服从"的时候，巴本就把对卡斯的承诺抛到了九霄云外，并接受了领导一个既定政府团队的任务。[48]对于卡斯这位被抛弃的中央党领袖来说，他感到受到了轻视。他曾在议会团体面前强调巴本的忠诚，但新总理告诉他，要作为一个德国人而不是一个党派人物行事，这进一步激起了中央党对明显的背信弃义行为的深刻愤怒。

在由施莱歇尔用他惯有的急躁态度推进的组阁过程中，巴本最多只是被动参与。一开始，他们接触了一些与布吕宁有关系的人物。魏斯塔普伯爵意见一致，认为在没有德国国家人民党和纳粹党参与的情况下，组建一个反对中间党派的政府是不可行的。卡尔·戈尔德勒曾被考虑担任经济部长，但是他在向总统提交的改革方案中提出了诸多要求，包括将经济部和劳工部合并，这导致谈判最终失败。由于一些国会议员不符合条件，另一些则不可用，施莱歇尔在寻找合适的部长人选上举步维艰，内阁的组建进展缓慢。最终，总统办公厅只能选择极右翼但无党派归属的人士。因此，"专家内阁"的说法只是在一定程度上才成立。

总统办公厅发布的右倾口号下形成的最终结果与布吕宁所希望的专制意义上的宪政重组无关。该政府的组成完全没有考虑国内的政治力量平衡。两个月前为总统连任而竞选的政党不再参加新内阁，内政部长由威廉·冯·盖尔男爵担任，他曾成功地与兴登堡交涉，反对布吕宁的所谓"土地布尔什维主义"。[49]作为东普鲁士的一个省级代表，他代表大土地主在国家参议院中发表了特殊的利益主张，并表现出对奥托·布劳恩领导的普鲁士政府的强硬敌对态度。

这个新内阁其他成员的政治倾向加强了这样一种印象：历史车轮已经倒转了。与东欧大地主紧密联系的莱茵金融合作社总经理马格努斯·冯·布劳恩男爵成为国家粮食部长。由于他参与过卡普政变，曾被普鲁士政府撤职。外交部长职位则由一名靠近君主主义派系的职业官员、曾任驻伦敦大使的康斯坦丁·冯·牛赖特男爵担任。他曾经因反对魏玛共和国而暂时离开过外交部门。卢茨·什未林·冯·克罗西克伯爵成为国家财政部长；他曾在财政部担任预算主管，政治上也较为保守。这两个位置的人选只能靠兴登堡的个人号召力拉拢。除了保罗·埃尔茨·冯·吕贝纳赫男爵担任国家运输和邮政部长外，民族主义者、巴伐利亚司法部长弗朗茨·居特纳也加入了他们的行列，担任国家司法部长。他于1923年成为希特勒的支持者。他的任命是为了向德国南部各邦做出让步，但巴伐利亚内阁立即与这名任成员保持了距离。经过几次尝试，他们最终确定了没有存在感的赫尔曼·瓦姆博尔德作为国家经济部长，可能他唯一令人留下印象的举动便是及时退出了布吕宁内阁。就劳工部的任命而言，最终同意了之前毫不起眼的国家保险局局长胡戈·舍费尔担任该职位。重要的是，赫尔曼·平德尔，即国家总理府的国务秘书，被施莱歇尔的亲信埃尔温·普朗克所取代。

除了"绅士内阁"的核心团队之外，正如巴本对马格努斯·冯·布劳恩所说的那样，该内阁的组成比兴登堡最初期望的更"右"，尽管他赞赏内阁成员的社会和政治同质性。[50] 接管国防部的施莱歇尔过高地估计了控制这位常常自行主张、奉行机会主义行事的新总理的政治决策的可能性。冯·盖尔男爵比施莱歇尔更坚定地支持既定的反议会路线，这让施莱歇尔感到不快，因为他觉得自己受到了对希特勒的承诺的约束。他认为，新一届国会选举是可有可无的，并将其视为半自由主义意义上的宪法重建道路上的障碍。[51]

公众普遍认为，组建内阁是一项政治挑战，而在这个过程中没有考虑国会的党派力量，这令人意外地呈现出一种极端的社会神秘主义色彩，从而使人们很快给这个内阁贴上了"男爵内阁"的标签。为了实现让自己成为没有党派束缚的政府的自我要求，部长们进行了示威性地退党，除非他们本来就没有党派归属。在这个过程中，由于先发制人，巴本避免了被中央党开除党籍。尽管如此，这种姿态并没有改变内阁成员与资产阶级右翼之间紧密的关系，尽管这种联系更多是在绅士俱乐部而不是在党派办公室中。内阁代表了保守派官僚精英的政治思想世界，他们与政党没有联系，视自己为支撑国家的阶层。所谓"国家集中政府"的概念根本无法成立。

各政党和工会对于巴本出任总理的反应异常消极，左派进行了最激烈的攻击，中央党和资产阶级中间派则明确反对，而国家人民党则通过间接的疏离表明，他们与新内阁没有任何联系。纳粹党没有直接攻击弗朗茨·冯·巴本，生怕将得到允诺的重新选举和解除禁止纳粹军队的承诺再次破坏，但他们也没有回应施莱歇尔的要求，后者希望纳粹党对选举后的这段时期给予书面的宽容承诺。除了大企业之外，内阁也没有得到任何利益集团的支持。在国家防卫军的力量和国家总统的权威支持下，该内阁符合保守的上层阶级的政治愿景，他们相信汉斯·泽赫尔、瓦尔特·肖特和其他新保守主义作家所宣扬的新"阵线"神话，或者坚持一个已经不存在政治前提条件的集权国家思想。[52] 由于绝不可能获得议会的容忍，该内阁只能作为一个明显违反宪法的总统独裁政权而存在。

第十二章
遭受政变威胁的政府

在1932年6月2日宣誓就职的当天，巴本内阁就决定解散国会，并表示国会的组成已经不再符合地方选举中所表达的"人民的意愿"。[1]这样一来，政府就兑现了对希特勒的承诺，即容忍内阁的条件是即刻举行新选举，并立即解除对冲锋队的禁令。新内阁明显的反议会倾向的特点是，巴本甚至没有等到国会召开会议，而是于6月4日在媒体上发表了他的政府声明。这份声明一方面表达了在缺乏财政稳定性的情况下延续布吕宁内阁政策的意愿；另一方面它超越了"过渡内阁"的纲领，批评了自共和国成立以来的内阁，提出了要建立一个"新德国"。哈里·凯斯勒伯爵称这份声明"具有最黑暗、反动、悲惨的风格，在这种情况下，帝国时代政府的声明都像是最光明的启蒙"。[2]这份声明攻击布吕宁，攻击所谓正在蔓延的"文化布尔什维主义"，攻击德国民众在战后内阁的"国家社会主义"影响下的"道德败坏"，并祈求"基督教世界观的不可动摇的原则"，是一种难以忍受的文化批判和社会反动利益的混合物。[3]

十天后发布的全面紧急法令揭示了内阁明显支持大规模农业和大工业利益的反社会路线。在兴登堡的反对下，备受争议的安置计划被撤回，而该法令却在社会保险和失业救济领域实施了严重的财政削减，尤其是引入了需要经济贫困证明这一机制来对申请者是否能获得失业保险那已经被削减的补助进行评估。尽管政府表达了对俾斯麦式社会政策的支持，但实际上他们所采取的行动已经完全违背了社会保险制度。同时，从其范围和方式上来看，政府所宣布的创造就业措施与社会福利预算大幅削减相比，并不能对后者起到任何实质性的补偿。

因此，政府方案在各地都受到了极为猛烈的批评。中央党强调，紧急法令不具备"任何慷慨的建设性理念"。[4]这背后是巴本放弃了施泰格瓦尔特曾寄予厚望的小规模农业安置政策。此外，由于财政赤字的加剧，该法令在形式上虽然更加严苛，但实际上也只是执行了布吕宁内阁已经准备好的削减方案而已。其后果是社会福利再次遭到大幅削减，而大型资本利益集团因此也得以如释重负。因此，这条政令激起了各阶层工会的强烈抗议。《前进报》评论说，巴本内阁显然认为"完全不必考虑人民大众"了。[5]

与布吕宁追求的政治路线的根本决裂在于，巴本内阁愿意履行由施莱歇尔承诺的向纳粹党提供的"先行条件"，即解除对冲锋队的禁令，但这在地方上遭到了抵制，甚至连内政部长也有所顾虑。[6]1932年6月14日颁布的一项防止政治暴力行为的法令中，政府撤销了对冲锋队的禁令，并取消了1931年12月8日颁布的制服和徽章禁令。当各邦政府强烈反对这项规定并出台自己的制服禁令时，其第二项规定剥夺了他们任何超出个案的监管权力，"以避免对公共秩序造成危险"。[7]巴伐利亚邦总理黑尔德抗议了对地方权力的肆意限制，但徒劳无果。巴本内阁屈服于纳粹党施加的压力，以恢复"政治自由"这种站不住脚的理由向纳粹党施加的压力让步，而这种自由以前曾被紧急法令大大限制。[8]

国家权力撤退的后果是立竿见影的。除了冲锋队之外，其他自卫组织也动员了他们的力量。选举活动的开展遭遇了前所未有的暴力浪潮，仅在选举前的最后十天，普鲁士就有24人死于政治骚乱，284人受伤。毫无疑问，冲锋队是罪魁祸首，共产党人和社会民主党人所感受到的仇恨和无助的复杂情绪促使他们越来越频繁地进行反击。甚至只有在特殊情况下才会采取激进行动的国旗团，也越来越多地卷入了由纳粹党人引发的打斗和冲突中。资产阶级政党也开始成立自卫组织。巴伐利亚人民党的"巴伐利亚警卫队"旨在抵御冲锋队频繁的袭击。制服和军事仪式成为政治舞台上的特征。他们经常伪造一个实际上并不存在的命令。失业青年的绝望在激烈的内战中得到了宣泄。当德国共产党领导层试图遏制与政治对手的毫无意义且代价高昂的冲突时，他们遭到了基层活动家的抵制。同样，冲锋队的暴力行为也不由分说地愈演愈烈。

冲突通常是由试图炸毁或干扰对手的选举集会引发的。在大城市中，冲锋队通过工人街区的游行示威尤其容易引发冲突。在这里，左派被挑起巷战。有组织的劳工捍卫他们一直以来的据点，但一般避免对冲锋队采取进攻行动。然而，冲锋队并不回避机动化行动，反而攻击社会民主党和共产党的编辑部、政党设施、工会大楼、工人住所和集会场所，甚至在个别情况下攻击青年营地，殴打其中的居住者。在小城镇和乡村地区，由于地方警察力量薄弱，冲锋队展开了无节制的恐怖统治，从而严重影响了左翼政治对手的行动自由。这主要是在普鲁士的东部省份中发生的。纳粹媒体美化了对共产主义运动的"镇压"，并给有偏见的公众留下了这些事件完全是由左翼反对者挑起的印象。因此，纳粹党把自己说成是唯一可靠的秩序维护者。他们试图通过冲锋队的纪律严明的外在形象来证实这一说法。

在左右两派自卫组织的暴力袭击中，社会侵略性的潜能被释放了出来，这种潜能已经不再受政治制度的控制。它从农村人民运动中爆发，像野火一样蔓延到左右两派的运动之中。自从普鲁士大选以来，冲锋队的好战行为便与战略目标相结合，旨在使普鲁士看守政府的地位岌岌可危。纳粹党的激进示威浪潮在6月16日之后首先在鲁尔区的城市中爆发，然后蔓延到整个普鲁士，从而引发了德国共产党的反击行动。普鲁士警察在大规模的冲突中常常不堪重负。与此同时，纳粹宣传指责泽韦林领导的警察部队在对待德国共产党方面缺乏能力，并将"内战的主要责任"归咎于他们。如果国家政府不立即对普鲁士实施紧急状态并禁止德国共产党，他们将自行"采取行动"。[9]

纳粹党和德国国家人民党指控普鲁士警察与德国共产党勾结，在资产阶级阵营中引起了广泛的不满。尽管他们掌握了内部信息，但内政部长和大多数内阁成员都认为布劳恩和泽韦林不可能有效地打击德国共产党。摧毁普鲁士政府一直是纳粹党长期以来的目标，而街头暴力的升级则有助于他们实现这个目标。因此，在纳粹媒体指责他们对普鲁士社会民主党人过于谨慎的情况下，纳粹党对此的反应越来越强烈。从7月初开始，由戈培尔主编的《进攻报》便要求任命一个国家专员来"管理叛乱的红色普鲁士"。[10]虽然纳粹党尚不能指望自己亲自掌权，但期望在国会选举中得到便利。

1932年7月17日阿尔托纳地区的"血腥星期天"，使纳粹党和德国共产党之间的无数暴力冲突达到了暂时的高潮。当时，警方勉强批准了一次纳粹党的大规模集会，至少有7000人参加了此次活动。当示威队伍经过阿尔托纳的工人街区时，爆发了武装反抗。在交火中，有18人死亡，大多数是无辜的居民和路人。此外，还有大量受伤者。事件发生时，当地警察没有及时向汉堡求援，也没有在冲突开始时将游行队伍引导到较为安全的街道，从而导致了悲剧的发生。反法西斯行动组织之前曾要求警察局禁止此次示威，威胁如果遭到拒绝将采取"自卫措施"。由于担心被指控偏袒某一方，警方没有对这种压力做出回应，因此导致了这起流血事件的发生。

在《红旗报》指责普鲁士警察与"希特勒法西斯主义者"勾结时，7月19日的《人民观察家报》则以最浓墨重彩的手法描述了警方的失败，并间接威胁要进行报复。"仅仅一个星期，5万名武装党卫军

1932 年 7 月 17 日阿尔托纳血腥星期日事件。1932 年 7 月 18 日《德意志汇报》的报道（柏林，普鲁士文化遗产基金会国家机要档案馆）

就会在没有装甲车和警察官僚机构的情况下清理德国的行凶总部。随后，内战就会结束。"[11] 纳粹党以维持秩序力量的身份向巴本内阁提出了自己的要求。纳粹党对普鲁士政府的不断攻击并非没有效果。尽管后者竭尽全力确保公共安全，但事实证明，政府在很大程度上无法抵御纳粹党成体系的挑衅策略和左翼政党的激烈反击。此外，普鲁士警察再也不能保证他们会得到法院的支持。1932 年 4 月，警察采取了有力措施对付多特蒙德的冲锋队，结果几名警察被解雇并被判处重刑，而引发暴乱的多特蒙德冲锋队成员却逍遥法外。[12]

　　阿尔托纳的血腥星期日促使内阁在 7 月 18 日宣布紧急法令，禁止户外集会和游行。然而，政治暴力并未显著减少。恐怖袭击在 7 月 31 日的国会选举后仍有增无减。但现在，国家政府一反以前对右派政治暴力的态度，不得不采取更有力的行动。8 月 9 日颁布了一项针对政治恐怖主义的紧急法令，命令立即组建特别法庭，对政治犯罪进行起诉和判决，但只进行一次审判。此外，政府禁止了8月份所有公开的政治集会。这样一来，内阁才姗姗来迟地承认了6月份各邦提出的要求是合理的。但与此同时，恐怖浪潮事实上已经达到了为消灭普鲁士政府提供借口的目的。

位于上西里西亚的波坦帕村谋杀案是冲锋队在德国东部地区广泛开展的恐怖活动的高潮，揭示了德国政治文化的衰落。1932年8月9日至10日的夜晚，五名纳粹分子袭击了两名同情德国共产党的波兰农民。两人都被从床上抓走，其中一人在其母亲的眼前被残忍地杀害。根据8月9日的紧急法令，在博伊滕地方法院设立的特别法庭对凶手判处了死刑，但戈培尔在纳粹报刊上掀起了一场抗议风暴，众多德国民族主义机关也加入其中。希特勒在一封电报中表达了对肇事者的声援，并毫不犹豫地称这是一项"令人发指的血腥判决"。[13] 尽管公众对这一罪行普遍感到愤怒，政府还是将死刑减为终身监禁，理由是加重处罚的法令在犯罪前只有一个半小时才生效，罪犯几乎不可能获悉此法令。

波坦帕事件只有在资产阶级公众几乎神经质的反共主义背景下才可能发生。纳粹党既利用了这种情绪，又不断地挑动这种情绪。他们一再要求为打击"公社"而将街道开放。包括赫尔曼·戈林在内的纳粹党知名代表多次要求暂时给予他们"自卫权"来清算左派。他们期望在与德国共产党的国内政治冲突中，能够与军队和其余的秩序力量一起介入。为了对可能发生的情况做好准备，他们让冲锋队进入边防军的秘密军火库，这些努力与他们期望在国会选举之后彻底清算政治左派的期望有关，对纳粹党活动家来说，这与夺取政治权力是一致的。

7月底，部长办公厅主任库尔特·冯·布雷多上校就冲锋队试图采购武器的问题要求赫尔曼·戈林和恩斯特·罗姆到班德勒街进行对话。戈林含糊其词地回答说，他们预计选举后泽韦林和钢铁阵线会发动暴力反击。在他看来，警察部队不足以打击这样的起义，而军队的介入也不可能。因此，冲锋队被迫为武装冲突做准备。尽管这多半是个借口，但戈林的坦率发言揭示了许多纳粹分子的自我认知。戈林再次主张"自卫权"以对抗左翼政党，并表示应该给冲锋队几天时间进行报复。他暗指组织一次巴托罗缪之夜来反对左翼，这同时也是希特勒头脑中幻想的一部分。

戈林冷嘲热讽地表示，必须"彻底摧毁"马克思主义，而冲锋队长期以来就是为此训练的。这些言论表明，纳粹党只有在彻底摧毁左派组织和消灭其积极成员之后，才能成功地将受社会主义影响的工人群众争取到自己一边。戈林补充道："他们可以使我们遭受最大的折磨，可以饿死我们，但是我们不会放弃复仇的权利。"[14]这让对话的与会者深感不安。对于将政治左派视为真正对手的这种对于暴力压制的需求，在政治上也是对社会主义工人坚定信念的一种手足无措的反应。

尽管纳粹党公然展现出取得无限权力的野心，但巴本和施莱歇尔仍然相信他们可以说服纳粹党在选举之后进行合作。冯·盖尔男爵概括了政府对纳粹党的策略，即"阿道夫·希特勒领导的年轻、日益扩大的运动应该摆脱布吕宁和泽韦林施加的枷锁，以便在反对国际共产主义的斗争中得到支持"。[15]这明确地表明他们计划利用纳粹党来镇压左翼令人不安的反对声音。纳粹宣传反复提出纳粹党将准备好在"马克思主义"被消灭后有纪律地融入国家，这种舆论造势在当时发挥了一定作用。

5月24日普鲁士邦议会召开后，纳粹党和德国国家人民党未能阻止看守政府履行职责，尽管邦议会内部爆发了德国共产党与纳粹党激烈对立的场面，但在社会民主党的努力下，避免了罢免柏林警察局局长阿尔贝特·格热辛斯基和其他高级警官这项决议取得必须的三分之二多数票。[16]德国共产党采取阻挠手段对社会民主党施压，不惜与极右派结盟。财政赤字的压力削弱了共和派联盟伙伴之间的合作意愿。只有来自德国共产党、纳粹党和德国国家人民党反对派多数的威胁才暂时得以把这些相互矛盾的力量团结在一起。中央党向右转的趋势也体现在纳粹主义者汉斯·克尔当选邦议会议长以及社会民主党退出议会主席团。随着普鲁士中央党领导人约瑟夫·赫斯在当年春季去世，左翼最重要的整合力量消失了。只有中央党与巴本不可调和的冲突——康拉德·阿登纳在当时已经认为这是一条死路——才能保证看守政府内部取得一定的团结。

施莱歇尔、巴本和盖尔组成的三巨头一开始就决定推翻社会民主党领导的普鲁士政府。[17]他们坚决沿用了布吕宁已经采用的策略，强制普鲁士内阁进行财政公开审计。国家财政部长拒绝向普鲁士支付1亿马克的债务便是该事件的标志。然而，正如前国务秘书赫尔曼·平德尔带着一丝幸灾乐祸的口气所说的那样，财政部长奥托·克莱珀在1931年底实施了行政改革和1932年6月8日颁布了紧缩法令，这使得他成功地瓦解了国家政府试图让"普鲁士账面上彻底亏空"的企图。[18]这种试图反对国家控制所做的努力有些不真实，因为普鲁士政府背后不再有任何有效的力量。奥托·布劳恩对此深有体会。他拒绝继续担任普鲁士总理的职务，因为他认为没有丝毫可能成功抵制国家的处决。

事实上，自1932年6月初以来，就有关于国家政府干预普鲁士的说法。戈培尔指出，目前只剩下了一个选择，即纳粹主义者担任总理或国家专员。在接下来的几周中，他也被证明对国家政府的意图了然于心。6月13日，他对希特勒和弗朗茨·冯·巴本之间关于普鲁士问题的谈话发表了评论："要么选择权力，要么选择反对派。"[19]然而，由于中央党没有屈从于希特勒的众多要求，普鲁士政府的组建问题不得不推迟到国家议会选举之后。在此期间，右翼媒体一致要求解散看守政府并任命国家专员。这是德国国家人民党长期倡导的纲领，而冯·盖尔男爵在1931年11月的东部边区联盟年会上重申了这一目标。

普鲁士内阁的权力日益减弱，这不仅表现在官僚机构的支持越来越有限，而且希尔齐费尔和泽韦林也无法确定高级部门官员是否依旧忠诚。泽韦林早先的决心和精力被深深的听天由命感取而代之。实际上，和他的部长同僚一样，他渴望结束看守内阁悬而未决的生存处境。另一方面，内政部长竭力不给巴本内阁任何干预的借口。泽韦林通过对非法持有武器的严厉限制措施，试图限制冲锋队和反法西斯战斗联盟的攻击，以及在安全力量不足的情况下禁止游行示威，这迫使国家政府暂时放弃了证明普鲁士政府在应对潜在内战局势方面行动不利的考虑。

在对右翼和左翼的内战军队的干预中，泽韦林非常注重一视同仁。警察部队对冲锋队和纳粹党采取的蓄意保留态度让柏林警察局长格热辛斯基十分不解，其党内同僚竭力阻止了他在党派媒体上公开抨击泽韦林的中立政策。同时，泽韦林也拒绝了国旗团的请求，即使用钢铁阵线的保障编队作为辅警队伍，就像在纳粹统治下的各邦组建冲锋队辅警一样。同样，令南德地区的合作伙伴惊讶的是，泽韦林在邦会议上对制服禁令这个核心问题坚决保持沉默。

泽韦林一直期待国家接管普鲁士的警察权力，尽管如《前进报》指出的，这样做的宪法前提并不存在。他很清楚国防部已经有了相应的计划。早在6月，泽韦林已经就国家专员问题与内政部长接洽过。当时盖尔态度低调，而泽韦林当时似乎表示过，任命国家专员不应再拖延。该措施或许可以减轻国家政府的部分压力，因为它将由此承担起打击政治恐怖的责任，而这一责任迄今一直受到阻挠。接管普鲁士警察能够保护他们免受纳粹主义者的控制。此外，国家干预也可能使社会民主党更容易充当反对党，而这在选举结果出来后是不可避免的。正是出于这一动机，社会民主党才能对这一威胁泰然处之，尽管这一问题已成为报刊论战和无数谣言的焦点。

起初，泽韦林认为巴本在国会选举之后才会进行干预。然而从7月初开始，对国家的决策已经迫在眉睫，正如阿尔贝特·格热辛斯基所说，"消息不胫而走，路人皆知"。[20]普鲁士政府并没有料到会被正式罢免，只是以为将被迫让出警察和司法部门的权力。然而，盖尔计划已经泄露的信息足以招致进一步的担忧。由于形势的变化，泽韦林于7月16日与社会民主党党魁商讨，告知国家肯定会立即进行干预，巴本可能会逾越第48条的法律框架，取消普鲁士政府的独立性。他指出，尽管警察大多数站在共和国政府这一边，但在数量和质量上都处于劣势，因此，任何抵抗都充其量只能短暂地展示一下抵抗的意愿。

鉴于随时在柏林待命的国家防卫军力量薄弱，驻扎的警察部队先期在数量上仍旧占优，虽然部分同情纳粹党的警方领导层的忠诚度受到质疑。《前进报》主编弗里德里希·施坦普费尔也驳斥了这种可能性，指出泽韦林无权以牺牲他手下的警察为代价来展示"勇敢"。党主席团最终达成一致，决定不采取任何反抗措施，并决定"无论发生什么情况，都不会置宪法的法律基础于不顾"。[21]两天后，泽韦林考虑让完全被孤立的社会民主党部长们提交辞呈，而奥托·韦尔斯提出反对意见，认为不能提前放弃任何权力。然而，《前进报》特别警告说，任命国家专员是违宪的，但这一警告没有得到柏林社会民主党，特别是钢铁阵线的重视，他们并没有动员起来积极保护看守政府，这样做至少会在政治公共领域造成一定影响，而且会大大增加巴本所冒的风险。

然而，巴本在7月20日之前就已经确信，社会民主党不会进行实质性的抵抗。计划对普鲁士进行的"一体化"使国家政府面临着为这一措施提供宪法支持的问题，尤其是普鲁士政府熄灭了任何可能为国家直接干预提供理由的苗头。这导致了干预普鲁士的最终决定被推迟，直至总理从洛桑的赔偿和裁军谈判返回时才得以做出。虽然巴本还没有做出决定，但盖尔一直在催促他采取行动。国家人民党普鲁士邦议会党团主席弗里德里希·冯·温特费尔特和联合爱国协会主席吕迪格·冯·德·戈尔茨的支持对冯·盖尔最终获胜具有决定性的意义。

7月11日，内政部长向国家内阁提交了打算进行国家干预的计划，但国家内阁一开始持保留态度。国务秘书迈斯纳怀疑是否能够根据第48条专制授权指控普鲁士政府的不当行为。考虑到普鲁士可能会向国家法院上诉反对国家干预，他建议向普鲁士政府就其对德国共产党的行径提出最后通牒，但施莱歇尔认为这是不合适的。

在这件事上，普鲁士邦内政国务秘书威廉·阿贝格犯了一个致命的错误，这让国家政府得以借机出手。阿贝格在6月份与德国共产党议员恩斯特·托格勒和威廉·卡斯珀进行了谈话，敦促他们停止激进活动，转而支持社会民主党与纳粹党的斗争。泽韦林对这次接触毫不知情，而政府高级顾问鲁道夫·迪尔斯在场。他违背了自己的保密义务，向国家内政部的代表通报了这次谈话，并对此做出了误导性的解释，即阿贝格想争取共产党代表，以实现"社会民主党与德国共产党合并"。[22] 盖尔利用这种有意的误导说服总统在7月14日签署了他提出的关于恢复普鲁士政府秩序的法令草案以及一项关于实施军事戒严的额外法令草案，这两份法令都没有签署日期。通过回顾1923年11月国家对萨克森的干预，他似乎让兴登堡相信了这种干预具备合理性。

盖尔访问诺伊代克时，对普鲁士动手的时间还不确定。因为缺乏外部理由，而且还不清楚谁可以担任国家专员，原定于7月18日的计划不得不取消。值得注意的是，早在7月19日戈培尔就已获悉这项任务交给了埃森市市长弗朗茨·布拉赫特。随后，阿尔托纳事件为他们提供了期待已久的借口，以便在两天后动手，理由是普鲁士在履行由国家宪法赋予的任务方面不但表现失职——以阿贝格谈话中所谓的对德国共产党的偏袒为借口——而且也无法确保公共安全和秩序。此外，政府还提到了7月19日收到的邦议会主席克尔的一封信，信中报告了普鲁士处于宪法规定的"紧急状态"，并敦促国家政府暂时接管普鲁士的警察权力。

盖尔精心准备了这次行动，他于7月19日向第三军区司令格尔德·冯·伦德施泰特将军发出了移交柏林和勃兰登堡行政权力的部署命令。第二天，巴本留了一手，将计划采取的措施通知了南德各邦政府，还想邀请希尔齐费尔、泽韦林和克莱珀部长于7月20日上午在总理府会面。盖尔甚有远见，甚至为了避免对股市产生负面影响，还特地把与银行代表的会面安排在了7月20日中午，并对其做出安抚性的解释。当普鲁士的部长们到达国家总理府，在国家内政部长的陪同下受到总理巴本的接见时，他们立即意识到这并不像他们所认为的那样是一次例行会面。国家总理简明扼要地向他们通报了当天"国家总统关于恢复普鲁士境内公共秩序的法令"的内容，并宣布免去奥托·布劳恩的普鲁士总理职务和卡尔·泽韦林的普鲁士内政部长职务，这些职务转由出席会议的弗朗茨·布拉赫担任，同时巴本兼任普鲁士国家专员一职。

希尔齐费尔正式抗议了国家政府所做出的决定，而泽韦林则称这些决定是违宪的，并明确表示他不打算自愿遵守国家专员的指示。他宣称，除了屈服于暴力之外，他不会做任何让步，但这只是一种在白天离开办公室并退居私人房间的姿态而已。国家总理把泽韦林仅在形式上的抵抗当作一个契机，宣布柏林和勃兰登堡进入军事紧急状态，并将行政权力移交给了格尔德·冯·伦德施泰特。这一步尤其重要，因为这样一来，就将普鲁士的警察力量置于军事指挥之下，而阿尔贝特·格热辛斯基等人考虑采取武装抵抗的想法也被彻底瓦解了。阿尔贝特·格热辛斯基、他的副手伯恩哈德·魏斯和警察部队指挥官马格努斯·海曼斯贝格上校在当日下午早些时候被逮捕，并在放弃职务后于当晚获释。谁也没有进行反抗。然而，发动政变后对警察部队下达的加强使用武器的命令表明，冯·伦德施泰特已经为左派可能进行的抗议行动做好了准备。如果发生大罢工，政府会立即宣布全境进入紧急状态。

普鲁士的部长们对国家总理府的事件做出了回应，称国家干预是违宪的、无效的。同时，他们剥夺了巴本邀请部长们参加定于下午举行的"国家政府会议"的权利，因为只有在普鲁士部长主持下才能召开这样的会议。[23] 在这之后，国家总理立即解除了所有普鲁士部长的职务，称他们拒绝与国家专员合作。剩下的工作被下属的国务秘书接手，他们并不反对他们的任命。这表明，盖尔和巴本主要想控制警察和内政机构。随着警察局长和其他四名社会民主党或左翼自由派的领导人被撤职，布拉赫特对普鲁士行政机构的控制逐渐增强。普鲁士竭尽全力的共和化措施在几周内就以"清除"党内官员和简化行政手续为借口被取消了，以至于戈培尔评论道，纳粹党几乎没有什么可做的了。[24]

在一次晚间广播讲话中，巴本试图为国家干预辩护，他指出，普鲁士政府内部缺乏对"共产主义恐怖组织"采取行动的意愿，称"共产恐怖组织"是"绝大多数严重骚乱"的罪魁祸首。无疑，这是一个非常荒谬的指控，它只是为了向外界隐瞒三人同盟违法行为的尴尬局面。奥托·布劳恩最初曾考虑在其官邸所在地被捕，但后来预见到了这种做法极其可悲，于是干脆待在家里，并在一封公开信中痛斥了国家总理所做的诽谤。

普鲁士总理最不能容忍的是指控其对国家缺乏忠诚，因为多年来，尽管与自己的同僚经常有种种分歧并发生冲突，他仍然成功地推动了普鲁士与国家政府的合作。关于党派行动的指控，他强调："多年来，著名民族社会主义领袖们一直在公开场合威胁要'砍头'和采取其他所有可能的死亡方式来对付政治对手，这些威胁却一直没有受到惩罚，而始作俑者却被视为能够进行谈判的对象。"在这一点上，布劳恩是正确的，但他的回应明显是防御性的。[25] 他认为没有可能再进行战斗，并认为唯一值得努力的事情是让普鲁士政府摆脱违法的恶名。[26]

奥托·布劳恩和社会民主党的部长们从未考虑过采取暴力抵抗，社会民主党和德国工会总联合会的态度也是如此，它们的领导层在这一天决定集中精力继续进行目前的选举活动。利用国旗团和钢铁阵线组织的大罢工与行动来抵制巴本政变的想法很快被搁置了。尽管钢铁阵线的个别编队表现出了反抗的想法，而且在柏林国旗团的学院军团和柏林公共事业部门的工作小组也做好了罢工的准备，但这些都缺乏前瞻性的计划。同时，人们突然发现，与普鲁士警察部队站在一起并动用他们的武器储备，并不能像预期的那样对纳粹党进行防御性斗争。

除了社会民主党的防御性和维护合法性的态度外，该党和工会领导层还认识到，仅有消极的目标设定是不足以在大规模失业的困境下发动总罢工的。仅仅工会中便有44％的人失业，另有24%打短工。更重要的是心理因素，这些因素导致德国工会总联合会和社会民主党领导层出现明显的领导力不足。韦尔斯认为，只有当群众自发抗议时，他才能采取行动，而党和工会等待了很多时间也没有等来上层的指示。在这一点上，国旗团的领导层也同意了党的官方路线，即首要任务是确保选举的进行。动员工人阶级恢复看守政府的愿望完全是一种幻想，该党也缺乏革命观念。该党和工会领导层采取"保障选举"的老路线，呼吁党员坚决维护宪法秩序，这种路线同样不能服众，特别是由于对手在这方面有优势，因为他们获得了越来越多的形式上的合法性。

在普鲁士政变之后形成的战术组合证明了民主社会主义力量早已被耍得团团转。但凡是有组织的抵抗就必须达到纳粹党领导人所期望的那种效果，即让自己成为国家政权与左翼势力之间冲突的受益者，并扮演维护内部秩序和拯救德国免于"布尔什维主义威胁"的救世主角色。在接下来的几周中，纳粹党和冲锋队的这种行径屡试不爽。戈培尔在7月21日的讲话中称"红色党派错过了他们的大好时机",这句话也体现了对纳粹党未能立即从消灭社会民主党中受益的遗憾,而巴本内阁的地位则暂时得到了巩固。[27]此外,社会民主党也不能指望在防御性斗争中获得德国南部各邦的支持,这些邦虽然强烈抗议国家干预的形式及其对联邦制原则的威胁,但它们并不准备与国家政府公开决裂来支持普鲁士共和派。

因此,被免职的普鲁士部长们希望通过在国家法院提起诉讼来扭转巴本的某些干预行为带来的影响,并非毫无道理,即使法院并不准备签发临时禁令。奥托·布劳恩对代表普鲁士的阿诺尔德·布雷希特熟练的法律程序持怀疑态度。判决于1932年10月25日下达,从政治上讲为时已晚,但这样的判决使普鲁士部长们摆脱了对国家不忠的污名,而他们曾被国家专员侮辱性地对待。判卷拒绝巴本让普鲁士在参议院中由国家专员委员会成员来代表,联邦制原则由此得到了保障。

1932年10月底,普鲁士总理奥托·布劳恩与奥托·韦尔斯、内政部长卡尔·泽韦林在柏林普鲁士的国务办公室

这一判决是建立在普鲁士政府和国家专员委员会之间可以建立起一种可接受的合作关系的假象之上的。然而，实际上并非如此。巴本以尖锐而带有伤害性的严厉态度拒绝了奥托·布劳恩代表正式复职的内阁提出的妥协方案，通过废除公共福利部，并在11月11日发布总统关于普鲁士权限划分的命令，扩大了国家干预对人事政策的影响。这无疑使布劳恩政府陷入了一种"政治虚无"，直到该政府在1933年3月自愿递交辞呈后才得以解脱。

然而，国家法院的裁决仍然挫败了巴本和盖尔的重组计划，它确保了各邦的基本存在，从而防止了普鲁士正式的国家化，并将通过第48条推进国家改革的方式明确视为违宪。国家法院还对总统根据紧急法令所采取的措施进行了司法审查，这一事实使得兴登堡遵守宪法的意愿得到进一步加强。最终，这个决定阻碍了总统内阁的公开政变，也排除了利用参议院作为合法性后盾来对抗国会的可能性。在与德国南部各邦的激烈谈判中，国家总理和内政部长否认他们曾有意把对普鲁士的国家干预作为改革的基础。盖尔以明显的防御性口吻辩解说，有必要"在短期内将国家和普鲁士之间的国家权力手段暂时集中在一起"。[28]基本上，对普鲁士的干预所剩下的就是实现政治右翼的长期愿望，即消灭左翼。

然而，他们试图向外界掩盖这种印象。国家派驻普鲁士内政专员宣布，在选举前不会对德国共产党采取任何措施来剥夺他们的议会权利。占领卡尔·李卜克内西故居的行为引起了德国共产党的愤怒抗议，但在7月26日解除紧急状态后，这一抗议行动被撤销了。另一方面，"共产主义威胁"被用来证明政府的行动是合理的，尽管这显然有利于纳粹党，并使社会民主党失去了最后的政治支持。尽管在他看来有些草率，但总理巴本在对外国发表的广播讲话中自豪地宣布，德国的秩序已经恢复，"共产主义的威胁"已经消失。他强烈反对将左右极端主义相提并论。他强调，共产主义和纳粹主义没有任何共同点，共产主义"威胁我们民族和社会生活的文化基础"，相反，纳粹主义运动"专门为民族复兴而奋斗"。[29]

针对普鲁士的行动实际上是通过行政-政治手段进行的自上而下的阶级斗争，是建立在高度保守的阴谋集团、国家防卫军与纳粹党、冲锋队和党卫军之间间接但极其有效的相互作用基础上的。总统独裁的支持者自欺欺人地认为，通过消灭左翼，他们基本上可以满足纳粹党的要求，而不必为此付出永久性的代价。施莱歇尔宣称，纳粹党要么在右翼专制政府统治阶段解体，要么"通过承担责任而回归理性"。[30]然而，他与盖尔以及巴本通过取消冲锋队禁令并清除共和国的普鲁士警察机构创造了一种局面，即只剩下军队还有能力抵抗纳粹党的国内政治权力要求。

在一次广播讲话中，施莱歇尔驳斥了所谓军事独裁的谣言。他认为，这样的政府将处于真空状态，并会很快瓦解。相反，他正在努力

1932年，国家总理弗朗茨·冯·巴本与其继任者库尔特·冯·施莱歇尔在一次体育比赛中

建立一个得到广泛民众运动支持的政府。按照目前的情况，这种说辞无非表明了将允许纳粹党的加入，而社会民主党被他简单地忽略了。在他的讲话中，这位国防部长并没有提到当前的两难处境：政府在声称无党派的情况下运作，却无法发表明确的选举声明。国家总统和政府在选举呼吁中表示，希望每个德国人都能履行自己的投票义务，以促使国会"在宪法赋予它的职责范围内与一个强有力的政府携手合作"。这个"无党派政府"现在已经取代了以前受党派影响的内阁，所以"在这个紧急时刻"是无可替代的。[31]

所谓的无党派立场掩盖了这样一个事实，即除了德国国家人民党之外，内阁并没有得到国会的支持。各个资产阶级政党猛烈攻击巴本，只有德国人民党保持了克制。与此同时，国家政府遭到德国南部各邦异乎寻常的强烈反对。在科隆的一次选举演讲中，巴伐利亚邦总理黑尔德指出，内阁具有强烈的反动性和反联邦主义倾向。冯·巴本向非普鲁士诸邦做出安抚性保证，说针对普鲁士的措施是暂时的和例外的，但这并不能缓解他们对国家有意长期掌控普鲁士主权的担忧。他们在普鲁士国家委员会内政专员以节约为借口推行全面的行政改革和强硬的人事干预的事实中找到了新的证据。

巴本原本希望从洛桑会议上载誉而归。但事与愿违，他不得不在赔偿问题上屈服于法国的压力，最后同意支付30亿金马克作为赔款。虽然这在事实上是合理的，但在多年来以民族主义方式煽动德国民众之后，巴本不太娴熟的外交手段似乎兵败如山倒，特别是德国外交部被迫放弃同时提出裁军和废除战争债务条款的要求。此外，7月9日签署的《洛桑协定》的生效是以各缔约国的批准为条件的。在一项暂时保密的协议中，西方大国将与美国达成谅解作为条件，并考虑在没有这种谅解的情况下恢复杨格计划。尽管存在诸多限制，洛桑会议还是结束了人们渴望已久的赔款问题，却没有带来预期的国内救济，甚至巴本在内阁会议上也以不同寻常的温和态度承认了这一点。

尽管如此，总理仍以惊人的冷静期待着7月31日的国会选举结果。在卡尔·施米特的法律推论的支持下，由选举产生的国家总统有权独立于国会的政党组成来执政，而且各党派必须顺从这种情况。巴本匪夷所思地误认为可以说服希特勒达成政治协议，而他与希特勒之间似乎并不存在实质性的分歧。纳粹党的自我定位并不是一个政党，而是一场几乎涵盖整个国家的运动，这让弗朗茨·冯·巴本产生了一种错觉，认为作为"统治者"的兴登堡和作为"元首"的希特勒可以

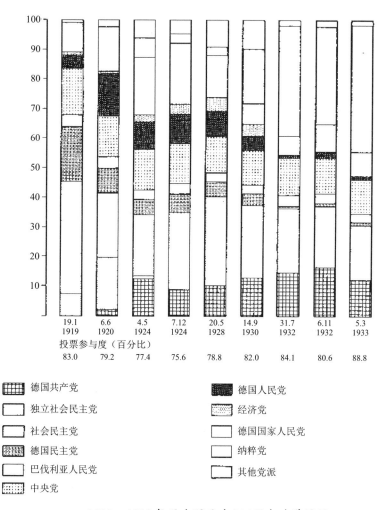

1919—1933年历次国民会议/国会选举结果

实现共治。不管怎么说，"新国家"的思想家瓦尔特·朔特接受了总理的这种光怪陆离的言论，并匪夷所思地认为纳粹主义"只有通过我们的选举法在政党政治的议会民主框架内非自然的强制作用下才能堕落为一个政党"。[32]汉斯·策雷尔也传播了类似的思想。在实施"民族起义"之后纳粹党将自行解散的想法一直存在。直到1933年春天，赫尔曼·戈林周围的人还认为纳粹党现在是多余的了，必须转变为负责培养下一代领导人的组织。

纳粹党拒绝总理的怀柔尝试，全面开启了对衰朽的魏玛"体制"的煽动宣传，尽管巴本极力反对，但他也被有意地划为这一"体制"的一部分。在为期数周的选举筹备中，纳粹党在很大程度上决定了选举的形式和内容。巴特哈尔茨堡的昔日同盟在该党面前黯然失色。德国国家人民党与纳粹党类似，都承诺彻底摆脱它们所谓的"马克思主义政党"的腐败统治。它们将共和国的旗帜看成"一个垂死体制的象征"，而将"黑白红的解放颜色"与之对立起来。就像号召"民族觉醒"和废除凡尔赛"强制和约"一样，这无非是对纳粹主义宣传的苍白模仿。德国国家人民党与纳粹党泾渭分明的说法并不完全能服众。德国国家人民党认为自己是唯一的"保守运动"，将自己视为纳粹党的必要对抗力量，用教条的口号——比如"只有民族主义才能拯救我们，社会主义偏离了目标"——给纳粹党扣帽子。[33]它认为自己拥有政治专业知识的垄断地位，特别是在经济问题上认为自己是不可或缺的。德国国家人民党的泛德派系只要尚未投靠希特勒就会沉迷于一种幻想，即纳粹主义领导下的政府绝对离不开德国国家人民党的专业人才。

衰落的中产阶级政党——德国人民党、国家党、保守人民党、经济党、人民民族国家联盟以及基督教社会人民服务党——无法就共同行动达成一致。[34]尽管鲁尔工业大亨保罗·罗伊施和其他重工业代表竭尽全力，资产阶级的团结最终还是失败了，特别是因为德国人民党在丁格尔代的影响下向右转并与德国国家人民党结成联盟。在资产阶级自由主义阵营中，只有坚决反对巴本和纳粹党的德国国家党还在进行斗争，但它对议会民主制的维护几乎没有得到任何回响，正如普鲁士大选惨败所证明的那样。这样一来，就只剩下社会民主党和德国共产党，以及中央党和巴伐利亚人民党，还在竭力阻止纳粹党的进攻了。显然，由于德国共产党在恩斯特·台尔曼和共产国际的短视指挥下，误判了纳粹主义掌权的后果，仍然将社会民主党的"社会法西斯主义"视为主要威胁，因此社会民主党和德国共产党之间的合作是不可能的。

明确与社会民主党划清界限的中央党以"回到布吕宁"为口号进行了反对"叛徒"巴本的竞选活动，要求"改革的民主"，同时拒绝一切独裁计划。现在对领袖的崇拜又转移到海因里希·布吕宁身上，他的"德国凯旋游行"产生了相当大的动员效果。[35] 该党首次努力吸纳信仰新教的基督徒。但布吕宁未能清楚地将自己与纳粹主义区分开来，无论中央党如何抗议纳粹党恐怖主义的竞选活动，他都无法在1932年春天揭示兴登堡的败局。他助长了人们，特别是资产阶级阵营的幻想，使人认为这位元帅有能力阻止褐色浪潮的到来。

在选举前几周，纳粹主义的宣传在技术上达到了前所未有的完美水准。希特勒在德国上空的"自由飞行"、组织大规模集会、采用选举影片和唱片，以及执掌全国选举活动的约瑟夫·戈培尔的精心策划，这些使其他政党的竞选广告黯然失色。戈培尔以非凡的技巧试图掩盖纳粹战略的弱点，即纳粹党拒绝与解除了该党禁令的"民族集中政府"合作，并且在拒绝"马克思主义"和恢复议会制方面与这个政府没有区别。希特勒一再保证他不是为"委任状和部长职位"而战，而是为"我们政治体的内部重组"而战，这种说辞里蕴含着某种防御心理，因为很多右翼选民不明白他为什么要向巴本宣战。

在这种新型的选举活动中，各党派的纲领性声明让位于夸张和泛泛的攻击。共和派试图模仿纳粹主义的宣传方式。游行、集会、统一的组织、旗帜和象征主义成为这次选举的主要形象。持续的经济困境导致了政治动员的增加，这也影响了此前对政治不感兴趣的群体。同时，各党派所使用的宣传手段也发生了变化，部分是受到了现代广告技术的影响，纪录片和广播越来越受到重视。传统的集会民主理念试图在封闭的空间中动员支持者和同情者来实现政党的目标，这种方式已经被大规模的公开集会、游行和示威所取代。军事仪式为政党和协会的形象增添了美感。自由主义者试图将理性的政治讨论置于日常政治斗争的中心，但这种讨论已经被宣传性的口水战和偏见式的骂战所取代。

长期以来坚持教育而不是简单地向支持者灌输的社会民主党不情愿地适应了新的政治风格。钢铁阵线尤其如此，它以三箭头标志创造了一个令人难忘的社会主义自我主张的象征，从而使社会民主党的集会具有了激进的特征。钢铁阵线的大型活动在数量上并不逊色于纳粹主义的群众性活动。但是，所有这些用类似的东西来对抗纳粹党的法西斯广告的尝试都带有一些防御性。特别是社会民主党的宣传，过多地强调必须团结起来反对他们纳粹主义的对手，而没有传达该党所努力争取的社会和政治秩序的愿景。共和党派的鼓动，其目的仅仅是为了自我主张，并没有接触到新的选民群体，而中间派的选举宣传则陷入了单纯的秩序思维，并明显地未能与民族主义团体划清界限。

1932年7月31日晚投票结束时，魏玛时代最惨烈的一次选举也结束了。各党派相对实力的变化已经在邦选举中得到体现。选举的最大输家是自由主义和保守主义的中间派，他们总共只获得了21个议席和4.8％的选票。大众保守派未能得到议席。基督教社会人民服务党从14个议席减少到3个，农村人民党从19个减少到3个，德国人民

1932年7月31日国会选举社会民主党的海报，海报上有三支箭作为钢铁阵线的象征（波恩，弗里德里希·艾伯特基金会，社会民主党档案馆）

1932年7月31日社会民主党国会选举的宣传海报，由赖泽尔－于贝尔哈克设计（慕尼黑，市立博物馆）

党从30个减少到7个，经济党从23个减少到2个。德国国家党仅剩下4个席位。中间派的瓦解到了令人震惊的程度。德国国家人民党失去了4个席位，在国会中只剩下37名议员。胡根贝格在巴特哈尔茨堡被誉为"民族德国"的真正代表，但他最多只能做希特勒的副手。由于对巴本采取坚定的反对立场，中央党和巴伐利亚人民党的得票上升到15.7%，共有97名议员进入国会。

对于左派来说，这次选举意味着痛苦的失望。社会民主党原本希望从巴本政府的低支持率中获益，但这一希望没有实现，反而失去了10个席位，只获得了21.6%的选票。该党的极端政治孤立使它失去了中产阶级的支持者，而那些转向德国共产党的无产阶级抗议选民的数量则大大增加。德国共产党增加了12个席位，得票率达到了14.3%，其在议会中的影响力得到显著提升。德国共产党和社会民主党的总得票率从1930年的37.6%下降到36.2%。尽管左翼政党对纳粹主义的宣传仍有相对的免疫力，但它们显然只能在有限的程度上吸引年轻选民，而且只能吸引少数产业工人以外的选民。如果考虑到普鲁士不战而降所带来的惨败，社会民主党的选票损失仍在可接受的范围。[36]

纳粹党在国会选举中成为最大赢家。它以230个国会席位和37.3%的选票，取得了迄今为止最好的成绩，成为最强大的政党。然而，表面上的胜利掩盖了一定程度的失望。尽管开局异常有利，但与总统选举相比，该党未能显著增加其选票份额；它仍然远未获得它所梦想的绝对多数票。更详细的选举结果分析显示，该党成功地吸引了更多中上层阶级的选票并提升了该党在以前相对较弱的地区的地位。但在这些高支持率的地区中，已经可以看到某些选民群体退出，取而代之的是来自其他社会背景的新选民。纳粹党选民潜力的相对不稳定性被其无可争辩的外部成功所掩盖，但格雷戈尔·施特拉塞尔和他在党内领导层的同事并没有逃避自我批评。就连戈培尔也注意到了首都选票的流失。

纳粹党阵营在竞选成功的巨大压力下情绪低落。他们期待能够从中间派和社会民主党那里吸引更多的选票。然而，天主教阵营和社会主义阵营保持了惊人的稳定。尽管中央党获得了更多的选票，但社会民主党却把大部分选票输给了德国共产党。希特勒在6月22日的选举呼吁中宣称，这是一场"决定性的战斗"，并声称黑红两党的势力将最终被打破。[37]另一方面，他在选举结束时的公告中相当谨慎地谈到需要"以新的活力开始并继续战斗"。希特勒周围的人解释说，与总统大选相比，纳粹党期待的压倒性选票增加没有实现，是因为政府把大选日期定在了最晚的时间。但是这并不影响未能进入天主教和无产阶级选民的阵营这一事实。这样，通过选举突袭政治体系的希望破灭了，党内那些认为参与选举只会放弃革命原则的势力得以壮大。大选次日，戈培尔记载道，反对派的时代已经结束，纳粹党"不管用什么方式"都必须取得政权。[38]

国会选举对弗朗茨·冯·巴本来说是一个灾难性的结果，但这并没有迫使他辞去职务。相反，他得出结论，必须维持无党派的总统内阁，并承认不能排除纳粹党员参与政府的可能性。巴本的顽固态度极大地刺激了纳粹党领导人的神经，他们试图通过间接鼓励冲锋队对政治对手进行恐怖袭击来施加压力，以迫使政府屈服。尤其是在选举之后，纳粹主义的恐怖浪潮上升到了令人恐惧的程度。纳粹党希望借此明确表示，只有在希特勒担任总理的情况下，国内才能恢复和平与秩序。与此同时，纳粹党领导层与国防部建立了秘密联系。他们告知施莱歇尔，希特勒有意继任总理，对他表示信任。然而，纳粹党的线人在同样的情况下说，戈林和施特拉塞尔正试图说服希特勒放弃总理职位。施莱歇尔考虑了这个情况，并在没有事先通知巴本的情况下，于8月5日与希特勒进行了会晤。

希特勒提出了范围极广的要求。除了要求自己担任国家总理外，他还要求弗里克担任国家和普鲁士的内政部长，施特拉塞尔担任国家劳工部长，戈林担任航空部长，以及戈培尔担任人民教育部长。施莱歇尔起初努力说服希特勒，担任总理一职不可行，但随后被希特勒眼花缭乱而看似真诚的论点所打动，后者说纳粹党的领袖原则只有在他的领导下才能在内阁中开展实际工作。施莱歇尔明白，希特勒不准备放弃他对总理职位的要求。他深深地叹了口气，对一名心腹说："所以我现在必须设法让老头子接受希特勒成为总理。"[39]希特勒想成为总理，得到了巴本的支持。但是当希特勒向兴登堡总统征求意见时，总统却坚决反对这个提议。兴登堡认为希特勒的总理职位与他坚决支持的总统内阁原则不相容，并以充分的理由做出了解释。

施莱歇尔是否过早向纳粹党领导人示好，抑或更可能的是希特勒没注意到这位将军含糊其词的表态，目前尚无定论。反正在这种情况下，希特勒完全夸大了希望。8月7日，戈培尔写下了一份完整的部长名单，其中包括资产阶级合作伙伴。他认为纳粹党已经"站在权力的门口"了。[40]纳粹党领导层的厚望使戈培尔沉迷于他的"历史使命"，并促使希特勒在上萨尔茨山召集手下，并将这一众人马带到普里恩，就人事问题进行深入商议。纳粹党大区领袖的任务是在即将接管国家职位的情况下为党的机构寻找合适的代表人选。但是，他们要保留自己的党内职务，以便明确"政党和国家的平等"。此外，冲锋队还被指示要为夺取政权做准备。[41]

希特勒当时制定的最高纲领不仅包括担任国家和普鲁士的总理，还包括任命纳粹党人担任重要部门的职务，以及通过一项授权法案。该法案将在以"解散议会"为威胁的情况下被通过，因此将总统权力移交给希特勒是一个先决条件。纳粹党元首的这些想法得到了戈培尔的大力支持，但是格雷戈尔·施特拉塞尔、戈林、弗里克和在7月选举前向希特勒宣示忠诚的大多数国会议员却都对这一目标持怀疑态度。他们同意施特拉塞尔的策略，认为与其进行正面的夺权，不如委曲求全同意建立联合政府。

接受施莱歇尔的提议，并给予纳粹党副总理和一些部长的职位，就意味着放弃希特勒进入内阁的机会；这将为该党在未来夺取政权提供一块跳板。施特拉塞尔预见到再次解散国会可能产生的负面影响，不认为在这种条件下有任何机会与弗朗茨·冯·巴本进行谈判。实际上，在政治上孤立巴本，并完全寄希望于国防部长的支持，这种算盘最终被证明是不成功的。这种尝试导致了8月13日的惨败，这主要是因为希特勒在与库尔特·冯·施莱歇尔的谈判中没有充分考虑到兴登堡和巴本之间的关系。这表明希特勒抱有幻想，认为他可以通过巨大压力，包括街头的力量来削弱现任总理的地位。尽管总统持拒绝态度，但至少纳粹党元首竭力让施莱歇尔继续设法谋得总理一职。

在8月10日的内阁会议上，施莱歇尔明确表示，在国会召开时会出现一场危机，因为除了德国国家人民党外，所有政党都反对政府。虽然国家防卫军和警察部队支持当时已被大众所承认的"民族"政府——这其实是对布吕宁总统内阁的事后谴责——但如果纳粹党和中央党之间形成联盟，并让希特勒以这种方式获得国家总理职位，那么总统危机就在所难免了。他意识到希特勒不会接受副总理的职位，因此他主张将其任命为内阁首脑。他认为，巴本提出的建议，即通过其他几个纳粹成员参与内阁来满足纳粹党的需求，纯粹是徒劳的。

施莱歇尔试图通过以下论点来强化他的想法，即在接管政府后，纳粹党员可能会"自行摆脱冲锋队和党卫军部门"。[42] 他重申，纳粹党的激进表现仅仅是对德国共产党行为的反应，而冲锋队和党卫军在"马克思主义政党"被消灭后就会变得无关紧要了，这在某种程度上对于1934年6月的冲锋队而言确实如此。因此，这位将军成了这种普遍病态心理的俘虏，认为摧毁左翼政党是不可或缺的。他认为希特勒成为总理的好处是，将该运动"从无意义的反对状态中摆脱出来"，以便其得以开展实际工作。然而，他担心如果希特勒"置身事外"，将会导致进一步激化事态，从而使这本身就"有价值的运动"失去"现存的硕果"。[43]

在内阁中，施莱歇尔的观点并未得到支持。尽管什未林·冯·克罗西克站在他这边，并把"接纳纳粹分子，但不放政权"称作"理想蓝图"，但巴本还是以他一贯的机会主义态度，驳斥了所有反对意见，并表示他会努力寻找维持总统内阁和让希特勒担任国家总理之间的"中间路线"。[44] 尽管做出了这样的决定，施莱歇尔仍然相信，与希特勒达成公平的解决方案迟早是唯一的出路。因此，他继续对与纳粹党的非正式接触持开放态度，而巴本则盲目地信任总统。两者都用自己的方式在等待结果。

相反，盖尔要求做出明确的决定并采取果断的行动。他从根本上反对将纳粹党纳入内阁，因为这将破坏无党派原则。他同时强烈警告不要高估纳粹党，并指出该党在数量上并不比有组织的工人运动更强大。考虑到政府在国会必将面临失败的事实，他坚定地主张建立一个"战斗内阁"，并通过打破宪法而进行"自上而下的革命"。[45]在立即解散新选出的国会后，总统将宣布进入紧急状态。宪法规定的新选举将被推迟，普鲁士警察则听命于国家内政部的管辖，冲锋队、党卫军和其他武装力量则将解散。该政变计划早在1932年8月初就有了更清晰的轮廓。盖尔则在8月11日的宪法日演讲中向公众阐明了他的长期宪政目标。[46]

这有悖于巴本的本性，也有悖于施莱歇尔拖延解决方案的倾向，但作为内政部长，采取违宪的方式来保护现有的总统内阁是不可避免的。双方都希望通过直接与希特勒谈判来避免即将出现的总统危机。在与施莱歇尔将军会面后，希特勒曾经极力促成与总理早日会晤的事宜，却无济于事。他比预定时间晚了一天到达柏林与弗朗茨·冯·巴本会谈。他对这次会晤寄予厚望。戈培尔不顾施特拉塞尔的警告，毫无保留地支持他坚持"不成功便成仁"的策略。

希特勒意识到了要孤注一掷。在这些日子里，他表现得紧张且焦躁不安，并试图用宣传政治幻想来掩盖他内心的焦虑。但是，让党派领导人站到他这边后，他便已经下定了决心。像往常一样，他把所有的赌注都押在了一张牌上，没有考虑可能的政治替代方案。虽然施莱歇尔将军前期工作已见成效，但希特勒似乎不再需要中间派联盟迄今为止相对有效的压力，相反他认为这是一个危险的陷阱。因此，《人民观察家报》在8月12日心急火燎地将中央党与纳粹党为国和普鲁士进行联合谈判的提议称为"马后炮"和"绝望之举"，并予以驳斥。实际上，希特勒想要的是全部权力。

8月13日，在戈林和罗姆等人陪同下，希特勒与施莱歇尔将军以及巴本总理进行了谈判，但此次谈判使他倍感失望。总理只提供了副总理和其他几个内阁职位，而希特勒则阐述了他的最高纲领，称这些提议是不可接受的。他很快便对听从巴本的请求并将最终决策留在和总统会面时讨论感到痛苦和自责。几个小时后，在兴登堡举行的招待会上，希特勒很快意识到，兴登堡无意超越巴本的提议。而希特勒仍然认为自己处于强势地位，可以对自己的权力施加条件。提到与总理的会谈时，希特勒拒绝了参与政府的提议，并声称由于他的组织规模庞大，他有权力"完全领导国家"。总统回应说，他不能"在上帝、良心和祖国面前"将整个政府权力委托给一个单一政党。希特勒得到要求，要领导一个有风度的反对派，以及受到威胁，冲锋队的任何恐怖主义行为都将受到严厉镇压，在不到20分钟的会晤后，希特勒不得不悻悻而回。希特勒在与巴本的会谈中表达了他的愤怒，暗示事态进一步发展将不可避免地导致他所提出的解决方案得以实施以及将导致总统的下台。[47]因此，决裂是不可避免了，甚至不需要总统府发表故意激化事态的公告来强调希特勒的全面权力要求，并指出他要求"单方面运用所追求的政治权力"。[48]这个事件对纳粹党元首的威望造成了极大的损害。

1932年8月13日在纳粹党内被视为严重的挫败。戈培尔记录称："在党内同志中，绝望情绪很强烈；冲锋队感到绝望。"[49]特别是冲锋队已经为夺取政府权力做好了心理准备，现在更加强烈地倾向于放弃通过议会夺取政权而转向直接行动。不少冲锋队领导人催促立即"出击"。为了遏制冲锋队的不安情绪，该组织被暂时停职到月底。同时，他们也付出了很大的努力，让自己的支持者明白为什么按照巴本的条件参与政府会被断然拒绝。希特勒本人则以极端的强硬态度回应，并利用8月22日对波坦帕惨案的判决，对巴本内阁进行了无耻的攻击。这些攻击被巴本内阁误解为叛乱的威胁，并以加强紧急计划作为回应。

希特勒坚信，这场运动的历史性发展是不可阻挡的，只要他们顽强地坚持曾经被认为是正确的原则，势必会将所有反对力量彻底涤荡干净。就是他在8月16日接受外国媒体采访时表达的意思，他强调"一场运动，无论其领导人一时的优势或劣势如何，都必须坚定不移地、不变地追求它所确定的目标"，也就是获得不可分割的权力。[50]他间接地驳斥了不久前发布的有关纳粹党内部分歧的声明。8月13日之后，党内对希特勒的战略是否会成功的疑虑越来越多。

这个时候，格雷戈尔·施特拉塞尔在公众中的声望只比希特勒稍逊一筹，他已经确信希特勒的意图是摆脱联合政府，通过持续动员支持者来强行夺取权力，这种意图脱离了实际情况。这一点在8月13日之后变得更加明显，因为现在没有人继续认为总统会同意希特勒担任总理。巴本成功地让人们相信希特勒出于个人野心，既不愿服从伟大的共同事业，也不愿与兴登堡领导的国家内阁合作。希特勒很难揭示他内心抵触情绪的更深层动机——其实，他想避免给人留下"通过承担部分政治责任而成为现有政治制度的决定性替代方案"这样的印象。

尽管纳粹党在选举中取得了惊人的成功，但该党领导层的政治实践家们对于夺取权力的机会仍然持否定态度。一项批判性的选举分析表明，该党已经基本发挥了其选民潜力，由于缺乏可见的成果，追随者人数开始减少。追随者中出现了深刻的失望情绪，这反映在退党人数迅速增加、财政收入减少以及党内对希特勒路线的批评越来越多。在这种情况下，纳粹党领导层得出结论，必须尽可能避免议会解散和随后新选举的进行，因为这将导致重大挫折。同时，更有必要摆脱目前仅仅具有破坏性的反对政见，并通过积极的政治工作来证明党的可信度。

在承受了8月13日的打击之后，纳粹党的领导层首先试图重新恢复与施莱歇尔将军已经断裂的联系。纳粹党的经济顾问奥托·瓦格纳向冯·布雷多建议由巴本和施莱歇尔与希特勒进行对话，但希特勒坚持认为应该是政府来提出倡议。然而，施莱歇尔拒绝了这一建议，因为他不认为新的谈话会缓和局势。尽管如此，与国防部的联系仍在继续。施特拉塞尔利用他与民族商业雇员协会领导人马克斯·哈伯曼和汉斯·贝希利的关系，向施莱歇尔保证他愿意合作。同时，他还加强了与德国市镇联合会主席金特·格雷克的接触。格雷克因不满胡根贝格而离开德国国家人民党，并接着加入了农村人民党。他因提出创造就业机会的建议而声名鹊起，并试图在工人协会层面建立最广泛的统一战线。包括纳粹党中的工人派在内的工会之间的合作似乎是一个可以克服国内政治僵局的机会，并因此能找到一种建设性的方案来解决国家危机。国防部对这些努力给予了关注，施特拉塞尔认为，这样的"横向阵线"是实现纳粹主义新秩序的一个切入点。

这些起初被保密的倡议引发了格雷戈尔·施特拉塞尔和阿道夫·希特勒之间长期潜在的根本冲突公开爆发。施特拉塞尔坚决反对希特勒充分鼓励的冲锋队恐怖主义行为，特别是他认为这些活动已经开始危害这场运动。他在国会中已经提出创造就业方案，并在选举前发表了关于"民族社会主义理念"的广播讲话以及在其他公开立场表态，表明他已经抛弃了该党实施的纯粹破坏性策略，并明确表示纳粹党尤其愿意与工会阵营中的同一阵线进行合作。[51] 他认为，纳粹党只有通过参与联合政府才能摆脱长期的孤立困境。在 1929 年至 1932 年的选举活动中被证明是成功的做法，现在不仅有可能导致该党失去各种实质性影响力，还有可能导致其部分支持者的流失。

这位组织领导人的这种观点，遭到了希特勒和戈培尔及其支持者的严厉批评。然而，对他不忠的指控是不合理的。施特拉塞尔太过于认同纳粹主义运动，所以不愿意放弃希望，力求最终说服希特勒认识到参与联合政府并通过社会政策倡议巩固党的地位在政治上是不可避免的。这种分歧的背后是对政治完全不同的理解。施特拉塞尔计划利用新获得的议会权力地位进行建设性的工作，但希特勒和戈培尔坚持宣传动员本身就是目的，并把他们的考虑完全限制在获得无限权力的想法上。

另一种摆脱孤立的方法是恢复与中央党的谈判，该谈判在8月13日之前被取消。[52] 在纳粹党的领导层中，是否应该与中央党组建联合政府的问题存在争议。希特勒在这个问题上得到了戈培尔的支持，他从来没有真正愿意组建联合政府，但这并不妨碍他出于战术上的考虑参加联合政府谈判，并偶尔也会亲自出面干预。相反，格雷戈尔·施特拉塞尔、赫尔曼·戈林和许多地方领导人以及普鲁士邦议会的多数派，认为与中央党合作是在普鲁士和全国获得决定性影响的重要机会。然而，中央党和巴伐利亚人民党非常不愿意接受希特勒成为总理。希特勒对领导权的排他性再次对党产生了不利影响。

促使中央党恢复6月在普鲁士中断的与纳粹党的联盟谈判，并坚持这一路线直到该年晚秋，不仅仅是为布吕宁下台报仇，还有其他更深层次的动机。由于巴本不明智的行动，中央党似乎被排除在既定的全国团结进程之外，这使得俾斯麦时期的创伤重新浮现。从长远来看，布拉赫特对人事政策的激烈干预必然会影响到普鲁士中央党公务员的地位，这一事实加剧了这种情况。然而，中央党领导层真正担心的是内阁试图彻底废除议会制，建立一个虽然在外表上依靠天主教社会教义（包括社群主义思想），却有恢复新教徒-普鲁士精英统治地位倾向的国家。巴本内政中显而易见的反联邦主义此时也如火上浇油一般。

中央党各派都一致认为，针对盖尔"渴望权力的极权主义国家"，必须提出一种致力于法治思想的"权威国家"来反击。政府"轻视人民代表的权威"，拒绝在有争议的9月12日不信任投票后出席国会委员会的会议，1932年10月中央党领袖卡斯称其是不可忍受的。[53] 中央党和巴伐利亚人民党担心他们会遭受类似于墨索里尼执政下的人民党所遭受的命运。考虑到政变的潜在威胁，布吕宁还强调了中央党作为立宪政党的性质。然而，布吕宁并没有想要恢复议会制，尽管包括巴伐利亚人民党在内的纳粹党联合政府无论在普鲁士还是在整个德国都将明显带来议会多数席位。相反，他提出了一个"权威民主"的计划，这一计划与他早期的宪法改革计划以及盖尔的想法在某些方面类似。然而，中央党并不接受公开违反宪法。布吕宁认为内阁试图说服兴登堡宣布宪法进入紧急状态的倾向存在严重危险，尤其是因为中央党还威胁要将总统告上国家法院。具有讽刺意味的是，在这方面中间党与纳粹党站在同一阵线上，尤其是在8月13日之后，纳粹党一直试图充当普鲁士共和国宪法的捍卫者，要求从专员委员会政府手中夺回普鲁士邦议会的主权。

同样出于策略上的考虑，中央党也努力克服由巴本施加的政治孤立威胁，这与它自帝国时期以来一直保持的对政府的参与形成了鲜明的对比。然而，认为可以通过与纳粹党合作来实现这一目标是一个严重的误判。就连在这个问题上犹豫不决的布吕宁也选择了这条道路，为此他承认要求纳粹党提供"某些特定的保障"以保护中央党的利益。在这几个月里，前总理克服了被迫辞职带来的沮丧情绪，试图以此来抵消卡斯对迅速变化的政治环境所表现出的消极态度。尽管卡斯仍然是主席，但布吕宁被认为是中央党的真正领导人。然而，希特勒和布吕宁的组合，从数学上看是可以获得多数票的，却几乎没有实现的机会，更不用说巴本本人出于实际和策略考虑也不可能采用这种方案。总统也不愿意组建一个中央党和纳粹党组成的联盟，这会使总统内阁变得多余。巴本认为这是一种"不自然而且不稳定的联盟"，在这一点上他并非没有道理。毫无疑问，纳粹党从一开始就会试图将其合作伙伴边缘化，在授权法案不出意料被通过之后，这种倾向尤为明显。

反对中央党与纳粹党联盟的警告不绝于耳，特别是希特勒在波坦帕事件中的表现在天主教界引起了广泛的恐慌之情。《正直道路》杂志的编辑弗里茨·格利希和英格贝特·纳布批评天主教党派的反常行为，认为他们试图用魔鬼来驱赶魔鬼，并没有认真对待希特勒对邪恶的极端追求。[54]此外，卡斯也曾反对这种联盟。1931年1月，他拒绝将政府职责移交给纳粹党，称这只会暴露出他们的"血腥无知"，且一旦如此，任何人都无力回天。[55]然而，卡斯的态度在巴本政变威胁的影响下发生了很多变化。他现在认为，唯一的出路是迫使纳粹党承担责任，以避免中央党长期被迫转为反对派并陷入内部瓦解。连弗里茨·舍费尔也认为希特勒的总理职位与之相比无伤大雅，而一直富有远见的康拉德·阿登纳也有类似的想法。

在1932年8月30日的国会会议上，中央党和纳粹党的预先谈判使主席团的选举得以顺利进行。赫尔曼·戈林在中央党的支持下当选为国会主席。社会民主党尽管是第二大党团，但在主席团和书记处中都没有它的代表，这表明了它已被完全排除在政治事务之外。中央党和纳粹党还协商决定，在组成会议后就推迟普鲁士邦议会和国会的会期。与此同时，代表中央党的托马斯·埃塞尔与戈林一起强烈要求总统在做出最后决定之前应该接见各主要政党的领导人，因为大多数人认为国会"能够正常工作"。[56]

另一种选择是由施莱歇尔将军领导，并得到纳粹党、中央党和巴伐利亚人民党支持的总统内阁，这一内阁在人事任命上与普鲁士高度一体化。格雷戈尔·施特拉塞尔受到布吕宁的高度评价，他赞成这种组合，因为它提供了将纳粹党从仅仅具有破坏性的反对派角色中拯救出来并阻止巴本内阁进行政变威胁的机会。这方面的倡议应该由各个工会利益代表集团做出。在8月30日和9月12日之间这段时间里，有关组建一个议会支持的施莱歇尔内阁的协商仍在继续。9月12日是召开国会会议提交政府宣言的预定日期。然而，施莱歇尔在通过施特拉塞尔间接得知党派谈判的情况下，于9月10日打破了沉默，并宣布他不愿意"为一个由各党派实际组成的内阁伪造独立的总统政府的想法而伸出援手"。[57]甚至在此之前的一天接待国会主席团时，兴登堡已经简明扼要地表示，即使在不信任投票的情况下，他也不会与巴本内阁分道扬镳，这让纳粹党领导层感到震惊，因为这实际上使得党派领袖的会见变得多余。

然而，戈林努力促成总统和各党派领导人会面，会面选在关于政府声明的辩论之后，但在对不信任动议进行表决之前立即进行。为避免解散国会而源源不断的努力反映了各政党不想立即被排除在政治事务之外，而是想利用国会作为他们参与政治的舞台。对于纳粹党来说，他们必须不惜一切代价避免新的选举，至少在施特拉塞尔和戈林看来是如此。然而，希特勒和戈培尔持相反意见。早在9月8日，他们就坚持要在新一轮选举中继续动员竞选。然而，纳粹党的议会党团倾向于与中央党达成一致，因为他们担心巴本的目的是让国会就政府声明进行辩论，甚至在不信任投票表决之前就解散国会。

因此，9月12日由戈林召集的国会预计将对政府声明进行为期数天的辩论，而在此期间，兴登堡是否还会改变自己的主意，尚属未知。出人意料的是，德国共产党议员恩斯特·托格勒在国会会议开始时提出了一项提案，要求在进入议程之前就对共产党针对巴本的不信任投票和废除刚刚颁布的紧急法令进行表决。全体议员对这一不寻常的举动感到惊讶和犹豫不决，特别是在元老委员会的谈判中期待的德国国家人民党的反对意见没有出现，这本可以使德国共产党的议事规则动议无效。

纳粹党党团对这种变化感到十分惊讶，因此要求休会，以与中央党进行协商。由此，总理得以立即获得他本来打算在第二天使用的解散令。然而，希特勒进行了干预，并且违背了与中央党的最初协议，迫使纳粹党派系投票支持德国共产党的不信任动议。在会议重新开始后，戈林立即启动了表决程序，并以投票程序已经开始为借口多次无视了巴本的发言要求，最终迫使总理不得不将装有解散议会命令的红色文件夹放在了议长桌上。

戈林的诡计让人们看到，一旦纳粹主义者掌权，他们将如何处理现有的制度。因为所有参与者都清楚，由于总理的发言权被剥夺，不信任动议在宪法上已经无效。然而，在国会的监督委员会进行的法律和政治上的辩论并不能掩盖这样一个事实：巴本犯了一个致命的错误，他没有参加8月30日的宪法会议，并因此未能明确表明政府在任何情况下都会阻止不信任投票的发生。然而，对民众代表的漠视无疑反映了这位总理对宪法的理解。诺伊代克会议和国会会议同时进行是这个"插曲"的一个方面，而国会试图在政府声明发布之前迫使总理下台的挑战是另一个方面。这两者都揭示了议会制已经达到低谷，这并不仅仅是由于左右翼党派的阻挠策略所致。

在政治上，巴本内阁在513票中仅获42票（其中大部分来自德国国家人民党），仍处于少数地位，这意味着其威信遭受了严重的、不可逆转的损失。这在德国议会历史上是绝无仅有的。另一方面，国会的解散至少在一定程度上为政府实现其政治计划提供了回旋余地。经济和社会政策具有核心意义。失业人数仍高达550万，大规模贫困导致了政治激进化。政府要想在政治上生存，就必须在经济领域有所建树，其实这方面的条件并非如此不堪，因为在1932年夏天，就出现了缓慢的经济复苏迹象，包括原材料价格上涨和股票交易呈现的上升态势。同样，赔款的结束也消除了阻碍布吕宁大规模采取国家支持措施的心理障碍。最后，采取经济政策的氛围也得到了显著改善。危机的破坏性影响使迄今为止一直坚持正统的通货紧缩理论的经济学家和企业家更加愿意尝试刺激经济和创造就业机会的做法。

1932年8月28日，国家总理巴本在明斯特的威斯特法伦农民联盟会议上宣布了一项为期12个月的经济和社会政策计划，旨在通过创造就业机会和为私人企业提供税收优惠来促进经济复苏。这一新的经济政策方向首次在1932年9月4日颁布的促进经济复苏的紧急法令中得到立法体现。该法令最初规定，企业有权根据其缴纳的税款比例获得税收抵用券，并可用于偿还1934年后到期的税收债务。实际上，这是一种人为创造的信贷，由于税收抵用券的面额和税收技术的改进，主要使大公司受益。最初的想法是将税收抵用券的发放与雇用额外劳动力挂钩，但在内阁会议中被放弃了。

与此同时，政府提出了一系列相对广泛的国家创造就业措施。国家银行行长路德自布吕宁时代以来一直对创造就业计划持保留意见，总理对其疑虑置之不理，并建议路德辞职。但这些担忧确实产生了影响，内阁在直接创造就业方面一度保持了克制。例如，预算中只有1.35亿马克被用于公共采购，条件是这些采购合同应主要用于促进中小型企业的发展。

同时，政府努力推动全面的道路建设计划、农业改良计划、住房建设和修缮计划等措施；这其中还考虑到了志愿劳动服务的参与，这种参与形式于1932年7月在国家专员弗里德里希·西鲁普的领导下得到了显著发展。在资金筹措方面，最初曾考虑采取强制贷款的方式，但最终决定加大力度创造就业机会，并由德国公共工程股份公司负责贯彻此方阵。此外，还计划促进城市郊区和小规模农业安置地的发展。

通过为雇用额外工人提供补贴来间接刺激就业，是一个新颖的尝试，补贴也以税收优惠的形式发放，但从社会政治的角度来看极具争议。对新增就业岗位的一揽子补贴对那些主要雇用高薪技术工人、在缺乏订单的情况下留住核心员工的企业不利，但有利于那些在危机影响下大规模裁员的公司。因此，从这个意义上说，就业补贴制度扭曲了竞争，尤其是对手工业企业不利。另一方面，这种补贴制度尽管与削减工资挂钩，但通过间接补贴将工作时间限制在40小时，对就业产生了积极影响。

尽管创造就业的数量有限，至少与1933年1月之后推出的措施相比，但它在本质上意味着一种进步，因为这样就能从根本上克服政府以前的不作为态度。然而，内阁的经济刺激措施对于1932年来说已经太晚了，未能减轻财政负担。尽管如此，政府仍对经济振兴计划寄予厚望。如果该计划没有对工资体系干预过甚，本应能够赢得工会的支持。政府单靠就业补贴制度就预计能够使175万名失业者重回工作岗位，但由于法规实施过程耗时较长，这种效果直到1933年底才开始出现，而直接创造就业机会的措施则能更快见效。

什未林·冯·克罗西克认为，正如政府经济发展综合措施这个名称所体现的一样，将经济的间接补贴与创造新的就业机会联系起来，对于政治上备受争议的"巴本计划"提供了不可或缺的社会补偿。巴本认为，只有大幅削减社会支出才能促进经济复苏。9月4日颁布的紧急法令第二部分旨在"简化和降低社会设施的成本，以促进商业和金融"；因此，它在内容上纳入了一项与劳动法和社会法领域有关的授权法案，允许政府通过法令干预现行法律。[58] 在9月5日颁布的《增加和维持就业条例》中规定，如果就业人数增加，公司有权将每周工作的第31至第40小时的工资降低5%至25%，这与现行的集体薪资协议相违背。同样，经济上陷于困境的企业也被允许将工资标准降低不超过20%。早在7月1日，失业救济金的金额也由于6月紧急法令的实施已经下调了23%，在危机救济和失业救济方面也做出了重大的削减。此外，政府还出台了普遍失业救济税，取代了危机工资税，该政策适用于所有雇员和退休金领取者。考虑到劳动和失业保险委员会的负担有所减轻，其盈余可用于资助公共工程和志愿劳动服务。由于这些规定，隐性失业者，即不再向劳工局登记失业的人数量大幅增加，之前这一数字已经超过200万。

因此，巴本计划实质上对劳动者单方面不利，迫使他们必须独自承担失业成本。因此，它遭到了自由工会和基督教工会以及职员协会的强烈反对。特别是对现行薪资体系的干预引起了相当广泛的担忧情绪，雇主也部分同意这一点，因为这种制度会使那些完全不考虑劳动者社会状况的企业获利。内阁规定，企业有权在新招聘员工时按照总工资的比例降低所有员工的工资，这满足了德国工业联合会长期以来对薪资体系灵活性的要求，并采纳了在布吕宁时期被否决了的来自重工业界的建议。由于工资水平大幅下降，当企业试图将统一降薪授权落实到实践中时，工人们试图通过广泛的、通常是自发的罢工来进行抵制，巴本打算在11月通过全面禁止罢工来遏制这种情况蔓延。然而，主要是由于需求刺激不足，企业不太愿意通过雇用新员工来降低工资标准。

在巴本内阁成立后，德国工业联合会一开始持保留态度，因为他们担心所宣布的创造就业措施会缺乏监管。[59]然而，出人意料的是，该联合会在8月就要求增加直接就业补贴，这其实满足了经济部长的意图。巴本计划得到了德国工业联合会的热烈欢迎，尽管通过税收抵用券制度创造的人为信贷远远超出了工业界先前认为可以接受的范围。这种积极的反应不仅是因为巴本将克虏伯、西门子和博世等重要企业的领导人纳入了计划的制订过程，而且在于行业协会的态度正在发生新的变化，不再从根本上排斥积极的经济政策。

然而，矛盾出现了，因为马格努斯·冯·布劳恩打算对食品进口实行配额，德国工业联合会向巴本和兴登堡明确表示，这将进一步扩大德国的贸易逆差。面对来自工业界的压力，巴本除了在执法保护方面做出个别让步外，在很大程度上忽视了农业利益。由于工商界的阻力，布劳恩宣布的降低抵押贷款利率以及随之而来的措施失败了。从政治的角度来看，这一行动是错误的，因为已经在总统选举中支持希特勒的国家土地联盟越来越倾向于纳粹党。至此，巴本在政策上引发的农业和工业之间关于"恢复"经济自给自足的冲突仍然未解决。

即使在重工业阵营中，像保罗·罗伊施这样的人在该年春天还公开明确支持纳粹党——他曾在总统选举中反对兴登堡并支持希特勒——也表现出与巴本内阁的紧密团结。莱茵-威斯特法伦的企业家与巴本的国内政治目标达成了广泛的共识。长期以来，特别是鲁尔地区的企业家们一直希望组建一个不受党派影响的内阁。因此，罗伊施在1932年8月表示，"只有在将来的政府组建中消除党派的影响，德国才能继续前进。这项必须进行的改革工作是如此巨大，以至于暂时不能考虑任何方式使国家和普鲁士的政党重新接管政府"。[60]

朗南协会在1932年11月23日的会议上邀请部长盖尔和国家专员布拉赫特作为发言人，但由于他们的因故缺席，协会改为邀请卡尔·施米特就他们努力争取的国家和宪法改革的要点发言。这一事件体现了当时重工业界的态度。工业界与同样受邀的弗朗茨·冯·巴本的和解标志着希特勒争取工商界支持的努力明显受挫。此外，巴本的经济改革计划为内阁正在争取的公开宪法改革提供了理由。总统所任命的总统制政府在新当选的国会中没有得到支持，而他坚持这样做的理由是，需要确保经济复苏的措施不能被政党妥协和议会交易所影响，这在外界看来无疑是合理的。但从内部来看，这显然不是一个暂时的问题，而是一个彻底废除议会制的问题。然而，总理为了反对纳粹党和中央党联盟政府的威胁而使用强烈的措辞掩盖了内阁待采取的战略的某些不确定性。

在内阁成员中，内政部长在8月13日之前就已经坚决主张立即宣布宪法紧急状态。在与班特勒街的合作下，为掌控普鲁士警察并取缔纳粹党和左右翼双方军事协会的技术及立法准备工作已经完成。8月30日召开的内阁危机会议被称为盖尔的"第二次就职典礼"，在此会议中，盖尔再次主张预防性地解散国会，因为他担心进一步拖延会失去主动权。然而，巴本缺乏将内政部长的斗争纲领付诸实践的决心，任由希特勒8月13日发表演讲以及在波坦帕案判决期间威胁发动民众起义的大好机会白白溜走。

巴本同意施莱歇尔将军的意见，更倾向于希望通过让对方犯错误并逐步实施宪法改革来暂时避免正式的政变。无论如何，总理想要等待国会召开会议。政变的最终结果被持续存在的政变威胁所取代，而总理正好利用这种威胁迫使各方反对力量保持克制。冯·盖尔极不情愿地接受了这一路线，并主张通过逐步推进国会选举法的改革来实现宪法改革。他认为将选举年龄提高到24岁将会大大损害纳粹党的利益，但在政治上这绝不可能实现。

内阁成员中没有人怀疑解散国会的必要性，除非国会自愿休会并避免对内阁进行不信任投票。盖尔进一步要求宣布国家紧急状态，这一主张也没有被接受。此时，内阁仍然可以指望总统原则上同意将新的选举推迟到宪法规定的最后期限之后，而不到三周前这一期限才刚从他手中争取过来。未注明日期的解散令所陈述的理由在宪法上有争议，称国会有可能撤销9月4日的紧急法令，而这本就是宪法赋予国会的权利。因此，巴本一开始就排除了与国会多数派达成妥协的可能性。[61]

正如盖尔所预料的那样，由于9月12日的灾难性表决结果和在波坦帕问题上让步，使得迅速推进国家重组的机会消失殆尽，原本就很低的内阁声望进一步恶化。甚至兴登堡也支持赦免罪犯，普遍认为这是在向希特勒的内战威胁屈服。国会新议长戈林的接见以及兴登堡与克尔的一次谈话在很大程度上模糊了希特勒在1930年10月收回遵守法律的承诺所造成的灾难性印象。国会的解散将政治能量转移到竞选活动中，并将纳粹党和总统制政府之间迫在眉睫的冲突推到幕后，仅是该冲突就可能宣布国家进入紧急状态。总统拒绝违背宪法，除非公共秩序明显受到威胁。事实上，违宪情况也没有发生。巴本将国会选举推迟到了11月6日这个最后期限，这一决定也体现总统制政府被进一步削弱。

巴本错过了采取行动的时机。不信任投票以及拒绝与国会合作的后果使他越发被动。纳粹党和中央党在普鲁士邦议会中占据多数，对他施加了压力，要求他撤销当时他自己认为违宪的议事规则修正案，并恢复普鲁士邦议会的参与权。普鲁士的纳粹党像变色龙一样摇身一变，将自己说成是民主议会宪法的捍卫者，并得到中央党的支持，后者指责总理轻率地放弃了法治原则。在这种情况下，内阁的任何宪政举措在公众中都会被解读为对总统指控的证实。考虑到正在等待审理的普鲁士邦诉讼案，国家政府也不得不推迟其宪政计划。

尽管如此，国家政府并没有放弃在政府宣言和其他公开声明中或多或少地阐述其宪法改革计划，这无异于一种潜在的政变威胁。盖尔曾考虑通过全民公投来使本来就被强行拉上马的宪法改革合法化。同时，他也提到可能召开国民会议。施莱歇尔曾暂时考虑过建立一个总统政党，但这只是一段短暂的插曲。1932年9月，为了纪念德国统一运动而成立的德意志民族协会再次拉开了团结资产阶级中间派的大幕，但这是独立于上述考虑之外的，尽管在12月份该协会曾试图支持施莱歇尔的政策，以"与来自左翼和右翼的集体主义布尔什维克做斗争"。[62]

《普鲁士年鉴》的前编辑和男性俱乐部杂志《环》的作者瓦尔特·朔特在11月选举前出版的宣传小册子中对"新国家"的计划进行推广，使得该计划成了国家政府的官方路线。政府发表了一份公开声明，称"在德意志民族的眼中，形式民主制度已经走到了尽头"，这确实在很大程度上符合当时普遍的情绪。[63]朔特认为，国内政治缺乏发展的原因在于多党制的形成，它扭曲了宪法的意义，并将伟大世界观阵营的形成替换为各党派之间琐碎的利益斗争。令人感到矛盾的是，"新国家"的思想家竟然对"世界观政党"赞誉有加，而这些政党其实加剧了议会制功能的衰退。

与弗朗茨·冯·巴本含糊不清和未经深思熟虑的想法形成鲜明对比的盖尔提出了相对具体的宪法改革想法，他把政党的日益分裂视为质疑政党制度本身的契机。对党派多样性的批评是当时广为流行的论点，希特勒的几乎每一次演讲中都充斥着这些论点。事实上，国会中未达到议会党团规模的政党数量从未超过1912年议会中的数量，除掉

弗朗茨·冯·巴本在1932年11月4日的广播讲话中称："必须用最严厉的手段将布尔什维主义连根拔起，从德国完全铲除。"约翰·哈特菲尔德1932年11月30日为《工人图片报》头版制作的讽刺蒙太奇照片，图中文字写道："那么巴本，您在干什么呢？""我在把布尔什维主义的水塘舀干。"（柏林，州立档案馆藏）

低于12个席位的资产阶级政党外，这些党派至多只能获得30个席位。1932年7月，共有42个政党参选，但候选人数多对于多数派的形成并没有太大意义。造成议会制失效的不是政党多样性本身，而是政党阵营的两极化。即便一再提出要反复要求实行多数代表制来代替比例代表制，对此也不会有实质性的改变。

然而，"新国家"的思想家们所宣传的重组旨在使政党本身显得多余，但是他们并没有明确提出应该用什么机构来代替政党。盖尔主要依靠的是对选举制度进行根本性改变，并创建小型单人选区来确保选民和当选人之间的密切联系，特别是削弱政党机构与间接选举制度结合在一起的中介功能。此外，还考虑将选举权和被选举权的年龄门槛提高五岁，巴本希望通过这一举措缓解大学校园的紧张局势。此外，盖尔要求给予家族领袖和参战人员多项投票权，但没有考虑到实现这一目标所需要的人口统计学前提条件。新秩序的核心是增强国家总统的地位，国家总统任命总理和其他政府成员，而政府不再对国会负责。相反，人民代表的权力仅限于预算权和监督职能。

"新国家"的纲领远远超出了恢复宪政制度的范畴。通过将参议院改组为一个"上议院"，将最大限度地限制人民代表的权利。因为上议院将会由显要人物组成，由国家总统终身任命，并且拥有对下议院的无限否决权。因此，法律需要两院的批准。这个明显反动的宪法构想的幼稚之处在于，如果总统和政府发生冲突，政府将没有任何反抗的权利。与战前相比，国家在社会产品中所占的份额增长迅速，但这一份额将被大幅削减，从而瓦解共和国的社会国家工具，从这一事实中可以看出该计划在社会政治方面的反动性。

这些模糊且自相矛盾的宪法计划的某些细节可以追溯到德意志民族主义议员阿克塞尔·冯·弗赖塔格-洛林霍芬在20世纪20年代提出的建议。巴本和盖尔对"上议院"的迷恋，可能基于其职业阶层，但脱离了国家的联邦结构。正如在这方面持怀疑态度的卡尔·施米特在朗南协会的演讲中所述，"上议院"很难被视为是解决宪政危机的灵丹妙药。只有在实现"强国"之后，才能将其付诸实践，反之则不行。建立上议院的目的是打算保留重返君主制的途径，虽然"新国家"的拥护者坦诚此事暂时未列在议事日程上。这个改革计划极端的社会神秘主义令人震惊，它完全建立在特权上层统治的基础之上。然而，巴本在他被迫于电台广播中发表的政府声明中声称，"新国家"计划"处于自由主义世纪的精神转折点上"，并称这已将"历史的经验和我们祖国的特点纳入了考量"。[64]

奇怪的是，内阁恢复宪法的计划得到了相当一部分德国上层阶级的赞同。卡尔·施米特等一些杰出的宪法学家为它们辩护，将其视为摆脱国家危机的合法途径。施米特也试图放弃魏玛宪法第一部分，以支持国家总统的主权，从而实现类似的目标。国家总理也自欺欺人地认为，他可以在政治上推动宪法改革。他对内表示，任何情况下都不能等到经济全面复苏，因为届时各方对此的意愿必然会降低。包括国家党在内的资产阶级政党，已经开始转向支持宪政和职业阶层的形式。但这并不意味着盖尔半专制主义的宪政方案会得到普遍的支持。

巴本内阁的宪法计划只是在解决普鲁士问题时才具有实际意义。盖尔认为对普鲁士的国家干预是未来国家改革的必要前提。他认为重组的核心是普鲁士与国家政府之间的个体联盟。就加强普鲁士各省自治而言，他希望完全放弃除国会外的独立中央议会，代之以由各省提名或由国家总统组建的国务委员会。然而，鉴于各邦的顾虑，巴本一再被迫让步，一方面保证不会触及普鲁士的自治权，另一方面又承认通过个体联盟与普鲁士捆绑在一起的部委不会超过两个，而国家政府将额外任命四名普鲁士部长。只不过，他坚持认为普鲁士和国家之间不应再次出现二元对立。国家法院的裁决阻止了将普鲁士国家化的企图。另一方面，无论邦议会中的多数派是哪方，总统内阁都不愿意让普鲁士回归议会政府形式。如果巴本内阁采取更加灵活的态度，或许可以避免内阁完全孤立无援地参加即将在9月开始的选举。巴本带着绝望的勇气无情地攻击纳粹党，利用了它既要站在"民族"政府的对立面，又要以社会主义原则捍卫者形象出现的两难的战术境地。他将希特勒对比托姆判决的反应描述为有意识地拒绝法治，并在争取国家平等权利和军事主权而斗争的政府背后捅了一刀。相应地，希特勒称巴本为"没有人民的总理"，讽刺他的"内阁是神赐予的恩典"，并称经济振兴计划是"可以想象到的最大的拙劣之举"。然而，纳粹党对所谓的魏玛"制度"代表的持续攻击并不是自信心毫不动摇的表现。

相反，在希特勒的竞选演说中，8月13日事件造成的创伤体现出其更具防御性的特征，例如，当他作为"年轻德国"的代表与"1914年的老阁下"竞争时，并没有放过兴登堡，称其像"所有老农民一样，总有一天要把他的农场交出去"。[65]

那几个月的悲剧之一是，希特勒没有一个具有足够个人魅力的强劲对手，而在政治极度混乱和阵线立场颠倒的阶段，这种个人魅力是不可或缺的，这样才能重新赢得左右两派的抗议选民来支持其建设性目标。事实上，我们不知道希特勒和巴本之间的竞选活动是为了选择法西斯独裁还是威权独裁而展开的。德国国家人民党、德国人民党、中央党和巴伐利亚人民党只是坚持自己的立场，而共和国的真正捍卫者则沦为了配角。在战术上，纳粹党处于不利的局面。随着资产阶级右派在排挤左派政党的过程中势力逐渐得到巩固，他们以前主打的宣传口号，即反对《凡尔赛和约》和"十一月罪犯"的斗争，逐渐失去了效力。纳粹党开展的竞选活动主要针对社会反动派的"男爵内阁"，因此从根本上来说针对的是一个在参与外交和国防政策、反对政党和议会制以及要恢复强大的民族国家等方面与其一致的政府，该政府还采用了纳粹党的许多宣传口号。

在反对巴本内阁的竞选活动中，纳粹党尤其将反工人阶级的社会政策放在了重要的地位。他们以这种方式试图战胜左翼政党的煽动，将其视为能与资产阶级阵营相媲美的真正对手。只有成功吸引德国共产党和社会民主党的大量选民，才有可能大幅提升选票份额。因此，尽管存在明显的地区差异，而且希特勒坚决避免针对资本主义制度的言论，但纳粹主义宣传经常使用带有社会主义色彩的口号。在他的指示下，鲁道夫·赫斯下令不要过度将宣传集中在"男爵内阁"上，因为这可能会使资产阶级的支持者感到反感。

纳粹主义工人组织在柏林公交公司雇员举行的大罢工中加入德国共产党和革命工人组织组建的罢工领导层，这更加强调了纳粹党在经济政策方面采取的矛盾立场，并在重工业界引起广泛担忧。[66]尽管自由工会尝试调解取得了有限的成功，但是在革命工人组织的努力下，11月3日还是爆发了针对降薪的罢工，导致首都的交通瘫痪了数天。罢工是由革命工人组织与纳粹主义工人组织合作发起的，虽然领头者只有少数工会成员，但得到了工人中66%的人同意。左派工会政策的一个典型弱点是，试图将政治性强加于纯粹出于经济动机的罢工，从而虚构了根本不存在的革命颠覆意图。

约瑟夫·戈培尔作为纳粹党柏林大区长官，早在1931年9月就积极参与了"走进工厂"行动，以推动纳粹主义工人组织的建设。他非常清楚，在柏林公交公司的罢工中，德国共产党和纳粹党的合作具有很高的风险。但是，由于自由工会全国劳动公共事业工人总联合会的行动，纳粹主义工人组织被迫进行了一种公开宣誓，因为此前他们轻率地指责自由工会背叛了工人阶级。纳粹党对罢工者的支持，避免了他们在柏林工人区丢失大量选票；但与此同时，这也滋长了大资产阶级对纳粹党根深蒂固的不信任，认为激进社会主义倾向正在纳粹党内占据上风。

格雷戈尔·施特拉塞尔曾想避免国会解散，因为纳粹党在心理上和物质上都没有为新的竞选活动做好准备。基于之前的地方和地区选举结果，纳粹党的领导层预计选票会大幅流失。因此，纳粹党报被禁止发布选举预测。与同年初夏纳粹党不可阻挡的势头相比，彼时选民和支持者们明显地感到了失望。党内气氛极其低落，就连戈培尔也难以表现出一贯的必胜信念。到处都有失望的党员退出，而新增党员已经无法弥补在党人数下降的情况。捐款数额变少，会费收入下降，负债累累的党派难以为宣传资料和海报筹措资金，通常用于大型集会的资金也突然出现缺口。派发传单不得不被口口相传的宣传方式所替代。普遍出现的选举疲劳导致党员的投入度显著下降。

8月13日的失败也削弱了党内的团结。纳粹党领导团体内部的斗争达到了荒谬的程度。特别是在冲锋队的阵营中兴起了反对继续采用议会策略的抵触情绪。许多一向在选举活动中冲锋陷阵的冲锋队员拒绝继续履行选举厅安全保护任务，也拒绝参与选举活动。另一方面，温和的纳粹党官员开始对冲锋队提出指责，称其激进的行为以及罗姆的同性恋倾向对纳粹党的声誉造成了长期损害。在冲锋队中，人们感到在物质和财政上都不如政治组织，纪律问题不断升级并演变为暴力事件。[67]施特拉塞尔试图通过精简机构来应对这种现象，而希特勒则认为将所有力量集中在继续宣传战中是解决问题的良策，就仿佛"生存还是毁灭"都取决于此，并预测纳粹党将在选举战中"取得胜利"。[68]他以惊人的自我暗示能力轻松地把施特拉塞尔的反对意见抛到一边。

在1932年11月6日的选举中，选民的投票率非常低，这充分说明人们已经被反复进行的选举搞得疲惫不堪。这也与人们普遍认为选举结果对事态发展的影响不大有关。对于纳粹党来说，更加不利的是，他们已经不能持续地吸引高比例的抗议选民了。[69]此情况在之前的地方选举中已经有苗头，现在得到了证实。在1932年11月6日的选举中，纳粹党遭受了严重的挫折。除了低投票率外，相当多的选民重新投靠德国国家人民党，有些人甚至投靠德国人民党，这是失败的主要原因。尤其是农民选民重新投靠资产阶级右翼，而纳粹党几乎没有从工人群体中获得选票。他们失去了其之前14.6％的选民，得票率从37.3％下降到33.1％。在德国东部由新教徒主导的农业地区和工业比重高的选区，选票流失严重。他们只能通过在7月31日得票率低于平均的地区获得选票来在有限的范围内进行弥补。这样的结果对于德国国家人民党来说，在选举声明中严厉反对纳粹党是值得的。

11月选举的第二大输家是社会民主党，得票率从21.6％下降到20.4％，尤其是在工业重镇遭受损失，选票主要流失给了德国共产党。德国共产党新增获得2.6％的选票，并有100名议员进入了国会。该党在之前几乎毫无建树的农业地区赢得了相当多的抗议选民。这再次表

1932年11月6日纳粹党国会选举的
宣传海报，由维利·恩格尔哈特设
计（慕尼黑，市立博物馆）

1932年11月6日中央党国会选举的
宣传海报，由阿尔贝特·汉克设计
（达姆施塔特，黑森州立博物馆）

1932年11月6日德国共产党国会
选举的宣传海报，由W.德尼设计
（达姆施塔特，黑森州立博物馆）

明，当社会民主党和德国共产党之间的选票发生变化时，无产阶级阵营相对稳定。中央党只能勉强保住其地位，与巴伐利亚人民党一起获得了70个席位。选举结果显示，德国国家人民党得到了明显的复苏，赢得了51个席位，而德国人民党也获得了11个席位。然而，资产阶级保守派选举联盟仅获得了584个席位中的74个。另一方面，纳粹党和德国共产党共同拥有296个席位的绝对多数票。无论是在大联盟的基础上，还是依靠纳粹党、中央党和巴伐利亚人民党的联盟，都不可能形成议会多数派。唯一可能想象的多数派将是纳粹党、德国国家人民党、中央党和巴伐利亚人民党的联盟，但胡根贝格和巴本都反对这种联盟。

奇怪的是，巴本将选举结果视为对无党派总统内阁和宪法改革计划的确认。在普鲁士的行动中，布拉赫特将国家法院的裁决作为官员全面政治改组的基础，这清楚地表明"新国家"路线并没有被放弃。然而，从一开始就对国家紧急状态计划持怀疑态度的施莱歇尔正准备完全退出。南德各邦对巴本将普鲁士国家化的计划提出了公开批评，这让他感到不安。他紧急要求内阁"鉴于异常紧张的局势，暂时搁置国家宪法改革的问题"。政府仍然面临着反对党上下一心的排斥，只能依靠德国国家人民党和一些小型右翼分裂团体的支持。中央党明确指出，由巴本领导的总统内阁不可能得到国会多数派的容忍。

希特勒宣布选举结果是一场胜利的防御性斗争，并拒绝与"胡根贝格-巴本式的反动派们"达成"任何谅解"，他在选举当天下令"采取一切措施开展新的宣传战"，并暂停所有内部组织工作。当时，国家总理以书面形式请求与希特勒会谈，商讨组建"民族集中阵线"的问题。兴登堡在施莱歇尔的建议下同意巴本的立场，但强迫他与各党派领袖商讨进一步支持内阁的问题。希特勒在一份冗长的书信中简明扼要地拒绝了加入内阁的要求，同时强调绝不会让"8月13日事件"重演。他当然无法同意总理的外交和内政方针，而巴本所说的"聚集所有国家力量的新机会"只是一种幻想，尤其是在胡根贝格拒绝了之后。[70]

由于资产阶级中间党派也拒绝了巴本，国会中的多数派没有任何改变。为了争取时间，施莱歇尔提出了更换总理的问题，并促成巴本按照良好的议会惯例向总统提交内阁的辞呈。兴登堡决心支持弗朗茨·冯·巴本和总统制，避免重新进入议会政府，并正式接受了辞职请求，但现任代理总理指望他连任。施莱歇尔为此打开了重新进行党派谈判的道路，这些谈判现在掌握在兴登堡手中。在兴登堡接见各党领袖的同时，施莱歇尔试图利用他与德国工会总联合会、格雷克的市政联合会、格雷戈尔·施特拉塞尔以及基督教工会的联系，来实现在当年夏天已经提出的"横向阵线"。[71]

兴登堡首先与希特勒接触，希特勒反过来表现出不愿进行口头谈判的意愿，因此双方进行了频繁的书信往来。希特勒保持了他的强硬立场，并再次坚持要求获得总理职位，并要拥有总统的权力。他透露了对内部政治危机解决的看法。国会将通过一项临时授权法；为实现这一目标，解散令的影响至关重要。然而，兴登堡只愿意让希特勒组建议会多数派内阁，并且其组成需要他的批准；特别是，他保留了国防部和外交部的任命权，排除了回归国家-普鲁士二元结构和修改第48条的可能性。

希特勒不失时机地指出，国家总统这些惯常的特权是违宪的，在此问题上不可能达成任何谅解。希特勒强调，兴登堡的命令"因其内在矛盾"是不切实际的；他回敬总统说，要将一份政府纲领提交给总统，经批准后立即提交一份部长名单，由施莱歇尔将军担任国防部长，牛赖特男爵担任外交部长并在总统任命的基础上"为内阁的工作创造宪法条件"。这个行为不仅是从战术角度考虑做出的。然而，这个诡计在兴登堡那里不起作用。他通过迈斯纳告知希特勒，他无法接受"将总统的权力全权授予一个总是强调其独特性的政党领袖"，并担心"由您（希特勒）领导的总统内阁不可避免地会变成一种党派独裁，这将导致各种负面后果"。[72]

总统对希特勒追求全部权力的行为描述得再清楚不过了，并表示再也不会放手任何权力。相反，他所提到的资产阶级政党领袖们如卡斯和舍费尔要么支持希特勒担任总理，要么像丁格尔代一样，尽管有些保留，但不希望民族集中运动在这个问题上失败。只有胡根贝格强烈反对希特勒担任总理。最后，兴登堡委托中央党领袖卡斯确认是否存在不让希特勒成为总理的替代方案，卡斯尝试通过三到四位党派领袖的英勇行为来组建一个"紧急和收容内阁"，由于希特勒和胡根贝格的顽固态度，卡斯的这一尝试失败了，他将失败归咎于政府圈子中的轻率行为，这使得他最初设想的联盟根本没有机会实现。此后，兴登堡以提出辞职作为回应。由于巴本坚决反对，社会民主党不再参与党派谈判，而谈判失败是意料之中的，因此兴登堡任命他最钟爱的总理来领导一个人事上基本没有太大调整的总统内阁。

施莱歇尔对这个于1932年12月1日做出的决定表达了严重的担忧，因为他现在对巴本的实际能力产生了怀疑，而且他认为巴本如彼时的布吕宁一样缺乏运气。他也不是内阁中唯一持有这种观点的人。尽管存在这样的阻力，巴本仍打算在国会召开前解散国会，并将新选举推迟六个月；这不符合宪法第48条，只能以所谓的国家紧急状态为理由来实施。此外，弗朗茨·冯·巴本决定通过任命弗朗茨·泽尔特为国家志愿劳动服务专员来加强他对钢盔团的支持。这一情况在政府参加9月4日的前线士兵节一事上得到了体现，通过这次节日在滕佩尔霍夫野外集结了20万钢盔团成员。巴本此时已经获得了总统授权，并得以借此应对与国会必然出现的冲突。

与此同时，内阁也讨论了施莱歇尔担任总理的备选方案，即使他无法展示与格雷克和施特拉塞尔接触的实际成果。尽管他11月23日与希特勒的会谈没有任何积极结果，他仍然期望，如果无法让希特勒参与政府，施特拉塞尔将愿意"挺身而出"。[73]然而，要在11月30日安排与希特勒会面的尝试却彻底失败了。纳粹党领袖宁愿躲进图林根的竞选活动中，也不愿前往他不受欢迎的柏林。虽然欧根·奥特中校向希特勒再次传达了施莱歇尔的提议，但这并没有改变他的顽固态度。尽管如此，这位将军仍坚持让纳粹党参与进来。

施莱歇尔的建议起到了决定性的作用，他表示，巴本的"战斗内阁"将很快导致国家防卫军不得不与"十分之九的人民"作战。据牛赖特说，什末林·冯·克罗西克在12月2日晚上的部长会议上坚定地支持了施莱歇尔，从而发动了一场宫廷革命。事实证明，除了一位内阁成员之外，其他人都不同意重新任命巴本为总理。将职位转交给库尔特·冯·施莱歇尔是唯一的出路。与此同时，巴本已经联系了退役的约阿希姆·冯·施蒂尔普纳格尔将军，并询问他是否愿意代替施莱歇尔进入一个可能甚至需要拔枪射击的"战斗内阁"。[74]巴本试图淡化"罢工和内部骚乱的危险"，并迎合了施莱歇尔的意愿，让待命的陆军中校奥特向其提出了一项反对暴力行动的军事推演计划。[75]

该推演计划是在柏林公交公司罢工期间，由军方和民间机构紧密合作制订的。计划假设了一起由纳粹工人组织和自由工会发起的总罢工，并假设在德国共产党和警察之间爆发血腥冲突。这次演习揭示了军事紧急状态的准备工作，包括所需的紧急命令，考虑得十分周全。而波兰叛乱分子对东部地区同时构成军事威胁则被假设成附加条件。该推演研究认为，尽管纳粹党对罢工表现出敌对的姿态，但在某些地方却对罢工者表示同情并采取观望的态度。这恰好符合纳粹党目前所采取的策略。该研究强调了纳粹党在增强东普鲁士边境保卫力量方面的不可或缺性，并明确表示，如果发生总罢工，尤其是如果纳粹党拒绝参与技术应急部队的话——事实上这支队伍已经成为一个反罢工组织——当局将难以维持秩序的稳定。奥特间接地提到了巴本内阁的社会神秘主义，指出不能给人留下武装力量会"为了上层阶级而对抗整个民族"的印象。[76]

奥特的发言证实了国防部长反对宪政实验的立场。这背后隐藏着一个根本性的目标冲突：从施莱歇尔的角度来看，他仍然致力于驯服纳粹党，倘若不成功，就力争使国家从其中积极的方面受益。而弗朗茨·冯·巴本则开始独立发展其威权主义纲领。然而，在演习报告发表之前，内阁已经决定由施莱歇尔担任总理。突然被孤立的巴本被迫地接受了内阁多数派的决定，并在同一天晚上通知总统，他不会阻挠"施莱歇尔方案"。兴登堡以他特有的军事节俭风格做出回应，并向深受打击和失望的巴本表示，他已经太老了，无法再为一场内战负责。他说："那我们只能以上帝的名义让施莱歇尔先生试试他的运气了。"[77]

巴本的辞职标志着保守主义幻想时期的结束，这个表述实际上是由《环》杂志的一位主要工作人员做出的。相对较小的上层阶级中存在仍未平息的社会和政治怨恨，他们认为福利国家的发展威胁到了他们一贯享有的社会和经济特权，并认为应该将他们的个人利益与公共利益相等同。这种不满情绪构成了对过渡政权的社会阻力，而该政权只能通过不断的政变威胁来维持其权力。它的特点是能够以"普鲁士式的打击"不费吹灰之力来打击政治左翼力量，但在试图遏制表现为纳粹运动的右翼民粹主义动员时却一败涂地。

这个高度保守的政权没有展现出足够的力量向军事独裁发展，而这一步恰恰是在国内政坛确立自身地位并违背绝大多数人民的意愿强行实施"新国家"反动宪法修正案的唯一途径。虽然武装力量先前同巴本这位贵族骑士一起曾将具有排他性的精英阶层纳入内阁并巩固了其地位，但此时他们却拒绝合作，原因在于，军队如果不想危及其在中欧重新夺回德国霸权这个长远目标的话，就不会竭尽全力来对一个社会反动政权在国内的权力进行保障。然而，巴本内阁在很大程度上削弱了反对力量，而只有这些力量才可以抵抗纳粹主义的浪潮。

第十三章
从威权主义到法西斯专政

1932年12月2日，库尔特·冯·施莱歇尔被任命为国家总理，这虽然结束了数周以来关于德国政府在11月选举后预期进行改组的猜测，但并未结束总统制政府体系的转变。施莱歇尔在前几年一直处于幕后。他现在不得不走出常年扮演的幕后导演的角色，亲自接管政府事务，这体现了总统制内部的脆弱性，他当时积极创立的这个制度旨在让军队在裁军谈判中发挥更大作用。通过清除社会民主党与和平主义团体，重整军备政策的道路变得清晰起来，尽管经济危机的影响十分显著，但这一政策在军方领导下得以继续推进。

弗朗茨·冯·巴本冒着将武装部队卷入类似于内战的冲突的风险，极其轻率地挑战了国防政策的主导地位。此外，从国家防卫军的角度来看，他们与纳粹党之间的公开冲突导致无法在德国开展全面军备计划。在这种情况下，施莱歇尔只能亲自尝试将这艘失控的国家战舰重新引回正轨。他自以为拥有必要的技能和专业知识，可以在兴登堡所支持的内阁中团结分裂的反对派。然而，这样做缺乏有利条件。11月29日，希特勒退出了施特拉塞尔和弗里克敦促他参加的谈判，戈林对普鲁士总理职位的野心落空和戈培尔的鼓动在其中起了作用。第二天，施莱歇尔派奥特中校前往魏玛会见希特勒，奥特中校不得不听取希特勒的长篇大论，解释为什么他不能接受加入政府的提议。这位新上任的总理认为，如果有必要的话，他可以迫使希特勒退休，并让曾答应他"挺身而出"的格雷戈尔·施特拉塞尔担任副总理兼普鲁士总理。这是对希特勒的心理以及施特拉塞尔行动能力和意志力的致命误判。

总统制内阁脆弱的局面使人们产生了错觉，认为个人的态度决定了国家政治的发展。事实上，正是在1932年7月20日与社会民主党的不可逆转的决裂，才使得内阁的生存概率越来越渺茫，并使其命运掌握在了纳粹党手里。施莱歇尔的政治路线仅仅是一种纯粹的策略而已，旨在通过一项带有民粹主义色彩的政府计划来来掩盖针对普鲁士的政变所显示出的反对温和左翼的立场，并将自己塑造成"社会将军"。[1]他希望能够说服社会民主党采取观望态度，同时将自由工会拉进政府。持续的经济危机和大规模失业被用来向社会民主党提供停战协议，但对改变军事政策中相互冲突的根本目标毫无帮助。

与总理关系密切的《每日评论报》将"城堡和平"的概念带入公众讨论并非偶然。这与施莱歇尔的想法不谋而合。他想到的是第一次世界大战期间构成战时经济体系基础的危机管理。从这个角度来看，克服危机的途径是工会之间的跨党派合作，合作范围涵盖从纳粹党的左翼到德国工会总联合会。自该年夏末以来，这位将军在没有征得巴本同意的情况下就进行了接触，但这些联系只有在与巴本明显亲企业路线的决裂之后才有意义。

施莱歇尔的危机战略可以简要地概括为"城堡和平"和"横向轴心"这两个词，该战略之所以能够产生一定的吸引力，是因为由于国会的取消以及国家和各邦的立法，政党在政治舞台上的作用大大减弱。对政党活动的普遍不满滋生了一种想法，特别是在资产阶级圈子中，认为完全可以摆脱对于这些不受欢迎的代议制民主制政党的依赖。这也是资产阶级中间派政党逐渐分裂的体现。老牌德国民族主义者、时任人民保守党议员的库诺·冯·魏斯塔普伯爵公开谈到"政党的黄昏",并呼吁各党派不再要求直接介入政府事务。[2]但他也警告称,不能幻想完全禁止政党参与政治。这与汉斯·策雷尔和他在《行动》杂志编辑部同僚的想法不谋而合。他们希望在毫无尊严的政治运动中找到一种独立的组织形式,年轻一代能够取代陈旧、官僚且病入膏肓的政党组织。当然,如何从一个单纯的信念共同体中发展出一个有政治行动力的联盟,仍不得其解。

希特勒利用了对政党制度的普遍反感,承诺在他所吹嘘的"人民共同体"中彻底消除政党;他强调,纳粹运动将使所有社会、宗教和地区间的矛盾在共同的民族意志面前退居二线。类似地,德国国家人民党和中央党也不惜鼓吹"元首原则",试图将本组织描述为一种运动。这是纳粹宣传间接成功的一个方面,同时希特勒也面临着指责,被批评纳粹党逐渐失去其原有的政治运动特性,越来越像一个政党。正如奥古斯特·海因里希斯鲍尔在1932年9月对格雷戈尔·施特拉塞尔的抱怨反映了鲁尔区重工业界的普遍情绪一样,汉斯·策雷尔表达的这种批评的声音包含着资产阶级圈内的失望,因为希特勒不愿意屈从于巴本内阁,也不愿压制其政治运动的特殊利益。

很难判断施莱歇尔在多大程度上赞同这种一厢情愿的想法。但无论如何,他明确地与巴本和盖尔所支持的违宪改革理念保持距离。他既没有采纳他们的宪法改革计划,也没有将总统制纳入法律。 同样地,他没有继续推行巴伐利亚政府提出的国家改革建议,也未在普鲁士问题上有明确的行动。尽管他得到了《行动》圈子的支持,但他很可能并不像策雷尔那样对划时代政治重组抱有幻想。他的首要目标是避免即将发生的宪法冲突,这也是兴登堡所担心的。他希望在他的领导下使总统内阁再次具有行动能力。他预计很快就会出现经济复苏,并且现在的首要任务是争取时间。通过坚持军事政策的首要地位,他相信可以通过创造就业机会来压制左翼反对派,同时将似乎已经过了巅峰的纳粹党吸引到政府中来。显然，他高估了国家防卫军在国内政治上的影响力。

在1932年12月15日由施莱歇尔于广播中发表的政府声明中，总理表现出愿意妥协的姿态，他强调成立的不是"战斗内阁"，而是一个"谅解内阁"，并保证愿意与所有友好力量合作。[3] 他这样做是为了避免在国会中发生相互重叠的不信任投票而成为受害者。与巴本的政府风格形成鲜明对比的是，总理确保政府代表出席国会委员会会议。他也没有阻止议会党团在试图证明国会行动力方面采取行动。因此，他将主动权留给了中央党、社会民主党和纳粹党，来推翻巴本对现行薪资谈判颇有争议的干预，并且不反对国会于1932年12月9日撤销9月紧急法令中关于社会政策部分的决定。相反，内阁急于立即撤回政府法令，并尽可能缩短其有效期。

内阁的上任也因此被外界解读为议会制的回归。在左翼和右翼各占多数的情况下，国会通过了一项对不构成谋杀的政治犯罪的特赦法，不过这当然与弥合潜在的内战阵线毫无关系。其中，特赦法还释放了《世界舞台》的出版商卡尔·冯·奥西茨基等人，他因揭露可追溯至1929年的德国空军秘密军备而被指控犯有叛国罪并被判处多年监禁。但特赦也同时为那些已经被起诉的右翼政治罪犯提供了豁免权。纳粹党提出的授权法案规定，国家总统的授权不再由现任总理执行，而是由国家法院院长担任，这让总理不愉快地想起了与希特勒在11月选举后进行的谈判。来自总统办公室的提议旨在通过此宪法修正案防止总理在总统在世期间接任其职位。社会民主党支持通过该提案，这对冯·施莱歇尔意味着一种双重侮辱。

议会与政府之间的城堡和平还体现在元老委员会愿意多次推迟国会会议，以避免与政府发生公开冲突。在目前的条件下，纳粹党不愿冒险进行新的选举，因为这可能只会给它带来失败。相反，中央党遵从了总理的意愿，暂时保留普鲁士的国家专员，并推迟了与纳粹党组建政府的想法。对内阁继续存在的威胁与其说来自国会，不如说来自下台总理巴本未被满足的野心——施莱歇尔曾试图剥夺他在巴黎的大使职位，只是没有成功罢了。兴登堡希望留住巴本作为他身边的重要顾问，之后反观此事，这位前总理保留了他的官邸，这似乎是一个征兆。

国内总体政治形势的特点是，社会民主党和德国共产党在权力博弈中仅仅扮演被动角色。德国共产党虽然强烈抗议施莱歇尔的内阁，称其为"法西斯政权的强化阶段"，并支持开展不信任投票，但实际上并没有具体的可行性而言；从1932年春天开始，该党坚持自下而上反对社会民主党的统一战线，并结合其在1929年发起的反法西斯行动，严格坚持信奉教条，即主要打击目标是被指控为"社会法西斯主义"的社会民主主义。[4]1932年7月20日之后，根据共产国际的指示，极左策略得以巩固，恩斯特·台尔曼的权力地位得到加强。在共产国际执行委员会的帮助下，他摆脱了中央委员会中主张加强与纳粹党斗争的批评者。最重要的是，他设法消灭了竞争对手海因茨·诺伊曼。

台尔曼和共产国际领导层一样抱有幻想，认为德国共产党的地位正在稳步加强，德国将在中期内走向革命形势。德国共产党高估了它在11月选举中取得的成绩，在这次选举中它的得票率从14.3%增加到16.9%，这尤其要归功于之前的社会民主党抗议选民。台尔曼把柏林公交公司罢工称为"共产主义运动迄今为止最强有力的革命成就"，并认为该事件标志着群众运动开始呈星星之火态势发展，尽管该运动和德国共产党发起的少数罢工一样，都仅仅是因为经济原因而开展的。[5]德国共产党拥有大约35万名成员，其中绝大多数是失业者，而且成员流动性很高，在数量上远逊于社会民主党和德国工会总联合会等大型组织，尤其是因为该党几乎没有大型工业公司的支持。革命工会反对派及其于1931年成立的共产主义工会联合会在工厂委员会选举中未能获得基督教工会一半以上的选票，而且如果没有自由工会的参与，就很难发动大规模罢工运动。红色前线战士同盟欺骗了大约4万名成员，声称自己拥有的战斗力，但实际上并不存在。同样，共产主义青年组织的成员数量约为5.5万名，表现出的实力也相当弱。红色前线战士同盟和汉斯·基彭贝格尔建立的军事政治机构主要是为了保护其政党。但它们的存在却助长了右翼媒体不断散布有关德国共产党准备起义的报道。

因此，德国共产党的领导权在要求反法西斯统一战线方面是站在脆弱的基础上的，尤其是一些因特别激进而崭露头角的下属组织，如共青团，一方面无法坚定地支持中央委员会的矛盾政策，另一方面很难运用"个人手段"脱颖而出。虽然在冲锋队和党卫军的挑衅下，地区工人组织会时不时地与社会民主党组织联合起来进行抵抗，但并没有明显打入社会民主党工人阵营内部的现象。德国共产党无休止的抨击性论调将社会民主党和德国工会总联合会视为"法西斯化的推动者和活跃分子"，并谴责他们的领导层是"社会法西斯主义者"，这导致了即便德国社会主义工人党和德国共产党反对派也参与了统一战线，宣传工作也广受质疑。[6]在形成巴本内阁后，像弗里德里希·施坦普费尔提出的不侵犯条约已是最大限度的妥协。

库尔特·冯·施莱彻接任总理时，正值社会民主党领导层与德国共产党的领导层保持距离的时候。因此，他们根本没有考虑走出被迫扮演的反对派角色。虽然鲁道夫·布赖特沙伊德承认，施莱歇尔与前任相比具有"更强的实事求是观念和适应能力"，但社会民主党仍然坚决反对总统制内阁。[7]考虑到支持者，社会民主党拒绝与施莱歇尔合作，因其将奥托·布劳恩在普鲁士受到排挤归咎于施莱歇尔（虽然这并不完全符合事实）。只有个别声音考虑容忍施莱歇尔内阁，因为至少他摆脱了巴本的社会政策，这一点得到了积极的评价。

然而，社会民主党内部反对施莱歇尔的阵线并不像他们的官方声明所暗示的那样团结一致。只有党内高层表示了强烈反对才阻止了卡尔·霍尔特曼领导下的国旗团领导层与总理推崇的国家青年培训委员会进行合作。同样地，政府试图扩大志愿劳动服务的努力得到了社会民主党的强烈支持；然而，一些官员对作为劳动营重点的预备军事教育表示的担忧不无道理。在宪法问题上，社会民主党的立场也不像对外所表现的那样明确。[8]一些富有远见的党内知识分子，包括卡洛·米伦多夫、赫尔曼·黑勒、恩斯特·弗伦克尔和奥托·基希海默尔，针对魏玛议会制无法正常运行这一点提出了不同的思考，以通过设置第二议院、纳入有关职业团体的内容或限制议会的权力来加强政府的权威。这体现了人们对自由议会制生存能力的普遍怀疑，但绝不意味着他们就愿意采取与施莱歇尔一致的路线。这尤其适用于社会民主党领导层，虽然他们准备长期处于反对派地位，但打算始终如一地捍卫宪法。

自1931年10月在莱比锡举行的纳粹党集会以来，社会民主党所奉行的基本战略的防御性特征进一步加强。[9]容忍政策已经被证明是失败的，因为它既不能阻止布吕宁的倒台，也不能阻止打击普鲁士行动。尽管德国社会主义工人党脱离了社会民主党，但社会民主党对外仍保持了凝聚力，并在抵御纳粹党方面得到了加强。然而，社会民主党越来越失去下一代的信任。许多年轻的积极分子加入了德国社会主义工人党，或在社会主义工人青年组织中采取了内部反对派的立场。该党右翼阵营的代表也感到失望，他们要么聚集在"社会主义新叶"组织中，要么加入了国旗团和钢铁阵线。对社会民主党政治日益僵化的抨击、对官僚机构的主导地位的反对、针对虚假且不能吸引到更多民众的议会民主的批评，都从年轻一代的口中表达出来，无论他们属于左翼还是右翼派别。表面上，社会民主党在某些方面模仿了法西斯主义运动的宣传手法，但很明显，尽管钢铁阵线发动了宣传攻势，但该党越来越没有能力采取主动行动。

因此，施莱歇尔既不必担心社会民主党的反对，也不能指望他们能够给予合作。对于他追求的"横向阵线"概念来说，除了可以依靠的基督教工会外，赢得德国工会总联合会的支持、利用打破政治和工会运动联盟的普遍趋势都是至关重要的。[10]与社会民主党领导不同，德国工会总联合会领导层中有明确支持格雷克派思想的人，他们对1932年12月的内阁改组表达了更为开放的态度。德国工会总联合会认为工会的一大成功便是迫使施莱歇尔内阁偏离了其前任的社会政治路线。但同时它忽略了这样一个事实，即反对削减工资标准的防御性罢工不是由工会联合发起的，而且许多企业自己也放弃了利用授权来打破工资标准的权力。是否有可能在中期将工会纳入现有的总统内阁，主要取决于总理是否能实现他宣布的全面创造公共就业机会的目标。

在1932年4月的一次危机大会上，德国工会总联合会提出了一个包含WTB计划的综合就业计划。[11]这个计划的发起人是德国工会总联合会统计局的负责人弗拉迪米尔·沃伊廷斯基，他得到了木工工会主席弗里茨·塔尔诺和社会民主党农业政治家弗里茨·巴德的支持。他们于1931年底提交了第一个草案，然后以他们名字的首字母命名了这个计划。该计划以通过广泛创造信贷的积极经济政策为基础，计划通过公共工程为100万失业者提供就业机会。与之后沙赫特和希特勒的就业政策相比，该计划的信贷框架相对有限。然而，它所依据的是一种全新的理念，即通过消费方面的刺激来克服危机；通货膨胀的影响可忽略不计，因为闲置的生产能力会被迅速填补，从而与上涨的购买力相匹配。

通过WTB计划，德国工会总联合会抛弃了单纯被动的经济政策，这种政策将资本主义制度作为其本身特有的规律，只是控制分配机制；德国工会总联合会向着有意识控制经济的方向迈出了一步。这意味着工会要承担起国民经济的全面责任，也要摆脱对经济过程纯粹机械化的理解，而这种理解在经济民主计划中仍很明显。尽管沃伊廷斯基认为通货紧缩正在蔓延并导致购买力被肆意限制，而且这种观点不无道理，但工会在犹豫是否接受WTB计划之前与社会民主党产生了严重冲突，尤其是鲁道夫·希尔费丁指出了通货膨胀的后果。

社会民主党领导层对WTB计划持怀疑态度，不仅是因为他们信奉正统的马克思主义危机理论，而且还因为他们在战术上依附于布吕宁，布吕宁在创造就业问题上的保守态度得到了绝大多数社会民主党经济专家的支持。不过，社会民主党还是被迫对工会做出让步；然而，它在布吕宁内阁后期和巴本内阁初期提交的创造就业建议中，措辞刻意保持谨慎，将这些政策包装成名为"经济结构调整"的一揽子措施。[12]在这一方案下重新显现的影响深远的国有化计划意味着比WTB计划方向更为倒退，更不用说其中所包含的"未来经济的要求"既没有考虑到具体的经济问题，也没有考虑到实际的权力关系，等于间接承认了社会民主党的政治孤立。

1932年春，德国工会总联合会在创造就业问题上得到了出乎意料的支持，也遭遇了意想不到的竞争。格雷戈尔·施特拉塞尔在1932年5月10日的一次备受关注的国会演讲中，呼吁在"强烈的反资本主义渴望"的口号下实施更全面的创造就业计划，声称这一渴望已经影响了德国95%的人民，这次演讲不久后被广泛传播为"民族社会主义德国工人党的经济紧急计划"。[13]通过支持慷慨的公共就业计划，这名纳粹党领导人成为普罗大众情绪的代言人。从他的讲话中可以清楚地看出，纳粹党不会断然拒绝与工会的实质性合作。施特拉塞尔的战术主要目标是形成广泛的就业阵线，而他对主要由阿德里安·冯·伦特恩起草、涉及财政政策的计划则给予较少关注。但公众并不知晓，施特拉塞尔转投建设性社会政策并没有得到希特勒的支持。希特勒在1932年10月遭到商业协会的强烈反对后，撤回了该"即时计划"。

施特拉塞尔在他的就业计划上得到了《行动》杂志圈子的支持和鼓励，他与这个圈子大体上保持着间接而松散的联系。与工会提出的就业创造建议不同，该"即时计划"通过摆脱金本位制度和转向以广泛的自给自足为导向的经济政策来对国家所需的信贷创造提供支持。在这件事上，施特拉塞尔的想法得到了研究货币和信贷制度的学术团体中受人尊敬的国民经济学家的认可。其中包括恩斯特·瓦格曼，他是布吕宁通货紧缩政策的批评者，以及来自吕贝克的工业家海因里希·德雷格，他在1932年夏发表了一篇题为"通过生产性信贷创造就业机会"的论文。尽管与沃伊廷斯基领导的工会改革派没有直接联系，但施特拉塞尔的支持者和自由工会之间的合作也尽人皆知。

施莱歇尔希望利用在创造就业问题上出现的利益联盟来摆脱总统内阁被极端孤立的态势，说服各党派暂时保持沉默。毫无疑问，在1932年8月这一时期，这一举措和巴本单方面幼稚的行为使总统制声名狼藉相比显然更有胜算。然而，总理的潜在合作伙伴仍然对施莱歇尔的举措持怀疑态度，他们不确定施莱歇尔的倡议是否只是单纯的战术计算而已。事实上，他缺乏说服诸如德国工会总联合会领导层、纳粹党中的施特拉塞尔集团和基督教工会（可能包括德国青年教团和德意志民族商业雇员协会）等不同合作伙伴采取共同行动所必需的内在可信度。一切都取决于是否能成功争取当时在纳粹党中仅位于希特勒之后的最具影响力者——格雷戈尔·施特拉塞尔——来担任副总理。这样做的前提是纳粹党、社会民主党和中央党愿意避免直接对政府施加影响，并给予政府一种额外的信任——虽然谈不上是议会授权——来推动就业。

在1932年12月的内阁改组中，创造就业的动力已经属于强弩之末了。虽然施莱歇尔遇到国家经济部长和财政部长反对的阻力，任命金特·格雷克为国家创造就业专员，但他并没有将有关问题的管辖权与相关部门分开，并将其分配给格雷克。因此，当时没有进行全面改革的余地。此外，格雷克提出的"即时计划"的融资方案也遭到了有关部门的顽固抵制。他只得到普鲁士财政部长约翰内斯·波皮茨的积极支持。波皮茨认为，由于对失业救济的支出已经让负担繁重的市镇的财政状况陷入绝境，因此出台全面的就业创造计划是必不可少的。然而，他打算将其与失业保险制度的改革，尤其是放弃保险原则相结合，这将引起格雷克正在拉拢的工会的强烈抗议。因此，尽管格雷克没有向外界承认这一点，并可以继续依靠汉斯·策雷尔在宣传上的支持，但他在很大程度上其实是被孤立的。内阁对工会团体的吸引力并没有因为财政政策的正统性保持不变而增加。

在国家银行行长路德的影响下（他仍然认为通货膨胀趋势是最大的威胁），内阁主要将用于创造就业的资金限制在原本用于巴本的多重就业奖励系统规划的5亿马克之内，但由于需求不足而实际上并未动用。此外还包括一些有关建筑业和住房的配套措施。然而，"即时计划"与施莱歇尔在其政府声明中所竭力唤起的期望相去甚远。大企业曾在内阁中发挥影响力，并恳求总理坚持巴本的经济计划，到此他们对这一形式明显松了一口气。1933年初所提供的资金已经在2月底被市镇所使用，这表明格雷克所采取的措施朝着正确的方向前进，也表明尽管危机正在放缓，但创造就业的举措在心理上仍然具有重要意义。

施莱歇尔的政策至少在形式上是温和的，并且与巴本"贵族骑士"的架势形成鲜明对比，这使得前者得到了政治舆论的积极响应。因此，官僚团体称他们的利益不再完全受到排挤。除了一部分工人阶层外，支持施莱歇尔的群体还包括广大的中产阶级。当前的关键是，总理能否利用这些支持来实现政治稳定。与巴本相比，他的优势在于没有明确的政治方向，但当他与政党和团体进行谈判时，人们认为这些谈判只是在拖延时间。施莱歇尔一再拖延对内阁进行全面改组。除了巴本外，只有盖尔和胡戈·舍费尔离开了内阁，后者作为国家劳工部长的业绩未能令人信服。目前尚不清楚扩大内阁的基础是否仅以容忍不同政治力量的形式出现，还是会导致部分议会制恢复。

实际上，总理只能依靠基督教和德国工会总联合会的积极支持以及中央党的容忍。出于对中央党的顾虑，他不能满足胡根贝格的过分要求。其余一切都取决于格雷戈尔·施特拉塞尔是否作为工会轴心不可或缺的核心人物进入内阁。只有在这种前提下，争取自由工会支持内阁才有意义。在没有其他选择的情况下，可以理解为什么施莱歇尔相信，尽管施特拉塞尔和希特勒其实已于12月8日决裂，他仍可以将这个方案保留到1月初。实际上，总理早在几周前就已经失去了主动权，他的政策仅限于单纯的战术转移而已。

虽然对巴本的意图事先并不了解，但奥托·布劳恩认识到总理和总统政权其实已身处绝望境地。布劳恩感到社会民主党领导层的"行动法则越来越多地受共产主义的影响"，并被玩弄于"毫无结果的反对立场"之中。他认为唯一的机会在于与施莱歇尔将军进行合作。[14]1933年1月6日，他向施莱歇尔提议，如国家专员职位被取消，则同时解散国会和普鲁士邦议会，并推迟重新选举至春季。施莱歇尔断然拒绝了布劳恩的建议。当然，社会民主党的领导层是否会批准布劳恩的倡议是非常值得怀疑的，因为其违宪性质昭然若揭。关键是，施莱歇尔在心理上和政治上都没有能力完成这样的转变。他经常反对冲锋队禁令，反对讨论盖尔的国家紧急计划，反对巴本决定必要时动用政府权力对抗纳粹党，因为这种方法与使他成为总统制权威倡导者的军事政治基本动机相矛盾。此外，这种做法永远不会得到国家总统的认可，因为与布劳恩之间的冲突使他难以释怀。

社会民主党对库尔特·冯·施莱歇尔的不信任是完全有道理的。奥托·韦尔斯将他视为巴本经济政策的幕后推手，尽管这只是一种战术上的争论，但他在普鲁士问题上的强硬态度表明他不愿意并且也不可能做出任何重大让步。任命弗朗茨·布拉赫特担任国家内政部长势必会激怒社会民主党，因为布拉赫特对普鲁士广泛的反共和派人事调动负有主要责任。因此，施莱歇尔的计划完全依赖把自由工会从社会民主党分离出去这种可能性，而这种态势早已显露端倪。早在1932年10月，特奥多尔·莱帕特在贝尔瑙工会学校的一次广受好评的演讲中就表示，工会原则上愿意在总统政权的框架内进行合作，前提是要打破巴本坚定的反劳工路线。在政府更迭后，莱帕特在接受巴黎《卓越报》采访时对施莱歇尔采取了异常积极的态度，但迫于社会民主党的压力，他部分否认了自己的观点。德国工会总联合会代表与格雷克圈子之间的接触和联络也指向了同一个方向。

工会机构内部有一些有影响力的力量认为与政府和解是可取的，甚至不惜牺牲与社会民主党的密切关系。克莱门斯·内佩尔在12月24日的《工会报》上谈到工会"任务不变"，即"在任何政府和任何政治形式下，尽最大努力规范劳动条件"。[15] 一群以洛塔尔·埃德曼为代表的、年轻且具有民族主义思想的工会秘书认真考虑了与总统政权就将工会合并到国家政府中一事达成协议，但具体细节尚不清楚。左派声称总理曾与工会就"国有化"进行谈判，虽然是子虚乌有，但的确反映了一种普遍的政治态势。[16]

虽然最初存在一些疑虑，但自由工会的领导层放弃了对志愿劳工服务的抵制，尽管工会内部不乏对其破坏薪酬制度的怀疑。然而，志愿劳工服务并没有达到施莱歇尔最初设想的规模。在前国家就业和失业保险局局长、现已升任国家劳工部长的弗里德里希·叙鲁普的领导下，由于资金不足，只有约24.2万名年轻人参加了公共工作或私人组织的劳动营，这对于旷日持久的青年失业问题来说只是杯水车薪。原本扩大志愿劳工服务的目的是给予失业的年轻人就业机会，从而应对来自右翼和左翼的政治激进化态势。施莱歇尔认为这是朝着建立民兵组织迈出的重要一步，可以为实施普遍征兵制度做好准备。

鉴于当时民众的心理状况，劳动营运动获得了广泛的民众支持，以至于连自由工会也无法对此置若罔闻，因为它不得不承认自己无力将长期失业者组织起来。同样，国旗团对通过参与志愿劳工服务来获取其领导力培训机会非常感兴趣。相反，康斯坦丁·希尔作为施特拉塞尔的助手，建立了一个独立的纳粹主义劳工服务机构，他认为有必要与志愿劳工服务达成协议，以免危及自己的招募资本。虽然接受国家补贴的劳动营对于资产阶级右翼团体特别是钢盔团组织来说，主要是提供预备军事训练的机会，但叙鲁普阻止了劳动营运动成为资产阶级右翼的牺牲品。相反，它仍然是一个汇集各种受到青年运动影响的政治和社会思潮的聚集地。

与此同时，施莱歇尔还致力于创建一个以失业青年自治组织为基础的"全面征募德国青年"的紧急计划。[17]在他看来，这是国家经济效率监督委员会工作乏力的替代，但由于缺乏资金，这个计划也同样受到了很大的限制。施莱歇尔期望这些举措能够消除青年人群中的"党派主义"倾向。对于施莱歇尔来说，这些举措是普遍义务兵役和民兵思想的前哨举措。霍尔特曼提出的将国旗团和钢盔团组合成一个士兵联盟的建议是国防部主导的计划，即利用德国人民的军事防卫计划来巩固国内政治。这种国防思想很成熟，但在奉行这种思想的同时无疑体现了施莱歇尔政策的具体弱点。然而，这种思考方式仍然对自由工会产生了相当大的吸引力，而且像国旗团的反应所表明的那样，该思潮引起了年轻一代的共鸣。

新保守主义总统内阁在施莱歇尔领导下成立，该内阁本可以在1932年夏天发挥出有限的融合力。在巴本的失败实验（他的继任者为此承担了相当大的责任）之后，威权主义支持下的国内政治稳定条件已不复存在。即使工业界原先对内阁的极端不信任由于格雷克的创造就业措施受到遏制而有所减少，而且德国工业联合会和德国工商业联合会都对政府为废除巴本的不明智的贸易政策所做的努力表达敬意，因为该政策是违背出口工业的利益的，但仍然存在本质上的隔阂。与此同时，来自农业利益集团的批评声音也越来越多。由于施莱歇尔曾多次改变他的基本立场，即使他现在对社会民主党和自由工会做出了友好的承诺，他也很难赢得他们的容忍态度。即使与格雷戈尔·施特拉塞尔建立了计划中的联系，也很难消除人们对这位将军压抑已久的疑虑，后者虽然奉行军事政策至高无上原则，但其政治上的策略性动作只是雷声大雨点小而已。

施莱歇尔于12月3日接任总理职位后，便向纳粹党二把手提出邀请，希望他担任国家副总理和普鲁士邦总理。当时，施特拉塞尔仍然希望拉拢纳粹党的领导集团，支持他所代表的妥协路线。但第二天，图林根市镇议会选举遭遇惨败，该党在此次选举中的得票率比国会选举时下降了40%以上。这一情况证实了他的观点，即如果纳粹党想要维持可信度，就不能继续采取纯粹破坏性的策略。他提议加入施莱歇尔领导的内阁，但没有得到多数人的支持。图林根选举后，纳粹党内部的情绪似乎发生了变化。国会派系的相当一部分人意识到，国会再次解散将导致选民大量流失。

12月7日，丑闻爆发。两天前对施莱歇尔将军的正式提议还毫不知情的希特勒在凯撒霍夫的一次会议上断然拒绝了施特拉塞尔的观点。施特拉塞尔敦促纳粹党元首在做出决定之前对最重要的大区和地方机构进行考察，以便对党的内部形势有更深入的了解。但希特勒一如既往地没有回应他的建议。尖锐的分歧不可避免地导致了决裂的产生。施特拉塞尔自1932年11月30日以来就一直在考虑辞职，当时他在党的领导人会议上孤立无援。由于他不愿意看到纳粹党被分裂，他决定在不放弃党籍的情况下辞去党内职务。

施特拉塞尔在写给希特勒的辞职信中解释了自己辞职的原因，表示自己并不想成为任何反对派势力的核心。尽管许多党领导人之前同意了他的立场，但他还是感到失望，因为他最终没有得到他们的支持。这封信是在与希特勒会面后的第二天下午交给他的。[18]在国会临时召开的一个邦检查官会议上，他解释了他的决定，既有客观原因，也有个人原因。他的决定可以被视为对希特勒的最后警告，要他最终离开那些荒谬的顾问专家，他们的影响导致了纳粹党的发展路线发生偏差。从他的角度来看，希特勒的政治才能需要由实践派政治家进行纠正，后者关注日常现实，而"元首"则沉迷于幻想中。施特拉塞尔认可希特勒作为政党领袖所展现的领导魅力。但这并不妨碍他保持冷静的判断，与盲目崇拜希特勒的风气保持距离。出于个人的忠诚，他不会像他的朋友们期望的那样公开反对希特勒，但这些朋友后来指责他存在一种骑士精神的倾向。

12月9日凌晨，《每日评论报》报道了施特拉塞尔的辞职消息，此消息像一颗炸弹一样在纳粹党总部爆炸，特别是因为这篇报道还附带了一条评论，称只有施特拉塞尔才能将纳粹党带出困境。希特勒认为，施特拉塞尔将会被任命为国家副总理兼劳工部长，他将整个事件视为施特拉塞尔故意离间纳粹党的行为。起初，他陷入了深深的沮丧之中，并表达了自杀的念头："如果党分崩离析，我会在三分钟内用手枪了断自己的生命。"[19] 受戈培尔的影响，他从未相信施特拉塞尔抱有诚意。在振作起来后，他以一贯极其夸张的方式对施特拉塞尔的行动做出反应，并将该行动视为总理转移注意力的伎俩。

希特勒试图向外界淡化党内危机，下令称施特拉塞尔已住院三周，他本人则接手了空缺的纳粹党全国组织部长职位。在一次紧急召开的会议上，他亲自迫使各地监察员做出明确的忠诚声明，并在不久后要求纳粹党议会党团也做出同样的声明，其华丽辞藻和拜占庭式的效忠仪式几乎让人感动得流泪。这些忠诚宣言掩盖了这样一个事实，即在公职人员队伍中，人们越来越倾向于通过公职和政治权力来为那些艰苦斗争的岁月争取回报，对于希特勒方针的认同感逐渐减弱，希特勒声称不愿牺牲运动的目标来换得一些部长职位，这导致了该党将迎来灾难性的新一轮选举。

希特勒的慌乱反应掩盖了与格雷戈尔·施特拉塞尔冲突的本质。施特拉塞尔在他的辞职信中毫不客气地提到了这一点，这封信的草稿仍存于世。除了对他的忠诚缺乏信心外，他还抱怨希特勒对他坚持推进的中央集权和等级分明的党组织架构施加的阻力。事实上，希特勒倾向于坚持给予下级领导参与权，只要他们对他表现忠诚即可。施特拉塞尔发布的组织指导方针在党员人数增加的情况下貌似是不可或缺的，但希特勒却认为这些指导方针对党有害。

在党组织原则的分歧背后，隐藏着对纳粹党的政治任务不可调和的意见分歧。施特拉塞尔指责说，纳粹党其实不是"一种成为宗教的世界观"，而是"一场斗争运动，必须以各种可能的方式争取国家的权力，以使国家能够履行其民族社会主义任务和实现德国社会主义"。[20]施特拉塞尔认为，纳粹党应该从属于国家理念，并承担起政治责任，这是理所当然的，他同时暗示纳粹党实际上从不承担政治责任。这与希特勒的个人主义政治理解相矛盾。对于希特勒来说，纳粹党是"民族社会主义思想"的化身，它不能通过战术联盟牺牲其内在的可信度。希特勒仍然追求着这样的愿景，即只有坚定不移地坚持运动的原则才能使它获得绝对的权力——这种态度与所有实际指标相抵触。

施特拉塞尔坚信，有必要抛弃纳粹党的颠覆性策略，因为纳粹党迄今一直以竞选活动为主导方针，应引导其从事建设性的政治工作并努力实现具体的实质性目标。他反复提出的实施"德意志社会主义"的要求，显然缺乏精确性。但毫无疑问，他对待这一点态度十分认真，就像他为创造就业机会而积极努力一样，他不认为这是希特勒那种为政治动员而设计的宣传策略中可以被随意替换的内容。与希特勒不同的是，他坚信可以吸引到迄今为止被忽视的产业工人阶级加入到纳粹党中来。他批评希特勒时指出，与马克思主义的"暴力冲突"不能也不应该成为"内部政治任务的核心"。相反，应该致力于"组建广泛的创造性人民阵线，并将他们引领至新成立的国家"。

施特拉塞尔对纳粹党实施的恐怖主义方法提出批评，指出希特勒的想法是通过对"马克思主义"的暴力结算来谋求政治权力；他警告说，不能将"党的命运时刻寄托在一种混乱状态"中。他同时也了解到希特勒的奇怪想法，后者认为纳粹党取得权力的过程是一场类似于内战的与马克思主义政党的斗争。对希特勒来说至关重要的是，即便对左翼起义进行计划内的镇压，也只能依靠运动力量而不是武装力量；因为只有运动力量才会一鼓作气让对手永远销声匿迹。

在希特勒接任国家总理后，他对"德国巴托罗缪之夜"的愿景仍然反映在要求国防军将"与街头行动算账"的工作留给纳粹党和党卫军去做。对于希特勒而言，入侵"马克思主义"的阵营也就意味着"世界观"的斗争，无法单纯地依靠说服手段来推进。希特勒认为，暴力镇压有组织的工人运动，而不是掌握政府，才是夺取政权的决定性阶段。然而，施特拉塞尔坚信，只有通过出台建设性的社会政治计划，才能使劳动群众摆脱社会民主党的影响。

施特拉塞尔在其一手打造的纳粹党领导班子中拥有众多支持者。另一方面，他几乎无法在地方纳粹党领导人团体中获得任何支持，众所周知，他们对他精简党内机构的努力持批评态度。在领导人的内部集团中，只有威廉·弗里克、戈特弗里德·费德尔和阿尔弗雷德·罗森贝格坚决支持他。但他们的声音对希特勒来说并没有太大影响。他的明确反对者包括戈培尔、戈林和罗姆，这几位在其他方面的政见其实并不和谐。戈培尔很早就投身于希特勒所偏爱的"不成功便成仁"路线，并自1926年以来成了施特拉塞尔的主要对手。而戈林则作为希特勒与公众和经济界代表人物之间的联系人，将施特拉塞尔视为在普鲁士方面的竞争对手。他对政党的疏远导致施特拉塞尔没有特别重视他。按照施特拉塞尔的意思，恩斯特·罗姆将不得不辞去党内职务，因为施特拉塞尔无法接受罗姆的同性恋倾向。鉴于这种人事格局，施特拉塞尔几乎不可能让希特勒接受他的观点。

尽管施特拉塞尔没有采取任何行动来让他的支持者宣誓效忠他的路线，但希特勒却立即采取了全面的组织措施，这些措施坐实了施特拉塞尔所指出的根本战略冲突。通过任命原国家二号监察员罗伯特·莱伊担任纳粹党政治组织的参谋长，纳粹党的政治组织得以从中央领导机构分离出去。同时，希特勒下令废除国家监察机构，而地方监察机构在这个过程中淡化了作为中间调停机构的特点，因为地方监察员的职位身份仅是高级"地方领导"而已，并且只有在被特别委派的情况下才能代表国家领导机构行事。这样，施特拉塞尔为原本七零八落的党组织体系辛苦塑造的等级制度原则在一夜之间分崩离析，而获利的则是那些享有特权地位的地方长官。

这种重组的过程缺乏系统性，反映了希特勒个人主义的政治行动视角。院组织部门的一部分直接归属于希特勒，并在某种程度上实施自治；另一部分则归属于宣传部门，还有一些则被解散。此外，组织部门也因此被严重削弱，希特勒因此不但将其转交莱伊管辖，同时也一并成立了中央政治委员会。该委员会的职责是对议会工作、新闻以及经济政策进行监督。但是，由于该委员会受鲁道夫·赫斯指挥，而赫斯对希特勒盲目效忠，同时缺乏主动性和个人特点，该委员会的影响力注定极其有限。因此，施特拉塞尔所追求的党内机构的精简以及建设性的政治规划都已经不可能实现。纳粹党从此分裂为32个相互隔离的地区协会。纳粹党的全国领导机构只剩下名义上的组织。希特勒在一份典型的党内备忘录中为纳粹党机构的重组辩护，他认为作为"民族社会主义思想的守护者"，该运动不能因为官僚结构而与其真正的任务渐行渐远。作为一个阴谋家的政治团体，该运动要尽量避免向平凡的现实低头，因为平凡的现实只能部分地实现其愿景目标。希特勒指出，像施特拉塞尔试图为纳粹党参与政府所建立的这种特殊规划机构毫无存在的必要，并坦言："较冷门领域的科学研究机构并不属于政治组织机构。"希特勒的论点实质上相当于阻止纳粹党从单纯的宣传动员转向建设性的政治工作，而这正是施特拉塞尔所追求的。

除了彻底摧毁施特拉塞尔一手打造的中央领导层外，希特勒也不免对他进行人身攻击和诽谤。他利用1933年1月16日在魏玛召开的大区长官会议对施特拉塞尔进行"最后清算"，尽管希特勒没有正式要求将后者开除党籍。[21]实际上，这是多余的，因为尽管众多官员和支持者仍然高度评价施特拉塞尔，但人们担心的分裂和重大抗议都没有发生。施特拉塞尔无法阻止党内反对派的形成，尽管这些反对派只在个别情况下出现并在纳粹党内部成立临时的"紧急联盟"，但他们都打着他的名号。同时，党内的种种弊病和错误发展都被归咎于施特拉塞尔，他最终被称为纳粹运动的叛徒。

当年40岁的格雷戈尔·施特拉塞尔深受与希特勒冲突的影响，但他可能没有预见到冲突会具有如此的强度和形式。他所认定的毕生事业的失败对他造成极大影响，并因此出现了严重的抑郁症，加上其严重的糖尿病进一步影响了他的情况。总之，这个之前非常积极主动的党员变成了一个颓废和犹豫不决的个体，他开始依赖周围人的建议，从而缺乏内在力量来对抗戈培尔所发动的充满仇恨、玩世不恭的诽谤运动。无论施特拉塞尔的朋友还是敌人都不认为他能实现他的意图，彻底退出政治舞台。戈培尔担心施特拉塞尔会以"反对戈培尔和戈林"为口号重新发起斗争，但并没有任何证据支持这一点。[22]同样，施莱歇尔在1月16日仍然相信，施特拉塞尔（他没有拒绝在1月6日拜访国家元首的邀请）仍然有资格担任副总理的职务。虽然施特拉塞尔的密友们被迫发表了忠于希特勒的誓言，但他们仍然希望施特拉塞尔会公开反对希特勒。有谣言称，施特拉塞尔只是在等待合适的时机来取代施莱歇尔成为总理。然而，施特拉塞尔仍然坚持他远离政治舞台的决定。他曾经寻求与希特勒谈话，而希特勒也曾表示会和他谈话，但最终并未实现，因为纳粹党元首拒绝了他。尽管施特拉塞尔多次向赫斯和弗里克表达了他的忠诚，但戈林和希姆莱利用1934年6月30日后清洗冲锋队最高领导层的机会，让这位前竞争对手遭遇谋害。官方公布的死因是自杀。施特拉塞尔实际上并未染指副总理的政变计划。

施特拉塞尔危机分散了人们对于一个事实的注意力，即由于希特勒的不妥协，坚持要成立由他领导的总统内阁，纳粹党已经处于完全孤立的状态。随着施特拉塞尔的退出，该党与施莱歇尔将军的关系也变得冷淡。在纳粹党内，有人认为施特拉塞尔与总理密谋，从而将其定为一场阴谋，这进一步加深了两者之间的裂痕。同时，施莱歇尔也受到极右翼的严厉批评。《环》杂志的一篇评论指责内阁"政党政治这匹老马又套上了国家这辆马车"。在1932年12月16日的一次绅士俱乐部会议上，弗朗茨·冯·巴本在讲话中呼吁"建立一个社会学意义上的新领袖阶层"，并宣称必须将希特勒纳入其中，因为此举极富象征意义。他还要求将施莱歇尔这位将军撤职。[23]虽然巴本对纳粹党的支持与绅士俱乐部的官方立场不符，但他的行为被在场的特奥多尔·埃申堡称为是对将军的"背后一刀"，此举也促使这位前总理展开了一场充满阴谋的行动，旨在最终将纳粹党纳入他领导下的威权政府。

在那次绅士俱乐部的晚宴上，长期支持纳粹党的科隆银行家库尔特·冯·施罗德主动提出要安排希特勒与弗朗茨·冯·巴本会面。这种接触在几周前还是不可想象的。然而，现在出现了通过在政治上撺倒施莱歇尔从而彻底摆脱施特拉塞尔主义的机会。这种报复动机倒暂时使得希特勒能够压制内心对再次被兴登堡身边高度保守派所欺骗的恐惧心理。重要的是，这种通过非正统手段与希特勒重新合作的倡议是由工业和农业的二线代表发起的。在过去的几个月里，双方都做出了相当大的努力，试图将纳粹党纳入政府，并同时在经济政策上走一条"合理"的道路。他们认为，希特勒之所以不能被排除在国家政治责任之外，是因为只有这样他才有可能在他的运动中摆脱那些倾向于社会革命、推动共产主义的势力。

库尔特·冯·施罗德是一位知名的科隆银行家，但他的银行还无法与大银行相提并论。他是1932年11月19日向兴登堡提交工业界请愿书的签署者之一。请愿书要求总统放下个人偏见,将"具备最佳专业水准及个人素质的总统内阁的领导责任移交给最大的国家团体领袖",即阿道夫·希特勒。[24]除了一些中小企业家外,大规模农业的代表也签署了这份请愿书,这些代表受到瓦尔特·达雷建立国家农业部倡议的影响,实际上已经在很大程度上被纳粹党所控制。这份请愿书很难代表德国经济界;重工业界显然没有参与。虽然阿尔贝特·弗格勒是继弗里茨·蒂森之后最支持纳粹党的人之一,但他和保罗·罗伊施不是请愿书的签署者,尽管他们基本上赞同其中的内容。保罗·西尔弗贝格长期以来一直主张让希特勒担任总统内阁首脑,但由于他的出身,没有人与他接洽。商界领袖的保守态度与其说是反对希特勒,不如说是支持巴本和纳粹党之间的妥协。

受保罗·西尔弗贝格影响的并向经济界和政界主要代表传递信息的《德国领袖简报》自1932年夏季以来一直倡导"将纳粹主义纳入国家"。[25]正如与格雷戈尔·施特拉塞尔以及其经济政策顾问奥托·瓦格纳之间有来往的《莱茵-威斯特法伦经济新闻》出版商奥古斯特·海因里希斯鲍尔一样,西尔弗贝格也认为应当防止纳粹党和中央党结盟,并支持纳粹党内赞成温和经济政策的人士。在这方面,人们既依赖于希特勒,又依赖于施特拉塞尔,他们认为施特拉塞尔在追求经济平衡的同时,还在努力赢得工人大众的信任,并将他们从左翼政党的影响中解脱出来。希特勒被视为防止纳粹党重新进入早已垮台的民主议会结构的保证,是防止"人们屈服于魏玛复兴,即民主制、议会制、合法性、过去150年的全部意识形态的危险这一过程中最强有力的希望"。因此,他们认为应该进一步支持希特勒秉承的"世界观目标",这些目标"比党的议会政治目标更为重要"。[26]

重工业界领袖最初坚持的路线是让纳粹党与资产阶级力量合作,以达到孤立"过于激进的潮流"这一目的,他们认为此举的前提是创建一个同质化的资产阶级联盟。因此，他们努力将胡根贝格排挤出德国国家人民党领导层，因为他们认为他是拉拢右翼资产阶级联盟的主要障碍。同时，鲁尔拉德试图通过成立"沙赫特工作小组"加强与纳粹党的联系。亚尔马·沙赫特越来越认同纳粹党的自给自足计划，但自从1932年秋季以来，他也注意到重工业界的兴趣明显减退，这一态势和同一时期无条件支持巴本的风向不无关系。自从施莱歇尔内阁成立以来，重工业界被迫对其"隐蔽的议会制"倾向进行反击。因此，他们支持巴本在政治上整合希特勒，但对他是否应当担任总理一直持怀疑态度。然而，将希特勒与强大的资产阶级对立力量纳入内阁的倡议并不来自大工业界，而是来自那些发起向兴登堡提出抗议的团体，即所谓的开普勒团体。

威廉·开普勒出身中产阶级企业家，自1931年底起就试图成为希特勒在经济政策方面的顾问，并希望因此名垂青史。与戈特弗里德·费德尔和奥托·瓦格纳不同的是，他试图让大工业界的理念更接近纳粹党的理念。随着开普勒团体的形成，他获得了比亚尔马·沙赫特更高的地位。最初，在鲁尔拉德的支持下，沙赫特在柏林设立了一个工作小组，旨在影响纳粹党的经济政策观念，以谋求经济利益。尽管与希特勒有着良好的联系，但他并不是很成功，特别是因为这项工作没有在商界获得这位德国央行前行长所希望的支持。最终，他被迫加入了开普勒团体，但这个团体同样没有得到大型工业企业的支持。除了来自联合钢铁公司的名义成员阿尔贝特·弗格勒和著名钾盐矿业企业家奥古斯特·罗斯特贝格的参与外，没有大企业的代表加入；该团体仅限于小型制造商和商人。希特勒自1932年6月在凯撒霍夫酒店的盛大招待会之后就没有再关注过这个团体的工作。然而到了年末的时候，开普勒团体成了希特勒和巴本之间联系的桥梁，并突然间获得了核心政治影响力。

在与弗朗茨·冯·巴本于绅士俱乐部会晤后，施罗德将与希特勒会面的建议传达给了开普勒，后者又将其转达给纳粹党领导层。由于不知道巴本是单独行动，纳粹党领导层认为这位前总理是总统派出的代表。因此，他们对与希特勒建立联系的提议非常感兴趣，主要希望能够扭转11月中旬以来希特勒的提议被总统否决并遭到冷遇的情况，并消除1931年8月13日惨败留下的阴影。开普勒在12月26日写给施罗德的信无疑是事先与希特勒商议过的，这封信完全符合这种基调。信中写道："作为会谈的政治目标，我希望重组政府而不进行新选举，避免出现总统危机。"在这段文字后才提到了以"兴登堡-希特勒"为口号的"政府选举"。这实际上就是在宣扬11月提出的条件。唯一的新鲜事是在随后的选举中让内阁获得多数席位的想法。最后信中说，"如果巴本先生能够说服前辈政客们组建由希特勒领导的总统内阁，他就能够完成一项伟大的历史使命"。显然，作者将弗朗茨·冯·巴本视为一个傀儡，没有自己的野心。[27]

会议本身是在绝对保密的情况下安排的。希特勒和巴本都通过迂回路线前往库尔特·冯·施罗德在科隆的私人住所。[28]希特勒极力避免其声望再次遭受任何影响。而巴本是在没有征得总统授权的情况下暗自行动。这两人都没有注意到，得知会面风声的《每日评论报》派了一名摄影师前往别墅，暗中拍摄了参会者的照片。该报总编汉斯·策雷尔在会前提醒将信将疑的巴本要提防昔日同僚的阴谋，而巴本则轻描淡写地淡化了与希特勒的谈话内容，这引发了媒体的广泛猜测。

施莱歇尔向总统谴责巴本的不忠，但他对此阴谋所波及的范围毫无概念。他要求"禁止巴本今后从事此类政治行动，并只有在总理在场的情况下接见他"，这一要求显得很合理，但在兴登堡那里却没有得到太多的回应。当巴本不久后与兴登堡会晤时，总统不仅向他透露了施莱歇尔的谈话内容，而且还授权他继续在科隆会议之后与希特勒"私下秘密地"保持联系。[29]之所以出现这种举动，似乎是因为人们认为可以诱使希特勒跨党派地进行合作。这是保守派阵营在这几周中不断出现的自欺欺人的想法之一。

巴本在与希特勒会面时，感到自己面对的是一堆白纸黑字的要求，而起初他的想法只是探索和解的基本可能性。他试图通过安抚希特勒来使其接受在现有内阁中担任副总理的想法，并可能与施莱歇尔将军在"一种共治制度"下共同执政；当他察觉到希特勒的失望之情时，便急忙指出此举当然只能是迈向希特勒成为总理的过渡性解决方案。但随后巴本毫不掩饰自己的意图，并提到总理在总统那里已经不再受欢迎，因此有必要讨论他和希特勒领导由"其他国家政治家和专家"组成内阁的可能性，从而迎合开普勒最初提出的要求。[30]

在一份与希特勒达成一致的新闻公报中——由于《每日评论报》的轻率行为，此事早已无法挽回——巴本淡化了这次会议的重要性。其中声称，他们只是讨论了形成广泛的"民族阵线"的可能性，而与当前的内阁无关。[31]相反，这位前总理明确表示了要推翻施莱歇尔的意图，而据戈培尔通过希特勒传递的消息称，不会向施莱歇尔传达任何解散令。显然，在要求成立总统内阁的希特勒方案之外，还有另一个备选方案。戈培尔指出："与我们达成协议，要么成为总理，要么成为国防部长和内政部长。"[32]施莱歇尔肯定间接听说了此事。1月底的时候，他还在嘲笑希特勒对国防部抱有的企图，他知道兴登堡永远不可能把这个职位交给希特勒，因此认为希特勒并不是真心想成为总理。

显然，巴本的目的是要建立对抗施莱歇尔的阵线，而非立即提出解决总理问题的明确方案。因此在那几周，他积极与西部重工业界维持良好关系，因为他知道这些重工业对施莱歇尔持观望甚至疏远的态度。他努力利用保罗·罗伊施周围人士对总理计划重启议会制的不安情绪，为自己谋取利益。在1933年1月7日于施普林戈鲁姆家中举行的会议上，巴本与鲁尔地区的主要工业家，包括罗伊施、弗格勒、克虏伯·冯·波伦-哈尔巴赫进行了对话。然而，讨论的重点似乎不是与希特勒的接触，而是如何可以敦促阿尔弗雷德·胡根贝格辞去国家人民党主席的职务，此举或许符合巴本的利益，并可借此实现长期以来一直追求的"在资产阶级阵营中集中力量"的愿景。[33]

对于纳粹党来说，虽然他们并不信任巴本的提议，但这些提议仍然意味着间接鼓励他们增加对施莱歇尔内阁的政治压力。纳粹党并没有直接参与土地联盟于1月11日对总理发起的激烈攻击，称其提到了"掠夺农业以支持国际出口行业和其附庸无所不能的利益"。[34]然而，值得注意的是，纳粹党的媒体完全赞同将施莱歇尔将军称作"农业布尔什维主义"。面对公然的挑衅，尤其是该联盟已经在他们的代表与施莱歇尔以及总统进行谈判时就公布了此项决议的情况下，总理断绝了与土地联盟的所有关系。

施莱歇尔突然发现自己也陷入了与海因里希·布吕宁和赫尔曼·米勒面临的同样困境，即农业游说团体通过荒谬的经济和政治要求博得了国家元首周围势力的同情，并且基本上是在勒索政府进行不切实际的让步。除了有争议的关税和配额问题外，内阁勉强同意了在人造黄油生产中添加黄油的要求，这使得施莱歇尔的处境更加困难。然而，最让施莱歇尔的立场受到挫败的是中央党的反击，该党在国会上提出了有关对东部援助资金的使用，并对大量传播有关补贴丑闻的谣言煽风点火。埃里希·鲁登道夫已经在一份备受关注的出版物中表示怀疑兴登堡的邻居奥尔登堡-雅努绍非法致富；兴登堡家族也再次陷入了腐败嫌疑之中，尽管指控最终被证明是毫无根据的。兴登堡认为，对东部援助资金丑闻的争论是施莱歇尔回归议会制将带来灾难性后果的有力证据。

甚至在这之前，对内阁的弱点并非一无所知的胡根贝格就已经向总理提出了自己的主张，要求建立一个"国家集中内阁"，并将德国国家人民党纳入内阁。他要求自己担任国家经济部长和农业部长，而总理由于对未来联盟的可能性还抱有幻想，继而相对粗暴地拒绝了这一要求。[35]在这次会谈中，胡根贝格提出，要求国会在至少半年内休会或立即解散，但要避免举行新的选举。胡根贝格在没有充分与弗朗茨·冯·巴本协商的情况下和希特勒进行的平行谈判以失败告终。此时，胡根贝格还没有准备好将普鲁士内政部的控制权交给纳粹党；他最多只愿意就普鲁士警察中立化议题进行谈判，但希特勒对此表示愤怒并严词拒绝。他对德国国家人民党坚持最高要求，丝毫不妥协。然而，1月17日以后，关于组建第二个哈尔茨堡阵线的传闻越来越多。

在这几周绵里藏针的联合政府计划中，最大的未知数是希特勒的态度，他的背信弃义和自负行为甚至使他最亲密的伙伴都感到不安。在1月10日奥托·迪特里希安排的一次采访中，纳粹党领袖明确表示，他将坚持他于11月24日向总统提出的建议。这可能会给人留下缺乏沟通意愿的印象，特别是由于巴本并没有获得授权就希特勒的总理职位进行谈判，实际上希特勒和巴本也在同一天晚上通过约阿希姆·冯·里宾特洛甫的斡旋才成功会面。巴本的退出迫使希特勒暂时搁置了谈判，而且他预计利珀的选举结果会巩固他的地位。与11月的选举相比，纳粹党多赢得了5%的选票，但他们的得票率仅为39.6%，明显落后于7月选举的结果。但这并不妨碍戈培尔将选举描绘成运动发展的胜利延续。

1月18日重新开始的谈判中，希姆莱和罗姆参与其中，巴本认为自己处于不利的位置，因为当时兴登堡总统没有表现出考虑让希特勒担任总理的意愿。在希特勒一再威胁要中断谈判的压力下，各方同意让奥斯卡·冯·兴登堡参加下一次会议。总统显然被误导认为，此目的是为了实现巴本担任总理一职，随即明确同意国务秘书奥托·迈斯纳及其子奥斯卡·冯·兴登堡在巴本在场的情况下会见希特勒。这次会晤于1月22日在达勒默的里宾特洛甫别墅里进行，会议严格保密。希特勒利用这个机会私下对总统的儿子灌输了任命他当总理的重要性。

1933年9月1日，纳粹党纽伦堡党代会开幕之际，冲锋队参谋长恩斯特·罗姆在前往会场的途中

当晚，事情没有任何进展。巴本号召他的对话者通过接管几个部委来参与现政府或新政府，而希特勒则要求自己担任总理职位，就像11月份那样，他甜言蜜语地承诺让更多"资产阶级"部长参与。[36] 至关重要的是，他坚持以总统内阁形式执政，而巴本则考虑重组哈尔茨堡阵线。然而，巴本现在同意为希特勒的总理提名在总统面前进行游说。奥斯卡·冯·兴登堡在这一点上也支持他。在回程途中，他对迈斯纳表示："恐怕我们绕不过这个希特勒。"[37]

1月下旬在施莱歇尔背后进行的谈判中，针对此时已经公开的政府危机同时出现了两个相互竞争的解决方案。其中一个方案是重组哈茨堡阵线，要么与中央党合作，要么容忍中央党，从而形成在希特勒领导下的实际上的多数派政府；另一个方案则是由巴本-胡根贝格-泽尔特组成的"战斗内阁"。如果民族权利的统一由于希特勒的过分要求而再次失败，后一个方案的必要性就会越发凸显。最重要的障碍是在8月13日兴登堡提出的条件，即希特勒只有在议会多数派内阁的领导下才能作为考虑方案。这也成了公共辩论的主旋律。而《德国复兴》杂志抨击了希特勒必须依靠议会制才能有相符的地位获得足够支持者数量这种论断，而《前进报》则坚持认为，希特勒的总理职位只有在将中央党囊括在内的议会多数内阁中才能被接受。值得注意的是，这场讨论发生在1932年11月的选举之前，这些选举最终导致国会的进一步分裂和政治紧张局势的加剧。[38]

事实上，早在11月，那些与总统关系密切的人就曾考虑委托希特勒组建议会多数派内阁，并预计他会在德国国家人民党那里遭遇挫败。将希望寄托在纳粹党届时会更愿意合作之上其实完全误判了希特勒的心态。巴本再次面临希特勒不愿意参与这种尝试的问题。因此，谈判陷入了僵局。希特勒只关心在总统内阁中掌握关键职位，并愿意将所有其他人事决定权留给巴本。最后，他又回到了初衷，即首先解决总理问题，然后再在第二步决定内阁的组成。

由于担心再次丢面子，希特勒退出了谈判，并委托戈林继续谈判，还威胁要立即前往慕尼黑。事实证明，他的缺席最终成为一种优势，因为在戈林的掌控下，谈判手段要灵活得多。在与巴本、里宾特洛甫和弗里克的另一次会谈中，戈林做出一个具有深远影响的转变，并提议组建一个"民族阵线"内阁，其中纳粹党将占据关键地位，并且在国会中拥有实施授权法所需的多数席位，只不过议题暂时还不涉及重新选举。

在兴登堡看来，拥有议会授权的国民集中政府的前景符合他的想法，尤其是因为这卸下了他所认为的紧急法令制度的责任重担。而另一方面，他同时也表示，如果国家人民党和中央党对希特勒进行有效控制，他不愿意剥夺政府的总统权力。国务秘书迈斯纳向谈判各方表示，"如果内阁能得到钢盔团、土地联盟和各党派的支持，也就是说，如果内阁能被视为整个民族运动的内阁，那么兴登堡就可以不要求议会多数"。[39] 但是必须确保纳粹党不会强迫其他合作伙伴屈从于它。实际上，这意味着回归哈尔茨堡阵线。

在这种情况下，尽管几天前胡根贝格与希特勒的会谈无果而终，但德国国家人民党最终还是成为谈判中的一方。胡根贝格随后断绝了与库尔特·冯·施莱歇尔达成协议的一切渠道。在德国国家人民党议会党团于1月21日所做的决议中，有人怀疑"现在的国家政府将只是清算总统通过任命巴本建立的专制思想，并将德国政治带回那个似乎因为民族运动的兴起而被抛弃的航道"。[40] 德国国家人民党的宣战反映了保守右翼在最后一刻的恐慌，这种恐慌源于担心走向威权国家的进程会突然再次被放弃。这将进一步降低资产阶级力量对纳粹党负责任地参与政府的障碍。

施莱歇尔最初只是模糊地意识到了正在酝酿的针对内阁的阴谋。甚至在1月16日，他仍然认为可以打施特拉塞尔这张牌。甚至在那之后，他还希望能够实现当时卡斯提出的党派领袖联盟，但由于希特勒的顽固和胡根贝格的不妥协态度，已经无望成立这种联盟。总理与各党派领袖之间的拖延谈判和他准备让国会委员会开展工作的意愿，除了让他受到"努力恢复议会制"的指责之外，一无所获。迈斯纳曾提醒称，总理计划进行的政府重组意味着背离总统内阁的原则，并且十分准确地预料到最终结果还是取决于议会多数，但均被他无视。这种认识出现得过于迟了些。

在经历多次临时延期之后，最终在中央党的催促下，元老委员会将国会的召开时间定在了1月31日。因此，施莱歇尔不得不明确内阁的进一步行动方针。在他看来，"民族阵线"的少数派政府无法将纳粹党排除在外，而希特勒的参政或内阁对其进行容忍是不可能实现的，此外也不指望能再次推迟议会的召开。唯一的可能性似乎在于继续维持现有内阁并解散国会，同时将新的选举推迟到秋季，并利用"国家紧急状态"的声明来对从解散到选举之间超过宪法规定的60天期限进行解释。即使是几天后，这位将军还在考虑扩大内阁的计划，他仍然希望能够在那之前取得重要的经济成果，特别是缓解大规模失业问题。这至多意味着国内政治的某种缓解，对纳粹党肯定会造成削弱，但并不能解决长期的政府危机。

总理于1月23日拜访兴登堡并向他介绍此间出现的政治格局时，他发现已经失去了兴登堡的支持。总统要求国会"强制休会"取决于各党派领袖是否反对宣布"国家紧急状态"。然而，此举从一开始就没有赢得各党派同意的可能。施莱歇尔就是当时那个请求总统避免公开宪法违规风险的人，此时被人用12月2日的局势揪住不放，势必感到羞愧难当。他保证说，国内形势此时已经大大缓和，而且与当时不同的是，目前不必担心由社会民主党和自由工会支持的大罢工，但这并没有说服兴登堡，反而他担心会发生宪法冲突。虽然德国工会总联合会肯定不会采取总罢工，但彼得·格拉斯曼几天后发表声明拒绝以任何形式宣布国家紧急状态。中央党也明确表示，没有任何理由违背宪法。

就在一周半之前，总统还曾认真考虑推迟新的选举；但现在他的内心已经与多年来一直紧密合作的前军官同僚分道扬镳了。与他通常具备的战术机动性相比，面对巴本的阴谋，施莱歇尔出人意料地无能为力。他终于意识到他的内阁的日子已经屈指可数了。他将总统改变主意主要归因于巴本的暗示，他显然低估了后者的影响力。然而，兴登堡完全有理由将内阁的绝境归咎于总理的阴谋伎俩。财政委员会关于援助东部地区的争论让这位年迈的总统变得情绪沉闷，他受到来自东部的同胞的压力，要求他与施莱歇尔分道扬镳。

巴本以迫在眉睫的总理危机为契机，建议总统任命希特勒领导总统内阁。此前，他一直让总统相信，是要在他自己的领导下组建内阁。巴本受到希特勒的压力，后者在利珀选举中变得更加强大，现在更不愿意接受他之前没有同意的副总理职位。巴本在1月20日给弗里茨·施普林戈鲁姆的一封信中明确承认了这一事实，并接受了为"希特勒政府"制定授权法案的要求。对于这种情况，"迫切需要联合资产阶级力量反对希特勒"。[41]他认为在现有政府下解散国会是有害的。实际上，如果巴本不想承认他背着总统进行的谈判完全失败，他就再也没有任何回旋余地了。他在前几周与纳粹党领导层的交往过密，以至于变得很容易被敲诈勒索。在战术上处于边缘位置的他只能希望希特勒的总理职位会因为兴登堡的反对而失败，并且兴登堡最终会妥协。事实上，由于没有替代方案，兴登堡拒绝了这个提议，并暂时支持施莱歇尔担任总理职位。

即使是兴登堡志同道合的朋友也不能改变他对希特勒的看法。比如，奥尔登堡-雅努绍侯爵曾经试图消除总统对"纳粹党粗暴和暴力手段"的保留意见，并说服他相信希特勒很容易受到资产阶级右翼组织和国家防卫军的制约。[42]然而，这些尝试都是徒劳的。东普鲁士第一军区的指挥官维尔纳·冯·勃洛姆堡中将也以类似委婉的方式表达了自己的观点，主张成立一个由希特勒担任总理的"民族阵线"政府。[43]此前戈林做出的承诺也同样没有起到作用，他保证希特勒作为总理会严格遵守宪法，尽管这意味着什么还不得而知。同时，戈林暗示，一旦纳粹党掌权，他们将努力恢复霍亨索伦君主制。他在1931年1月和1932年5月两次前往多恩的高规格访问使这种策略看起来越发可信。

兴登堡拒绝向希特勒内阁授予总统权力，而希特勒内阁的内部一致性是不容否认的，这似乎剥夺了与纳粹党谈判的基础。1月24日，在巴本与戈林和弗里克于里宾特洛甫住处举行的另一次会谈中，参与者们达成了一致的意见，即将计划中的组阁宣布为全国党派的统一阵线，希特勒为总理，巴本为副总理，这符合兴登堡一直以来实现全国党派和组织统一的期望。本届内阁将努力争取从国会获得授权法案，并将总统从日益繁琐的紧急法令负担中解脱出来，这符合兴登堡的意愿。然而，戈林又迈出了决定性的一步，要求立即解散国会并进行新的选举，而巴本最初只是被动地意识到了这一点。

现在，希特勒不得不接受这个新的语言规范，他已经变得急躁、多疑和固执。因为有了"全国集中"的想法，胡根贝格获得了一定的关键地位，他也没有忘记提出额外的要求。特别是德国国家人民党领袖强烈反对希特勒提出的重新选举国会的要求，因此没有达成任何一致意见。就连兴登堡的疑虑也丝毫没有消除，他仍然坚持巴本重新出任总理的想法。然而，巴本与此同时也感到不安，因为纳粹党宣布对此坚决反对。在公众的印象中，现在只有两种选择，一种是巴本的总统内阁，另一种是由希特勒领导的全国集中政府。前者必须重新消除关于国家防卫军会在内战中溃败的恐惧。因此，陆军上将库尔特·冯·哈默施泰因在没有事先通知总理的情况下向迈斯纳和兴登堡提出坚决反对再次组建巴本内阁，并表示宁愿选择希特勒担任总理职位，从而迫使这位陆军老元帅不得不当即表示："你们不会认为我会任命这个奥地利下士为国家总理吧。"[44]

　　与哈默施泰因一样，施莱歇尔也倾向于选择希特勒，因为他认为巴本-胡根贝格的战斗内阁会引发"国家和总统危机"，这也是他想要避免的。[45]但当他在1月28日与部长们一致要求兴登堡解散国会时，他已经放弃了争取内阁的斗争，他表示如果没有这个解散命令，就不愿意在国会上发言。兴登堡也断然拒绝了这一请求，反而将话题转向未能形成议会多数这一条件，好像只有在这种情况下他才会放手让施莱歇尔自由行事一样。就像当年布吕宁下台时一样，在这场仅持续了不到15分钟的会谈中，总理和总统之间没有进行深入的思想交流。正如什未林·冯·克罗西克伯爵所说，施莱歇尔内阁的倒台是"通过剥夺总统信任而实现的"，而总统则拒绝了部长们提出的首先与内阁的重要成员进行讨论的请求。[46]

　　库尔特·冯·施莱歇尔对兴登堡的态度感到非常愤怒，而他们多年来其实一直保持着密切联系。他向内阁报告说，兴登堡没有接受他的论点，而是机械地重复相同的话语。[47]与布吕宁不同，施莱歇尔毫不掩饰他被总统背叛的想法。他认为总统在他的背后已经开始与接班人进行谈判是一种背信弃义。诚然这的确是事实，但他的前任同僚所努力得来的结局也不过如此，而且他本人也曾参与其中。施莱歇尔低估了针对他的阴谋所能产生的威力。他要求总统不要任命一名纳粹党人为国防部长。兴登堡的默许让他认为自己将继续担任国防部长，至少在希特勒内阁中能担任此职位。但是，巴本已经就任命新的国防部长进行了谈判，最初预定的人选是约阿希姆·冯·施蒂尔普纳格尔。

　　内阁辞职使得巴本所扮演的国王宠从的角色拥有了更大的自主权，并增强了他本已极强的自信心。现在，他可以赌一把向总统提出一个以希特勒为总理的"民族阵线内阁"或一个巴本-胡根贝格的作战内阁，这就是他向什未林·冯·克罗西克所称的"大"和"小"的解决方案。[48]兴登堡如释重负地表示在此问题上有必要采取宪法规定的方式。他放弃了对全国多数派内阁的抵制，并表明自己倾向于接受希特勒的总理职位，前提是希特勒的影响力被内阁中强大的保守派平衡力量所制约。

有许多迹象表明，尽管巴本在外表上支持一个"全国集中"的内阁，但他仍然有意冒着资产阶级右派与希特勒达成协议失败的风险来行事。他认为，为了应对这种情况，必须立即组建一个巴本-胡根贝格的战斗内阁，同时他也向犹豫不决的什未林·冯·克罗西克说明了此想法。不管怎么说，他还是进行了双边谈判。埃瓦尔德·海因里希·冯·克莱斯特-施门辛被预定为巴本领导的资产阶级右派内阁的内政部长，而德国国家人民党内部其他部长职位的人选还存在争议。一时间，人们还想到了卡尔·格德勒。巴本和胡根贝格一致认为，如果与希特勒联合，应该"尽可能限制他的权限"。[49]根据这个设想，德国国家人民党核心内阁应该由一些纳粹党人补充而成。与此同时，与纳粹党的平行谈判在此基础上继续进行。然而，由于希特勒突然改变主意，使得谈判岌岌可危。希特勒在1月28日重新提出了早先已提过的组建无党派总统内阁的要求，但立即遭到里宾特洛甫和戈林的劝阻。

现在，通往全国集中内阁的最大障碍是胡根贝格，他在前一天与希特勒发生激烈争执，并且"咆哮"着离去，这促使希特勒再次威胁要启程离开。[50]胡根贝格倾向于组建一个战斗内阁，但遭到了布拉赫特和黑尔费里希的反对。由于担心被排挤，他于1月29日下午不顾克莱斯特-施门辛和奥托·施密特-汉诺威的反对，同意参与全国集中内阁，随后弗朗茨·泽尔特也加入了钢盔团领导层。

钢盔团全国二号领导人特奥多尔·杜伊斯特贝格对于与希特勒进行对话持犹豫态度，但最终同意参加1月30日早上在巴本家中举行的会谈。在会谈中，希特勒郑重承诺，杜伊斯特贝格将不再因其犹太血统遭受纳粹主义媒体的攻击。不过很明显，这充其量只是就实质性问题达成了临时协议而已。希特勒将普鲁士国家专员职位交给了巴本，而戈林则晋升为副专员并负责内政部。胡根贝格则接手国家和普鲁士的经济和农业部门，并计划将其合并为"危机部"。[51]

胡根贝格被他所期望的在未来内阁中拥有的影响力所蒙蔽，对他的党内同伴的警告充耳不闻；他没有认识到戈林要求立即进行选举的重要性。而戈林在弗朗茨·冯·巴本处签订协议时，将此问题故意忽略了。虽然克莱斯特已就此提出警告，但胡根贝格仍然决定做出对他有利的决定。他们一致同意要求国会颁布一项授权法案，使内阁暂时不受议会多数的制约。"大解决方案"的基本决策就是这样做出的。1月29日晚上，戈林报告称，由希特勒担任总理，巴本担任副总理和普鲁士国家专员，弗里克担任内政部长，而他本人担任普鲁士内政部长的内阁着实"完美无缺"。[52]但是，巴本故意忽略了将中央党纳入内阁的问题，因为没有中央党的参与，就无法形成多数政府；他知道中央党既遭到胡根贝格的反对，也遭到希特勒的反对。

如果不是因为总统在1月28日对施莱歇尔产生深刻而非理性的不信任感，从而重新任命一名新的国防部部长，那么内阁可能不会这么快就进行组建。因为兴登堡想要一名没有政治野心的将军来完成这项工作，所以约阿希姆·冯·施蒂尔普纳格尔已被排除在候选人之外。结果兴登堡选择了代表国家政府参加日内瓦裁军谈判的勃洛姆堡中将担任此职，但总统并没有意识到，他选择了一位政治倾向极为明显的纳粹党同情者。1月30日上午，勃洛姆堡接到电报奔赴柏林宣誓就职。施莱歇尔和国家防卫军领导层在此决定中被排挤得毫无存在感可言；他们试图在勃洛姆堡被总统接见之前邀请他到国防部详谈，但此想法遭到了弗朗茨·冯·巴本的阻挠。

与此同时，军方领导层得到的印象是，一个以希特勒为首的内阁已经不再被认真考虑。巴本的第二届内阁不仅被军方视为对施莱歇尔将军的公然侮辱，而且还将其视为去年12月难以为继的局面的重演。

在这种情况下，他们认为只有希特勒的总理职位才是可以接受的。鉴于兴登堡对任命希特勒一直犹豫不决，而胡根贝格仍持反对意见，尤其是新选举的问题尚未解决，同时德国国家人民党内又展开了猛烈的讨论，而且保守派开始对任命希特勒表示反对，这一切使得班德勒街上越来越多的人认为，巴本内阁不久后势必将重启。此事态促使陆军总参谋长哈默施泰因将军去拜会希特勒，问他是否确信巴本并非只是假装和他谈判。

这种犹豫不决的行动是在不了解谈判状况的情况下发生的，并清楚地表明了施莱歇尔已被完全孤立，同时有人企图让表现活跃的维尔纳·冯·阿尔文斯莱本在纳粹党领导层中散布对巴本的不信任言论，从而将他们推向国家防卫军阵营，该企图本身就站不住脚。鉴于希特勒和他周围的人已经知道施莱歇尔被解雇这一事实，这位中间人向戈培尔提议的联盟具有公开反对总统的性质。从阿尔文斯莱本无根据的暗示中很容易得出结论：军方正在策划进行军事政变，并计划将纳粹党利用起来。希特勒和戈培尔立刻产生联想，认为波茨坦驻军的进攻命令已经下达。他们不仅通知了迈斯纳和巴本，还通知了赫尔多夫领导下的柏林冲锋队以及支持纳粹党的韦克警官，后者由戈林委任准备发动"百人警力突袭威廉街"行动。

尽管总统府不相信政变传言，但1月29日晚上收到的警报报告更加坚定了相关人士的信念，即必须立即组建新内阁。午夜后流传的谣言称，施莱歇尔已下令逮捕国家总统、其子奥斯卡及国务秘书迈斯纳，这使得勃洛姆堡似乎成了危难时刻的救世主。他立即在火车站被人接走并被带到兴登堡处，兴登堡听取了他的就职宣誓，并强调国家防卫军必须避免任何政治活动，同时也必须停止使用"施莱歇尔的手法"。[53] 同时，巴本急忙电话召集了即将组阁的成员，并宣布了政府必须在上午11点之前成立这个并不十分合理的消息，否则国家防卫军将会出动，而且将会立即出现"施莱歇尔-哈默施泰因"联手组成的军事独裁态势。[54]

因此，组建内阁其实没有做足充分的准备。康斯坦丁·冯·牛赖特和什未林·冯·克罗西克仍然认为，巴本领导下的总统内阁会提供一个"小解决方案"，但出于客观原因，他们拒绝了此方案。直到就职前夕，什未林·冯·克罗西克才成功地获得了希特勒关于未来财政政策的一些承诺。当候任内阁在巴本的领导下进入迈斯纳的办公室时，德国国家人民党和纳粹党之间的分歧突然激化。虽然希特勒再次要求担任普鲁士的国家专员，但胡根贝格却反对希特勒再次要求解散国会。虽然候任总理承诺，无论选举结果如何，内阁的组成将保持不变，但这并没有动摇胡根贝格的决心。迈斯纳认为不能让总统再等下去，态度十分强硬，这才说服胡根贝格暂时做出让步。

全国集中内阁的宣誓就职仪式以兴登堡特有的简朴方式进行。宣誓就职后，希特勒在一份简短的声明中强调，他将努力为内阁赢得议会多数席位。这指的是国家元首要求的中央党和巴伐利亚人民党参加内阁的条件。在组建政府的过程中，希特勒基本上是被动的。他任命了纳粹党的内阁成员：威廉·弗里克担任内政部长，戈林担任代理普鲁士内政部长、国家航空专员和不管部长。戈培尔一无所获，但希特勒安慰他说，未来会成立一个统管其他部门的国家宣传部。

其他内阁成员包括：牛赖特男爵担任外交部长，克罗西克担任财政部长，弗朗茨·泽尔特担任劳工部长，保罗·埃尔茨·冯·吕贝纳赫男爵担任交通部长，这些职位是弗朗茨·冯·巴本所"聘请"的。维尔纳·冯·勃洛姆堡则由国家元首本人任命。胡根贝格如愿担任了"危机部长"。格雷克则以施莱歇尔内阁中作为劳工招聘委员会的国家专员加入。司法部暂时还空缺着，但第二天就落到弗朗茨·居特纳手中，这样可以避免一开始暴露与中央党的谈判只是在做戏。巴本达成协议，希特勒只有在他在场的情况下才能向总统发表演讲。他认为，通过这种方式，已有效地"控制"了希特勒。

在这种情况下组阁，使得希特勒无法制订全面的政府计划。任何对事实问题的考虑都会摧垮与胡根贝格之间脆弱的妥协。此外，对于希特勒来说，战术上的考虑具有绝对的优先权。与国家元首的沟通使人们认为，将中央党一并纳入内阁后，"全国集中"的内阁将拥有明确的议会多数，并得以最终通过授权法案废除紧急法令。人们回忆起赫尔曼·米勒内阁成立时，中央党也是最后才加入联合政府的。然而，希特勒从一开始就下定决心，要阻止中央党和巴伐利亚人民党参加政府。

甚至在兴登堡接见之前，巴本已经从希特勒处得到与中央党就参与政府进行谈判的承诺，但实际上，他和希特勒一样对此事能否成功并不感兴趣。中央党的路德维希·佩尔利蒂乌斯和约翰内斯·贝尔在1月30日的内阁会议之前与戈林取得联系，并抱怨他们被排除在联盟谈判之外。他们没有意识到，巴本只是出于表面的原因提出联合政府谈判，尤其是考虑到农业和社会政策利益，胡根贝格也反对中央党的参与。希特勒抓住了这个好机会，同时利用中央党的抵制和与胡根贝格仍然反对的新选举，诱使德国国家人民党领导人踏入陷阱之中。[55]

然而，由于在选举之后计划立即通过授权法案，希特勒避免了与中央党的公开决裂，尽管从形式上来看非常勉强。他利用中央党提交的书面调查问卷，称在回答问题之后方才决定中央党是否进入内阁，同时以需要几周的时间为理由中断了谈判。同时，他要求中央党同意将国会推迟一年，因为他知道中央党不会同意超过两个月。[56]他抓住中央党犹豫是否接受这些条件的时机，提出解散国会是唯一可行的选择。

谈判中断后，卡斯与希特勒之间公开的书信往来使得公众越发认为巴本和胡根贝格是这条路线的决定性因素。[57]《法兰克福报》因此评论说，国会的解散首先是针对中央党的。从本质上讲，这一事件导致了胡根贝格的惨败，他被迫违背了自己的判断力，在德国国家人民党政要的抗议下被迫同意举行新选举。希特勒再次保证选举结果不会影响内阁的组成，即将到来的选举也将是最后一次选举，因为必须不惜一切代价避免重返议会制。然而，这对胡根贝格而言并不起什么安慰作用。

如果有什么保守派的"驯服理念"的话，那么在希特勒内阁的第一次会议上就已经显露出来了。巴本还幻想着他对总统的影响能够将希特勒置于自己的监控之下，但希特勒正是通过授权法案摆脱了总统的约束，与此同时，胡根贝格在迈斯纳的帮助下进行了一场不太令人信服的防御战，他提议禁止德国共产党并取消他们在国会中的席位，以避免新的选举。希特勒和戈林扮演不同角色，用蛊惑的语言反对这种做法。禁止德国共产党将引发总罢工和内部动荡；相比之下，新的选举对经济生活的影响要小得多。此外，共产主义运动也不可能通过禁令来遏制。[58] 事实上，如果立即镇压德国共产党，将使纳粹党失去

1933年2月，德国社会民主党在柏林的卢斯特花园举行抗议集会，反对反动主义和纳粹主义

1933年3月12日国民哀悼日当天，阿道夫·希特勒、弗朗茨·冯·巴本和维尔纳·冯·勃洛姆堡在柏林国家歌剧院前等候总统参加仪式

最有效的宣传主张。希特勒并不希望通过一次引人注目的警方行动来取代与"马克思主义政党"的直接对抗，他也不想冒着德国共产党有效抵抗时被迫接受军队干预的风险。同时，他对选举之后将会与左派发生暴力冲突的态势深信不疑。

因此，希特勒于1月31日征得内阁同意解散国会，并在第二天以总统紧急法令的形式实施，其重要理由是，"事实已证明，不可能形成一个可行的多数派"，应该让德国人民有机会对新政府的组成发表意见。[59]由于内阁中的保守派联盟成员对颠倒选举与政府重组之间的关系一事并没有提出异议，因此总统对此决定并不负有任何责任。纳粹党迫切要求尽快安排选举。选举日确定为1933年3月5日。许多同时代的人认为这是向着所担心的议会制的倒退。埃瓦尔德·冯·克莱斯特-施门辛因此将他的党证退回给胡根贝格以示抗议。然而，实际情况正好相反：议会制政府的残余已经消除，形式上保留了议会程序和伪法律方法，这一点与社会民主党的预期背道而驰，社会民主党此前认为将会有一个与现行宪法明显的决裂来作为抵抗的导火索。

全国集中内阁的组建并未被公众视为一个根本性的政治分水岭。甚至包括中央党在内的各方都一致认为应该排除德国共产党的影响，并对社会民主党的影响进行限制。总的来说，普遍的看法是，新政府只能维持一段有限的时间。相比之下，纳粹党试图将希特勒被任命为国家总理一事重新解释为一种特殊的转变。约瑟夫·戈培尔系统地将内阁更迭打造为"民族复兴"的形象，并且坚定地进行纳粹主义宣传，直至波茨坦日，随后于1933年3月23日通过了授权法案。通过将1月30日定为"民族复兴日"，纳粹宣传部门负责人掩盖了执政联盟只能以总统紧急法令为基础来运行这一事实。

在希特勒被任命为总理的消息传到凯撒霍夫后不久，戈培尔就下令在首都和所有大城市举行大规模示威活动，目的在于强调希特勒的总理职位是纳粹运动的最终胜利。通过这种方式，他们对其所追求的独裁统治进行了宣传。内政部长弗里克迅速取消了限制集会的禁令，以便让冲锋队、党卫军和钢盔团在威廉街上为总理和总统欢呼。由戈培尔精心安排的冲锋队火炬游行在密集的人群中穿行，直到午夜才结束。兴登堡从他的官邸窗口观看游行队伍，希特勒、戈林和弗里克在新总理府的阳台上接受膜拜。纳粹党的支持者被狂热的情绪所控制，这种情绪的喧嚣使得哈里·凯斯勒伯爵讽刺道，柏林"昨晚处于纯粹的狂欢节气氛中"。在那些与希特勒和纳粹党保持距离的人眼中，数不胜数的集会所表达的高涨的民族情绪只是一个转移真正问题的烟幕弹。

许多不关心政治的德国人看到持续数周的政府危机得到解决，不由感到欣慰，并对其寄予厚望。但沮丧情绪弥漫在工人阶级社区和少数资产阶级共和派人群中。《柏林日报》主编特奥多尔·沃尔夫指出希特勒担任总理所带来的严重危险，《法兰克福报》则充满忧郁地呼唤读者回忆希特勒在波坦帕谋杀案中发出的威胁，并怀疑他是否拥有他的大多数保守联盟伙伴所称颂的政治领导能力。然而，媒体的主要兴趣——从《法兰克福报》到《红旗报》——都集中在阿尔弗雷德·胡根贝格身上，他的权力地位似乎远远超过总理。尽管长期中止议会主权是前所未有的，但在第一次选举中所提出的为期四年的授权要求则逐渐淡出了人们的视野。

从战术角度看，1月30日晚的示威游行中已经启动的竞选活动，在为现有国家政府赋予权力的口号下，是一个宣传上的大手笔，它严重地限制了联盟伙伴的活动空间。早在2月1日，希特勒通过德国所有广播电台发布的政府声明就已经成为一篇几乎未加掩饰的竞选演说，虽然巴本也一同签署了该声明的文本。在这份"致德国人民的呼吁"中，希特勒明确与之前14年的"马克思主义"统治，包括总统内阁时代划清了界限。国家政府将竭尽全力阻止由十一月党人导致的国家"精神和意志统一的衰落"，并创建一个无阶级的"民族共同体"。

1933年1月30日晚，柏林威廉广场上人群聚集，参加纳粹党举办的纪念阿道夫·希特勒就任总理的火炬游行

希特勒不忘引用基督教和家庭的价值观，并向"世界大战的老领袖"兴登堡致敬。

希特勒宣布了两个平行的四年计划，以克服德国农业的困境和消除失业问题。巴本无力地表示反对，认为这太过于类似斯大林主义的术语。希特勒喊出了"现在，德国人民，请给我们四年时间，然后自己来评判我们！"的口号，暗示了他所要求的授权法案。实际上，保守派联盟伙伴因为支持该口号已经自缚手脚。

事实上，在接下来的几个月里，希特勒成功地摆脱了他的保守派盟友，没有遇到什么实质性的反抗，就走上了独裁道路。在他被任命的时侯，巴本的驯服计划就已经没有什么价值了。因为联盟伙伴同意解散国会，希特勒有权颁布总统法令，而兴登堡此前一直拒绝这样做。巴本用保证很快将中央党纳入联合政府的做法欺骗了兴登堡，导致总统期望能够恢复议会多数派政府，摆脱紧急法令制度的负担，同时也不必再担心被送上国家法院受审。

这一切都表明，将权力交给希特勒并不是必然的结果，最终一系列不幸的事件影响了局势的发展，其中包括了国家防卫军起义的谣言。如果当时事情进展得缓慢一些，这些事件可能不会发生。同样地，纳粹主义领袖对未来联盟伙伴的勒索也是导致事件走向的关键因素，这些都是希特勒在之前与巴本的谈判中表现得比较犹豫不决时，通过他的支持者的不断努力才达成妥协的。如果国会解散是在由施莱歇尔领导的临时政府下进行的，如果希特勒没有获得政府首脑的特权，那么接下来的国会选举将以纳粹党遭受严重损失和共和党派迅速壮大而告终。

这种后果几乎是围绕在总统身边的权谋者不惜一切代价要避免的。而政治右翼则宁愿放下对希特勒这个社会攀附者的担忧，因为他们担心会出现议会制"复辟"的情况。公开的新选举可能会产生这种效果。正如罗伯特·冯·德·戈尔茨伯爵在1932年12月所写的，只有希特勒的总理职位才能保证"神圣的魏玛宪法规定的议会制将成为现代德国历史的过去"，并在1933年1月3日的《德国领袖简报》中指出，在"完全独裁"和"回归完全议会制"之间只有这一个选择。[60]在这种情况下，希特勒对资产阶级来说反而是那个危害较小的方案。

因此，认为"全国集中内阁"的形成是由经济危机引发的内部冲突的必然结果，是具有误导性的。希特勒被任命为总理是在经济复苏的初期，以及纳粹党陷入严重内部危机的情况下进行的，最终通过接管政府才得以摆脱危机。当然，对于法西斯独裁的替代方案并不是简单地回归议会制，因为在资产阶级中间党派的眼中，这种制度已经失去了重要性，也许替代方案可能是建立在国家防卫军领导下的威权专制政府。从事后的角度来看，这样做无疑比将权力几乎毫无条件地交给希特勒和纳粹党要好得多。

然而，"权力交接"并不仅仅应当归咎于当权者的个人失误，尽管巴本和施莱歇尔的责任很大，而兴登堡在某些方面是巴本阴谋的受害者。"权力交接"更代表了资产阶级右翼政党利益的实现，这些政党期望希特勒消灭社会民主党以及反对过渡到威权主义体系的自由基督教工会。此外，国家防卫军倾向于相信他的承诺，即他将用一切政治手段支持正在进行的军备扩张。这反映出大工业界、军队领导层、大农业和右翼保守派政党中有影响力的部分有着共同的，但只是负面的利益。

并不是共和党派政治家的失败，而是在经济、军队、官僚和司法系统中反对民主议会制的势力以及民族主义、反共产主义、反犹太主义情绪的恶意挑拨，引发了议会制的终极危机。总统周围的精英们认为，他们只能通过诉诸纳粹运动的"健康"力量才能摆脱议会制的危机，他们希望随着普遍的国家重组，纳粹运动将转变为由领袖精英领导的政治秩序。[61]相当一部分德国学术精英相信"民族觉醒"的神话，

纳粹党在"普鲁士打击"中取得的胜利。1932年7月22日纳粹党报纸的评论（柏林，州立档案馆）

Sie haben ihre Rassegenossen im Ausland zum Kampf gegen das deutsche Volk aufgerufen. Sie haben die Lügen und Verleumdungen hinausgemeldet. Darum hat die Reichsleitung·der deutschen Freiheitsbewegung beschlossen, in Abwehr der verbrecherischen Hetze

ab Samstag, den 1. April 1933 vormittags 10 Uhr

über alle jüdischen Geschäfte, Warenhäuser, Kanzleien usw.

den **Boykott** zu verhängen.

Dieser Boykottierung Folge zu leisten, dazu rufen wir Euch, deutsche Frauen und Männer, auf!

Kauft nichts in jüdischen Geschäften und Warenhäusern!

Geht nicht zu jüdischen Rechtsanwälten! Meidet jüdische Aerzte!

Zeigt den Juden, daß sie nicht ungestraft Deutschland in seiner Ehre herabwürdigen und beschmutzen können.

Wer gegen diese Aufforderung handelt, beweist damit, daß er auf der Seite der Feinde Deutschlands steht.

Es lebe der ehrwürdige Generalfeldmarschall aus dem großen Kriege, der Reichspräsident

Paul von Hindenburg!

Es lebe der Führer und Reichskanzler

Adolf Hitler!

Es lebe das **Deutsche Volk** und das heilige

Deutsche Vaterland!

Plakat Nr. 1

Zentral-Komitee zur Abwehr der jüdischen Greuel- und Boykotthetze.

gez.: **Strekher.**

1933年4月1日，号召抵制犹太商店的宣言（慕尼黑，巴伐利亚州立档案馆，档案编号11396）

认为这是一个无阶级、无冲突、由人民和领导人的身份决定的精英社会，并欢迎希特勒内阁的成立，认为这是向根本性秩序重组过渡的第一个阶段。另一方面，自1932年7月20日巴本发动普鲁士政变以来，独自站出来捍卫宪法的政治左派与少数政治上孤立的左翼自由主义者在政治上已基本中立化。因此，为数不多的几个民主捍卫者从一开始就注定要失败。

魏玛共和国与通过巴黎各项和平条约建立的大多数议会制国家一样，都存在政治不稳定的问题。相比意大利、波兰、东南欧和西班牙等国家，德国的议会制相对持续了很长时间，这在很大程度上要归功于西方大国的外交渗透，尤其是德国对赔款和财政政策的依赖，这种依赖使得政治右派在1932年夏天之前无法公开破坏宪法和夺取政权。

然而，这也应归因于中产阶级缺乏坚决捍卫议会制的决心。随着自由主义原则被放弃和威权主义思潮被接受，逐渐形成了一种格局。在这种格局中，因为基于军事紧急状态的君主复辟和传统风格的军事独裁已不再符合经济和社会的相对先进发展，法西斯主义力量方才得以崛起。希特勒从旧的精英手中接过权力，这些精英承认了自己无法以自己的模式统治德国。共和国早就被他们抛弃了。反而是在共和国的废墟上，希特勒才实现了独裁统治。

"1933年5月10日，德国将焚烧所有不受欢迎的书籍。"1933年5月10日《工人图片报》首页，约翰·哈特菲尔德的拼接照片（多特蒙德，报刊研究所）

附录1
1919—1933年德国内阁概览[*]

1　**谢德曼内阁（社会民主党）**

1919年2月13日至6月21日

社会民主党：	谢德曼，兰茨贝格，鲍尔，达维德，诺斯克，罗伯特·施密特，维塞尔
中央党：	埃茨贝格尔，吉斯贝茨，贝尔，迈尔-考夫博伊伦
德国民主党：	普罗伊斯，席费尔，戈特海因，德恩堡（自1919年4月19日）
无党派：	冯·布罗克多夫-兰曹

2　**鲍尔内阁（社会民主党）**

1919年6月21日至1920年3月27日

社会民主党：	鲍尔，米勒，达维德，诺斯克，施利克，维塞尔，罗伯特·施密特
中央党：	埃茨贝格尔，吉斯贝茨，贝尔，迈尔-考夫博伊伦

---

[*] 关于日期与细节，参见 Ernst Rudolf Huber, Deutsche Verfassungsgeschichte seit 1789, Bd. VII: Ausbau, Schutz und Untergang der Weimarer Republik, Stuttgart 1984。

德国民主党：　　　　　　科赫-韦泽（自10月3日），席费尔，
　　　　　　　　　　　　盖斯勒

3　第一次赫尔曼·米勒内阁（社会民主党）

1920年3月27日至6月28日

社会民主党：　　　　　　米勒，达维德，罗伯特·施密特，施
　　　　　　　　　　　　利克，鲍尔，克斯特

中央党：　　　　　　　　维尔特，吉斯贝茨，贝尔，赫尔梅斯

德国民主党：　　　　　　科赫-韦泽，盖斯勒，布隆克

4　费伦巴赫内阁（中央党）

1920年6月25日至1921年3月10日

中央党：　　　　　　　　费伦巴赫，维尔特，布劳恩斯，吉斯
　　　　　　　　　　　　贝茨，赫尔梅斯

德国民主党：　　　　　　科赫-韦泽，盖斯勒

德国人民党：　　　　　　海因策，朔尔茨，冯·劳默尔

无党派：　　　　　　　　西蒙斯，格勒纳

5　第一次维尔特内阁（中央党）

1921年3月10日至1921年10月26日

中央党：　　　　　　　　维尔特，布劳恩斯，吉斯贝茨，赫尔
　　　　　　　　　　　　梅斯

社会民主党：　　　　　　鲍尔，格拉德瑙尔，罗伯特·施密特

德国民主党：　　　　　　席费尔，盖斯勒，拉特瑙

无党派：　　　　　　　　罗森，格勒纳

6　第二次维尔特内阁（中央党）

1921年10月26日至1922年11月16日

中央党：　　　　　　　　维尔特，布劳恩斯，吉斯贝茨，赫尔
　　　　　　　　　　　　梅斯

巴伐利亚人民党：　　　　费尔（自3月31日）

社会民主党：	鲍尔，克斯特，拉德布鲁赫，罗伯特·施密特
德国民主党：	盖斯勒，拉特瑙（1922年1月31日至6月24日）
无党派：	格勒纳

7　库诺内阁

1922年11月22日至1923年8月13日

中央党：	布劳恩斯，赫尔梅斯
德国民主党：	厄泽尔，盖斯勒
德国人民党：	贝克尔，海因策
巴伐利亚人民党：	施廷格尔
无党派：	格勒纳，路德，阿尔贝特，罗森贝格

8　第一次施特雷泽曼内阁（德国人民党）

1923年8月13日至10月6日

德国人民党：	施特雷泽曼，冯·劳默尔
中央党：	布劳恩斯，赫夫勒，富克斯
社会民主党：	罗伯特·施密特，绍尔曼，希尔费丁，拉德布鲁赫
德国民主党：	厄泽尔，盖斯勒
无党派：	路德

9　第二次施特雷泽曼内阁（德国人民党）

1923年10月6日至11月30日

德国人民党：	雅勒斯（自11月11日）
社会民主党：	罗伯特·施密特，绍尔曼，拉德布鲁赫（自11月3日）
中央党：	布劳恩斯，赫夫勒
德国民主党：	厄泽尔，盖斯勒

无党派：　　　　　　　　路德，克特，冯·卡尼茨

10　第一次马克斯内阁（中央党）

1923年11月30日至1924年6月3日

中央党：　　　　　　　　马克斯，布劳恩斯，赫夫勒

德国人民党：　　　　　　施特雷泽曼，雅勒斯

德国民主党：　　　　　　厄泽尔，盖斯勒，哈姆

巴伐利亚人民党：　　　　埃明格尔（至1924年4月15日）

无党派：　　　　　　　　路德，冯·卡尼茨，约埃尔

11　第二次马克斯内阁（中央党）

1924年6月3日至1925年1月15日

中央党：　　　　　　　　马克斯，布劳恩斯，赫夫勒（至1925
　　　　　　　　　　　　年1月9日）

德国人民党：　　　　　　施特雷泽曼，雅勒斯

德国民主党：　　　　　　厄泽尔（至1924年10月11日），盖斯
　　　　　　　　　　　　勒，哈姆

无党派：　　　　　　　　路德，冯·卡尼茨

12　第一次路德内阁

1925年1月15日至1926年1月20日

德国国家人民党：　　　　席勒，冯·施利本，诺伊豪斯（至
　　　　　　　　　　　　1925年10月20日）

德国人民党：　　　　　　施特雷泽曼，克罗内

中央党：　　　　　　　　布劳恩斯，弗伦肯（至1925年11月
　　　　　　　　　　　　21日）

巴伐利亚人民党：　　　　施廷格尔

德国民主党：　　　　　　盖斯勒

13　第二次路德内阁

1926年1月20日至5月17日

中央党： 马克斯，布劳恩斯，哈斯林德

德国人民党： 施特雷泽曼，库尔蒂乌斯，克罗内

德国民主党： 屈尔茨，赖因霍尔德，盖斯勒

巴伐利亚人民党： 施廷格尔

14　第三次马克斯内阁（中央党）

1926年5月17日至1927年1月29日

中央党： 马克斯，布劳恩斯，贝尔，哈斯林德

德国民主党： 屈尔茨，赖因霍尔德，盖斯勒

巴伐利亚人民党： 施廷格尔

15　第四次马克斯内阁（中央党）

1927年1月29日至1928年6月28日

中央党： 马克斯，科勒，布劳恩斯

德国国家人民党： 赫格特，冯·科伊德尔，席勒，科赫

德国人民党： 施特雷泽曼，库尔蒂乌斯

巴伐利亚人民党： 舍策尔

无党派： 盖斯勒*（至1928年1月29日），之后
是格勒纳

16　第二次赫尔曼·米勒内阁（社会民主党）

1928年6月28日至1930年3月30日

社会民主党： 米勒，泽韦林，维塞尔，希尔费丁
（至1929年12月23日），之后是罗伯
特·施密特

德国民主党： 迪特里希，科赫-韦泽（至1929年4
月13日）

德国人民党： 施特雷泽曼（至1929年10月3日），

---

* 1927年1月28日退出德国民主党。

库尔蒂乌斯（自1929年11月11日），
莫尔登豪尔（自1929年11月8日）

中央党： 冯·盖拉尔（至1929年2月7日），维尔特，施泰格瓦尔特

巴伐利亚人民党： 舍策尔（自1929年4月13日）

无党派： 格勒纳

17 第一次布吕宁内阁（中央党）

1930年3月30日至1931年10月9日

中央党： 布吕宁，施泰格瓦尔特，维尔特，冯·盖拉尔

德国国家人民党： 席勒（后加入农村人民党）

人民保守协会： 特雷维拉努斯

德国人民党： 库尔蒂乌斯，莫尔登豪尔（至1930年6月26日）

德国民主党： 迪特里希（自1930年6月26日）

巴伐利亚人民党： 舍策尔

经济党： 布雷特（至1930年12月5日）

无党派： 格勒纳，约埃尔（自12月5日）

18 第二次布吕宁内阁（中央党）

1931年10月9日至1932年5月30日

中央党： 布吕宁，施泰格瓦尔特

德国民主党： 迪特里希

人民保守协会： 特雷维拉努斯

农村人民党： 席勒，施兰格-舍宁根（自1931年11月5日）

无党派： 格勒纳，瓦姆博尔德（至1932年5月6日），之后是特伦德伦堡，约埃尔

19 冯·巴本内阁

1932年6月2日至12月3日

德国国家人民党：	冯·盖尔男爵，冯·布劳恩男爵，居特纳
无党派：	冯·巴本（过去为中央党），冯·牛赖特男爵，冯·施莱歇尔，瓦姆博尔德，埃尔茨·冯·吕贝纳赫男爵，什未林·冯·克罗西克伯爵，舍费尔

20 冯·施莱歇尔内阁

1932年12月3日至1933年1月30日

德国国家人民党：	冯·布劳恩男爵，居特纳
钢盔团：	泽尔特
无党派：	冯·牛赖特男爵，布拉赫特，瓦姆博尔德，什未林·冯·克罗西克伯爵，叙鲁普，埃尔茨·冯·吕贝纳赫男爵，波皮茨

21 希特勒内阁（民族社会主义德国工人党）

1933年1月30日

民族社会主义德国工人党：	希特勒，弗里克，戈林
德国国家人民党：	胡根贝格，居特纳（自2月1日）
钢盔团：	泽尔特
无党派：	冯·巴本，冯·牛赖特男爵，冯·勃洛姆堡，什未林·冯·克罗西克伯爵，埃尔茨·冯·吕贝纳赫男爵

附录2
魏玛共和国主要政党概览[*]

德国国家人民党（Deutsch-Nationale Volkspartei，缩写为DNVP）是保守君主主义阵营的代表，反对民主制度和《凡尔赛和约》建立的国际秩序。德国国家人民党代表东部大地主和大工业资产阶级利益。在最初有限的合作之后，在其领导人胡根贝格的影响下，德国国家人民党变得更加激进，加强了其反共和国和反犹主义立场，并通过与纳粹党合作（哈尔茨堡阵线），使希特勒得到右翼民众的接纳。1933年1月，德国国家人民党与纳粹党组成联合政府，希特勒出任总理，这标志着民主国家的终结和纳粹暴政的开始。

德国民主党（Deutsche Demokratische Partei，缩写为DDP）起源于进步人民党以及民族自由党的左翼，它站在民主秩序的立场上，并对魏玛宪法的制定产生了重大影响。这一政党植根于受过教育的市民和中产阶级，主张严格区分国家和教会，限制国家对经济的影响，废除经济垄断，并努力在资本家和工人利益之间实现均衡。德国民主党支持建立国际联盟。在1919/1920年的国民会议中，它与社会民主党和中央党组成魏玛联盟政府，并参与了直到1932年的几乎所有国家政

---

* 资料来源参见 https://www.bundestag.de/resource/blob/190452/136d18f9322d451e7ab98e916bdf7d32/parteien_weimarer_republik-data.pdf。

府。德国民主党准备做出妥协，但这并没有为它带来好处。1919年，它获得近五分之一的选票（17.3%），但很快就迅速失去支持，即使与青年德意志骑士团合并为德国国家党，自30年代起，它也只获得约1%的选票，沦为一个无关紧要的小政党。

德国人民党（Deutsche Volkspartei，缩写为DVP）由民族自由党右翼和进步人民党的部分成员组成，对新生的国家持消极或反对态度。作为重工业界人士组成的党派，它主要代表大资产阶级和资产阶级工商业主的利益。德国人民党在思想上仍深受专制国家概念的影响，支持建立一个强有力的中央政府。在外交政策上，该党力图重新审视《凡尔赛和约》。在施特雷泽曼的领导下，该党适应了民主制度，并转向与战胜国谋求理解。但在施特雷泽曼去世后，党内反议会的力量壮大，开始逐渐接近右翼民族主义反对派，但这并没有阻止它在1920年国会选举中只获得10%的选票，之后支持率持续下降，到30年代只得到约1%的选票。

中央党（Zentrumspartei，缩写为Z）是天主教信众的政治利益代表。在马蒂亚斯·埃茨贝格尔的领导下，中央党承认共和制宪法，并与社会民主党和德国民主党共同组建魏玛联合政府，推动议会制民主的建设。除了维护天主教会权利和保持邦联制外，中央党的政治纲领也非常广泛。左翼支持发展社会福利国家和推进外交谅解，而右翼则倾向于保守的父权-等级政治体制和民族主义式的对外政策。中央党选票稳定在15%左右，共提名了5位总理，并参与了直到1932年之前的所有联合政府。1930年，中央党政治家布吕宁被任命为少数派政府总理，标志着魏玛德国从议会制民主向总统制民主的转变。

巴伐利亚人民党（Bayerische Volkspartei，缩写为BVP）由于在议会制问题上的分歧，从中央党分裂出去，建立了一个保守教权主义的区域政党，在全国范围内都有活动。这个特权主义倾向的政党是巴伐利亚邦的主导政治力量。在全国层面，它争取建立一个排除社会民主党的右翼民族主义联盟。自1930年起，巴伐利亚人民党主张让纳粹党进入政府。

德国社会民主党（Sozialdemokratische Partei Deutschlands，缩写为SPD）坚持维护国家秩序，尽管在革命时期内部矛盾激烈。它力促尽快举行国民会议选举，并以39.9%的支持率成为最强大的政党，在谢德曼的领导下加入魏玛联合政府。一直到1932年，它都是最强大的政党，始终支持和捍卫共和国，虽然它大部分时间处在反对党位置，并受到民族主义阵营的普遍怀疑，也因其容忍路线而遭到左右两翼的攻击。在务实妥协与维护国家责任以及社会主义纲领之间寻求平衡，导致了社会民主党的内部矛盾，其选票也从40%下降到1933年选举中的20%以下。

德国独立社会民主党（Unabhängige Sozialdemokratische Partei Deutschlands，缩写为USPD）是在1917年由和平主义领袖胡戈·哈泽领导下，因对战争态度的激烈争执而从社会民主党分裂出来的。该党组织群众对糟糕的粮食供应和持续的战争进行总罢工，主要在工人阶级中获得支持，他们指责多数派社会民主党与资产阶级合作是"背叛社会主义"。尽管两党在1918年11月就人民代表委员会中的合作达成一致，但因多数派社会民主党强硬镇压左翼起义，独立社会民主党在1918年底退出过渡政府。斯巴达克联盟分裂和国民会议选举失败后，这个马克思主义政党在1920年以17.9%的票数成为第二大党派。之后，独立社会民主党日益陷入分裂。1920年底，其左翼加入德国共产党，剩余部分在1922年与多数社会民主党统一。

德国共产党（Kommunistische Partei Deutschlands，缩写为KPD）是于1918年12月30日由罗莎·卢森堡和卡尔·李卜克内西领导的斯巴达克联盟建立的。这个初期在民众中获得的支持不多的政党，力求按照苏联模式建立一个布尔什维主义的苏维埃政权。它反对议会制，没有参加国民会议选举。它试图通过群众罢工和抗议活动来赢得支持者，并与议会制政体做斗争。由于内部派系斗争和分裂，1920年国会选举它只获得了2.1%的选票。直到1920年底独立社会民主党左翼约30万成员转入，德国共产党才发展成一个大众政党，受莫斯科领导，获得约10%选民的支持。随着世界经济危机的激化，该党从1930年国会选举开始成为第三大政党。

民族社会主义德国工人党（Nationalsozialistische Deutsche Arbeiterpartei，简称纳粹党，缩写为NSDAP）成立于1919年，初期在慕尼黑社会边缘的小资产阶级中扎根。1921年希特勒被任命为党魁并掌握独裁权力后，该党利用民族沙文主义和反犹主义的抗议和暴力行动，试图针对《凡尔赛和约》和魏玛"妥协政治家"（"背后一刀传说"）激发民族主义敌视情绪，以削弱民主制度。在1923年11月9日政变（"啤酒馆暴动"）未遂后，希特勒被监禁并定罪，该党暂时被禁，这个在选举中得票较低（2.6%—6.5%）的极右翼政党转向假装合法的策略。民众广泛的不安全感和社会困境为纳粹党反犹和反资本主义宣传提供了广阔的空间。1930年，纳粹党获得18.3%的选票，取得压倒性胜利。作为国会中的第二大党派，纳粹党拥有102个议席，不仅可以加强对议会工作的破坏性影响，也极大地提高了该党在右翼民族主义界的声望。越来越多从前支持保守派和自由派政党的人，以及许多年轻人，认为纳粹党是一个未被滥用的力量，其民族主义和种族主义的意识形态以及侵略性的对外政策承诺要解决经济和政治问题。1931年秋，纳粹党、德国国家人民党和民族主义战斗联盟组成"哈尔茨堡阵线"，以加强对议会民主的共同反对。纳粹党的破坏政策导致仅由总统支持的内阁频繁轮替和反复重选。最后，随着纳粹党实力增强，希特勒尽管在最后一届民主选举中失利，但在右翼保守势力的压力下，由总统兴登堡任命为联合政府总理，给了动荡的议会民主制致命一击。

注 释

第一章

1　Vgl. I. Geiss, Juli 1914, Die europäische Krise und der Ausbruch des Ersten Welt-krieges, München ²1980; F. Fischer, Griff nach der Weltmacht, Königstein 1979, S. 46 ff.

2　Vgl. W. J. Mommsen, Die deutsche öffentliche Meinung und der Zusammen-bruch des Regierungssystems Bethmann Hollwegs, in: GWU 19, S. 656–667.

3　K. Epstein, Matthias Erzberger und das Dilemma der deutschen Demokratie, Berlin ²1976 (Rede vom 6. Juli 1917).

4　S. Miller, Burgfrieden und Klassenkampf, Die deutsche Sozialdemokratie im Er-sten Weltkrieg, Düsseldorf 1974, S. 306 ff.

5　P. Kielmannsegg, Deutschland und der Erste Weltkrieg, Frankfurt am Main 1968, S. 474 ff.; D. Orlow, Weimar Prussia 1918–1925, The unlikely rock of democracy, Pittsburgh, PA, 1986, S. 51 f.

6　Vgl. W. Wette, Gustav Noske, Eine politische Biographie, Düsseldorf ²1988, S. 153 ff.

7　G. D. Feldman, Army, industry and labour in Germany 1914–1918, Princeton 1966, S. 327 ff.

8　Vgl. H. A. Winkler, Von der Revolution zur Stabilisierung, Arbeiter und Arbeiter-bewegung in der Weimarer Republik 1918–1924, Berlin ²1984, S. 34 ff.; G. D. Feld-man, E. Kolb und R. Rürup, Die Massenbewegungen der Arbeiterschaft in Deutsch-land am Ende des Ersten Weltkrieges 1917–1920, in: PVS 18, 1978, S. 84–105.

9　Vgl. H. Hagenlücke, Deutsche Vaterlandspartei, Düsseldorf 1997.

10　Vgl. W. E. Mosse und A. Paucker (Hg.), Deutsches Judentum in Krieg und Revo-lution 1916–1923, Tübingen 1971.

11　Vgl. W. Maser, Die Frühgeschichte der NSDAP, Hitlers Weg bis 1924, Frankfurt am Main 1965, S. 145.

12　Vgl. S. Miller, Burgfrieden und Klassenkampf, S. 365 ff.

13　Vgl. G. Ritter, Staatskunst und Kriegshandwerk, Zum Problem des deutschen Militarismus, Bd. 4, München 1968, S. 388 ff.; H. Potthoff, Der Parlamentarisie-rungserlaß vom 30. September 1918, in: VfZ 20, 1972, S. 319–332.

14　A. von Thaer, Generalstabsdienst an der Front und in der OHL, aus: Briefe und Ta-gebuchaufzeichnungen 1915–1918, hg. von S. A. Kaehler, Göttingen 1958, S. 234 f.

15　U. Bermbach, Vorformen parlamentarischer Kabinettsbildung in Deutschland, Der Interfraktionelle Ausschuß 1917/1918 und die Parlamentarisierung der Reichs-regierung, Köln und Opladen 1967, S. 219 ff.

16　Prinz Max von Baden, Erinnerungen und Dokumente, Stuttgart 1927, S. 292; zur

Regierung des Prinzen vgl. E. Matthias und R. Morsey in: Quellen zur Geschichte des Parlamentarismus und der politischen Parteien, Reihe I, Bd. 2, Düsseldorf 1962, S. XIff.

17 T. Eschenburg, Prinz Max von Baden, in: Ders., Die improvisierte Demokratie, Gesammelte Aufsätze zur Weimarer Republik, München 1963, S. 97–109.

18 E. Matthias und R. Morsey, in: Quellen, S. 206.

19 S. Miller, Die Bürde der Macht, Die deutsche Sozialdemokratie 1918–1920, Düsseldorf 1978, S. 26 ff.

20 W. Sauer, Das Scheitern der parlamentarischen Monarchie, in: E. Kolb (Hg.), Vom Kaiserreich zur Weimarer Republik, Köln 1972, S. 77–99.

21 Papers relating to the foreign relations of the United States (FRUS) 1918, Suppl. 1, Vol. 1, S. 387.

22 G. Ritter, Staatskunst und Kriegshandwerk, Bd. 4, S. 441 ff.

23 E. Matthias und R. Morsey, in: Quellen, S. 359.

24 Vgl. H. A. Winkler, Von der Revolution zur Stabilisierung, S. 27 ff.

25 E. R. Huber, Deutsche Verfassungsgeschichte seit 1789, Bd. 5, Stuttgart 1978, S. 158 ff.; D. Grosser, Vom monarchischen Konstitutionalismus zur parlamentarischen Demokratie, Den Haag 1970.

26 Verhandlungen des Reichstags, Stenographische Berichte, Bd. 310, S. 3689 (5. Oktober 1917).

27 H. Michaelis u. a. (Hg.), Ursachen und Folgen, Vom deutschen Zusammenbruch 1918 und 1945 bis zur staatlichen Neuordnung in der Gegenwart, Bd. 2, S. 501; W. Deist, Die Politik der Seekriegsleitung und die Rebellion der Flotte Ende Oktober 1918, in: VfZ 14, 1966, S. 341–368.

28 Deist, Die Politik der Seekriegsleitung, S. 353.

29 K.-J. Müller, General Ludwig Beck, Studien und Dokumente zur politisch-militärischen Vorstellungswelt und Tätigkeit des Generalstabschefs des deutschen Heeres 1933–1938, Boppard 1980, S. 323.

30 F. Frhr. Hiller von Gaertringen, »Dolchstoß«-Diskussion und »Dolchstoß«-Legende im Wandel von vier Jahrzehnten, in: W. Besson u. a. (Hg.), Geschichte und Gegenwartsbewußtsein, Festschr. für H. Rothfels, Göttingen 1963, S. 122–160.

31 W. J. Mommsen, Die deutsche Revolution 1918–1920, Politische Revolution und soziale Protestbewegung, in: GuG 4, 1978, S. 362–391.

第二章

1 Zur Geschichte der Revolution vgl. U. Kluge, Die deutsche Revolution 1918/1919, Frankfurt am Main 1985; H. A. Winkler, Von der Revolution zur Stabilisierung, Arbeiter und Arbeiterbewegung in der Weimarer Republik 1918–1924, Berlin ²1984.

2 R. N. Hunt, Friedrich Ebert and the German revolution of 1918, in: L. Krieger

und Fr. Stern (Hg.), The responsibility of power, Historical essays in honor of Hajo Holborn, Garden of City, NY, 1967, 315–334.

3 K. Bosl (Hg.), Bayern im Umbruch, Die Revolution von 1918, ihre Voraussetzungen, ihr Verlauf und ihre Folgen, München 1969.

4 R. Müller, Vom Kaiserreich zur Republik, Berlin 1924, S. 129 f.; H. Trotnow, Karl Liebknecht, Köln 1978, S. 252 f.

5 P. Nettl, Rosa Luxemburg, Köln 1967, S. 669 f.

6 H. Krause, USPD, Zur Geschichte der Unabhängigen Sozialdemokratischen Partei Deutschlands, Frankfurt am Main 1975, S. 114; D. W. Morgan, The Socialist Left and the German Revolution, A History of the Independent Social Democratic Party 1917–1922, Ithaca, NY, 1975, S. 112 f. und 118 ff.

7 H. J. Bieber, Bürgertum in der Revolution, Bürgerräte und Bürgerstreiks in Deutschland 1918–1920, Hamburg 1992, S. 34 ff.

8 Vgl. E. Kolb, Die Arbeiterräte in der deutschen Innenpolitik 1918–1919, Frankfurt am Main ²1978, S. 83 ff.; U. Kluge, Soldatenräte und Revolution, Studien zur Militärpolitik in Deutschland 1918/1919, Göttingen 1975, S. 105ff.; R. Rürup, Arbeiter- und Soldatenräte im rheinisch-westfälischen Industriegebiet, in: Studien zur Geschichte der Revolution 1918/1919, Wuppertal 1975, S. 99f. und 247 f.

9 Die Regierung der Volksbeauftragten 1918/1919, bearb. von S. Miller, eingel. von E. Matthias, in: Quellen zur Geschichte des Parlamentarismus und der politischen Parteien, Reihe I, Bd. 6, Düsseldorf 1969, S. 31.

10 W. Elben, Das Problem der Kontinuität in der deutschen Revolution, Zur Politik der Staatssekretäre und der militärischen Führung vom November 1918 bis Februar 1919, Düsseldorf 1969, S. 37 f. und 43 f.

11 E. Kolb und R. Rürup (Hg.), Der Zentralrat der Deutschen Sozialistischen Republik 19. Dezember 1918 bis 8. April 1919, Leiden 1968.

12 G. W. Rakenius, Wilhelm Groener als erster Generalquartiermeister, Die Politik der Obersten Heeresleitung 1918/1919, Boppard 1977, S. 68 ff.; Kluge, Soldatenräte, S. 137 ff.

13 O.-E. Schüddekopf, Das Heer und die Republik, Quellen zur Politik der Reichswehrführung 1918–1933, Hannover und Frankfurt am Main 1955, S. 20.

14 Beschluß des Rätekongresses über die Kommandogewalt (Sieben Hamburger Punkte) vom 18. Dezember 1918, in: Die Regierung des Volksbeauftragten, Teil I, S. 393 f.

15 Vgl. W. Wette, Gustav Noske, Eine politische Biographie, Düsseldorf ²1988, S. 289 ff.

16 H. Weber, Der Gründungsaufruf der KPD, Protokolle und Materialien, Frankfurt am Main 1969; H.-E. Volkmann, Die Gründung der KPD und ihr Verhältnis zum Weimarer Staat im Jahre 1919, in: GWU 25, 1972, S. 65–80.

17 E. Hannover-Drück und H. Hannover, Der Mord an Rosa Luxemburg und Karl Liebknecht, Frankfurt am Main 1967; W. Wette, Gustav Noske, S. 308 f.

18 R. Hilferding, Taktische Probleme, in: Die Freiheit Nr. 601 vom 11. Dezember 1919.

19 E. Kolb und R. Rürup (Hg.), Der Zentralrat, S. 545.

20 H. Schulze, Freikorps und Republik 1918–1920, Boppard 1969; J. M. Diehl, Para-military Politics in Weimar Germany, Bloomington 1977, S. 293 ff.

21 E. Könnemann, Einwohnerwehren und Zeitfreiwillige, Ihre Funktion beim Auf-bau eines neuen imperialistischen Wehrsystems, Berlin 1971.

22 P. Kukuck, Bremer Linksradikale beziehungsweise Kommunisten von der Mili-tärrevolte im November 1918 bis zum Kapp-Putsch im März 1920, Phil. Diss. Hamburg 1970, S. 99 ff.

23 W. Wette, Gustav Noske, S. 401 ff.

24 G. D. Feldman, The origins of the Stinnes-Legien agreement, A documentation, in: Internationale Wissenschaftliche Korrespondenz zur Geschichte der deut-schen Arbeiterbewegung 9, 1973, S. 45–103; Ders. und I. Steinisch, Industrie und Gewerkschaften 1918–1924, Die überforderte Zentralarbeitsgemeinschaft, Stutt-gart 1985, S. 66 f.

25 H.-J. Bieber, Gewerkschaften in Krieg und Revolution, Bd. 2, Hamburg 1981, S. 629.

26 G. A. Ritter und S. Miller (Hg.), Die deutsche Revolution 1918/1919, Dokumente, Frankfurt am Main 1983, S. 263.

27 So Staatssekretär Gustav Bauer im Kabinett am 21. November 1918, in: Die Regie-rung der Volksbeauftragten, Teil I, S. 115.

28 P. von Oertzen, Betriebsräte in der Novemberrevolution, Bonn ²1976, S. 109 ff.

29 H. Mommsen, Soziale Kämpfe im Ruhrbergbau nach der Jahrhundertwende, in: Ders. und U. Borsdorf (Hg.), Glück auf, Kameraden!, Die Bergarbeiter und ihre Organisationen in Deutschland, Köln 1979, S. 249–272.

30 D. E. Barclay, Rudolf Wissell als Sozialpolitiker, Berlin 1984, S. 75–142; K. Braun, Konservatismus und Gemeinwirtschaft, Eine Studie über Wichard von Moellen-dorff, Duisburg 1978.

31 R. Müller, Geschichte der deutschen Revolution, Bd. 3, Nachdr. Berlin 1979, S. 182 ff.

32 A. Mitchell, Revolution in Bayern 1918/1919, Die Eisner-Regierung und die Rätere-publik, München 1967, S. 146 f.

33 Die Regierung Eisner 1918/1919, Ministerratsprotokolle und Dokumente, bearb. von F. J. Bauer, in: Quellen zur Geschichte des Parlamentarismus und der politi-schen Parteien, Reihe I, Bd. 10, Düsseldorf 1987, S. 122 f.

34 G. Phelps, Hitler and the Deutsche Arbeiterpartei, in: AHR 68, 1963, S. 974–986.

35 Vgl. G. D. Feldman, E. Kolb und R. Rürup, Die Massenbewegungen der Arbei-terschaft in Deutschland am Ende des Ersten Weltkrieges 1917–1920, in: PVS 13, 1972, S. 84–105.

36 Zur Kontroverse um die »verpaßten Chancen« der Revolution vgl. W. J. Momm-sen, Die deutsche Revolution 1918–1920, Politische Revolution und soziale Pro-testbewegung, in: GuG 4, 1978, S. 362–391; R. Rürup, Demokratische Revolution und »dritter Weg«, Die deutsche Revolution von 1918/1919 in der neueren wissen-schaftlichen Diskussion, in: GuG 9, 1983, S. 278–301.

37 E. v. Salomon, Die Geächteten, Berlin 1930, S. 267.

第三章

1　W. Liebe, Die Deutschnationale Volkspartei 1918–1924, Düsseldorf 1956, S. 21 f.; Chr. F. Trippe, Konservative Verfassungspolitik 1918–1923, Die DNVP als Opposition in Reich und Ländern, Düsseldorf 1995, S. 165 ff.

2　H. Potthoff, Das Weimarer Verfassungswerk und die deutsche Linke, in: AfS 12, 1972, S. 433 ff.

3　Zum Prozeß der Verfassungsschöpfung vgl. W. Ziegler, Die deutsche Nationalversammlung 1919/1920 und ihr Verfassungswerk, Berlin 1932; E. R. Huber, Deutsche Verfassungsgeschichte seit 1789, Bd. 5, Stuttgart 1978, S. 1075 ff.

4　Vgl. W. J. Mommsen, Max Weber und die deutsche Politik 1890–1920, Tübingen 1959, S. 325 ff.

5　Die Regierung der Volksbeauftragten 1918/1919, bearb. von S. Miller, eingel. von E. Matthias, in: Quellen zur Geschichte des Parlamentarismus und der politischen Parteien, Reihe I, Bd. 6, Düsseldorf 1969, S. 324.

6　Abgedruckt in: H. Michaelis u. a. (Hg.), Ursachen und Folgen, Vom deutschen Zusammenbruch 1918 und 1945 bis zur staatlichen Neuordnung Deutschlands in der Gegenwart, Bd. 3, Berlin 1959, S. 253–255.

7　G. Schulz, Zwischen Demokratie und Diktatur, Verfassungspolitik und Reichsreform in der Weimarer Republik, Bd. 1, Berlin und New York ²1987, S. 154.

8　K. D. Erdmann und H. Schulze (Hg.), Weimar, Selbstpreisgabe einer Demokratie, Düsseldorf 1980, S. 31, 92 f. und 122 f.

9　H. Preuß, Das Verfassungswerk von Weimar 1919, in: Ders., Staat, Recht und Freiheit, Tübingen 1926, S. 426.

10　Abgedruckt in: H. Michaelis u. a. (Hg.), Ursachen und Folgen, Bd. 3, S. 473 ff.; G. Schulz, Der Artikel 48 in historisch-politischer Sicht, in: E. Fraenkel (Hg.), Staatsnotstand, Berlin 1965, S. 39–71.

11　E. Portner, Die Verfassungspolitik der Liberalen, Ein Beitrag zur Deutung der Weimarer Reichsverfassung, Bonn 1973, S. 140 ff.

12　T. Eschenburg, Die improvisierte Demokratie, Gesammelte Aufsätze zur Weimarer Republik, München 1963, S. 53.

13　Vgl. C. Schmitt, Politische Theologie. Vier Kapitel zur Lehre von der Souveränität, Berlin ⁶1993 (1922), S. 15 ff., sowie ders., Verfassungslehre, München und Leipzig 1928 (Nachdr. 1970), S. 350 f.

14　E. Fraenkel, Deutschland und die westlichen Demokratien, Stuttgart 1964, S. 105.

15　L. Preller, Sozialpolitik in der Weimarer Republik, Nachdr. Düsseldorf 1978 (1949), S. 251 f.

16　M. Martiny, Integration oder Konfrontation?, Studien zur sozialdemokratischen Rechts- und Verfassungspolitik, Bonn 1976, S. 91 f.

17　E. Fraenkel, Rätemythos und soziale Selbstbestimmung, in: Aus Politik und Zeitgeschichte, B. 14, 1971, S. 3–26.

18　E. Schulin, Walther Rathenau, Repräsentant, Kritiker und Opfer seiner Zeit, Göttingen 1979, S. 102 f.

19 E. Schanbacher, Parlamentarische Wahlen und Wahlsysteme in der Weimarer Republik, Wahlgesetzgebung und Wahlreform im Reich und in den Ländern, Düsseldorf 1982, S. 117 ff.

20 G. A. Ritter, Kontinuität und Umformung des deutschen Parteiensystems 1918–1920, in: Ders., Arbeiterbewegung, Parteien und Parlamentarismus, Göttingen 1976, S. 116–157.

21 R. Morsey, Die Deutsche Zentrumspartei 1917–1923, Düsseldorf 1966, S. 95 f. und 132 f.

22 Ebenda, S. 273 und 276 ff.

23 Vgl. R. Morsey, Die Deutsche Zentrumspartei, S. 369 ff.; H. J. Schorr, Adam Stegerwald, Gewerkschaftler und Politiker der ersten deutschen Republik, Recklinghausen 1966, S. 69 ff.

24 W. Stephan, Aufstieg und Verfall des Linksliberalismus 1918–1933, Geschichte der Deutschen Demokratischen Partei, Göttingen 1973; L. E. Jones, German liberalism and the dissolution of the Weimar party system 1918–1933, Chapel Hill 1988, S. 17 ff.

25 Äußerung Friedrich Naumanns vom 25. November 1918, zit. nach T. Heuss, Friedrich Naumann, Der Mann, das Werk, die Zeit, Stuttgart ²1949, S. 543.

26 W. Mommsen (Hg.), Deutsche Parteiprogramme, München ³1960, S. 514.

27 L. E. Jones, German Liberalism, S. 105 f.; L. Döhn, Politik und Interesse, Die Interessenstruktur der Deutschen Volkspartei, Meisenheim 1970, S. 91 f.

28 W. Liebe, Die Deutschnationale Volkspartei, S. 12; A. Thieme, Flucht in den Mythos, Die deutschnationale Volkspartei und die Niederlage von 1918, Göttingen 1969, S. 25 f.; L. Hertzmann, DNVP, Right-wing opposition in the Weimar Republic 1918–1924, Lincoln 1963, S. 34 ff.

29 U. Lohalm, Völkischer Radikalismus, Die Geschichte des Deutschvölkischen Schutz- und Trutzbundes 1919–1923, Hamburg 1970; I. Hamel, Völkischer Verband und nationale Gewerkschaft, Der Deutschnationale Handlungsgehilfenverband 1893–1933, Frankfurt am Main 1962.

30 H. Holzbach, Das »System Hugenberg«, Die Organisation bürgerlicher Sammlungspolitik vor dem Aufstieg der NSDAP, Stuttgart 1981, S. 70 ff.

31 Grundsätze der Deutschnationalen Volkspartei (1920), zit. nach W. Mommsen (Hg.), Deutsche Parteiprogramme, S. 538.

32 H. Mommsen, Friedrich Ebert als Reichspräsident, in: Ders., Arbeiterbewegung und nationale Frage, Ausgewählte Aufsätze, Göttingen 1979, S. 296–317; vgl. L. Richter in E. Kolb (Hg.), Friedrich Ebert als Reichspräsident. Amtsführung und Amtsverständnis, München 1997, S. 17–60.

33 E. Heilfron (Hg.), Die deutsche Nationalversammlung im Jahre 1919 in ihrer Arbeit für den Aufbau des neuen deutschen Volksstaats, Bd. 1, Berlin o. J., S. 93.

34 F. Ebert, Kämpfe und Ziele, Dresden o. J., S. 18.

35 E. Troeltsch, Spektator-Briefe, Aufsätze über die deutsche Revolution und die Weltpolitik 1918/1922, zusammengest. und hg. v. H. Baron, Tübingen 1924, S. 69.

36 U. Wengst, Graf Brockdorff-Rantzau und die außenpolitischen Anfänge der Wei-

marer Republik, Bern 1973; P. Krüger, Die Außenpolitik der Republik von Weimar, Darmstadt 1985, S. 45 ff. und 56 ff.

37 U. Heinemann, Die verdrängte Niederlage, Politische Öffentlichkeit und Kriegsschuldfrage in der Weimarer Republik, Göttingen 1983, S. 43 ff.

38 E. Heilfron (Hg.), Die Deutsche Nationalversammlung, Bd. 4, S. 2546.

39 Ebenda, Bd. 4, S. 2448.

40 Akten der Reichskanzlei (AdR), Das Kabinett Scheidemann, bearb. von H. Schulze, Boppard 1971, S. 477.

41 W. Schwengler, Völkerrecht, Versailler Vertrag und Auslieferungsfrage, Die Strafverfolgung wegen Kriegsverbrechen als Problem des Friedensschlusses 1919/1920, Stuttgart 1920.

42 Schulthess' Europäischer Geschichtskalender 1919, Bd. 1, S. 260.

43 Vorwärts Nr. 597 vom 19. Dezember 1924.

44 Vorwärts Nr. 288 vom 8. Juni 1920.

45 Protokoll über die Verhandlungen des Parteitages der Sozialdemokratischen Partei Deutschlands, abgehalten in Kassel vom 10. bis 16. Oktober 1920, Berlin 1920, S. 319; vgl. M. Stürmer, Koalition und Opposition in der Weimarer Republik 1924–1928, Düsseldorf 1967, S. 137 f.

46 U. Heinemann, Die verdrängte Niederlage, S. 155 ff.

47 Vgl. R. Phelps, Anton Drexler, Der Gründer der NSDAP, in: Deutsche Rundschau 87, 1961, S. 1134–1143.

48 K. Epstein, Matthias Erzberger und das Dilemma der deutschen Demokratie, Berlin ²1976, S. 392 f.

49 M. Sabrow, Der Rathenau-Mord, Rekonstruktion einer Verschwörung gegen die Republik von Weimar, München 1994, S. 17 ff.

50 Vgl. W. Wette, Gustav Noske, Eine politische Biographie, Düsseldorf ²1988, S. 477 ff.

51 Ebenda, S. 199 ff.

52 H. A. Winkler, Von der Revolution zur Stabilisierung, Arbeiter und Arbeiterbewegung in der Weimarer Republik 1918–1924, Berlin ²1985, S. 102 ff.

53 H. M. Bock, Syndikalismus und Linkskommunismus von 1918 bis 1923, Ein Beitrag zur Sozial- und Ideengeschichte der frühen Weimarer Republik, Darmstadt 1993.

54 L. Preller, Sozialpolitik in der Weimarer Republik, S. 249 f.

55 AdR, Kabinett Bauer, bearb. von A. Golecki, Boppard 1980, S. 123.

56 J. Erger, Der Kapp-Lüttwitz-Putsch, Ein Beitrag zur deutschen Innenpolitik 1919/1920, Düsseldorf 1967, S. 136; vgl. Die Anfänge der Ära Seeckt, Militär und Innenpolitik 1920–1922, bearb. von H. Hürten, in: Quellen zur Geschichte des Parlamentarismus und der politischen Parteien, Reihe II, Bd. 3, Düsseldorf 1979, S. 98 f.

57 F. Ernst, Aus dem Nachlaß des Generals Walther Reinhardt, Stuttgart 1958, S. 62.

58 H. Potthoff, Gewerkschaften und Politik zwischen Revolution und Inflation, Düsseldorf 1979, S. 267 ff.; H. Biegert, Gewerkschaftspolitik in der Phase des Kapp-

Lüttwitz-Putsches, in: H. Mommsen u. a. (Hg.), Industrielles System und politische Entwicklung in der Weimarer Republik, Düsseldorf 1974, S. 190–205.

59 AdR, Kabinett Bauer, S. 687.

60 G. D. Feldman, Big business and the Kapp Putsch, in: Central European History 4, 1971, S. 99–130.

61 H. Potthoff, Gewerkschaften und Politik, S. 270 ff.

62 E. Lucas, Märzrevolution im Ruhrgebiet, März/April 1920, 3 Bde, Frankfurt am Main 1970–1972.

63 H. A. Winkler, Von der Revolution zur Stabilisierung, Arbeiter und Arbeiterbewegung in der Weimarer Republik 1918–1924, S. 324 ff.

64 H. Hürten, Reichswehr und Ausnahmezustand, Ein Beitrag zur Verfassungsproblematik der Weimarer Republik in ihrem ersten Jahrfünft, Opladen 1977.

第四章

1 E. Eyck, Geschichte in der Weimarer Republik, Bd. 1, Erlenbach ⁵1973, S. 229.

2 Vgl. K. Sontheimer, Antidemokratisches Denken in der Weimarer Republik, München 1962, S. 125 ff.; H. Mommsen, Aufbruch zur Nation, Irrwege des deutschen Nationalismus in der Zwischenkriegsepoche, in: Deutsch-Norwegisches Studienprogramm für Geschichtswissenschaften, Oslo 1994, S. 130–145.

3 O. Spengler, Briefe 1913–1936, hg. von A. M. Koktanek, München 1963, S. 113.

4 H. Delbrück, Waffenstillstand und Friede, in: Preußische Jahrbücher 175, 1919, S. 424.

5 Vgl. K. H. Jarausch, From Second to Third Reich, The problem of continuity in German foreign policy, in: Central European History 12, 1979, S. 68–82; A. Hillgruber, »Revisionismus« – Kontinuität und Wandel in der Außenpolitik der Weimarer Republik, in: HZ 237, 1983, S. 597–621.

6 FRUS 1918, Suppl. 1, Vol. 1, S. 110.

7 Vgl. K. Schwabe, Deutsche Revolution und Wilson-Frieden, Die amerikanische Friedensstrategie zwischen Ideologie und Machtpolitik 1918/1919, Düsseldorf 1971.

8 F. Dickmann, Die Kriegsschuldfrage auf der Friedenskonferenz von Paris 1919, München 1964.

9 FRUS 1918, Suppl. 1, Vol. 1, S. 469.

10 Vgl. F. Dickmann, Die Kriegsschuldfrage auf der Friedenskonferenz von Paris, in: HZ 197, 1963, S. 46 und 91 ff.

11 Vgl. P. Krüger, Deutschland und die Reparationen 1918/1919, Die Genesis des Reparationsproblems in Deutschland zwischen Waffenstillstand und Versailler Friedensschluß, Stuttgart 1973, S. 163 ff.; M. Trachtenberg, Reparation in world politics, France and European economic diplomacy 1916–1923, New York 1980, S. 56 ff.

12 J. M. Keynes, The economic consequences of peace, zit. nach E. Eyck, Geschichte der Weimarer Republik, Bd. 1, S. 172.

13 FRUS 1918, Suppl. 1, Vol. 1, S. 15.

14 Vgl. J. Bariety, Das Zustandekommen der Internationalen Rohstahlgemeinschaft (1926) als Alternative zum mißlungenen »Schwerindustriellen Projekt« des Versailler Vertrages, in: H. Mommsen u. a. (Hg.), Industrielles System und politische Entwicklung in der Weimarer Republik, Düsseldorf 1974, S. 552–568.

15 Vgl. E. Wuest, Der Vertrag von Versailles in Licht und Schatten der Kritik, Die Kontroverse um seine wirtschaftlichen Auswirkungen, Zürich 1962.

16 A. J. Mayer, Politics and diplomacy of peacemaking, Containment and counter-revolution at Versailles 1918/1919, London 1968, S. 806 f. und 877 f.; P. Krüger, Versailles, Deutsche Außenpolitik zwischen Revisionismus und Friedenssicherung, München 1986, S. 11.

17 FRUS 1918, Suppl. 1, Vol. 1, S. 110.

18 Vgl. C. Höltje, Die Weimarer Republik und das Ost-Locarno-Problem 1919–1934, Revision oder Garantie der deutschen Ostgrenze von 1919, Würzburg 1958, S. 23 f. und 43 f.; H. von Rieckhoff, German-polish relations 1918–1933, Baltimore und London 1971; G. Schulz, Deutschland und Polen vom Ersten zum Zweiten Weltkrieg, in: GWU 33, 1982, S. 154–172.

19 H. Meier-Welcker, Seeckt, Frankfurt am Main 1967, S. 295.

20 H. Mommsen, Die Krise der parlamentarischen Demokratie und die Durchsetzung autoritärer und faschistischer Systeme in der Zwischenkriegszeit, in: K.-E. Jeismann und R. Riemenschneider (Hg.), Geschichte Europas für den Unterricht der Europäer, Braunschweig 1980, S. 144–165.

21 S. Miller, Burgfrieden und Klassenkampf, Die deutsche Sozialdemokratie im Ersten Weltkrieg, Düsseldorf 1974, S. 276 ff.

22 U. Heinemann, Die verdrängte Niederlage, Politische Öffentlichkeit und Kriegsschuldfrage in der Weimarer Republik, Göttingen 1983, S. 57.

23 FRUS 1918, Suppl. 1, Vol. 1, S. 16.

24 Protokoll über die Verhandlungen des Parteitages der Sozialdemokratischen Partei Deutschlands, abgehalten in Weimar vom 10. bis 15. Juni 1919, Berlin 1919, S. 255.

25 Vgl. M. Salewski, Entwaffnung und Militärkontrolle in Deutschland 1919–1927, München 1966, S. 123; J. Heideking, Vom Versailler Vertrag zur Genfer Abrüstungskonferenz, Das Scheitern der alliierten Militärkontrollpolitik gegenüber Deutschland nach dem Ersten Weltkrieg, in: Militärgeschichtliche Mitteilungen 28, 1980, S. 45–68.

26 R. Bessel, Militarismus im innerpolitischen Leben der Weimarer Republik, in: K.-J. Müller und E. Opitz (Hg.), Militär und Militarismus in der Weimarer Republik, Düsseldorf 1978, S. 203 ff.

27 E. Viscount D'Abernon, Ein Botschafter der Zeitwende, Memoiren, Leipzig o. J., Bd. 1, S. 80; zur Konferenz von Spa vgl. P. Krüger, Die Außenpolitik der Republik von Weimar, Darmstadt 1985, S. 103 ff.

28 Vgl. P. Krüger, Die Außenpolitik, S. 116 ff.

29 Vgl. E. Laubach, Die Politik der Kabinette Wirth 1921/1922, Lübeck und Hamburg 1968, S. 38 ff.

30 G. F. Campbell, The Struggle for Upper Silesia 1919–1922, in: Journal of Modern History 42, 1970, S. 361–385.

31 Vgl. D. Felix, Walther Rathenau and the Weimar Republic, The politics of reparations, Baltimore und London 1971, S. 68 ff.

32 Vgl. P. Wulf, Hugo Stinnes, Wirtschaft und Politik 1918–1924, Stuttgart 1979, S. 324 ff.

33 Vgl. P.-C. Witt, Finanzpolitik und sozialer Wandel in Krieg und Inflation 1918–1924, in: H. Mommsen u. a. (Hg.), Industrielles System, S. 395–426.

34 Vgl. C.-L. Holtfrerich, Die deutsche Inflation 1914–1923, Ursachen und Wirkungen in internationaler Perspektive, Berlin 1980; G. D. Feldman u. a. (Hg.), Die deutsche Inflation, Eine Zwischenbilanz, Berlin 1982.

35 C. S. Maier, Die deutsche Inflation als Verteilungskonflikt, Soziale Ursachen und Auswirkungen im internationalen Vergleich, in: O. Büsch und G. D. Feldman (Hg.), Historische Prozesse der deutschen Inflation 1914–1924, Berlin 1978, S. 329–342.

36 L. Albertin, Die Verantwortung der liberalen Parteien für das Scheitern der Großen Koalition im Herbst 1921, in: HZ 205, 1976, S. 593 und 600.

37 AdR 351, S. 4759, Rudolf Breitscheid am 26. Oktober 1921; zur Kabinettsumbildung vgl. E. Laubach, Die Politik der Kabinette, S. 105 ff.

38 Vgl. H. Graf Kessler, Walther Rathenau, Sein Leben und sein Werk, Wiesbaden o. J., S. 317 f.; P. Berglar, Walther Rathenau und seine Zeit, Sein Werk, seine Persönlichkeit, Bremen 1970, S. 287 ff.; E. Schulin, Walther Rathenau, Repräsentant, Kritiker und Opfer seiner Zeit, Göttingen 1979, S. 111 ff.

39 Vgl. C. Fink, The Genoa Conference, European diplomacy 1921/1922, Chapel Hill 1984.

40 Vgl. H. Helbich, Die Träger der Rapallo-Politik, Göttingen 1958; T. Schieder, Die Entstehungsgeschichte des Rapallo-Vertrags, in: HZ 204, 1967, S. 545–609.

41 H. Graml, Die Rapallo-Politik im Urteil der westlichen Forschung, in: VfZ 18, 1970, S. 366–391; H. Pogge von Strandmann, Rapallo-strategy in preventive diplomacy, New sources and new interpretations, in: V. R. Berghahn und M. Kitchen (Hg.), Germany in the age of total war, Essays in honor of Francis Carsten, London und Toptowa, NJ, 1981, S. 123–146.

42 Denkschrift abgedr. in O.-E. Schüddekopf, Das Heer und die Republik, Quellen zur Politik der Reichswehrführung 1918–1933, Hannover und Frankfurt am Main 1955, S. 160–165.

43 Abgedruckt in: H. Michaelis u. a. (Hg.), Ursachen und Folgen, Vom deutschen Zusammenbruch 1918 und 1945 bis zur staatlichen Neuordnung Deutschlands in der Gegenwart, Bd. 4, Berlin 1960, S. 416–419.

44 J. Wirth, Reden während der Kanzlerschaft, Berlin 1925, S. 427.

45 W. T. Angress, Die Kampfzeit der KPD 1921–1923, Düsseldorf 1973, S. 140 ff.;

S. Koch-Baumgarten, Die Märzaktion der KPD 1921, Frankfurt am Main und New York 1986.

46 J. Wirth, Reden während der Kanzlerschaft, S. 406.

47 G. Schulz, Zwischen Demokratie und Diktatur, Verfassungspolitik und Reichs-reform in der Weimarer Republik, Bd. 1, Berlin und New York ²1987, S. 364 ff.; G. Jasper, Der Schutz der Republik, Studien zur staatlichen Sicherung der Demo-kratie in der Weimarer Republik, Tübingen 1963, S. 179 ff.

48 C. Gusy, Weimar – die wehrlose Republik?, Verfassungsrecht und Verfassungs-schutz in der Weimarer Republik, Tübingen 1991, S. 307.

49 B. Kent, The Spoils of War, The politics, economics and diplomacy of reparations 1918–1932, Oxford 1989, S. 200 f.

第五章

1 K. Schwabe (Hg.), Die Ruhrkrise 1923, Wendepunkt der internationalen Bezie-hungen nach dem Ersten Weltkrieg, Paderborn 1985, S. 50 ff.

2 M. Ruck, Die Freien Gewerkschaften im Ruhrkampf, Köln 1986, S. 61 ff.

3 Erklärung am 13. Januar 1923 im Reichstag, abgedruckt in: H. Michaelis u. a. (Hg.), Ursachen und Folgen, Vom deutschen Zusammenbruch 1918 und 1945 bis zur staatlichen Neuordnung Deutschlands in der Gegenwart, Bd. 5, Berlin 1961, S. 31.

4 D. Möller, Karl Radek in Deutschland, Köln 1976, S. 245 ff.

5 G. D. Feldman und H. Homburg, Industrie und Inflation, Studien und Dokumen-te zur Politik der deutschen Unternehmer 1916–1923, Hamburg 1977, S. 138 f. und 356 f.

6 H.-J. Rupieper, The Cuno government and reparations 1922/1923, Politics and eco-nomics, Den Haag 1979, S. 68 ff.

7 U. Linse, Barfüßige Propheten, Erlöser der zwanziger Jahre, Berlin 1983, S. 15 ff. und 40 f.

8 E. Jäckel und A. Kuhn (Hg.), Hitler, Sämtliche Aufzeichnungen, Stuttgart 1980, S. 590.

9 H. A. Winkler, Von der Revolution zur Stabilisierung, Arbeiter und Arbeiterbe-wegung in der Weimarer Republik 1918–1924, Berlin ²1984, S. 553 ff.

10 H. A. Turner, Stresemann, Republikaner aus Vernunft, Berlin 1968, S. 114 f.; J. Wright, Stresemann and Locarno, in: Contemporary European History 4, 1995, S. 131.

11 Gustav Stresemann, Vermächtnis, Der Nachlaß in drei Bänden, hg. von H. Bern-hard, Berlin 1932/1933, Bd. 1, S. 107.

12 AdR, Kabinett Stresemann, bearb. von K. D. Erdmann und M. Vogt, Bd. 1, Bop-pard 1978, S. 281.

13 H. H. Hofmann, Der Hitler-Putsch, Krisenjahre deutscher Geschichte 1920–1924, München 1961, S. 100 ff.; H. J. Gordon jr., Hitler-Putsch 1923, Machtkampf

in Bayern 1923/1924, Frankfurt am Main 1971, S. 193; E. Deuerlein (Hg.), Der Hit-ler-Putsch, Bayerische Dokumente zum 8./9. November 1923, Stuttgart 1962.

14　Vgl. F. L. Carsten, Reichswehr und Politik 1918–1933, Köln 1964, S. 185 f.; H. Meier-Welcker, Seeckt, Frankfurt am Main 1967, S. 370 f.

15　Abgedruckt in: O.-E. Schüddekopf, Das Heer und die Republik, Quellen zur Politik der Reichswehrführung 1918–1933, Hannover und Frankfurt am Main 1955, S. 179 ff.; H. Meier-Welcker, Seeckt, S. 390–393.

16　O. Geßler, Reichswehrpolitik in der Weimarer Zeit, Stuttgart 1958, S. 299; H. Meier-Welcker, Seeckt, S. 403.

17　G. W. F. Hallgarten, Hitler, Reichswehr und Industrie, Frankfurt am Main ²1962, S. 66.

18　G. D. Feldman und I. Steinisch, Die Weimarer Republik zwischen Sozial- und Wirtschaftsstaat, Die Entscheidung gegen den Achtstundentag, in: AfS 18, 1978, S. 353–439.

19　C.-D. Krohn, Stabilisierung und ökonomische Interessen, Die Finanzpolitik des Deutschen Reiches 1923–1927, Düsseldorf 1974, S. 63 und 104.

20　G. D. Feldman und H. Homburg, Industrie und Inflation, S. 241.

21　Vgl. W. A. McDougall, France's Rhineland diplomacy 1914–1924, The last bid for a balance of power in Europe, Princeton, NJ, 1978, S. 247 f.

22　K. D. Erdmann, Adenauer in der Rheinlandpolitik nach dem Ersten Weltkrieg, Stuttgart 1966, S. 137 ff.; H. Köhler, Adenauer und die rheinische Politik, Der erste Anlauf 1918–1924, Opladen 1986, S. 187 ff.

23　G. D. Feldman und H. Homburg, Industrie und Inflation, S. 146 ff. und 153 ff.; P. Krüger, Versailles, Deutsche Außenpolitik zwischen Revisionismus und Friedenssicherung, München 1986, S. 232 ff.

24　G. D. Feldman und H. Homburg, Industrie und Inflation, S. 362.

25　Vgl. W. Fabian, Klassenkampf um Sachsen, Ein Stück Geschichte 1918–1930, Löbau 1930; K. Rudolph, Die sächsische Sozialdemokratie vom Kaiserreich zur Republik 1871–1923, Weimar 1995, S. 402 ff.

26　Völkischer Beobachter vom 27. September 1923.

27　Abgedruckt in: O.-E. Schüddekopf, Das Heer und die Republik, S. 186–189.

28　AdR, Kabinett Stresemann, Bd. 2, S. 873.

29　Vgl. G. Schulz, Zwischen Demokratie und Diktatur, Verfassungspolitik und Reichsreform in der Weimarer Republik, Bd. 1, Berlin und New York ²1987, S. 435 ff.; H. Hürten, Reichswehr und Ausnahmezustand, Ein Beitrag zur Verfassungsproblematik der Weimarer Republik in ihrem ersten Jahrfünft, Opladen 1977.

30　Vgl. K. Rudolph, Die sächsische Sozialdemokratie, S. 344 ff.

31　H. A. Winkler, Von der Revolution zur Stabilisierung, S. 661.

32　E. Jäckel und A. Kuhn (Hg.), Hitler, S. 786.

33　U. Lohalm, Völkischer Radikalismus, Die Geschichte des Deutschvölkischen Schutz- und Trutzbundes 1919–1923, Hamburg 1970, S. 53; vgl. A. Kruck, Geschichte des Alldeutschen Verbandes 1890–1939, Wiesbaden 1954.

34 D. Felten, Oswald Spengler, Konservativer Denker zwischen Kaiserreich und Diktatur, München 1988, S. 148 und 151 f.

35 Vgl. M. H. Kater, Zur Soziographie der frühen NSDAP, in: VfZ 19, 1971, S. 124–159.

36 G. Feder, Das Manifest zur Brechung der Zinsknechtschaft des Geldes, München 1919.

37 Vgl. B. Hamann, Hitlers Wien, München 1996.

38 Vgl. J. C. Fest, Hitler, Eine Biographie, Frankfurt am Main und Berlin 1973; E. Deuerlein, Hitlers Eintritt in die Politik und die Reichswehr, in: VfZ 7, 1959, S. 177–227.

39 Vgl. J. P. Stern, Hitler, Der Führer und das Volk, München und Wien 1978, S. 55 ff.

40 Vgl. M. Broszat, Der Nationalsozialismus, Weltanschauung, Programm und Wirklichkeit, Stuttgart 1960; Das 25-Punkte-Programm der NSDAP vom 24. Februar 1920 ist abgedruckt in: A. Tyrell, Führer befiehl …, Selbstzeugnisse aus der Kampfzeit der NSDAP, Dokumentation und Analyse, Düsseldorf 1969, S. 23–26.

41 Vgl. W. Horn, Führerideologie und Parteiorganisation in der NSDAP 1919–1933, Düsseldorf 1972, S. 55 ff.

42 Hitler, Mein Kampf, München [67]1933, S. 422 f.

43 Vgl. H. Auerbach, Hitlers politische Lehrjahre und die Münchener Gesellschaft 1919–1923, Versuch einer Bilanz anhand der neueren Forschung, in: VfZ 25, 1977, S. 1–45.

44 Vgl. A. Tyrell, Vom »Trommler« zum »Führer«, Der Wandel von Hitlers Selbstverständnis zwischen 1919 und 1924 und die Entwicklung der NSDAP, München 1975, S. 159 f. und 163 f.

45 E. Jäckel und H. Kuhn (Hg.), Hitler, S. 118.

46 Vgl. zur Vorgeschichte des Novemberputsches E. Deuerlein (Hg.), Der Hitler-Putsch; H. H. Hofmann, Der Hitler-Putsch, S. 70 ff.; H. J. Gordon jr., Hitler-Putsch 1923, S. 169 ff.

47 Vgl. B. Thoß, Der Ludendorff-Kreis 1919–1923, München 1978.

48 Der Hitler-Prozeß vor dem Volksgericht in München, Teil 1, München 1924, S. 163.

49 E. Jäckel und H. Kuhn (Hg.), Hitler, S. 1028 f. und 1043.

50 Vgl. H. J. Gordon jr., Hitler-Putsch 1923, S. 240.

51 H. Mommsen, Adolf Hitler und der 9. November 1923, in: J. Willms (Hg.), Der 9. November, Fünf Essays zur deutschen Geschichte, München 1994, S. 33–48.

52 E. Jäckel und H. Kuhn (Hg.), Hitler, S. 1054.

53 Ebenda, S. 1055.

54 Gustav Stresemann, Vermächtnis, Bd. 1, S. 244 f.

第六章

1 P. Krüger, Die Außenpolitik der Republik von Weimar, Darmstadt 1985, S. 221 ff.

2 E. Wandel, Die Bedeutung der Vereinigten Staaten von Amerika für das deutsche Reparationsprogramm 1924–1929, Tübingen 1971, S. 9 f. und 15 ff.; W. Link, Der amerikanische Einfluß auf die Weimarer Republik in der Dawes-Plan-Phase, Elemente eines »penetrierten Systems«, in: H. Mommsen u. a. (Hg.), Industrielles System und politische Entwicklung in der Weimarer Republik, Düsseldorf 1974, S. 485–498.

3 Vgl. S. A. Junker, The end of French predominance in Europe, The crisis of 1924 and the adoption of the Dawes Plan, Chapel Hill 1976, S. 185 f.

4 W. Liebe, Die Deutschnationale Volkspartei 1918–1924, Düsseldorf 1956, S. 80.

5 U. von Hehl, Wilhelm Marx 1863–1946, Mainz 1987, S. 254 und 259 f.

6 C.-D. Krohn, Stabilisierung und ökonomische Interessen, Die Finanzpolitik des Deutschen Reiches 1923–1927, Düsseldorf 1974.

7 H. H. Hartwich, Arbeitsmarkt, Verbände und Staat 1918–1933, Die öffentliche Bindung unternehmerischer Funktionen in der Weimarer Republik, Berlin 1967, S. 35 f.; J. Bähr, Staatliche Schlichtung in der Weimarer Republik, Tarifpolitik, Korporalismus und industrieller Konflikt zwischen Inflation und Deflation, Berlin 1989, S. 105 ff.

8 H. Mommsen, Sozialpolitik im Ruhrbergbau, in: Ders. u. a. (Hg.), Industrielles System und politische Entwicklung, S. 303–321; R. Tschirbs, Tarifpolitik im Ruhrbergbau 1918–1933, Berlin 1986, S. 220 ff.

9 Vgl. T. Childers, Interest and ideology, Anti-system politics in the era of stabilization 1924–1928, in: G. D. Feldman (Hg.), Die Nachwirkungen der Inflation auf die deutsche Geschichte 1924–1933, München 1985, S. 1–19.

10 Vgl. H. A. Turner, Stresemann, Republikaner aus Vernunft, Berlin 1968, S. 204 ff.; R. P. Grathwol, Stresemann and the DNVP, Reconciliation or revenge in German foreign policy 1924–1928, Lawrence 1980.

11 W. Liebe, Die Deutschnationale Volkspartei, S. 87.

12 So der Titel seiner 1960 in Stuttgart erschienenen Memoiren.

13 H. Triepel, Die Staatsverfassung und die politischen Parteien, Berlin 1927, S. 29 f. und 36.

14 O. Spengler, Preußentum und Sozialismus (1919), in: Ders., Politische Schriften, München ²1932, S. 7; Ders., Neubau des deutschen Reiches, München 1924, S. 6.

15 Vgl. H. Mommsen, Die Auflösung des Bürgertums seit dem späten 19. Jahrhundert, in: J. Kocka (Hg.), Bürger und Bürgerlichkeit im 19. Jahrhundert, Göttingen 1987, S. 288–315.

16 H. Zehrer, Das Ende der Parteien, in: Die Tat, 24. Jg., 1932/1933, Bd. 1, S. 73.

17 Vgl. K. Fritzsche, Politische Romantik und Gegenrevolution, Fluchtwege in der Krise der bürgerlichen Gesellschaft, Frankfurt am Main 1976, S. 193 f.

18 Der deutsche Volkswirt, 1929, S. 333.

19 AdR, Kabinett Marx, bearb. von G. Abramowski, Bd. 2, Boppard 1973, S. 1028.

20 L. Zimmermann, Die deutsche Außenpolitik in der Ära der Weimarer Republik, Göttingen 1958, S. 253.

21 Vgl. J. Jacobson, Locarno diplomacy, Germany and the West 1925–1929, Princeton, NJ, 1972, S. 12 ff.

22 Gustav Stresemann, Vermächtnis, Der Nachlaß in drei Bänden, hg. von H. Bernhard, Berlin 1932/1933, Bd. 2, S. 262.

23 Vgl. J. Spenz, Die diplomatische Vorgeschichte des Beitritts Deutschlands zum Völkerbund 1924–1926, Ein Beitrag zur Außenpolitik der Weimarer Republik, Göttingen 1966, S. 63.

24 T. Schieder, Die Probleme des Rapallo-Vertrages, Eine Studie über die deutsch-sowjetischen Beziehungen 1922–1926, Köln und Opladen 1956, S. 76 f.

25 Gustav Stresemann, Vermächtnis, Bd. 1, S. 599.

26 G. A. Craig, Die preußisch-deutsche Armee 1640–1945, Düsseldorf 1960, S. 449; vgl. H. Meier-Welcker, Seeckt, Frankfurt am Main 1967, S. 472 ff.

27 ADAP, Serie B, Bd. VII, S. 555 f.; vgl. R. P. Grathwol, Gustav Stresemann, Betrachtungen über seine Außenpolitik, in: W. Michalka und Marshall M. Lee (Hg.), Gustav Stresemann, Darmstadt 1982, S. 235 ff.

28 Vgl. F. L. Carsten, Reichswehr und Politik 1918–1933, Köln und Berlin 1964, S. 282 f.; M. Geyer, Aufrüstung oder Sicherheit, Die Reichswehr in der Krise der Machtpolitik 1924–1936, Wiesbaden 1980, S. 177 f.

29 M. Geyer, Aufrüstung oder Sicherheit, S. 150 ff.

30 T. Vogelsang, Reichswehr, Staat und NSDAP, Beiträge zur deutschen Geschichte 1930–1932, Stuttgart 1962, S. 410.

31 AdR, Kabinette Luther, bearb. von K.-H. Kinuth, Bd. 1, Boppard 1977, S. 558.

32 M. Walsdorff, Westorientierung und Ostpolitik, Stresemanns Rußland-Politik in der Locarno-Ära, Bremen 1971, S. 216 f.

33 Anlage F des Locarno-Vertrages, abgedruckt in: H. Michaelis u. a. (Hg.), Ursachen und Folgen, Vom deutschen Zusammenbruch 1918 und 1945 bis zur staatlichen Neuordnung in der Gegenwart, Bd. 6, S. 387.

34 Vgl. E. Eyck, Geschichte der Weimarer Republik, Bd. 2, Erlenbach ⁴1972, S. 56.

35 K. Megerle, Deutsche Außenpolitik 1925, Ansatz zu aktivem Revisionismus, Bern und Frankfurt am Main 1974, S. 131.

36 H. W. Gatzke, Stresemann and the Rearmament of Germany, Baltimore 1954, S. 109 ff.; W. Michalka und Marshall M. Lee (Hg.), Gustav Stresemann, bes. S. 241 ff.

37 F. Hirsch, Stresemann, Ein Lebensbild, Göttingen 1978, S. 212 f.

38 M. Stürmer, Koalition und Opposition in der Weimarer Republik 1924–1928, Düsseldorf 1967, S. 107 ff.

39 AdR, Kabinette Luther, Bd. 2, S. 834.

40 Protokoll über die Verhandlungen des Parteitages der Sozialdemokratischen Partei Deutschlands, abgehalten in Görlitz vom 18. bis 24. September 1921, Berlin 1921, S. IV.

41 G. Radbruch, Staatskrise?, in: Neue Blätter für den Sozialismus 1, 1930, S. 387.

42 Vgl. H. Mommsen, Die Sozialdemokratie in der Defensive, in: Ders., Sozialde-

mokratie zwischen Klassenbewegung und Volkspartei, Frankfurt am Main 1974, S. 106–133.

43 J. Jacobson und J. T. Walker, The Impulse for a Franco-German Entente, The origins of the Thoiry conference 1926, in: Contemporary History 10, 1975, S. 157–181.

44 Gustav Stresemann, Vermächtnis, Bd. 3, S. 394.

45 P. Krüger, Die Außenpolitik der Republik Weimar, S. 344 f.

46 M.-O. Maxelon, Stresemann und Frankreich 1914–1929, Deutsche Politik der Ost-West-Balance, Düsseldorf 1972, S. 228 ff.

第七章

1 H. Dieckmann, Johannes Popitz, Entwicklung und Wirksamkeit in der Zeit der Weimarer Republik bis 1933, Berlin 1960.

2 Vgl. F. Blaich, Die Wirtschaftskrise 1925/1926 und die Reichsregierung, Von der Erwerbslosenfürsorge zur Konjunkturpolitik, Kallmünz 1977, S. 20.

3 Deutsche Wirtschafts- und Finanzpolitik, Veröffentlichungen des RDI, Berlin 1925.

4 B. Weisbrod, Schwerindustrie in der Weimarer Republik, Interessenvertretung zwischen Stabilisierung und Krise, Wuppertal 1978, S. 169 ff.; H. A. Turner jr., Die »Ruhrlade«, Geheimes Kabinett der Schwerindustrie in der Weimarer Republik, in: Ders., Faschismus und Kapitalismus in Deutschland, Studien zum Verhältnis zwischen Nationalsozialismus und Wirtschaft, Göttingen ²1980, S. 114–156.

5 Mitglieder-Versammlung des Reichsverbandes der Deutschen Industrie in Dresden am 3./4. September 1926, Veröffentlichungen des RDI, Berlin 1926, S. 64; vgl. B. Weisbrod, Schwerindustrie in der Weimarer Republik, S. 246 ff.

6 Vgl. U. Nocken, Inter-industrial conflicts and alliances as exemplified by the AVI-Agreement, in: H. Mommsen u. a. (Hg.), Industrielles System und politische Entwicklung in der Weimarer Republik, Düsseldorf 1974, S. 693–704.

7 F. Zunkel, Die Gewichtung der Interessengruppen bei der Etablierung des Reichsverbandes der Deutschen Industrie, in: H. Mommsen u. a. (Hg.), Industrielles System und politische Entwicklung, S. 637–647; B. Weisbrod, Schwerindustrie in der Weimarer Republik, S. 217 ff.

8 Vgl. J. Bähr, Staatliche Schlichtung in der Weimarer Republik, Tarifpolitik, Korporatismus und industrieller Konflikt zwischen Inflation und Deflation 1919–1932, Berlin 1989, S. 115 ff.

9 H. Potthoff, Freie Gewerkschaften 1918–1933 und sozialistische Parteien in Deutschland, in: AfS 26, 1986, S. 49–85; Ders., Freie Gewerkschaften, Der Allgemeine Deutsche Gewerkschaftsbund in der Weimarer Republik, Düsseldorf 1987, S. 7.

10 Vgl. K. Mattheier, Die Gelben, Nationale Arbeiter zwischen Wirtschaftsfrieden und Streik, Düsseldorf 1983, S. 305 und 307; vgl. J. Campbell, Joy in work, German work, The national debate 1800–1945, Princeton, NJ, 1989, S. 243 ff.

11 Vgl. E. Pies, Sozialpolitik und Zentrum 1924–1928, Zu den Bedingungen sozial-
politischer Theorie und Praxis der Deutschen Zentrumspartei in der Weimarer
Republik, in: H. Mommsen u. a. (Hg.), Industrielles System und politische Ent-
wicklung, S. 259–270.

12 B. Weisbrod, Schwerindustrie in der Weimarer Republik, S. 335 f.

13 Vgl. E. Deuerlein, Heinrich Brauns, Schattenriß eines Sozialpolitikers, in: F. A.
Hermens und T. Schieder (Hg.), Staat, Wirtschaft und Politik in der Weimarer
Republik, Festschr. für Heinrich Brüning, Berlin 1967, S. 41–96; H. Mockenhaupt,
Weg und Wirken des geistlichen Sozialpolitikers Heinrich Brauns, München 1977.

14 K. Borchardt, Zwangslagen und Handlungsspielräume in der großen Wirtschafts-
krise der frühen dreißiger Jahre, in: Ders., Wachstum, Krisen, Handlungsspiel-
räume der Wirtschaftspolitik, Studien zur Wirtschaftsgeschichte des 19. und 20.
Jahrhunderts, Göttingen 1982, S. 165–182; C.-L. Holtfrerich, Zu hohe Löhne in
der Weimarer Republik?, in: GuG 10, 1984, S. 122–141.

15 Vgl. G. Schulz, Staatliche Stützungsmaßnahmen in den deutschen Ostgebieten,
in: F. A. Hermens und T. Schieder (Hg.), Staat, Wirtschaft und Politik, S. 141–204;
D. Hertz-Eichenrode, Politik und Landwirtschaft in Ostpreußen 1919–1930, Un-
tersuchungen eines Strukturproblems in der Weimarer Republik, Köln und Opla-
den 1969, S. 217–306; R. Bessel, Eastern Germany as a structural problem in the
Weimar Republic, in: Social History 3, 1978, S. 199–218.

16 Vgl. V. R. Berghahn, Der Stahlhelm, Bund der Frontsoldaten 1918–1935, Düssel-
dorf 1966, S. 45 ff.

17 Vgl. A. Kessler, Der Jungdeutsche Orden in den Jahren der Entscheidung, Bd. 1:
1928–1930, Bd. 2: 1931–1933, München 1974 und 1976.

18 A. Mahraun, Das Jungdeutsche Manifest, Berlin 1927.

19 J. M. Diehl, Paramilitary politics in Weimar Germany, Bloomington 1977,
S. 293 ff.

20 V. R. Berghahn, Stahlhelm, S. 77.

21 Ebenda, S. 97 und 101.

22 K. Rohe, Das Reichsbanner Schwarz Rot Gold, Ein Beitrag zur Geschichte und
Struktur der politischen Kampfverbände zur Zeit der Weimarer Republik, Düs-
seldorf 1966, S. 117.

23 Vgl. K. G. P. Schuster, Der Rote Frontkämpferbund 1924–1929, Beiträge zur Ge-
schichte und Organisationsstruktur eines politischen Kampfbundes, Düsseldorf
1975.

24 Vgl. G. Jasper, Zur innerpolitischen Lage in Deutschland im Herbst 1929, in: VfZ
8, 1960, S. 280–289.

25 Vgl. P.-C. Witt, Friedrich Ebert, Parteiführer, Reichskanzler, Volksbeauftragter,
Reichspräsident, Bonn 1982, sowie E. Kolb (Hg.), Friedrich Ebert als Reichspräsi-
dent, München 1997, bes. S. 306 f.

26 Vgl. A. Dorpalen, Hindenburg in der Geschichte der Weimarer Republik, Berlin
und Frankfurt am Main 1966, S. 68 ff.; vgl. zur Arbeit des Loebell-Komitees H. A.
Turner, Stresemann, Republikaner aus Vernunft, Berlin 1968, S. 186 ff.

27 Vgl. U. Schüren, Der Volksentscheid zur Fürstenenteignung 1926, Die Vermö-gensauseinandersetzung mit den depossedierten Landesherren als Problem der deutschen Innenpolitik unter besonderer Berücksichtigung der Verhältnisse in Preußen, Düsseldorf 1978, S. 49 ff.

28 Ebenda, S. 156.

29 Ebenda, S. 210.

30 Schulthess' Europäischer Geschichtskalender, 1930, München 1931, S. 183.

31 U. Schüren, Der Volksentscheid, S. 234.

32 Ebenda, S. 224.

33 H. A. Turner, Stresemann, S. 218.

34 Vgl. C. Führ, Zur Schulpolitik der Weimarer Republik, Die Zusammenarbeit von Reich und Ländern im Reichsschulausschuß (1919–1923) und im Ausschuß für das Unterrichtswesen (1924–1933), Darstellung und Quellen, Weinheim ²1972, S. 72; G. Grünthal, Reichsschulgesetz und Zentrumspartei in der Weimarer Re-publik, Düsseldorf 1968, S. 242 f.

35 Vgl. W. Wacker, Der Bau des Panzerschiffs »A« und der Reichstag, Tübingen 1959, S. 81 f.

36 Vgl. J. Hütter, Wilhelm Groener, Reichsminister am Ende der Weimarer Republik (1928–1932), München 1993, S. 69 ff. und 153 ff.

37 H. Schulze, Otto Braun oder Preußens demokratische Sendung, Eine Biographie, Berlin 1977, S. 549.

38 Vgl. J. Becker, Zur Politik der Wehrmachtsabteilung in der Regierungskrise 1926/1927, Zwei Dokumente aus dem Nachlaß Schleicher, in: VfZ 14, 1966, S. 69–78.

39 Vgl. J. A. Leopold, Alfred Hugenberg, The radical nationalist campaign against the Weimar Republic, New Haven 1977, S. 49 ff.; H. Holzbach, Das »System Hu-genberg«, Die Organisation bürgerlicher Sammlungspolitik vor dem Aufstieg der NSDAP, Stuttgart 1981, S. 208 ff.

40 Vgl. A. Stupperich, Volksgemeinschaft oder Arbeitersolidarität, Studien zur Ar-beitnehmerpolitik in der Deutschnationalen Volkspartei 1918–1933, Göttingen und Zürich 1982; I. Hamel, Völkischer Verband und nationale Gewerkschaft, Der Deutschnationale Handlungsgehilfenverband 1893–1933, Frankfurt am Main 1967, S. 218 ff.

41 H. Holzbach, Das »System Hugenberg«, S. 218.

42 Ebenda, S. 167 f. und 200; vgl. zur DNVP F. Frhr. Hiller von Gaertringen, Die Deutschnationale Volkspartei, in: E. Matthias und R. Morsey (Hg.), Das Ende der Parteien, Darstellungen und Dokumente, Düsseldorf 1960, S. 543–652.

43 K. Gossweiler, Bund der Erneuerung des Reiches 1928–1933, in: Lexikon zur Par-teiengeschichte, Die bürgerlichen und kleinbürgerlichen Parteien und Verbände Deutschlands 1789–1945, hg. von D. Fricke u. a., Leipzig und Köln 1983, S. 381.

44 Vgl. L. E. Jones, Sammlung oder Zersplitterung? Die Bestrebungen zur Bildung einer neuen Mittelpartei in der Endphase der Weimarer Republik 1930–1933, in: VfZ 25, 1977, S. 265–304.

45 Vgl. E. Matthias und R. Morsey, Die Deutsche Staatspartei, in: Dies. (Hg.), Das

Ende der Parteien, S. 31–97; L. E. Jones, German liberalism and the dissolution of the Weimar party system 1918–1933, Chapel Hill 1988, S. 372 ff.

46 Vgl. R. Morsey, Die Deutsche Zentrumspartei, in: E. Matthias und R. Morsey (Hg.), Das Ende der Parteien, S. 281–453.

47 Vgl. Ebenda, S. 291.

48 Vgl. F. Naphtali, Wirtschaftsdemokratie, ihr Wesen, Weg und Ziel, Berlin 1928; R. Kuda, Das Konzept der Wirtschaftsdemokratie, in: H.-O. Vetter (Hg.), Vom Sozialistengesetz zur Mitbestimmung, Köln 1975, S. 253–274.

49 B. Weisbrod, Schwerindustrie in der Weimarer Republik, S. 409 f.

50 Vgl. E. Fraenkel, Der Ruhreisenstreit 1928/1929 in historisch-politischer Sicht, in: F. A. Hermens und T. Schieder (Hg.), Staat, Wirtschaft und Politik, S. 97–117; G. D. Feldman und I. Steinisch, Notwendigkeit und Grenzen sozialstaatlicher Intervention, Eine vergleichende Fallstudie des Ruhreisenstreits in Deutschland und des Generalstreiks in England, in: AfS 20, 1980, S. 57–117.

51 B. Weisbrod, Schwerindustrie in der Weimarer Republik, S. 469.

第八章

1   Vgl. M. Vogt (Hg.), Die Entstehung des Young-Plans, dargestellt vom Reichsarchiv 1931–1933, Boppard 1970, S. 26 f.; W. Link, Die amerikanische Stabilisierungspolitik in Deutschland 1921–1932, Düsseldorf 1970, S. 408 ff.; E. Wandel, Die Bedeutung der Vereinigten Staaten von Amerika für das deutsche Reparationsproblem, Tübingen 1971, S. 183 ff.

2   M. Vogt (Hg.), Die Entstehung des Young-Plans, S. 34.

3   E. Eyck, Geschichte der Weimarer Republik, Bd. 2, Erlenbach ⁴1972, S. 236.

4   Akten zur deutschen auswärtigen Politik 1918–1945 (ADAP), Serie B, Bd. XI, Nr. 75, S. 164.

5   ADAP, Serie B, Bd. XI, Nr. 115, S. 249 ff.

6   P. Krüger, Die Außenpolitik der Republik von Weimar, Darmstadt 1985, S. 484 ff.

7   Memorandum zum Young-Plan vom 5. Dezember 1929, in: AdR, Kabinett Müller II, bearb. von M. Vogt, Bd. 1, Boppard 1970, Nr. 369.

8   ADAP, Serie B, Bd. XI, Nr. 134, S. 298.

9   Aufstieg oder Niedergang? Deutsche Wirtschafts- und Finanzpolitik 1929, Eine Denkschrift des Präsidiums des RDI, Berlin 1929.

10 Hitlers Schreiben an die Bundesleitung des Stahlhelm vom 24. April 1929, in: Hitler, Reden, Schriften, Anordnungen, Februar 1923 bis Januar 1933, Bd. 3, Teil 2, München 1994, S. 219 ff.

11 V. R. Berghahn, Der Stahlhelm, Bund der Frontsoldaten 1918–1935, Düsseldorf 1966, S. 121; vgl. zur Problematik plebiszitärer Reformbestrebungen R. Schiffers, Elemente direkter Demokratie im Weimarer Regierungssystem, Düsseldorf 1971, S. 285 ff.

12 H. Michaelis u.a. (Hg.), Ursachen und Folgen, Vom deutschen Zusammenbruch 1918 und 1945 bis zur staatlichen Neuordnung Deutschlands in der Gegenwart, Bd. 7, Berlin 1962, S. 613 f.

13 AdR, Kabinett Müller II, Bd. 2, S. 1229.

14 T. Vogelsang, Reichswehr, Staat und NSDAP, Beiträge zur deutschen Geschichte 1930–1932, Stuttgart 1962, S. 73.

15 Politik und Wirtschaft in der Krise 1930–1932, Quellen zur Ära Brüning, eingel. von G. Schulz, bearb. von I. Maurer und U. Wengst, Teil 1, Düsseldorf 1980, S. 18, in: Quellen zur Geschichte des Parlamentarismus und der politischen Parteien, Reihe 3, Bd. 4.

16 AdR, Kabinett Müller II, Bd. 2, S. 1581 f.

17 Politik und Wirtschaft in der Krise 1930–1932, Teil 1, S. 94.

18 AdR, Kabinett Müller II, Bd. 2, S. 1581.

19 T. Vogelsang, Reichswehr, Staat und NSDAP, S. 414.

20 R. Morsey, Die Deutsche Zentrumspartei, in: E. Matthias und Ders. (Hg.), Das Ende der Parteien, Darstellungen und Dokumente, Düsseldorf 1960, S. 291 ff.

21 W. Besson, Württemberg und die deutsche Staatskrise 1928–1933, Eine Studie zur Auflösung der Weimarer Republik, Stuttgart 1959, S. 135.

22 AdR, Kabinett Müller II, Bd. 2, S. 1609.

23 H. Brüning, Memoiren 1918–1934, Stuttgart 1970, S. 161.

24 Sozialdemokratischer Parteitag Magdeburg 1929, Berlin 1929, S. 170.

25 Vgl. H. Mommsen, Heinrich Brünings Politik als Reichskanzler, Das Scheitern eines politischen Alleingangs, in: K. Holl (Hg.), Wirtschaftskrise und liberale Demokratie, Das Ende der Weimarer Republik und die gegenwärtige Situation, Göttingen 1978, S. 16–45; R. Morsey, Neue Quellen zur Vorgeschichte der Reichskanzlerschaft Brünings, in: F. A. Hermens und T. Schieder (Hg.), Staat, Wirtschaft und Politik in der Weimarer Republik, Festschr. für Heinrich Brüning, Berlin 1967, S. 207–231.

26 H. Brüning, Die Finanz- und Steuerpolitik, in: Politisches Jahrbuch 1927/1928, S. 702; vgl. R. Morsey, Brünings Kritik an der Reichsfinanzpolitik 1919–1929, in: E. Hassinger u.a. (Hg.), Geschichte, Wirtschaft, Gesellschaft, Festschr. für Clemens Bauer, Berlin 1974, S. 359–373.

27 Tagebuch Hans Schäffer vom 17. April 1931, zit. nach H. Mommsen, Heinrich Brünings Politik als Reichskanzler, S. 28.

28 Vgl. R. Morsey, Brünings Kritik an der Reichsfinanzpolitik 1919–1929, S. 359 ff.

29 H. Mommsen, Staat und Bürokratie in der Ära Brüning, in: G. Jasper (Hg.), Tradition und Reform in der deutschen Politik, Gedenkschrift für Waldemar Besson, Frankfurt am Main 1976, S. 81–137.

30 Vgl. W. Grotkopp, Die große Krise, Lehren aus der Überwindung der Wirtschaftskrise 1929–1932, Düsseldorf 1954, S. 50.

31 Vgl. G. Stoltenberg, Politische Strömungen im schleswig-holsteinischen Landvolk 1918–1933, Ein Beitrag zur politischen Meinungsbildung in der Weimarer Republik, Düsseldorf 1962; R. Heberle, Landbevölkerung und Nationalsozialis-

mus, Eine soziologische Untersuchung der politischen Willensbildung in Schleswig-Holstein 1918–1932, Stuttgart 1963.

32 Vgl. F. Stern, Kulturpessimismus als politische Gefahr, Eine Analyse nationaler Ideologie in Deutschland, München und Bern 1963, insbes. S. 345 f.

33 Vgl. D. L. Niewyk, The Jews in Weimar Germany, Baton Rouge 1980, S. 47 f. und 89 f.

34 Vgl. A. Kanders, German Politics and the Jews, Duesseldorf und Nuremberg 1910–1933, Oxford 1996.

35 Vgl. M. H. Kater, Studentenschaft und Rechtsradikalismus in Deutschland 1918– 1933, Eine sozialgeschichtliche Studie zur Bildungskrise in der Weimarer Republik, Hamburg 1975; G. Michalski, Der Antisemitismus im deutschen akademischen Leben in der Zeit nach dem Ersten Weltkrieg, Frankfurt am Main 1980.

36 Vgl. K. von Klemperer, Konservative Bewegungen, Zwischen Kaiserreich und Nationalsozialismus, München und Wien 1962, S. 108 ff.; A. Mohler, Die konservative Revolution in Deutschland 1918–1932, Ein Handbuch, Darmstadt ²1972; Yuji Ishida, Jungkonservative in der Weimarer Republik, Der Ring-Kreis 1928–1933, Frankfurt am Main 1988.

37 Vgl. G. Schulz, Aufstieg des Nationalsozialismus, Krise und Revolution in Deutschland, Frankfurt am Main 1975, S. 325 ff.

38 H. von Hofmannsthal, Das Schrifttum als geistiger Raum der Nation, München 1927.

39 Vgl. H. Lübbe, Politische Philosophie in Deutschland, Basel und Stuttgart 1963, S. 173 ff.; R. Wohl, The generation of 1914, Cambridge, MA, 1979, S. 62 f.

40 Vgl. J. Hermand und F. Trommler, Die Kultur der Weimarer Republik, München 1978; J. Willet, Arts and Politics in the Weimar Period, The New Sobriety 1917– 1933, New York 1978; U. Linse, Barfüßige Propheten, Erlöser der zwanziger Jahre, Berlin 1983.

41 Vgl. J. Herf, Reactionary modernism, Technology, culture and politics in Weimar and the Third Reich, Cambridge 1984.

42 E. von Salomon, Die Geächteten, S. 266.

43 Vgl. F. Raabe, Die Bündische Jugend, Ein Beitrag zur Geschichte der Weimarer Republik, Stuttgart 1961, S. 106 ff.; H. Mommsen, Generationskonflikt und Jugendrevolte in der Weimarer Republik, in: T. Koebner u. a. (Hg.), »Mit uns zieht die neue Zeit«, Der Mythos Jugend, Frankfurt am Main 1985, S. 50–67.

44 Vgl. H. Mommsen, Die Sozialdemokratie in der Defensive, Der Immobilismus der SPD und der Aufstieg des Nationalsozialismus, in: Ders. (Hg.), Sozialdemokratie zwischen Klassenbewegung und Volkspartei, Frankfurt am Main 1974, S. 106–133.

45 Neue Blätter für den Sozialismus 1, 1930, S. 301; vgl. M. Martiny, Die Entstehung der »Neuen Blätter für den Sozialismus« und ihres Freundeskreises, in: VfZ 25, 1977, S. 373–419.

46 J. Goebbels, Die zweite Revolution, Briefe an Zeitgenossen, Zwickau 1926, S. 5 f.; G. Strasser, Macht Platz, ihr Alten!, in: Ders., Kampf um Deutschland, Reden und Aufsätze eines Nationalsozialisten, München 1932, S. 171.

47 M. H. Boehm, Ruf der Jungen, Berlin 1919, S. 44.

48 Die Dritte Front, Die Revolution des Stimmzettels, in: Die Tat, Bd. 24, 1932, S. 7 ff.; vgl. E. Demant, Von Schleicher zu Springer, Hans Zehrer als politischer Publizist, Mainz 1971, S. 35 f. und 80 f.

49 Die Tat, Bd. 21, 1929, S. 25 ff.

50 Hans Zehrer, Rechts oder links?, in: Die Tat, 23 Jg., 1931/1932, Bd. II, S. 547; vgl. E. Matthias und R. Morsey (Hg.), Das Ende der Parteien, S. 73 ff.

51 E. Jonas, Die Volkskonservativen 1928–1933, Entwicklung, Struktur, Standort und staatspolitische Zielsetzung, Düsseldorf 1965, S. 81 f. und 88.

52 Vgl. G. Paul, Aufstand der Bilder, NS-Propaganda vor 1933, Bonn 1990, S. 100 f.

53 Vgl. J. Noakes, The Nazi Party in Lower Saxony 1921–1933, London 1971, S. 148 f.

第九章

1 Vgl. P. D. Stachura, Der kritische Wendepunkt? Die NSDAP und die Reichstagswahlen vom 20. Mai 1928, in: VfZ 26, 1978, S. 66–99.

2 Vgl. D. Orlow, The History of the Nazi Party 1919–1933, Pittsburgh 1969, S. 46 f.; W. Horn, Führerideologie und Parteiorganisation in der NSDAP 1919–1933, Düsseldorf 1972, S. 172 f.

3 W. Horn, Führerideologie und Parteiorganisation, S. 227 f.; vgl. A. Werner, SA und NSDAP, Erlangen 1964.

4 Vgl. A. Tyrell, Vom »Trommler« zum »Führer«, Der Wandel von Hitlers Selbstverständnis zwischen 1919 und 1924 und die Entwicklung der NSDAP, München 1972, S. 166 f.; J. C. Fest, Hitler, Eine Biographie, Frankfurt am Main und Berlin 1973, S. 290 ff.

5 Vgl. J. Nyomarkay, Charisma and factionalism in the Nazi Party, Minneapolis 1967, S. 28 ff.; P. Hüttenberger, Die Gauleiter, Studie zum Wandel des Machtgefüges in der NSDAP, Stuttgart 1969.

6 Hitler, Mein Kampf, München [213–217]1936, S. 510.

7 A. Tyrell, Führer befiehl …, Selbstzeugnisse aus der »Kampfzeit« der NSDAP, Dokumentation und Analyse, Düsseldorf 1969, S. 152.

8 U. Kissenkoetter, Gregor Strasser und die NSDAP, Stuttgart 1978, S. 31.

9 Vgl. G. Schildt, Die Arbeitsgemeinschaft Nord-West, Untersuchungen zur Geschichte der NSDAP 1925/1926, Phil. Diss. Freiburg 1964, S. 105 ff.; R. Kühnl, Die nationalsozialistische Linke 1925–1930, Meisenheim 1966.

10 Die Tagebücher von Joseph Goebbels, Sämtliche Fragmente, Teil 1, Aufzeichnungen 1924–1941, hg. von E. Fröhlich, Bd. 1, München 1987, S. 126 f.

11 O. Strasser, Hitler und ich, Konstanz 1948, S. 87.

12 Vgl. W. Jochmann, Im Kampf um die Macht, Hitlers Rede vor dem Hamburger Nationalclub von 1919, Frankfurt am Main 1960.

13 U. Kissenkoetter, Gregor Strasser, S. 26 ff.

14 Vgl. H. Mommsen, Hitler im Urteil seiner engsten Gefolgsleute, in: Jahrbuch des Wissenschaftskollegs zu Berlin 1983/1984, Berlin 1984, S. 229–245.

15 H. A. Turner jr. (Hg.), Hitler aus nächster Nähe, Aufzeichnungen eines Vertrauten 1920–1932, Frankfurt am Main 1978, S. 73, 127 f. und 251.

16 Abgedruckt in: R. Kühnl, Zur Programmatik der nationalsozialistischen Linken, Das Strasser-Programm von 1925/1926, in: VfZ 14, 1966, S. 317–333.

17 Hitler, Mein Kampf, München [67]1933, S. 374 und 370.

18 Vgl. J. E. Farquharson, The Plough and the Swastika, The NSDAP and agriculture in Germany 1928–1945, London 1976, S. 3 und 41 f.

19 A. Tyrell, Führer befiehl …, S. 193.

20 H. A. Turner jr. (Hg.), Hitler aus nächster Nähe, S. 127.

21 Vgl. P. D. Stachura, Gregor Strasser and the rise of Nazism, London 1983, S. 109 f.

22 Vgl. H. Matzerath und H. A. Turner jr., Die Selbstfinanzierung der NSDAP 1930–1932, in: GuG, 1977, S. 59–92.

23 H. A. Turner jr., Die Großunternehmer und der Aufstieg Hitlers, Berlin 1985, S. 309 ff. und 352 ff.

24 Vgl. H. Mommsen, Die Auflösung des Bürgertums seit dem 19. Jahrhundert, in: J. Kocka (Hg.), Bürger und Bürgerlichkeit im 19. Jahrhundert, Göttingen 1987, S. 288–315.

25 Vgl. H. Gies, NSDAP und landwirtschaftliche Organisationen in der Endphase der Weimarer Republik, in: VfZ 15, 1967, S. 34–76.

26 Vgl. W. Pyta, Dorfgemeinschaft und Parteipolitik 1918–1933, Düsseldorf 1996, S. 325 ff.

27 Vgl. I. Hamel, Völkischer Verband und nationale Gewerkschaft, Der Deutsch-nationale Handlungsgehilfenverband 1893–1933, Frankfurt am Main 1967, S. 244 ff.; M. Prinz, Vom neuen Mittelstand zum Volksgenossen, Die Entwicklung des sozialen Status der Angestellten von der Weimarer Republik bis zum Ende der NS-Zeit, München 1986, S. 72.

28 T. Childers (Hg.), The Formation of the Nazi Constituency 1919–1933, London und Sidney 1986, S. 232–255.

29 Vgl. G. Mai, Die nationalsozialistische Betriebszellenorganisation, Zum Verhältnis von Arbeiterschaft und Nationalsozialismus, in: VfZ 31, 1983, S. 573–613; V. Kratzenberg, Arbeiter auf dem Weg zu Hitler? Die Nationalsozialistische Betriebsorganisation, Ihre Entstehung, ihre Programmatik, ihr Scheitern 1927–1937, Frankfurt am Main 1987, S. 76 f.

30 Vgl. R. Neebe, Großindustrie, Staat und NSDAP 1930–1933, Göttingen 1981, S. 124 ff.

31 Vgl. F. Dickmann, Die Regierungsbildung in Thüringen als Modell der Machter-greifung, Ein Brief Hitlers aus dem Jahre 1930, in: VfZ 14, 1966, S. 454–464.

32 O. Strasser, Mein Kampf, Eine politische Autobiographie, Frankfurt am Main 1969, S. 56.

33 R. Kühnl, Die nationalsozialistische Linke, S. 374.

34 Abgedruckt in: Ebenda, S. 292–297.

35 K. O. Paetel, Versuchung oder Chance? Zur Geschichte des deutschen National-bolschewismus, Göttingen 1965, S. 156 f.; vgl. O.-E. Schüddekopf, Linke Leute von rechts, Die national-revolutionären Minderheiten und der Kommunismus in der Weimarer Republik, Stuttgart 1960, S. 364 ff.; L. Dupeux, »Nationalbol-schewismus« 1918–1933, Kommunistische Strategie und konservative Dynamik, München 1985, S. 413.

36 Vgl. K. Heiden, Geschichte des Nationalsozialismus, Die Karriere einer Idee, Ber-lin 1932, S. 291.

37 Vgl. H.-C. Brandenburg, Die Geschichte der HJ, Wege und Irrwege einer Genera-tion, Köln 1968, S. 68; P. D. Stachura, Nazi youth in the Weimar Republic, Oxford 1975, S. 149 ff.

38 A. Moeller van den Bruck, Das Recht der jungen Völker, München 1919; vgl. F. Stern, Kulturpessimismus als politische Gefahr, Eine Analyse nationaler Ideologie in Deutschland, München und Bonn 1963, S. 223 ff.

39 M. H. Kater, The Nazi Party, A social profile of members and leaders 1919–1945, Oxford 1983, S. 229 ff.

40 Vgl. T. Childers (Hg.), The Formation of the Nazi Constituency, S. 198 f.

41 Vgl. dagegen J. W. Falter und D. Hänisch, Die Anfälligkeit von Arbeitern gegenüber der NSDAP bei den Reichstagswahlen 1928–1933, in: AfS 26, 1986, S. 179–216.

42 Vgl. T. Childers (Hg.), The Formation of the Nazi Constituency, S. 265 ff.

43 Vgl. M. Jamin, Zwischen den Klassen, Zur Sozialstruktur der SA-Führerschaft, Wuppertal 1984, S. 372 f.

第十章

1 Politik und Wirtschaft in der Krise 1930–1932, Quellen zur Ära Brüning, ein-gel. von G. Schulz, bearb. von I. Maurer und U. Wengst, Teil 1, Düsseldorf 1980, S. 432, in: Quellen zur Geschichte des Parlamentarismus und der politischen Par-teien, Reihe 3, Bd. 4.

2 Staat und NSDAP 1930–1932, Quellen zur Ära Brüning, Düsseldorf 1977, Einlei-tung, in: Quellen, Reihe 3, Bd. 3.

3 H. Brüning, Memoiren 1918–1934, Stuttgart 1970, S. 195.

4 Vgl. Ebenda, S. 585 f.

5 Politik und Wirtschaft in der Krise 1930–1932, S. 403.

6 F. L. Carsten, Reichswehr und Politik 1918–1933, Köln und Berlin 1964, S. 383.

7 H. Pünder, Politik in der Reichskanzlei, Aufzeichnungen aus den Jahren 1929 bis 1932, hg. von T. Vogelsang, Stuttgart 1961, S. 80.

8 K. Schönhoven, Die Bayerische Volkspartei 1924–1932, Düsseldorf 1972, S. 269.

9 Vgl. G. Schulz, Reparationen und Krisenprobleme nach dem Wahlsieg der

NSDAP, Betrachtungen zur Regierung Brüning, in: Vierteljahresschrift für Sozial- und Wirtschaftsgeschichte 67, 1980, S. 200–222.

10 H. Brüning, Memoiren, S. 195; vgl. H. Mommsen, Betrachtungen zu den Memoiren Heinrich Brünings, in: Jahrbuch für die Geschichte Mittel- und Ostdeutschlands 22, 1973, S. 270–280; R. Morsey, Zur Entstehung, Authentizität und Kritik von Brünings Memoiren, Opladen 1975.

11 Vgl. R. Meister, Die große Depression, Zwangslagen und Handlungsspielräume der Wirtschafts- und Finanzpolitik in Deutschland 1929–1932, Regensburg 1991, S. 212 f.

12 Vgl. Ebenda, S. 103 f. und 127.

13 Vgl. W. Conze und H. Raupach (Hg.), Die Staats- und Wirtschaftskrise des Deutschen Reiches 1929–1933, Sechs Beiträge, Stuttgart 1967; G. Schulz, Aufstieg des Nationalsozialismus, Krise und Revolution in Deutschland, Frankfurt am Main 1975, S. 857.

14 R. Meister, Die große Depression, S. 304 f.

15 Vgl. H. Homburg, Vom Arbeitslosen zum Zwangsarbeiter, in: AfS 25, 1985, S. 251–298.

16 E. Rosenhaft, Gewalt in der Politik, Zum Problem des »Sozialen Militarismus«, in: U. J. Müller und E. Opitz (Hg.), Militär und Militarismus in der Weimarer Republik, Düsseldorf 1978, S. 247 ff.

17 Vgl. M. Matthiesen, Ein Konservativer auf dem Weg in den Widerstand (1884–1945), in: H.-C. Kraus, Konservative Politiker in Deutschland, Berlin 1995, S. 244 und 247 f.

18 Vgl. H. Köhler, Arbeitsbeschaffung, Siedlung und Reparationen in der Schlußphase der Regierung Brüning, in: VfZ 17, 1969, S. 276–307; D. Hertz-Eichenrode, Wirtschaftskrise und Arbeitsbeschaffung, Konjunkturpolitik 1925/1926 und die Grundlagen der Krisenpolitik Brünings, Frankfurt am Main 1982.

19 Tagebuch Hans Schäffer vom 29. Januar 1932, zit. nach H. Mommsen, Staat und Bürokratie in der Ära Brüning, in: G. Jasper (Hg.), Tradition und Reform in der deutschen Politik, Gedenkschrift für Waldemar Besson, Stuttgart 1976, S. 111.

20 M. Grübler, Die Spitzenverbände der Wirtschaft und das erste Kabinett Brüning, Eine Quellenstudie, Düsseldorf 1982, S. 342.

21 Vgl. B. Weisbrod, Die Befreiung von den »Tariffesseln«, Deflationspolitik als Krisenstategie der Unternehmer in der Ära Brüning, in: GuG 11, 1985, S. 295–325.

22 Vgl. U. Wengst, Unternehmerverbände und Gewerkschaften in Deutschland im Jahre 1930, in: VfZ 25, 1977, S. 99–119.

23 Politik und Wirtschaft in der Krise 1930–1932, S. 701.

24 Mitteilungen des Vereins zur Wahrung der gemeinsamen wirtschaftlichen Interessen in Rheinland und Westfalen, Jg. 1931, Nr. 1, S. 49–51.

25 M. Grübler, Die Spitzenverbände der Wirtschaft, S. 445.

26 AdR, Kabinette Brüning I und II, bearb. von T. Koops, Bd. 2, Boppard 1982, S. 1768.

27 Vgl. D. Gessner, Agrardepression und Präsidialregierungen in Deutschland 1930–1933, Probleme des Agrarprotektionismus am Ende der Weimarer Republik, Düsseldorf 1977, S. 41 ff.

28 Vgl. G. Schulz, Staatliche Stützungsmaßnahmen in den deutschen Ostgebieten, in: F. A. Hermens und T. Schieder (Hg.), Staat, Wirtschaft und Politik in der Weimarer Republik, Festschr. für Heinrich Brüning, Berlin 1967, S. 141–202.

29 AdR, Kabinette Brüning I und II, Bd. 1, S. 794–796 und 833–838.

30 U. Wengst, Hans Schlange-Schöningen, Ostsiedlung und die Demission der Regierung Brüning, in: GWU 30, 1979, S. 538–551; D. Gessner, Agrardepression, S. 242 ff.

31 Vgl. R. Meister, Die große Depression, S. 218 ff.

32 ADAP, Serie B, Bd. 16, S. 475.

33 Vgl. H. Mommsen, Heinrich Brünings Politik als Reichskanzler, Das Scheitern eines politischen Alleingangs, in: K. Holl (Hg.), Wirtschaftskrise und liberale Demokratie, Göttingen 1979, S. 27 ff.; R. Meister, Die große Depression, S. 253.

34 Vgl. W. Lipgens, Europäische Einigungsidee 1923–1930 und Briands Europa-Plan im Urteil der deutschen Akten, in: HZ 203, 1966, S. 46–89 und 316–363.

35 AdR, Kabinette Brüning I und II, Bd. 1, S. 283.

36 ADAP, Serie B, Bd. 15, S. 93.

37 AdR, Kabinette Brüning I und II, Bd. 1, S. 281.

38 Vgl. P. Krüger, Die Außenpolitik der Republik von Weimar, Darmstadt 1985, S. 531 ff.

39 H. Brüning, Memoiren, S. 382.

40 Zum folgenden vgl. K.-E. Born, Die deutsche Bankenkrise 1931, Finanzen und Politik, München 1967, S. 67 ff.

41 AdR, Kabinette Brüning I und II, Bd. 2, S. 1053–1059.

42 Schulthess' Europäischer Geschichtskalender 1931, S. 121.

43 Ebenda, S. 121.

44 Vgl. F. Knipping, Deutschland, Frankreich und das Ende der Locarno-Ära 1928–1931, München 1987, S. 21 f. und 226.

45 H. A. Turner jr., Die Großunternehmer und der Aufstieg Hitlers, Berlin 1985, S. 310 f.; G. Volkland, Hintergründe und politische Auswirkungen der Gelsenberg-Affäre im Jahre 1932, in: Zeitschrift für Geschichte 11, 1963, S. 289–318.

46 H. Brüning, Memoiren, S. 309.

47 AdR, Kabinette Brüning I und II, Bd. 2, S. 1054.

48 H. Mommsen, Staat und Bürokratie in der Ära Brüning, S. 111.

49 Politik und Wirtschaft in der Krise 1930–1932, Teil 2, S. 1118 f.

50 Vgl. H. Mommsen, Die Stellung der Beamtenschaft in Reich, Ländern und Gemeinden in der Ära Brüning, in: VfZ 21, 1973, S. 151–165; Ders., Staat und Bürokratie in der Ära Brüning, S. 81–137.

51 H. Brüning, Memoiren, S. 481 f. und 552.

52 Vgl. P.-C. Witt, Finanzpolitik als Verfassungs- und Gesellschaftspolitik, Überle-

gungen zur Finanzpolitik des Deutschen Reiches 1930–1932, in: GuG 8, 1982, S. 401.

53 H. Brüning, Memoiren, S. 456.

第十一章

1 H. Brüning, Memoiren 1918–1934, Stuttgart 1970, S. 370.

2 C. Horkenbach (Hg.), Das Deutsche Reich von 1918 bis heute, 1931, S. 318.

3 H. Zehrer, Glossen zur Zeit, in: Die Tat 23, 1931/1932, Bd. 2, S. 667.

4 H. Brüning, Memoiren, S. 417.

5 H. Zehrer, Glossen zur Zeit, S. 669; vgl. zum Folgenden V. R. Berghahn, Die Harzburger Front und die Kandidatur Hindenburgs für die Reichspräsidentschaftswahlen 1932, in: VfZ 13, 1965, S. 65–82.

6 Brief Hindenburgs an den ostpreußischen Oberpräsidenten von Berg vom 25. Februar 1932, abgedruckt in: W. Hubatsch, Hindenburg und der Staat, Aus den Papieren des Generalfeldmarschalls und Reichspräsidenten von 1878 bis 1934, Göttingen 1966, S. 314.

7 Vgl. F. Frhr. Hiller von Gaertringen, Zur Beurteilung des »Monarchismus« in der Weimarer Republik, in: G. Jasper (Hg.), Tradition und Reform in der deutschen Politik, Gedenkschrift für Waldemar Besson, Stuttgart 1976, S. 138–186.

8 T. Vogelsang, Reichswehr, Staat und NSDAP, Beiträge zur deutschen Geschichte 1930–1932, Stuttgart 1962, S. 438.

9 E. Matthias, Hindenburg zwischen den Fronten, Zur Vorgeschichte der Reichspräsidentenwahlen von 1932, in: VfZ 8, 1960, S. 75–84.

10 R. Morsey, Hitler als braunschweigischer Regierungsrat, in: VZ 8, 1960, S. 419–448.

11 Vgl. I. Kershaw, Der Hitler-Mythos, Volksmeinung und Propaganda im Dritten Reich, Stuttgart 1980, S. 25 ff.

12 Vgl. S. Höner, Der nationalsozialistische Zugriff auf Preußen, Preußischer Staat und nationalsozialistische Machteroberungsstrategie 1928–1934, Bochum 1984, S. 25 ff.

13 Vgl. H.-P. Ehni, Bollwerk Preußen?, Preußen-Regierung, Reich-Länder-Problem und Sozialdemokratie 1928–1932, Bonn 1975, H. Schulze, Otto Braun oder Preußens demokratische Sendung, Eine Biographie, Frankfurt am Main und Berlin 1977, S. 689 ff.

14 Vgl. T. Vogelsang, Reichswehr, Staat und NSDAP, S. 139 ff.

15 Vgl. U. Herbert, Best, Biographische Studien über Radikalismus, Weltanschauung und Vernunft 1903–1989, Bonn 1996, S. 112 ff.

16 T. Vogelsang, Reichswehr, Staat und NSDAP, S. 147.

17 Vgl. R. Bessel, Militarismus im neuen politischen Leben der Weimarer Republik, Von einem Freikorps zur SA, in: U. J. Müller und E. Opitz (Hg.), Militär und Militarismus in der Weimarer Republik, Düsseldorf 1978, S. 211 ff.

18 Staat und NSDAP 1930–1932, Quellen zur Ära Brüning, Düsseldorf 1977, S. 283.

19 Vgl. J. Hütter, Wilhelm Groener, Reichswehrminister am Ende der Weimarer Republik, 1928–1932, München 1993, S. 314 f.

20 T. Vogelsang, Reichswehr, Staat und NSDAP, S. 139 und 444.

21 Staat und NSDAP 1930–1932, LIX.

22 T. Vogelsang, Reichswehr, Staat und NSDAP, S. 448.

23 Staat und NSDAP 1930–1932, S. 308 f.

24 Vgl. H. Michaelis u. a. (Hg.), Ursachen und Folgen, Vom deutschen Zusammenbruch 1918 und 1945 bis zur staatlichen Neuordnung Deutschlands in der Gegenwart, Bd. 8, Berlin 1963, S. 461.

25 Staat und NSDAP 1930–1932, S. 322.

26 H. Michaelis u. a. (Hg.), Ursachen und Folgen, Bd. 8, S. 462.

27 Vgl. J. Hütter, Wilhelm Groener, S. 347 f.

28 Vgl. M. Geyer, Aufrüstung oder Sicherheit?, Die Reichswehr in der Krise der Machtpolitik 1924–1936, Wiesbaden 1980, S. 237 ff.

29 Vgl. J. M. Diehl, Paramilitary Politics in Weimar Germany, Bloomington 1977, S. 293 ff.

30 F. L. Carsten, Reichswehr und Politik 1918–1933, Köln und Berlin 1964, S. 347.

31 Vgl. P. Bucher, Der Reichswehrprozeß, Der Hochverrat der Ulmer Reichswehroffiziere 1929/1930, Boppard 1967.

32 Ebenda, S. 260.

33 Vgl. O.-E. Schüddekopf, Das Heer und die Republik, Quellen zur Politik der Reichswehrführung 1918–1933, Hannover 1955, S. 328; Staat und NSDAP 1930–1932, S. 270.

34 Vgl. H. Schulze, Otto Braun oder Preußens demokratische Sendung, S. 606 ff.

35 F. L. Carsten, Reichswehr und Politik 1918–1933, S. 364.

36 Vgl. M. Geyer, Das Zweite Rüstungsprogramm 1930–1934, in: Militärgeschichtliche Mitteilungen 17, 1975, S. 125–172.

37 Schulthess' Europäischer Geschichtskalender 1932, S. 88 f.

38 S. Niederschrift Graf Westarp vom 1. Juni 1932, in: Dokumentation zum Sturz Brünings, VfZ 1, 1953, S. 282, vgl. W. Conze, Zum Sturz Brünings, in: VfZ 1, 1953, S. 286.

39 Die Tagebücher von Joseph Goebbels, Sämtliche Fragmente, Teil 1, Aufzeichnungen 1924–1941, hg. von E. Fröhlich, Bd. 2, München und New York 1987, S. 165.

40 T. Vogelsang, Reichswehr, Staat und NSDAP, S. 471.

41 K. Frhr. von Hammerstein, Schleicher und die Machtübernahme 1933, in: Frankfurter Hefte 11, 1956, S. 17.

42 Staat und NSDAP 1930–1932, S. 281 und 271 f.

43 T. Vogelsang, Reichswehr, Staat und NSDAP, S. 138.

44 H. Brüning, Reden und Aufsätze eines deutschen Staatsmanns, hg. von W. Vernekohl und R. Morsey, Münster 1968, S. 164 f.

45 H. Brüning, Memoiren, S. 591.

46 Vgl. H. Muth, Agrarpolitik und Parteipolitik im Frühjahr 1932, in: F. A. Hermens (Hg.), Staat, Wirtschaft und Politik in der Weimarer Republik, Festschr. für Heinrich Brüning, Berlin 1967, S. 317–360; U. Wengst, Hans Schlange-Schöningen, Ostsiedlung und die Demission der Regierung Brüning, in: GWU 30, 1979, S. 541 ff.

47 Vgl. G. Schulz, Von Brüning zu Hitler, Der Wandel des politischen Systems in Deutschland 1930–1933, Berlin 1992, S. 863 ff.

48 F. von Papen, Der Wahrheit eine Gasse, München 1952, S. 189 f.

49 H. Michaelis u. a. (Hg.), Ursachen und Folgen, Bd. 8, S. 509.

50 M. von Braun, Von Ostpreußen bis Texas, Stollhamm 1955, S. 208.

51 Vgl. E. Kolb und W. Pyta, Die Staatsnotstandsplanung unter den Regierungen Papen und Schleicher, in: H. A. Winkler (Hg.), Die deutsche Staatskrise 1930–1933, Handlungsspielräume und Alternativen, München 1992, S. 194 ff.

52 Vgl. U. Hörster-Philipps, Konservative Politik in der Endphase der Weimarer Republik, Die Regierung Franz von Papen, Köln 1982, S. 328 ff.

第十二章

1   AdR, Kabinett Papen, bearb. von K.-H. Minuth, Bd. 1, Boppard 1989, S. 5; vgl. Joachim Petzold, Franz von Papen, Ein deutsches Verhängnis, München 1995, S. 66 f.

2   H. Graf Kessler, Tagebücher 1918–1937, hg. von W. Pfeiffer-Belli, Frankfurt am Main 1961, S. 670.

3   AdR, Kabinett Papen, Bd. 1, S. 13 f.

4   H. Michaelis u. a. (Hg.), Ursachen und Folgen, Vom deutschen Zusammenbruch 1918 und 1945 bis zur staatlichen Neuordnung Deutschlands in der Gegenwart, Bd. 8, Berlin 1963, S. 554.

5   Ebenda, S. 553.

6   T. Vogelsang, Zur Politik Schleichers gegenüber der NSDAP 1932, in: VfZ 6, 1958, S. 86–118.

7   C. Horkenbach (Hg.), Das Deutsche Reich von 1918 bis heute, 1932, S. 315.

8   H. Michaelis u. a. (Hg.), Ursachen und Folgen, Bd. 8, S. 472.

9   S. Höner, Der nationalsozialistische Zugriff auf Preußen, Preußischer Staat und nationalsozialistische Machteroberungsstrategie 1928–1934, Bochum 1984, S. 302 f.

10 Ebenda, S. 307.

11 Völkischer Beobachter vom 19. Juli 1932.

12 P. Leßmann, Die Preußische Schutzpolizei in der Weimarer Republik, Düsseldorf 1989, S. 343 ff.

13 M. Domarus, Hitler, Reden und Proklamationen 1932–1945, Bd. 1, Wiesbaden 1973, S. 130; vgl. R. Bessel, The Potempa Murder, in: Central European History 10, 1977, S. 241–254.

14 Vgl. T. Vogelsang, Reichswehr, Staat und NSDAP, Beiträge zur deutschen Geschichte 1930–1932, Stuttgart 1962, S. 252.

15 T. Trumpp, Franz von Papen, der preußisch-deutsche Dualismus und die NSDAP in Preußen, Ein Beitrag zur Vorgeschichte des 20. Juli 1932, Phil. Diss. Tübingen 1963, S. 212–219.

16 Vgl. H. Schulze, Otto Braun oder Preußens demokratische Sendung, Eine Biographie, Frankfurt am Main und Berlin 1977, S. 725 ff.

17 Vgl. G. Schulz, »Preußenschlag« oder Staatsstreich?, Neues zum 20. Juli 1932, in: Der Staat 17, 1978, S. 553–581.

18 H. Pünder, Politik in der Reichskanzlei, Aufzeichnungen aus den Jahren 1929–1932, hg. von T. Vogelsang, Stuttgart 1961, S. 136.

19 Die Tagebücher von Joseph Goebbels, Sämtliche Fragmente, Teil 1, Aufzeichnungen 1924–1941, hg. von E. Fröhlich, Bd. 2, München und New York 1987, S. 183.

20 Teilweiser Abdruck der Aufzeichnungen von Albert Grzesinski in: M. Broszat, Die Machtergreifung, Der Aufstieg der NSDAP und die Zerstörung der Weimarer Republik, München 1984, S. 189–198.

21 C. Severing, Mein Lebensweg, Bd. 2, Köln 1950, S. 347; H. Schulze, Aus den Akten des Parteivorstandes der deutschen Sozialdemokratie 1932/1933, Bonn 1975, S. 3–34.

22 H.-P. Ehni, Bollwerk Preußen?, Preußen-Regierung, Reich-Länder-Problem und Sozialdemokratie 1928–1932, Bonn 1975, S. 260.

23 AdR, Kabinett Papen, Bd. 1, S. 264; vgl. W. Benz und I. Geiss, Staatsstreich gegen Preußen, 20. Juli 1932, Düsseldorf o. J., S. 12 f.

24 Die Tagebücher von Joseph Goebbels, Bd. 2, S. 209.

25 C. Horkenbach (Hg.), Das Deutsche Reich von 1918 bis heute, 1932, S. 21.

26 O. Braun, Von Weimar zu Hitler, Hamburg 1949, S. 257 f.; vgl. H. Schulze, Otto Braun, S. 755.

27 Die Tagebücher von Joseph Goebbels, Teil 1, Bd. 2, S. 208.

28 Vgl. H. Schulze, Otto Braun, S. 766 ff.; Schulthess' Europäischer Geschichtskalender 1932, S. 200.

29 Schulthess' Europäischer Geschichtskalender 1932, S. 134.

30 W. Benz und I. Geiss, Staatsstreich gegen Preußen, S. 27.

31 Schulthess' Europäischer Geschichtskalender 1932, S. 134 f.

32 W. Schotte, Der neue Staat, Berlin 1932, S. 27.

33 DNVP, Unsere Partei, S. 10, 1932, Nr. 12 vom 15. Juni 1932.

34 Vgl. L. E. Jones, Sammlung oder Zersplitterung?, Die Bestrebungen zur Bildung einer neuen Mittelpartei in der Endphase der Weimarer Republik 1930–1932, in: VfZ 25, 1977, S. 265–304.

35 Vgl. D. Junker, Die Deutsche Zentrumspartei und Hitler 1932/1933, Ein Beitrag zur Problematik des politischen Katholizismus in Deutschland, Stuttgart 1969, S. 156 ff.; R. Morsey, Der Untergang des politischen Katholizismus, Die Zentrumspartei zwischen christlichem Selbstverständnis und »Nationaler Erhebung« 1932/1933, Stuttgart und Zürich 1977, S. 109 und 176 f.

36 Vgl. J. Falter, Hitlers Wähler, München 1991, S. 35 f. und 369 ff.

37 M. Domarus, Hitler, Bd. 1, S. 113 f. und 120.

38 Die Tagebücher von Joseph Goebbels, Bd. 2, S. 211.

39 T. Vogelsang, Neue Dokumente zur Geschichte der Reichswehr 1930–1933, in: VfZ 2, 1954, S. 91 f.

40 Die Tagebücher von Joseph Goebbels, Bd. 2, S. 217.

41 Ebenda, S. 219.

42 AdR, Kabinett Papen, Bd. 1, S. 384.

43 T. Vogelsang, Zur Politik Schleichers, S. 100.

44 AdR, Kabinett Papen, Bd. 1, S. 385 und 379.

45 Ebenda, S. 382.

46 Rede des Reichsministers des Innern, Frhr. von Gayl, anläßlich der Verfassungsfeier am 11. August 1932, Berlin 1932.

47 AdR, Kabinett Papen, Bd. 1, S. 391 f.

48 Ebenda, S. 392.

49 Die Tagebücher von Joseph Goebbels, Bd. 2, S. 226.

50 M. Domarus, Hitler, Bd. 1, S. 127.

51 Vgl. U. Kissenkoetter, Gregor Strasser und die NSDAP, Stuttgart 1978, S. 83 ff.

52 Vgl. D. Junker, Die Deutsche Zentrumspartei, S. 86 ff.; R. Morsey, Der Untergang des politischen Katholizismus, S. 56 ff.

53 D. Junker, Die Deutsche Zentrumspartei, S. 84 f. und 89.

54 Ebenda, S. 101 f.

55 Schulthess' Europäischer Geschichtskalender 1931, S. 5; vgl. J. Becker, Prälat Kaas und das Problem der Regierungsbeteiligung der NSDAP 1930–1932, in: HZ 196, 1963, S. 74–111.

56 T. Vogelsang, Reichswehr, Staat und NSDAP, S. 277.

57 Ebenda, S. 278.

58 Schulthess' Europäischer Geschichtskalender 1932, S. 154.

59 R. Neebe, Großindustrie, Staat und NSDAP 1930–1933, Paul Silverberg und der Reichsverband der Deutschen Industrie in der Krise der Weimarer Republik, Göttingen 1981, S. 128.

60 R. Neebe, Großindustrie, Staat und NSDAP 1930–1933, S. 131.

61 Schulthess' Europäischer Geschichtskalender 1932, S. 159.

62 Lexikon zur Parteiengeschichte, Die bürgerlichen und kleinbürgerlichen Parteien und Verbände in Deutschland 1789–1945, hg. von D. Fricke u. a., Bd. 2, Leipzig und Köln 1984, S. 219; zu Schleichers Überlegungen zur Präsidialpartei-Gründung vgl. AdR, Kabinett Papen, Bd. 1, S. 477 und 481.

63 AdR, Kabinett Papen, Bd. 2, S. 557; vgl. W. Schotte, Der neue Staat, Berlin 1932; J. Petzold, Wegbereiter des deutschen Faschismus, Die Jungkonservativen in der Weimarer Republik, Köln 1978, S. 203 f. und 229 ff.

64 AdR, Kabinett Papen, Bd. 2, S. 556 und 560.

65 M. Domarus, Hitler, Bd. 1, S. 133, 135 und 138 f.

66 Vgl. H. Skrzypczak, Revolutionäre Gewerkschaftspolitik in der Weltwirtschaftskrise, in: Gewerkschaftliche Monatshefte 34, 1983, S. 264–277.

67 Vgl. R. Bessel, Political violence and the rise of Nazism, The storm troopers in Eastern Germany 1925–1934, New Haven 1984, S. 91 f. und 94 f.

68 M. Domarus, Hitler, Bd. 1, S. 137.

69 Vgl. T. Childers, The limits of National Socialist mobilization, The elections of 6th November 1932 and the fragmentation of the Nazi constituency, in: Ders. (Hg.), The formation of the Nazi constituency, London 1986, S. 223–259.

70 AdR, Kabinett Papen, Bd. 2, S. 954 und 955 f.

71 Vgl. A. Schildt, Militärdiktatur mit Massenbasis?, Die Querfrontkonzeption der Reichswehrführung um General von Schleicher am Ende der Weimarer Republik, Frankfurt am Main 1981, S. 158 f.

72 AdR, Kabinett Papen, Bd. 2, S. 997 f. und 999.

73 T. Vogelsang, Zur Politik Schleichers, S. 105.

74 T. Vogelsang, Neue Dokumente, S. 427.

75 AdR, Kabinett Papen, Bd. 2, S. 1037.

76 T. Vogelsang, Reichswehr, Staat und NSDAP, S. 485; vgl. F. Arndt, Vorbereitungen der Reichswehr für den militärischen Ausnahmezustand, in: Zeitschrift für Militärgeschichte 4, 1965, S. 195–203.

77 F. von Papen, Der Wahrheit eine Gasse, München 1952, S. 250.

第十三章

1 AdR, Kabinett Schleicher, bearb. von A. Golecki, Boppard 1986, S. 109.

2 K. Graf Westarp, Am Grabe der Parteienherrschaft, Berlin 1932, S. 113 ff.; vgl. H. Mommsen, Die Illusion einer Regierung ohne Parteien und der Aufstieg der NSDAP, in: E. Kolb und W. Mühlhausen (Hg.), Parlamentarische Demokratie in der Krise, München 1997, S. 113–139.

3 AdR, Kabinett Schleicher, S. 101–117.

4 B. Steinmann, Die Schleicher-Regierung, in: Internationale Pressekorrespondenz 12, 1932, Nr. 203 vom 6. Dezember 1932, S. 3243 f.; vgl. S. Bahne, Die KPD und das Ende von Weimar, Das Scheitern einer Politik 1932–1935, Frankfurt am Main und New York 1976, S. 12 ff.; H. Weber, Hauptfeind Sozialdemokratie, Strategie und Taktik der KPD 1929–1933, Düsseldorf 1982, S. 72 f.

5 S. Bahne, Die Kommunistische Partei Deutschlands, in: E. Matthias und R. Morsey (Hg.), Das Ende der Parteien, Darstellungen und Dokumente, Düsseldorf 1960, S. 681.

6 Ebenda, S. 668, 672 und 682.

7 R. Breitscheid, Papen erledigt, in: Der Vorwärts, Nr. 569 vom 3. Dezember 1932.

8 Vgl. H. A. Winkler, Der Weg in die Katastrophe, Arbeiter und Arbeiterbewegung in der Weimarer Republik 1930–1933, Berlin und Bonn 1987, S. 802 ff.; W.

Luthardt, Sozialdemokratische Verfassungstheorie in der Weimarer Republik, Opladen 1986, S. 130 f.

9　Vgl. H. Mommsen, Die Sozialdemokratie in der Defensive, Der Immobilismus der SPD und der Aufstieg des Nationalsozialismus, in: Ders. (Hg.), Sozialdemokratie zwischen Klassenbewegung und Volkspartei, Frankfurt am Main 1974, S. 106–133.

10　Vgl. H. Potthoff, Freie Gewerkschaften 1918–1933, Der Allgemeine Deutsche Gewerkschaftsbund in der Weimarer Republik, Düsseldorf 1987, S. 301 f.

11　Vgl. M. Schneider, Das Arbeitsbeschaffungsprogramm des ADGB, Zur gewerkschaftlichen Politik in der Endphase der Weimarer Republik, Bonn 1975.

12　Vgl. E. Heupel, Reformismus und Krise, Zur Theorie und Praxis von SPD, ADGB und AfA-Bund in der Weltwirtschaftskrise 1929–1932/1933, Frankfurt am Main 1981, S. 205 ff.

13　Teilweiser Abdruck in M. Broszat, Die Machtergreifung, Der Aufstieg der NSDAP und die Zerstörung der Weimarer Republik, München 1984, S. 179–184.

14　H. Schulze, Otto Braun oder Preußens demokratische Sendung, Eine Biographie, Frankfurt am Main 1977, S. 772.

15　H. A. Winkler, Der Weg in die Katastrophe, S. 823.

16　Vgl. H. Muth, Schleicher und die Gewerkschaften 1932, Ein Quellenproblem, in: VfZ 26, 1981, S. 189–215.

17　Vgl. H. Köhler, Arbeitsdienst in Deutschland, Pläne und Verwirklichungsformen bis zur Einführung der Arbeitsdienstpflicht im Jahre 1935, Berlin 1967, S. 164 ff.; P. Dudek, Erziehung durch Arbeit, Arbeitslagerbewegung und freiwilliger Arbeitsdienst 1920–1935, Opladen 1988.

18　Strassers Briefentwurf abgedruckt in: U. Kissenkoetter, Gregor Strasser und die NSDAP, Stuttgart 1978, S. 202–204.

19　Die Tagebücher von Joseph Goebbels, Sämtliche Fragmente, Teil 1, Aufzeichnungen 1924–1941, hg. von E. Fröhlich, Bd. 2, München und New York 1987, S. 297.

20　Vgl. U. Kissenkoetter, Gregor Strasser und die NSDAP, S. 202–204; P. D. Stachura, »Der Fall Strasser«, Gregor Strasser, Hitler and National Socialism 1930–1932, in: Ders. (Hg.), The Shaping of the Nazi State, London 1978, S. 88–130.

21　U. Kissenkoetter, Gregor Strasser und die NSDAP, S. 192, s. Hitlers »Denkschrift über die inneren Gründe für die Verfügungen zur Herstellung einer erhöhten Schlagkraft der Bewegung«, 12./13. Dezember 1932, BA Berlin, NS 22/110.

22　Die Tagebücher von Joseph Goebbels, Bd. 2, S. 333.

23　Abdruck der Rede Papens in G. Buchheit, Im Schatten Bismarcks, Brüning, Papen, Schleicher, Berlin 1933, S. 95 ff.

24　H. Michaelis u. a. (Hg.), Ursachen und Folgen, Vom deutschen Zusammenbruch 1918 und 1945 bis zur staatlichen Neuordnung Deutschlands in der Gegenwart, Bd. 8, Berlin 1963, S. 687; vgl. H. A. Turner jr., Die Großunternehmer und der Aufstieg Hitlers, Berlin 1985, S. 785 ff.

25　R. Neebe, Großindustrie, Staat und NSDAP 1930–1933, Paul Silverberg und der

Reichsverband der Deutschen Industrie in der Krise der Weimarer Republik, Göttingen 1981, S. 160.

26 Deutsche Führerbriefe vom 3. Juni 1932; vgl. R. Neebe, Großindustrie, Staat und NSDAP 1930–1933, S. 165.

27 Abgedruckt in: E. Czichon, Wer verhalf Hitler zur Macht?, Zum Anteil der deutschen Industrie an der Zerstörung der Weimarer Republik, Köln 1967, S. 76f.

28 Vgl. H. Muth, Das »Kölner Gespräch« am 4. Januar 1933, in: GWU 37, 1986, S. 463–480 und 529–541.

29 O. Meißner, Staatssekretär unter Ebert, Hindenburg, Hitler, Der Schicksalsweg des deutschen Volkes von 1918 bis 1945, wie ich ihn erlebte, Hamburg 1950, S. 261.

30 Ebenda, S. 261 und 254f.

31 C. Horkenbach (Hg.), Das Deutsche Reich von 1918 bis heute, 1933, S. 14.

32 Die Tagebücher Joseph Goebbels, Bd. 2, S. 332.

33 R. Neebe, Großindustrie, Staat und NSDAP 1930–1933, S. 145.

34 AdR, Kabinett Schleicher, S. 214.

35 Ebenda, S. 234.

36 F. von Papen, Der Wahrheit eine Gasse, München 1950, S. 265.

37 H. O. Meißner und H. Wilde, Die Machtergreifung, Ein Bericht über die Technik des nationalsozialistischen Staatsstreichs, Stuttgart 1958, S. 162.

38 Deutschlands Erneuerung, Monatsschrift für das deutsche Volk 16, 1932, S. 716f.; vgl. H. Mommsen, Die nationalsozialistische Machtergreifung und die deutsche Gesellschaft, in: W. Michalka (Hg.), Die nationalsozialistische Machtergreifung, Paderborn 1984, S. 38f.

39 L. E. Jones, Die Tage vor Hitlers Machtübernahme, Aufzeichnungen des Deutschnationalen Reinhold Quaatz, in: VfZ 37, 1989, S. 768; vgl. J. von Ribbentrop, Zwischen London und Moskau, Erinnerungen und eigene Aufzeichnungen, Aus dem Nachlaß, hg. von A. Ribbentrop, Leoni 1953, S. 39f.

40 AdR, Kabinett Schleicher, S. 283.

41 R. Neebe, Großindustrie, Staat und NSDAP 1930–1933, S. 146f.

42 H. O. Meißner und H. Wilde, Die Machtergreifung, S. 265f.

43 T. Vogelsang, Reichswehr, Staat und NSDAP, S. 375.

44 Ebenda, S. 379.

45 AdR, Kabinett Schleicher, S. 307.

46 Ebenda, S. 317.

47 Ebenda, S. 317.

48 Ebenda, S. 318 und 320–322.

49 O. Schmidt-Hannover, Umdenken oder Anarchie, Männer, Schicksale, Lehren, Göttingen 1959, S. 334.

50 T. Vogelsang, Reichswehr, Staat und NSDAP, S. 379.

51 Ebenda, S. 390f.

52 Die Tagebücher von Joseph Goebbels, Bd. 2, S. 355.

53 F. von Papen, Der Wahrheit eine Gasse, S. 275.

54 T. Duesterberg, Der Stahlhelm und Hitler, Wolfenbüttel 1949, S. 40; T. Vogelsang, Reichswehr, Staat und NSDAP, S. 397.

55 Vgl. H. A. Turner jr., Hitlers Weg zur Macht. Der Januar 1933, München 1997, S. 141 und 151 f.

56 Der Fragenkatalog des Zentrums abgedruckt in: H. Michaelis u. a. (Hg.), Ursachen und Folgen, Bd. 9, Berlin 1964, S. 11 f.; vgl. AdR, Regierung Hitler, Teil 1, 1933/1934, bearb. von K.-H. Minuth, Bd. 1, Boppard 1983, S. 6 f.; R. Morsey, Hitlers Verhandlungen mit der Zentrumsführung am 31. Juli 1933, in: VfZ 9, 1961, S. 192.

57 Der Briefwechsel zwischen Kaas und Hitler, abgedruckt in: H. Michaelis u. a. (Hg.), Ursachen und Folgen, Bd. 9, S. 12–15; vgl. D. Junker, Die deutsche Zentrumspartei und Hitler 1932/1933, Ein Beitrag zur Problematik des politischen Katholizismus in Deutschland, Stuttgart 1969, S. 161 ff.; R. Morsey, Der Untergang des politischen Katholizismus, Die Zentrumspartei zwischen christlichem Selbstverständnis und »Nationaler Erhebung« 1932/1933, Stuttgart und Zürich 1977, S. 91 ff.

58 AdR, Regierung Hitler, Bd. 1, S. 2 f.

59 Schulthess' Europäischer Geschichtskalender 1933, S. 35.

60 Ebenda, S. 34–37.

61 H. Mommsen, Die Illusion einer Regierung ohne Parteien, S. 127 ff.

参考文献

说　明

以下书目信息仅限于给出最重要的出版物和资料，而不考虑其完整性。按主题对其分类，为的是清晰明了，但在单一主题下的书目，并不意味着只涉及了这方面的内容。

文献目录

Bibliographie zur Zeitgeschichte 1953–1980, hg. von T. Vogelsang und H. Auerbach unter Mitarbeit von U. van Laak, Bde 1 und 2, München, New York, London und Paris 1982.

Bibliographie zur Zeitgeschichte, Beilage der Vierteljahrshefte zur Zeitgeschichte, Stuttgart 1953–1984, München 1985 ff.

Jahresbibliographie, Bibliothek für Zeitgeschichte, Weltkriegsbücherei Stuttgart, Neue Folge der Bücherschau der Weltkriegsbücherei, Koblenz o. D.

G. P. Meyer, Bibliographie zur deutschen Revolution 1918/1919 (Arbeitsbücher zur modernen Geschichte, 5), Göttingen 1977.

M. Schumacher, Wahlen und Abstimmungen 1918–1933, Eine Bibliographie zur Statistik und Analyse der politischen Wahlen in der Weimarer Republik (Bibliographien zur Geschichte des Parlamentarismus und der politischen Parteien, 7), Düsseldorf 1976.

P. D. Stachura, The Weimar Era and Hitler 1918–1933, A Critical Bibliography, Oxford 1977.

H. P. Ullmann, Bibliographie zur Geschichte der deutschen Parteien und Interessenverbände (Arbeitsbücher zur modernen Geschichte, 6), Göttingen 1978.

H.-U. Wehler, Bibliographie zur modernen Sozialgeschichte, 18. bis

20. Jahrhundert (Arbeitsbücher zur modernen Geschichte, 1), Göttingen 1976.

H.-U. Wehler, Bibliographie zur modernen Wirtschaftsgeschichte, 18. bis 20. Jahrhundert (Arbeitsbücher zur modernen Geschichte, 2), Göttingen 1976.

文件与档案

Akten der Reichskanzlei, Weimarer Republik, hg. von K. D. Erdmann und H. Booms bzw. W. Mommsen:

Das Kabinett Scheidemann, bearbeitet von H. Schulze, Boppard 1971.

Das Kabinett Bauer, bearbeitet von A. Golecki, Boppard 1980.

Das Kabinett Müller I, bearbeitet von M. Vogt, Boppard 1971.

Das Kabinett Fehrenbach, bearbeitet von P. Wulf, Boppard 1972.

Die Kabinette Wirth I und II, bearbeitet von I. Schulze-Bidlingmeier, Boppard 1973.

Das Kabinett Cuno, bearbeitet von K.-H. Harbeck, Boppard 1978.

Die Kabinette Stresemann I und II, bearbeitet von K. D. Erdmann und M. Vogt, 2 Bde, Boppard 1978.

Die Kabinette Marx I und II, bearbeitet von G. Abramowski, 2 Bde, Boppard 1973.

Die Kabinette Luther I und II, bearbeitet von K.-H. Minuth, 2 Bde, Boppard 1977.

Die Kabinette Marx III und IV, bearbeitet von G. Abramowski, 2 Bde, Boppard 1987.

Das Kabinett Müller II, bearbeitet von M. Vogt, 2 Bde, Boppard 1970.

Die Kabinette Brüning I und II, bearbeitet von T. Koops, 2 Bde, Boppard 1982.

Das Kabinett Papen, bearbeitet von K.-H. Minuth, 2 Bde, Boppard 1989.

Das Kabinett Schleicher, bearbeitet von A. Golecki, Boppard 1986.

Akten der Reichskanzlei, Die Regierung Hitler 1933–1938, hg. für die Historische Kommission bei der Bayerischen Akademie der Wissenschaften von K. Repgen, für das Bundesarchiv von H. Booms. Teil 1, 1933/1934, 2 Bde, bearbeitet von K.-H. Minuth, Boppard 1983.

Akten zur Deutschen Auswärtigen Politik 1918–1945:

Serie A: 1918–1925, 14 Bde (9. November 1918 bis 30. November 1925), Göttingen 1982–1995.

Serie B: 1925–1933, 21 Bde (1. Dezember 1925 bis 29. Januar 1933), Göttingen 1966 ff.

C. Horkenbach, Das Deutsche Reich von 1918 bis heute, 4 Bde, (1918–1933) Berlin o. J. (1930–1935).

E. R. Huber (Hg.), Dokumente zur deutschen Verfassungsgeschichte, Bd. 3, Dokumente der Novemberrevolution und der Weimarer Republik 1918–1933, Stuttgart 1966.

Die Protokolle der Reichstagsfraktion und des Fraktionsvorstandes der Deutschen Zentrumspartei 1926–1933, bearbeitet von R. Morsey (Veröffentlichungen der Kommission für Zeitgeschichte, Reihe A, Quellen, Bd. 9, und der Kommission für Geschichte des Parlamentarismus), Mainz 1969.

Adolf Hitler, Reden, Schriften, Anordnungen, Februar 1925 bis Januar 1933, hg. vom Institut für Zeitgeschichte, 6 Bde in 16 Teilbänden. Bd. 1, Die Wiedergründung der NSDAP, Februar 1925 bis Juni 1926, hg. und kommentiert von C. Vollnhals. Bd. 2 in 2 Teilbänden, Vom Weimarer Parteitag bis zur Reichstagswahl, Juli 1926 bis Mai 1928, hg. und kommentiert von B. Dusik. Bd. 2A, Außenpolitische Standortbestimmung nach der Reichstagswahl, Juni/Juli 1928, hg. und kommentiert von G. L. Weinberg, C. Hartmann und K. Langkheit. Bd. 3 in 3 Teilbänden, Zwischen den Reichstagswahlen, Juli 1928 bis September 1930, hg. und kommentiert von B. Dusik, K. Langkheit und C. Hartmann. Bd. 4 in 3 Teilbänden, Von der Reichstagswahl bis zur Reichspräsidentenwahl, Oktober 1930 bis März 1932, hg. und kommentiert von K. Goschler und C. Hartmann. Bd. 5 in 2 Teilbänden, Von der Reichspräsidentenwahl bis zur Machtergreifung, April 1932 bis Januar 1933. Bd. 6, Register sowie 3 Ergänzungsbände, Der Hitler-Prozeß 1924, hg. von O. Gritschneder, L. Gruchmann und R. Weber. Alle Bände: München, New Providence, London und Paris 1992–1997.

Quellen zur Geschichte der Deutschen Gewerkschaftsbewegung im 20. Jahrhundert, hg. von K. Tenfelde, K. Schönhoven und H. Weber:

Bd. 1, Die Gewerkschaften in Weltkrieg und Revolution 1914–1919, bearbeitet von K. Schönhoven, Köln 1985.

Bd. 2, Die Gewerkschaften in den Anfangsjahren der Republik 1919–1923, bearbeitet von M. Ruck, Köln 1985.

Bd. 3, Die Gewerkschaften von der Stabilisierung bis zur Weltwirtschaftskrise 1924–1930, bearbeitet von H. A. Kukuck und D. Schiffmann, Köln 1986.

议会制与政党历史资料

1. Reihe, Von der konstitutionellen Monarchie zur parlamentarischen Republik:

Bd. 1, Der interfraktionelle Ausschuß, bearbeitet von E. Matthias und R. Morsey, Düsseldorf 1962.

Bd. 2, Die Regierung des Prinzen Max von Baden, bearbeitet von E. Matthias und R. Morsey, Düsseldorf 1962.

Bd. 3, Die Reichstagsfraktion der deutschen Sozialdemokratie 1898 bis 1918, bearbeitet von E. Matthias und E. Pikart, 2. Teil, Düsseldorf 1966.

Bd. 6, Die Regierung der Volksbeauftragten von 1918/1919, eingeleitet von E. Matthias, bearbeitet von S. Miller unter Mitwirkung von H. Potthoff, 2 Bde, Düsseldorf 1969.

Bd. 10, Die Regierung Eisner, 1918/1919, Ministerratsprotokolle und Dokumente, eingeleitet und bearbeitet von F. J. Bauer, unter Verwendung der Vorarbeiten von D. Albrecht, Düsseldorf 1987.

2. Reihe, Militär und Politik:

Bd. 1, Militär und Innenpolitik 1914–1918, bearbeitet von W. Deist, 2 Bde, Düsseldorf 1970.

Bd. 2, Zwischen Revolution und Kapp-Putsch, Militär und Innenpolitik 1918–1920, bearbeitet von H. Hürten, Düsseldorf 1977.

Bd. 3, Die Anfänge der Ära Seeckt, Militär und Innenpolitik 1920–1922, bearbeitet von H. Hürten, Düsseldorf 1979.

Bd. 4, Das Krisenjahr 1923, bearbeitet von H. Hürten, Düsseldorf 1980.

3. Reihe, Die Weimarer Republik:

Bd. 1, Erinnerungen und Dokumente von J. Victor Bredt 1914 bis 1933, bearbeitet von M. Schumacher, Düsseldorf 1970.

Bd. 3, Staat und NSDAP 1930–1932, Quellen zur Ära Brüning, eingeleitet von G. Schulz, bearbeitet von I. Maurer und U. Wengst, Düsseldorf 1977.

Bd. 4, Politik und Wirtschaft in der Krise 1930–1932, eingeleitet von G. Schulz, bearbeitet von I. Maurer und U. Wengst unter Mitwirkung von J. Heideking, 2 Bde, Düsseldorf 1980.

Bd. 5, Linksliberalismus in der Weimarer Republik, Die Führungsgremien der Deutschen Demokratischen Partei und der Deutschen Staatspartei

1918–1933, eingeleitet von L. Albertin, bearbeitet von K. Wegner in Verbindung mit L. Albertin, Düsseldorf 1972.

Bd. 6, Die Generallinie, Rundschreiben des Zentralkomitees der KPD an die Bezirke 1929–1933, eingeleitet und bearbeitet von H. Weber unter Mitwirkung von J. Wachtler, Düsseldorf 1981.

Bd. 7, Die SPD-Fraktion in der Nationalversammlung, 1919–1920, eingeleitet von H. Potthoff, bearbeitet von H. Potthoff und H. Weber, Düsseldorf 1986.

Quellen zur Geschichte der Rätebewegung in Deutschland 1918/1919:

Bd. 1, Der Zentralrat der deutschen sozialistischen Republik, 19. Dezember 1918 bis 8. April 1919, Vom ersten zum zweiten Rätekongreß, bearbeitet von E. Kolb unter Mitwirkung von R. Rürup, Leiden 1968.

Bd. 2, Regionale und lokale Räteorganisationen in Württemberg 1918/1919, bearbeitet von E. Kolb und K. Schönhoven, Düsseldorf 1980.

Bd. 3, Arbeiter-, Soldaten- und Volksräte in Baden 1918/1919, bearbeitet von P. Brandt und R. Rürup, Düsseldorf 1980.

Ursachen und Folgen, Vom deutschen Zusammenbruch 1918 und 1945 bis zur staatlichen Neuordnung Deutschlands in der Gegenwart, Eine Urkunden- und Dokumentensammlung zur Zeitgeschichte, hg. von H. Michaelis und E. Schraepler unter Mitwirkung von G. Scheel:

Bd. 2, Der militärische Zusammenbruch und das Ende des Kaiserreichs, Berlin 1958.

Bd. 3, Der Weg in die Weimarer Republik, Berlin 1959.

Bd. 4, Die Weimarer Republik, Vertragserfüllung und innere Bedrohung 1919–1922, Berlin 1960.

Bd. 5, Die Weimarer Republik, Das kritische Jahr 1923, Berlin 1960.

Bd. 6, Die Weimarer Republik, Die Wende der Nachkriegspolitik 1924–1928, Rapallo – Dawesplan – Genf, Berlin 1961.

Bd. 7, Die Weimarer Republik, Vom Kellogg-Pakt zur Weltwirtschaftskrise 1928–1930, Die innerpolitische Entwicklung, Berlin 1962.

Bd. 8, Die Weimarer Republik, Das Ende des parlamentarischen Systems, Brüning – Papen – Schleicher, 1930–1933, Berlin 1963.

Bd. 9, Das Dritte Reich, Die Zertrümmerung des Parteienstaates und die Grundlegung der Diktatur, Berlin 1964.

Bibliographisches Register, 2 Bde, Berlin 1979.

H. Weber, Der deutsche Kommunismus, Dokumente 1915–1945, Köln ³1973.

回忆录和传记

H. J. L. Adolph, Otto Wels und die Politik der deutschen Sozialdemokratie 1894–1939, Eine politische Biographie, Berlin 1971.

T. Alexander, Carl Severing, Frankfurt am Main 1994.

G. Arns, Friedrich Ebert als Reichspräsident, in: HZ Beiheft 1, 1971.

J. A. Bach, Franz von Papen in der Weimarer Republik, Aktivitäten in Politik und Presse, 1918–1932, Düsseldorf 1977.

D. Beck, Julius Leber, Sozialdemokrat zwischen Reform und Widerstand, Berlin 1983.

P. Berglar, Walther Rathenau, Seine Zeit, sein Werk, seine Persönlichkeit, Bremen 1970.

O. Braun, Von Weimar zu Hitler, Hamburg 1949.

A. Brecht, Aus nächster Nähe, Lebenserinnerungen 1884–1927, Stuttgart 1966.

Ders., Mit der Kraft des Geistes, Lebenserinnerungen, Zweite Hälfte, 1927–1967, Berlin 1967.

H. Brüning, Memoiren 1918–1934, Stuttgart 1970.

H. Brüning, Reden und Aufsätze eines deutschen Staatsmannes, hg. von W. Vernekohl unter Mitwirkung von R. Morsey, Münster 1968.

Heinrich Brüning, Briefe und Gespräche 1934–1945, Briefe 1946–1960, 2 Bde, hg. von C. Nix unter Mitarbeit von R. Phelps und G. Pettee, Stuttgart 1974.

J. Curtius, Sechs Jahre Minister der deutschen Republik, Heidelberg 1948.

U. Czisnik, Gustav Noske, Ein sozialdemokratischer Staatsmann, Frankfurt am Main 1969.

H. Dieckmann, Johannes Popitz, Entwicklung und Wirksamkeit in der Zeit der Weimarer Republik bis 1933, Berlin 1960.

A. Dorpalen, Hindenburg in der Geschichte der Weimarer Republik, Berlin und Frankfurt am Main 1966.

T. Duesterberg, Der Stahlhelm und Hitler, Wolfenbüttel 1949.

M. Eksteins, Theodor Heuss und die Weimarer Republik, Ein Beitrag zur Geschichte des deutschen Liberalismus, Stuttgart 1969.

K. Epstein, Matthias Erzberger und das Dilemma der deutschen Demokratie, Berlin [2]1976.

K. Fabian, Kein Parteisoldat, Lebensbericht eines Sozialdemokraten, Frankfurt am Main 1981.

J. C. Fest, Hitler, Eine Biographie, Frankfurt am Main und Berlin 1973.

E. Fröhlich (Hg.), Die Tagebücher von Joseph Goebbels, Sämtliche Fragmente, Teil 1, Aufzeichnungen 1924–1941, Bde 1 und 2 (1924–1936), München, New York, London und Paris 1987.

G. Gereke, Ich war königlich-preußischer Landrat, Berlin o. J.

O. Gessler, Reichswehrpolitik in der Weimarer Zeit, Stuttgart 1958.

D. Groener-Geyer, General Groener, Soldat und Staatsmann, Frankfurt am Main 1955.

E. Hamburger, Betrachtungen über Heinrich Brünings Memoiren, in: Internationale wissenschaftliche Korrespondenz zur Geschichte der deutschen Arbeiterbewegung 15, 1972, S. 18–39.

U. von Hehl, Wilhelm Marx 1863–1946, Mainz 1987.

U. Herbert, Best, Biographische Studien über Radikalismus, Weltanschauung und Vernunft (1903–1989), Bonn 1996.

J. C. Hess, Theodor Heuss vor 1933, Ein Beitrag zur Geschichte des demokratischen Denkens in Deutschland, Stuttgart 1973.

W. Hoegner, Der schwierige Außenseiter, Erinnerungen eines Abgeordneten, Emigranten und Ministerpräsidenten, München 1959.

Ders., Flucht vor Hitler, Erinnerungen an die Kapitulation der ersten deutschen Republik 1933, München 1977.

W. Hubatsch, Hindenburg und der Staat, Aus den Papieren des Generalfeldmarschalls und Reichspräsidenten von 1878 bis 1934, Göttingen 1966.

J. Hürter, Wilhelm Groener, Reichswehrminister am Ende der Weimarer Republik (1928–1932), München 1993.

E. Jäckel und A. Kühn (Hg.), Hitler, Sämtliche Aufzeichnungen 1905–1924, Stuttgart 1980.

F. Kabermann, Widerstand und Entscheidung eines deutschen Revolutionärs, Leben und Denken von Ernst Niekisch, Köln 1973.

A. Kaufmann, Gustav Radbruch, Rechtsdenker, Philosoph, Sozialdemokrat, München 1987.

W. Keil, Erlebnisse eines Sozialdemokraten, 2 Bde, Stuttgart 1947/1948.

H. Kellenbenz, Paul Silverberg, in: Rheinisch-Westfälische Wirtschaftsbiographien, Bd. 9, Münster 1967, S. 103–132.

H. Graf Kessler, Tagebücher 1918–1937, hg. von W. Pfeiffer-Belli, Frankfurt am Main 1961.

G. von Klass, Albert Vögler, Einer der Großen des Ruhrreviers, Tübingen 1957.

E. Kolb (Hg.), Friedrich Ebert als Reichspräsident. Amtsführung und Amtsverständnis, München 1997.

T. P. Koops, Heinrich Brünings »Politische Erinnerungen«, Zum ersten Teil der Memoiren, in: GWU 24, 1973, S. 197–221.

A. Krebs, Tendenzen und Gestalten der NSDAP, Erinnerungen an die Frühzeit der Partei (Quellen und Darstellungen zur Zeitgeschichte, 6), Stuttgart ²1960.

L. Graf Schwerin von Krosigk, Es geschah in Deutschland, Tübingen 1951.

Ders., Memoiren, Stuttgart 1977.

H. Lange, Julius Curtius, 1877–1948, Aspekte einer Politikerbiographie, Diss. Kiel 1970.

J. A. Leopold, Alfred Hugenberg, The radical nationalist campaign against the Weimar Republic, London 1978.

W. Lerner, Karl Radek, The last internationalist, Stanford 1970.

H. Prinz zu Löwenstein, Die Tragödie eines Volkes, Deutschland 1918–1934, Amsterdam 1934.

H. Luther, Politiker ohne Partei, Erinnerungen, Stuttgart 1960.

Ders., Vor dem Abgrund 1930–1933, Reichsbankpräsident in Krisenzeiten, Berlin 1964.

H. Meier-Welcker, Seeckt, Frankfurt am Main 1967.

F. Meinecke, Politische Schriften und Reden, Werke Bd. 2, hg. von G. Kotowski, Düsseldorf ⁴1977.

O. Meissner, Staatssekretär unter Ebert, Hindenburg, Hitler, Der Schicksalsweg des deutschen Volkes von 1918–1945, wie ich ihn erlebte, Hamburg 1950.

H. Mockenhaupt, Weg und Wirken des geistlichen Sozialpolitikers Heinrich Brauns, München 1977.

H. Mommsen, Betrachtungen zu den Memoiren Heinrich Brünings, in: Jahrbuch für die Geschichte Mittel- und Ostdeutschlands 22 (1973), S. 270–280.

W. J. Mommsen, Max Weber und die deutsche Politik 1890–1920, Tübingen ²1974.

R. Morsey, Zur Entstehung, Authentizität und Kritik von Brünings »Memoiren 1918–1934« (Rheinisch Westfälische Akademie der Wissenschaften, Vorträge G 202), Opladen 1975.

J. R. Nowak, Kurt von Schleicher, Soldat zwischen den Fronten, Diss. Würzburg 1971.

F. von Papen, Der Wahrheit eine Gasse, München 1952.

Ders., Vom Scheitern einer Demokratie, Mainz 1968.

H. Pentzlin, Hjalmar Schacht, Leben und Wirken einer umstrittenen Persönlichkeit, Berlin, Frankfurt am Main und Wien 1980.

J. Petzold, Franz von Papen, Ein deutsches Verhängnis, München 1995.

F. K. von Plehwe, Reichskanzler Kurt von Schleicher, Weimars letzte Chance gegen Hitler, Esslingen 1983.

H. Pünder, Politik in der Reichskanzlei, Aufzeichnungen aus den Jahren 1929–1932 (Schriftenreihe der VfZ, 3), Stuttgart 1961.

Ders., Von Preußen nach Europa, Lebenserinnerungen, Stuttgart 1968.

Walther Rathenau, Hauptwerke und Gespräche (Walther-Rathenau-Gesamtausgabe, 2), hg. von E. Schulin, München 1977.

Adolf Reichwein 1889–1944, Erinnerungen, Forschungen, Impulse, hg. von W. Huber und A. Krebs, Paderborn 1981.

E. Reitter, Franz Gürtner, Politische Biographie eines deutschen Juristen 1881–1941, Berlin 1976.

J. von Ribbentrop, Zwischen London und Moskau, Erinnerungen und eigene Aufzeichnungen, Aus dem Nachlaß, hg. von A. von Ribbentrop, Leoni 1953.

A. von Saldern, Hermann Dietrich, Ein Staatsmann der Weimarer Republik (Schriften des Bundesarchivs, 13), Boppard 1966.

H. Schacht, 76 Jahre meines Lebens, Bad Wörrishofen 1953.

B. Scheurig, Ewald von Kleist-Schmenzin, Ein Konservativer gegen Hitler, Oldenburg 1968.

H. Schlange-Schöningen, Am Tage danach, Hamburg 1946.

E. von Schmidt-Pauli, Hitlers Kampf um die Macht, Der Nationalsozialismus und die Ereignisse des Jahres 1932, Berlin o. J. (1933).

H. Schueler, Auf der Flucht erschossen, Felix Fechenbach 1894–1933, Eine Biographie, Köln 1981.

E. Schulin, Walther Rathenau, Repräsentant, Kritiker und Opfer seiner Zeit, Göttingen 1979.

H. Schulze, Otto Braun oder Preußens demokratische Sendung, Eine Biographie (Veröffentlichungen der Stiftung Preußischer Kulturbesitz), Frankfurt am Main, Berlin und Wien 1977.

H.-P. Schwarz, Adenauer, Der Aufstieg 1876–1952, Stuttgart ²1986.

C. Severing, Mein Lebensweg, 2 Bde, Köln 1950.

A. E. Simpson, Hjalmar Schacht in perspective (Studies in European History, 18), Den Haag 1969.

F. Stampfer, Erfahrungen und Erkenntnisse, Aufzeichnungen aus meinem Leben, Köln 1957.

J. P. Stern, Hitler, Der Führer und das Volk, München 1978.

G. Stresemann, Vermächtnis, Der Nachlaß in drei Bänden, hg. von H. Bernhard, Berlin 1932/1933.

G. R. Treviranus, Das Ende von Weimar, Heinrich Brüning und seine Zeit, Düsseldorf und Wien 1968.

H. A. Turner, Stresemann, Republikaner aus Vernunft, Berlin 1968.

T. Vogelsang, Kurt von Schleicher, Ein General als Politiker (Persönlichkeit und Geschichte, 39), Göttingen 1965.

E. Wandel, Hans Schäffer, Steuermann in wirtschaftlichen und politischen Krisen, Stuttgart 1974.

G. L. Weinberg, Hitlers zweites Buch, Ein Dokument aus dem Jahre 1928 (Quellen und Darstellungen zur Zeitgeschichte, 7), Stuttgart 1961.

K. Wernecke und P. Heller, Der vergessene Führer, Alfred Hugenberg, Pressemacht und Nationalsozialismus, Hamburg 1982.

W. Wette, Gustav Noske, Eine politische Biographie, Düsseldorf 1987.

J. G. Williamson, Karl Helfferich, 1872–1924, Economist, financier, politician, Princeton 1971.

P.-C. Witt, Friedrich Ebert, Parteiführer, Reichskanzler, Volksbeauftragter, Reichspräsident, Bonn 1982.

P. Wulf, Hugo Stinnes, Wirtschaft und Politik 1918–1924, Stuttgart 1979.

一般性论述作品

R. Bessel, Germany after the First World War, Oxford 1993.

K. D. Bracher, Deutschland zwischen Demokratie und Diktatur, Beiträge zur neueren Politik und Geschichte, München 1964.

Ders., Die Auflösung der Weimarer Republik, Eine Studie zum Problem des Machtverfalls in der Demokratie, Villingen [5]1971.

Ders., W. Sauer und W. Schulz, Die nationalsozialistische Machtergreifung, Studien zur Errichtung des totalitären Herrschaftssystems in Deutschland, Berlin [3]1974.

A. Brecht, Vorspiel zum Schweigen, Das Ende der deutschen Republik, Wien 1948.

T. Eschenburg, Die Republik von Weimar, Beiträge zur Geschichte einer improvisierten Republik, München (Neuauflage) 1984.

E. Eyck, Geschichte der Weimarer Republik, 2 Bde, Erlenbach-Zürich und Stuttgart [5]1973.

F. Fischer, Bündnis der Eliten, Zur Kontinuität der Machtstrukturen in Deutschland 1871–1945, Düsseldorf 1979.

J. Flemming, C.-D. Krohn, D. Stegmann und P.-C. Witt (Hg.), Die Republik von Weimar, 1. Das politische System, 2. Das sozialökonomische System, Düsseldorf 1979.

A. Hillgruber, Die gescheiterte Großmacht, Eine Skizze des Deutschen Reiches 1871–1945, Düsseldorf ³1982.

E. R. Huber, Deutsche Verfassungsgeschichte seit 1789: Bd. 5, Weltkrieg, Revolution und Reichserneuerung 1914–1919, Stuttgart, Berlin, Köln und Mainz 1978; Bd. 6, Die Weimarer Reichsverfassung, Stuttgart, Berlin, Köln und Mainz 1981; Bd. 7, Ausbau, Schutz und Untergang der Weimarer Republik, Stuttgart, Berlin, Köln und Mainz 1984.

G. Jasper, Die gescheiterte Zähmung, Wege zur Machtergreifung Hitlers 1930–1934, Frankfurt am Main 1986.

E. Kolb, Die Weimarer Republik (Grundriß der Geschichte, Bd. 16), München und Wien ²1988.

P. Longerich, Deutschland 1918–1933, Die Weimarer Republik, Handbuch zur Geschichte, Hannover 1995.

W. Maser, Zwischen Kaiserreich und NS-Regime, Die erste deutsche Republik von 1918–1933, Bonn 1992.

E. Matthias und A. Nicholls (Hg.), German democracy and the triumph of Hitler, London 1971.

H. Möller, Weimar, Die unvollendete Demokratie, München 1985.

E. Nolte, Der Faschismus in seiner Epoche, Action française – Italienischer Faschismus – Nationalsozialismus, München (Neuausgabe) ⁷1986.

D. J. K. Peukert, Die Weimarer Republik, Krisenjahre der Klassischen Moderne, Frankfurt am Main 1987.

A. Rosenberg, Entstehung und Geschichte der Weimarer Republik, hg. von K. Kersten, Frankfurt am Main 1983.

G. Schulz, Revolutionen und Friedensschlüsse 1917 bis 1920 (Weltgeschichte des 20. Jahrhunderts, 2), München ⁶1985.

Ders., Deutschland seit dem Ersten Weltkrieg 1918–1945 (Deutsche Geschichte, 10), Göttingen ²1982.

Ders. (Hg.), Weimarer Republik, Freiburg und Würzburg 1987.

H. Schulze, Weimar, Deutschland 1917–1933, Berlin 1982.

H. A. Winkler, Weimar 1918–1933, Die Geschichte der ersten deutschen Demokratie, München 1993.

论文集与统计数据

L. Albertin und W. Link (Hg.), Politische Parteien auf dem Weg zur parlamentarischen Demokratie in Deutschland, Entwicklungslinien bis zur Gegenwart, Erich Matthias zum 60. Geburtstag gewidmet, Düsseldorf 1981.

R. Bessel und E. J. Feuchtwanger (Hg.), Social change and political development in Weimar Germany, London 1981.

K. D. Bracher, M. Funke und H.-A. Jacobsen (Hg.), Die Weimarer Republik 1918–1933, Politik, Wirtschaft, Gesellschaft, Düsseldorf 1987.

K. D. Erdmann und H. Schulze (Hg.), Weimar, Selbstpreisgabe einer Demokratie, Eine Bilanz heute, Düsseldorf ²1984.

J. Falter, T. Lindenberger und S. Schumann, Wahlen und Abstimmungen in der Weimarer Republik, Materialien zum Wahlverhalten 1919–1933 (Statistische Arbeitsbücher zur neueren deutschen Geschichte), München 1986.

P. Flora, F. Kraus und W. Pfennig, State, economy, and society in Western Europe 1815–1975, A data handbook in two volumes, Bd. 2, The growth of industrial societies and capitalist economies, Frankfurt am Main, London und Chicago 1987.

F. A. Hermens und T. Schieder (Hg.), Staat, Wirtschaft und Politik in der Weimarer Republik, Festschrift für Heinrich Brüning, Berlin 1967.

G. Jasper (Hg.), Von Weimar zu Hitler 1930–1933 (Neue wissenschaftliche Bibliothek, 25), Köln 1968.

I. Kershaw (Hg.), Weimar, Why did German Democracy fail?, London 1990.

E. Kolb (Hg.), Vom Kaiserreich zur Weimarer Republik (Neue wissenschaftliche Bibliothek, 49), Köln 1972.

W. Michalka (Hg.), Die nationalsozialistische Machtergreifung, Paderborn, München, Wien und Zürich 1984.

Ders. und M. M. Lee (Hg.), Gustav Stresemann (Wege der Forschung, 539), Darmstadt 1982.

D. Petzina, W. Abelshauser und A. Faust, Sozialgeschichtliches Arbeitsbuch, Bd. 3, Materialien zur Statistik des Deutschen Reiches 1914–1945, München 1978.

G. A. Ritter (Hg.), Gesellschaft, Parlament und Regierung, Zur Geschichte des Parlamentarismus in Deutschland, Düsseldorf 1974.

P. D. Stachura (Hg.), The Nazi Machtergreifung, London 1983.

C. Stern und H. A. Winkler (Hg.), Wendepunkte deutscher Geschichte 1848–1945, Frankfurt am Main 1979.

M. Stürmer (Hg.), Die Weimarer Republik, Belagerte Civitas (Neue wissenschaftliche Bibliothek, 112), Königstein ²1985.

H. A. Winkler (Hg.), Die deutsche Staatskrise 1930–1933, Handlungsspielräume und Alternativen, München 1992.

革 命

H.-J. Bieber, Gewerkschaften in Krieg und Revolution, Arbeiterbewegung, Industrie, Staat und Militär in Deutschland 1914–1920, 2 Bde, Hamburg 1981.

Ders., Bürgertum in der Revolution, Bürgerräte und Bürgerstreiks in Deutschland 1918–1920, Hamburg 1992.

U. Bermbach, Vorformen parlamentarischer Kabinettsbildung in Deutschland, Der Interfraktionelle Ausschuß 1917/1918 und die Parlamentarisierung der Reichsregierung, Köln und Opladen 1967.

K. Bosl (Hg.), Bayern im Umbruch, Die Revolution von 1918, ihre Voraussetzungen, ihr Verlauf und ihre Folgen, München 1969.

P. Brandt und R. Rürup, Volksbewegung und demokratische Neuordnung in Baden 1918/1919, Sigmaringen 1991.

F. L. Carsten, Revolution in Mitteleuropa 1918–1919, Köln 1973.

R. A. Comfort, Revolutionary Hamburg, Labour politics in the early Weimar Republic, Stanford, Cal., 1966.

W. Deist, Die Politik der Seekriegsleitung und die Rebellion der Flotte Ende Oktober 1918, in: VfZ 14, 1966, S. 341–368.

W. Elben, Das Problem der Kontinuität in der deutschen Revolution, Die Politik der Staatssekretäre und der militärischen Führung vom November 1918 bis Februar 1919 (Beiträge zur Geschichte des Parlamentarismus und der politischen Parteien, 31), Düsseldorf 1965.

G. Eliasberg, Der Ruhrkrieg von 1920 (Schriftenreihe des Forschungsinstituts der Friedrich-Ebert-Stiftung, 100), Bonn-Bad Godesberg 1974.

K. D. Erdmann, Rätestaat oder parlamentarische Demokratie, Kopenhagen 1979.

J. Erger, Der Kapp-Lüttwitz-Putsch, Ein Beitrag zur deutschen Innenpolitik 1919/1920 (Beiträge zur Geschichte des Parlamentarismus und der politischen Parteien, 35), Düsseldorf 1967.

K. Hock, Die Gesetzgebung des Rates der Volksbeauftragten, Pfaffenweiler 1987.

H. Hürten, Die Kirchen in der Novemberrevolution, Eine Untersuchung zur Geschichte der Deutschen Revolution 1918/1919, Regensburg 1984.

R. N. Hunt, Friedrich Ebert and the German revolution of 1918, in: L. Krieger und F. Stern (Hg.), The responsibility of power, Historical essays in honor of Hajo Holborn, Garden City und New York 1967, S. 315–334.

U. Kluge, Soldatenräte und Revolution, Studien zur Militärpolitik 1918/1919, Göttingen 1975.

Ders., Die deutsche Revolution 1918/1919, Staat, Politik und Gesellschaft zwischen Weltkrieg und Kapp-Putsch, Frankfurt am Main 1985.

E. Könnemann und H. J. Krusch, Aktionseinheit contra Kapp-Putsch, Der Kapp-Putsch im März 1920 und der Kampf der deutschen Arbeiterklasse gegen die Errichtung der Militärdiktatur und für demokratische Verhältnisse, Berlin (DDR) 1972.

E. Kolb, Arbeiterräte in der deutschen Innenpolitik 1918–1919 (Beiträge zur Geschichte des Parlamentarismus und der politischen Parteien, 23), Berlin 1978.

P. Kukuck, Bremen in der Revolution 1918–1919, Bremen 1986.

E. Lucas, Ursachen und Verlauf der Bergarbeiterbewegung in Hamborn und im westlichen Ruhrgebiet, in: Duisburger Forschungen 15, 1971, S. 1–119.

H. U. Ludewig, Arbeiterbewegung und Aufstand, Eine Untersuchung zum Verhalten der Arbeiterparteien in den Aufstandsbewegungen der frühen Weimarer Republik 1920–1923, Husum 1973.

W. Malanowski, November-Revolution 1918, Die Rolle der SPD, Frankfurt am Main 1969.

E. Matthias, Zwischen Räten und Geheimräten, Die deutsche Revolutionsregierung 1918/1919, Düsseldorf 1970.

A. Mitchell, Die Revolution in Bayern 1918/1919, Die Eisner-Regierung und die Räterepublik, München 1967.

W. J. Mommsen, Die deutsche Revolution 1918–1920, Politische Revolution und soziale Protestbewegung, in: GuG 4, 1978, S. 362–391.

H. Muth, Die Entstehung der Bauern- und Landarbeiterräte im November 1918 und die Politik des Bundes der Landwirte, in: VfZ 21, 1973, S. 1–38.

R. Patemann, Der Kampf um die preußische Wahlreform im Ersten Weltkrieg (Beiträge zur Geschichte des Parlamentarismus und der politischen Parteien, 26), Düsseldorf 1964.

G. W. Rakenius, Wilhelm Groener als Erster Generalquartiermeister, Die Politik der Obersten Heeresleitung 1918/1919, Boppard 1977.

G. A. Ritter und S. Miller (Hg.), Die deutsche Revolution 1918/1919, Dokumente, Hamburg ²1975.

R. Rürup, Probleme der Revolution in Deutschland 1918/1919, Wiesbaden 1968.

Ders. (Hg.), Arbeiter- und Soldatenräte im rheinisch-westfälischen Industriegebiet, Studien zur Geschichte der Revolution 1918/1919, Wuppertal 1975.

Ders., Die Revolution von 1918/1919 in der deutschen Geschichte, Bonn 1993.

A. J. Ryder, The German revolution of 1918, A study of German socialism in war and revolt, Cambridge 1967.

E.-H. Schmidt, Heimatheer und Revolution 1918, Die militärischen Gewalten im Heimatgebiet zwischen Oktoberreform und Novemberrevolution, Stuttgart 1981.

D. Schneider und R. Kuda, Arbeiterräte in der Novemberrevolution, Ideen, Wirkungen, Dokumente, Frankfurt am Main 1968.

R. M. Watt, Der Kaiser geht, Deutschland zwischen Revolution und Versailles, Frankfurt am Main 1971.

H. A. Winkler, Die Sozialdemokratie und die Revolution von 1918/1919, Ein Rückblick nach sechzig Jahren, Bonn 1979.

F. Zunkel, Industrie und Staatssozialismus, Der Kampf um die Wirtschaftsordnung in Deutschland 1914–1918, Düsseldorf 1974.

停战与《凡尔赛和约》

F. Dickmann, Die Kriegsschuldfrage auf der Friedenskonferenz von Paris 1919, München 1964.

L. Haupts, Deutsche Friedenspolitik 1918/1919, Eine Alternative zur Machtpolitik des Ersten Weltkrieges, Düsseldorf 1976.

J. von Hehn, H. von Rimscha und H. Weiss (Hg.), Von den baltischen Provinzen zu den baltischen Staaten, Beiträge zur Entstehungsgeschichte der Republiken Estland und Lettland 1917/1918, Marburg 1971.

J. Heideking, Vom Versailler Vertrag zur Genfer Abrüstungskonferenz, Das Scheitern der alliierten Militärkontrollpolitik gegenüber Deutschland nach dem Ersten Weltkrieg, in: Militärgeschichtliche Mitteilungen 1980, Heft 28, S. 45–68.

A. J. Mayer, Politics and diplomacy of peacemaking, Containment and counterrevolution at Versailles, 1918–1919, New York 1968.

K. Schwabe, Deutsche Revolution und Wilson-Frieden, Die amerikanische und deutsche Friedensstrategie zwischen Ideologie und Machtpolitik 1918/1919, Düsseldorf 1971.

W. Schwengler, Völkerrecht, Versailler Vertrag und Auslieferungsfrage, Die Strafverfolgung wegen Kriegsverbrechen als Problem des Friedens-schlusses 1919/1920, Stuttgart 1982.

J. M. Thompson, Russia, Bolshevism and the Versailles Peace, Princeton, N. J., 1966.

E. Wuest, Der Vertrag von Versailles in Licht und Schatten der Kritik, Die Kontroverse um seine wirtschaftlichen Auswirkungen, Zürich 1962.

宪法、邦联制与内政

W. Apelt, Geschichte der Weimarer Verfassung, München ²1964.

W. Benz, Süddeutschland in der Weimarer Republik, Ein Beitrag zur deut-schen Innenpolitik 1918–1923, Berlin 1970.

Ders. und I. Geiss, Staatsstreich gegen Preußen, 20. Juli 1932, Düsseldorf (1982).

W. Besson, Württemberg und die Staatskrise 1928–1933, Eine Studie zur Auflösung der Weimarer Republik, Stuttgart 1959.

L. Biewer, Reichsreformbestrebungen in der Weimarer Republik, Fragen zur Funktionalreform und zur Neugliederung im Südwesten des Deut-schen Reiches, Frankfurt am Main und Bern 1980.

G. Bremme, Die politische Rolle der Frau in Deutschland, Eine Untersu-chung über den Einfluß der Frauen bei Wahlen und ihre Teilnahme in Partei und Parlament, Göttingen 1956.

U. Büttner, Hamburg in der Staats- und Wirtschaftskrise, 1928–1931, Ham-burg 1982.

J. Caplan, Government without administration, State and civil service in Weimar and Nazi Germany, Oxford 1988.

Deutsche Verwaltungsgeschichte, hg. von K. G. A. Jeserich, H. Pohl und E.-C. von Unruh, Bd. 4, Das Reich als Republik und in der Zeit des Na-tionalsozialismus, Stuttgart 1985.

H.-P. Ehni, Bollwerk Preußen, Preußen-Regierung, Reich-Länder-Problem und Sozialdemokratie 1928–1932 (Schriftenreihe des Forschungsinstituts der Friedrich-Ebert-Stiftung, 111), Bonn-Bad Godesberg 1975.

H. Fenske, Monarchisches Beamtentum und demokratischer Staat, Zum Problem der Bürokratie in der Weimarer Republik, in: Demokratie und Verwaltung, 25 Jahre Hochschule der Verwaltungswissenschaften Speyer (Schriftenreihe der Hochschule Speyer, 50), Berlin 1972.

Ders., Bürokratie in Deutschland, Vom späten Kaiserreich bis zur Gegenwart, Berlin 1985.

C. Führ, Zur Schulpolitik der Weimarer Republik, Die Zusammenarbeit von Reich und Ländern im Reichsschulausschuß, 1919–1923, und im Ausschuß für das Unterrichtswesen, 1924–1933, Darstellungen und Quellen, Weinheim 1970.

S. Grassmann, Hugo Preuß und die deutsche Selbstverwaltung, Lübeck 1965.

H. Grund, »Preußenschlag« und Staatsgerichtshof im Jahre 1932, Baden-Baden 1976.

H. Hannover und E. Hannover-Drück, Politische Justiz 1918 bis 1933, Neuauflage Bornheim-Merten 1987.

P. Haungs, Reichspräsident und parlamentarische Kabinettsregierung, Eine Studie zum Regierungssystem der Weimarer Republik in den Jahren 1924 bis 1929, Köln 1968.

W. Hofmann, Zwischen Rathaus und Reichskanzlei, Die Oberbürgermeister in der Kommunal- und Staatspolitik des Deutschen Reiches von 1890 bis 1933, Berlin, Köln und Mainz 1974.

E. R. Huber, Zur Lehre vom Verfassungsnotstand in der Staatstheorie der Weimarer Zeit, in: H. Schneider und V. Götz (Hg.), Im Dienst an Recht und Staat, Festschrift für Werner Weber zum 70. Geburtstag, Berlin 1974, S. 31–52.

H. Hürten, Reichswehr und Ausnahmezustand, Ein Beitrag zur Verfassungsproblematik der Weimarer Republik in ihrem ersten Jahrfünft, Opladen 1977.

Ders., Der Kapp-Putsch als Wende. Über Rahmenbedingungen der Weimarer Republik seit dem Frühjahr 1920, Opladen 1989.

G. Jasper, Der Schutz der Republik, Studien zur staatlichen Sicherung der Demokratie in der Weimarer Republik, Tübingen 1963.

Ders., Justiz und Politik in der Weimarer Republik, in: VfZ 30, 1982, S. 167–205.

O. Kirchheimer, Von der Weimarer Republik zum Faschismus, Die Auflösung der demokratischen Rechtsordnung, hg. von W. Luthardt, Frankfurt am Main 1976.

R. Kuhn, Die Vertrauenskrise der Justiz, 1926–1928, Der Kampf um die »Republikanisierung« der Rechtspflege in der Weimarer Republik, Köln 1983.

A. Kunz, Civil servants and the politics of inflation in Germany 1914–1924, Berlin 1986.

E. Laubach, Die Politik der Kabinette Wirth 1921/1922, Lübeck 1968.

W. Luthardt, Sozialdemokratische Verfassungstheorie in der Weimarer Republik, Opladen 1986.

J. Meinck, Weimarer Staatslehre und Nationalsozialismus, Eine Studie zum Problem der Kontinuität im staatsrechtlichen Denken in Deutschland 1928 bis 1936, Frankfurt am Main 1978.

F. Menges, Reichsreform und Finanzpolitik, Die Aushöhlung der Eigenstaatlichkeit Bayerns auf finanzpolitischem Wege in der Zeit der Weimarer Republik, Berlin 1971.

H. Möller, Parlamentarismus in Preußen, 1919–1932 (Handbuch der Geschichte des deutschen Parlamentarismus), Düsseldorf 1985.

R. Morsey, Zur Geschichte des »Preußenschlags« am 20. Juli 1932, in: VfZ 9, 1961, S. 430–439.

Ders., Der Beginn der »Gleichschaltung« in Preußen, Adenauers Haltung in der Sitzung des »Dreimännerkollegiums« am 6. Februar 1933, Dokumentation, in: VfZ 11, 1963, S. 85–97.

H. Muth, Carl Schmitt in der deutschen Innenpolitik des Sommers 1932, in: HZ Beiheft I, 1971.

D. Orlow, Weimar Prussia 1918–1925, The unlikely rock of democracy, Pittsburgh, Pa., 1986.

F. Poetzsch-Heffter, Vom Staatsleben unter der Weimarer Verfassung, Teil III (1. Januar 1919 bis 31. Januar 1933), in: Jahrbuch des öffentlichen Rechts der Gegenwart 21, 1933/1934, S. 1–204.

Die Reichsreform, hg. vom Bund zur Erneuerung des Reiches, Berlin 1933.

L. Richter, Kirche und Schule in den Beratungen der Weimarer Nationalversammmlung, Düsseldorf 1996.

K. Revermann, Die stufenweise Durchbrechung des Verfassungssystems der Weimarer Republik in den Jahren 1930–1933, Eine staatsrechtliche und historisch-politische Analyse, Münster 1959.

W. Runge, Politik und Beamtentum im Parteienstaat, Die Demokratisierung der politischen Beamten in Preußen zwischen 1918 und 1933, Stuttgart 1965.

K. Schaap, Die Endphase der Weimarer Republik im Freistaat Oldenburg 1928–1932 (Beiträge zur Geschichte des Parlamentarismus und der politischen Parteien, 61), Düsseldorf 1978.

E. Schanbacher, Parlamentarische Wahlen und Wahlsystem in der Weimarer Republik, Wahlgesetzgebung und Wahlreform im Reich und in den Ländern (Beiträge zur Geschichte des Parlamentarismus und der politischen Parteien, 69), Düsseldorf 1982.

R. Schiffers, Elemente direkter Demokratie im Weimarer Regierungssystem (Beiträge zur Geschichte des Parlamentarismus und der politischen Parteien, 40), Düsseldorf 1971.

T. Schnabel (Hg.), Die Machtergreifung in Südwestdeutschland, Das Ende der Weimarer Republik in Baden und Württemberg 1928–1933, Stuttgart, Berlin, Köln und Mainz 1982.

U. Schüren, Der Volksentscheid zur Fürstenenteignung 1926, Die Vermögensauseinandersetzung mit den depossedierten Landesherren als Problem der deutschen Innenpolitik unter besonderer Berücksichtigung der Verhältnisse in Preußen (Beiträge zur Geschichte des Parlamentarismus und der politischen Parteien, 64), Düsseldorf 1978.

G. Schulz, Zwischen Demokratie und Diktatur, Verfassungspolitik und Reichsreform in der Weimarer Republik, 3 Bde, Berlin 1963–1992.

Ders., Der Artikel 48 in historisch-politischer Sicht, in: Staatsnotstand, hg. von E. Fraenkel, Berlin 1965, S. 39–71.

Ders., »Preußenschlag« oder Staatsstreich? Neues zum 20. Juli 1932, in: Der Staat 17, 1978, S. 553–581.

B. Steger, Der Hitlerprozeß und Bayerns Verhältnis zum Reich 1923/1924, in: VfZ 25, 1977, S. 441–466.

M. Stürmer, Koalition und Opposition in der Weimarer Republik 1924–1928 (Beiträge zur Geschichte des Parlamentarismus und der politischen Parteien, 36), Düsseldorf 1967.

T. Trumpp, Franz von Papen, der preußisch-deutsche Dualismus und die NSDAP in Preußen, Ein Beitrag zur Vorgeschichte des 20. Juli 1932, Marburg 1963.

F. Wiesemann, Die Vorgeschichte der nationalsozialistischen Machtübernahme in Bayern 1932/1933, Berlin 1975.

P.-C. Witt, Reichsfinanzminister und Reichsfinanzverwaltung, Zum Problem des Verhältnisses von politischer Führung und bürokratischer Herrschaft in den Anfangsjahren der Weimarer Republik, 1918–1929, in: VfZ 23, 1975, S. 1–61.

Ders., Konservatismus als »Überparteilichkeit«, Die Beamten der Reichs-kanzlei zwischen Kaiserreich und Weimarer Republik, in: D. Stegmann u. a. (Hg.), Deutscher Konservatismus im 19. und 20. Jahrhundert, Fest-schrift für Fritz Fischer, Bonn 1983, S. 231–280.

J. R. C. Wright, »Über den Parteien«, Die politische Haltung der evange-lischen Kirchenführer 1918–1933 (Arbeiten zur kirchlichen Zeitge-schichte, 2), Göttingen 1977.

W. Ziegler, Die deutsche Nationalversammlung 1919/1920 und ihr Verfas-sungswerk, Berlin 1932.

政党与联盟概述

G. Arns, Regierungsbildung und Koalitionspolitik in der Weimarer Repu-blik 1919–1924, Clausthal-Zellerfeld 1971.

D. Fricke u. a. (Hg.), Lexikon zur Parteiengeschichte. Die bürgerlichen und kleinbürgerlichen Parteien in Deutschland (1789–1945), 4 Bde, Leipzig 1983–1986.

M. R. Lepsius, Parteiensystem und Sozialstruktur, Zum Problem der De-mokratisierung der deutschen Gesellschaft, in: G. A. Ritter (Hg.), Deut-sche Parteien vor 1918, Köln 1973, S. 56–80.

E. Matthias und R. Morsey (Hg.), Das Ende der Parteien 1933, Darstellung und Dokumente, Düsseldorf ³1984.

S. Neumann, Die Parteien der Weimarer Republik, Stuttgart ⁴1977.

K. Nowak, Evangelische Kirche und Weimarer Republik, Zum politischen Weg des deutschen Protestantismus zwischen 1918 und 1932, Göttin-gen 1981.

W. Pyta, Dorfgemeinschaft und Parteipolitik 1918–1933, Die Verschrän-kung von Milieu und Parteien in den protestantischen Landgebieten Deutschlands (Beiträge zur Geschichte des Parlamentarismus und der politischen Parteien, 106), Düsseldorf 1996.

G. A. Ritter, Kontinuität und Umformung des deutschen Parteiensystems 1918–1920, in: Ders. (Hg.), Entstehung und Wandel der modernen Ge-sellschaft, Festschrift für Hans Rosenberg zum 65. Geburtstag, Berlin 1970, S. 342–376.

F.-K. Scheer, Die Deutsche Friedensgesellschaft, 1892–1933, Frankfurt am Main 1981.

K. Scholder, Die Kirchen und das Dritte Reich, Bd. 1, Vorgeschichte und Zeit der Illusionen 1918–1934, Frankfurt am Main, Berlin und Wien 1977.

有组织工人运动

W. T. Angress, Die Kampfzeit der KPD, 1921–1923 (Geschichtliche Studien zu Politik und Gesellschaft, 2), Düsseldorf 1973.

S. Bahne, Die KPD und das Ende von Weimar, Das Scheitern einer Politik 1932–1935, Frankfurt am Main und New York 1976.

J. Blau, Sozialdemokratische Staatslehre in der Weimarer Republik, Darstellung und Untersuchung der staatstheoretischen Konzeption von Hermann Heller, Ernst Fraenkel und Otto Kirchheimer, Mit einem Vorwort von H. Ridder (Schriftenreihe für Sozialgeschichte und Arbeiterbewegung, 21), Marburg 1980.

H. M. Bock, Syndikalismus und Linkskommunismus von 1918–1923, Zur Geschichte und Soziologie der Freien Arbeiter-Union Deutschlands (Syndikalisten), der Allgemeinen Arbeiter-Union Deutschlands und der Kommunistischen Arbeiter-Partei Deutschlands, Meisenheim 1969.

Ders., Syndikalismus und Linkskommunismus von 1918 bis 1923, Ein Beitrag zur Sozial- und Ideengeschichte der frühen Weimarer Republik, Aktualisierte und mit einem Nachwort vers. Neuausgabe, Darmstadt 1993.

H. Drechsler, Die Sozialistische Arbeiterpartei Deutschlands (SAPD), Ein Beitrag zur Geschichte der deutschen Arbeiterbewegung am Ende der Weimarer Republik, Meisenheim 1965.

O. K. Flechtheim, Die KPD in der Weimarer Republik, Neuauflage Hamburg 1986.

G. Fülberth, Die Beziehungen zwischen SPD und KPD in der Kommunalpolitik der Weimarer Periode 1918/1919 bis 1933, Köln 1985.

H. Heimann und T. Meyer (Hg.), Reformsozialismus und Sozialdemokratie, Zur Theoriediskussion des Demokratischen Sozialismus in der Weimarer Republik, Bericht zum wissenschaftlichen Kongreß der Friedrich-Ebert-Stiftung »Beiträge zur reformistischen Sozialismustheorie in der Weimarer Republik« vom 9. bis 12. Oktober 1980, Bonn 1982.

E. Heupel, Reformismus und Krise, Zur Theorie und Praxis von SPD, ADGB und Afa-Bund in der Weltwirtschaftskrise 1929–1932/1933, Frankfurt am Main 1981.

G. Högl, Gewerkschaften und USPD von 1916 bis 1922, Ein Beitrag zur Geschichte der deutschen Arbeiterbewegung unter besonderer Berücksichtigung des Deutschen Metallarbeiter-, Textilarbeiter- und Schuhmacherverbandes, Diss. phil. München 1982.

W. Huber und J. Schwerdtfeger (Hg.), Frieden, Gewalt, Sozialismus, Studien zur Geschichte der sozialistischen Arbeiterbewegung (Forschungen und Berichte der Evangelischen Studiengemeinschaft, 32), Stuttgart 1976.

U. Hüllbusch, Die deutschen Gewerkschaften in der Weltwirtschaftskrise, in: W. Conze und H. Raupach (Hg.), Die Staats- und Wirtschaftskrise des Deutschen Reichs 1929/1933, Stuttgart 1967, S. 126–154.

R. N. Hunt, German Social Democracy 1918–1933, Chicago ²1970.

D. Klenke, Die SPD-Linke in der Weimarer Republik, Eine Untersuchung zu den regionalen organisatorischen Grundlagen und zur politischen Praxis und Theoriebildung des linken Flügels der SPD in den Jahren 1922–1932, 2 Bde, Münster 1983.

S. Koch-Baumgarten, Aufstand der Avantgarde, Die Märzaktion der KPD 1921, Frankfurt am Main und New York 1986.

H. Krause, USPD, Zur Geschichte der Unabhängigen Sozialdemokratischen Partei Deutschlands, Frankfurt am Main 1975.

D. Lehnert, Sozialdemokratie und Novemberrevolution, Die Neuordnungsdebatte 1918/1919 in der politischen Publizistik von SPD und USPD, Frankfurt am Main und New York 1983.

P. Lösche, Der Bolschewismus im Urteil der deutschen Sozialdemokratie 1903–1920, Berlin 1967.

W. Luthardt (Hg.), Sozialdemokratische Arbeiterbewegung und Weimarer Republik, Materialien zur gesellschaftlichen Entwicklung 1927–1933, 2 Bde, Frankfurt am Main 1978.

W. H. Maehl, The German Socialist Party, Champion of the first republic 1918–1933, Lawrence, Kansas, 1986.

K.-M. Mallmann, Kommunisten in der Weimarer Republik, Sozialgeschichte einer revolutionären Bewegung, Darmstadt 1996.

M. Martiny, Integration oder Konfrontation? Studien zur sozialdemokratischen Rechts- und Verfassungspolitik, Bonn-Bad Godesberg 1976.

Ders., Die Entstehung und politische Bedeutung der »Neuen Blätter für den Sozialismus« und ihres Freundeskreises, Dokumentation, in: VfZ 25, 1977, S. 373–419.

S. Miller, Die Bürde der Macht, Die deutsche Sozialdemokratie 1918–1920 (Beiträge zur Geschichte des Parlamentarismus und der politischen Parteien, 63), Düsseldorf 1978.

H. Mommsen, Die Sozialdemokratie in der Defensive, Der Immobilismus der SPD und der Aufstieg des Nationalsozialismus, in: Ders. (Hg.), Sozialdemokratie zwischen Klassenbewegung und Volkspartei, Frankfurt am Main 1974, S. 106–133.

D. W. Morgan, The socialist left and the German revolution, A history of the Independent Social Democratic Party, 1917–1922, Ithaca, N. Y., 1975.

H. Potthoff, Gewerkschaften und Politik zwischen Revolution und Inflation (Beiträge zur Geschichte des Parlamentarismus und der politischen Parteien, 66), Düsseldorf 1979.

Ders., Freie Gewerkschaften 1918–1933, Der Allgemeine Deutsche Gewerkschaftsbund in der Weimarer Republik (Beiträge zur Geschichte des Parlamentarismus und der politischen Parteien, 82), Düsseldorf 1987.

W. Pyta, Gegen Hitler und für die Republik, Die Auseinandersetzungen der deutschen Sozialdemokraten mit der NSDAP in der Weimarer Republik (Beiträge zur Geschichte des Parlamentarismus und der politischen Parteien, 87), Düsseldorf 1989.

J. Reulecke (Hg.), Arbeiterbewegung an Rhein und Ruhr, Wuppertal 1974.

M. Ruck, Die freien Gewerkschaften im Ruhrkampf 1923, Köln 1986.

K. Rudolph, Die sächsische Sozialdemokratie, Vom Kaiserreich zur Republik von Weimar 1871–1923, Weimar 1995.

M. Schneider, Das Arbeitsbeschaffungsprogramm des ADGB, Zur gewerkschaftlichen Politik in der Endphase der Weimarer Republik, Bonn-Bad Godesberg 1975.

H. Schulze, Anpassung oder Widerstand? Aus den Akten des Parteivorstands der deutschen Sozialdemokratie 1932/1933, Bonn-Bad Godesberg 1975.

K. Sühl, SPD und Öffentlicher Dienst in der Weimarer Republik, Die öffentlich Bediensteten in der SPD und ihre Bedeutung für die sozialdemokratische Politik 1918–1933, Opladen 1988.

S. Vestring, Die Mehrheitssozialdemokratie und die Entstehung der Reichsverfassung von Weimar 1918/1919, Münster 1987.

J. Wachtler, Zwischen Revolutionserwartung und Untergang, Die Vorbereitung der KPD auf die Illegalität in den Jahren 1929–1933, Frankfurt am Main 1983.

H. Weber, Die Wandlung des deutschen Kommunismus, Die Stalinisierung der KPD in der Weimarer Republik, 2 Bde, Frankfurt am Main 1969.

Ders., Hauptfeind Sozialdemokratie, Strategie und Taktik der KPD 1929–1933, Düsseldorf 1982.

R. F. Wheeler, USPD und Internationale, Sozialistischer Internationalismus in der Zeit der Revolution, Frankfurt am Main 1975.

Ders., Die »21 Bedingungen« und die Spaltung der USPD im Herbst 1920, Zur Meinungsbildung der Basis, in: VfZ 23, 1975, S. 117–154.

W. von der Will und R. Burns (Hg.), Arbeiterkulturbewegung in der Weimarer Republik, 2 Bde, Frankfurt am Main 1982.

H. A. Winkler, Klassenbewegung oder Volkspartei? Zur Programmdiskussion in der Weimarer Sozialdemokratie 1920–1925; in: GuG 8, 1982, S. 9–54.

Ders., Arbeiter und Arbeiterbewegung in der Weimarer Republik: Bd. 1, Von der Revolution zur Stabilisierung, 1918–1924, Berlin ²1984; Bd. 2, Der Schein der Normalität, 1924–1930, Berlin 1985; Bd. 3, Der Weg in die Katastrophe, 1930–1933, Berlin 1987.

W. Wittwer, Die sozialdemokratische Schulpolitik in der Weimarer Republik, Bonn 1976.

天主教政治

J. Becker, Joseph Wirth und die Krise des Zentrums während des 4. Kabinetts Marx, 1927–1928, Darstellung und Dokumente, in: Zeitschrift für die Geschichte des Oberrheins 109, 1962, S. 361–482.

Ders., Prälat Kaas und das Problem der Regierungsbeteiligung der NSDAP 1930–1932, in: HZ 196, 1963, S. 74–111.

O. Grünthal, Reichsschulgesetz und Zentrumspartei in der Weimarer Republik (Beiträge zur Geschichte des Parlamentarismus und der politischen Parteien, 39), Düsseldorf 1968.

H. Hömig, Das preußische Zentrum in der Weimarer Republik (Veröffentlichungen der Kommission für Zeitgeschichte, Reihe B, Forschungen, 28), Mainz 1979.

H. Hürten, Deutsche Katholiken 1918–1945, Mainz 1992.

D. Junker, Die Deutsche Zentrumspartei und Hitler 1932/1933, Ein Beitrag zur Problematik des politischen Katholizismus in Deutschland, Stuttgart 1969.

C. Kösters, Katholische Verbände und moderne Gesellschaft, Organisationsgeschichte und Vereinskultur im Bistum Münster 1918–1945, Paderborn 1996.

R. Morsey, Hitlers Verhandlungen mit der Zentrumsführung am 31. Januar 1933, Dokumentation, in: VfZ 9, 1961, S. 182–194.

Ders., Die Deutsche Zentrumspartei 1917–1923 (Beiträge zur Geschichte des Parlamentarismus und der politischen Parteien, 32), Düsseldorf 1966.

Ders., Der Untergang des politischen Katholizismus, Die Zentrumspartei zwischen christlichem Selbstverständnis und »Nationaler Erhebung« 1932/1933, Stuttgart und Zürich 1977.

D. H. Müller, Arbeiter, Katholizismus, Staat, Der Volksverein für das katholische Deutschland und die katholischen Arbeiterorganisationen der Weimarer Republik, Bonn 1996.

W. L. Patch, Christian trade unions in the Weimar Republic, 1918–1933, The failure of »corporate pluralism«, New Haven 1985.

C. Rauh-Kühne, Katholisches Milieu und Kleinstadtgesellschaft, Ettlingen 1918–1939, Sigmaringen 1996.

H. Roder, Der christlich-nationale Deutsche Gewerkschaftsbund (DGB) im politisch-ökonomischen Kräftefeld der Weimarer Republik, Frankfurt am Main, Bern und New York 1986.

K. Ruppert, Im Dienst am Staat von Weimar, Das Zentrum als regierende Partei in der Weimarer Demokratie 1923–1930 (Beiträge zur Geschichte des Parlamentarismus und der politischen Parteien, 96), Düsseldorf 1992.

M. Schneider, Die christlichen Gewerkschaften 1894–1933, Bonn 1982.

K. Schönhoven, Die Bayerische Volkspartei 1924–1932 (Beiträge zur Geschichte des Parlamentarismus und der politischen Parteien, 46), Düsseldorf 1972.

Ders., Zwischen Anpassung und Ausschaltung, Die Bayerische Volkspartei in der Endphase der Weimarer Republik 1932/1933, in: HZ 224, 1977, S. 340–378.

M. Schumacher, Zwischen »Einschaltung« und »Gleichschaltung«, Zum Untergang der Deutschen Zentrumspartei 1932/1933, in: Historisches Jahrbuch 99, 1979, S. 268–303.

资产阶级政党与联盟

V. R. Berghahn, Die Harzburger Front und die Kandidatur Hindenburgs für die Präsidentschaftswahlen 1932, in: VfZ 13, 1965, S. 64–82.

J. M. Diehl, Von der »Vaterlandspartei« zur »Nationalen Revolution«, Die »Vereinigten Vaterländischen Verbände Deutschlands (VVVD)« 1922–1932, in: VfZ 33, 1985, S. 617–639.

L. Döhn, Politik und Interesse, Die Interessenstruktur der Deutschen Volkspartei, Meisenheim 1970.

H. Fenske, Konservatismus und Rechtsradikalismus in Bayern nach 1918, Bad Homburg 1969.

P. Fritzsche, Rehearsals for Destruction. Populism and Political Mobilization in Weimar Germany, Oxford 1990.

R. P. Grathwol, Stresemann and the DNVP, Reconciliation or revenge in German foreign policy, 1924–1928, Lawrence 1980.

H. Hagenlücke, Deutsche Vaterlandspartei, Die nationale Rechte am Ende des Kaiserreiches (Beiträge zur Geschichte des Parlamentarismus und der politischen Parteien, 108), Düsseldorf 1997.

I. Hamel, Völkischer Verband und nationale Gewerkschaft, Der Deutschnationale Handlungsgehilfenverband 1893–1933, Frankfurt am Main 1967.

U. Heinemann, Die verdrängte Niederlage, Politische Öffentlichkeit und Kriegsschuldfrage in der Weimarer Republik (Kritische Studien zur Geschichtswissenschaft, 59), Göttingen 1983.

L. Hertzmann, DNVP, Right-Wing Opposition in the Weimarer Republic 1918–1924, Lincoln 1963.

J. C. Hess, »Das ganze Deutschland soll es sein«, Demokratischer Nationalismus in der Weimarer Republik am Beispiel der Deutschen Demokratischen Partei, Stuttgart 1978.

K.-P. Hoepke, Die deutsche Rechte und der italienische Faschismus, Ein Beitrag zum Selbstverständnis und zur Politik von Gruppen und Verbänden der deutschen Rechten (Beiträge zur Geschichte des Parlamentarismus und der politischen Parteien, 38), Düsseldorf 1968.

H. Holzbach, Das »System Hugenberg«, Die Organisation bürgerlicher Sammlungspolitik vor dem Aufstieg der NSDAP, Stuttgart 1981.

K. Hornung, Der Jungdeutsche Orden (Beiträge zur Geschichte des Parlamentarismus und der politischen Parteien, 14), Düsseldorf 1958.

E. Jonas, Die Volkskonservativen 1928–1933, Entwicklung, Struktur,

Standort und staatspolitische Zielsetzung (Beiträge zur Geschichte des Parlamentarismus und der politischen Parteien, 30), Düsseldorf 1965.

L. E. Jones, »The Dying Middle«, Weimar Germany and the fragmentation of bourgeois politics, in: Central European History 5, 1972, S. 23–54.

Ders., Sammlung oder Zersplitterung? Die Bestrebungen zur Bildung einer neuen Mittelpartei in der Endphase der Weimarer Republik 1930–1933, in: VfZ 25, 1977, S. 265–304.

Ders., German liberalism and the dissolution of the Weimar party system 1918–1933, Chapel Hill 1988.

A. Kessler, Der Jungdeutsche Orden in den Jahren der Entscheidung, Bd. 1: 1928–1930, München 1974; Bd. 2: 1931–1933, München 1976.

E. Kolb und W. Mühlhausen (Hg.), Demokratie in der Krise. Parteien und Verfassungssystem der Weimarer Republik, München 1997.

W. R. Krabbe, Die gescheiterte Zukunft der Ersten Republik, Jugendorganisationen bürgerlicher Parteien im Weimarer Staat (1918–1933), Opladen 1995.

A. Kruck, Geschichte des Alldeutschen Verbandes 1890–1939, Wiesbaden 1954.

A. Kunz, Civil Servants and the Politics of Inflation in Germany, 1914–1924, Berlin 1986.

W. Liebe, Die Deutschnationale Volkspartei 1918–1924 (Beiträge zur Geschichte des Parlamentarismus und der politischen Parteien, 8), Düsseldorf 1956.

D. Large, The Politics of Law and Order, A History of Bavarian Einwohnerwehr 1918–1921, Philadelphia 1980.

U. Lohalm, Völkischer Radikalismus, Die Geschichte des Deutschvölkischen Schutz- und Trutz-Bundes 1919–1923, Hamburg 1970.

G. Opitz, Der Christlich-soziale Volksdienst, Versuch einer protestantischen Partei in der Weimarer Republik (Beiträge zur Geschichte des Parlamentarismus und der politischen Parteien, 37), Düsseldorf 1969.

R. Opitz, Der deutsche Sozialliberalismus 1917–1933, Köln 1973.

E. Portner, Die Verfassungspolitik der Liberalen, Ein Beitrag zur Deutung der Weimarer Reichsverfassung, Bonn 1973.

W. Schneider, Die Deutsche Demokratische Partei in der Weimarer Republik, 1924–1930, München 1978.

H. J. Schorr, Adam Stegerwald, Gewerkschaftler und Politiker der ersten deutschen Republik, Ein Beitrag zur Geschichte der christlich-sozialen Bewegung in Deutschland, Recklinghausen 1966.

M. Schumacher, Mittelstandsfront und Republik, Die Wirtschaftspartei, Reichspartei des deutschen Mittelstandes 1919–1933 (Beiträge zur Geschichte des Parlamentarismus und der politischen Parteien, 44), Düsseldorf 1972.

H. Schustereit, Linksliberalismus und Sozialdemokratie in der Weimarer Republik, Eine vergleichende Betrachtung der DDP und SPD 1919–1930, Düsseldorf 1975.

W. Stephan, Aufstieg und Verfall des Linksliberalismus 1918–1933, Geschichte der Deutschen Demokratischen Partei, Göttingen 1973.

J. Striesow, Die Deutschnationale Volkspartei und die Völkisch-Radikalen 1918–1922, 2 Bde, Frankfurt am Main 1981.

A. Stupperich, Volksgemeinschaft oder Arbeitersolidarität, Studien zur Arbeitnehmerpolitik in der Deutschnationalen Volkspartei 1918–1933, Göttingen und Zürich 1982.

A. Thimme, Flucht in den Mythos, Die Deutschnationale Volkspartei und die Niederlage von 1918, Göttingen 1969.

C. F. Trippe, Konscrvative Verfassungspolitik 1918–1923, Die DNVP als Opposition in Reich und Ländern (Beiträge zur Geschichte des Parlamentarismus und der politischen Parteien, 105), Düsseldorf 1995.

D. P. Walker, The German Nationalist People's Party, The Conservative Dilemma in the Weimar Republic, in: Journal of Contemporary History 14, 1979, S. 627–647.

S. Weichlein, Sozialismus und politische Kultur in der Weimarer Republik, Lebenswelt, Vereinskultur, Politik in Hessen, Göttingen 1996.

P. Wulf, Die politische Haltung des schleswig-holsteinischen Handwerks 1928–1933, Köln und Opladen 1969.

准军事性组织

V. R. Berghahn, Der Stahlhelm, Bund der Frontsoldaten 1918–1935 (Beiträge zur Geschichte des Parlamentarismus und der politischen Parteien, 33), Düsseldorf 1966.

J. M. Diehl, Paramilitary politics in Weimar Germany, Bloomington 1977.

A. Klotzbücher, Der politische Weg des Stahlhelm, Bund der Frontsoldaten, in der Weimarer Republik, Ein Beitrag zur Geschichte der »Nationalen Opposition« 1918–1933, Erlangen 1965.

E. Könnemann, Einwohnerwehren und Zeitfreiwilligenverbände, Ihre Funktion beim Aufbau eines neuen imperialistischen Militärsystems, Berlin (DDR) 1971.

H.-J. Mauch, Nationalistische Wehrorganisationen in der Weimarer Republik, Zur Entwicklung des »Paramilitarismus«, Frankfurt am Main 1982.

K. Rohe, Das Reichsbanner Schwarz Rot Gold, Ein Beitrag zur Geschichte und Struktur der politischen Kampfverbände zur Zeit der Weimarer Republik (Beiträge zur Geschichte des Parlamentarismus und der politischen Parteien, 34), Düsseldorf 1966.

E. Rosenhaft, Beating the fascists? The German communists and political violence 1929–1933, Cambridge, London, New York und New Rochelle 1983.

H. Schulze, Freikorps und Republik 1918–1920, Boppard 1969.

K. G. P. Schuster, Der Rote Frontkämpferbund 1924–1929, Beiträge zur Geschichte und Organisationsstruktur eines politischen Kampfbundes (Beiträge zur Geschichte des Parlamentarismus und der politischen Parteien, 55), Düsseldorf 1975.

社会政策与劳资关系

W. Abelshauser (Hg.), Die Weimarer Republik als Wohlfahrtsstaat, Zum Verhältnis von Wirtschafts- und Sozialpolitik in der Industriegesellschaft (Vierteljahreshefte für Sozial- und Wirtschaftsgeschichte, Beiheft 81), Wiesbaden 1987.

G. Brakelmann, Evangelische Kirche in sozialen Konflikten der Weimarer Zeit, Das Beispiel des Ruhreisenstreits (Schriften zur politischen und sozialen Geschichte des neuzeitlichen Christentums, 1), Bochum 1986.

R. J. Evans und D. Geary (Hg.), The German unemployed, Experiences and consequences of unemployment from the Weimar Republic to the Third Reich, London 1987.

G. D. Feldman, The origins of the Stinnes-Legien-Agreement, A documentation, unter Mitarbeit von I. Steinisch, in: Internationale Wissenschaftliche Korrespondenz zur Geschichte der deutschen Arbeiterbewegung 9, 1973, Heft 19/20, S. 45–103.

Ders. und I. Steinisch, Die Weimarer Republik zwischen Sozial- und Wirtschaftsstaat, Die Entscheidung gegen den Achtstundentag, Hans Rosenberg zum kommenden 75. Geburtstag gewidmet, in: AfS 18, 1978, S. 353–439.

Dies., Industrie und Gewerkschaften 1918–1924, Die überforderte Zentralarbeitsgemeinschaft (Schriftenreihe der VfZ, 50), Stuttgart 1985.

T. Geiger, Die soziale Schichtung des deutschen Volkes, Soziographischer Versuch auf statistischer Grundlage (1932), Stuttgart 1967.

A. Gerschenkron, Bread and democracy in Germany, New York ²1966.

E. Harvey, Youth and the welfare state in Weimar Germany, Oxford 1993.

H. Homburg, Vom Arbeitslosen zum Zwangsarbeiter, Arbeitslosenpolitik und Fraktionierung der Arbeiterschaft in Deutschland 1930–1933 am Beispiel der Wohlfahrtserwerblosen und der kommunalen Wohlfahrtshilfe, in: AfS 25, 1985, S. 251–298.

P. Lewek, Arbeitslosigkeit und Arbeitslosenversicherung in der Weimarer Republik 1918–1927, Stuttgart 1992.

H. Mommsen, D. Petzina und B. Weisbrod (Hg.), Industrielles System und politische Entwicklung in der Weimarer Republik, Verhandlungen des Internationalen Symposiums in Bochum vom 12.–17. Juni 1973, 2 Bde, Kronberg und Düsseldorf ²1977.

H. Mommsen, Klassenkampf oder Mitbestimmung, Zum Problem der Kontrolle wirtschaftlicher Macht in der Weimarer Republik, Köln 1978.

Ders. (Hg.), Arbeiterbewegung und industrieller Wandel, Studien zu gewerkschaftlichen Organisationsproblemen im Reich und an der Ruhr 1905–1924, Wuppertal 1980.

L. Preller, Sozialpolitik in der Weimarer Republik, (Neuausgabe) Düsseldorf 1978.

M. Schneider, Unternehmer und Demokratie, Die freien Gewerkschaften in der unternehmerischen Ideologie der Jahre 1918 bis 1933 (Schriftenreihe des Forschungsinstituts der Friedrich-Ebert-Stiftung, 116), Bonn-Bad Godesberg 1975.

P. D. Stachura (Hg.), Unemployment and the great depression in Weimar Germany, Houndmills und London 1986.

D. Stegmann, B.-J. Wendt und P.-C. Witt (Hg.), Industrielle Gesellschaft und politisches System, Beiträge zur politischen Sozialgeschichte, Festschrift für Fritz Fischer zum 70. Geburtstag, Bonn 1978.

I. Steinisch, Arbeitszeitverkürzung und sozialer Wandel, Der Kampf um die

Achtstundenschicht in der deutschen und amerikanischen Eisen- und Stahlindustrie, 1880–1929, Berlin 1986.

H. Timm, Die deutsche Sozialpolitik und der Bruch der großen Koalition im März 1930 (Beiträge zur Geschichte des Parlamentarismus und der politischen Parteien, 1), Düsseldorf ²1982.

R. Tschirbs, Tarifpolitik im Ruhrbergbau 1918–1933 (Beiträge zu Inflation und Wiederaufbau in Deutschland und Europa 1914–1924, Bd. 5, und Veröffentlichungen der Historischen Kommission zu Berlin, 64), Berlin 1986.

B. Weisbrod, Die Befreiung von den »Tariffesseln«, Deflationspolitik als Krisenstrategie der Unternehmer in der Ära Brüning, in: GuG 11, 1985, S. 295–325.

U. Wengst, Unternehmerverbände und Gewerkschaften in Deutschland im Jahre 1930, in: VfZ 25, 1977, S. 99–119.

经济与金融政策

D. Abraham, The collapse of the Weimar Republic, Political economy and crisis, New York ²1986.

F. Blaich, Die Wirtschaftskrise 1925/1926 und die Reichsregierung, Von der ersten Erwerbslosenfürsorge zur Konjunkturpolitik, Kallmünz 1977.

Ders., Der Schwarze Freitag, Inflation und Wirtschaftskrise, München 1985.

C. Böhret, Aktionen gegen die »kalte Sozialisierung« 1926–1930, Ein Beitrag zum Wirken ökonomischer Einflußverbände in der Weimarer Republik, Berlin 1966.

K. Borchardt, Zwangslagen und Handlungsspielräume in der großen Wirtschaftskrise der frühen dreißiger Jahre, Zur Revision des überlieferten Geschichtsbildes, in: M. Stürmer (Hg.), Die Weimarer Republik, Belagerte Civitas, Königstein ²1985, S. 318–339.

Ders., Wachstum, Krisen, Handlungsspielräume der Wirtschaftspolitik, Studien zur Wirtschaftgeschichte des 19. und 20. Jahrhunderts (Kritische Studien zur Geschichtswissenschaft, 50), Göttingen 1982.

K. E. Born, Die deutsche Bankenkrise 1931, Finanzen und Politik, München 1967.

O. Büsch und G. D. Feldman (Hg.), Historische Prozesse der deutschen Inflation 1914 bis 1924, Ein Tagungsbericht, Berlin 1978.

H. G. Ehlert, Die wirtschaftliche Zentralbehörde des Deutschen Reiches

1914 bis 1919, Das Problem der »Gemeinwirtschaft« in Krieg und Frieden, Wiesbaden 1982.

G. D. Feldman, C.-L. Holtfrerich, G. A. Ritter und P.-C. Witt (Hg.), Die deutsche Inflation, Eine Zwischenbilanz (Beiträge zu Inflation und Wiederaufbau in Deutschland und Europa 1914–1924, Bd. 1, und Veröffentlichungen der Historischen Kommission zu Berlin, 54), Berlin und New York 1982.

Dies. (Hg.), Die Erfahrung der Inflation im internationalen Zusammenhang und Vergleich (Beiträge zu Inflation und Wiederaufbau in Deutschland und Europa 1914–1924, Bd. 2, und Veröffentlichungen der Historischen Kommission zu Berlin, 57), Berlin und New York 1984.

Dies. (Hg.), Die Anpassung an die Inflation (Beiträge zu Inflation und Wiederaufbau in Deutschland und Europa 1914–1924, Bd. 8, und Veröffentlichungen der Historischen Kommission zu Berlin, 67), Berlin und New York 1986.

G. D. Feldman, Iron and steel in the German inflation 1916–1923, Princeton, N. J., 1977.

Ders., Vom Weltkrieg zur Weltwirtschaftskrise, Studien zur deutschen Wirtschafts und Sozialgeschichte 1914–1932 (Kritische Studien zur Geschichtswissenschaft, 60), Göttingen 1984.

Ders. (Hg.) unter Mitarbeit von E. Müller-Luckner, Die Nachwirkungen der Inflation auf die deutsche Geschichte 1924–1933, München 1985.

Ders. und H. Homburg, Industrie und Inflation, Studien und Dokumente zur Politik der deutschen Unternehmer 1916–1923, Hamburg 1977.

Ders., The Great Disorder, Politics, Economics and Society in the German Inflation 1914–1924, Oxford 1993.

N. Ferguson, Paper and iron, Hamburg business and German politics in the era of inflation 1897–1927, Cambridge 1995.

W. Fischer, Deutsche Wirtschaftspolitik 1918–1945, Opladen ³1968.

T. von Freyberg, Industrielle Rationalisierung in der Weimarer Republik, Untersucht an Beispielen aus dem Maschinenbau und der Elektroindustrie, Frankfurt am Main 1989.

M. Grübler, Die Spitzenverbände der Wirtschaft und das erste Kabinett Brüning, Vom Ende der großen Koalition 1929/1930 bis zum Vorabend der Bankenkrise 1931, Eine Quellenstudie (Beiträge zur Geschichte des Parlamentarismus und der politischen Parteien, 70), Düsseldorf 1982.

F. Günther, Der Reichsverband der Deutschen Industrie 1919 bis 1923, in: Jenaer Beiträge zur Parteiengeschichte 21, 1968, S. 4–106.

G. W. F. Hallgarten, Hitler, Reichswehr und Industrie, Zur Geschichte der Jahre 1918–1933, Frankfurt am Main 1955.

K.-H. Hansmeyer (Hg.), Kommunale Finanzpolitik in der Weimarer Republik (Schriftenreihe des Vereins für Kommunalwissenschaften, 36), Stuttgart 1973.

G. Hardach, Reichsbankpolitik und wirtschaftliche Entwicklung 1924–1931, in: Schmollers Jahrbuch für Wirtschaft- und Sozialwissenschaften 90, 1970, S. 562–592.

Ders., Weltmarktorientierung und relative Stagnation, Währungspolitik in Deutschland 1924–1931, Berlin 1976.

H.-H. Hartwich, Arbeitsmarkt, Verbände und Staat 1918–1933, Die öffentliche Bindung unternehmerischer Funktionen in der Weimarer Republik, Berlin 1967.

D. Hertz-Eichenrode, Wirtschaftskrise und Arbeitsbeschaffung, Konjunkturpolitik 1925/1926 und die Grundlagen der Krisenpolitik Brünings, Frankfurt am Main und New York 1982.

C.-L. Holtfrerich, Die deutsche Inflation 1914–1923, Ursachen und Folgen in internationaler Perspektive, Berlin und New York 1980.

Ders., Alternativen zu Brünings Wirtschaftspolitik in der Weltwirtschaftskrise, in: HZ 235, 1982, S. 605–631.

H. James, The Reichsbank and public finance in Germany 1924–1933, A study of the politics of economics during the great depression (Schriftenreihe des Instituts für bankhistorische Forschung, 5), Frankfurt am Main 1985.

Ders., Deutschland in der Weltwirtschaftskrise, Stuttgart 1988.

C. P. Kindleberger, Die Weltwirtschaftskrise, 1929–1939 (Geschichte der Weltwirtschaft im 20. Jahrhundert, 4), München [1]1984.

K. Koszyk, Paul Reusch und die »Münchner Neuesten Nachrichten«, Zum Problem Industrie und Presse in der Endphase der Weimarer Republik, in: VfZ 20, 1972, S. 75–103.

C.-D. Krohn, Stabilisierung und ökonomische Interessen, Die Finanzpolitik des Deutschen Reiches 1923–1927, Düsseldorf 1974.

Ders., Autoritärer Kapitalismus, Wirtschaftskonzeptionen im Übergang von der Weimarer Republik zum Nationalsozialismus, in: Industrielle Gesellschaft und politisches System, Beiträge zur politischen Sozialgeschichte, Festschrift für Fritz Fischer zum 70. Geburtstag, Bonn 1978, S. 113–129.

G. Kroll, Von der Weltwirtschaftskrise zur Staatskonjunktur, Berlin 1958.

L. Graf Schwerin von Krosigk, Staatsbankrott, Die Geschichte des Deutschen Reiches von 1920–1945, Geschrieben vom letzten Reichsfinanz-minister, Göttingen, Frankfurt am Main und Zürich 1974.

R. Leuschen-Seppel, Zwischen Staatsverantwortung und Klasseninteres-se, Die Wirtschafts- und Finanzpolitik der SPD zur Zeit der Weimarer Republik unter besonderer Berücksichtigung der Mittelphase 1924–1928/1929 (Politik und Gesellschaftsgeschichte, 9), Bonn 1981.

R. E. Lüke, Von der Stabilisierung zur Krise, hg. vom Basel Centre for Eco-nomic and Financial Research Series, Zürich 1958.

W. C. McNeil, American Money in the Weimar Republic, Economics and Politics on the Eve of the Great Depression, New York 1986.

C. S. Maier, Recasting bourgeois Europe, Stabilization in France, Germany and Italy in the decade after World War I, Princeton 1975.

H. Marcon, Arbeitsbeschaffungspolitik der Regierungen Papen und Schlei-cher, Grundsteinlegung für die Beschäftigungspolitik im Dritten Reich (Moderne Geschichte und Politik, 3), Bern und Frankfurt am Main 1974.

I. Maurer, Reichsfinanzen und große Koalition, Zur Geschichte des Reichs-kabinetts Müller 1928–1930 (Moderne Geschichte und Politik, I), Bern und Frankfurt am Main 1973.

R. Meister, Die große Depression, Zwangslagen und Handlungsspielräume der Wirtschafts- und Finanzpolitik in Deutschland 1929–1932, Regens-burg 1991.

A. C. Mierzejewski, Payment and profits, The German National Railway Company and reparations, 1924–1932, in: Germany Studies Review, 18, 1995, S. 65–85.

A. Möller, Reichsfinanzminister Matthias Erzberger und sein Reformwerk, Bonn 1971.

R. Morsey, Brünings Kritik an der Reichsfinanzpolitik 1919–1929, in: Ge-schichte, Wirtschaft, Gesellschaft, Festschrift für Clemens Bauer zum 75. Geburtstag, hg. von E. Hassinger, Berlin 1974.

H. Müller, Die Zentralbank – eine Nebenregierung, Reichsbankpräsident Hjalmar Schacht als Politiker der Weimarer Republik, Opladen 1973.

R. Neebe, Großindustrie, Staat und NSDAP 1930–1933, Paul Silverberg und der Reichsverband der Deutschen Industrie in der Krise der Weimarer Republik (Kritische Studien zur Geschichtswissenschaft, 45), Göttingen 1981.

D. Petzina, Elemente der Wirtschaftspolitik in der Spätphase der Weimarer Republik, in: VfZ 21, 1973, S. 127–133.

Ders., Die deutsche Wirtschaft in der Zwischenkriegszeit, Wiesbaden 1977.

K. H. Pohl, Weimars Wirtschaft und die Außenpolitik der Republik 1924–1926, Vom Dawes-Plan zum Internationalen Eisenpakt, Düsseldorf 1979.

H. Sanmann, Daten und Alternativen der deutschen Wirtschafts- und Finanzpolitik in der Ära Brüning, in: Hamburger Jahrbuch für Wirtschafts- und Gesellschaftspolitik 10, 1965, S. 109–140.

W. Sörgel, Metallindustrie und Nationalsozialismus, Eine Untersuchung über Struktur und Funktion industrieller Organisationen in Deutschland 1929 bis 1939, Frankfurt am Main 1965.

H. A. Turner jr., The Ruhrlade, Secret Cabinet of Heavy Industry in the Weimar Republic, in: Central European History 3, 1970, S. 195–228.

B. Weisbrod, Schwerindustrie in der Weimarer Republik, Interessenpolitik zwischen Stabilisierung und Krise, Wuppertal 1978.

U. Wengst, Der Reichsverband der Deutschen Industrie in den ersten Monaten des Dritten Reiches, Ein Beitrag zum Verhältnis von Großindustrie und Nationalsozialismus, in: VfZ 28, 1980, S. 94–110.

H.-A. Winkler, Mittelstand, Demokratie und Nationalsozialismus, Die politische Entwicklung von Handwerk und Kleinhandel in der Weimarer Republik, Köln 1972.

Ders. (Hg.), Organisierter Kapitalismus, Voraussetzungen und Anfänge (Kritische Studien zur Geschichtswissenschaft, 9), Göttingen 1974.

P.-C. Witt, Finanzpolitik und sozialer Wandel in Krieg und Inflation 1918–1924, in: H. Mommsen, D. Petzina und B. Weisbrod (Hg.), Industrielles System und politische Entwicklung in der Weimarer Republik, Bd. 1, Kronberg und Düsseldorf ²1977, S. 395–426.

Ders., Inflation, Wohnungszwangswirtschaft und Hauszinssteuer, Zur Regelung von Wohnungsbau und Wohnungsmarkt in der Weimarer Republik, in: L. Niethammer (Hg.), Wohnen im Wandel, Beiträge zur Geschichte des Alltags in der bürgerlichen Gesellschaft, Wuppertal 1979, S. 385–407.

Ders., Finanzpolitik als Verfassungs- und Gesellschaftspolitik, Überlegungen zur Finanzpolitik des Deutschen Reiches 1930 bis 1932, in: GuG 8, 1982, S. 386–414.

农业政策与东部援助

H. Barmeyer, Andreas Hermes und die Organisation der deutschen Land-
wirtschaft, Christliche Bauernvereine, Reichslandbund, Grüne Front,
Reichsnährstand 1928 bis 1933 (Quellen und Forschungen zur Agrar-
geschichte, 24), Stuttgart 1971.

B. Buchta, Die Junker und die Weimarer Republik, Charakter und Bedeu-
tung der Osthilfe in den Jahren 1928–1933, Berlin (DDR) 1959.

J. Flemming, Landwirtschaftliche Interessen und Demokratie, Ländliche
Gesellschaft, Agrarverbände und Staat, 1890–1925, Bonn 1978.

D. Gessner, Agrardepression und Präsidialregierungen in Deutschland
1930 bis 1933, Probleme des Agrarprotektionismus am Ende der Wei-
marer Republik, Düsseldorf 1977.

Ders., Agrarverbände in der Weimarer Republik, Wirtschaftliche und so-
ziale Voraussetzungen agrarkonservativer Politik vor 1933, Düsseldorf
1976.

Ders., »Grüne Front« oder »Harzburger Front«, Der Reichslandbund in der
letzten Phase der Weimarer Republik zwischen wirtschaftlicher Interes-
senpolitik und nationalistischem Revisionsanspruch, Dokumentation,
in: VfZ 29, 1981, S. 110–123.

H. Gies, R. Walter Darré und die nationalsozialistische Bauernpolitik in den
Jahren 1930 bis 1933, o. O. 1966.

D. Hertz-Eichenrode, Politik und Landwirtschaft in Ostpreußen 1919–
1930, Untersuchung eines Strukturproblems in der Weimarer Republik,
Köln und Opladen 1969.

R. G. Moeller, German peasants and agrarian politics, 1914–1924, The
Rhineland and Westphalia, Chapel Hill und London 1986.

A. Panzer, Das Ringen um die deutsche Agrarpolitik von der Währungssta-
bilisierung bis zur Agrardebatte im Reichstag im Dezember 1928, Kiel
1970.

G. Schulz, Staatliche Stützungsmaßnahmen in den deutschen Ostgebieten,
in: F. A. Hermens und T. Schieder (Hg.), Staat, Wirtschaft und Politik in
der Weimarer Republik, Berlin 1967, S. 141–204.

M. Schumacher, Land und Politik, Eine Untersuchung über politische Par-
teien und agrarische Interessen 1914–1923 (Beiträge zur Geschichte
des Parlamentarismus und der politischen Parteien, 65), Düsseldorf
1979.

G. Stoltenberg, Politische Strömungen im schleswig-holsteinischen Landvolk 1918–1933, Ein Beitrag zur politischen Meinungsbildung in der Weimarer Republik (Beiträge zur Geschichte des Parlamentarismus und der politischen Parteien, 24), Düsseldorf 1962.

外交政策与和约修订

J. Bariety, Les relations franco-allemandes après la premiere guerre mondiale, 10 novembre 1918–10 janvier 1925, de l'execution à la negociation, Paris 1977.

W. Baumgart, Deutsche Ostpolitik 1918, Von Brest-Litowsk bis zum Ende des Ersten Weltkriegs, Wien und München 1966.

J. Becker und K. Hildebrand (Hg.), Internationale Beziehungen in der Weltwirtschaftskrise 1929 bis 1933, Referate und Diskussionsbeiträge eines Augsburger Symposions 29. März bis 1. April 1979, München 1980.

E. W. Bennett, Germany and the diplomacy of the financial crisis, 1931, Cambridge 1962.

G. Bertram-Libad, Aspekte der britischen Deutschlandpolitik, 1919 bis 1922, Göppingen 1972.

E. H. Carr, Berlin-Moskau, Deutschland und Rußland zwischen den beiden Weltkriegen, Stuttgart 1954.

H. L. Dyck, Weimar Germany and Soviet Russia 1926–1933, A study in diplomatic instability, London 1966.

M. J. Enssle, Stresemann's territorial revisionism, Germany, Belgium, and the Eupen-Malmedy question 1919–1929, Wiesbaden 1980.

K. D. Erdmann, Der Europaplan Briands im Licht der englischen Akten, in: GWU 1, 1950, S. 16–32.

Ders., Adenauer in der Rheinlandpolitik nach dem Ersten Weltkrieg, Stuttgart 1966.

D. Felix, Walther Rathenau and the Weimar Republic, The politics of Reparations, Baltimore und London 1971.

C. Fink, The Genoa Conference, European diplomacy, 1919–1922, Chapel Hill 1984.

R. Frommelt, Paneuropa oder Mitteleuropa, Einigungsbestrebungen im Kalkül deutscher Wirtschaft und Politik 1925–1933 (Schriftenreihe der VfZ, 34), Stuttgart 1977.

H. W. Gatzke, Stresemann and the rearmament of Germany, Baltimore 1954.

R. Gottwald, Die deutsch-amerikanischen Beziehungen in der Ära Strese-
mann, Berlin 1965.

H. Graml, Europa zwischen den Kriegen (Weltgeschichte des 20. Jahrhun-
derts, 5), München ⁵1982.

Ders., Die Rapallo-Politik im Urteil der westdeutschen Forschung, in: VfZ
18, 1970, S. 366–391.

O. Hauser, Der Plan einer deutsch-österreichischen Zollunion von 1931
und die europäische Föderation, in: HZ 179, 1955, S. 45–92.

J. Heideking, Aeropag der Diplomaten, Die Pariser Botschafterkonferenz
der alliierten Hauptmächte und die Probleme der europäischen Politik
1920–1931, Husum 1979.

W. J. Helbich, Die Reparationen in der Ära Brüning, Zur Bedeutung des
Young-Plans für die deutsche Politik 1930 bis 1932, Berlin 1962.

H. Helbig, Die Träger der Rapallo-Politik, Göttingen 1958.

K. Hildebrand, Das Deutsche Reich und die Sowjetunion im internatio-
nalen System, 1918–1932, Legitimität oder Revolution?, Wiesbaden
1977.

Ders., Das vergangene Reich, Deutsche Außenpolitik von Bismarck bis Hit-
ler 1871–1945, Stuttgart 1995.

A. Hillgruber, Kontinuität und Diskontinuität in der deutschen Außenpoli-
tik von Bismarck bis Hitler, Düsseldorf 1969.

Ders., Großmachtpolitik und Militarismus im 20. Jahrhundert, Drei Beiträ-
ge zum Kontinuitätsproblem, Düsseldorf 1974.

C. Höltje, Über den Weimarer Staat und »Ost-Locarno« 1919–1934, Revi-
sion oder Garantie der deutschen Ostgrenze von 1919, Würzburg 1958.

J. Jacobson, Locarno diplomacy, Germany and the West, 1925–1929, Prin-
ceton, N. J., 1972.

Ders. und J. T. Walker, The impulse for a Franco-German entente, The ori-
gins of the Thoiry conference, 1926, in: Journal of Contemporary Histo-
ry 10, 1975, S. 157–181.

F. Knipping, Deutschland, Frankreich und das Ende der Locarno-Ära
1928–1931, München 1931.

N. Krekeler, Revisionsanspruch und geheime Ostpolitik der Weimarer Re-
publik, Die Subventionierung der deutschen Minderheiten in Polen
(Schriftenreihe der VfZ, 27), Stuttgart 1973.

P. Krüger, Deutschland und die Reparationen 1918/1919, Die Genesis des Re-
parationsproblems in Deutschland zwischen Waffenstillstand und Ver-
sailler Friedensschluß (Schriftenreihe der VfZ, 25), Stuttgart 1973.

Ders., Die Reparationen und das Scheitern einer deutschen Verständigungspolitik auf der Pariser Friedenskonferenz im Jahre 1919, in: HZ 221, 1975, S. 326–372.

Ders., Die Außenpolitik der Republik von Weimar, Darmstadt ²1993.

Ders., Versailles. Deutsche Außenpolitik zwischen Revisionismus und Friedenssicherung, München 1986.

F. A. Krummacher und H. Lange, Krieg und Frieden, Geschichte der deutsch-sowjetischen Beziehungen, Von Brest-Litowsk bis zum Unternehmen Barbarossa, München 1970.

W. Link, Die amerikanische Stabilisierungspolitik in Deutschland 1921–1932, Düsseldorf 1970.

H. G. Linke, Deutsch-sowjetische Beziehungen bis Rapallo, Köln 1970.

W. Lipgens, Europäische Einigungsidee 1923–1930 und Briands Europaplan im Urteil der deutschen Akten, in: HZ 203, 1966, S. 46–89, S. 316–363.

W. A. McDougall, France's Rhineland-diplomacy, 1914–1924, The last bid for a balance of power in Europe, Princeton, N. J., 1978.

M.-O. Maxelon, Stresemann und Frankreich 1914–1929, Deutsche Politik der Ost-West-Balance, Düsseldorf 1972.

K. Megerle, Deutsche Außenpolitik 1925, Ansatz zu aktivem Revisionismus, Frankfurt am Main 1974.

S. Nadolny, Abrüstungsdiplomatie 1932/1933, Deutschland auf der Genfer Konferenz im Übergang von Weimar zu Hitler, München 1978.

K.-H. Niclauss, Die Sowjetunion und Hitlers Machtergreifung, Eine Studie über die deutsch-russischen Beziehungen der Jahre 1929 bis 1935, Bonn 1966.

H. Pieper, Die Minderheitenfrage und das Deutsche Reich, 1919–1933/1934, Frankfurt am Main 1974.

H. Pogge von Strandmann, Rapallo – strategy in preventive diplomacy, New sources and new interpretations, in: V. R. Berghahn und M. Kitchen (Hg.), Germany in the age of total war, Essays in honour of Francis Carsten, London 1981, S. 123–146.

G. Post, The Civil-Military Fabric of Weimar Foreign Policy, Princeton 1973.

H. von Riekhoff, German-polish relations, 1918–1933, Baltimore und London 1971.

H. Roos, Polen und Europa, Studien zur polnischen Außenpolitik 1931–1939, Tübingen 1957.

G. Rosenfeld, Sowjet-Rußland und Deutschland 1917–1922, Köln 1984.

Ders., Sowjetunion und Deutschland 1922–1933, Köln 1984.

H. J. Rupieper, The Cuno government and reparations 1922–1923, Politics and economics, Den Haag, Boston und London 1979.

T. Schieder, Die Entstehungsgeschichte des Rapallo-Vertrags, in: HZ 204, 1967, S. 545–609.

G. Schmidt (Hg.), Konstellationen internationaler Politik, 1924–1932, Politische und wirtschaftliche Faktoren in den Beziehungen zwischen Westeuropa und den Vereinigten Staaten, Referate und Diskussionsbeiträge eines Dortmunder Symposiums, 18.–21. September 1981, Bochum 1983.

R. J. Schmidt, Versailles and the Ruhr, Seedbed of World War II, Den Haag 1968.

H. J. Schröder (Hg.), Südosteuropa im Spannungsfeld der Großmächte 1919–1939, Wiesbaden 1984.

S. A. Schuker, The end of French predominance in Europe, The financial crisis of 1924 and the adoption of the Dawes-Plan, Chapel Hill 1976.

Ders., American »reparations« to Germany 1919–1933, Implications for the Third World debt crisis, Princeton 1988.

K. Schwabe (Hg.), Die Ruhrkrise 1923, Wendepunkt der internationalen Beziehungen nach dem Ersten Weltkrieg, Paderborn 1985.

G. Soutou, Die deutschen Reparationen und das Seydoux-Projekt 1920/1921, in: VfZ 23, 1975, S. 237–270.

J. Spenz, Die diplomatische Vorgeschichte des Beitritts Deutschlands zum Völkerbund 1924–1926, Ein Beitrag zur Außenpolitik der Weimarer Republik, Göttingen 1966.

C. Stamm, Lloyd George zwischen Innen- und Außenpolitik, Die britische Deutschlandpolitik 1921/1922, Köln 1977.

M. Trachtenberg, Reparation in world politics, France and European economic diplomacy, 1916–1923, New York 1980.

Die Entstehung des Young-Plans, dargestellt vom Reichsarchiv 1931–1933, durchgesehen und eingeleitet von M. Vogt (Schriften des Bundesarchivs, 15), Boppard 1970.

T. Vogelsang, Papen und das außenpolitische Erbe Brünings, Die Lausanner Konferenz 1932, in: Neue Perspektiven aus Wirtschaft und Recht, Festschrift für Hans Schäffer zum 80. Geburtstag am 11. April 1966, hg. von C. P. Claussen, Berlin 1966, S. 487–507.

M. Walsdorff, Westorientierung und Ostpolitik, Stresemanns Rußlandpolitik in der Locarno-Ära, Bremen 1971.

E. Wandel, Die Bedeutung der Vereinigten Staaten von Amerika für das deutsche Reparationsproblem 1924–1929, Tübingen 1971.

W. Weidenfeld, Die Englandpolitik Gustav Stresemanns, Theoretische und praktische Aspekte der Außenpolitik, Mainz 1982.

T. Weingartner, Stalin und der Aufstieg Hitlers, Die Deutschlandpolitik der Sowjetunion und der Kommunistischen Internationale 1929–1934, Berlin 1970.

U. Wengst, Graf Brockdorff-Rantzau und die außenpolitischen Anfänge der Weimarer Republik, Berlin und Frankfurt am Main 1973.

G. Wollstein, Vom Weimarer Revisionismus zu Hitler, Das Deutsche Reich und die Großmächte in der Anfangsphase der nationalsozialistischen Herrschaft in Deutschland, Bonn 1973.

J. Wright, Stresemann and Locarno, in: Contemporary European History 4, 1995, S. 109–132.

C. A. Wurm, Die französische Sicherheitspolitik in der Phase der Umorientierung 1924–1926, Frankfurt am Main 1979.

军事与军备政策

P. Bucher, Der Reichswehrprozeß, Der Hochverrat der Ulmer Reichswehroffiziere 1929/1930 (Wehrwissenschaftliche Forschungen, Abteilung Militärgeschichtliche Studien, 4), Boppard 1967.

F. L. Carsten, Reichswehr und Politik 1918–1933, Köln und Berlin 1964.

W. Deist, M. Messerschmidt, H.-E. Volkmann und H. Wette, Ursachen und Voraussetzungen der deutschen Kriegspolitik (Das Deutsche Reich und der Zweite Weltkrieg, Bd. 1), Stuttgart 1979.

J. Dülffer, Weimar, Hitler und die Marine, Reichspolitik und Flottenbau 1920–1939, Düsseldorf 1973.

M. Geyer, Das Zweite Rüstungsprogramm, 1930–1934, in: Militärgeschichtliche Mitteilungen, 17, 1975, 125–172.

Ders., Aufrüstung oder Sicherheit, Die Reichswehr in der Krise der Machtpolitik 1924–1936, Wiesbaden 1980.

Ders., Deutsche Rüstungspolitik 1860–1980, Frankfurt am Main 1984.

H. J. Gordon, Die Reichswehr und die Weimarer Republik 1919–1926, Frankfurt am Main 1959.

E. W. Hansen, Reichswehr und Industrie, Rüstungswirtschaftliche Zusammenarbeit und wirtschaftliche Mobilmachungsvorbereitungen 1923–1932, Boppard 1978.

H. Mommsen, Militär und Militarisierung in Deutschland 1914 bis 1938, in: Ute Frevert (Hg.), Militär und Gesellschaft im 19. und 20. Jahrhundert, Stuttgart 1997.

K. J. Müller und E. Opitz (Hg.), Militär und Militarismus in der Weimarer Republik, Beiträge eines internationalen Symposiums an der Hochschule der Bundeswehr Hamburg am 5. und 6. Mai 1977, Düsseldorf 1978.

M. Salewsky, Entwaffnung und Militärkontrolle in Deutschland 1919–1927, München 1966.

O.-E. Schüddekopf, Das Heer und die Republik, Quellen zur Politik der Reichswehrführung 1918 bis 1933, Hannover und Frankfurt am Main 1955.

T. Vogelsang, Reichswehr, Staat und NSDAP, Beiträge zur deutschen Geschichte 1930–1932, Stuttgart 1962.

Ders., Neue Dokumente zur Geschichte der Reichswehr 1930–1933, in: VfZ 2, 1954, S. 397–436.

W. Wacker, Der Bau des Panzerschiffs »A« und der Reichstag, Tübingen 1959.

M. Zeidler, Reichswehr und Rote Armee 1920–1933, Wege und Stationen einer ungewöhnlichen Zusammenarbeit, München 1993.

文化生活与政治文化

R. Angermund, Deutsche Richterschaft 1919–1945, Krisenerfahrung, Illusion, politische Rechtsprechung, Frankfurt am Main 1990.

W. Becker, Demokratie des sozialen Rechts, Die politische Haltung der Frankfurter Zeitung, der Vossischen Zeitung und des Berliner Tageblatts 1918–1924, Göttingen 1971.

K. Bergmann, Agrarromantik und Großstadtfeindschaft, Meisenheim 1970.

H. P. Bleuel, Deutschlands Bekenner, Professoren zwischen Kaiserreich und Diktatur, München 1968.

S. Breuer, Anatomie der konservativen Revolution, Darmstadt 1993.

K. Breuning, Die Vision des Reiches, Deutscher Katholizismus zwischen Demokratie und Diktatur, 1929 bis 1934, München 1969.

R. Bridenthal, A. Grossmann und M. Kaplan (Hg.), When biology became destiny, Women in Weimar and Nazi Germany, New York 1984.

K. Bullivant (Hg.), Das literarische Leben in der Weimarer Republik, Königstein 1978.

J. Campbell, Der Deutsche Werkbund 1907–1934, Stuttgart 1981.

I. Deak, Weimar Germany's leftwing intellectuals, A political history of the Weltbühne and its circle, Berkeley 1968.

H. Döring, Der Weimarer Kreis, Studien zum politischen Bewußtsein verfassungstreuer Hochschullehrer in der Weimarer Republik, Meisenheim 1975.

D. Dowe (Hg.), Jugendprotest und Generationenkonflikt in Europa im 20. Jahrhundert, Bonn 1986.

P. Dudek, Erziehung durch Arbeit, Arbeitslagerbewegung und freiwilliger Arbeitsdienst 1920–1935, Opladen 1988.

L. Dupeux, »Nationalbolschewismus« in Deutschland 1919–1933, Kommunistische Strategie und konservative Dynamik, München 1985.

B. Faulenbach, Ideologie des deutschen Weges, Die deutsche Geschichte in der Historiographie zwischen Kaiserreich und Nationalsozialismus, München 1980.

K. Fritzsche, Politische Romantik und Gegenrevolution, Fluchtwege in der Krise der bürgerlichen Gesellschaft, Das Beispiel des »Tat«-Kreises, Frankfurt am Main 1976.

P. Gay, Die Republik der Außenseiter, Geist und Kultur der Weimarer Zeit, 1918–1933, Frankfurt am Main ^{2}1987.

H. Gerstenberger, Der revolutionäre Konservatismus, Ein Beitrag zur Analyse des Liberalismus, Berlin 1969.

H. Gilbhard, Die Thule-Gesellschaft, Vom okkulten Mummenschanz zum Hakenkreuz, München 1994.

K. Hagemann, Frauenalltag und Männerpolitik, Alltagsleben und gesellschaftliches Handeln von Arbeiterfrauen in der Weimarer Republik, Bonn 1990.

J. Herf, Reactionary modernism, Technology, culture and politics in Weimar and the Third Reich, Cambridge 1984.

J. Hermand und F. Trommler, Die Kultur der Weimarer Republik, Frankfurt am Main ^{2}1988.

F. Frhr. Hiller von Gaertringen, »Dolchstoß«-Diskussion und »Dolchstoß«-Legende im Wandel von vier Jahrzehnten, in: Geschichte und Gegenwartsbewußtsein, Historische Betrachtungen und Untersuchungen, Festschrift für Hans Rothfels zum 70. Geburtstag, hg. von W. Besson und F. Frhr. Hiller von Gaertringen, Göttingen 1963, S. 122–160.

Ders., Zur Beurteilung des »Monarchismus« in der Weimarer Republik, in: Tradition und Reform in der deutschen Politik, Gedenkschrift für Waldemar Besson, hg. von G. Jasper, Berlin 1976, S. 138–186.

K. Holl und W. Wette (Hg.), Pazifismus in der Weimarer Republik, Beiträge zur historischen Friedensforschung, Paderborn 1981.

Y. Ishida, Jungkonservative in der Weimarer Republik, Der Ring-Kreis 1928–1933, Frankfurt am Main 1988.

A. Kaes (Hg.), Weimarer Republik, Manifeste und Dokumente zur deutschen Literatur 1918–1933, Stuttgart 1983.

M. H. Kater, Die Artamanen, Völkische Jugend in der Weimarer Republik, in: HZ 213, 1971, S. 577–638.

Ders., Studentenschaft und Rechtsradikalismus in Deutschland, 1918–1933, Eine sozialgeschichtliche Studie zur Bildungskrise in der Weimarer Republik, Hamburg 1975.

W. Kindt (Hg.), Die deutsche Jugendbewegung 1920–1933, Die bündische Zeit, Quellenschriften, Düsseldorf 1974.

K. von Klemperer, Konservative Bewegungen, Zwischen Kaiserreich und Nationalsozialismus, München und Wien 1962.

T. Koebner (Hg.), Weimars Ende, Prognosen und Diagnosen in der deutschen Literatur und Publizistik 1930–1933, Frankfurt am Main 1982.

Ders., R.-P. Janz und F. Trommler (Hg.), »Mit uns zieht die neue Zeit«, Der Mythos Jugend, Frankfurt am Main 1985.

R. Koshar, Social Life, Local Politics and Nazism, Marburg 1880–1935, Chapel Hill und London 1986.

J. Kurucz, Struktur und Funktion der Intelligenz während der Weimarer Republik, Bergisch-Gladbach 1967.

W. Krabbe, Die gescheiterte Zukunft der Ersten Republik. Jugendorganisationen bürgerlicher Parteien (1918–1933), Opladen 1995.

D. Langewiesche, Politik, Gesellschaft, Kultur, Zur Problematik von Arbeiterkultur und kulturellen Arbeiterorganisationen in Deutschland nach dem 1. Weltkrieg, in: AfS 22, 1982, S. 359–402.

W. Laqueur, Weimar, Die Kultur der Republik, Frankfurt am Main, Berlin und Wien 1976.

H. Lebovics, Social conservatism and the middle classes in Germany, 1914–1933, Princeton, N. J. 1969.

M. R. Lepsius, Extremer Nationalismus, Strukturbedingungen vor der nationalsozialistischen Machtergreifung, Stuttgart 1966.

U. Linse, Barfüßige Propheten, Erlöser der zwanziger Jahre, Berlin 1983.

H.-J. Lutzhöft, Der nordische Gedanke in Deutschland 1920–1940, Stuttgart 1971.

B. Miller-Lane, Architektur und Politik in Deutschland 1918–1945 (Schriften des Deutschen Architekturmuseums zur Architekturgeschichte und Architekturtheorie, Braunschweig 1986.

A. Mohler, Die konservative Revolution in Deutschland 1918–1932, Ein Handbuch, Darmstadt ²1972.

H. Mommsen, Der Mythos des nationalen Aufbruchs und die Haltung der deutschen intellektuellen und funktionalen Eliten, in: 1933 in Gesellschaft und Wissenschaft, Ringvorlesung im Wintersemester 1982/1983 und Sommersemester 1983, Teil 1, Gesellschaft, Hamburg 1983, S. 127–141.

G. L. Mosse, Ein Volk, ein Reich, ein Führer, Die völkischen Ursprünge des Nationalsozialismus, Königstein 1979.

H.-H. Müller, Der Krieg und die Schriftsteller, Der Kriegsroman in der Weimarer Republik, Stuttgart 1986.

J. Petzold, Wegbereiter des deutschen Faschismus, Die Jungkonservativen in der Weimarer Republik, Köln 1978.

D. J. K. Peukert, Jugend zwischen Krieg und Krise, Lebenswelten von Arbeiterjungen in der Weimarer Republik, Köln 1987.

K. Prümm, Die Literatur des soldatischen Nationalismus der 20er Jahre (1918–1933), Gruppenideologie und Epochenproblematik, 2 Bde, Kronberg 1974.

F. Raabe, Die bündische Jugend, Ein Beitrag zur Geschichte der Weimarer Republik, Stuttgart 1961.

C. Rauh-Kühne und C. Ruck (Hg.), Regionale Eliten zwischen Diktatur und Demokratie, Baden-Württemberg 1930–1952, München 1993.

F. K. Ringer, Die Gelehrten, Der Niedergang der deutschen Mandarine 1890–1933, Stuttgart 1983.

M. Sabrow, Der Rathenau-Mord, Rekonstruktion einer Verschwörung gegen die Weimarer Republik (Schriftenreihe der VfZ, 69), München 1994.

M. Schueller, Zwischen Romantik und Faschismus, Der Beitrag Othmar Spanns zum Konservatismus in der Weimarer Republik, Stuttgart 1970.

G. Schulz, Der »Nationale Klub von 1919« zu Berlin, Zum politischen Zerfall einer Gesellschaft, in: Jahrbuch für die Geschichte Mittel- und Ostdeutschlands 11, 1962, S. 207–237.

H.-P. Schwarz, Der konservative Anarchist, Politik und Zeitkritik Ernst Jüngers, Freiburg i. Br. 1962.

J. Schwarz, Studenten in der Weimarer Republik, Die deutsche Studentenschaft in der Zeit von 1918 bis 1923 und ihre Stellung zur Politik, Berlin 1971.

H.-J. Schwierskott, Arthur Moeller van den Bruck und der revolutionäre Nationalismus in der Weimarer Republik, Göttingen 1962.

T. Seiterich-Kreuzkamp, Links, frei und katholisch – Walter Dirks, Ein Beitrag zur Geschichte des Katholizismus der Weimarer Republik, Mit einem Nachwort von Walter Dirks, Frankfurt am Main, Bern und New York 1986.

K.-J. Siegfried, Universalismus und Faschismus, Das Gesellschaftsbild Othmar Spanns, Zur politischen Funktion seiner Gesellschaftslehre und Ständestaatskonzeption, Wien 1974.

B. Sösemann, Das Ende der Weimarer Republik in der Kritik demokratischer Publizisten, Theodor Wolff, Ernst Feder, Julius Elbau, Leopold Schwarzschild, Berlin 1976.

K. Sontheimer, Antidemokratisches Denken in der Weimarer Republik, Die politischen Ideen des deutschen Nationalismus zwischen 1918 und 1933, München ²1968.

B. Stambolis, Der Mythos der jungen Generation, Ein Beitrag zur politischen Kultur der Weimarer Republik, Bochum 1984.

G. D. Stark, Entrepreneurs of ideology, Neoconservative publishers in Germany, 1890–1933, Chapel Hill 1981.

F. Stern, Kulturpessimismus als politische Gefahr, Eine Analyse nationaler Ideologie in Deutschland, Bern und Stuttgart 1963.

Ders., Das Scheitern illiberaler Politik. Studien zur politischen Kultur Deutschlands im 19. und 20. Jahrhundert, Frankfurt am Main, Berlin und Wien 1972.

W. Struve, Elites against democracy, Leadership ideals in bourgeois political thought in Germany, 1890–1933, Princeton, N. J., 1973.

B. Thoss, Der Ludendorff-Kreis 1919–1923, München als Zentrum der mitteleuropäischen Gegenrevolution zwischen Revolution und Hitlerputsch, München 1978.

J. Willet, Explosion der Mitte, Kunst und Politik 1919–1932, München 1981.

Ders., Die Weimarer Jahre, Eine Kultur mit gewaltsamem Ende, Stuttgart 1986.

K. W. Wippermann, Politische Propaganda und staatsbürgerliche Bildung, Die Reichszentrale für Heimatdienst in der Weimarer Republik, Bonn 1976.

R. Wohl, The Generation of 1914, London 1980.

犹太人生存状态与反犹主义

P. Gay, Freud, Juden und andere Deutsche, Herren und Opfer in der modernen Kultur, Hamburg 1986.

Ders., In Deutschland zu Hause, Die Juden der Weimarer Zeit, in: Die Juden im nationalsozialistischen Deutschland, The Jews in Nazi Germany 1933–1945, hg. von A. Paucker mit S. Gilchrist und B. Suchy (Schriftreihe wissenschaftlicher Abhandlungen des Leo Baeck Instituts, 45), Tübingen 1986, S. 31–43.

W. Grab und J. H. Schoeps (Hg.), Juden in der Weimarer Republik, Stuttgart und Bonn 1986.

A. Kanders, German politics and the Jews, Düsseldorf and Nuremberg 1910–1938, Oxford 1996.

H. H. Küttner, Die Juden und die deutsche Linke in der Weimarer Republik 1918–1933, Düsseldorf 1971.

T. Maurer, Ostjuden in Deutschland, 1918–1933 (Hamburger Beiträge zur Geschichte der deutschen Juden, 12), Hamburg 1986.

G. Michalski, Der Antisemitismus im deutschen akademischen Leben in der Zeit nach dem 1. Weltkrieg, Frankfurt am Main, Bern und Cirencester 1980.

W. E. Mosse (Hg.), unter Mitwirkung von A. Paucker, Entscheidungsjahr 1932, Zur Judenfrage in der Endphase der Weimarer Republik (Schriftenreihe wissenschaftlicher Abhandlungen des Leo Baeck Instituts, 13), Tübingen ²1966.

Ders. (Hg.), unter Mitwirkung von A. Paucker, Deutsches Judentum in Krieg und Revolution 1916–1923 (Schriftenreihe wissenschaftlicher Abhandlungen des Leo Baeck Instituts, 25), Tübingen 1971.

D. L. Niewyk, The Jews in Weimar Germany, Baton Rouge 1980.

A. Paucker, Der jüdische Abwehrkampf gegen Antisemitismus und Nationalsozialismus in den letzten Jahren der Weimarer Republik, Hamburg 1968.

M. Richarz, Jüdisches Leben in Deutschland, Selbstzeugnisse zur Sozialgeschichte, Bd. 3, 1918–1945, Stuttgart 1982.

纳粹党的兴起

W. S. Allen, Das haben wir nicht gewollt, Die nationalsozialistische Machtergreifung in einer Kleinstadt 1930–1935, Gütersloh 1966.

R. Sessel, Political Violence and the Rise of Fascism, New Haven 1984.

W. Böhnke, Die NSDAP im Ruhrgebiet 1920–1933, Bonn-Bad Godesberg 1974.

M. Broszat, Soziale Motivation und Führer-Bindung des Nationalsozialismus, in: VfZ 18, 1970, S. 392–409.

Ders., Zur Struktur der NS-Massenbewegung, in: VfZ 31, 1983, S. 52–76.

Ders., Die Machtergreifung, Der Aufstieg der NSDAP und die Zerstörung der Weimarer Republik, München 1984.

T. Childers, The Nazi Voter, The social foundations of fascism in Germany 1919–1933, Chapel Hill 1983.

Ders. (Hg.), The formation of the Nazi constituency, 1919–1933, London und Sydney 1986.

E. Deuerlein, Der Hitler-Putsch, Bayerische Dokumente zum 8./9. November 1923, Stuttgart 1962.

Ders., Der Aufstieg der NSDAP in Augenzeugenberichten, Düsseldorf 1968.

F. Dickmann, Die Regierungsbildung in Thüringen als Modell der Machtergreifung, Ein Brief Hitlers aus dem Jahre 1930, in: VfZ 14, 1966, S. 454–464.

J. W. Falter, Wer verhalf der NSDAP zum Sieg?, in: Aus Politik und Zeitgeschichte, B. 28–29/79 vom 14. 7. 1979, S. 3–21.

Ders. und D. Hänisch, Die Anfälligkeit von Arbeitern gegenüber der NSDAP bei den Reichstagswahlen 1928–1933, in: AfS 26, 1986, S. 179–216.

Ders., Hitlers Wähler, Berlin 1991.

J. E. Farquharson, The plough and the swastika, The NSDAP and agriculture in Germany, 1928–1945, London 1976.

A. Faust, Der Nationalsozialistische Deutsche Studentenbund, Studenten und Nationalsozialismus in der Weimarer Republik, 2 Bde, Düsseldorf 1973.

C. Fischer, Stormtroopers, A Social, Economic and Ideological Analysis, 1929–1935, London, Boston und Sydney 1983.

G. Franz-Willing, Die Hitlerbewegung, Der Ursprung 1919 bis 1922, Neuauflage Preußisch Oldendorf 1974.

P. Fritzsche, Rehearsals for fascism, populism and political mobilization in Weimar Germany, Oxford 1990.

H. Gies, NSDAP und landwirtschaftliche Organisationen in der Endphase der Weimarer Republik, in: VfZ 15, 1967, S. 341–376.

H. J. Gordon, Hitlerputsch 1923, Machtkampf in Bayern 1923–1924, Frankfurt am Main 1971.

D. Grieswelle, Propaganda der Friedlosigkeit, Eine Studie zu Hitlers Rhetorik 1920–1933, Stuttgart 1972.

J. H. Grill, The Nazi Movement in Baden, 1920–1945, North Carolina 1983.

R. F. Hamilton, Who voted for Hitler?, Princeton, N. J. 1982.

R. Heberle, Landbevölkerung und Nationalsozialismus, Eine soziologische Untersuchung der politischen Willensbildung in Schleswig-Holstein 1918–1932 (Schriftenreihe der VfZ, 6), Stuttgart 1963.

O. Heilbronner, Der verlassene Stammtisch, Vom Verfall der bürgerlichen Infrastruktur und dem Aufstieg der NSDAP am Beispiel der Region Schwarzwald, in: GuG 19, 1993, S. 178–201.

E. Hennig (Hg.), Hessen unterm Hakenkreuz, Studien zur Durchsetzung der NSDAP in Hessen, Frankfurt am Main ²1984.

H. H. Hofmann, Der Hitlerputsch, Krisenjahre deutscher Geschichte 1920–1924, München 1961.

W. Horn, Der Marsch zur Machtergreifung, Die NSDAP bis 1933, Königstein und Düsseldorf 1980.

P. Hüttenberger, Die Gauleiter, Studie zum Wandel des Machtgefüges in der NSDAP (Schriftenreihe der VfZ, 19), Stuttgart 1969.

D. Jablonsky, The Nazi Party in dissolution, Hitler and the »Verbotszeit« 1923–1925, London 1989.

E. Jäckel, Hitlers Weltanschauung, Entwurf einer Herrschaft, Neuausgabe Stuttgart 1981.

M. Jamin, Zwischen den Klassen, Zur Sozialstruktur der SA-Führerschaft, Wuppertal 1984.

W. Jochmann, Im Kampf um die Macht, Hitlers Rede vor dem Hamburger Nationalclub von 1919 (Veröffentlichungen der Forschungsstelle für die Geschichte des Nationalsozialismus in Hamburg, 1), Frankfurt am Main 1960.

Ders., Nationalsozialismus und Revolution, Ursprung und Geschichte der NSDAP in Hamburg 1922–1933, Dokumente, Frankfurt am Main 1963.

M. H. Kater, The Nazi Party, A social profile of members and leaders 1919–1945, Oxford 1983.

M. H. Kele, Nazis and workers, National Socialist appeals to German labor, 1919–1933, Chapel Hill 1972.

I. Kershaw, Der Hitler-Mythos, Volksmeinung und Propaganda im Dritten Reich (Schriftenreihe der VfZ, 41), Stuttgart 1980.

U. Kissenkoetter, Gregor Strasser und die NSDAP (Schriftenreihe der VfZ, 37), Stuttgart 1978.

R. L. Koehl, The Black Corps, The structure and power struggles of the Nazi SS, London 1983.

R. Koshar, Social Life, Local Politics and Nazism, Marburg 1880–1935, Chapel Hill und London 1986.

V. Kratzenberg, Arbeiter auf dem Weg zu Hitler? Die Nationalsozialistische Betriebszellen-Organisation, Ihre Entstehung, ihre Programmatik, ihr Scheitern, 1927–1937, Frankfurt am Main, Bern und New York 1987.

A. Kuhn, Hitlers außenpolitisches Programm, Entstehung und Entwicklung 1919–1939, Stuttgart 1970.

P. Longerich, Die braunen Bataillone, Geschichte der SA, München 1989.

K.-M. Mallmann und G. Paul, Milieus und Widerstand, Eine Verhaltensgeschichte der Gesellschaft im Nationalsozialismus, Bonn 1995.

P. Manstein, Die Mitglieder und Wähler der NSDAP 1919–1933, Frankfurt am Main ³1990.

W. Maser, Die Frühgeschichte der NSDAP, Hitlers Weg bis 1924, Frankfurt am Main 1965.

H. Matzerath und H. A. Turner, Die Selbstfinanzierung der NSDAP 1930–1932, in: GuG 3, 1977, S. 59–92.

H. Mommsen, Zur Verschränkung traditioneller und faschistischer Führungsgruppen in Deutschland beim Übergang von der Bewegungs- zur Systemphase, in: W. Schieder (Hg.), Faschismus als soziale Bewegung, Deutschland und Italien im Vergleich, Göttingen ²1982, S. 157–181.

D. Mühlberger, Hitler's followers, Studies in the sociology of the Nazi Movement, London 1991.

J. Noakes, The Nazi Party in Lower Saxony 1921–1933, London 1971.

Nationalsozialismus in der Region, Beiträge zur regionalen und lokalen Forschung und zum internationalen Vergleich, hg. von H. Müller, A. Wirsching und W. Ziegler, München 1996.

J. Nyomarkay, Charisma and factionalism in the Nazi Party, Minneapolis 1967.

D. Orlow, The history of the Nazi party, 1919–1933, Pittsburgh 1969.

G. Paul, Aufstand der Bilder, Die NS-Propaganda vor 1933, Bonn 1990.

G. Pridham, Hitler's rise to power, The Nazi movement in Bavaria 1923–1933, London 1973.

M. Prinz, Vom neuen Mittelstand zum Volksgenossen, Die Entwicklung des sozialen Status der Angestellten von der Weimarer Republik bis zum Ende der NS-Zeit, München 1986.

E.-A. Roloff, Bürgertum und Nationalsozialismus 1930–1933, Braunschweigs Weg ins Dritte Reich, Hannover 1961.

G. Schulz, Faschismus – Nationalsozialismus, Versionen und theoretische Kontroversen 1922–1972, Frankfurt am Main 1974.

Ders., Aufstieg des Nationalsozialismus, Krise und Revolution in Deutschland, Frankfurt am Main, Berlin und Wien 1975.

H. Speier, Die Angestellten vor dem Nationalsozialismus, Ein Beitrag zum Verständnis der deutschen Sozialstruktur 1918–1933, Göttingen 1977.

P. D. Stachura (Hg.), The shaping of the Nazi state, London 1978.

Ders., Der kritische Wendepunkt? Die NSDAP und die Reichstagswahlen vom 20. Mai 1928, in: VfZ 26, 1978, S. 66–99.

Ders., Gregor Strasser and the rise of nazism, London 1983.

D. Stegmann, Zwischen Repression und Manipulation, Konservative Machteliten und Arbeiter- und Angestelltenbewegung 1910–1918, Ein Beitrag zur Vorgeschichte von DAP/NSDAP, in: AfS 12, 1972, S. 351–432.

Ders., Zum Verhältnis von Großindustrie und Nationalsozialismus 1930 bis 1933, Ein Beitrag zur Geschichte der sogenannten Machtergreifung, in: AfS 13, 1973, S. 399–482.

M. S. Steinberg, Sabers and Brown Shirts, The German students' path to National Socialism, 1918–1935, Chicago 1977.

L. D. Stokes, Kleinstadt und Nationalsozialismus, Ausgewählte Dokumente zur Geschichte von Eutin 1918–1945, Neumünster 1984.

C.-C. W. Szejnmann, The rise of the Nazi Party in Saxony between 1921 and 1933, Ph. D. Thesis, King's College London 1995.

H. A. Turner, Faschismus und Kapitalismus in Deutschland, Studien zum Verhältnis zwischen Nationalsozialismus und Wirtschaft, Göttingen 1972.

Ders. (Hg.), Hitler aus nächster Nähe, Aufzeichnungen eines Vertrauten 1920 bis 1932, Frankfurt am Main, Berlin und Wien 1978.

Ders., Die Großunternehmen und der Aufstieg Hitlers, Berlin 1985.

Ders., Hitlers Weg zur Macht, Der Januar 1933, München 1933.

A. Tyrell, Führer befiehl … Selbstzeugnisse aus der »Kampfzeit« der NSDAP, Dokumentation und Analyse, Düsseldorf 1969.

Ders., Vom Trommler zum Führer, Der Wandel von Hitlers Selbstverständnis zwischen 1919 und 1924 und die Entwicklung der NSDAP, München 1975.

A. Werner, SA und NSDAP, SA: »Wehrverband«, »Parteigruppe« oder »Revolutionsarmee«? Studien zur Geschichte der SA und der NSDAP 1920–1933, Erlangen 1964.

总统制内阁政治

J. Becker, Heinrich Brüning in den Krisenjahren der Weimarer Republik, Professor Dr. Walther Peter Fuchs zum 60. Geburtstag, in: GWU 17, 1966, S. 291–319.

H. Bennecke, Wirtschaftliche Depression und politischer Radikalismus, Die Lehre von Weimar, München 1968.

K. D. Bracher, Brünings unpolitische Politik und die Auflösung der Weimarer Republik, in: VfZ 19, 1971, S. 113–123.

K. Bühler, Die pädagogische Problematik des Freiwilligen Arbeitsdienstes, Aachen 1978.

W. Conze, Brünings Politik unter dem Druck der großen Krise, in: HZ 199, 1964, S. 529–550.

Ders. und H. Raupach (Hg.), Die Staats- und Wirtschaftskrise des Deutschen Reiches 1929/1933, Sechs Beiträge, Stuttgart 1967.

V. Hentschel, Weimars letzte Monate, Hitler und der Untergang der Republik, Düsseldorf 1978.

F. Hermens/T. Schieder (Hg.), Staat, Wirtschaft und Politik in der Weimarer Republik, Festschrift für Heinrich Brüning, Berlin 1967.

H. Höhne, Die Machtergreifung, Deutschlands Weg in die Hitler-Diktatur, Reinbek 1983.

S. Höner, Der nationalsozialistische Zugriff auf Preußen, Preußischer Staat und nationalsozialistische Machteroberungsstrategie 1928–1934, Bochum 1984.

U. Hörster-Philipps, Konservative Politik in der Endphase der Weimarer Republik, Die Regierung Franz von Papen, Köln 1982.

K. Holl (Hg.), Wirtschaftskrise und liberale Demokratie, Das Ende der Weimarer Republik und die gegenwärtige Situation, Göttingen 1978.

K.-H. Janssen, Der 30. Januar, Ein Report über den Tag, der die Welt veränderte, Frankfurt am Main 1983.

H. Köhler, Arbeitsdienst in Deutschland, Pläne und Verwirklichungsformen bis zur Einführung der Arbeitsdienstpflicht im Jahre 1935, Berlin 1967.

H. Mommsen, Staat und Bürokratie in der Ära Brüning, in: Tradition und Reform in der deutschen Politik, Gedenkschrift für Waldemar Besson, hg. von G. Jasper, Berlin 1976, S. 81–137.

Ders., Regierung ohne Parteien, Konservative Pläne zum Verfassungsumbau am Ende der Weimarer Republik, in: H.-A. Winkler (Hg.), Die deutsche Staatskrise 1930–1933, Handlungsspielräume und Alternativen, München 1992.

A. Schildt, Militärdiktatur mit Massenbasis? Die Querfrontkonzeption der Reichswehrführung um General von Schleicher am Ende der Weiinarer Republik, Frankfurt am Main 1981.

G. Schulz (Hg.), Die Große Krise der dreißiger Jahre, Vom Niedergang der Weltwirtschaft zum Zweiten Weltkrieg, Göttingen 1985.

M. Stürmer, Der unvollendete Parteienstaat, Zur Vorgeschichte des Präsidialregimes am Ende der Weimarer Republik, in: VfZ 21, 1973, S. 119–126.

R. Vierhaus, Auswirkungen der Krise um 1930 in Deutschland, Beiträge zu einer historisch-psychologischen Analyse, in: W. Conze und H. Raupach (Hg.), Die Staats- und Wirtschaftskrise des deutschen Reiches 1929/1933, Stuttgart 1967, S. 155–175.

T. Vogelsang, Zur Politik Schleichers gegenüber der NSDAP 1932, Dokumentation, in: VfZ 6, 1958, S. 86–118.

W. Wessling, Hindenburg, Neudeck und die deutsche Wirtschaft. in: Vierteljahreshefte für Sozial- und Wirtschaftsgeschichte 64, 1977, S. 41–73.

译名对照表

A

Aachen 亚琛

Abegg, Wilhelm 威廉·阿贝格

d'Abernon, Edgar Viscount 埃德加·阿贝农
　勋爵

Adenauer, Konrad 康拉德·阿登纳

Adler, Max 马克斯·阿德勒

Agadir 阿加迪尔

Altona 阿尔托纳

Alvensleben, Werner von 维尔纳·冯·阿尔
　文斯莱本

Amann, Max 马克斯·阿曼

d'Annunzio, Gabriele 加布里埃尔·邓南遮

Anschütz, Gerhard 格哈德·安许茨

Arco-Valley, Anton Graf 安东·阿尔科-瓦利
　伯爵

Arnhold, Karl 卡尔·阿恩霍尔德

Auer, Erhard 埃哈德·奥尔

Augsburg 奥格斯堡

B

Baade, Fritz 弗里茨·巴德

Baden, Max von 马克斯·冯·巴登

Bad Harzburg 巴特哈尔茨堡

Bad Oeynhausen 巴特恩豪森

Baldwin, Stanley 斯坦利·鲍德温

Bamberg 班贝格

Barle Duc 巴勒迪克

Barmat 巴尔马

Barth, Emil 埃米尔·巴尔特

Barth, Theodor 特奥多尔·巴尔特

Basel 巴塞尔

Bauer, Gustav 古斯塔夫·鲍尔

Bauer, Otto 奥托·鲍尔

Bechly, Hans 汉斯·贝希利

Bechstein, Carl 卡尔·贝希施泰因

Beck, Ludwig 路德维希·贝克

Becker, Carl Heinrich 卡尔·海因里希·贝
　克尔

Belgien 比利时

Bell, Johannes 约翰内斯·贝尔

Beneš, Eduard 爱德华·贝奈斯

Berendt, Richard von 里夏德·冯·贝伦特

Bérenger, Henry 亨利·贝朗热

Berlin 柏林

Bernau 贝尔瑙

Bernhard, Georg 格奥尔格·伯恩哈德

Bernstein, Eduard 爱德华·伯恩斯坦

Best, Werner 维尔纳·贝斯特

Bethmann Hollweg, Theobald von 特奥巴尔德·
　冯·贝特曼·霍尔韦格

Beumelburg, Werner 维尔纳·博伊梅尔堡

Beuthen 博伊滕

Bielefeld 比勒费尔德

Bismarck, Otto von 奥托·冯·俾斯麦

Blomberg, Werner von 维尔纳·冯·勃洛姆堡

Boehm, Max Hildebert 马克斯·希尔德贝特·
　伯姆

Borsig, August 奥古斯特·博尔西希

Borsig, Ernst von 恩斯特·冯·博尔西希

Bosch, Carl 卡尔·博世

Bose, Herbert von 赫伯特·冯·博泽

Bouhler, Philipp 菲利普·布勒

Boxheim 博克斯海姆

Bracher, Karl-Dietrich 卡尔-迪特里希·布拉
　赫尔

Bracht, Franz 弗朗茨·布拉赫特
Brandi, Karl 卡尔·布兰迪
Brandler, Heinrich 海因里希·布兰德勒
Brasilien 巴西
Braun, Magnus Freiherr von 马格努斯·冯·布劳恩男爵
Braun, Otto 奥托·布劳恩
Brauns, Heinrich 海因里希·布劳恩斯
Braunschweig 不伦瑞克
Brauweiler, Heinz 海因茨·布劳魏勒
Brecht, Arnold 阿诺尔德·布雷希特
Bredow, Kurt von 库尔特·冯·布雷多
Bredt, Viktor 维克托·布雷特
Breitscheid, Rudolf 鲁道夫·布赖特沙伊德
Bremen 不来梅
Brest-Litowsk 布列斯特-立陶夫斯克
Briand, Aristide 阿里斯蒂德·白里安
Brockdorff-Rantzau, Ulrich Graf von 乌尔里希·冯·布罗克多夫-兰曹伯爵
Bruckmann, Elsa 埃尔莎·布鲁克曼
Brückner, Wilhelm 威廉·布吕克纳
Brüning, Heinrich 海因里希·布吕宁
Buch, Walter 瓦尔特·布赫
Buchrucker, Ernst 恩斯特·布赫鲁克
Buck, Wilhelm 威廉·布克
Bülow, Bernhard von 伯恩哈德·冯·比洛
Bundesrepublik Deutschland 德意志联邦共和国

C

Cannes 戛纳
Canossa 卡诺萨
Chamberlain, Joseph Austen 约瑟夫·奥斯汀·张伯伦
Chemnitz 开姆尼茨
Chequers 契克斯
Chomsky, Noam 诺姆·乔姆斯基
Churchill, Winston 温斯顿·丘吉尔
Claß, Heinrich 海因里希·克拉斯
Clemenceau, Georges Benjamin 乔治·邦雅曼·克列孟梭
Coburg 科堡
Cohen-Reuß, Max 马克斯·科恩-罗伊斯
Compiègne 贡比涅
Crispien, Arthur 阿图尔·克里斯皮安
Cuno, Wilhelm 威廉·库诺
Curtius, Julius 尤利乌斯·库尔蒂乌斯
Curzon, George Nathaniel 乔治·纳撒尼尔·寇松

D

Dänemark 丹麦
Däumig, Ernst 恩斯特·多伊米希
Dahrendorf, Ralf 拉尔夫·达伦多夫

Danzig 但泽
Darré, Walter 瓦尔特·达雷
David, Eduard 爱德华·达维德
Dawes, Charles 查尔斯·道威斯
Degoutte, Jean 让·德古特
Dehn, Günther 金特·德恩
Delbrück, Hans 汉斯·戴布流克
Den Haag 海牙
Deutschkron, Ilse 伊尔莎·多伊奇克龙
Dibelius, Otto 奥托·蒂伯里乌斯
Dickel, Otto 奥托·迪克尔
Diels, Rudolf 鲁道夫·迪尔斯
Dietramszell 迪特拉姆斯采尔
Dietrich, Hermann 赫尔曼·迪特里希
Dietrich, Otto 奥托·迪特里希
Dingeldey, Eduard 爱德华·丁格尔代
Dinter, Artur 阿图尔·丁特
Dithmarschen 迪特马尔申
Dittmann, Wilhelm 威廉·迪特曼
Döberitz 多贝里茨
Dortmund 多特蒙德
Doumer, Paul 保罗·杜梅
Dräger, Heinrich 海因里希·德雷格
Dresden 德累斯顿
Drexler, Anton 安东·德雷克斯勒
Düsseldorf 杜塞尔多夫
Duesterberg, Theodor 特奥多尔·杜斯特贝格
Duisberg, Carl 卡尔·杜伊斯贝格
Duisburg 杜伊斯堡
Dwinger, Edwin Erich 埃德温·埃里希·德温格尔

E

Ebert, Friedrich 弗里德里希·艾伯特
Eckart, Dietrich 迪特里希·埃卡特
Eckener, Hugo 胡戈·埃克纳
Ehrhardt, Hermann 赫尔曼·埃尔哈特
Eisner, Kurt 库尔特·艾斯纳
Elberfeld 埃尔伯费尔德
Eltz von Rübenach, Paul Freiherr 保罗·埃尔茨·冯·吕贝纳赫男爵
Ender, Otto 奥托·恩德
Engels, Friedrich 弗里德里希·恩格斯
Epp, Franz Xaver Ritter von 弗朗茨·克萨维尔·冯·埃普骑士
Erdmann, Lothar 洛塔尔·埃德曼
Erfurt 爱尔福特
Erzberger, Matthias 马蒂亚斯·埃茨贝格尔
Eschenburg, Theodor 特奥多尔·埃申堡
Escherich, Georg 格奥尔格·埃舍里希
Essen 埃森
Esser, Hermann 赫尔曼·埃塞尔
Esser, Thomas 托马斯·埃塞尔

F

Falkenhayn, Erich von 埃里希・冯・法金汉

Faulhaber, Michael von 米夏埃尔・冯・福尔哈贝尔

Feder, Gottfried 戈特弗里德・费德尔

Fehrenbach, Konstantin 康斯坦丁・费伦巴赫

Fellisch, Karl 卡尔・费利施

Fischer, Joschka 约施卡・菲舍尔

Fiume 阜姆

Flick, Friedrich 弗里德里希・弗利克

Foch, Ferdinand 费迪南・福煦

Fontainebleau 枫丹白露

Fraenkel, Ernst 恩斯特・弗伦克尔

Frank, Hans 汉斯・弗兰克

Frankreich 法国

Freiburg 弗赖堡

Freytagh-Loringhoven, Axel von 阿克塞尔・冯・弗赖塔格-洛林霍芬

Frick, Wilhelm 威廉・弗里克

Friedberg, Robert 罗伯特・弗里德贝格

Friedrich II. (der Große) 腓特烈二世（大王）

Frölich, August 奥古斯特・弗勒利希

Funk, Walther 瓦尔特・冯克

G

Gaus, Friedrich 弗里德里希・高斯

Gayl, Wilhelm Freiherr von 威廉・冯・盖尔男爵

Genf 日内瓦

Gereke, Günter 金特・格雷克

Gerlach, Hellmut von 赫尔穆特・冯・格拉赫

Gerlich, Fritz 弗里茨・格利希

Gerstenberg, Wilhelm 威廉・格斯滕贝格

Geßler, Otto 奥托・盖斯勒

Gierke, Otto von 奥托・冯・基尔克

Gilbert, Parker 帕克・吉尔伯特

Gleichen, Heinrich von 海因里希・冯・格莱兴

Goebbels, Joseph 约瑟夫・戈培尔

Goerdeler, Carl Friedrich 卡尔・弗里德里希・格德勒

Göring, Hermann 赫尔曼・戈林

Görlitz 格尔利茨

Goethe, Johann Wolfgang von 约翰・沃尔夫冈・冯・歌德

Goldschmidt, Jakob 雅各布・戈尔德施密特

Goltz, Rüdiger Graf von der 吕迪格・冯・德・戈尔茨伯爵

Graefe, Albrecht von 阿尔布雷希特・冯・格雷费

Grassmann, Peter 彼得・格拉斯曼

Grauert, Ludwig 路德维希・格劳特

Groener, Wilhelm 威廉・格勒纳

Großbritannien 大不列颠

Gruber, Kurt 库尔特・格鲁贝尔

Grzesinski, Albert 阿尔贝特・格热辛斯基

Guérard, Theodor von 特奥多尔・冯・盖拉尔

Gürtner, Franz 弗朗茨・居特纳

Gumbel, Emil Julius 埃米尔・尤利乌斯・贡贝尔

H

Haase, Hugo 胡戈・哈泽

Habermann, Max 马克斯・哈伯曼

Habermas, Jürgen 于尔根・哈贝马斯

Hagen 哈根

Hagen, Louis 路易・哈根

Halle 哈雷

Hallers, József 约瑟夫・哈勒斯

Hamborn 汉博恩

Hamburg 汉堡

Hamm, Eduard 爱德华・哈姆

Hanfstaengl, Ernst 恩斯特・汉夫施丹格尔

Hannover 汉诺威

Harburg 哈尔堡

Hassell, Ulrich von 乌尔里希・冯・哈塞尔

Haubach, Theodor 特奥多尔・豪巴赫

Haußmann, Conrad 康拉德・豪斯曼

Havenstein, Rudolf 哈芬施泰因

Heidelberg 海德堡

Heiden, Konrad 康拉德・海登

Heim, Carl 卡尔・海姆

Heim, Georg 格奥尔格・海姆

Heimannsberg, Magnus 马格努斯・海曼斯贝格

Heine, Wolfgang 沃尔夫冈・海涅

Heinrichsbauer, August 奥古斯特・海因里希斯鲍尔

Heinz, Friedrich Wilhelm 弗里德里希・威廉・海因茨

Heinze, Karl 卡尔・海因策

Heiß, Adolf 阿道夫・海斯

Held, Heinrich 海因里希・黑尔德

Helfferich, Karl 卡尔・黑尔费里希

Helldorf, Wolf Heinrich Graf von 沃尔夫・海因里希・冯・赫尔多夫伯爵

Heller, Ágnes 阿格尼丝・黑勒

Heller, Hermann 赫尔曼・黑勒

Heller, Vitus 维图斯・黑勒

Hellpach, Willy 维利・黑尔帕赫

Hergt, Oskar 奥斯卡・赫格特

Herriot, Édouard 爱德华・赫里欧

Hertling, Georg von 格奥尔格・冯・赫特林

Hess, Joseph 约瑟夫・赫斯

Heß, Rudolph 鲁道夫・赫斯

Heydrich, Reinhard 莱茵哈德・海德里希

Küstrin 屈斯特林
Kunersdorf 库内斯多夫

L

Lambach, Walter 瓦尔特·兰巴赫
Lampertheim 兰佩特海姆
Landsberg 兰茨贝格
Landsberg, Otto 奥托·兰茨贝格
Landshut 兰茨胡特
Langenberg 朗根贝格
Lansing, Robert 罗伯特·兰辛
Lassalle, Ferdinand 费迪南德·拉萨尔
Lauenburg 劳恩堡
Lausanne 洛桑
Lautenbach, Wilhelm 威廉·劳滕巴赫
Law, Bonar 博纳·劳
Layton, Lord Walter 沃尔特·莱顿勋爵
Leber, Julius 尤利乌斯·莱贝尔
Ledebour, Georg 格奥尔格·莱德布尔
Legien, Carl 卡尔·莱吉恩
Leibholz, Gerhard 格哈德·莱布霍尔茨
Leipart, Theodor 特奥多尔·莱帕特
Leipzig 莱比锡
Lejeune-Jung, Paul 保罗·勒热纳-容
Lemmer, Ernst 恩斯特·莱麦尔
Lenin, Wladimir Iljitsch 弗拉基米尔·伊里奇·列宁
Lequis, Arnold 阿诺尔德·勒奎斯
Lerchenfeld-Koefering, Hugo Graf von 胡戈·冯·莱兴费尔德-克费林伯爵
Lessing, Theodor 特奥多尔·莱辛
Leuschner, Wilhelm 威廉·洛伊施纳
Levi, Paul 保罗·列维
Levien, Max 马克斯·莱温
Leviné, Eugen 尤金·列维涅
Ley, Robert 罗伯特·莱伊
Liebknecht, Karl 卡尔·李卜克内西
Lindeiner-Wildau, Hans-Erdmann von 汉斯-埃德曼·冯·林德艾纳-维尔道
Linz 林茨
Lipezk 利佩茨克
Litwinow, Maxim 马克西姆·李特维诺夫
Lloyd George, David 大卫·劳合·乔治
Locarno 洛迦诺
Löbe, Paul 保罗·洛贝
Loebell, Friedrich Wilhelm von 弗里德里希·威廉·冯·勒贝尔
Lossow, Otto Hermann von 奥托·赫尔曼·冯·洛索
Loucheur, Louis 路易·卢舍尔
Ludendorff, Erich 埃里希·鲁登道夫
Ludendorff, Mathilde 玛蒂尔德·鲁登道夫
Ludin, Hans 汉斯·卢丁

Ludwig III., König von Bayern 路德维希三世，巴伐利亚国王
Lübeck 吕贝克
Lueger, Karl 卡尔·卢埃格尔
Lüninck, Hermann von 赫尔曼·冯·吕宁克
Lüttwitz, Walther Freiherr von 瓦尔特·冯·吕特维茨男爵
Luther, Hans 汉斯·路德
Luxemburg 卢森堡
Luxemburg, Rosa 罗莎·卢森堡

M

MacDonald, J. Ramsey J. 拉姆齐·麦克唐纳
Maercker, Georg 格奥尔格·梅尔克
Magdeburg 马格德堡
Mahraun, Artur 阿图尔·马劳恩
Maltzan, Ago Freiherr von 阿戈·冯·马尔灿男爵
Mannheim 曼海姆
Margerie, François de 弗朗索瓦·德·马热里
Marx, Wilhelm 威廉·马克斯
Masaryk, Tomáš 托马斯·马萨里克
Meiderich 迈德里希
Meißner, Otto 奥托·迈斯纳
Melchior, Carl 卡尔·梅尔希奥
Mellon, Andrew William 安德鲁·威廉·梅隆
Merseburg 梅泽堡
Metz, François Alexandre Adalbert de 弗朗索瓦·亚历山大·阿达尔贝特·德·梅茨
Mexiko 墨西哥
Michaelis, Georg 格奥尔格·米夏埃利斯
Mierendorff, Carlo 卡洛·米伦多夫
Minoux, Friedrich 弗里德里希·米诺
Moellendorff, Wichard von 维夏德·冯·默伦多夫
Moeller van den Bruck, Arthur 阿图尔·莫勒·范登布鲁克
Mönchengladbach 门兴格拉德巴赫
Moldenhauer, Paul 保罗·莫尔登豪尔
Mommsen, Wolfgang J. 沃尔夫冈·J. 蒙森
Morgan, John Pierpont 约翰·皮尔庞特·摩根
Moskau 莫斯科
Muchow, Reinhard 莱因哈德·穆霍
Mücke, Helmut von 赫尔穆特·冯·米克
Müller, Alfred 阿尔弗雷德·米勒
Müller, Hermann 赫尔曼·米勒
Müller, Karl Alexander von 卡尔·亚历山大·冯·米勒
Müller, Richard 里夏德·米勒
München 慕尼黑
Münster 明斯特

Schäffer, Hans 汉斯·舍费尔

Schäffer, Hugo 胡戈·舍费尔

Schauwecker, Franz 弗朗茨·绍韦克尔

Scheidemann, Philipp 菲利普·谢德曼

Schemm, Hans 汉斯·舍姆

Scheringer, Richard 里夏德·舍林格尔

Scherl, August 奥古斯特·舍尔

Scheubner-Richter, Max Erwin von 马克斯·埃尔温·冯·朔伊布纳-里希特

Scheüch, Heinrich 海因里希·舍赫

Schiele, Martin 马丁·席勒

Schiffer, Eugen 欧根·席费尔

Schillig 席利希

Schirach, Baldur von 巴尔杜尔·冯·席拉赫

Schlageter, Albert Leo 阿尔贝特·利奥·施拉格特

Schlange-Schöningen, Hans 汉斯·施兰格-舍宁根

Schleicher, Kurt von 库尔特·冯·施莱歇尔

Schmidt, Robert 罗伯特·施密特

Schmidt-Hannover, Otto 奥托·施密特-汉诺威

Schmitt, Carl 卡尔·施米特

Schober, Johann 约翰·朔贝尔

Scholz, Ernst 恩斯特·朔尔茨

Schorske, Carl E. 卡尔·E. 朔尔斯克

Schotte, Walter 瓦尔特·朔特

Schröder, Gerhard 格哈德·施罗德

Schröder, Kurt von 库尔特·冯·施罗德

Schubert, Carl von 卡尔·冯·舒伯特

Schücking, Walther 瓦尔特·许金

Schulz, Gerhard 格哈德·舒尔茨

Schulze-Delitzsch, Herrmann 赫尔曼·舒尔茨-德利奇

Schumacher, Kurt 库尔特·舒马赫

Schumann, Walter 瓦尔特·舒曼

Schwarz, Franz Xaver 弗朗茨·克萨维尔·施瓦茨

Schweden 瑞典

Schweiz 瑞士

Seeckt, Hans von 汉斯·冯·塞克特

Seipel, Ignaz 伊格纳茨·塞佩尔

Seißer, Hans Ritter von 汉斯·冯·塞瑟骑士

Seldte, Franz 弗朗茨·泽尔特

Serbien 塞尔维亚

Severing, Carl 卡尔·泽韦林

Sèvres 塞夫勒

Seydoux, Charles 夏尔·塞杜

Siemens, Carl Friedrich von 卡尔·弗里德里希·冯·西门子

Silverberg, Paul 保罗·西尔弗贝格

Simon, Walter 瓦尔特·西蒙

Sinowjew, Grigorij 格里哥里·季诺维也夫

Sinzheimer, Hugo 胡戈·辛茨海默

Sklarek 斯克拉雷克

Snowden, Philipp 菲利浦·斯诺登

Solf, Wilhelm 威廉·佐尔夫

Spa 斯帕

Spahn, Martin 马丁·施潘

Spanien 西班牙

Spann, Othmar 奥特玛·施潘

Spengler, Oswald 奥斯瓦尔德·斯宾格勒

Springorum, Fritz 弗里茨·施普林戈鲁姆

Stadtler, Eduard 爱德华·施塔特勒

Stampfer, Friedrich 弗里德里希·施坦普费尔

Stauß, Emil Georg von 埃米尔·格奥尔格·冯·施陶斯

Stegerwald, Adam 亚当·施泰格瓦尔特

Stein, Karl Reichsfreiherr vom und zum 卡尔·冯·施泰因帝国男爵

Stennes, Walther 瓦尔特·施滕纳斯

Stern, Fritz 弗里茨·施特恩

Stimson, Henry Lewis 亨利·刘易斯·史汀生

Stinnes, Hugo 胡戈·施廷内斯

Stolper, Gustav 古斯塔夫·施托尔珀

Strasser, Gregor 格雷戈尔·施特拉塞尔

Strasser, Otto 奥托·施特拉塞尔

Streicher, Julius 尤利乌斯·施特赖歇尔

Stresemann, Gustav 古斯塔夫·施特雷泽曼

Stülpnagel, Edwin von 埃德温·冯·施蒂尔普纳格尔

Stülpnagel, Joachim von 约阿希姆·冯·施蒂尔普纳格尔

Stuttgart 斯图加特

Südekum, Albert 阿尔贝特·聚德库姆

Syrup, Friedrich 弗里德里希·叙鲁普

T

Tannenberg 坦能堡

Tarnow, Fritz 弗里茨·塔尔诺

Tempel, Wilhelm 威廉·滕佩尔

Thälmann, Ernst 恩斯特·台尔曼

Thalheimer, August 奥古斯特·塔尔海默

Thoiry 图瓦里

Thoma, Richard 里夏德·托马

Thyssen, Fritz 弗里茨·蒂森

Tirard, Paul 保罗·蒂拉尔

Tirpitz, Alfred von 阿尔弗雷德·冯·提尔皮茨

Toller, Ernst 恩斯特·托勒

Torgler, Ernst 恩斯特·托尔格勒

Treviranus, Gottfried 戈特弗里德·特雷维拉努斯

Trianon 特里亚农

"方尖碑" 书系

1914：世界终结之年

　　［澳大利亚］保罗·哈姆

刺杀斐迪南：1914 年的萨拉热窝与一桩改变世界的罗曼史

　　［美国］格雷格·金　［英国］休·伍尔曼斯

极北之地：西伯利亚史诗

　　［瑞士］埃里克·厄斯利

空中花园：追踪一座扑朔迷离的世界奇迹

　　［英国］斯蒂芬妮·达利

俄罗斯帝国史：从留里克到尼古拉二世

　　［法国］米歇尔·埃莱尔

魏玛共和国的兴亡：1918—1933

　　［德国］汉斯·蒙森

（更多资讯请关注新浪微博@译林方尖碑，
　　微信公众号"方尖碑书系"）

方尖碑微博　　　　　方尖碑微信